D1641765

Produktionswirtschaft

Einführung in das industrielle Produktionsmanagement

Von

Dr. habil. Hans Corsten

o. Universitätsprofessor für Betriebswirtschaftslehre,
insbes. Produktionswirtschaft und Industriebetriebslehre
an der Universität Eichstätt/Ingolstadt

3., überarbeitete und wesentlich
erweiterte Auflage

R. Oldenbourg Verlag München Wien

Für

Martina, Johannes und Marcus

Die Deutsche Bibliothek — CIP-Einheitsaufnahme

Corsten, Hans:
Produktionswirtschaft : Einführung in das industrielle
Produktionsmanagement / von Hans Corsten. — 3., überarb. und
wesentlich erw. Aufl. — München ; Wien : Oldenbourg, 1992
    ISBN 3-486-22367-4

Gesamtherstellung: R. Oldenbourg Graphische Betriebe GmbH, München

ISBN 3-486-22367-4

Inhaltsverzeichnis

Vorwort (zur dritten Auflage)

Das vorliegende Lehrbuch wurde vollständig überarbeitet und in seinem Umfang wesentlich erweitert. Neben einigen Umstellungen und einer Fülle kleinerer Ergänzungen und Erweiterungen wurde das Buch im Kapitel 2 Produktionsprogrammgestaltung um die Punkte Produktgestaltung und Produkthaftung erweitert. In den Ausführungen zur Produktgestaltung wurden insbesondere die Problembereiche der Normung, der Wertanalyse als ein Instrument einer optimierenden Produktgestaltung und der Qualitätskontrolle zur Sicherung der Produktqualität neu aufgenommen.

Der Gliederungspunkt 4.4 Integrative Ansätze wurde im Rahmen der bestandsorientierten Steuerungskonzepte um das Fortschrittszahlenkonzept erweitert. Darüber hinaus erfuhren die Überlegungen zur Integration von Recyclingaspekten in PPS-Systeme eine wesentliche Erweiterung und die hierarchische Produktionsplanung wurde in ihren Grundzügen neu in das Lehrbuch aufgenommen.

Meinen Mitarbeitern, Herrn Dipl.-Kfm. Frank Götzelmann, Herrn Dipl.-Kfm. Thomas Will, Frau Hedwig Hagl, Frau Mathilde Hagl, Frau Monika Kubisch und Herrn Stephan Sachs darf ich für die Unterstützung im Rahmen der drucktechnischen Aufbereitung dieses Buches danken. Ferner danke ich meiner Sekretärin, Frau Hermine Hummel für die sorgfältige Erstellung der Reinschrift.

Schließlich danke ich Herrn Dipl.-Volkswirt M. Weigert vom Oldenbourg-Verlag für die wohlwollende Zusammenarbeit bei der Erstellung dieses Lehrbuches.

Eichstätt/Ingolstadt   Hans Corsten

Vorwort (zur ersten Auflage)

Ziel des vorliegenden Lehrbuches ist es, dem an produktionswirtschaftlichen Fragestellungen interessierten Studenten eine Einführung in das industrielle Produktionsmanagement zu geben. Dabei richtet sich das Buch sowohl an Studenten des Grundstudiums als auch an diejenige, die im Rahmen einer speziellen Betriebswirtschaftslehre im Hauptstudium produktionswirtschaftliche Problemstellungen vertiefen möchten.

Neben einem Grundlagenkapitel, in dem einerseits terminologische Grundlagen gelegt werden und andererseits eine Einführung in produktions- und kostentheoretische Fragestellungen erfolgt, weist das Buch eine Dreiteilung auf.

Zunächst stehen Probleme der Produktionsprogrammplanung im Zentrum des Interesses. Ausgangspunkt sind dabei zunächst Überlegungen zur Produktgestaltung und -entwicklung. Im Rahmen der Produktentwicklung wird dabei insbesondere auf die Bedeutung der Forschung und Entwicklung eingegangen. Die Darstellung der Portfolio-Methoden, insbesondere auch unter Berücksichtigung von Multifaktorenansätzen, schließen den Bereich der Produktgestaltung ab. Nach diesen strategischen Überlegungen werden im Rahmen der Produktionsprogrammgestaltung operative Problemstellungen analysiert. Ausgangspunkt sind dabei die elementaren Ansätze der Produktionsprogrammoptimierung, und zwar sowohl für eine marktorientierte als auch für eine kundenorientierte Programmplanung. Darüber hinaus werden in diesem Zusammenhang auch ökologische Fragestellungen angesprochen und der Frage nachgegangen, welche Konsequenzen sich aus der Integration von Recyclingaspekten für die Produktionsprogrammplanung ergeben.

Aufgabe der Potentialgestaltung ist es, einerseits für die Beschaffung und anderseits für die Bereitstellung der zum Einsatz gelangenden Produktionsfaktoren Sorge zu tragen. Dabei werden die Faktoren menschliche Arbeitsleistungen, Anlagen und Material unterschieden, woraus sich eine Dreiteilung dieses Kapitels ergibt. Im Rahmen des Faktors menschliche Arbeitsleistungen werden dabei zunächst individuelle und situative Einflußgrößen untersucht. Im Anschluß daran werden soziale, sachliche und zeitliche Aspekte der Arbeitsumweltbedingungen diskutiert. Fragen der Arbeitsbewertung und der Entlohnung schließen diesen Teilbereich ab. Im Rahmen der Anlagenwirtschaft werden zunächst neuere fertigungstechnische Erscheinungsformen dargestellt. Im Anschluß daran erfolgt eine Darstellung der Aufgabenbereiche der Anlagenwirtschaft. Im Zentrum des Interesses stehen dabei Fragen der Betriebsmittelbeschaffung, der Planung des Betriebsmitteleinsatzes und der Betriebsmittelerhaltung (Instandhaltung). In der Materialwirtschaft werden Fragen zur Bestimmung des Materialbedarfs und Grundlagen der Auftragsplanung sowie der Lagerwirtschaft behandelt.

Im Rahmen der Prozeßgestaltung werden zunächst Probleme der Layoutplanung diskutiert und einige Verfahren zur Lösung der damit verbundenen Probleme skizziert. Im Anschluß daran werden Fragestellungen der Termin- und Reihenfolgeplanung analysiert. Der letzte Abschnitt dieses Kapitels ist den integrativen Ansätzen gewidmet. Ausgangspunkt dieser Überlegungen ist ein Grundkonzept der Produktionsplanung und -steuerung. Darauf aufbauend werden neuere Steuerungskonzepte für Produktionsplanungs- und -steuerungssysteme dargestellt und Überlegungen hinsichtlich der Integration von Recyclingproblemen diskutiert. Die Integration von Produktionsplanungs- und -steuerungssystemen als CIM-Baustein schließt diesen Gliederungspunkt ab.

Danken möchte ich meinen Mitarbeitern, Herrn Dipl.-Kfm. Thomas Will und Herrn Dipl.-Kfm. Frank Götzelmann, für die kritische Durchsicht des Manuskriptes und für die Fülle konstruktiver Hinweise. Ferner darf ich Herrn Constantin May, Herrn Rolf Gleich, Frau Karen Haltermann, Frau Monika Kubisch und Herrn Stephan Sachs für die tatkräftige Unterstützung bei der Erstellung der Abbildungen und der drucktechnischen Aufbereitung dieses Buches danken. Meiner Sekretärin, Frau Hermine Hummel, danke ich recht herzlich für die sorgfältige Erstellung des Manuskriptes. Erneut darf ich mich bei meiner Frau bedanken, die einen nicht unbeachtlichen Teil ihrer Freizeit mit Korrekturarbeiten verbracht hat.

Eichstätt/Ingolstadt   Hans Corsten

1 Grundlagen

Der Produktionsbegriff wird in der Literatur in unterschiedlicher Weise abgegrenzt. Grundsätzlich lassen sich die **drei** folgenden **Gruppen** von Definitionsvorschlägen unterscheiden:

- Produktion wird als **Faktorkombinationsprozeß** interpretiert. Bei dieser weiten Fassung stellt jegliches betriebliches Geschehen, bei dem eine Kombination von Produktionsfaktoren erfolgt, letztlich Produktion dar.

- Produktion stellt eine **Phase des Betriebsprozesses** dar, die sich zwischen den Phasen Beschaffung und Absatz befindet. Damit ist der Begriffsumfang deutlich **enger als** dies **beim faktorkombinationsorientierten Produktionsbegriff** der Fall ist, da alle Phasen, in denen ebenfalls Produktionsfaktoren kombiniert werden, wie etwa im Beschaffungs- und Absatzbereich, aus dieser Definition ausgeschlossen sind. Absatz- und Beschaffungsaktivitäten zeichnen sich im Gegensatz zu Produktionsaktivitäten dadurch aus, daß sie mit einer Änderung der **Rechtszuständigkeit für ein Gut** einhergehen.

- Produktion ist ein **werteschaffender Prozeß**, d.h. es erfolgt die Bereitstellung von Gütern zum Zwecke des Verbrauchs. Er wird damit als Gegensatz zur Konsumtion interpretiert. Diese Betrachtungsweise geht mit der Gefahr einher, daß dem Konsumtionsprozeß jegliches produktives Element abgesprochen wird. Daß diese Vorstellung nicht haltbar ist, zeigt bereits das Beispiel der regenerierten Arbeitskraft durch Konsumtion.

Neben dieser allgemeinen Klassifikation des Produktionsbegriffes ist für die weiteren Überlegungen die folgende Definition von besonderem Interesse: "Produktion ist die sich in betrieblichen Systemen oder Subsystemen vollziehende, auf Wiederholung angelegte, systematische Bildung von Faktorkombinationen i.S. einer Anwendung von technischen oder konzeptionellen Verfahren, welche für die Erfüllung des Systemzwecks (Sachziel) nötig sind und die beabsichtigte nutzensteigernde Veränderung derjenigen materiellen und/oder immateriellen Güter ermöglichen, welche die materielle oder immaterielle Hauptleistung des Systems (Produkt als Produktion i.S. eines Ergebnisses) darstellen" (Kern 1979, Sp. 1652). Diese weite Fassung des Produktionsbegriffs impliziert, daß Produktion in allen Funktionsbereichen, d.h. auch im Absatz- und Finanzbereich, vollzogen wird. Um die Faktorkombinationen in den Bereichen Beschaffung, Absatz und Finanzierung aus dem Produktionsbegriff auszuschließen, grenzt Meurer (1980, S. 125) die Faktorkombinationen auf die Anwendung von Verfahren ein, die unmittelbare Verhaltensänderungen externer Marktteilnehmer weder potentiell noch tatsächlich bewirken. Unklar bleibt hierbei, was unter einer unmittelbaren Verhaltensänderung zu verstehen ist. Haak (1982, S. 37) der kritisiert, daß diese Definitionen schwer zu operationalisierende Begriffe enthalten, versteht unter Produktion in Abänderung der o.a. Definitionen, "die sich in betrieblichen Systemen vollziehende Bildung von Faktorkombinationen im Sinne einer Anwendung technischer oder konzeptioneller Verfahren (Produktion i.w.S.) zur Veränderung von dem Betrieb zur Verfügung stehender Einsatzgüter (Produktionsfaktoren) in absetzbare Leistungen (Produkte) nach Maßgabe der betrieblichen Formal- und Sachziele (Produktion i.e.S.)". Durch den Einschub absatzfähiger Leistungen wird versucht, den weiten, alle betrieblichen Funktionen umfassenden Produktionsbegriff einzuengen und hierdurch Funktionen wie Beschaffung und Finanzierung zu eliminieren. Durch diese Einengung werden jedoch sämtliche innerbetrieblichen Leistungserstellungsprozesse aus der Produktionsdefinition ausgeklammert. Diese Definition ist folglich dahingehend zu modifizieren, daß zwar weiterhin Beschaffungs-, Finanzierungs- und Absatzfunktionen aus der Produktionsdefinition ausgeschlossen bleiben, hingegen Prozesse zur Erstellung innerbetrieblicher Leistungen zur Produktion gerechnet werden müssen. Unter Produktion kann dann die sich in betrieblichen Systemen vollziehende Bildung von Faktorkombinationen im Sinne einer Anwendung technischer oder konzeptioneller Verfahren zur Transformation, der den Betrieb zur Verfügung stehenden originären und derivativen Produktionsfaktoren in absetzbare Leistungen oder in derivative Produktionsfaktoren, die dann in weiteren Faktorkombinationsprozessen unmittelbar genutzt oder in absetzbare Leistungen transformiert werden, zur Erfüllung des Sachziels unter der Maßgabe der Formalzielerfüllung verstanden werden. Dabei sind Produktionsfaktoren Güter, die im Produktionsprozeß kombiniert werden, um andere Güter hervorzubringen, d.h. sie werden durch das zu produzierende Gut determiniert, und können bei ihrer Nutzung sowohl gebraucht als auch verbraucht werden.

1.1 Charakterisierung und Aufgabenbereiche des Produktionssystems

1.1.1 Das Produktionssystem als Subsystem der Unternehmung

In systemtheoretischer Interpretation stellt das Produktionssystem ein **Subsystem** des übergeordneten Systems "Unternehmung" dar. Dieses Produktionssystem weist eine spezifische Systemstruktur auf, die durch **Art** und **Anzahl** der in ihm enthaltenen Elemente und deren Beziehungen charakterisiert ist. Neben dieser **abstrakten Abgrenzung** ist eine **inhaltliche Spezifikation** erforderlich. Nach Kern (1992) lassen sich die in Abbildung 1 dargestellten Aufgabenbereiche des produktionswirtschaftlichen Systems unterscheiden.

Dabei stellt das Produktionssystem **kein isoliertes Subsystem** der Unternehmung dar, sondern es steht

- mit anderen Subsystemen der Unternehmung und
- mit seiner relevanten Umwelt, über die anderen Subsysteme, d.h. indirekt,

in vielfältigen Austauschbeziehungen. Abbildung 2 verdeutlicht, daß das Produktionssystem mit den anderen unternehmungsspezifischen Subsystemen in direkter Beziehung steht. So obliegt der Beschaffung die Aufgabe, die für die Produktion erforderlichen Produktionsfaktoren zum richtigen Zeitpunkt in den erforderlichen Mengen und in der entsprechenden Qualität zu geringen Kosten zu beschaffen. Hierfür hat das Finanzsystem die erforderlichen Finanzmittel zur Verfügung zu stellen. Die von der Produktion erstellten Güter werden dann durch das Subsystem Absatz am Absatzmarkt veräußert,

Produkt- und Programm- gestaltung	lang- fristig	Festlegung der Produktfelder.
	mittel- fristig	Übersicht über die konkretisierten Pro- dukte, die eine Unternehmung aufgrund ihrer Ausstattung herstellen kann.
	kurz- fristig	Welche Erzeugnisse werden innerhalb eines kürzeren Planungszeitraumes (z.B. 1 Monat) in welchen Mengen hergestellt?
Potentialgestaltung		Zurverfügungstellung der zur Produktion von Erzeugnissen notwendigen Produk- tionsfaktoren in der erforderlichen Quantität und Qualität.
Prozeßgestaltung und -steuerung		Entwurf von Ordnungen, nach denen sich die einzelnen Produktionsprozesse in Raum und Zeit vollziehen lassen.

Abb. 1: Aufgabenbereiche des produktionswirtschaftlichen Systems

wodurch der Unternehmung wiederum Finanzmittel zufließen. Ferner obliegt dem Subsystem Technologie die Aufgabe, der Produktion die notwendigen Produktions- technologien zur Verfügung zu stellen und das Personalsystem hat Mitarbeiter in der entsprechenden Anzahl und Qualifikation bereitzustellen.

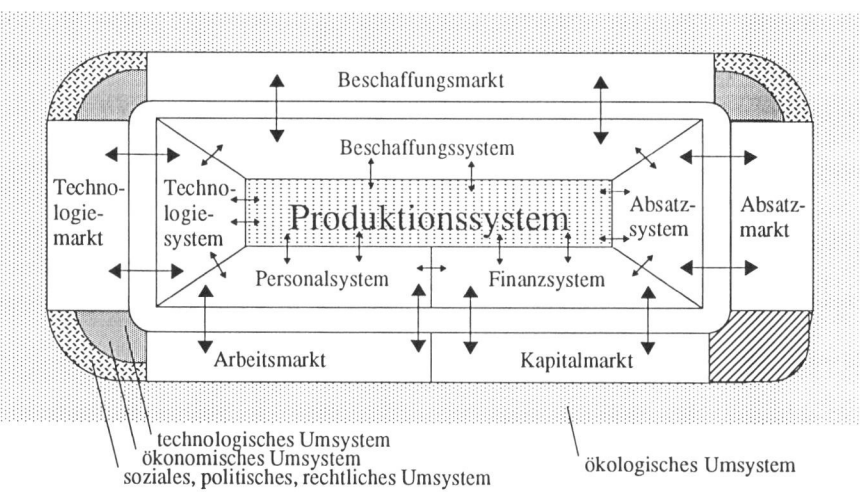

Abb. 2: Das Produktionssystem als Subsystem der Unternehmung

Darüber hinaus zeigt diese Abbildung, daß der Produktionsbereich **keine direkten Beziehungen mit dem Umsystem** der Unternehmung unterhält, sondern lediglich über andere Subsysteme mit dem Umsystem in Verbindung steht. Veränderungen im relevanten Umsystem haben folglich auch Auswirkungen auf den Produktionsbereich, auf die dieser sich einzustellen hat. Dies sei an einigen Beispielen verdeutlicht. Abbildung 3 zeigt beispielhaft, wie etwa Veränderungen auf dem Absatzmarkt das Produktionssystem beeinflussen können.

Veränderungen auf dem Absatzmarkt	Produktionswirtschaftliche Auswirkungen (Beispiele)
Kürzer werdende Produkt- lebenszyklen	– Häufigerer Produktwechsel – Weniger Zeit für die Produktentwicklung – Weniger Zeit für die Produktionsopti- mierung
Nachfragedifferenzierung (mit dem Wunsch nach größerer Typen- und Variantenvielfalt)	– Häufigere Rüstvorgänge – Höherer Planungs- und Steuerungs- aufwand – Höherer Entwicklungsaufwand
Zunehmender internationaler Wettbewerb	– Wachsender Preisdruck und damit Druck auf die Produktionskosten – Schnellere Umsetzung des technischen Fortschritts
Verändertes Kundenverhalten (bzgl. Leistungsmerkmalen, Quali- tätsniveau, Lieferzeiten etc.)	– Nachfrage nach individualisierten, maß- geschneiderten Lösungen – Höheres Qualitätsbewußtsein

Abb. 3: Produktionswirtschaftliche Auswirkungen von Veränderungen auf dem Absatzmarkt

Neben den absatzwirtschaftlichen soll auf die produktionstechnologischen Veränderungen eingegangen werden. Die Möglichkeiten der Mikroelektronik und der darauf basierenden Informations- und Kommunikationstechnik haben die Produktionstechnologien grundlegend verändert. Diese Technologien ebnen den Weg zu einer **flexiblen Automatisierung** unter gleichzeitiger Beachtung der Produktivität. Gerade im Rahmen produktionswirtschaftlicher Prozesse ist der Zusammenhang zwischen **Automatisierung** und **Flexibilität** von Interesse, weil eine zentrale These in der betriebswirtschaftlichen Literatur eine **konfliktäre Beziehung** zwischen diesen beiden Größen unterstellt. Diese These wird durch die neuen Produktionstechnologien in Frage gestellt. Tendenziell kann dieser Sachverhalt mit der folgenden Abbildung erfaßt werden.

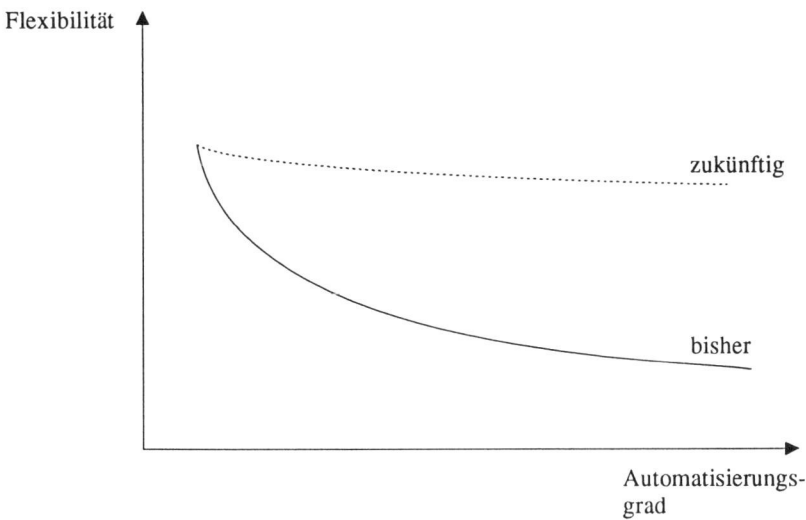

Abb. 4: Zusammenhang zwischen Flexibilität und Automatisierung

Eine **Konkretisierung** erfährt diese Abbildung, wenn die **Kriterien**

- Losgröße je Fertigungsauftrag und
- Anzahl alternativer Fertigungsaufgaben

herangezogen werden. Es lassen sich dann die folgenden tendenziellen Zuordnungen
vollziehen (vgl. Bühner 1986a, S.9):

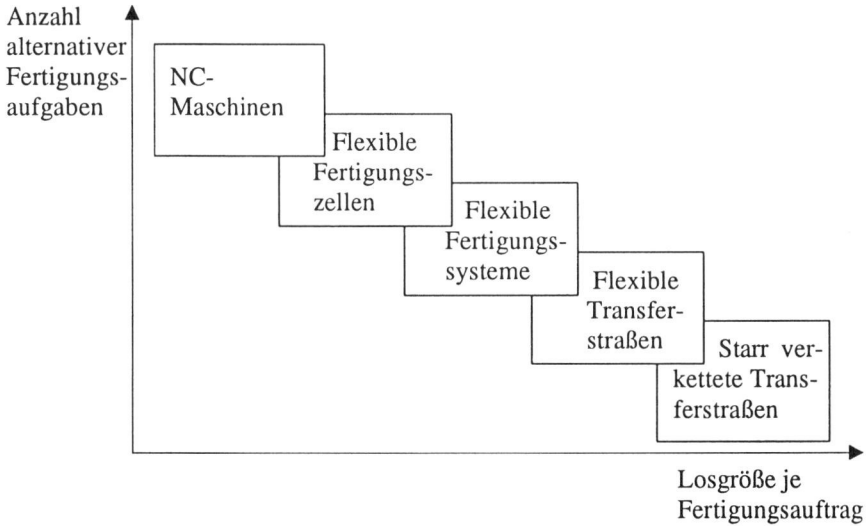

Abb. 5: Einsatzbereiche unterschiedlicher Produktionskonzepte

Dabei werden die folgenden definitorischen Abgrenzungen unterstellt:

Die **Fertigungszelle** ist eine hochautomatisierte Einzelmaschine, auf der die Werkstükke i.d.R. in einer Aufspannung komplett bearbeitet werden können. Ein Steuersystem sorgt für einen automatisierten Werkzeug- und Werkstückwechsel. Charakteristisch dabei ist die Integration von Werkzeugmaschinen, flexiblen Spannmitteln und Meßeinrichtungen.

Flexible Fertigungssysteme bestehen aus mehreren Produktionseinrichtungen, deren Material- und Informationsfluß so verknüpft ist, daß einerseits eine automatische Produktion stattfinden und andererseits eine gleichzeitige Bearbeitung unterschiedlicher Werkstücke mit unterschiedlicher Bearbeitungsfolge durchgeführt werden kann.

Flexible Transferstraßen weisen eine relativ starre Verkettung der Produktionseinrichtungen auf. Sie sind durch ein automatisiertes Transportsystem im Sinne des Fließprinzips miteinander verknüpft. Der Materialfluß erfolgt gerichtet und taktweise, wobei die Reihenfolge der Bearbeitungsgänge vorgegeben ist. An Verzweigungsstellen werden im Gegensatz zur konventionellen Transferstraße numerisch gesteuerte Maschinen (NC) verwendet (vgl. Arning 1987, S. 69 ff.; Blohm u.a. 1987, S. 213; Kaluza 1987, S. 118 ff.).

Eine Spezifikation der Einsatzbereiche dieser Produktionskonzepte kann auf der Grundlage der folgenden Kriterien erfolgen:

- Stückzahlen
- Ähnlichkeit der Fertigungsaufgabe
- Teilespektrum
- Freizügigkeit der Zuordnung von Fertigungseinrichtungen zu Aufträgen.

Produktions- konzept / Kriterien	NC- Maschine	Flexible Fertigungszelle	Flexibles Fertigungs- system	Flexible Transfer- straße	Starr verkettete Transferstraße
Stückzahlen	Einzelfertigung Kleinserie	Einzelfertigung Kleinserie	Kleine / Mittlere Serien	Großserien	Großserien Massenfertigung
Ähnlichkeit	gering	gering	mittel	hoch	sehr hoch
Teilespektrum	groß	groß	mittel	klein	sehr klein
Freizügigkeit	hoch	hoch	mittel	gering	nicht gegeben

Abb. 6: Spezifikation der Einsatzbereiche unterschiedlicher Produktionskonzepte

Aufgrund dieser Einordnung lassen sich die folgenden Aussagen formulieren:

- Im Bereich kleinerer Stückzahlen mit geringer Ähnlichkeit der Werkstücke sind hochautomatisierte Produktionskonzepte i.d.R. nicht wirtschaftlich nutzbar. Dies ist der Bereich der NC-Fertigung (z.B. Werkzeugbau, Prototypenbau, auftragsbezogene Einzel- und Kleinserien).

- Im Bereich kleinerer Stückzahlen sind auch die Einsatzmöglichkeiten der flexiblen Fertigungszelle zu sehen. Die Bedienung einer Fertigungszelle beschränkt sich i.d.R. auf Spanntätigkeiten, womit eine Mehrmaschinenbedienung mit reduziertem Personalbedarf möglich wird (z.B. im Anlagenbau, Flugzeugbau).

- Das Einsatzgebiet flexibler Fertigungssysteme ist gekennzeichnet durch mittlere Stückzahlen mit komplexen Bearbeitungsanforderungen. Der Vorteil der flexiblen Fertigungssysteme ist darin zu sehen, daß durch die Ähnlichkeit der zu fertigenden Werkstücke der Einsatz von preiswerten und produktiven Einzweckmaschinen möglich ist.

Eine zentrale Bedeutung im Rahmen der Nutzung automatisierter Produktionsverfahren erlangt der Faktor **menschliche Arbeitsleistungen**. Bei der Einführung neuer Technologien werden aus dieser Perspektive vor allem die folgenden Aspekte relevant, zu denen es in der Literatur unterschiedliche Auffassungen gibt:

- Verengen oder erweitern neue Produktionstechnologien die organisatorischen Gestaltungsmöglichkeiten?
- Welche Veränderung erfährt die Qualifikationsstruktur? (Polarisierungs-, Dequalifizierungs-, Höherqualifizierungsthese; vgl. z.B. Corsten 1986b, S. 209 f.)
- Welche Veränderungen ergeben sich in den Belastungs- und Beanspruchungsbereichen? (Neue Bestimmung der Qualifikationsanforderungen; vgl. z.B. Bühner 1986a, S. 7 ff.)
- Welche Maßnahmen haben positiven Einfluß auf die Akzeptanz?
- Welche Veränderungen erfährt die Aufgabenstruktur? (z.B. Verlagerung zu planenden, steuernden und überwachenden Aufgaben)
- Welche Lohnsysteme sind unter den veränderten Bedingungen angezeigt? (vgl. Bühner 1986a, S. 67 ff.)

Einigkeit herrscht darüber, daß die optimale Abstimmung von Personalqualifikation und Arbeitsplatzstruktur an die Anforderungen hoch automatisierter Mensch-Maschine-Systeme ein wesentlicher Parameter für die effiziente Nutzung dieser Systeme ist.

Diese Ausführungen zeigen, wenn auch nur andeutungsweise, daß die Einführung neuer Produktionstechnologien nicht nur das Produktionssystem der Unternehmung berührt, sondern Auswirkungen auf das Gesamtsystem der Unternehmung hat.

Das produktionswirtschaftliche Subsystem steht damit in engen Wechselbeziehungen zu den anderen Subsystemen. Diese Überlegungen unterstreichen die Forderung von Zahn (1987, S. 491), daß eine **Formulierung der Produktionsstrategie** abgestimmt werden muß mit der

- Marketingstrategie,
- Technologiestrategie,

- Beschaffungsstrategie,
- Personalstrategie und
- Finanzierungsstrategie,

d.h. es soll eine **Strategieintegration** erfolgen.

1.1.2 Elemente des Produktionssystems

Das Produktionssystem läßt sich vereinfacht wie folgt kennzeichnen (vgl. Strebel 1984, S. 39; Zäpfel 1982, S. 2):

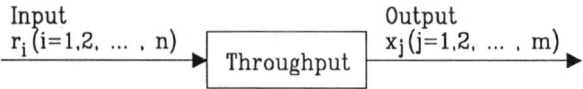

Abb. 7: Makrostruktur des Produktionssystems

Damit läßt sich ein Produktionssystem durch die drei Elemente Input, Throughput und Output charakterisieren.

1.1.2.1 Input

Input des Produktionssystems sind die **Produktionsfaktoren**. Hierunter sind **Güter** zu verstehen, die im Produktionsprozeß kombiniert werden, um andere Güter hervorzubringen. Die Produktionsfaktoren können dabei im Rahmen ihrer Nutzung sowohl **gebraucht** als auch sofort **verbraucht** werden.

Die im Produktionsprozeß zum Einsatz gelangenden Produktionsfaktoren haben in der betriebswirtschaftlichen Literatur vielfältige Systematisierungsversuche erfahren. Ausgangspunkt aller Faktorsystematiken ist dabei der Ansatz von Gutenberg (1979, S. 2 ff.). Er schlägt die folgende Klassifikation vor:

- Elementarfaktoren
  -- objektbezogene menschliche Arbeit
  -- Werkstoffe
  -- Betriebsmittel
- Dispositiver Faktor
  -- originärer dispositiver Faktor (Geschäftsleitung)
  -- derivativer dispositiver Faktor
    • Planung
    • Organisation.

Auf der ersten Ebene unterscheidet Gutenberg nach dem Merkmal "**Dispositions-möglichkeit über die Faktorkombination**" in elementare und dispositive Faktoren. Diese Unterscheidung findet ihre Begründung in der **produktionstheoretischen Intention** Gutenbergs, weil zwischen den Produktionsfaktoren, die als Bestandteil in die Produktionsfunktion einfließen, und den Produktionsfaktoren, die die Produktionsfunktion gestalten, unterschieden werden muß. Dies bedeutet, daß dem dispositiven Faktor die Aufgabe obliegt, auf den Faktorkombinationsprozeß, in den ausschließlich die Elementarfaktoren einfließen, gestaltend einzuwirken.

Nach dem Kriterium "**Verbrauch des elementaren Produktionsfaktors**" kann zwischen **Potential-** und **Repetierfaktoren** (auch Verbrauchsfaktoren genannt) unterschieden werden. Abgrenzungskriterium ist hierbei die **Anzahl der Faktorkombinationen**, für die die produktive Wirksamkeit eines Elementarfaktors besteht. Während Repetierfaktoren wie Werkstoffe nur in einer einzigen Faktorkombination produktiv wirksam sind, können Potentialfaktoren (wie menschliche Arbeitsleistungen und Betriebsmittel) in mehreren Kombinationsprozessen eine produktive Wirkung entfalten.

In einer weiteren Differenzierung können dann die Potentialfaktoren nach dem Merkmal "**Abgabe von Werkverrichtungen**" in **aktive** und **passive** Potentialfaktoren untergliedert werden. Ohne näher auf weitere Merkmale, die zur Systematisierung herangezogen werden können, einzugehen, wird in Abbildung 8 ein Überblick über mögliche Kriterien vermittelt (vgl. Haak 1982, S. 119).

Kriterium	Produktionsfaktorklassen (PF)	
Dispositionsmöglichkeit	dispositive	elementare
Verbrauch	Potentialfaktoren	Repetierfaktoren
Gattung	personale PF	sachliche PF
Materialität	materielle PF	immaterielle PF
Autonomie der Disponierbarkeit	interne PF	externe PF
Knappheit	freie PF	ökonomische PF
Teilbarkeit	teilbare PF	nichtteilbare PF
Sphäre	reale PF	nominale PF
Produktionsstufe	originäre PF	derivative PF
Art der Teilnahme	aktive PF	passive PF

Abb. 8: Systematisierungskriterien der Produktionsfaktoren

Darüber hinaus erfuhr das Produktionsfaktorsystem Ergänzungen durch die Einbeziehung weiterer Produktionsfaktoren:

- Busse von Colbe/Laßmann (1988, S. 81 f.) führen neben den dispositiven und elementaren Faktoren als dritte Gruppe die **Zusatzfaktoren** ein, die dadurch charakterisiert sind, daß sie zwar Kosten verursachen, ihnen aber in der Regel keine eindeutig abgrenzbare Mengengröße zugrunde liegt. Hierunter sind z.B. Leistungen von Kreditinstituten, Versicherungen und staatliche Leistungen zu subsumieren.

- Weitere Ergänzungen erfährt dieses System durch die Einbeziehung der immateriellen Faktoren **Information** (vgl. Wild 1970, S. 51) und **Rechte** (vgl. Vormbaum 1967, S. 57; Wittmann 1977, S. 590). Durch die explizite Nennung des Produktionsfaktors Information wird der **gesamte** Komplex der Information in das Faktorsystem einbezogen, während vorher lediglich verkörperte Informationen Beachtung fanden, d.h. ihre implizite Berücksichtigung z.b. in Form personenbezogenen Wissens erfolgte.

- Ferner wurden für die unterschiedlichsten Dienstleistungsunternehmungen spezifische Produktionsfaktorsysteme entwickelt (vgl. den Überblick bei Corsten 1985a, S. 48 ff.). In diesem Zusammenhang erfolgt die Einführung eines externen **Faktors**, für den in der Literatur auch die Bezeichnungen Objektfaktor oder Fremdfaktor zu finden sind. Hierunter ist ein Produktionsfaktor zu verstehen, der vom Abnehmer oder Verwerter einer Dienstleistung in den Produktionsprozeß eingebracht wird. Der charakteristische Unterschied zu den internen Produktionsfaktoren ist folglich darin zu sehen, daß sich der externe Faktor der **autonomen Disponierbarkeit** entzieht. Beispiele für den externen Faktor sind: Patient, Kunde, Transportobjekt, das zu reinigende Kleidungsstück (vgl. Maleri 1973, S. 78). Der entscheidende **Unterschied** zu den internen Produktionsfaktoren, die über den Beschaffungsmarkt zu beziehen sind, ergibt sich damit aus dem Sachverhalt, daß die externen Faktoren in der erforderlichen Ausprägung durch den Produzenten **nicht** beschaffbar sind, sondern nur durch den Abnehmer selbst eingebracht werden können. Damit stellt sich die Frage, ob diese Faktoren geeignet sind, die Dienstleistungs- von der Sachgüterproduktion abzugrenzen. Die von Kern (1992, S. 15) angeführten "**beigestellten Objektfaktoren**", wie zu färbende Garne, zu bedruckende Tuche, zu bearbeitender Stahl, zeigen deutlich, daß der externe Faktor die ihm von Maleri zugesprochene Abgrenzungsfunktion nicht erfüllen kann.

- Kern (1992, S. 10) berücksichtigt auch die Produktionsfaktoren, die der Unternehmung unentgeltlich zur Verfügung stehen, da die Entgeltlichkeit des Erwerbs von Produktionsfaktoren für die theoretische Analyse einer Faktorkombination unerheblich ist. Dies hat zur Konsequenz, daß auch die **Umwelt als Produktionsfaktor** in die Systematik einbezogen wird.

Die vorstehenden Überlegungen lassen sich dann in einer für **industrielle Produktionsprozesse** geltenden Faktorsystematik zusammenfassen (Kern 1992, S. 17).

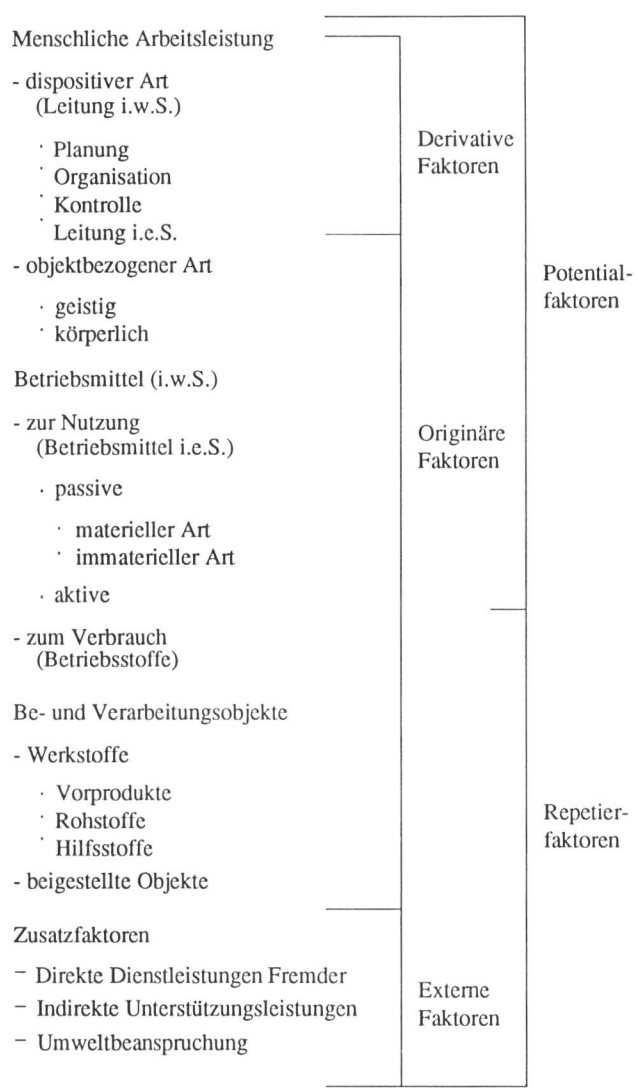

Abb. 9: System industrieller Produktionsfaktoren

1.1.2.2 Throughput

Der Throughput stellt den Leistungserstellungsprozeß (= Produktionsprozeß) dar. Unter einem Prozeß wird dabei eine **eindeutige** Kombination von Produktionsfaktoren mit dem Ziel der Leistungserstellung verstanden, wobei sich diese Prozesse wiederum in einzelne Arbeitsgänge zerlegen lassen. Die Produktion läßt sich folglich in **abstrakter**

Form durch einen **Vektor** Ψ beschreiben, der die Produktionsfaktoren mit den durch die einzelnen Aktivitäten bestimmten Ausbringungen zusammenfaßt (vgl. Schneeweiß 1987, S. 35):

$$\Psi' = (x_1, ..., x_m;\ r_1, ..., r_n)$$

Jeder Produktionsprozeß basiert auf einer Technologie. Unter Technologie wird die Anwendung naturwissenschaftlicher Gesetzmäßigkeiten in der industriellen Produktion verstanden mit dem Ziel, aus den eingesetzten Stoffen und Energien die gewünschten Güter herzustellen (vgl. Strebel 1984, S. 39). In der **Industrie** ist die Produktion damit primär ein **technologischer** Vorgang.

Dabei beschreibt die Menge aller technischen Aktivitäten dann eine Technologie, die im einfachsten Fall wie in Abbildung 10 dargestellt werden kann (zu speziellen Formen vgl. Fandel 1987, S. 40 ff.).

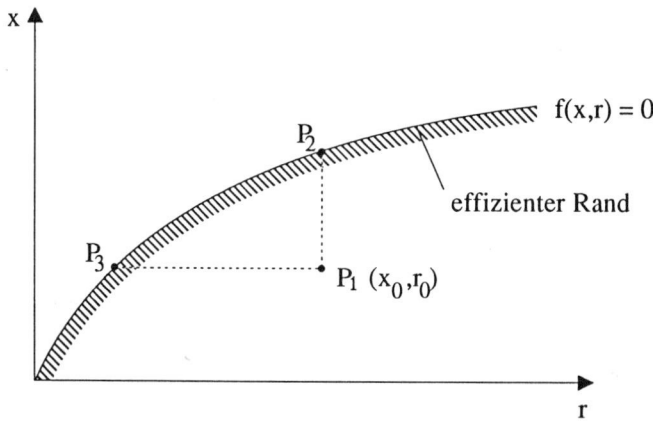

Abb. 10: Technologie TE bei einem Input und einem Output

Die Abbildung zeigt, daß nicht jede Produktion, die technisch möglich ist, in ökonomischer Hinsicht als gleichwertig zu bezeichnen ist. So zeigt sich, daß der Output, der sich durch den Punkt P_1 (x_0, r_0) beschreiben läßt, auch mit einem geringeren Input realisierbar ist (P_3) oder mit dem gleichen Input ein höherer Output (P_2) erzeugt werden kann. Aus dieser Überlegung resultiert, daß die günstigsten Kombinationen auf dem Rand der eingezeichneten Funktion liegen, der auch als **effizienter Rand der Technologie TE** bezeichnet wird. Letztlich ist dieser effiziente Rand die entsprechende Produktionsfunktion.

Häufig entstehen im Rahmen eines Produktionsprozesses nicht nur erwünschte Güter, die das Sachziel der Unternehmung verkörpern, sondern es entstehen unerwünschte stoffliche und energetische Rückstände (Ungüter, vgl. Strebel 1984, S. 39). Da derartige Rückstände den Wert des erwünschten Output beeinträchtigen, weil etwa eine umweltfreundliche Behandlung Kosten verursacht, muß der Wert des Output nicht nur den Wert des Input, sondern darüber hinaus auch die Nachteile dieser Rückstände aufwiegen, wenn diese nicht wiederum, ohne zusätzliche Behandlungen, erneut in denselben oder in einen anderen Produktionsprozeß zum Einsatz gelangen können.

1.1.2.3 Output

In **produktionswirtschaftlicher Sicht** kann der **Output**, d.h. das zu erstellende **Produkt**, als die **final** angestrebte Ausbringungsmenge der Produktion definiert werden (vgl. Chmielewicz 1968, S. 14). Wird neben dieser produktionswirtschaftlichen auch die **absatzwirtschaftliche Sichtweise** in die Outputdefinition aufgenommen, dann kann das Produkt als das Ausbringungsgut gekennzeichnet werden, das zur Bedürfnisbefriedigung Dritter geeignet ist. Dabei können Produkte sowohl **materieller** als auch **immaterieller Natur** sein, oder einen Komplex (auch Systems-Selling genannt), der materielle und immaterielle Elemente umfaßt, darstellen. Daneben lassen sich Endprodukte, Zwischenprodukte und Abfallprodukte unterscheiden, wobei sich die Endprodukte wiederum in Konsum- und Investitionsgüter untergliedern lassen. Bei Vernachlässigung der Nominalgüter, diese sind nur für Dienstleistungsunternehmungen relevant (vgl. Corsten 1985a, S. 169), lassen sich dann die Produkte (Realgüter) wie folgt systematisieren (vgl. Fandel 1987, S. 32):

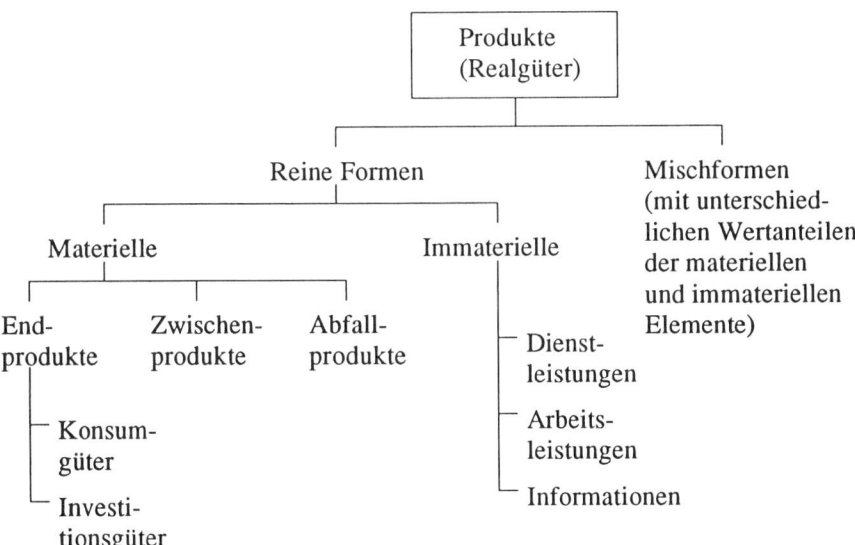

Abb. 11: Systematisierung der Produkte

1.1.3 Eigenschaften des Produktionssystems

1.1.3.1 Die Kapazität produktionswirtschaftlicher Systeme

"Kapazität ist das Leistungsvermögen einer wirtschaftlichen oder technischen Einheit – beliebiger Art, Größe und Struktur – in einem Zeitabschnitt." (Kern 1962, S. 27). Generell ist zwischen

- der qualitativen und
- der quantitativen Kapazität

zu unterscheiden. Mit der **qualitativen Kapazität** werden **Art** und **Güte des Leistungsvermögens** erfaßt. Als Beispiel möglicher Ausprägungen seien genannt:

- Dimension der Erzeugnisse,
- Genauigkeitstoleranzen,
- Tragfähigkeit.

Demgegenüber ist unter **quantitativer Kapazität** das **mengenmäßige Leistungsvermögen** in einem Zeitabschnitt zu verstehen. Maßstab ist dabei i.d.R. die Ausbringungsmenge pro Zeitraum. Ist diese nicht eindeutig feststellbar, werden Ersatzmaßstäbe wie

- Maschinenstunden oder
- verbrauchte Werkstoffmengen

zugrunde gelegt.

Da die Gesamtkapazität der Unternehmung für die Produktionsplanung keine geeignete Basis darstellt, ist es erforderlich, die Kapazität in

- zeitlicher,
- räumlicher und
- funktionaler Hinsicht

zu spezifizieren (vgl. Günther 1989, S. 18 f.).

In **zeitlicher Hinsicht** ist in Abhängigkeit von der zugrunde liegenden Zeitspanne zwischen langfristiger und kurzfristiger Betrachtung zu unterscheiden. Während im Rahmen der langfristigen Produktionsplanung Jahres- oder Mehrjahreskapazitäten im Zentrum des Interesses stehen, liegen einer kurzfristigen Sicht monatliche, wöchentliche oder noch kürzere Kapazitätsperioden zugrunde.

Eine **räumliche Betrachtung** bezieht sich auf die Einheit, die für die Kapazitätsmessung herangezogen wird. Dabei kann einerseits eine **Produktionseinheit** und andererseits ein beliebiges **Produktionssystem** Gegenstand der Überlegungen sein. Welche Einheit letztlich herangezogen wird, hängt im Einzelfall von der spezifischen Fragestellung ab, die das Produktionsmanagement zu lösen hat. In Industrieunternehmungen geht die Kapazitätsbestimmung jedoch i.d.R. von einzelnen Produktionsstellen aus. Unter

Produktionsstelle wird dabei ein innerbetrieblicher Teilbereich verstanden, in dem eine Anzahl (möglichst) **homogener Betriebsmittel** zur Leistung von Produktionsbeiträgen eingesetzt werden (vgl. Kilger 1986, S. 51 ff.). Zu den Betriebsmitteln zählen (vgl. Jandt 1986, S. 1 ff.):

- Grundstücke und Gebäude
- Maschinen, Vorrichtungen, Werkzeuge, Meß- und Prüfeinrichtungen
- Transportmittel
- Lager- und Aufbewahrungseinrichtungen (Silos, Tanks).

Neben diesen materiellen Gütern zählen hierzu auch **immaterielle Güter** wie Patente, Lizenzen, Marken- oder Urheberrechte.

Gemeinsam sind sämtlichen Erscheinungsformen der Betriebsmittel, daß sie **nicht** durch einen **einmaligen Einsatz** im Produktionsprozeß **verbraucht** werden, sondern während ihrer Nutzungsdauer wiederholt Leistungen für die Produktion abgeben, d.h. sie stellen Nutzungspotentiale dar.

Demgegenüber bilden **Anlagen** in der Form von

- Maschinen und
- Fördereinrichtungen

eine Teilklasse der Betriebsmittel, auf die sich die Ausführungen in der Literatur häufig implizit konzentrieren, auch wenn allgemein von Betriebsmitteln die Rede ist. Anlagen müssen dabei die folgenden Eigenschaften erfüllen:

- **Potentialfaktoreigenschaft**: Anlagen verkörpern einen **Nutzungsvorrat**, der zur Leistungabgabe über die Zeit zur Verfügung steht. Entsprechend sind Potentialfaktoren nicht beliebig teilbare Faktoren.
- **Eigenschaft der Verschleißabhängigkeit**: Anlagen unterliegen einem Verschleiß, der mit der Nutzung verbunden ist. Der **Verschleiß** bewirkt eine **negative Veränderung der Anlageneigenschaften**.
- **Eigenschaft der Aktivität**: Anlagen üben Verrichtungen aus, indem sie raumzeitliche Arbeits- und Bewegungsvorgänge vollziehen. **Aktive Faktoren** besitzen ein **eigenes Leistungsvermögen**. Inaktive Faktoren führen keine Arbeitsgänge aus (z.B. Gebäude, Einrichtungsgegenstände).

In **funktionaler Hinsicht** lassen sich die folgenden betrieblichen Faktorkapazitäten unterscheiden:

- **Anlagenkapazität**, die die Summe möglicher Anlagennutzungen in einer Periode darstellt,
- **Personalkapazität**, die den Einsatz an Arbeitsleistungen in einer Periode wiedergibt und
- **Beschaffungskapazität** als die Summe der in einer Periode möglichen Bezüge an materiellen und/oder immateriellen Gütern.

Während die Beschaffungskapazität nur selten den Engpaß des Leistungserstellungsprozesses bildet, wird die Anlagenkapazität häufig durch die Personalseite restringiert, so daß die Personalkapazität häufig den Engpaßfaktor darstellt.

Der maximale Umfang an Leistungen, den eine Produktionseinheit abzugeben vermag (maximale Kapazität), wird dabei durch die folgenden **Einflußgrößen** bestimmt:

- der maximalen Produktionsintensität,
- der maximal möglichen Einsatzzeit und
- dem maximal nutzbaren Kapazitätsquerschnitt.

Abbildung 12 verdeutlicht diesen Zusammenhang (Kern 1962, S. 135):

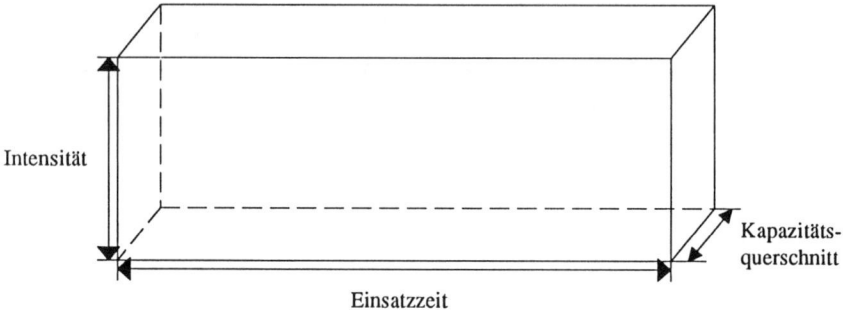

Abb. 12: Einflußgrößen der Kapazität

In diese Abbildung lassen sich dann die effektiven Inanspruchnahmen der Kapazitätsdimension einzeichnen.

Die produktiv nutzbare (effektive) Kapazität ($b_{\text{eff } jt}$) für eine Produktiveinheit ergibt sich dann aus der folgenden Beziehung:

$$b_{\text{eff } jt} = b_{\text{quer } jt} \cdot T^E_{jt} \cdot \lambda_{jt} \cdot \mu_{jt}$$

mit:

$b_{\text{quer } jt}$ = Kapazitätsquerschnitt der Produktiveinheit j im Zeitraum t

T^E_{jt} = Einsatzzeit der Produktiveinheit j im Zeitraum t

λ_{jt} = Intensität der Produktiveinheit j im Zeitraum t

μ_{jt} = Nutzungsgrad der Produktiveinheit j im Zeitraum t

Der Kapazitätsquerschnitt gibt dabei die in der Periode t in der Produktiveinheit j verfügbaren Produktionsfaktoren an. Zur Berechnung der effektiven Kapazität ist der Kapazitätsquerschnitt für die Anlagen und das Personal zu differenzieren:

- Zur Ermittlung der **effektiven Anlagenkapazität** ergibt sich der Kapazitätsquerschnitt aus der Anzahl der in einer Produktiveinheit vorhandenen und in einer Periode bereitstehenden Anlagen.

- Demgegenüber wird zur Ermittlung der **effektiven Personalkapazität** die Anzahl der in einer Produktiveinheit eingesetzten Arbeitskräfte als Kapazitätsquerschnitt herangezogen.

Mit der Einsatzzeit wird die Zeitspanne erfaßt, in der die zum Einsatz gelangenden Produktionsfaktoren tatsächlich zur Verfügung stehen.

Mit der Intensität werden die in einer Zeiteinheit t erbrachten Arbeitseinheiten (z.b. Stück pro Stunde) erfaßt.

Darüber hinaus ist zu beachten, daß die betriebliche Einsatzzeit nicht in vollem Umfang nutzbar ist, da **kapazitätsmindernde Verlustzeiten** (z.b. Störungen) eine volle Nutzung verhindern.

Als kapazitätsmindernde Verlustzeiten seien genannt (vgl. Zäpfel 1982, S. 13):

- **Anlageninduzierte Verlustzeiten** wie Zeiten für Reparaturen und Wartungen sowie Ausfälle von Maschinen.
- **Personalinduzierte Verlustzeiten** wie Urlaub und Krankheit.
- **Rechtlich induzierte Verlustzeiten** wie Betriebsversammlungen.

Diese Verlustzeiten können weiterhin danach differenziert werden, ob sie **beeinflußbar** oder **unbeeinflußbar** sind. So hängt etwa die verfügbare Produktionskapazität von der gewählten **Instandhaltungspolitik** und der Wahl des **Instandhaltungszeitpunktes** ab. Darüber hinaus ist zwischen stochastisch und deterministisch auftretenden Verlustzeiten zu unterscheiden, wobei nur letztere differenziert planbar sind, während erstere nur über grobe Orientierungsgrößen erfaßt werden können.

Bei der quantitativen Kapazität wird häufig zwischen

- Maximalkapazität,
- Minimalkapazität und
- Optimalkapazität

unterschieden.

Unter der **Minimalkapazität** ist die für die Funktionsfähigkeit notwendige oder unter ökonomischen Gesichtspunkten erforderliche **Mindestleistung** zu verstehen (z.b. die Inbetriebnahme eines Hochofens). Rein ökonomisch bestimmt ist hingegen der Terminus **optimale Kapazität**. Sie stellt diejenige Ausbringungsmenge pro Zeitraum dar, bei der die Stückkosten ihr Minimum aufweisen. Dabei ist zu beachten, daß das Errreichen dieses Optimums auch von der **zeitlichen Verteilung** der Produktion abhängig ist, die während der gesamten Periode nicht zu einer Abweichung von der optimalen Intensität führen darf. Ob dies realisierbar ist, hängt z.b. von den auftretenden **Nachfrageschwan-**

kungen und der **Lagerfähigkeit** der zu erstellenden Güter ab. Demgegenüber wird von **Maximalkapazität** gesprochen, wenn ein Potentialfaktor ununterbrochen während der zur Verfügung stehenden Zeitspanne mit maximaler Intensität arbeitet.

Unter Kostengesichtspunkten ist die **Maximalkapazität** jedoch mit den folgenden Nachteilen verbunden:

- Bei der Realisation der Maximalintensität treten einerseits erhöhte variable Produktionskosten pro Stunde auf und anderseits ist mit erhöhten Ausschußmengen zu rechnen. Es erscheint daher unter ökonomischen Gesichtspunkten empfehlenswert, von einer **optimalen Intensität** auszugehen.

- Ein Dreischichtbetrieb bedingt die Realisation von Nachtschichten, die mit Lohnzuschlägen für Nachtarbeit einhergehen. Darüber hinaus ist zu beachten, daß bei einem Dreischichtbetrieb mit einem stärkeren Anlagenverschleiß zu rechnen ist.

Der verfügbaren Kapazität ist der Kapazitätsbedarf ($b_{b\,jt}$)gegenüberzustellen. Aus der quotialen Verknüpfung ergibt sich dann der **Kapazitätsauslastungsgrad** ($b_{aus\,jt}$):

$$b_{aus\,jt} = \frac{b_{b\,jt}}{b_{eff\,jt}}$$

Wird mit x_{it} die Höhe der in der Periode t zu erbringenden Produktionsleistungen der Art i und mit h_i der Produktionskoeffizient bezeichnet, dann läßt sich die **geplante Beschäftigung** (BS_{jt}) wie folgt ermitteln:

$$BS_{jt} = \sum_{i=1}^{n} x_{it} \cdot h_i$$

Die Beschäftigung gibt folglich die Inanspruchnahme der Kapazität einer Produktiveinheit in einem Zeitabschnitt an. Wird die Beschäftigung auf die produktiv nutzbare Kapazität bezogen, dann ergibt sich der **Beschäftigungsgrad** (BG_{jt}):

$$BG_{jt} = \frac{BS_{jt}}{b_{eff\,jt}}$$

Demgegenüber ist es die Aufgabe der **langfristigen Kapazitätsplanung**, eine weitgehende **Kapazitätsharmonisierung** herbeizuführen. Dies bedeutet, daß die quantitativen Kapazitäten der im Produktionsablauf verbundenen Produktionsstellen so zu dimensionieren sind, daß sie langfristig dem durch das Produktionsprogramm bedingten Bedarf entsprechen. Die Abbildungen 13 und 14 geben diesen Sachverhalt wieder.

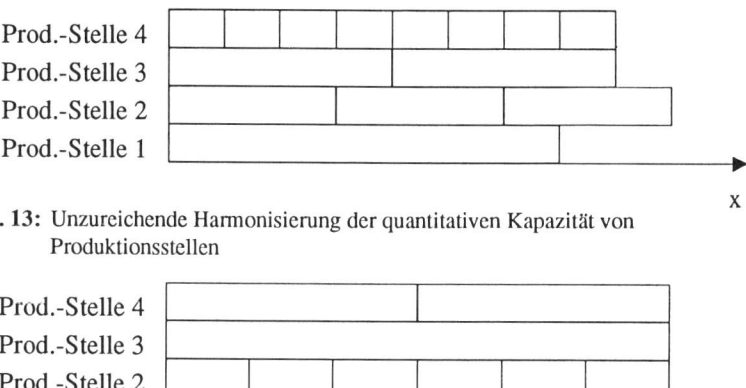

Abb. 13: Unzureichende Harmonisierung der quantitativen Kapazität von
Produktionsstellen

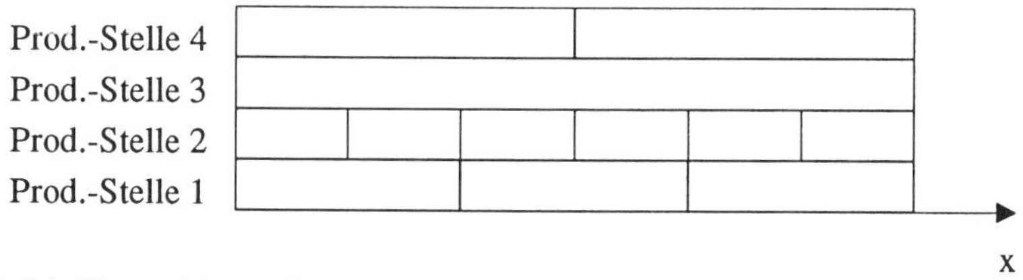

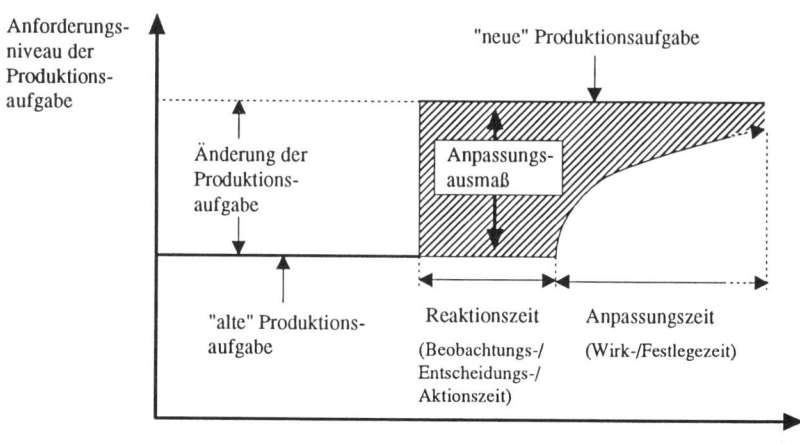

Abb. 14: Harmonisierung der quantitativen Kapazität von Produktionsstellen

1.1.3.2 Die Flexibilität produktionswirtschaftlicher Systeme

Mit der Flexibilität eines Produktionssystems wird die Anpassungs-, Umstellungsfähigkeit oder Beweglichkeit an wechselnde Aufgaben erfaßt. Sie ist folglich ein Ausdruck dafür

- **ob,**
- in **welchem Umfang** und
- **wie schnell**

die Leistung eines Produktionssystems an andersartige Produktionsaufgaben angepaßt werden kann. Abb. 15 verdeutlicht die Determinanten der Flexibilität eines Produktionssystems (vgl. Helberg 1987, S. 40).

Abb. 15: Determinanten der Flexibilität eines Produktionssystems

Bei Anlagen ist in diesem Zusammenhang die Unterscheidung in

- **Spezial-** und
- **Mehrzweckaggregate**

von Bedeutung. Mehrzweckaggregate zeichnen sich dadurch aus, daß sie mehrere Tätigkeits- oder Werkverrichtungsarten durchführen können. Dabei gilt eine Anlage als um so flexibler, je weniger die Stückkosten ansteigen, wenn die Beschäftigung vom Betriebsoptimum abweicht. Flexibilitätsüberlegungen orientieren sich damit nicht an einzelnen Betriebspunkten, sondern beziehen sich auf ein **Spektrum von Betriebspunkten** der Produktionsaggregate, d.h. es greift ein **"Denken in Bandbreiten"** Platz. Zentraler Aspekt dieser Betrachtung ist folglich die **Reaktionsfähigkeit**, d.h. eine Abwehrreaktion im Sinne einer **Funktionssicherungsflexibilität**. Die Flexibilität soll folglich ein System dazu befähigen, seine Funktionstüchtigkeit, trotz eintretender Störeinflüsse, aufrechtzuerhalten. Diese Sichtweise impliziert damit eine primär **defensive Verhaltensweise** und vernachlässigt, daß Flexibilität auch aktive Elemente beinhalten kann, und zwar im Sinne einer Aktionsfähigkeit schlechthin. Damit beinhaltet Flexibilität sowohl eine **Risiko-** als auch eine **Chancendimension**: "Stellt die Umweltveränderung ein Risiko für die Zielerreichung der Unternehmung dar, so dient die vorhandene Flexibilität der Unternehmung dazu, die zielbedrohende Wirkung auszugleichen. Eröffnet eine Veränderung der Umwelt der Unternehmung jedoch neue Chancen, so wird die Flexibilität dafür benötigt, die Chancen zu nutzen, um damit die unter anderen Prämissen gesetzten Ziele zu überschreiten." (Wildemann 1987, S. 467 ff.). Dieser Sachverhalt wird auch als **Zielverbesserungsflexibilität** bezeichnet.

Flexibilität ist dabei keine konstante, sondern eine **dynamische Größe**, d.h. sie resultiert aus Aktionen in der Vergangenheit und kann durch solche auch verändert werden. Dabei stehen Handlung und Flexibilität in einer ambivalenten Beziehung zueinander, d.h. jede Aktion eröffnet einerseits Anpassungsmöglichkeiten und verschließt andererseits jedoch zukünftige Möglichkeiten.

Damit eine Unternehmung ihre Flexibilität zieladäquat gestalten kann, ist eine **informative Umweltkoppelung** von grundlegender Bedeutung, wofür die folgenden Informationen erforderlich sind (vgl. Mössner 1982, S. 47):

- Informationen über die Entwicklung der relevanten Umweltsegmente (Prognose);
- Informationen über die voraussichtlichen Auswirkungen der Aktionen (Projektionen);
- Informationen über den jeweiligen Systemzustand, sowie Kontrollinformationen über den Erfolg getätigter Maßnahmen.

Zur Realisation einer so verstandenen informativen Umweltkoppelung ist der Aufbau eines **Früherkennungssystems** notwendig, wobei die folgenden Elemente von besonderer Bedeutung sind (vgl. Meffert 1985, S. 129):

- Bestimmung relevanter Beobachtungsbereiche,
- Definition geeigneter Frühwarnindikatoren,

- Identifikation der Informationsquellen und
- Aufbau von Informationskanälen.

Abbildung 16 (im Anhang) gibt einen Überblick über die unterschiedlichen Erscheinungsformen der Flexibilität (vgl. Corsten 1988c, Studienblatt; Kaluza 1984, S. 306 ff.) und über mögliche Instrumente, die in diesem Zusammenhang zum Einsatz gelangen können.

Mit der **zeitlichen Dimension** wird die Reaktionsschnelligkeit eines Systems erfaßt. Entscheidend ist es hierbei, die Zeiträume bis zur Durchführung einer Maßnahme zu minimieren und damit die Reaktionsschnelligkeit zu erhöhen.

Bei der **inhaltlichen Dimension** wird zwischen

- Ziel- und
- Mittelflexibilität

unterschieden.

Bei der **Zielflexibilität** kann einerseits am Zielsystem, d.h. Veränderung der Zielmenge und Zielhierarchie, und anderseits am einzelnen Ziel, hinsichtlich Inhalt, Zeit und Ausmaß angesetzt werden.

Die **Mittelflexibilität** kann nach Jacob (1974, S. 322 f.) in

- Bestands- und
- Entwicklungsflexibilität

untergliedert werden. Unter **Bestandsflexibilität** wird die Fähigkeit verstanden, sich mit dem vorhandenen Produktionssystem an aktuelle Veränderungen anzupassen. Demgegenüber wird mit der **Entwicklungsflexibilität** die Möglichkeit erfaßt, das Produktionssystem an langfristige Umweltveränderungen anzupassen.

Flexibilität ist jedoch kein Selbstzweck, sondern ein Mittel zur Zielerreichung oder Zielveränderung unter sich wandelnden und/oder beschränkt vorhersehbaren Umweltverhältnissen (vgl. Grob 1986, S. 15). Es kann damit nicht das Ziel einer Unternehmung sein, das Flexibilitätspotential zu maximieren, sondern für den zu realisierenden Flexibilitätsgrad kann nur das **Erfordernis nach Anpassung** ein Maßstab sein. Folglich ist die Flexibilität eines Systems keine absolute Größe, sondern sie ist stets relativ zur relevanten Systemumwelt zu sehen, d.h. abhängig vom **Flexibilitätsbedarf**, der wiederum abhängig ist vom

- **Grad der Umweltturbulenzen** und dem
- **Anspruchsniveau** der **flexibilitätsbestimmenden** Oberziele (z.B. Sicherheitsstreben, Aggressivität der Unternehmungspolitik).

Aufgabe der Flexibilitätspolitik der Unternehmung ist es nun, Flexibilitätsbedarf und Flexiblitätspotential aufeinander abzustimmen. Hierfür ist es erforderlich, den **Flexibilitätsbedarf** nach **Ausmaß**, **Art** und **Zeitpunkt** zu prognostizieren, um das Flexibili-

tätspotential entsprechend zu gestalten. Bei einer Gegenüberstellung dieser beiden
Größen seien aus Vereinfachungsgründen lediglich die beiden Ausprägungen "hoch"
und "niedrig" herangezogen, so daß sich die folgende Abbildung ergibt (vgl.
Behrbohm 1985, S. 228).

		Hoher Flexibilitäts-bedarf bzgl.			Niedriger Flexibili-tätsbedarf bzgl.		
		Ausmaß	Art	Zeit	Ausmaß	Art	Zeit
Hohes Flexi-bilitätspo-tential bzgl.	Ausmaß						
	Art		I			II	
	Zeit						
Niedriges Flexibilitäts-potential bzgl.	Ausmaß						
	Art		III			IV	
	Zeit						

Abb. 17: Gegenüberstellung von Flexibilitätspotential und -bedarf

Die Situationen I und IV können dann als **kompatible Kombinationen** gekennzeichnet
werden, wenn der Flexibilitätsbedarf nach Ausmaß, Art und Zeit durch das Flexibilitätspotential in vollem Umfang abgedeckt wird.

Total inkompatible Kombinationen liegen in den Situationen II und III vor, wenn der
Flexibilitätsbedarf nach Ausmaß, Art und Zeit nicht mit dem Flexibilitätspotential in
Einklang steht. Dabei lassen sich die beiden folgenden Situationen unterscheiden:

- Situation III: **Inflexibilität** (Potential < Bedarf). Dieser Fall ist etwa beim Auftreten
  einer technologischen Diskontinuität (vgl. Wildemann 1987, S. 458 f.) gegeben, die
  seitens eines Konkurrenten induziert wird, das Produktionssystem der Unternehmung aber nicht in der Lage ist, diesen Umbruch mit den vorhandenen Instrumenten
  zu bewältigen. Im Extremfall kann die Funktionsfähigkeit des Systems in Frage
  gestellt sein.

- Situation II: **Überflexibilität** (Potential > Bedarf). Diese Überflexibilität kann
  hervorgerufen werden durch

  -- quantitative und/oder qualitative Überkapazitäten im Bereich Personal und Anla-
     gen und/oder

  -- überdimensionierte Sicherheitsbestände im Rohstoff- und Teilelager.

Diese Situationen sind damit durch ein ausgeprägtes **Flexibilitätsgefälle** gekennzeichnet.

Demgegenüber wird von **partiellen Inkompatibilitäten** gesprochen, wenn bei maximal zwei der drei Komponenten "Ausmaß", "Art" und "Zeit" eine mangelnde Übereinstimmung gegeben ist.

Grundsätzlich ergeben sich die in der folgenden Abbildung dargestellten Anpassungsmöglichkeiten, um auftretende Inkompatibilitäten zu beseitigen.

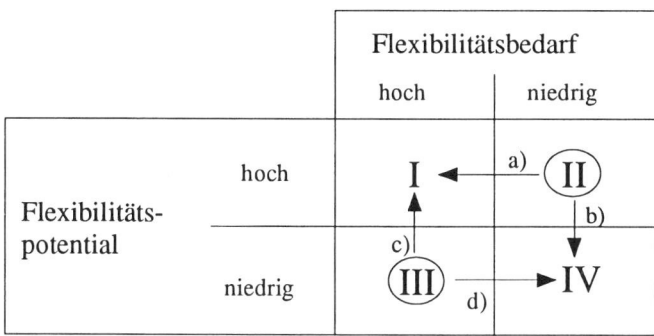

Abb. 18: Abstimmungsmöglichkeiten zwischen Flexibilitätsbedarf und -potential

Als generelle Möglichkeiten bieten sich somit einerseits eine **Anpassung des Flexibilitätsbedarfs** (Fälle a und d) und anderseits eine **Anpassung des Flexibilitätspotentials** (Fälle b und c) an.

In den Fällen (a) und (d) wird unterstellt, daß die Unternehmung auf den Flexibilitätsbedarf Einfluß nehmen kann. Hierzu bieten sich z.b. die folgenden Maßnahmen an:

- Diversifikationsstrategien
- Erschließung neuer Märkte (z.b. internationale Märkte),

um das Flexibilitätspotential besser auszunutzen (Fall a) oder im Fall (d) über Preisdifferenzierungsstrategien, um auf den zeitlichen Anfall des Bedarfs Einfluß zu nehmen.

Demgegenüber wird in den Fällen (b) und (c) der Flexibilitätsbedarf als gegeben betrachtet, an den sich das System anzupassen hat. Hierzu ist zunächst eine Analyse zur Lokalisierung des Flexibilitätsüberschusses oder -defizites erforderlich. Als "Suchraster" kann hierbei die vorgestellte Strukturierung der Flexibilitätskomponenten dienen (vgl. Abb. 16).

Im Rahmen der Entscheidung über den Einsatz von Maßnahmen der Bestands- oder Entwicklungsflexibilität sind

- die **Häufigkeit** und
- die **Dauer** des Auftretens von Flexibilitätsdefiziten relevant.

Handelt es sich um sporadisch auftretende kurzfristige Flexibilitätsdefizite, werden i.d.R. Maßnahmen aus dem Bereich der Bestandsflexibilität ergriffen. Treten diese Defizite hingegen häufig auf und sind von längerer Dauer, dann ist dies ein Hinweis darauf, daß das Flexibilitätspotential **strukturelle Defizite** aufweist, die nur über eine strategische Investitionsplanung zu beheben sind und damit in den Bereich der Entwicklungsflexibilität fallen.

Tendenziell lassen sich dann die folgenden Aussagen formulieren:

- Stimmen die Komponenten "Ausmaß", "Art" und "Zeit" gleichzeitig nicht überein, dann kann dieses Defizit i.d.R. nur über eine Maßnahme der Entwicklungsflexibilität behoben werden.

- Bei einer partiellen Inkompatibilität sind die beiden folgenden Fälle zu unterscheiden:

-- Stimmen Flexibilitätspotential und -bedarf hinsichtlich des Merkmals "Art" nicht überein, dann ist tendenziell eine Maßnahme der Entwicklungsflexibilität zu ergreifen.

-- Stimmen Flexibilitätspotential und -bedarf hinsichtlich des Ausmaßes und/oder der Zeit nicht überein, dann ist in Abhängigkeit von der Dauer und Häufigkeit des Auftretens dieser Defizite entweder eine Maßnahme der Bestands- oder der Entwicklungsflexibilität zu ergreifen.

In den bisherigen Überlegungen blieben **Kosten-** und **Nutzenaspekte** der Flexibilität unberücksichtigt. **Flexibilitätskosten** entstehen, weil Anzahl und/oder Güte der Freiheitsgrade, die einem System in einem bestimmten Zeitpunkt offenstehen, abhängig sind vom Vorhandensein eines **Leistungsüberschusses**. Dieser Leistungsüberschuß setzt sich aus Ressourcen zusammen, die unter dem Blickwinkel des jeweiligen Zielsystems und Anspruchsniveaus zu diesem Zeitpunkt über das Maß hinausgehen, das zu deren Verwirklichung erforderlich ist (vgl. Reichwald/Behrbohm 1983, S. 840).

Der **Nutzen der Flexibilität** resultiert ganz allgemein daraus, daß nach einer Ausgangsentscheidung noch bestimmte Anpassungsmöglichkeiten zu späteren Entscheidungszeitpunkten offenstehen (vgl. Mössner 1982, S. 327). Dabei ist der Nutzen auf die Zielsetzung der Unternehmung zu beziehen.

Rein formal kann dann das **optimale Maß an Flexibilität** bei gegebener Kosten- und Nutzenfunktion durch die Beziehung

$$\frac{dN(FL)}{dFL} = \frac{dK(FL)}{dFL}$$

beschrieben werden, d.h. der **Grenznutzen** der Flexibilitätserhöhung ist gleich den **Grenzkosten**. Diese formale Optimalitätsbedingung ist jedoch für praktische Problemstellungen von geringer Bedeutung. Eine andere Beziehung zur Ermittlung des Flexibilitätsnutzens stellt Mössner (1982, S. 334) auf:

$$\Delta N\,(FL_i) = N\,(al_i, FL_i) - N\,(al_j) > \Delta K\,(FL_i)$$

mit:

$\Delta N\,(FL_i)$ = erwarteter Nutzenzuwachs einer Handlungsalternative al_i mit der Flexibilitätsmaßnahme FL_i im Vergleich zur Handlungsalternative al_j

N (al$_i$, FL$_j$) = erwarteter Gesamtnutzen der Alternative al$_i$ mit der Flexibilitätsmaßnahme FL$_i$

N (al$_j$)   = erwarteter Gesamtnutzen der Alternative al$_j$

ΔK (FL$_i$)   = erwartete Mehrkosten der Alternative al$_i$ mit der Flexibilitätsmaßnahme FL$_i$ im Vergeich zur Alternative al$_j$

Dabei bleibt jedoch die Operationalisierung der Flexibilitätskosten und des -nutzens unbeachtet. So dürfte es äußerst problematisch sein, den Gesamtnutzen der Alternativen al$_i$ und al$_j$ und die mit al$_i$ verbundenen Mehrkosten zu bestimmen, da i.d.R. nur die Alternative al$_i$ **oder** al$_j$ realisiert wird.

Da, wie bereits erwähnt, die Flexibilität im Vorhandensein von Leistungsüberschüssen besteht, kann eine Kostenbetrachtung an den darin enthaltenen **Ressourcen** (Anlagen, Material, Personal) ansetzen. Ohne Anspruch auf Vollständigkeit sind die folgenden Kosten zu beachten:

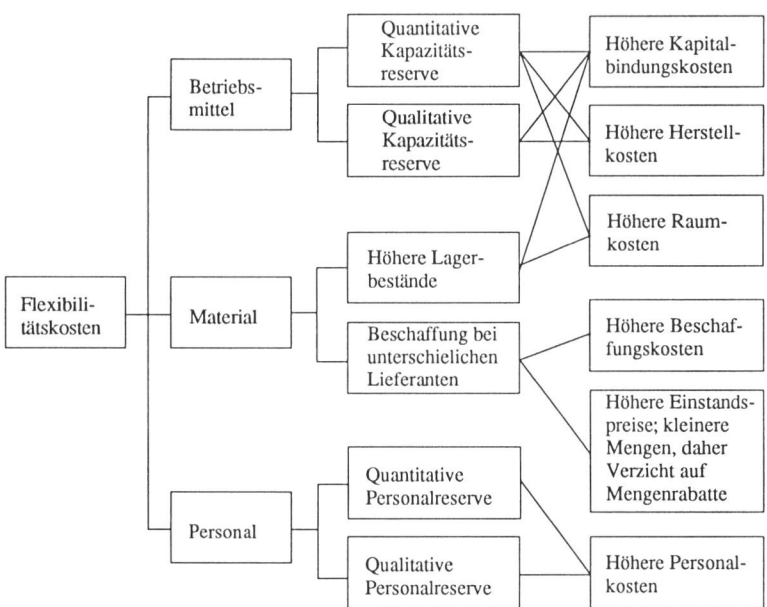

Abb. 19: Komponenten der Flexibilitätskosten

Während sich die vorangegangenen Kostenkomponenten noch relativ gut abschätzen lassen, verursacht die Nutzenbestimmung erhebliche Probleme. Insgesamt herrscht in der Literatur eine unscharfe Vorstellung über den Flexibilitätsnutzen und seine Ermittlung. Grundsätzlich läßt sich der Flexibilitätsnutzen in die beiden folgenden Komponenten zerlegen (vgl. Abb. 20):

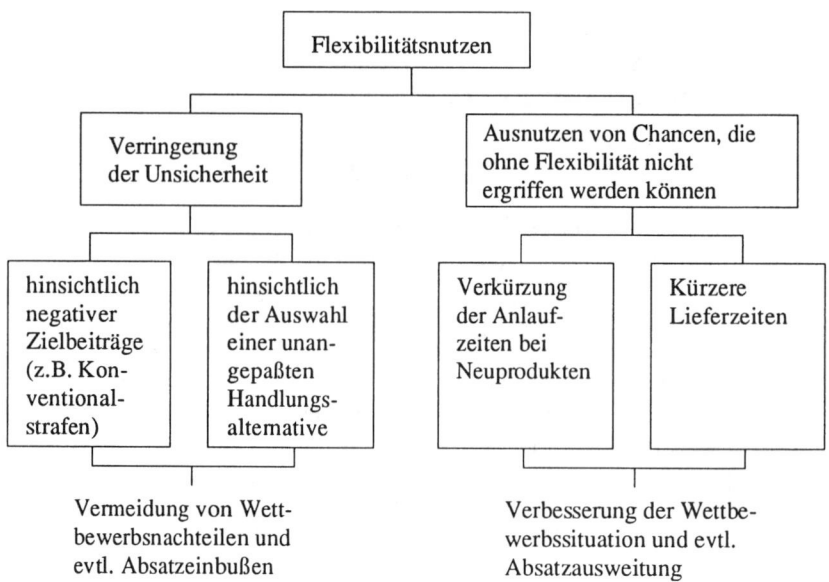

Abb. 20: Komponenten des Flexibilitätsnutzens

Diese Abbildung zeigt, daß der Nutzen der Flexibilität nur über grobe Schätzwerte bestimmt werden kann. Es scheint damit im Rahmen einer Flexibilitätsanalyse weniger auf eine exakte Kalkülisierung anzukommen, als vielmehr auf eine explizite Gegenüberstellung des Nutzens von Flexibilitätsmaßnahmen und den damit verbundenen Mehrkosten, um alternative Maßnahmen miteinander vergleichen zu können. Von Interesse ist in diesem Zusammenhang die Anwendung der von Wildemann (1986, S. 33) in die Literatur eingeführten **Argumentationsbilanz**. Hierbei sollen die nur schwer monetär quantifizierbaren Wirkungen, differenziert nach Aktiva und Passiva, verbal erfaßt werden, um dann auf dieser Grundlage einen **Argumentationsgewinn** oder **–verlust** ermitteln zu können.

1.1.4 Zur Abgrenzung der Industriebetriebslehre und der Produktionswirtschaft

Im Rahmen der Betriebswirtschaftslehre (BWL) wird zwischen einer Allgemeinen und Speziellen Betriebswirtschaftslehre unterschieden. Der Allgemeinen BWL obliegt die Aufgabe, allgemeingültige Aussagen zu formulieren, die unabhängig von der konkreten Erscheinungsform einer Unternehmung Gültigkeit besitzen. Demgegenüber beschäftigen sich die Speziellen Betriebswirtschaftslehren mit Aussagesystemen, die nur für spezifische Betriebswirtschaften Gültigkeit beanspruchen. Spezielle und Allgemeine BWL stehen folglich in einer **komplementären Beziehung** zueinander.

Bei den Speziellen Betriebswirtschaftslehren erfolgt darüber hinaus eine Untergliederung nach **institutionellen** und **funktionalen** Gesichtspunkten[1]. Ergebnis einer institutionellen Betrachtungsweise sind die sogenannten **Wirtschaftszweiglehren** wie Industriebetriebslehre, Handelsbetriebslehre, Versicherungsbetriebslehre und Bankbetriebslehre. Die **Industriebetriebslehre** ist damit eine Institutionenlehre, die sich mit den Besonderheiten industrieller Unternehmungen beschäftigt. Die Industriebetriebslehre umfaßt dabei alle Funktionsbereiche, die in einer Industrieunternehmung auftreten.

Demgegenüber entstehen **Funktionen** durch die Zusammenfassung gleicher oder gleichartiger Verrichtungen oder Tätigkeiten, d.h. es erfolgt eine zweckbetonte Zusammenfassung gleicher Verrichtungen. Charakteristisch für eine funktionsorientierte Betrachtungsweise ist es, daß nicht, wie in den Wirtschafszweiglehren, Besonderheiten von Unternehmungen in den einzelnen Wirtschaftszweigen herausgearbeitet, sondern betriebliche Funktionen **wirtschaftszweigübergreifend** verstanden werden. Dabei geht es **nicht** darum, die Wirtschaftszweiglehren durch Funktionenlehren zu ersetzen, sondern um die Identifikation **strukturgleicher** oder **-ähnlicher** Probleme in den unterschiedlichen Wirtschaftszweigen. Die in der betriebswirtschaftlichen Literatur aufgestellten Funktioneneinteilungen sind äußerst heterogen (vgl. Müller-Merbach 1976, S. 53). Hierfür sind insbesondere die folgenden Gründe relevant (vgl. Selchert 1971, S. 21):

- Die Funktionengliederungen erstrecken sich auf einzelne Wirtschaftszweige und nicht auf das gesamte Spektrum der Unternehmungen.
- Die Funktionengliederungen weisen unterschiedliche Tiefen auf, d.h. der Verrichtungskomplex wird in Teilfunktionen bis hin zu elementaren Vorgängen aufgelöst.

Ungeachtet dieser Probleme finden sich jedoch die Funktionen Beschaffung, Produktion und Absatz in allen Systematisierungen wieder. Diese Funktionen werden auch als **Elementarfunktionen** oder als **leistungswirtschaftliche Grundfunktionen** bezeichnet. Als weitere Funktionen werden darüber hinaus genannt: Finanzierung, Verwaltung, Leitung, Lagerung und Transport.

Durch Kombination der Funktionenlehren mit den Wirtschaftszweiglehren ergibt sich dann die in Abbildung 21 dargestellte Matrix.

Schwerpunkt der weiteren Ausführungen sind die Produktionsverhältnisse in Industrieunternehmungen. Hierfür werden auch die Begriffe **Fertigungswirtschaft** und **industrielle Produktionswirtschaftslehre** verwendet.

---

1) Ein weiteres Gliederungskriterium sind die Phasen.

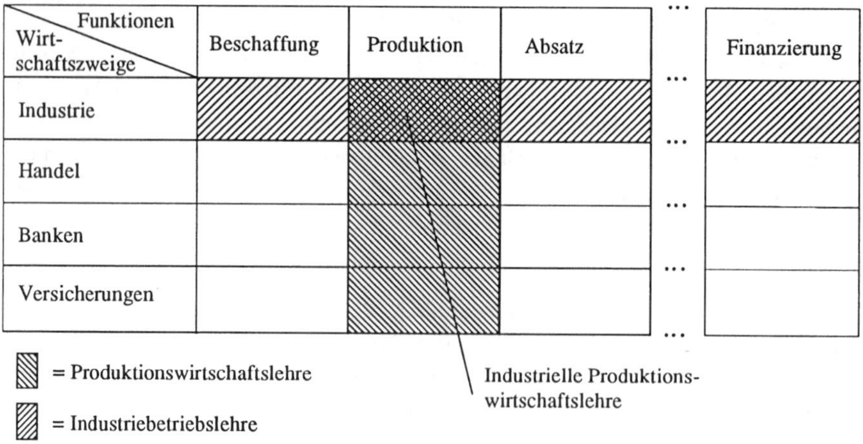

Funktionen / Wirtschaftszweige	Beschaffung	Produktion	Absatz	...	Finanzierung
Industrie				...	
Handel				...	
Banken				...	
Versicherungen				...	

⊠ = Produktionswirtschaftslehre

▨ = Industriebetriebslehre

Industrielle Produktionswirtschaftslehre

Abb. 21: Abgrenzung der industriellen Produktionswirtschaft

1.1.5 Aufgabenbereiche des Produktionsmanagements

In prozessualer Sicht obliegt dem Produktionsmanagement die Aufgabe der Gestaltung und Steuerung der Produktion (vgl. Zäpfel 1982, S. 32). Wie in Abbildung 1 dargestellt, läßt sich das **produktionswirtschaftliche System** in die drei Bereiche

- Programmgestaltung,
- Potentialgestaltung und
- Prozeßgestaltung und -steuerung

aufteilen. Als zweites Systematisierungskriterium sei die **Tragweite der zu fällenden Entscheidungen** für die Unternehmung herangezogen. Auf der Grundlage dieses Kriteriums kann zwischen

- strategischem,
- taktischem und
- operativem Produktionsmanagement unterschieden werden.

Durch Kombination dieser beiden Systematisierungen ergibt sich dann die in Abbildung 22 dargestellte Matrix.

Tragweite der Entscheidung / Elemente	Strategisches Produktionsmanagement	Taktisches Produktionsmanagement	Operatives Produktionsmanagement
Produkt- und Programmgestaltung	Festlegung der Produktfelder	- Konkretisierung der Produktfelder nach Art und Qualität - Festlegung der Breite und Tiefe des Produktionsprogramms - Planung neuer Produkte - Verbesserung vorhandener Produkte	Festlegung des Produktionsprogramms hinsichtlich Art und Menge
Potentialgestaltung	- Kapazitätsdimensionierung - Festlegung der Kapazitätsarten - Langfristige Rohstoffversorgung	- Personal- und Maschinenausstattung Technologieeinsatz - Festlegung der Bestellpolitik - Bestimmung optimaler Losgrößen	Bereitstellung der Produktionsfaktoren für ein gegebenes Produktionsprogramm - Beschaffung von Repetierfaktoren - Reservierung vorhandener Anlagen - Einsatz der Mitarbeiter
Prozeßgestaltung und -steuerung	Festlegung des generellen Prozeßablaufes in der Produktion (Produktionstyp)	- Festlegung des technologischen Verfahrens - Festlegung der innerbetrieblichen Standorte	Sicherstellung des optimalen Ablaufes des Produktionsprozesses bei gegebenem Produktionsprogramm (Maschinenbelegung, Reihenfolgeplanung)

Abb. 22: Aufgabenbereiche des Produktionsmanagements

Dem **strategischen Produktionsmanagement** obliegt damit die Grundsatzplanung mit langfristiger Wirkung. Sie ist folglich mit den höchsten Unsicherheiten behaftet. Ihre Aufgabe liegt in einer **generellen Ausrichtung** des Produktionssystems hinsichtlich Produktfelder, Fertigungsmethoden und Kapazitäten. Im Sinne Gutenbergs handelt es sich hierbei um **echte Führungsentscheidungen**, die von der Unternehmungsleitung wahrzunehmen sind. Als Merkmale echter Führungsentscheidungen sind zu nennen (Gutenberg 1979, S. 140):

- die Entscheidung muß von besonderer Bedeutung für die Unternehmung sein;
- die Entscheidung kann nur aus der Kenntnis der Gesamtlage der Unternehmung heraus getroffen werden;
- die Entscheidung kann nicht an nachgeordnete Dienststellen delegiert werden.

Für das **taktische Produktionsmanagement** bilden die Entscheidungen des strategischen Bereiches Rahmenbedingungen. Taktische Entscheidungen beziehen sich dabei auf eine Konkretisierung der strategischen Produktionspläne. So erfolgt etwa eine grobe Planung des Produktionsprogramms hinsichtlich Art und Menge, eine Festlegung der Bestellpolitik für Rohstoffe und die Festlegung der technologischen Verfahren.

Beim **operativen Produktionsmanagement** handelt es sich hingegen um laufende Anpassungsentscheidungen, und zwar innerhalb des Rahmens, der vom taktischen Produktionsmanagement vorgegebenen ist.

Diese Beschreibung macht deutlich, daß es sich zwischen diesen angesprochenen Ebenen nicht um isoliert zu gestaltende Problemkomplexe handelt, sondern daß zwischen ihnen eine **innere Verbindung** existiert. Es handelt sich demnach um einen vermaschten Entscheidungsprozeß (vgl. Zäpfel 1982, S. 36).

Die vorgenommene Aufgabenstrukturierung und -beschreibung erfolgte dabei in abstrakten Kategorien. Dies findet seine Begründung darin, daß es zunächst erforderlich ist, einen generellen Aufgabenrahmen des Produktionsmanagements zu entwerfen, um eine erste Vorstellung über die Vielfalt der Problembereiche des Produktionssystems zu vermitteln, und dann in einem weiteren Schritt eine Konkretisierung dieser Aufgabenkomplexe vollziehen zu können.

1.1.6 Typologien industrieller Produktionssysteme

Um die unüberschaubare Vielfalt realer Produktionssysteme zu strukturieren, ist es erforderlich, den Objektbereich auf der Grundlage von einem oder mehreren Merkmalen zu ordnen. Dabei werden an eine Typenbildung grundsätzlich die folgenden Anforderungen gestellt:

- Die **Forderung nach Echtheit**: Es müssen mindestens zwei nichtleere Unterklassen existieren.
- Die **Forderung nach Vollständigkeit**: Die zu betrachtenden Objekte müssen vollständig erfaßt werden; ein Element der Ausgangsklasse muß in einer Unterklasse enthalten sein.
- Die **Forderung nach Eindeutigkeit**: Ein Element darf nicht in zwei oder mehr Unterklassen eingeordnet werden können (die Unterklassen müssen disjunkte Mengen darstellen).

Dabei lassen sich Elementar- und Kombinationstypen bilden, wobei die Elementartypen in die drei folgenden Klassen aufgeteilt werden können:

- **erzeugnis**orientierte Typisierung,
- **einsatz**orientierte Typisierung und
- **erzeugungs-** (prozeß-) orientierte Typisierung.

Abbildung 23 gibt einen Überblick über diese unterschiedlichen Typisierungen industrieller Produktionssysteme (vgl. Blohm u.a. 1987, S. 205; Kern 1992, S. 83 ff.; Küpper 1979, Sp. 1643; Zäpfel 1982, S. 15 ff.).

Aus der Vielzahl dieser Typisierungen sei im folgenden auf einige, für die weiteren Überlegungen von besonderem Interesse erscheinende Ansätze etwas näher eingegangen.

Merkmale		Ausprägungen			
Erzeugnisorientierte Typisierungen	Verwendung der Erzeugnisse	Investitionsgüterproduktion	Konsumgüterproduktion		
	Absatzstruktur	Auftragsorientierte Produktion	Marktorientierte Produktion		
	Zusammensetzung der Güter	Einteilige Produkte	Mehrteilige Produkte		
	Materialität der Produkte	Materielle Produkte	Immaterielle Produkte		
	Produktgestalt und Aufbau	Fließgüter	Stückgüter		
	Spezifizierungsgrad	Individuelle Produkte	Standardisierte Produkte		
	Verwandtschaftsgrad der Produkte	Artenproduktion	Sortenproduktion		
	Mobilität	Mobilien	Immobilien		
Einsatzorientierte Typisierungen	Vorherrschender Einsatzfaktor	Materialintensiv	Arbeitsintensiv	Kapitalintensiv	
	Art der Arbeitskräfte	Gelernte	Angelernte	Ungelernte	
	Vermögen	Anlageintensiv	Vorratsintensiv	Forderungsintensiv	
Erzeugungsorientierte Typisierungen	Organisation der Produktion	Verrichtungsprinzip (Werkstattfertigung)	Prozeßfolgeprinzip (Fließfertigung)		
	Technologie	Chemische Technologie	Physikalische Technolgie	Biologische Technolgie	
	Art der Stoffverwertung	Durchgängige Stoffverwertung	Synthetische Stoffverwertung	Analytische Stoffverwertung	Umgruppierende Stoffverwertung
	Produktionstechnische Wechselbeziehungen	Verbundene Produktion — starres Mengenverhältnis / in Grenzen variables Mengenverhältnis	Unverbundene Produktion		
	Abstimmung des Materialflusses	Kontinuierliche Produktion	Diskontinuierliche Produktion		
	Wiederholungsgrad, Struktur der Auflagengröße	Einzelproduktion	Mehrfachproduktion — Massenproduktion (gleichbleibende / gewollte (Sortenproduktion) / ungewollte (Partie- und Chargenproduktion))	Serienproduktion — Kleinserie / Großserie	
	Anzahl der zu durchlaufenden Produktionsstellen	Einstufige Produktion	Mehrstufige Produktion		
	Zeitliche Zuordnung der Produkte zu den Produktionsstellen	Wechselproduktion	Parallelproduktion		
	Ortsungebundenheit der Produktion	Ortsungebundene Produktion	Ortsgebundene Produktion (z.B. Baustellenfertigung)		
	Verknüpfung der Prozeßfolge	Lockere Verknüpfung (Straßen-, Linien-, Reihenfertigung); keine Zeittakte	Starre zeitliche Verknüpfung — organisatorisch bedingte (Fließbandfertigung) / technisch bedingte (Zwangslauffertigung)		

Abb. 23: Beispielhafte Typisierungen industrieller Produktionssysteme

Während bei einer **auftrags- oder nachfrageorientierten Produktion**, wie etwa im Industrieanlagenbau, der Absatz der Produktion zeitlich vorgelagert ist und Teile der Beschaffung erst nach dem Absatz vollzogen werden, erfolgt bei einer **markt- oder angebotsorientierten Produktion** der Verkauf der Produkte erst zeitlich nach der Produktion. Dies geht einerseits mit der Konsequenz höherer Absatzunsicherheiten und anderseits mit der Chance einer Realisierung gleichbleibender Kapazitätsauslastungen einher (vgl. Kern 1992, S. 84). Bei einer marktorientierten Produktion sind folglich die Erwartungen hinsichtlich der Nachfrageentwicklung für die Unternehmung relevant, während bei einer auftragsorientierten Produktion die Eingänge oder Bestände an Aufträgen eine Orientierungshilfe bieten. Riebel (1965, S. 672 ff.) unterscheidet in diesem Zusammenhang neben den **Extremaltypen** der "reinen" kundenorientierten und der "reinen" marktorientierten Produktion sogenannte **Übergangs- und Mischformen**, die das breite Spektrum realer Erscheinungsformen abdecken. Bei den Übergangsformen erfolgt eine Differenzierung zwischen dem Grenztyp A und Grenztyp B. Während bei **Grenztyp A** die Produktart auf der Grundlage von Erwartungen festgelegt wird und die Menge und die zeitliche Verteilung der Produktion auf Grund von Kundenaufträgen bestimmt werden, wird beim **Grenztyp B** außer der Produktart auch die Menge der Produkte auf Grund von Kundenaufträgen bestimmt. Folglich wird in diesem Fall lediglich die zeitliche Verteilung der Produktion auf der Basis von Erwartungen geplant. Eine **Mischform** liegt dann vor, wenn in einem Teilbereich der Unternehmung Art, Menge und Zeit auf der Basis von Erwartungen geplant werden und in einem anderen Teilbereich eine Planung dieser Merkmale auf Grund von Kundenaufträgen erfolgt. Diese Mischformen können nebeneinander (horizontal) laufen oder auch hintereinander geschaltet (vertikal) sein, so daß in einzelnen Produktionsstufen eine Markt-, in anderen hingegen eine Kundenproduktion realisiert wird. Die Bildung vertikaler Mischformen ist deshalb möglich, weil häufig ein Produkt nicht "von Grund auf" für einen Kunden produziert wird, sondern nur Teile davon.

Die Anlagen und Arbeitsplätze lassen sich nach unterschiedlichen Prinzipien organisatorisch zu Produktionssystemen zusammenfassen (**Organisationstypen der Produktion**). Als **Grundprinzipien** sind dabei das Verrichtungs- und Prozeßfolgeprinzip zu unterscheiden (vgl. Will 1992a, S. 648 ff.). Beim **Verrichtungsprinzip** werden Anlagen mit gleichen oder gleichartigen Funktionen räumlich zusammengefaßt. Als wichtigste Erscheinungsform ist dabei die **Werkstattfertigung** zu nennen. Abbildung 24 gibt diesen Organisationstyp wieder.

Bei der Werkstattfertigung müssen die Werkstücke zwischen den zu durchlaufenden Werkstätten transportiert werden, wodurch i.d.R. hohe Materialflußkosten entstehen. Die Werkstattfertigung ist dann die geeignete Organisationsform, wenn eine ständig variierende Auftragsstruktur mit veränderlichen Materialflüssen gegeben ist. Hinsichtlich der räumlichen Anordnung der Produktionsstellen lassen sich die beiden folgenden Unterfälle bilden (vgl. Kilger 1986, S. 81 f.):

- Es ist nicht möglich, eine eindeutige Reihenfolge anzugeben, in der die Mehrzahl der zu erstellenden Produkte die Produktionsstellen durchlaufen. In diesem Fall liegt eine **auftragsungebundene Werkstattanordnung** vor, da die Durchlaufwege mit der Erzeugnisart ständig wechseln.

- Die meisten Produktarten durchlaufen die Produktionsstellen in gleicher oder ähnlicher Reihenfolge. In diesen Fällen erscheint es zweckmäßig, die Anordnung der Produktionsstellen dem Materialfluß anzupassen. Es wird damit bei der Stellen**bildung** das Verrichtungsprinzip und bei der Stellen**anordnung** das Prozeßfolgeprinzip realisiert. In diesem Fall liegt eine **ablaufgebundene Werkstattanordnung** vor.

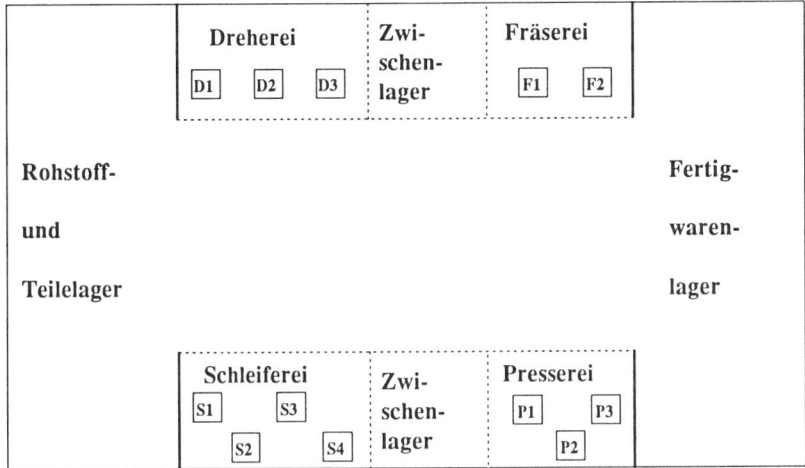

Abb. 24: Werkstattfertigung

Als weitere Erscheinungsform des Verrichtungsprinzips wird häufig die **Baustellenfertigung** genannt. Charakteristikum dieses Organisationstyps, der insbesondere bei Großprojekten zur Anwendung gelangt, ist die Anordnung der Produktionsstellen um das Produktionsobjekt herum. Dabei kann weiterhin zwischen außerbetrieblicher (z.B. Brückenbau) und innerbetrieblicher Baustellenfertigung (z.B. Schiffbau) unterschieden werden. Kilger (1986, S. 83) weist darauf hin, daß die Baustellenfertigung häufig nur mit Einschränkungen ein Anwendungsfall des Verrichtungsprinzips darstellt, weil hierbei i.d.R. auch Elemente des Prozeßfolgeprinzips zu beobachten sind.

Beim **Prozeßfolgeprinzip** erfolgt eine Anordnung der jeweiligen Arbeitsplätze in der Reihenfolge der an den Erzeugnissen zu verrichtenden Arbeitsgänge (Fließfertigung). Eine solche Anpassung der Arbeitsplätze an die Prozeßfolge ist jedoch nur bei standardisierter Massen- oder Großserienproduktion sinnvoll (z.B. Fahrzeugbau). Der Produktaufbau darf damit keinen kurzfristigen Veränderungen unterliegen. Die Fließfertigung ist jedoch kein homogener Organisationstyp, sondern sie weist äußerst differenzierte Erscheinungsformen auf.

So kann auf der Grundlage des Kriteriums "zeitliche Abstimmung" zwischen

- Fließfertigung **ohne** Zeitzwang und
- Fließfertigung **mit** Zeitzwang

unterschieden werden. Bei der **Fließfertigung ohne Zeitzwang** werden die erforderlichen Arbeitsplätze zwar nach dem Prozeßfolgeprinzip angeordnet, die Arbeitsgänge an den einzelnen Produktionsstellen werden aber zeitlich unabhängig voneinander ausgeführt. Folglich sind in dieser Erscheinungsform der Fließfertigung sowohl Rückflüsse als auch ein Überspringen von Produktionsstellen möglich. Eine spezielle Form stellt hierbei die **Fließinselfertigung** dar, bei der partiell, d.h. für bestimmte Teilefertigungen, das Prozeßfolgeprinzip realisiert, jedoch für die Hauptfertigung eine Werkstattfertigung beibehalten wird. Sie beruht somit auf einer Kombination der Organisationstypen Fließ- und Werkstattfertigung. Demgegenüber erfolgen bei einer **Fließfertigung mit Zeitzwang** sowohl die auszuführenden Arbeitsgänge als auch die Transporte zwischen den einzelnen Produktionsstellen in einem festen zeitlichen Rhythmus. Dementsprechend sind weder Rückflüsse noch ein Überspringen von Produktionsstellen in diesem Fall möglich.

Auf der Basis der **Ursachen** für die Realisation des Prozeßfolgeprinzips ist zwischen

- produktionstechnisch bedingter und
- organisationsbedingter Fließfertigung

zu unterscheiden. Eine **produktionstechnisch bedingte Fließfertigung**, auch Zwangslauffertigung genannt, liegt dann vor, wenn die Anordnung der Produktionsstellen eine zwangsläufige Folge technologischer Gegebenheiten des Produktionsprozesses ist (z.B. Raffinerien, Roheisen- und Stahlgewinnung). Demgegenüber wird eine **organisationsbedingte Fließfertigung** nicht durch technologische Gegebenheiten herbeigeführt, sondern sie wird aufgrund organisatorischer Überlegungen geschaffen, wie dies etwa in der Kraftfahrzeugindustrie der Fall ist. Hierbei ist der Produktionsprozeß in zeitlich gleiche und örtlich aneinander gereihte Arbeitsgänge zu zerlegen.

Auf der Grundlage des Merkmals "räumliche Anordnung des Produktionssystems" ist zwischen

- eindimensionalen und
- mehrdimensionalen Fließstrecken

zu unterscheiden. Während bei einer **eindimensionalen Fließfertigung** eine Produktionsstrecke durchlaufen werden muß, besteht eine **mehrdimensionale Fließfertigung** aus mehreren miteinander verflochtenen Produktionsstrecken, die wiederum in Basis-, Haupt- und Nebenstrecken aufgeteilt werden können. Abbildung 25 gibt diese Erscheinungsformen wieder.

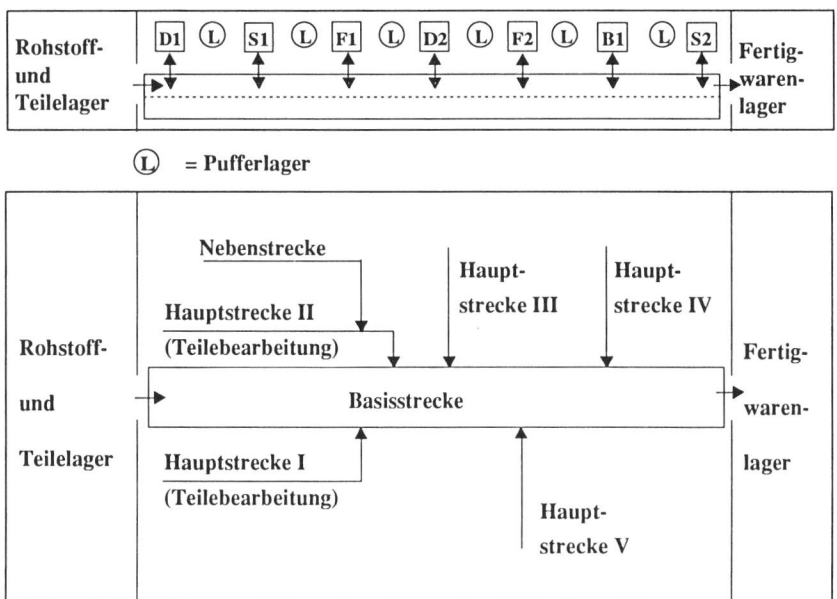

Abb. 25: Ein- und mehrdimensionale Fließfertigung

Erfolgt der Transport zwischen den einzelnen Produktionsstellen mit Hilfe von Bänc ern, dann wird von einer **Fließbandfertigung** gesprochen.

Dabei ist zu beachten, daß diese unterschiedlichen Organisationsformen der Produktion auch in einer Unternehmung nebeneinander Anwendung finden können. So ist es durchaus üblich, die Teilefertigung nach dem Verrichtungsprinzip zu organisieren, während dann im Rahmen der Montage das Fließprinzip realisiert wird.

Eine Organisationsform, die versucht, die Vorteile der Werkstatt- und der Fließfertigung zu vereinen, stellt die **Fertigungsinsel** dar. Teilweise wird in der Literatur die Fertigungsinsel auch als ein **Fertigungszentrum** ohne automatische Werkstück-versorgung beschrieben, d.h. sie stellt eine Form der Zentrenfertigung neben der Fertigungszelle und dem Flexiblen Fertigungssystem (FFS) dar (vgl. Arning 1987, S. 16 ff. und S. 67). Mit dem Begriff Fertigungszentrum wird dabei die Anordnung der Arbeitssysteme auf einen Bearbeitungsmittelpunkt hin zum Ausdruck gebracht. Charakteristikum der Fertigungsinsel ist es, daß alle für die Produktion von Produkten oder Produktteilen benötigten Ressourcen in einer organisatorischen Einheit angeordnet sind und dieser auch weitgehend autonome Planungs- und Steuerungsfunktionen zugeordnet werden (vgl. Scheer 1990, S. 54 f.), wobei die zum Einsatz gelangenden Betriebsmittel in der Fertigungsinsel nach dem Objektprinzip strukturiert sind.

Fertigungsinseln sind durch die folgenden Merkmale charakterisiert (vgl. Bohr/Eber-wein 1989, S. 218 f.; Bühner 1986a, S. 43 ff.; Mönig 1985, S. 83 ff.):

- Das zu produzierende Teilespektrum wird in Gruppen mit ähnlichen Fertigungsanforderungen gegliedert und zu **Teilefamilien** zusammengefaßt, wobei für jede dieser Gruppen dann möglichst selbständige Fertigungsbereiche, Fertigungsinseln genannt, eingerichtet werden. Unter Ähnlichkeit werden in diesem Zusammenhang gleichartige Bearbeitungsfolgen verstanden.

- Die Betriebsmittel werden nach dem **Objektprinzip** zusammengefaßt, d.h. es entstehen unabhängige Fertigungsbereiche, die die Produktion von bestimmten Teilefamilien vom Rohstoff bis zum Fertigteil übernehmen.

- Es erfolgt eine **dezentrale, selbständige Steuerung des Produktionsprozesses** auf der Grundlage des Gruppenprinzips, d.h. dem eingesetzten Personal wird ein Großteil der Planung, Steuerung und Kontrolle der Arbeitsabläufe in der Fertigungsinsel übertragen, so daß eine zentrale Terminsteuerung durch eine Selbststeuerung ersetzt wird. Eine betriebliche **Rumpf-Fertigungssteuerung** übernimmt eine periodenweise Auftragszuteilung unter Vorgabe entsprechender Endtermine, während die Fertigungsinsel die Koordination ihrer internen Arbeitsaufgaben übernimmt. Neben der Terminsteuerung werden der Gruppe auch die Arbeitsplanung, das Werkzeug- und Verrichtungswesen sowie das Qualitätswesen übertragen. Dies bedeutet, daß die zu erfüllenden Aufgaben in ihrer Gesamtheit auf die Gruppe zur gemeinsamen Ausführung übertragen werden und nicht, wie bei der Werkstattfertigung, eine Aufspaltung des Aufgabenspektrums in Teilmengen und deren Zuordnung auf die einzelnen Mitarbeiter erfolgt.

Als **Auswirkungen** der Realisation von Fertigungsinseln sind dann zu nennen (vgl. Bohr/Eberwein 1989, S. 219 ff.; Mönig 1985, S. 89):

- Im Vergleich zur Werkstattfertigung reduzieren sich die Transportwege und deren Länge, da die Grenzen des jeweiligen Produktionssystems Fertigungsinsel nur selten – im Idealfall nie – überschritten werden müssen. Dies bewirkt einerseits eine **Komplexitätsreduktion** des Materialflusses und andererseits des Informationsflusses. So reduziert sich die Kommunikation zwischen der betrieblichen Rumpf-Steuerung mit den einzelnen Fertigungsinseln auf eine periodenweise Auftragszuteilung und die einzuhaltenden Endtermine. Die konkrete Planung und Steuerung der Auftragsreihenfolge wird hingegen der Arbeitsgruppe übertragen. Aus diesen Überlegungen resultieren einerseits

  -- **Durchlaufzeitreduzierungen**, bedingt durch geringere Transport-, Warte- und Zwischenlagerungszeiten, verbunden mit einer Reduzierung des gebundenen Kapitals und einer höheren Liefertermintreue und andererseits

  -- eine **Vereinfachung des Material- und Informationsflusses**, bedingt durch eine Komplexitätsreduktion.

- Im personellen Bereich erfolgt keine starre Abgrenzung der Tätigkeiten innerhalb der Fertigungsinsel, sondern ein flexibler Einsatz der Mitarbeiter, d.h. Kennzeichen dieser Organisationsform ist die gemeinsame Verantwortung der Mitarbeiter für Qualität und Produktivität innerhalb der Fertigungsinsel. Es ist damit eine **Erweiterung des Dispositions- und Handlungsspielraumes** der Mitarbeiter zu konstatieren (Corsten 1991, S. 54 f.). Bedingt durch das Gruppenkonzept erlangen Anforderungsarten wie soziale Qualifikation, d.h. Fähigkeit zur Teamarbeit, besondere Relevanz. Darüber hinaus verändert sich, bedingt durch den flexiblen Einsatz der Mitarbeiter innerhalb der Gruppe, die Tätigkeitsstruktur der Mitarbeiter.

Eine weitere Organisationsform stellt die **Fertigungssegmentierung** dar, die durch Kombination unterschiedlicher Gestaltungsmerkmale entsteht: "Unter Fertigungssegmenten werden produktorientierte Organisationseinheiten der Produktion zusammengefaßt, die mehrere Stufen der logistischen Kette eines Produktes umfassen und mit denen eine spezifische Wettbewerbsstrategie verfolgt wird." (Wildemann 1988b, S. 54). Ferner erfolgt eine Integration von planenden und indirekten Funktionen. Fertigungssegmente lassen sich folglich durch die folgenden Merkmale charakterisieren (vgl. Wildemann 1988b, S. 54 ff.):

- **Markt- und Zielausrichtung**, d.h. sie zielen auf die Bildung von Produkt-Markt-Produktions-Kombinationen ab. Die Fertigungsbereiche sind damit auf spezifische Wettbewerbsstrategien auszurichten. So läßt sich beispielsweise eine Kostenführerschaftsstrategie i.d.R. nur durch spezialisierte Fertigungseinrichtungen realisieren, während für eine Differenzierungsstrategie hochflexible Fertigungssegmente aufzubauen sind.

- **Produktorientierung**, mit dem Ziel, den Koordinationsaufwand zu reduzieren. Dabei hat die Bildung der produktorientierten Fertigungssegmente so zu erfolgen, daß einerseits innerhalb der einzelnen Segmente Synergie- und Spezialisierungsvorteile erreicht werden können, und anderseits zwischen den Segmenten möglichst wenige Leistungsverflechtungen auftreten.

- **Mehrere Stufen der logistischen Kette** eines Produktes.

- **Übertragung indirekter Funktionen**, d.h. neben ausführenden werden den Mitarbeitern in der Produktion auch planende Funktionen übertragen, wodurch ein möglichst hoher Autonomiegrad der Fertigungssegmente angestrebt wird.

- **Kostenverantwortung**, d.h. die Fertigungssegmente sind als "Cost Center" auszulegen. Dies wird durch die höhere Integration von Produktionsstufen und von planenden und ausführenden Funktionen und dem damit einhergehenden hohen Maß an Kostenverantwortlichkeit möglich.

Als **Zielsetzungen** der Segmentierung sind dabei zu nennen:

- Durchlaufzeitverkürzung,

- Bestandsreduzierung,

- Qualitätsverbesserung und

- Produktivitätssteigerung.

In Abhängigkeit von der verfolgten Wettbewerbsstrategie erlangen diese Ziele jedoch unterschiedliche Bedeutung. Während bei einer Kostenführerschaftsstragie dem Bestandssenkungs- und dem Produktivitätssteigerungsziel die höchste Bedeutung zukommt und der Qualitätsverbesserung eine mittlere Bedeutung beigemessen wird, treten bei einer Differenzierungsstragie die Durchlaufzeitverkürzung und die Qualitätssteigerung in den Vordergrund (vgl. Wildemann 1988b, S. 103 f.).

Neben den oben genannten Organisationstypen der Produktion seien beispielhaft weitere Produktionstypen hervorgehoben. So kann auf der Grundlage des Wiederholungsgrades zwischen Einzel- und Mehrfachfertigung unterschieden werden, wobei letztere in die Serien- und Massenfertigung weiter aufgeteilt wird.

Ellinger (1959, S. 71) unterscheidet im Rahmen der **Einzelfertigung** zwischen einmaliger, erstmaliger und wiederholter Einzelfertigung. Von einer einmaligen Fertigung wird dann gesprochen, wenn ein Produkt nur ein einziges Mal hergestellt wird. In diesem Fall liegt gleichzeitig eine erstmalige Fertigung vor. Eine erstmalige Fertigung liegt aber auch dann vor, wenn mit einer Wiederholung des Produktionsprozesses zu einem späteren Zeitpunkt gerechnet wird. Von einer wiederholten Einzelfertigung wird dann gesprochen, wenn ein Produkt zwar wiederholt gefertigt wird, die Unterbrechung zwischen den Produktionszeiten jedoch so groß ist, daß die hierfür erforderlichen Produktionssysteme abgebaut wurden.

Bei der **Mehrfachproduktion** wird zwischen Massen- und Serienproduktion unterschieden. Der generelle Unterschied zwischen diesen Erscheinungsformen ist darin zu sehen, daß bei der **Serienproduktion** ex ante eine Auflagengröße festgelegt wird, während dies bei **Massenproduktion** nicht der Fall ist. Bei der Massenproduktion ist weiterhin zwischen einer gleichbleibenden und einer wechselnden Form zu unterscheiden, wobei letztere in die beiden Teilklassen gewollte und ungewollte zerfällt. Bei einer gewollten wechselnden Massenproduktion werden Produktunterschiede bewußt herbeigeführt, wobei eine fertigungstechnische oder rohstoffmäßige Verwandtschaft der Produkte besteht (z.b. Abmessungen von Walzwerkerzeugnissen; materialabhängige Sortenbildung). Diese Erscheinungsformen werden unter dem Begriff der **Sortenproduktion** zusammengefaßt.

Ist der Wechsel jedoch ungewollt, dann wird zwischen Partie- und Chargenproduktion unterschieden. Während bei einer **Partieproduktion** die Ausgangsbedingungen nicht konstant gehalten werden können, wie dies etwa bei der Verarbeitung von Naturprodukten der Fall ist, ist bei einer **Chargenproduktion** der Produktionsprozeß nicht vollständig steuerbar (z.b. Schmelzprozesse).

Bezeichnung	Struktur	Beispiele
Durchgängige Stoffverwertung	Input 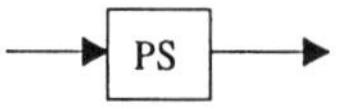 → PS → Output	Drahtzieherei, Walzwerk, Baumwollspinnerei
Synthetische Stoffverwertung	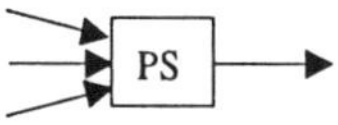 →→→ PS →	Montageprozesse, Synthesen in der chemischen Industrie
Analytische Stoffverwertung	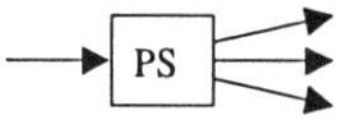 → PS →→→	Kohle- und Erzaufbereitung; Destillation von Rohöl
Austauschende oder umgruppierende Stoffverwertung	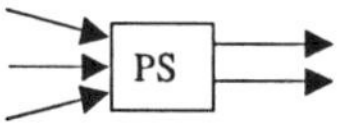 →→ PS →→	Chemisch-technologische Umwandlungsprozesse
PS = Produktionsstelle		

Abb. 26: Prozeßtypen nach Art der Stoffverwertung

Als weiteres Kriterium wurde die Art der Stoffverwertung angeführt. Abbildung 26 verdeutlicht die unterschiedlichen Prozeßtypen für jeweils eine Produktionsstelle und führt entsprechende Beispiele an.

Zur Charakterisierung realer Produktionssysteme reicht jedoch ein einzelnes Merkmal nicht aus. Dabei ist zu beachten, daß die Ausprägungen einzelner Merkmale eine enge Beziehung aufweisen und folglich häufig gemeinsam auftreten. In Abbildung 27 wird dies beispielhaft für die beiden Erscheinungsformen auftragsorientierte und marktorientierte Produktion gezeigt.

	Auftragsorientierte Produktion	Marktorientierte Produktion
Verwendung der Erzeugnisse	Tendenziell Investitionsgüterproduktion	Tendenziell Konsumgüterproduktion
Spezifizierungsgrad	Primär Individualprodukte	Primär Standardprodukte
Organisationstyp	Verrichtungsprinzip	Prozeßfolgeprinzip
Wiederholungsgrad	Einzel- oder Kleinserienproduktion	Massen- und Großserienproduktion

Abb. 27: Kombinationstypen

1.1.7 Eingliederung der Produktion in die Unternehmungsorganisation

Unter **Organisation** wird die **Strukturierung von Systemen** zur Erfüllung von Daueraufgaben verstanden. Strukturierung bedeutet dabei die Herstellung einer Ordnung der Elemente eines Systems. Hierdurch bedingt, entstehen zwischen den Elementen **Gleich-, Über- und Unterordnungsbeziehungen.**

Auch für die Einordnung der Produktion in die Unternehmungsorganisation gilt zunächst das grundlegende **Postulat der Kongruenz** zwischen der Bedeutung einer Aufgabe für die Unternehmung und der Stellung ihrer Träger im Leitungssystem.

Die weiteren Ausführungen zur organisatorischen Eingliederung der Produktion sollen sich zunächst auf die beiden Grundtypen der **Einlinienorganisation** in der Form der

- funktionalen und
- divisionalen Organisationsform

konzentrieren.

Funktionale Organisationsstrukturen sind dadurch gekennzeichnet, daß auf der obersten Leitungsebene die Aufgabensegmentierung nach dem Verrichtungsprinzip erfolgt. Dies bedeutet, daß gleiche oder gleichartige Verrichtungen zusammengefaßt und dann einer organisatorischen Einheit übertragen werden. Abbildung 28 zeigt eine solche funktionale Organiationsstruktur.

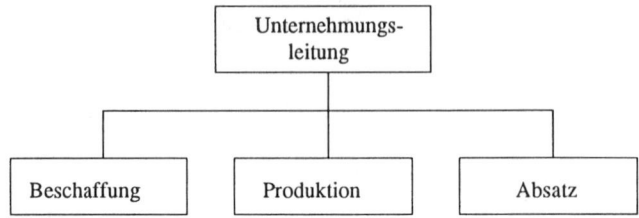

Abb. 28: Einordnung der Produktion in eine funktionale Organisationsstruktur

Der Produktionsbereich kann darüber hinaus weiter untergliedert werden. So läßt sich etwa die Leitung der Produktion in unterschiedliche Werksleitungen aufspalten.

Zur Entlastung von Führungskräften und in diesem Zusammenhang der Produktionsleitung können sogenannte **Stäbe** eingerichtet werden. Hierbei handelt es sich um Aktionseinheiten, die **keine Anordnungsbefugnis** gegenüber anderen Stellen haben. Als Stab für den Produktionsbereich sei beispielhaft die Qualitätskontrolle genannt.

Erfolgt die Segmentierung der Unternehmungsaufgaben nach dem **Objektprinzip**, d.h. es werden gleiche oder gleichartige Objekte zusammengefaßt, dann ergibt sich eine **divisionale Organisationsstruktur**. Als Objekte können dabei beispielsweise Produkte oder Produktgruppen zugrunde gelegt werden. Bei dieser Vorgehensweise ergibt sich eine dezentrale Eingliederung der Produktion, wie dies in Abbildung 29 dargestellt ist.

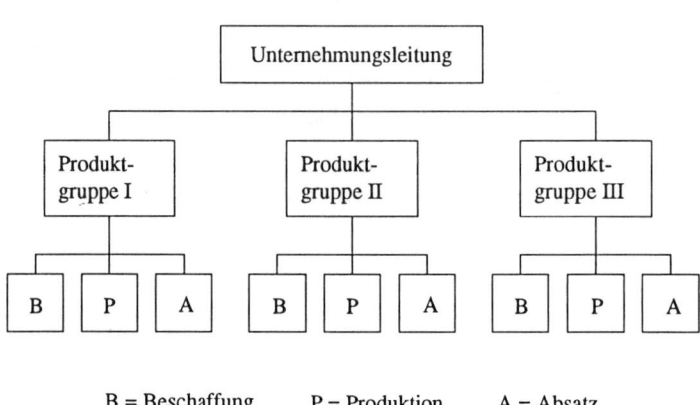

Abb. 29: Dezentrale Einordnung der Produktion in eine divisionale Organisationsstruktur

Die Vorteile einer dezentralen Eingliederung sind vor allem in einer Verkürzung der Kommunikationswege und einer Komplexitätsreduktion zu sehen. Demgegenüber ergeben sich als Nachteile die Gefahr einer unzureichenden Koordination und einer Konzentration auf dispositive Aufgaben aufgrund einer Orientierung an den Gegebenheiten der operativen Teilbereiche.

Den bisherigen Überlegungen zur Eingliederung der Produktion in die Unternehmung lag das **Einliniensystem** zugrunde. Zentraler Gedanke dieses von Fayol eingeführten Systems ist das **Prinzip der Einheit der Auftragserteilung**, welches besagt, daß ein einzelner Mitarbeiter nur von einem einzigen Stelleninhaber (Vorgesetzten) Weisungen erhalten soll und daß der Vorgesetzte nur seinen direkt unterstellten Mitarbeitern Anweisungen erteilen darf. Dieses System geht folglich mit eindeutigen Leitungsbeziehungen einher und damit verbundenen Kontrollverhältnissen. Als besonderer Nachteil ist bei einem Einliniensystem der schwerfällige Instanzenweg zu nennen, der nur eine geringe organisatorische Flexibilität aufweist.

Demgegenüber wird beim **Mehrliniensystem** das Prinzip der Einheit der Auftragserteilung zugunsten des **Prinzips des kürzesten Weisungsweges** aufgegeben. Dieses von Taylor aufgestellte System wurde speziell für die Weisungsbeziehungen zwischen Meister und ausführenden Arbeitern entwickelt und stellt damit eine logische Konsequenz der von Taylor geforderten Trennung von "Kopf" und "Hand" dar. Abbildung 30 gibt diesen von Taylor als **Funktionsmeistersystem** bezeichneten Ansatz wieder.

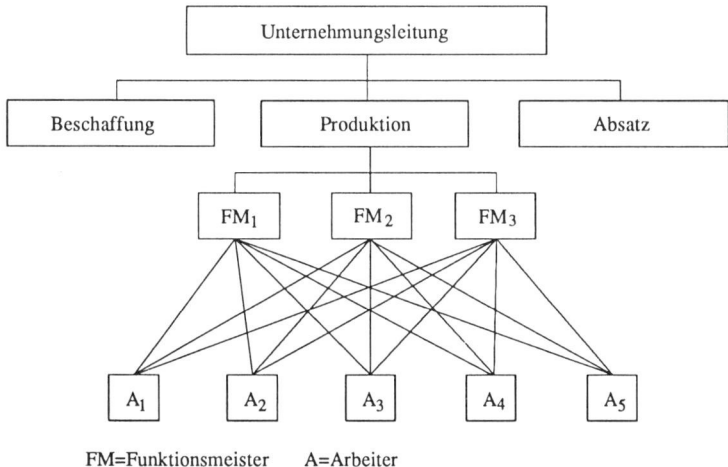

FM=Funktionsmeister   A=Arbeiter

Abb. 30: Mehrliniensystem

Diese Abbildung verdeutlicht die **Mehrfachunterstellung** der einzelnen Funktionsträger und unterstreicht die mit diesem System einhergehenden Abstimmungsprobleme. Eine in diesem Zusammenhang diskutierte Problemstellung ist die Frage nach der

Kontroll–, Leitungs- oder Subordinationsspanne. Hierunter ist die Anzahl der Untergebenen zu verstehen, die durch einen Vorgesetzten geleitet und kontrolliert werden können. Diese Kontrollspanne wird durch die folgenden Faktoren beeinflußt:

- Art der Beziehungen zwischen Vorgesetzten und Untergebenen,
- Häufigkeit der Beziehungen,
- Intensität der Beziehungen,
- Aufgabenart,
- Hierarchiestufe[1],
- Entlastung durch Stäbe, Assistenten usw.,
- Ausmaß der Delegation und
- realisierter Führungsstil.

Die Auflistung dieser Beeinflussungsfaktoren zeigt, daß es keine allgemeingültigen Aussagen zur "optimalen Kontrollspanne" geben kann. Es verwundert damit auch nicht, daß die im Schrifttum und in der Praxis vorzufindenden Angaben in hohem Maße streuen.

1.1.8 Ziele produktionswirtschaftlicher Betätigung

Charakteristisches Merkmal einer Unternehmung ist es, daß Güter produziert werden, die der Bedarfsdeckung Dritter dienen. In einer **marktwirtschaftlichen Ordnung** kann die Unternehmung dabei Art und Umfang der Produktion autonom bestimmen. Dieser Sachverhalt wird als **Autonomieprinzip** bezeichnet. Die Unternehmung legt damit ihr Produktionsprogramm in quantitativer und qualitativer Hinsicht fest. Das Produktionsprogramm wird dabei auch als **Sachziel** bezeichnet. Demgegenüber beziehen sich **Formalziele** auf die Input-Output-Beziehungen und liefern damit einen **normativen Maßstab** zur Beurteilung der Sachzielrealisation.

Ziele sind Aussagen oder Vorstellungen über zukünftige, als erstrebenswert erachtete Zustände, die durch Handlungen realisiert werden sollen. Damit haben Ziele die folgenden Funktionen zu erfüllen:

- **Bewertungsfunktion** im Rahmen von Entscheidungskalkülen (hierbei obliegt ihnen die Aufgabe, dem menschlichen Handeln eine Orientierung zu bieten und es zu steuern).
- **Koordinationsfunktion** (die Ziele sollen sicherstellen, daß dezentral getroffene, interdependente Entscheidungen auf das oder die Oberziel(e) einer Organisation bezogen sind. Die Ziele werden folglich als ein Führungsinstrument verstanden).

Unternehmungen verfolgen jedoch i.d.R. eine Mehrzahl von Zielen, d.h. es liegt ein Zielsystem vor. Dieses **Zielsystem** stellt eine geordnete Gesamtheit von Zielen dar, zwischen denen Beziehungen oder Interdependenzrelationen bestehen oder hergestellt werden können (vgl. Strebel 1981, S. 460). Es stellt sich folglich die Frage, welche

---

1) Ebenfalls hat die gewählte Kontrollspanne Einfluß auf die Anzahl der Hierarchieebenen.

Beziehungen zwischen den Zielen existieren können, wobei zu beachten ist, daß die **Zielbeziehungszusammenhänge** situationsabhängig sind (vgl. Viefhues 1982, S. 184). Eine Zielbeziehungsanalyse hat diese situationsabhängigen Beziehungen zu berücksichtigen, mit der Folge, daß je nach situativen Gegebenheiten eine

- **Veränderung** der Zielbeziehungsstärke (vgl. Mag 1976, S. 51 f.) oder ein
- **Wechsel** der Zielbeziehungen

auftreten kann, d.h. **variable Zielbeziehungen** gegeben sind.

Grundsätzlich lassen sich die folgenden Zielbeziehungen unterscheiden:

- Zielneutralität,
- Zielantinomie,
- Zielkonflikt,
- Zielkomplementarität und
- Zielidentität.

Dabei sind konfliktäre und antinome Beziehungen teilweise nur schwer lösbar. Während sich die Zielerfüllungsgrade bei konkurrierenden Zielen reziprok verhalten, schließen sich antinome Ziele gegenseitig aus (zu Möglichkeiten zur Überwindung von Zielkonflikten vgl. z.B. Corsten 1988b, S. 335 ff.; Kern 1992, S. 64).

Allgemein anerkannte produktionswirtschaftliche Zielsysteme existieren in der Literatur nicht. In Anlehnung an Szyperski/Tilmann (1979, Sp. 2306) lassen sich

- technische,
- ökonomische und
- humanorientierte Ziele

unterscheiden.

Bei den **technischen Zielen** dominieren Mengen als Zielgrößen. Durch die quotiale Verknüpfung der Ausbringungsmenge mit der Faktoreinsatzmenge ergibt sich die **Produktivität**, die teilweise auch als Grad der **technischen Ergiebigkeit** oder **Technizität** bezeichnet wird (vgl. Kern 1992, S. 67):

$$\text{Produktivität} = \frac{\text{Ausbringungsmenge}}{\text{Faktoreinsatzmenge}}$$

Die Ermittlung einer so definierten Produktivitätskennzahl für die gesamte Unternehmung stößt jedoch auf Schwierigkeiten, weil sich die Ausbringungsmengen und die Faktoreinsatzmengen aus heterogenen Elementen zusammensetzen und sich folglich nicht addieren lassen. Aus diesem Grunde werden i.d.R. lediglich mengenmäßige **Teilproduktivitäten** gebildet (vgl. Zäpfel 1982, S. 24).

$$\text{Arbeitsproduktivität} \atop \text{bei Produkt i} \quad = \quad \frac{\text{Produzierte Stücke der Art i}}{\text{Zahl der eingesetzten Arbeiter}}$$
(oder: Zahl der Arbeitsstunden)

$$\text{Maschinenproduktivität} \atop \text{bei Produkt i} \quad = \quad \frac{\text{Produzierte Stücke der Art i}}{\text{Zahl der eingesetzten Maschinen}}$$
(oder: Zahl der Maschinenstunden)

Als **ökonomische Zielgrößen** werden insbesondere die

- Wirtschaftlichkeit (oder Ökonomität) und die
- Rentabilität

herangezogen. Allgemein stellt die **Wirtschaftlichkeit** eine Kennzahl dar, die sich aus der quotialen Verknüpfung von Ertrag und Aufwand oder von Leistung und Kosten ergibt:

$$\text{Wirtschaftlichkeit} \quad = \quad \frac{\text{Ertrag}}{\text{Aufwand}} \quad \text{oder}$$

$$\text{Wirtschaftlichkeit} \quad = \quad \frac{\text{Leistung}}{\text{Kosten}}$$

Es ist ein allgemeines formales Prinzip, das jedem ökonomischen Handeln zugrunde liegt. Eine Verfeinerung kann diese Kennzahl dadurch erfahren, daß eine Soll-Wirtschaftlichkeit formuliert wird, der dann die Ist-Wirtschaftlichkeit als tatsächlich erreichte Wirtschaftlichkeit gegenübergestellt wird (vgl. Busse von Colbe/Laßmann 1988, S. 220 f.; Kern 1992, S. 68 f.):

$$\text{Soll-Wirtschaftlichkeit} \quad = \quad \frac{\text{Soll-Ertrag}}{\text{Soll-Aufwand}}$$

$$\text{Ist-Wirtschaftlichkeit} \quad = \quad \frac{\text{Ist-Ertrag}}{\text{Ist-Aufwand}}$$

Darüber hinaus werden die folgenden Verknüpfungen vorgeschlagen:

$$\text{Wirtschaftlichkeit} \quad = \quad \frac{\text{Soll-Aufwand}}{\text{Ist-Aufwand}} \quad \text{und}$$

$$\text{Wirtschaftlichkeit} \quad = \quad \frac{\text{Soll-Kosten}}{\text{Ist-Kosten}}$$

Das **Wirtschaftlichkeitsprinzip** ist im Rahmen einer konkreten Faktorkombination dann eingehalten, wenn die Gesamtkosten bei einer gegebenen Outputmenge ein Minimum erreichen. Eine solche Faktorkombination wird als **Minimalkostenkombination** bezeichnet (vgl. Punkt 1.3.2.3).

Mit dem Begriff der **Rentabilität** wird die Relation Gewinn zu Kapital erfaßt:

$$\text{Rentabilität} = \frac{\text{Gewinn}}{\text{Kapital}} \cdot 100$$

Die Rentabilität drückt folglich die Verzinsung des eingesetzten Kapitals bezogen auf einen bestimmten Zeitraum aus. Je nach Bezugsgröße läßt sich die Rentabilität z.b. in Eigenkapital-, Fremdkapital- und Gesamtkapitalrentabilität untergliedern. Weitere Erscheinungsformen sind: Umsatzrentabilität, Rentabilität des betriebsnotwendigen Kapitals, betriebliche Rentabilität des langfristigen Kapitals, Vermögensrentabilität.

Eine Erweiterung zum **Return-on-Investment (ROI)** erfährt die Rentabilität durch Einbeziehung des Umsatzes:

$$\text{ROI} = \underbrace{\frac{\text{Gewinn}}{\text{Umsatz}}}_{\text{Umsatzrentabilität}} \cdot \underbrace{\frac{\text{Umsatz}}{\text{Kapital}}}_{\text{Kapitalumschlag}} \cdot 100$$

Diese Beziehung zeigt, daß die gleiche Rentabilität durch unterschiedliche Kombinationen der Umsatzrentabilität und des Kapitalumschlages realisiert werden kann. Es lassen sich folglich (vgl. Abbildung 31) **ISO-Rentabilitätskurven** formulieren (vgl. Zäpfel 1982, S. 27).

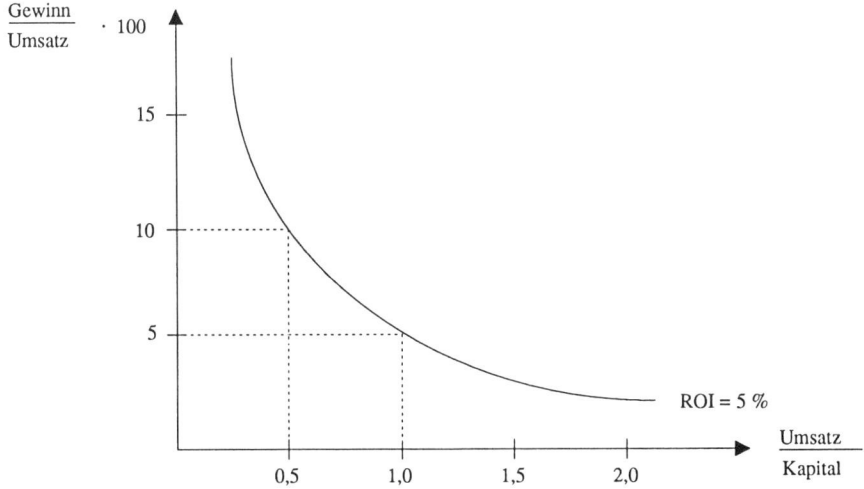

Abb. 31: ISO-Rentabilitätskurve

Die Rentabilität läßt sich darüber hinaus in Teilziele aufspalten, wodurch eine Zielhierarchie entsteht. Durch diese Vorgehensweise läßt sich verdeutlichen, wie sich etwa Handlungen im Produktionsbereich auf den Zielerfüllungsgrad einzelner Komponenten der Zielhierarchie und auf die Gesamtzielerreichung auswirken. Ebenfalls wird dadurch transparent, welche Elemente auf den unterschiedlichen Ebenen die Gesamtzielerreichung sichern. Abbildung 32 zeigt beispielhaft eine solche Zielhierarchie.

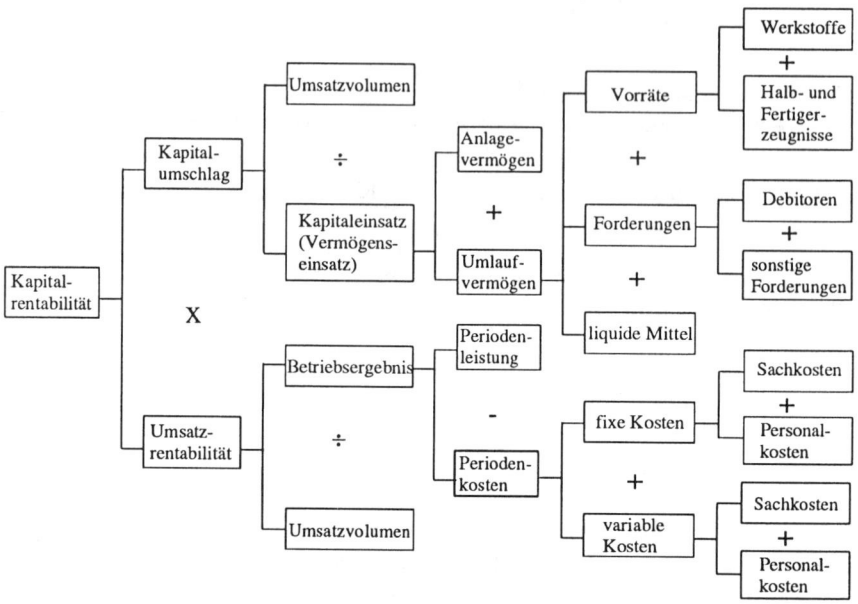

Abb. 32: Formale Zielhierarchie

Um den Zusammenhang zwischen Unternehmungshierarchie und den Unternehmungszielen zu verdeutlichen, erscheint es zweckmäßig, diese beiden Hierarchien zu verknüpfen. Dabei erfolgt eine Konzentration auf den Funktionsbereich der Produktion. Eine derartige Verknüpfung zeigt Abbildung 33.

Durch eine solche Gegenüberstellung und Verknüpfung wird deutlich, auf welche Teilzielkomponenten die Produktion (beispielhaft an der Abteilung Produktion III aufgezeigt) unmittelbar Einfluß nehmen und damit einen Beitrag zur Zielerreichung einer angemessenen Betriebsrentabilität leisten kann.

Demgegenüber handelt es sich beim **humanorientierten Zielbündel** primär um Inhalte, die nicht objektivierbare Bedingungen der menschlichen Arbeit betreffen (vgl. Szyperski/ Tilmann 1979, Sp. 2313). Hierzu zählt der gesamte Bereich "Humanisierung der Arbeit".

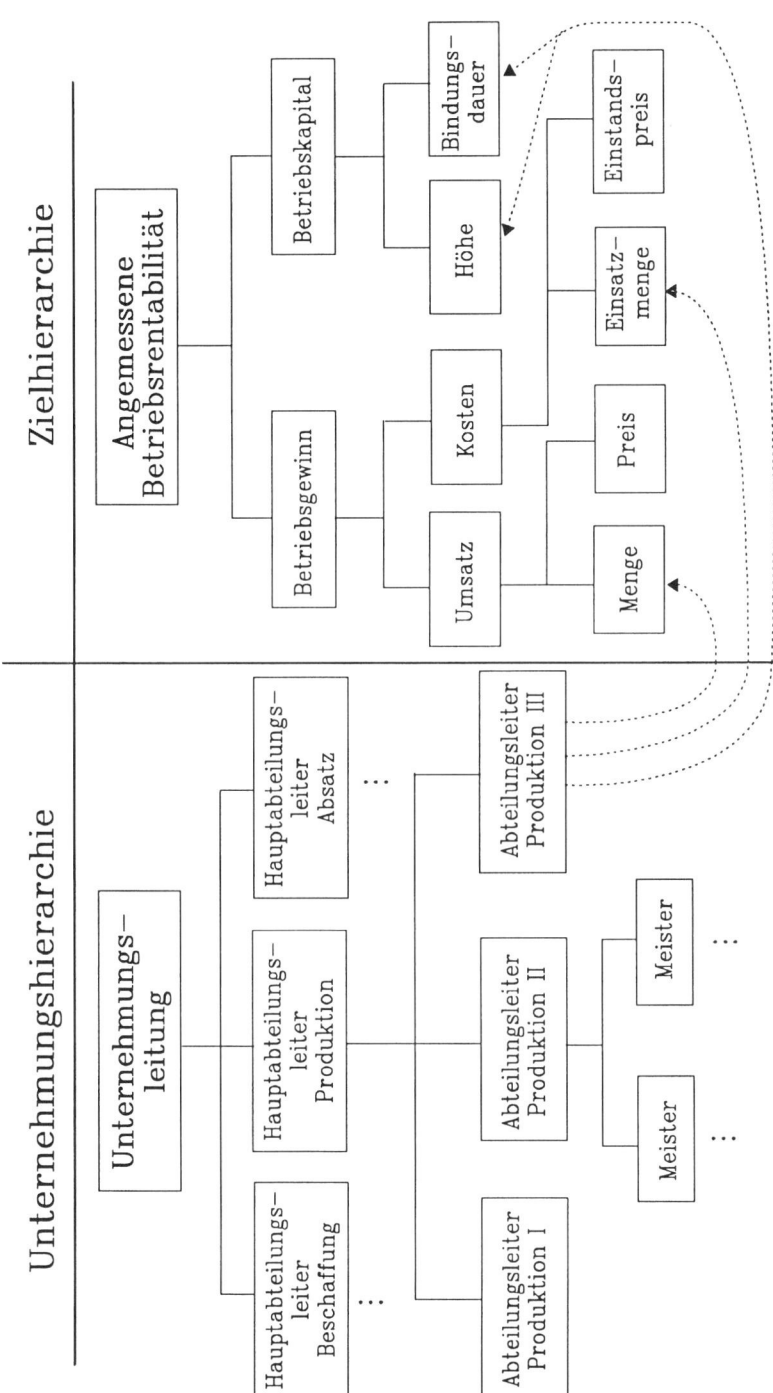

Abb. 33: Produktion und unternehmerische Ziele

1.2 Die Unternehmungskultur als Entscheidungsdeterminante des Managements

Da Entscheidungen i.d.R. multipersonelle Phänomene darstellen und die Wertvorstellungen interpersonell unterschiedlich sein können, stellt sich das Problem der Harmonisierung unterschiedlicher Wertvorstellungen zu einer gemeinsamen unternehmungsbezogenen Haltung. Damit wird der Problembereich der Unternehmungskultur angesprochen. Unter **Unternehmungskultur** wird dabei die **Gesamtheit unternehmungsbezogener Werte und Normen** verstanden (z.B. Einstellungen zum Kunden, zur Gesellschaft, zur Umwelt, zum Gewinn), die das Verhalten aller Mitglieder prägen (vgl. Gussmann 1988, S. 259). Basis der Unternehmungskultur ist damit ein **Wertsystem**, das möglichst von allen Mitarbeitern der Unternehmung getragen werden soll. Diese von den Mitarbeitern akzeptierten Werte und Normen stellen folglich ein **Fundament** für die Entscheidungsprozesse in der Unternehmung dar. Durch organisationsspezifische **Sozialisationsprozesse** werden diese Werte und Normen an neue Mitglieder weitergegeben und durch entsprechend konformes Handeln immer wieder neu legitimiert.

Die Bedeutung der Unternehmungskultur wird dabei sowohl auf organisatorischer als auch auf individueller Ebene thematisiert (vgl. Weber/Mayrhofer 1988, S. 559). Während sie auf der Unternehmungsebene die allgemeine Leistungsfähigkeit einer Organisation erhöht, obliegt ihr auf individueller Ebene eine motivierende und verhaltensleitende Relevanz. Ihr können folglich zwei Funktionen zugeordnet werden:

- **Koordinationsfunktion** (sie stellt eine informale Ergänzung der vorhandenen formalen Koordinationsinstrumente dar), d.h.
  -- sie schafft ein gemeinsames Bezugssystem
  -- sie ermöglicht gemeinsame Interpretation und Verständigung
  -- sie legitimiert und lenkt Handlungen der Organisationsmitglieder;
- **Motivationsfunktion**, d.h. sie stärkt das Zugehörigkeitsgefühl zur Unternehmung und wirkt hierüber auf die individuelle Leistungsbereitschaft der Mitglieder.

Dabei ist zu beachten, daß die Glaubwürdigkeit der Unternehmungskultur nicht vom "Verkünden von Grundsätzen" lebt, sondern primär vom "Vorleben" in den täglichen Entscheidungen. Ob und in welchem Maße sie letztlich von den Mitgliedern akzeptiert und internalisiert wird, hängt damit wesentlich von dem Verhalten des Managements auf allen Ebenen einer Organisation ab.

Die Unternehmungskultur muß jedoch nicht ein homogenes Gebilde sein, das für alle Gruppen verbindlich ist, sondern es existieren in einer Organisation unterschiedliche **Subkulturen**, z.B. in Abhängigkeit von der Funktionszugehörigkeit der Mitarbeiter. Dies bedeutet nicht, daß die jeweiligen Gruppen ein gemeinsames Leitbild nicht mittragen, sondern sie interpretieren es anders und setzen unterschiedliche Akzente. Die **Integration** dieser Subkulturen ist damit eine wichtige Aufgabe der Unternehmungsleitung. Wird die Heterogenität hingegen zu groß, ist das Erreichen des organisatorischen Gesamtzieles gefährdet.

Damit stellt sich die Frage nach der **Bindungsintensität** der organisatorischen Werte und Normen für ein einzelnes Individuum. Die Intensität ist dabei als Kontinuum aufzufassen, das einerseits durch eine vollständige Internalisierung und anderseits durch eine Ablehnung durch die Organisationsmitglieder begrenzt wird. Mintzberg (1983, S. 155 ff.) differenziert die folgenden **Erscheinungsformen der Identifikation**:

- Ein Mitglied stimmt mit den Werten und Normen der Organisation vollkommen überein (Mintzberg spricht in diesem Zusammenhang von einer "natürlichen" Identifikation).
- Durch Sozialisationsprozesse wird versucht, eine Konformität zur Unternehmungskultur zu schaffen: "hervorgerufene" Identifikation.
- Ein Organisationsmitglied bekennt sich zwar zur Unternehmungskultur, übernimmt sie jedoch nicht in sein eigenes Wertsystem: "kalkulierte" Identifikation. Dies unterstreicht die Bedeutung der Gestaltung des Anreizsystems im Rahmen der kalkulierten Identifikation.

Die organisatorischen Werte müssen jedoch im Laufe der Zeit ständig weiterentwickelt und neu interpretiert werden, damit sie nicht zu einer Verkrustung der Organisation beitragen. Damit stellt sich die Frage nach der **Veränderbarkeit von Unternehmungskulturen**: Sowohl die Bildung als auch die Veränderung der Unternehmungskultur ist nur langfristig realisierbar. Nach Kanter (1983, zit. nach Kieser 1986, S. 50) hängt das Gelingen, neue kulturelle Elemente zu etablieren, von den folgenden Faktoren ab:

- Um eine neue Kultur zu verankern, erscheint es günstiger, von den Stärken der Unternehmung aus der Vergangenheit auszugehen, als an einer Korrektur festgestellter Schwächen zu arbeiten.
- Die Änderung der Unternehmungskultur muß durch strategische Pläne unterstützt werden, wobei eine Veränderung konkrete Anlässe und Zielsetzungen benötigt.
- Die Initiative zu einer Änderung der Unternehmungskultur muß von der Unternehmungsführung ausgehen; sie muß Zeichen setzen und sich mit der Änderung voll identifizieren.
- Die Änderung der Unternehmungskultur muß durch konkrete Aktionsprogramme gefördert werden.

Um eine "Dynamisierung" der Unternehmungskultur zu erreichen, sollte die **Innovationsbereitschaft** als eigenständiger Wert in die Unternehmungskultur aufgenommen werden. Durch dieses dynamische Element können Veränderungen in den relevanten Umsystemen antizipiert und eine Weiterentwicklung der Kultur angeregt werden, d.h. die existierenden Werte werden regelmäßig hinterfragt, und damit einer Verkrustung entgegengewirkt. Um dies zu erreichen, müssen die Mitarbeiter lernen, daß die Innovationsbereitschaft eine wesentliche Tugend des Systems ist und sie als eigener Wert akzeptiert wird. Die Organisation wird folglich als ein lernfähiges System aufgefaßt.

Um dies zu erreichen, muß in der Unternehmung ein **Klima** geschaffen werden, das **Experimente begünstigt**, d.h. **Kreativität** muß zum **Leitprinzip** der Unternehmung werden. Als Merkmale einer innovationsfreundlichen Unternehmungskultur lassen sich dann nennen:

- hoher Stellenwert der Innovation im Wertesystem,
- Toleranz gegenüber Fehlschlägen,
- Sicherheit für die Mitarbeiter, d.h. die persönlichen Risiken organisatorischer Veränderungen müssen minimiert werden,
- Bemühungen um Innovationen müssen belohnt werden und
- Unterstützung von Promotoren (z.B. durch Zuweisung von Personal-, Sach- und Finanzressourcen zur Ideenkonkretisierung).

Demgegenüber wirken sich die folgenden Faktoren hemmend auf die Bildung einer innovationsfreundlichen Unternehmungskultur aus:

- starke Ausrichtung an Abteilungs- oder Bereichszielen (dadurch besteht die Gefahr, daß die Mitarbeiter die übergeordneten Gesamtziele aus dem Auge verlieren und damit eine Suboptimalität entsteht),
- Dominanz der Hierarchie und
- die Informationen werden als knappes Gut behandelt, d.h. jeder Mitarbeiter erhält nur die Informationen, die er zur Erfüllung seiner Aufgaben unbedingt benötigt.

Die Etablierung einer innovationsfreundlichen Unternehmungskultur stellt damit eine **langfristige Führungsaufgabe** dar. Dies zeigt, daß die Unternehmungskultur nicht als ein kurzfristig zu verändernder interner Parameter der Unternehmungsleitung zu interpretieren ist. Ein so verstandenes Unternehmungskulturkonzept liefe Gefahr, zu einem **technokratisch-instrumentalistischen Kulturmanagement** zu degenerieren (vgl. Heinen/Dill 1986, S. 205). Diese Betrachtungsweise ignoriert darüber hinaus, daß es keine ausgearbeiteten Theorien zur Kulturentstehung, Kulturentwicklung und zu eventuellen Kulturwirkungen gibt. Bereits aus dieser Überlegung resultiert, daß eine Steuerbarkeit des "Gestaltungsparameters" Unternehmungskultur nach heutigem Erkenntnisstand erhebliche Schwierigkeiten aufwerfen dürfte. Eine Steuerbarkeit scheitert ferner daran, daß es noch kein adäquates Instrumentarium zur Diagnose der Organisationskultur gibt.

In der folgenden Abbildung seien beispielhaft die Elemente der Unternehmungskultur und des Leitbildes zusammengefaßt, wie sie durch die Hilti-Gruppe definiert werden (entnommen aus Zäpfel 1989a, S. 28 f.).

Einflußfaktoren der Unternehmungskultur

Unsere Unternehmenskultur beinhaltet fünf Schwerpunkte: Wir sind kundenorientiert, messen der Innovation und Kreativität einen hohen Stellenwert zu und erbringen unsere Leistung so, wie wir sie auch von unserem Partner erwarten. Wir sind uns bewußt, daß der Erfolg des Unternehmens vom Erfolg der Mitarbeiter abhängt und bemühen uns in unserer Arbeit um ein optimales Verhältnis von Kosten und Nutzen. Die Erfüllung dieser fünf Leitgedanken ist an bestimmte Voraussetzungen geknüpft. Selbstverständlich ist die nachfolgende Liste dessen, was zu den einzelnen Leitgedanken gehört, nur als Denkanstoß gedacht und deshalb beliebig ergänzbar.

1. Kundenorientierung

- Verständnis für die Bedürfnisse des internen oder externen Kunden

- Verständnis für das Geschehen, die Zusammenhänge und die Mechanismen des Marktes

- Verständnis für das Geschehen, die Zusammenhänge und die Mechanismen im eigenen

  Unternehmen

- Verantwortungsgefühl

- Fähigkeit, seine Leistung verkaufen zu können

- Richtiges Abwägen von Aktion und Reaktion

- Hohe Qualität des Angebotes in Hardware, Software, Service und der Fähigkeit unserer Mitarbeiter

- Bereitschaft, kundengerechte Leistungen und Lösungen zu erbringen

- Fairneß und Ehrlichkeit als Voraussetzung zur Partnerschaft

- Kontinuität der Beziehungen

- Bereitschaft, auf Anliegen der Partner einzugehen

2. Innovation/Kreativität

- Ideen eine Chance geben

- Aus vorgegebenen Denkschemata ausbrechen und flexibel sein

- Risikobereitschaft

- Mut zur Veränderung und zum unkonventionellen Denken, Reden und Handeln

- Permanentes Infragestellen

- Intuition

- Aufgeschlossenheit gegenüber Neuem und Bereitschaft, fremde Ideen aufzunehmen und umzusetzen

- Eigen- und Gruppeninitiative zeigen und fördern

- Bereit und fähig sein, im Team zu arbeiten

- Freiräume für Kreativität schaffen

- Den Willen zur ständigen Verbesserung haben

- Mut zur Unvollkommenheit, zum Fehler, zur Lücke haben

- Neue Ideen zuerst auf Verwirklichungschancen prüfen statt auf Ablehnungsgründe

- Problemorientiert und nicht bereichsorientiert denken

3. Leistungsorientierung

- Bekenntnis zur eigenen und zur Gruppenleistung

- Förderung der Leistungsbereitschaft der Mitarbeiter

- Inneres Engagement des Mitarbeiters

- Klare Ausrichtung auf Ziele

- Hohe Arbeitsqualität

- Anerkennung der Leistung durch Belohnung und Beförderung

4. Mitarbeiter-Erfolg

- Integration des Mitarbeiters und Identifikation mit dem Unternehmen

- Offene Informations- und Kommunikationswege

- Förderung und Motivation des Mitarbeiters

- Arbeitsklima auf der Basis von Vertrauen, Partnerschaft und Fairneß

- Dem Mitarbeiter Möglichkeit zur Selbstverwirklichung geben

- Freiräume schaffen, Verantwortung und Kompetenz delegieren

- Gruppen- und Teamgeist fördern

5. Kosten-/Nutzendenken

- Wirtschaftlich und unternehmerisch denken und handeln

- Eigeninitiative für die Verbesserung der Wirtschaftlichkeit entwickeln

- Wirkungsvolles Zeit- und Ressourcen-Management

- Fähigkeit, Wichtiges von Unwichtigem zu unterscheiden

- Verantwortung für verursachte Kosten übernehmen

- Bedürfnisgerechte Organisationsformen aufbauen.

Abb. 34 a: Elemente der Unternehmungskultur der Hilti-Gruppe

1. Wir decken die Marktbedürfnisse auf dem Gebiet der Befestigungstechnik und auf weiteren Gebieten des gewerblichen und industriellen Bauwesens mit Geräten, Werkzeugen und Elementen sowie mit den erforderlichen Beratungs- und Serviceleistungen von der Bedürfniserfassung bis zur Bedürfnisbefriedigung.

2. Wir erbringen als Marktleistung wirtschaftliche, technologisch fortgeschrittene, anwendungsfreundliche und gesicherte Problemlösungen und Systeme mit hoher Qualität im entsprechenden Preisniveau unter dem Markennamen Hilti.

3. Wir erachten eine starke Marktstellung als wesentlichen Faktor unserer Existenzsicherung. Wir erarbeiten und sichern diese durch eine aktive Marketingpolitik mit dem Ziel einer wirtschaftlichen Marktausschöpfung.

4. Wir sind weltweit tätig. Als multinationale Unternehmung erkennen wir die Notwendigkeit, die Potentiale des Marketings, des Direktvertriebs, der Produktion, der Forschung und Entwicklung, der Finanzen, des Managements und der Organisation entsprechend aufzubauen und weiterzuentwickeln.

5. Wir wollen in allen unseren Geschäftsbeziehungen ein faires und ausgewogenes Verhalten mit langfristigen und soliden Beziehungen pflegen.

6. Wir bemühen uns um gute Zusammenarbeit mit den Behörden und anderen öffentlichen Institutionen.
7. Wir sind bestrebt, bei unseren Tätigkeiten die Umweltbedingungen zu erhalten und zu verbessern.
8. Wir sind im Rahmen unserer Möglichkeiten bestrebt, die persönliche und berufliche Entfaltung unserer Mitarbeiter zu fördern und durch deren aktiven Einbezug in das Unternehmensgeschehen ein gutes und motivierendes Arbeitsklima zu erhalten.
9. Wir erwarten von unseren Mitarbeitern eine hohe berufliche und persönliche Qualifikation und eine überdurchschnittliche Leistung. Wir sind bestrebt, unsere Mitarbeiter den hohen Anforderungen und der erbrachten Leistung entsprechend gerecht zu honorieren und durch angemessene Vorsorgeeinrichtungen zu schützen.
10. Wir sind uns bewußt, daß der Erfolg entscheidend vom Erfolg unserer Führungs- und Fachkräfte bestimmt wird. Wir verlangen deshalb von diesen im Besonderen die volle Identifikation mit der Politik und den Zielen der Unternehmung, Innovationsbereitschaft, Flexibilität sowie ein kundenorientiertes, kooperatives, kostenbewußtes und beispielhaftes Führungsverhalten.
11. Wir müssen einen Gewinn erwirtschaften, der es uns erlaubt, die Existenz und die langfristige Weiterentwicklung der Unternehmung zu sichern und eine angemessene Verzinsung des investierten Kapitals zu ermöglichen.
12. Das gesamte Unternehmensgeschehen steht immer unter dem Primat, unsere Entscheidungsfreiheit zu wahren.

Abb. 34 b: Unternehmungsleitbild der Hilti-Gruppe

Die bisherigen Ausführungen konzentrierten sich auf die möglichen positiven Auswirkungen der Unternehmungskultur. Es ist jedoch anzumerken, daß Nebenwirkungen, die mit negativen Effekten für eine Unternehmung verbunden sein können, nur selten erwähnt werden (vgl. Weber/Mayrhofer 1988, S. 561 f.):

- Bei ausgeprägten Unternehmungskulturen besteht die Gefahr, daß sie sich durch ständige Bestätigung zu sehr verfestigen und durch eine Art "**kulturelle Übersozialisation**" die Notwendigkeit von Veränderungen nicht mehr wahrgenommen wird.
- Es besteht die Gefahr einer ideologischen, d.h. verschleiernden Benutzung des Unternehmungskulturgedankens. So werden etwa Probleme verkürzt analysiert, wenn Gemeinsamkeiten überbetont und Konflikte hingegen im Hinblick auf die unternehmerischen Zielsetzungen als dysfunktional betrachtet werden.
- Die starke Betonung der symbolischen Ebene geht mit der Gefahr einher, "harte" Aspekte der organisatorischen Realität zu vernachlässigen.

Die Unternehmungskultur ist letztlich als ein Rahmen zu interpretieren, in dem strategische Überlegungen vollzogen werden, d.h. sie stellt **handlungsleitende Grundprinzipien** dar, die im Verlauf einer gemeinsamen Geschichte entstehen, und ständig kritisch zu hinterfragen sind.

1.3 Produktions- und kostentheoretische Grundlagen

1.3.1 Produktionstheoretische Grundlagen

Im Zentrum der Produktionstheorie stehen die Produktionsfunktionen. Unter einer **Produktionsfunktion** wird dabei allgemein die **funktionale Abhängigkeit** der erstellten **Outputmengen** $(x_1,...,x_m)$ von den eingesetzten **Inputmengen** $(r_1,...,r_n)$ verstanden. Dieser Zusammenhang läßt sich formal in impliziter Form durch folgende Gleichung beschreiben:

$$f(x_1,x_2,...,x_m ; r_1,r_2,...,r_n) = 0$$

In **expliziter Formulierung** ergeben sich die beiden folgenden Gleichungen:

$$(x_1,x_2,...,x_m) = f(r_1,r_2,...,r_n) \quad \text{(Produkt- oder Ertragsfunktion)}$$

oder

$$(r_1,r_2,...,r_n) = f(x_1,x_2,...,x_m) \quad \text{(Faktor- oder Produktorfunktion)}$$

Implizit ist in der Formulierung der Produktionsfunktion die Prämisse enthalten, daß mit einer gegebenen Inputmenge ein maximal möglicher Output verbunden ist. Dies bedeutet, daß mit der Produktionsfunktion nur die Menge aller effizienten Produktionspunkte erfaßt wird. Von einem effizienten Prozeß wird nur dann gesprochen, wenn kein unnötiger Faktorverbrauch auftritt, d.h. ein zu hoher Faktorverbrauch, z.b. bedingt durch einen zu hohen Werkstoffverschnitt, darf nicht eintreten, da sonst eine Faktorvernichtung vorläge. Damit gibt die Produktionsfunktion die zu jeder Faktorkombination maximal realisierbare Produktmenge an. Sie stellt folglich den effizienten Extremfall aller Produktionstechnologien dar, d.h. die Produktionsfunktion ist die effiziente Untermenge der Technologiemenge (vgl. Ellinger/Haupt 1982, S. 11).

1.3.1.1 Produktionstheoretische Grundbegriffe

Bei einer einstufigen Einproduktproduktion interessieren zunächst die beiden folgenden Fragestellungen:

- Wie verändert sich die Ausbringungsmenge x, wenn die Einsatzmenge **eines** Faktors r_i (i=1,2,...,n) bei Konstanz aller übrigen Faktoren verändert wird?
- Wie verändert sich die Ausbringungsmenge x, wenn die Einsatzmenge aller Faktoren verändert wird?

Während es sich bei der ersten Fragestellung um eine **Partialanalyse** handelt, liegt im zweiten Fall eine **Totalanalyse** vor.

Für die Partialanalyse ist die **partielle Grenzproduktivität** (PG) zwischen dem Output x und dem Input r_i zu bestimmen. Sie ist definiert als diejenige Outputveränderung, die durch eine infinitesimale Faktorvariation bewirkt wird:

$$PG = \frac{\delta x}{\delta r_i}$$

Hierbei lassen sich drei Fälle unterscheiden (vgl. Fandel 1987, S. 58):

$\dfrac{\delta x}{\delta r_i} > 0$	eine Erhöhung (Senkung) der Inputmenge r_i hat eine größere (kleinere) Outputmenge zur Folge (positive Grenzerträge);
$\dfrac{\delta x}{\delta r_i} = 0$	bei einer Erhöhung oder Senkung der Inputmenge bleibt die Outputmenge gleich (Grenzerträge gleich Null)
$\dfrac{\delta x}{\delta r_i} < 0$	eine Erhöhung (Senkung) der Inputmenge r_i führt zu einer Verminderung (Vergrößerung) der Outputmenge x (negative Grenzerträge).

Die Grenzproduktivität gibt damit die Steigung der Produktionsfunktion hinsichtlich der Inputmenge r_i an. Die Änderung der Grenzproduktivität ergibt sich dann aus:

$$\frac{\delta^2 x}{\delta r_i^2} = \frac{\delta(\frac{\delta x}{\delta r_i})}{\delta r_i}$$

Durch Multiplikation der partiellen Grenzproduktivität mit einer infinitesimalen Einsatzmengenveränderung des Faktors r_i ergibt sich dann das **partielle Grenzprodukt** (partieller Grenzertrag):

$$dx = \frac{\delta x}{\delta r_i} \cdot dr_i$$

Demgegenüber gibt das **totale Grenzprodukt** an, um wieviele Einheiten sich die Outputmenge verändert, wenn alle Produktionsfaktoren eine infinitesimale Mengenänderung erfahren:

$$dx = \frac{\delta x}{\delta r_i} \cdot dr_i + \ldots + \frac{\delta x}{\delta r_n} \cdot dr_n = \sum_{i=1}^{n} \frac{\delta x}{\delta r_i} \cdot dr_i$$

Das totale Grenzprodukt ergibt sich folglich durch Addition der partiellen Grenzprodukte.

Ein weiterer produktionstheoretischer Grundbegriff ist die **Homogenität** von Produktionsfunktionen. Führt eine proportionale Vermehrung der Einsatzfaktoren zu einer gleichen Erhöhung des mengenmäßigen Output, dann ist diese Produktionsfunktion **homogen vom Grade 1** oder **linearhomogen**. Dies besagt, daß z.B. eine Verdoppelung des Faktoreinsatzes zu einer Verdoppelung des Output führt:

$$\tau x = f(\tau r_1, \tau r_2, \ldots, \tau r_n)$$

Allgemein gilt: Funktionen, deren abhängige Variable sich bei einer τ-fachen Veränderung der unabhängigen Variablen um das τ^ε-fache ändert, werden als homogen vom Grade ε bezeichnet:

$$\tau^{\varepsilon} x \ = \ f(\tau_{r_1}, \tau_{r_2}, ..., \tau_{r_n})$$

Folglich ist eine Produktionsfunktion dann homogen vom Grade e, wenn bei einer Niveauvariation um das τ-fache die Outputmenge um das τ^{ε}-fache variiert. Generell lassen sich beim Homogenitätsgrad von Produktionsfunktionen die drei folgenden Situationen unterscheiden:

$\varepsilon = 1$ Die Outputmenge verändert sich linear zur Niveauvariation (linearhomogen).

$\varepsilon > 1$ Die Outputmenge verändert sich überproportional zur Niveauvariation (überlinearhomogen).

$\varepsilon < 1$ Die Outputmenge verändert sich unterproportional zur Niveauvariation (unterlinearhomogen).

Grundsätzlich ist eine homogene Produktionsfunktion daran erkennbar, daß in ihr kein Absolutglied enthalten ist, d.h. sie beginnt im Koordinatenursprung.

Hinsichtlich der zum Einsatz gelangenden Produktionsfaktoren lassen sich

- substitutionale und
- limitationale Faktoreinsatzbeziehungen

unterscheiden.

Von **substitutionalen Faktoreinsatzbeziehungen** wird dann gesprochen, wenn die zum Einsatz gelangenden Produktionsfaktoren in keiner festen Relation zum Output stehen. Die unterschiedlichen Mengenkombinationen der Inputfaktoren, die zur selben Outputmenge führen, werden mit Hilfe von **Isoquanten** erfaßt. Dabei erfolgt eine Konzentration auf **effiziente Faktorkombinationen**, d.h. eine Substitution ist unter ökonomischen Gesichtspunkten nur dann sinnvoll, wenn durch die Vermehrung des Einsatzes eines Produktionsfaktors eine Verringerung der Einsatzmenge eines anderen Produktionsfaktors erzielt werden kann. Abbildung 35 zeigt eine Isoquante bei substitutionalen Faktoreinsatz-beziehungen.

Die Quantifizierung der Substitutionalität zwischen den Produktionsfaktoren erfolgt mit Hilfe der **Grenzrate der Substitution**, die stets für eine konstante Outputmenge $\overline{x}$ zwischen zwei Faktoren definiert ist. Die in Abbildung 35 eingezeichneten Punkte A und B symbolisieren das gleiche Outputniveau $\overline{x}_0$. Die Grenzrate der Substitution läßt sich dann formal durch folgende Beziehung beschreiben:

$$GS \ = \ - \frac{dr_2}{dr_1}$$

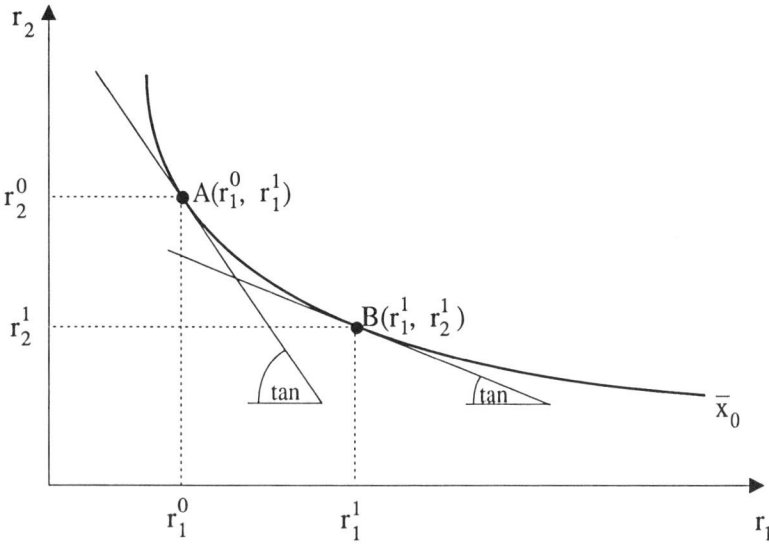

Abb. 35: (Pheriphere) Faktorsubstitution

Während im dargestellten Fall die Grenzrate der Substitution von Produktionspunkt zu Produktionspunkt variiert, ist sie bei einer linearen Isoquante über den gesamten Substitutionsbereich konstant. Im zuerst genannten Fall nimmt mit zunehmender Substitution des Produktionsfaktors r_2 durch den Produktionsfaktor r_1 die erforderliche Einsatzmenge von r_1 ständig zu, um eine weitere Einheit des Faktors r_2 zu ersetzen, d.h. die Grenzproduktivität des ersetzenden Faktors r_1 wird geringer. Dieser Sachverhalt wird als das **Gesetz der abnehmenden Grenzrate der Substitution** bezeichnet. Diese abnehmende Tendenz ist zurückzuführen auf die zunehmende **Disproportionalität** der Faktoreinsätze.

Im Gegensatz hierzu stehen die zum Einsatz gelangenden Produktionsfaktoren bei einer **limitationalen Faktoreinsatzbeziehung** in einem festen Verhältnis zur Outputmenge. Eine größere als die technisch determinierte Inputmenge würde vom Produktionsprozeß nicht aufgenommen.

Bleiben bei Veränderung der Produktionsmenge die Produktionskoeffizienten $\bar{h}_i$ konstant, dann liegt eine **lineare Limitationalität** vor. Dies besagt, daß das **Einsatzverhältnis** der erforderlichen Inputmengen unverändert bleibt, wie dies aus Abbildung 36 ersichtlich ist.

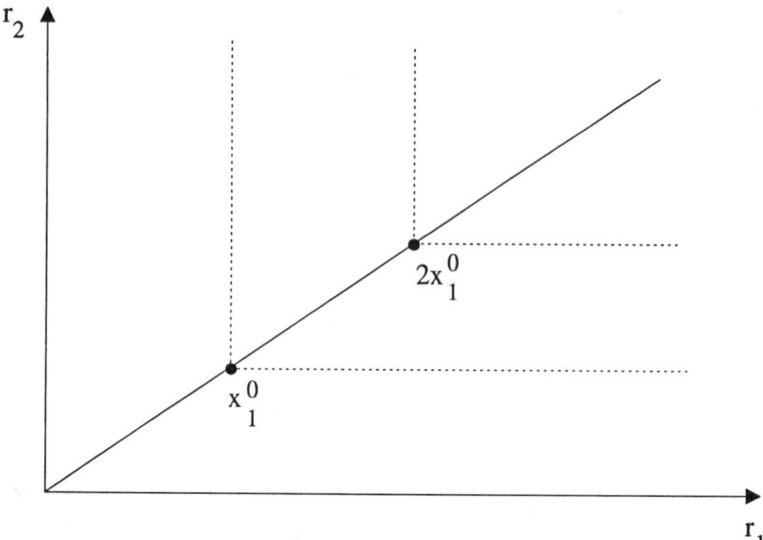

Abb. 36: Linear-limitationale Produktionsfunktion

Allgemein läßt sich diese Produktionsfunktion dann wie folgt schreiben:

$$x \;=\; \min\left(\frac{1}{\overline{h}_1}\cdot h_1\,;\, \frac{1}{\overline{h}_2}\cdot h_2\,;\,\ldots\,;\, \frac{1}{\overline{h}_n}\cdot h_n\right)\quad\text{mit } \overline{h}_i \;=\; \frac{r_i}{x}\ \text{konstant}$$

Verändert sich jedoch bei Variation der Outputmenge mindestens ein Produktions-koeffizient, dann liegt eine **nichtlinear-limitationale Produktionsfunktion** vor. Abbildung 37 gibt beispielhafte Verlaufsformen wieder.

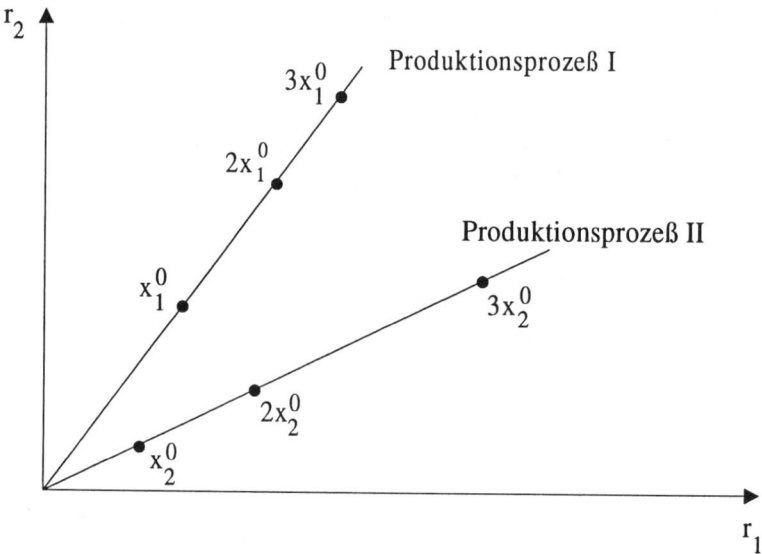

Abb. 37: Beispiele nichtlinear-limitationaler Produktionsfunktionen

1.3.1.2 Produktionsfunktion vom Typ A

Die Produktionsfunktion vom Typ A, auch Ertragsgesetz genannt, wurde im 18. Jahrhundert von dem Franzosen J. Turgot (1727-1781) für die landwirtschaftliche Produktion formuliert. Dieser Ansatz geht von den folgenden Prämissen aus:

- Es liegen periphere substitutionale Faktoreinsatzbeziehungen vor.
- Die Inputfaktoren weisen eine konstante Qualität auf.
- Es wird ein Produkt hergestellt.
- Die Produktionstechnik bleibt unverändert.
- Es existiert ein unmittelbarer Zusammenhang zwischen Input und Output.
- Die Einsatzmengen sind beliebig teilbar.

Ausgangspunkt sei die Produktionsfunktion:

$$x = f\,(r_1, \underbrace{r_2,...,r_{n-1},r_n}_{\text{konstant } (r_c)})$$

Wird nur der Faktor r_1 stetig vermehrt und bleiben alle anderen Produktionsfaktoren konstant, dann ergibt sich die in Abbildung 38 dargestellte ertragsgesetzliche Produktionsfunktion bei partieller Faktorvariation.

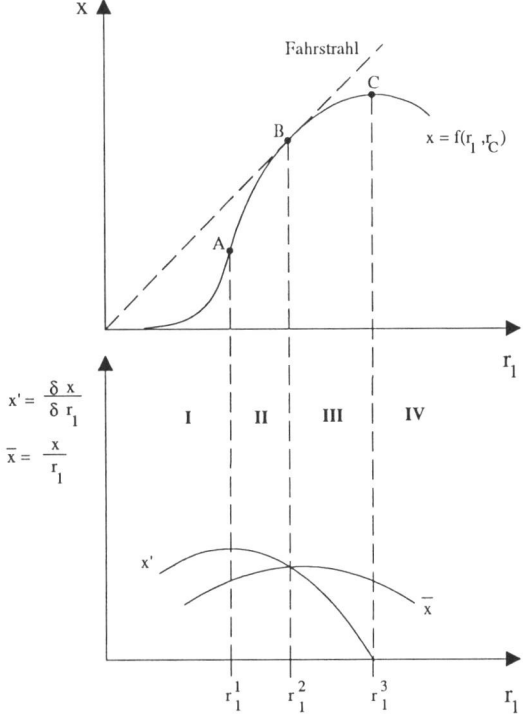

Abb. 38: Ertragsgesetzliche Produktionsfunktion

Darüber hinaus werden im unteren Teil dieser Abbildung die Kurven der Durchschnitts-erträge $\bar{x}$ und der Grenzproduktivität x' eingezeichnet. Es lassen sich dann die folgenden Aussagen formulieren:

- **Gesamtertragskurve** $x = f(r_1, r_c)$:

  -- Im Bereich $0 < r_1 < r_1^1$ weist die Gesamtertragskurve einen progressiven Verlauf auf. Das Wirkungsverhältnis zwischen dem variablen und dem konstanten Faktor wird immer günstiger.

  -- Im Punkt r_1^1 weist die Gesamtertragsfunktion einen Wendepunkt auf.

  -- Im Bereich $r_1^1 < r_1 < r_1^3$ steigt der Gesamtertrag nur noch degressiv.

  -- Im Punkt r_1^3 erreicht die Produktion ihr Maximum.

  -- Ein darüber hinausgehender Einsatz $(r_1 > r_1^3)$ ist ökonomisch unsinnig, da dieser mit einer Reduktion der Outputmenge einhergeht. Der Punkt C ist folglich als Sättigungspunkt zu interpretieren.

- **Durchschnittsertrag** $\bar{x} = x / r_1$ (graphisch läßt sich der Durchschnittsertrag durch einen Fahrstrahl aus dem Nullpunkt an den entsprechenden Produktionspunkt der Gesamtertragskurve ermitteln):

  -- Im Bereich $0 < r_1 < r_1^2$ steigt der Durchschnittsertrag mit zunehmendem Faktoreinsatz an.

  -- Im Punkt r_1^2 erreicht er sein Maximum und ist gleich der Grenzproduktivität des Faktors r_1.

  -- Für $r_1 > r_1^2$ nimmt der Durchschnittsertrag dann ständig ab.

- **Grenzproduktivität** $x' = \delta x / \delta r_1$ (sie entspricht der Steigung der Gesamtertragskurve):

  -- Im Bereich $0 < r_1 < r_1^1$ nimmt die Grenzproduktivität zu ($\delta^2 x / \delta r_1^2 > 0$).

  -- Im Punkt r_1 erreicht sie ihr Maximum (Schwelle des Ertragsgesetzes: $\delta^2 x / \delta r_1^2 = 0$).

  -- Im Bereich $r_1^1 < r_1 < r_1^3$ ist die Grenzproduktivität zwar positiv, nimmt jedoch ab ($\delta^2 x / \delta r_1^2 < 0$).

  -- Im Bereich $0 \le r_1 \le r_1^3$ ist sie größer Null. Damit ist in diesem Bereich auch das partielle Grenzprodukt $dx = (\delta x / \delta r_1) \cdot dr_1$ positiv, wenn die Einsatzmenge des Faktors erhöht wird.

  -- Im Punkt r_1^3 wird die Grenzproduktivität Null und für $r_1 > r_1^3$ wird sie negativ.

Den bisherigen Überlegungen lag eine partielle Faktorvariation zugrunde. Wird diese Prämisse aufgegeben und unterstellt, daß alle Produktionsfaktoreinsätze frei variierbar sind, dann wird von einer **totalen Faktorvariation** gesprochen. Für zwei variable Faktoren ergibt sich dann ein Ertragsgebirge (Abb. 39).

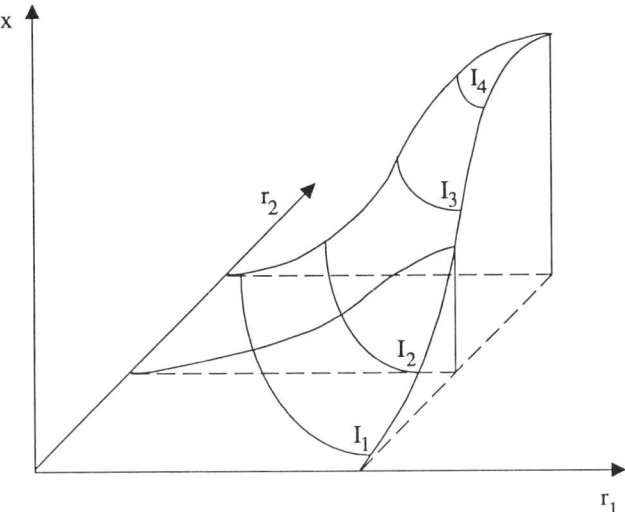

Abb. 39: Ertragsgebirge

Die in Abbildung 39 eingezeichneten Höhenlinien geben diejenigen Faktorkombinationen an, die dieselbe Ausbringungsmenge hervorbringen (= Isoquanten). Durch Projektion dieser Höhenlinien in die (r_1, r_2)-Ebene ergibt sich dann die in Abbildung 40 **abgebildete Isoquantendarstellung.**

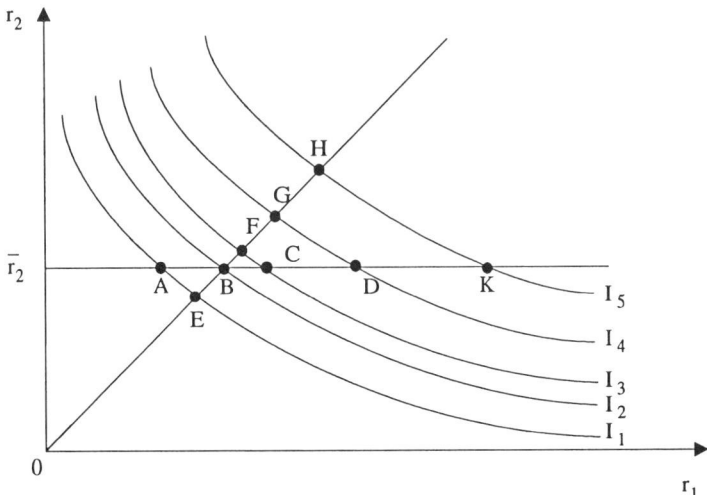

Abb. 40: Isoquantensystem

Anhand dieser Darstellung läßt sich auch der Fall der partiellen Faktorvariation demonstrieren, wenn der Faktor r_2 auf dem Niveau $\bar{r}_2$ konstant gehalten wird und der Faktor r_1 entlang der Geraden , $\overline{r_2\,ABCDK}$, die parallel zur r_1-Achse verläuft, sukzessive vermehrt wird.

Wird eine Niveauvariation hingegen entlang der Geraden $\overline{OEBFGH}$ vollzogen, dann erfolgt eine Faktorvariation beider zum Einsatz gelangender Produktionsfaktoren.

Das Ertragsgesetz wurde lange Zeit auch für die industriellen Produktionsverhältnisse als gültig unterstellt. Dies geschah nicht auf der Grundlage empirischer Überlegungen, sondern vielmehr mit Hilfe von Analogieschlüssen.

1.3.1.3 Produktionsfunktion vom Typ B

Im Gegensatz zur Produktionsfunktion vom Typ A geht Gutenberg von **limitationalen Faktoreinsatzbeziehungen** aus. Von zentraler Bedeutung für die produktionstheoretischen Überlegungen Gutenbergs (1979, S. 326 ff.) ist dabei die Aufteilung in

- Potentialfaktoren und
- Repetierfaktoren.

Für die **einzelnen Potentialfaktoren** lassen sich dann getrennt die jeweiligen Faktorverbräuche ermitteln, die sich einerseits auf die Leistungsabgaben der Potentialfaktoren (= produktionsbedingter Potentialgüterverzehr) und anderseits auf die Mengen an Repetierfaktoren beziehen. Hieraus resultiert unmittelbar ein zweiter Unterschied zur Produktionsfunktion vom Typ A. Während diese eine Produktionsfunktion global für den Gesamtbetrieb darstellt, ergibt sich bei Gutenberg ein System von Teilfunktionen, das den Komplex der Produktionsfunktion analytisch durchdringt.

Darüber hinaus resultiert aus dieser Untergliederung der Produktionsfaktoren, daß sowohl **unmittelbare** als auch **mittelbare** Input-Output-Beziehungen existieren, während beim Ertragsgesetz lediglich eine unmittelbare Beziehung unterstellt wird. Gerade bei technischen Aggregaten wird deutlich, daß der Verbrauch an Repetierfaktoren (z.B. Stromverbrauch, Betriebsstoffverbrauch) **nicht** unmittelbar von der Outputmenge, sondern von den Eigenschaften der Potentialfaktoren abhängig ist. Als **technische Eigenschaften** von Potentialfaktoren kommen z.B. Druck, Temperatur, Kompressionsdichte usw. in Betracht. Gutenberg faßt diese zur sogenannten **z-Situation** $(z_1, z_2, ..., z_n)$ zusammen. Als weitere Determinante nimmt er die **Intensität** λ in seine Überlegungen auf:

$$\lambda = \frac{x}{t}$$

Die Intensität gibt damit die während einer Zeiteinheit t erbrachten Arbeitseinheiten, wie Stück pro Stunde, Umdrehungen pro Minute, Meter pro Minute usw. an. Auf dieser Grundlage lassen sich dann für jedes Aggregat j ($j = 1, 2, ..., m$) und jede Faktorart i ($i = 1, 2, ..., n$) **Faktoreinsatzfunktionen** formulieren:

$$r_{ij} = f(z_1, z_2, ..., z_n; \lambda_j)$$

Diese Faktoreinsatzfunktion gibt folglich die Einsatzmenge der Faktorart i auf dem Aggregat j in Abhängigkeit von den technischen Eigenschaften und der Intensität des Aggregates j wieder. Wird die z-Situation als konstant unterstellt, dann vereinfacht sich die Funktion:

$$r_{ij} = f(\lambda_j)$$

Diese Beziehung wird als **Verbrauchsfunktion** bezeichnet (für jedes Aggregat existieren dann genausoviele Verbrauchsfunktionen, wie es unterschiedliche Einsatzfaktoren gibt). Es besteht folglich zwischen den Verbrauchsmengen r_{ij} der einzelnen Faktoren an einem Aggregat und der technischen Leistung (= Intensität) λ_j eine eindeutige Beziehung, d.h. durch die Leistung λ_j des Aggregates j ist der Verbrauch des Faktors i determiniert. Dabei ist es die Regel, daß die technische Leistung eines Aggregates nicht beliebig variiert werden kann, sondern lediglich innerhalb eines Bereiches, der einerseits durch die Minimalintensität $\underline{\lambda}_j$ und anderseits durch die Maximalintensität $\overline{\lambda}_j$ begrenzt ist. Beispielhafte Verläufe von Verbrauchsfunktionen sind in Abbildung 41 eingezeichnet.

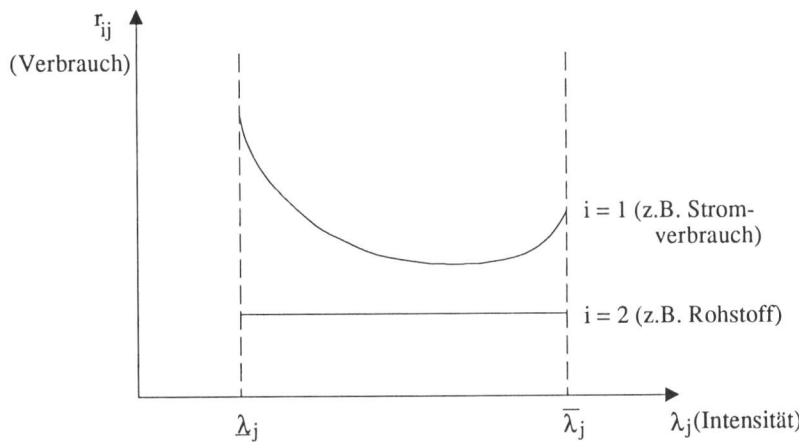

Abb. 41: Beispielhafte Verläufe von Verbrauchsfunktionen

Die **Potentialfaktoren** (z.B. Aggregate) fließen jedoch nicht in die Produktion physisch ein, sondern geben Leistungen in Form von **Werkverrichtungen** ab, die i.d.R. proportional zur hergestellten Produktionsmenge anzusetzen sind. Dabei hängt die **Leistungsabgabe** eines Aggregates von seiner **Einsatzzeit** und der **Intensität** ab. Die Leistungsabgabe eines Aggregates ergibt sich dann aus:

$$x = \lambda \cdot t \quad \text{mit} \ \underline{\lambda} \leq \lambda \leq \overline{\lambda} \quad \text{und} \ \underline{t} \leq t \leq \overline{t}$$

wobei $\underline{\lambda}, \overline{\lambda}$ und $\underline{t}, \overline{t}$ die **Unter-** und **Obergrenzen** angeben, in denen die Intensität und die Einsatzzeit variieren können.

Bei den **Repetierfaktoren** ist zwischen den Roh- und Hilfsstoffen, die Bestandteil des Produktes werden, und den Betriebsstoffen zu unterscheiden, die lediglich der Produktion dienen (z.B. Schmierstoffe, Öle usw.). Gemeinsam ist den Repetierfaktoren jedoch, daß sie im Produktionsprozeß verbraucht werden. Die Repetierfaktoren können nun in einer unmittelbaren oder mittelbaren Beziehung zum Output stehen. Beispiele für eine unmittelbare Beziehung sind die Anzahl der Reifen pro Auto oder die Anzahl der Schrauben je Reifen. In diesem Fall sind die Produktionskoeffizienten konstant. Demgegenüber bestehen für Betriebsstoffe, wie Energie, Schmier- und Kühlmittel i.d.R. nur mittelbare Beziehungen zur Outputmenge, d.h. ihre Verbrauchsmengen sind von der realisierten Intensität des Aggregates abhängig:

$$h_i = h_i(\lambda), \quad \underline{\lambda} \leq \lambda \leq \overline{\lambda}$$

Der Produktionskoeffizient verändert sich damit in Abhängigkeit von der Intensität. Durch Multiplikation mit der Outputmenge x ergibt sich dann der **Produktionsfaktorverbrauch**:

$$r_i = h_i(\lambda) \cdot x, \quad \underline{\lambda} \leq \lambda \leq \overline{\lambda}$$

Durch Substitution von x durch $\lambda \cdot t$ ergibt sich dann die Produktionsfunktion für die Inputmenge r_i des Repetierfaktors auf einem Aggregat in einer Einproduktunternehmung:

$$r_i = h_i(\lambda) \cdot \lambda \cdot t, \quad \underline{\lambda} \leq \lambda \leq \overline{\lambda} \quad \text{und} \quad \underline{t} \leq t \leq \overline{t}$$

Damit hängt die Einsatzmenge des Repetierfaktors i von der realisierten Intensität und der Produktionszeit eines Aggregates ab.

Steht der Unternehmung nicht nur ein Aggregat zur Verfügung, sondern n-funktionsgleiche Aggregate, dann wird die Outputmenge zusätzlich von der Anzahl der zum Einsatz gelangenden Aggregate bestimmt:

$$r_i = h_i(\lambda) \cdot \lambda \cdot t \cdot n, \quad \underline{\lambda} \leq \lambda \leq \overline{\lambda} \quad \text{und} \quad \underline{t} \leq t \leq \overline{t} \quad \text{und} \quad 0 \leq n \leq N$$

Aus dieser Gleichung lassen sich dann die **Anpassungsformen** nach Gutenberg ableiten:

- Ist die Anzahl der Aggregate und ihre Betriebszeit konstant und es kann lediglich die Intensität verändert werden, dann liegt eine **intensitätsmäßige Anpassung** vor.
- Ist die Anzahl der Aggregate und ihre Intensität konstant und es kann lediglich die Betriebszeit verändert werden, dann liegt eine **zeitliche Anpassung** vor.
- Ist die Betriebszeit und die Intensität konstant und es kann lediglich die Anzahl der Aggregate verändert werden, dann liegt eine **quantitative Anpassung** vor.

In der unternehmerischen Praxis werden die Anpassungsformen jedoch häufig **kombinativ** zum Einsatz gelangen. Für **ein** Aggregat lassen sich die Anpassungsmöglichkeiten dann graphisch mit Hilfe von Isoquanten $\overline{x} = \lambda \cdot t$ darstellen.

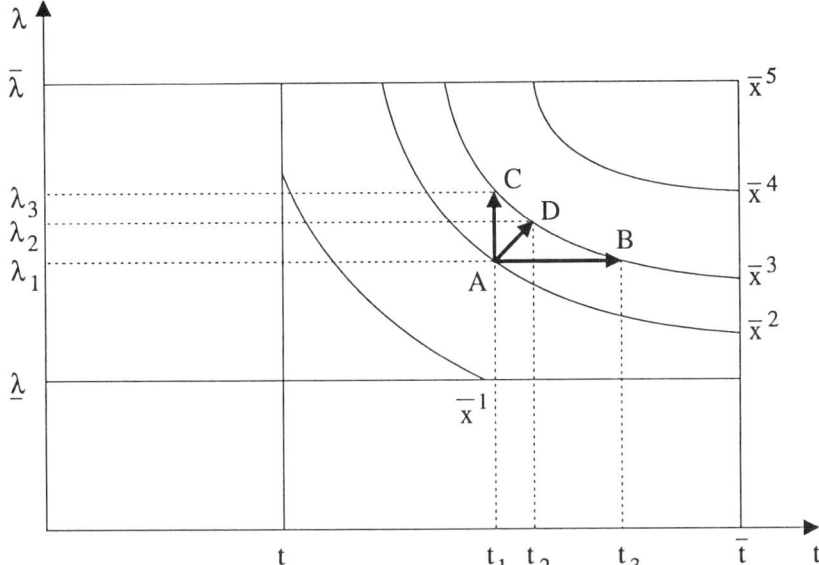

Abb. 42: Anpassungsmöglichkeiten bei einem Aggregat

Die Ausgangssituation sei durch den Punkt A (λ_1,t_1) auf der Isoquante $\overline{x}^2$ charakterisiert. Soll eine Erhöhung der Produktionsmenge von $\overline{x}^2$ auf $\overline{x}^3$ erfolgen, dann stehen der Unternehmung hierfür drei Möglichkeiten zur Verfügung:

- eine **rein intensitätsmäßige Anpassung** von Punkt A (λ_1,t_1) nach Punkt C (λ_3,t_1);
- eine **rein zeitliche Anpassung** von Punkt A (λ_1,t_1) nach Punkt B (λ_1,t_3);
- eine **kombinierte** intensitätsmäßige und zeitliche **Anpassung** von Punkt A (λ_1,t_1) nach Punkt D (λ_2,t_2).

Das Produktionsniveau, das durch die Isoquanten $\overline{x}^4$ und $\overline{x}^5$ dargestellt wird, läßt sich in dieser Situation nur durch kombinierte Anpassungsformen realisieren.

Soll die Produktionsmenge über das Niveau $\overline{x}^5$ hinaus ausgedehnt werden, dann ist dies mit Hilfe einer **quantitativen Anpassung** möglich, d.h. es wird der Einsatz eines weiteren Aggregates erforderlich (auf eine weitergehende Differenzierung der quantitativen Anpassung sei an dieser Stelle verzichtet, vgl. Abschnitt 1.3.2.4.2).

Um die Beziehung zwischen dem Output x und der Intensität und Einsatzzeit zu verdeutlichen, sei von der Annahme ausgegangen, daß sowohl λ als auch t in ihren relevanten Bereichen kontinuierlich verändert werden können. Bei einem Aggregat mit fester Einsatzzeit t_2 verändert sich die Ausbringungsmenge x bei Variation von λ linear, bis $\overline{\lambda}$ erreicht ist (vgl. Abb. 43a).

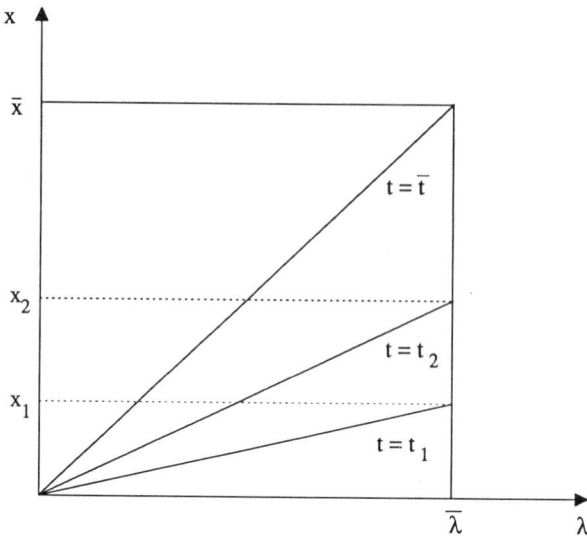

Abb. 43a: Intensitätsmäßige Anpassung bei einem Aggregat

Erfährt die Einsatzzeit eine Verringerung auf t_1 oder eine Erhöhung auf $\bar{t}$, dann ergeben sich wiederum lineare Beziehungen zur Outputmenge x: Bei einer Verringerung auf t_1 geht der Output auf x_1 zurück und bei einer Erhöhung auf $\bar{t}$ steigt der Output auf $\bar{x}$. Dabei stellt $\bar{x}$ die Outputmenge dar, die bei maximaler Intensität $\bar{\lambda}$ und maximaler Einsatzzeit $\bar{t}$ realisiert werden kann.

Ebenso ergibt sich bei einer festen Intensität und einer kontinuierlichen Variation der Einsatzzeit eine lineare Beziehung zum Output x (vgl. Abb. 43b).

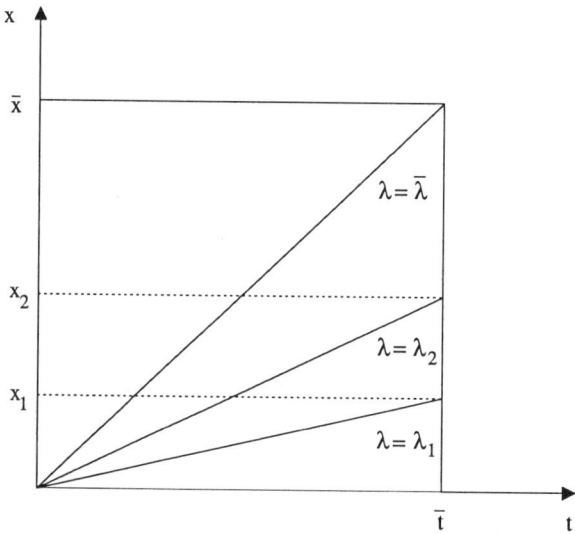

Abb. 43b: Zeitliche Anpassung bei einem Aggregat

Wird das Aggregat mit der Intensität λ_2 gefahren und die Einsatzzeit t bis $\bar{t}$ kontinuierlich erhöht, dann ist der maximale Output $\bar{x}_2$. Wird die Intensität erhöht ($\bar{\lambda}$) oder verringert (λ_1) und die Zeit kontinuierlich bis $\bar{t}$ erhöht, dann ergeben sich als Output die Werte $\bar{x}$ oder x_1. Der Output $\bar{x}$ ist dabei wiederum mit einer maximalen Intensität $\bar{\lambda}$ und einer maximalen Einsatzzeit $\bar{t}$ verbunden.

Soll eine Outputmenge realisiert werden, die größer ist als $\bar{x}$, dann muß ein weiteres Aggregat in den Produktionsprozeß zum Einsatz gelangen (quantitative Anpassung). Wird unterstellt, daß es sich hierbei um **funktionsgleiche Aggregate** (multiple Größenvariation) handelt, dann ergibt sich bei konstanter Intensität und Einsatzzeit der in Abbildung 43c dargestellte Zusammenhang.

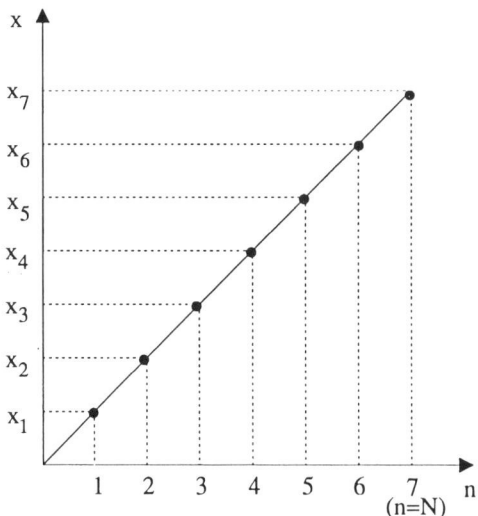

Abb. 43c: Quantitative Anpassung bei einer Aggregateart

Für die Einsatzmenge des Repetierfaktors i auf den (funktionsgleichen oder -verschiedenen) Aggregaten j ergibt sich dann als Verbrauchsfunktion:

$$r_{ij} = h_{ij}(\lambda_j),\ \underline{\lambda} \le \lambda \le \bar{\lambda}$$

Durch Multiplikation mit der Erzeugnismenge x_j des Aggregates j ergibt sich dann die Faktoreinsatzfunktion des Repetierfaktors i für das Aggregat j:

$$r_{ij} = h_{ij}(\lambda_j) \cdot x_j,\ \underline{\lambda} \le \lambda \le \bar{\lambda}$$

Die Produktionsfunktion vom Typ B für das Aggregat 1 läßt sich dann als ein **System von Faktoreinsatzfunktionen** schreiben:

$$r_{11} = h_{11}(\lambda_1) \cdot x_1$$

$$r_{21} = h_{21}(\lambda_1) \cdot x_1$$

$$\cdot \quad \cdot \quad \cdot$$

$$\cdot \quad \cdot \quad \cdot$$

$$\cdot \quad \cdot \quad \cdot$$

$$r_{n1} = h_{n1}(\lambda_1) \cdot x_1$$

Für alle Aggregate m ergibt sich dann:

$$r_i = \sum_{j=1}^{m} h_{ij}(\lambda_j) \cdot x_j$$

Die Produktionsfunktion vom Typ B zeichnet sich zwar im Vergleich zum Ertragsgesetz durch eine höhere Realitätsnähe aus (z.b. durch die Einbeziehung technischer Eigenschaften der Aggregate), jedoch ist zu beachten, daß die Berücksichtigung der Aktionsparameter nicht den vielfältigen Möglichkeiten der betrieblichen Praxis in vollem Umfang gerecht wird. So werden etwa Auftragsreihenfolgen und Losgrößenvariationen nicht einbezogen. Ebenfalls wird die Zeit nur **implizit** über die Produktionsdauer berücksichtigt. Ferner werden die technischen Eigenschaften der zum Einsatz gelangenden Aggregate global mit Hilfe der z-Situation erfaßt, die dann als konstant angenommen wird. Eine Veränderung der technischen Eigenschaften bedeutet demnach einen Übergang zu einer anderen z-Situation, für die dann wiederum ein spezifisches System von Verbrauchsfunktionen zugrunde zu legen ist.

Ebenfalls werden Probleme des Anlagenverschleißes nicht berücksichtigt und es werden ausschließlich limitationale Faktoreinsatzbeziehungen betrachtet.

Dementsprechend wurden Detaillierungen der Produktionsfunktion vorgenommen, von denen die folgenden erwähnt seien (vgl. Fandel 1987, S. 119 ff.):

- **Produktionsfunktion von Heinen**: Die Produktionsprozesse werden in Elementarvorgänge disaggregiert, so daß sich zwischen der technischen und ökonomischen Leistung der Aggregate eine eindeutige Beziehung aufstellen läßt.
- **Pichler-Konzept**: Ziel ist es, die Gesetzmäßigkeiten der Produktion mit Hilfe von Durchsatzfunktionen zu erfassen und auf der Grundlage eines substitutionalen Modells abzubilden. Dabei versteht er unter Durchsatz die auf eine Produktionsperiode bezogene Quantität eines Gutes.
- **Produktionsfunktion von Kloock**: Der Betrieb wird in einzelne Teilbereiche zerlegt. Dadurch ist Kloock in der Lage, in stärkerem Maße organisatorische und produktionstechnische Gegebenheiten zu beachten. Dabei werden mehrstufige Produktionsprozesse berücksichtigt, die auch zyklische Verflechtungen aufweisen können. Basis für diesen Ansatz sind Input-Output-Matrizen.

- **Produktionsfunktion von Küpper**: Auf der Grundlage des Input-Output-Modells stellt Küpper eine dynamische Produktionsfunktion auf, in der er die Dauer des Produktionsprozesses berücksichtigt und damit Aussagen über die Beziehung von Faktoreinsatz und Output im Zeitablauf ermöglicht.
- **Produktionsfunktion von Matthes**: Auf der Grundlage der Netzplantechnik wird ein dynamisches Produktionsmodell für die Einzelproduktion entworfen. Ziel ist es dabei, die terminlichen Freiheitsgrade einzelner Teilprozesse aufzuzeigen. Basis hierfür ist der MPM-Ansatz der Netzplantechnik (Metra-Potential-Methode), der mit der Produktionsfunktion von Heinen (Typ C) und der Theorie der betrieblichen Anpassungsformen kombiniert wird.

Im folgenden sei jedoch lediglich auf den Ansatz von Heinen (Typ C) näher eingegangen.

1.3.1.4 Produktionsfunktion vom Typ C

Die von Heinen (1983, S. 244 ff.) entwickelte Produktionsfunktion vom Typ C basiert auf dem Ansatz von Gutenberg. Sie stellt eine Weiterentwicklung dieses Ansatzes dar und greift damit ebenfalls auf Verbrauchsfunktionen zur Erfassung von Input-Output-Beziehungen zurück. Dabei wird zwischen

- technischen und
- ökonomischen Verbrauchsfunktionen

unterschieden. Während die **technischen Verbrauchsfunktionen** die quantitative Beziehung zwischen dem Produktionsfaktoreinsatz und der technischen Leistung eines Aggregates widerspiegeln, geben die **ökonomischen Verbrauchsfunktionen** die Beziehung zwischen dem Faktoreinsatz und der mit den Potentialfaktoren erbrachten Outputmenge an. Für wirtschaftliche Überlegungen sind jedoch ausschließlich die ökonomischen Verbrauchsfunktionen relevant. Um eine Umrechnung der technischen (Potentialfaktorleistung) in die ökonomische Leistung (Kombinationsleistung) zu ermöglichen, wird der Produktionsprozeß in Teilprozesse zerlegt, die als **Elementarkombinationen** bezeichnet werden. An diese Elementarkombinationen, denen für die Produktionsfunktion vom Typ C zentrale Bedeutung zukommt, werden dabei die folgenden Anforderungen gestellt:

- sie müssen so gebildet werden, daß sich mit Hilfe technischer Verbrauchsfunktionen eindeutige Beziehungen zwischen dem Faktorverbrauch und der technischen Leistung darstellen lassen, und
- zwischen der technischen und ökonomischen Leistung muß eine eindeutige Beziehung bestehen, damit eine Umrechnung möglich ist.

Bei den Elementarkombinationen kann es sich dabei um einzelne Arbeitsgänge oder auch um eine Folge von Arbeitsgängen handeln, wobei der Detaillierungsgrad nur in einer konkreten Situation bestimmbar ist.

Die Mengen der zum Einsatz gelangenden Hilfs- und Betriebsstoffe sind dabei von den technischen Eigenschaften der Potentialfaktoren, und zwar insbesondere der Intensität abhängig.

Im Gegensatz zur Produktionsfunktion vom Typ B nimmt Heinen eine Erweiterung der zu berücksichtigenden Situationen vor. Während mit Hilfe der z-Situation diejenigen Merkmale von Aggregaten erfaßt werden, die konstruktiv festgelegt und damit kurzfristig nicht veränderbar sind, erfassen die u- und l-Situation veränderbare Merkmale. Während die zuerst genannte Gruppe die Merkmale umfaßt, die z.b. durch Umrüstaktivitäten veränderbar sind, erfassen die zuletzt genannten Merkmale die Elemente, die situationsabhängige Schwankungen aufweisen, wie etwa die Temperaturverhältnisse, Laufgeschwindigkeiten usw. Die von dem Aggregat abgegebene Leistung wird folglich im Rahmen der l-Situation erfaßt.

Dabei wird die Intensität als eine im Zeitablauf ständig schwankende Größe betrachtet, so daß gilt $\lambda = \lambda(t)$.

Der Verbrauch des Repetierfaktors r_i ist damit von der gerade realisierten **Momentanleistung** (dA/dt) des Potentialfaktors abhängig. Damit läßt sich der **Momentanverbrauch** dr_i/dt mit Hilfe der **technischen Verbrauchsfunktion** erfassen:

$$\frac{dr_i}{dt} = f(\frac{dA}{dt})$$

Diese technische Verbrauchsfunktion ermöglicht es dann, z.B. den Stromverbrauch einer Elementarkombination in Abhängigkeit von der Momentanleistung über die Einsatzzeit zu betrachten. Für einen einmaligen Vollzug einer Elementarkombination läßt sich dann ein **Zeitbelastungsbild** erstellen.

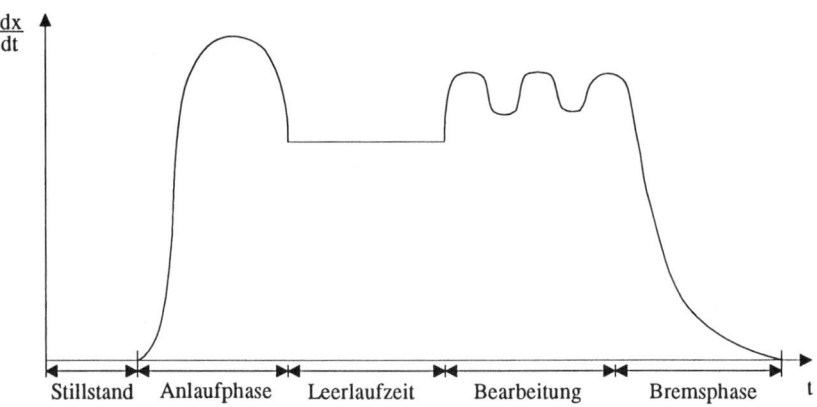

Abb. 44: Zeitbelastungsbild

Im Gegensatz zu Gutenberg nimmt Heinen sowohl **limitationale** als auch **substitutionale Faktoreinsatzbeziehungen** auf und erfaßt damit die **Inputseite** der Elementarkombination. Auf der **Outputseite** differenziert er zwischen **outputfixen** und **outputvariablen Kombinationen**. Durch Verknüpfung ergeben sich dann vier Arten von Elementarkombinationen:

- outputfixe, limitationale Elementarkombinationen
- outputvariable, limitationale Elementarkombinationen
- outputfixe, substitutionale Elementarkombinationen
- outputvariable, substitutionale Elementarkombinationen.

Dabei geht Heinen davon aus, daß die **outputfixen, limitationalen Elementar-kombinationen** für die industriellen Produktionsverhältnisse die höchste Bedeutung aufweisen. Da in diesem Fall einerseits der Output pro Vollzug einer Elementar-kombination konstant ist und anderseits limitationale Faktoreinsatzbeziehungen existie-ren, ist die Belastungsfunktion nur von der Zeitdauer abhängig:

$$\frac{dA}{dt} = f(t)$$

Diese Belastungsfunktion erfaßt folglich die Belastung eines Aggregates im Zeitablauf, die mit der Realisation einer Elementarkombination verbunden ist.

Demgegenüber sind bei **outputvariablen, limitationalen Elementarkombinationen**, die Kombinationszeit (t) und das Outputniveau (x) simultan zu berücksichtigen, so daß sich die folgende Belastungsfunktion ergibt:

$$\frac{dA}{dt} = f(t, x)$$

Liegt eine **outputfixe, substitutionale Elementarkombination** vor, dann lassen sich sogenannte **Belastungsisoquanten** erstellen. Dieser Fall ist z.B. dann gegeben, wenn in einem Produktionsprozeß die Parameter Temperatur und Druck in unterschiedlichen Kombinationen zum gleichen Output führen. Für zwei Aggregate ergibt sich dann als Belastungsisoquante:

$$\frac{dA_1}{dt} = f(\frac{dA_2}{dt}, t)$$

Das Zeitbelastungsbild des Aggregates 1 wird folglich durch die Belastung des Aggregates 2 und die Kombinationszeit bestimmt.

Bei einer **outputvariablen, substitutionalen Elementarkombination** wird zusätzlich das Outputniveau zu einer unabhängigen Variablen. In diesem Fall entsteht für jede t,x-Kombination eine andere Belastungsisoquante der eingesetzten Potentialfaktoren.

Im folgenden sei die ökonomische **Verbrauchsfunktion** für den Fall der outputfixen, limitationalen Elementarkombination hergeleitet, den Heinen als den für die industriel-len Produktionsverhältnisse besonders wichtigen Fall bezeichnet. Hierbei ist die Kombinationszeit die einzige unabhängige Variable. Im ersten Quadranten (vgl. Abb. 45) wird die **Momentanbelastung** in Abhängigkeit von der Kombinationszeit eingetra-gen (Zeitbelastungsbild eines Aggregates). Im zweiten Quadranten wird die **technische Verbrauchsfunktion** eingezeichnet, d.h. jeder Momentanbelastung wird ein

Momentanverbrauch des Produktionsfaktors r_i zugeordnet. Im vierten Quadranten wird eine 45°-Linie als Spiegelachse abgetragen. Aus diesen Komponenten läßt sich dann im dritten Quadranten ein **Zeitverbrauchsbild** herleiten, d.h. der Momentanverbrauch des Produktionsfaktors r_i wird als Funktion der Zeit wiedergegeben:

$$\frac{dr_i}{dt} = f(t)$$

Der Gesamtverbrauch des Faktors i während der einmaligen Durchführung der Elementarkombination ergibt sich dann aus:

$$r_i = \int_{t=0}^{\bar{t}} f(t)$$

Dieser Zusammenhang wird in Abbildung 45 zusammenfassend verdeutlicht. Mit Hilfe des so ermittelten Zeitverbrauchsbildes läßt sich jeder Kombinationszeit ein entsprechender Produktionsfaktorverzehr r_i zuordnen (**ökonomische Verbrauchsfunktion**):

$$r_i = f(t)$$

Gelangen in einer Elementarkombination mehrere Potentialfaktoren und/oder Repetierfaktoren zum Einsatz, dann ergibt sich ein **System von ökonomischen Verbrauchsfunktionen**.

Stehen die Repetierfaktoren hingegen in einer **unmittelbaren Beziehung** zum Output, dann läßt sich die ökonomische Verbrauchsfunktion durch die folgende Funktion beschreiben:

$$r_i = f(x)$$

Probleme ergeben sich bei der Einbeziehung der Potentialfaktoren

- Betriebsmittel und
- objektbezogene menschliche Arbeitsleistungen.

Ausgangspunkt zur Erfassung des Verzehrs von Betriebsmitteln können die Laufstunden der Maschine während ihrer Gesamtnutzungszeit, d.h. die Totalkapazität, bilden. Dem einmaligen Vollzug der Elementarkombination kann dann der entsprechende Zeitanteil zugerechnet werden. Ebenfalls schlägt Heinen die Arbeitszeit als unabhängige Variable vor, wenn die objektbezogene menschliche Arbeitsleistung ein zeitabhängiges Entgelt erhält. Liegt hingegen ein leistungsabhängiges Entgelt vor, dann kann die Ausbringung als unabhängige Variable herangezogen werden.

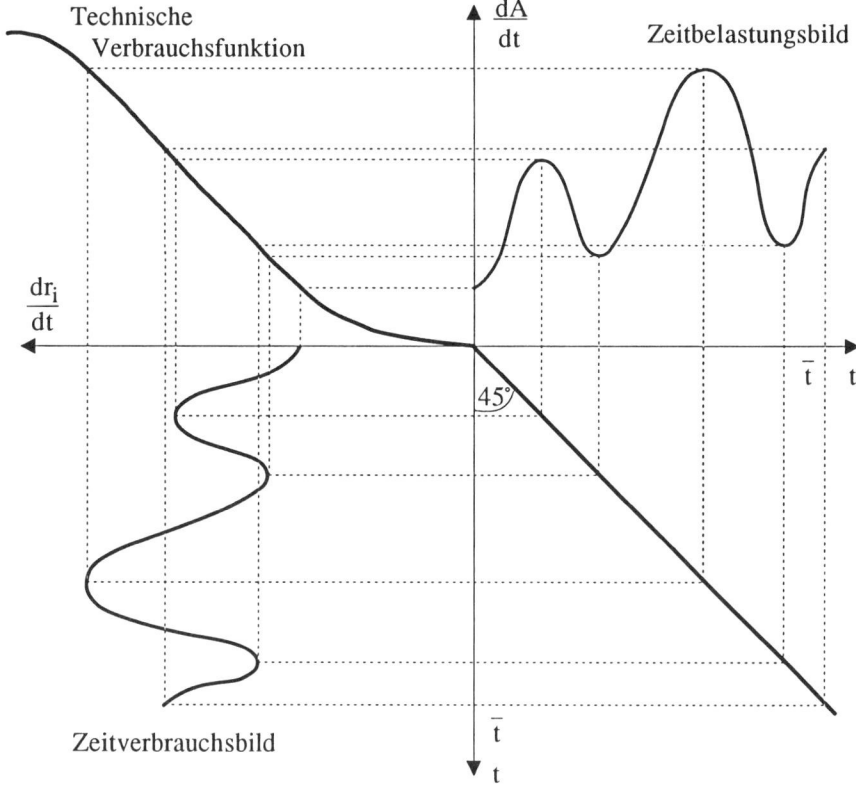

Abb. 45: Geometrische Herleitung der ökonomischen Verbrauchsfunktion für eine outputfixe, limitationale Elementarkombination

In der Regel reicht jedoch der einmalige Vollzug einer Elementarkombination nicht aus, sondern sie wird mehrere Male vollzogen. Diese Wiederholungen der Elementarkombination werden mit Hilfe von **Wiederholungsfunktionen** erfaßt. Dabei unterscheidet Heinen die drei folgenden Typen:

- **Primäre Elementarkombinationen**: Hierunter werden diejenigen Elementarkombinationen subsumiert, durch die die fertigungstechnische Reife des angestrebten Produktes erhöht wird. Dabei hängt die Wiederholungsanzahl unmittelbar von dem zu realisierenden Outputvolumen ab.

- **Sekundäre Elementarkombinationen**: Hierbei hängt die Anzahl der zu realisierenden Wiederholungen nur noch sehr lose von der angestrebten Outputmenge ab; sie wird durch die Auflagengröße bestimmt (z.B. Anlauf- und Bremsphasen, Rüstvorgänge).

- **Tertiäre Elementarkombinationen**: Hierunter werden alle Elementarkombinationen zusammengefaßt, die entweder über andere Größen indirekt von der Endproduktmenge oder überhaupt nicht von dieser abhängen. Es handelt sich damit um eine Residualgruppe. Hierzu seien als Beispiele die Reinigungs- und Wartungsarbeiten genannt.

Um nun die Wiederholungsfunktion für primäre Elementarkombinationen herzuleiten, sei ein vierstufiger Produktionsprozeß zugrunde gelegt, der mit Hilfe der folgenden Abbildung 46 veranschaulicht wird.

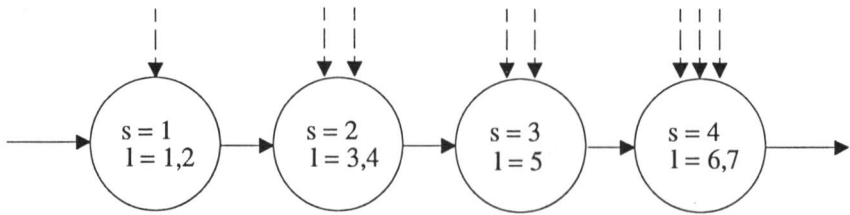

s = Produktionsstufe
l = Elementarkombination

Abb. 46: Strukturbild eines mehrstufigen Produktionsprozesses

Die durchgezogenen Pfeile, die in die einzelnen Produktionsstufen münden, repräsentieren dabei die **derivativen** Produktionsfaktoren, die jeweils in die nachgelagerte Produktionsstufe einfließen. Demgegenüber stellen die gestrichelten Pfeile an den einzelnen Produktionsstufen die zum Einsatz gelangenden **originären** Produktionsfaktoren dar.

Die Anzahl der Wiederholungen der Elementarkombinationen auf den einzelnen Produktionsstufen ergibt sich dann durch die Division der geforderten Zwischenproduktmenge (x_s) der Stufe s durch das Outputniveau (o_{ls}) der Elementarkombination l auf der s-ten Stufe:

$$w_{ls} = \frac{x_s}{o_{ls}}$$

Sind auf der jeweiligen Produktionsstufe mehrere (funktionsgleiche) Aggregate vorhanden, so daß die erforderlichen Elementarkombinationen durch diese Aggregate parallel durchgeführt werden können, dann ist die Wiederholungsfunktion durch einen Verteilungsparameter (v_{ls}) zu ergänzen, mit dessen Hilfe die Aufteilung der Elementarkombinationen auf die Aggregate erfaßt wird:

$$w_{ls} = \frac{x_s \cdot v_{ls}}{o_{ls}}, \quad \text{mit } 0 \leq v_{ls} \leq 1 \quad \text{und} \sum_i v_{ls} = 1$$

In den bisherigen Überlegungen wurde implizit unterstellt, daß kein Produktionsausschuß entsteht. Bei Aufhebung dieser Annahme ist die Wiederholungsfunktion durch einen **Ausschußkoeffizienten** $(ak_{ls} \leq 1)$ zu ergänzen, mit dessen Hilfe der durchschnittliche Ausschuß einer Elementarkombination erfaßt wird:

$$w_{ls} = \frac{x_s \cdot ak_{ls}}{o_{ls}} \cdot v_{ls}$$

Durch Multiplikation der ökonomischen Verbrauchsfunktion mit der Wiederholungsfunktion ergibt sich dann der Verbrauch des derivativen Faktors i in der Elementarkombination l auf der s-ten Produktionsstufe:

$$r_{ils} = f(t_{ls}) \cdot w_{ls}$$

Um den **Gesamtverzehr einer Faktorart** zu bestimmen, muß in einem ersten Schritt festgestellt werden, an welchen Elementarkombinationen die entsprechende Faktorart beteiligt ist. Der Faktorverzehr bei einmaligem Vollzug der Elementarkombination ergibt sich aus der ökonomischen Verbrauchsfunktion. Dieser Verzehr ist dann mit den erforderlichen Wiederholungen der Elementarkombination multiplikativ zu verknüpfen. Diese Vorgehensweise ist für alle Elementarkombinationen, an denen die entsprechende Faktorart beteiligt ist, durchzuführen. Als Produktionsfunktion ergibt sich dann:

$$r_i = \sum_{i=1}^{m} r_{il} \cdot w_l$$

Wird zusätzlich der zeitabhängige Verzehr des Produktionsfaktors i (z.B. bei Betriebsmitteln und kalenderzeitabhängig entlohnten Arbeitskräften) berücksichtigt, dann ergibt sich:

$$r_i = \sum_{i=1}^{m} r_{il} \cdot w_l + r_i(t)$$

Weiterhin ist zu klären, wie die Beziehung zwischen den Zwischenproduktmengen x_s auf den einzelnen Produktionsstufen und dem Produktionsprogramm erfaßt werden kann. Dies läßt sich mit Hilfe der **Programmfunktion** erreichen, wobei die Anzahl der Programmfunktionen der Anzahl der Produktionsstufen entspricht:

$$x_s = pk_{s1} \cdot x_1 + pk_{s2} \cdot x_2 + \ldots + pk_{su} \cdot x_u$$

Dabei geben die **Programmkoeffizienten** pk_{s1}, ..., pk_{su} an, wie hoch der Zwischenproduktverbrauch ist, der auf eine Fertigprodukteinheit entfällt. Für die Wiederholungsfunktion gilt dann:

$$w_{ls} = \frac{x_s \cdot ak_{ls}}{o_{ls}} \cdot (pk_{s1} \cdot x_1 + pk_{s2} \cdot x_2 + \ldots + pk_{su} \cdot x_u)$$

1.3.2 Kostentheoretische Grundlagen

Grundlage der vorangegangenen produktionstheoretischen Überlegungen war eine rein mengenmäßige Betrachtungsweise. Ihre Aufgabe besteht folglich darin, mengenmäßige Beziehungen zwischen dem Input und dem Output zu formulieren. Da die erstellten

Mengeneinheiten (z.b. Meter, Tonne, Kubikmeter etc.) nicht unmittelbar vergleichbar sind, ist es erforderlich, diese einer **Bewertung** zu unterziehen, um so zu vergleichbaren Werteinheiten (z.b. DM) zu gelangen. Diese Aufgabe obliegt der Kostentheorie, in dem sie das aus der Produktionstheorie stammende **Mengengerüst** durch ein **Wertgerüst** ergänzt. Dies geschieht durch die Einführung der **Faktorpreise**. Darüber hinaus obliegt der Kostentheorie die Aufgabe, die **Kostenentstehung** und die **Kostenhöhe** zu erklären.

Mit den Kosten steht folglich eine Beurteilungsgrundlage für alternative Produktionen zur Verfügung. So kann etwa mit Hilfe der Zielfunktion "Minimiere die Kosten der Produktion" eine Auswahl aus allen effizienten Produktionen erfolgen. In dieser Betrachtungsweise ist dann diejenige Produktion optimal, die mit den geringsten Kosten einhergeht.

Der Kostentheorie obliegt damit eine Erklärungs- und eine Gestaltungsaufgabe. Im Rahmen ihrer **Erklärungsaufgabe** geht es um die Offenlegung der Bestimmungsgrößen der Kosten, den sogenannten **Kosteneinflußgrößen**. Diese Einflußgrößen sind in ihren Wirkungen auf die Kostenhöhe zu erfassen, wobei sich diese sowohl auf die Mengen als auch auf das Wertgerüst beziehen können, je nachdem, ob sie an den Faktorverbräuchen oder den Faktorpreisen ansetzen. Grundlage für die Analyse dieser Abhängigkeiten sind die Kostenfunktionen.

Im Rahmen der **Gestaltungsaufgabe** der Kostentheorie geht es darum, die Kosteneinflußgrößen so zu bestimmen, daß die Produktionsentscheidungen bei gegebenem Output kostenminimal ausfallen. Damit obliegt den Faktorpreisen eine **Lenkungsfunktion**, da sie bestimmen, welche Produktionsfaktorarten in welchen Mengen in der Produktion zum Einsatz gelangen.

1.3.2.1 Kostentheoretische Grundbegriffe

Auch wenn es sich bei den Kosten um einen zentralen Begriff der Betriebswirtschaftslehre handelt, kann nicht von einem einheitlichen Kostenbegriff ausgegangen werden. Die am häufigsten vorzufindenden Definitionen sind

- der wertmäßige und
- der pagatorische Kostenbegriff.

Allgemein wird unter Kosten der bewertete sachzielbezogene Güterverzehr einer Periode verstanden. Damit läßt sich der Kostenbegriff durch die drei folgenden Merkmale charakterisieren:

- Verzehr,
- Sachzielbezogenheit,
- Bewertung.

Kosten setzen folglich einen **Verzehr von Gütern** voraus, wobei dieser sowohl als Verbrauch als auch als Gebrauch, d.h. durch Abnutzug eines Potentialfaktors, erfolgen kann. Zum Gebrauch zählt dabei auch die Nutzung der bereitgestellten Infrastruktur und der Rechtsordnung. Hierdurch bedingt, sind auch die Steuern zu den Kosten zu zählen.

Mit dem Merkmal der **Sachzielbezogenheit** wird zum Ausdruck gebracht, daß der Verzehr der Güter in einem unmittelbaren Zusammenhang mit dem Sachziel der Unternehmung stehen muß. Dabei ist es jedoch nicht erforderlich, daß der Güterverzehr ursächlich durch die sachzielbezogene Gütererstellung hervorgerufen wird (**Verursachungsprinzip**), sondern es reicht bereits aus, wenn der Güterverzehr auf das Sachziel einwirkt, d.h. ohne den Güterverzehr wäre die Realisation des Sachziels nicht möglich (**Einwirkungsprinzip**).

Hinsichtlich der Merkmale "Verzehr" und "Sachzielbezogenheit" stimmen der wertmäßige und der pagatorische Kostenbegriff überein. Der entscheidende Unterschied ist in dem Merkmal "Bewertung" zu sehen. Von Kosten wird erst dann gesprochen, wenn der sachzielbezogene Güterverzehr, der die Mengenkomponente darstellt, bewertet wird. Die Bewertung hängt von dem **Ziel** ab, das der Benutzer der Kosteninformation verfolgt. Dabei gehen der wertmäßige und der pagatorische Kostenbegriff davon aus, daß der Benutzer der Kosteninformation nach **Zahlungsüberschüssen** oder **Gewinnen** strebt.

Grundlage des **wertmäßigen Kostenbegriffes** sind die Realgüterbewegungen im Innenbereich eines Betriebes. Dabei wird der Wertansatz an dem verfolgten Rechnungszweck ausgerichtet. Der wertmäßige Kostenbegriff knüpft folglich nicht an den Zahlungsströmen an, die mit der Ressourcenbeschaffung einhergehen, sondern er zielt auf eine **entscheidungsorientierte Bewertung** des Güterverzehrs ab. Damit wird der Wert eines Produktionsfaktors nicht nur durch dessen Beschaffungspreis, sondern ferner durch den **Grad der Knappheit** bestimmt. Um diesen Knappheitsgrad in unterschiedlichen Entscheidungssituationen zu erfassen, wird der sachzielbezogene Güterverzehr mit seinem **Grenznutzen** bewertet. Hieraus resultiert, daß bei einem wertmäßigen Kostenbegriff in den jeweiligen Entscheidungssituationen derselbe Produktionsfaktor eine unterschiedliche Bewertung erfahren kann. Ziel des wertmäßigen Kostenbegriffs ist es folglich, die Produktionsfaktoren in die Verwendungen zu alloziieren, die auf der Grundlage des unternehmerischen Zielsystems optimal sind.

Demgegenüber erfolgt die Bewertung der Produktionsfaktoren beim **pagatorischen Kostenbegriff** auf der Grundlage der **Beschaffungsmarktpreise**, d.h. er knüpft an die mit dem betrieblichen Güterverzehr verbundenen **Zahlungsströme** an und basiert damit auf den Ausgaben. Ausgangsbasis bilden somit die Geldbewegungen im Außenbereich des Wertekreislaufes einer Betriebswirtschaft. Als Faktorpreise kommen folglich die Anschaffungspreise der Roh-, Hilfs- und Betriebsstoffe, die Lohnsätze der Arbeitskräfte sowie die Abschreibungen der Betriebsmittel in Betracht.

Während bei einem wertmäßigen Kostenbegriff i.d.R. Wiederbeschaffungspreise zugrunde liegen, werden beim pagatorischen Kostenbegriff Anschaffungspreise verwendet. Den weiteren Überlegungen liegt ein wertmäßiger Kostenbegriff zugrunde.

Nach der Klärung des Kostenbegriffes ist der Frage nachzugehen, durch welche Größen die Höhe der Kosten in einer Produktionsperiode beeinflußt wird. Diese Größen werden in der Literatur als **Kosteneinflußgrößen** bezeichnet. Dabei sei zunächst auf die sogenannten **Hauptkosteneinflußgrößen** (vgl. Gutenberg 1979, S. 344 ff.) eingegangen, d.h. es werden die Einflußgrößen des Produktionsbereiches besprochen:

- **Betriebsgröße:** Hierunter ist die Gesamtheit der Produktionsmöglichkeiten eines Betriebes nach Art und Menge der Outputgüter zu verstehen. Während die Betriebsgröße in einer kurzfristigen Betrachtung nicht veränderbar ist, d.h. sie restringiert in dieser Sichtweise die Produktionsmöglichkeiten, stellt sie langfristig eine veränderbare Größe dar.

- **Produktionsprogramm:** Hierunter seien die Produktarten und -mengen verstanden, die in einer Produktionsperiode erstellt werden können. Wird beispielsweise die mengenmäßige Zusammensetzung des Produktionsprogramms verändert, dann geht eine solche Variation mit einem veränderten Produktionsfaktoreinsatz einher, der seinen Niederschlag auch in den Kosten findet. Ebenfalls wirken die zu bildenden **Losgrößen** auf die Produktionskosten, da durch sie die Rüst- und Lagerkosten beeinflußt werden. Ein spezieller Aspekt in diesem Zusammenhang ist in der **Produktionstiefe**, mit der die Anzahl der in einem Betrieb realisierten **Produktionsstufen** erfaßt wird, zu sehen. Hiermit ist unmittelbar die Frage verknüpft, inwieweit Vor-, Zwischenprodukte oder Teile durch die Unternehmung selbst erstellt werden oder von anderen Unternehmungen bezogen werden sollen. Es ergibt sich damit ein make-or-buy-Problem.

- **Produktionsablauf:** Hierunter sind die speziellen Gestaltungsformen der Produktionsdurchführung zu verstehen, wobei davon auszugehen ist, daß jede spezifische Gestaltungsform mit speziellen Kostenabhängigkeiten einhergeht. Dieser Problemkomplex umfaßt dabei die folgenden drei Aspekte:

  -- **Automatisierungsgrad:** Bei der Automatisierung handelt es sich um einen Vorgang, bei dem nicht nur menschliche Arbeitsprozesse auf Betriebsmittel übertragen werden, sondern durch die Anlage oder das Anlagensystem zusätzlich auch die Steuerung und Kontrolle vollzogen werden. Das Ziel der Automation ist folglich darin zu sehen, die Aufgabenerfüllung durch realtechnische Mittel selbständig durchführen zu lassen.

  -- **Produktionstyp:** Auf der Grundlage des Verrichtungs- und Objektprinzips wird zwischen Werkstattfertigung und Fließfertigung differenziert.

  -- **Produktionsart:** Mit Hilfe des Wiederholungsgrades wird zwischen Einzel- und Mehrfachproduktion unterschieden, wobei letztere in die Serien- und Massenproduktion weiter aufgeteilt wird.

Die angeführten Problembereiche des Produktionsablaufs stehen dabei in einem engen Verhältnis zueinander. So geht die Massenproduktion i.d.R. mit einem hohen Automatisierungsgrad und der Realisation des Fließprinzips einher. Dabei ergeben sich andere Kostenstrukturen und -arten, als dies etwa bei einer Einzelproduktion, die nach dem Werkstattprinzip realisiert ist, der Fall sein wird. So treten bei einer Werkstattproduktion im Vergleich zu einer Fließfertigung längere Transportwege, höhere Transportzeiten und größere Material- und Zwischenlager auf. Demgegenüber werden bei der Fließfertigung die Produktionskosten zu einem hohen Teil durch die Produktionsanlagen determiniert.

- **Faktorqualitäten:** Hierunter sind die Eigenschaften von Produktionsfaktoren zu verstehen, und zwar hinsichtlich ihrer Einsatzmöglichkeiten im Produktionsprozeß oder in Bezug auf die herzustellenden Produkte. Unterschiedliche Faktorqualitäten finden ihren Niederschlag in unterschiedlichen Produktionskoeffizienten. Damit enthält jede Produktionsfunktion Produktionsfaktoren mit spezifischen Eigenschaften. Da es, wie bereits angeführt, für die Produktion derselben Produkte teilweise möglich ist, daß verschiedenartige Produktionsfaktoren zum Einsatz gelangen, existieren dann verschiedene Produktionsfunktionen, von denen die Unternehmung eine auszuwählen hat. Für die **Elementarfaktoren** Roh-, Hilfs- und Betriebsstoffe sowie objektbezogene menschliche Arbeitsleistungen ist der Einfluß der Qualität auf die Produktionskosten evident. Darüber hinaus beeinflußt aber auch die **Qualität des dispositiven Faktors** die Kostenhöhe. Die Qualität dieses Faktors findet dann ihren Niederschlag in der Güte der Planung, der Organisation und der Entscheidung.

- **Faktorpreise:** Da sich die Kosten aus der multiplikativen Verknüpfung des sachzielbezogenen Güterverzehrs, d.h. der zum Einsatz gelangenden Produktionsfaktormengen, mit seinen Preisen ergeben, zeigt sich unmittelbar der Einfluß der Faktorpreise auf die Höhe der Produktionskosten.

- **Beschäftigung:** Hierunter sind die von einem Betrieb oder Potentialfaktor in einer Periode erstellten Outputmengen zu verstehen. Mit der Variation der Beschäftigung verändern sich dann, wegen der produktionsabhängigen Faktorverbräuche, auch die Produktionskosten. Durch die quotiale Verknüpfung dieser Leistungsmenge mit der Leistungsfähigkeit, d.h. der Kapazität des Betriebes oder des Potentialfaktors, ergibt sich dann der Beschäftigungsgrad.

Neben diesen Kosteneinflußgrößen, die Gutenberg auch als Hauptkosteneinflußgrößen bezeichnet, sind noch weitere Größen zu berücksichtigen, die aus anderen Unternehmungsbereichen auf den Produktionsbereich wirken und die Kosten beeinflussen. Hierzu zählen beispielsweise Maßnahmen des Absatzes, der Finanzierung und der Forschung und Entwicklung.

Im **Absatzbereich** beeinflußt der Einsatz des absatzpolitischen Instrumentariums (Preispolitik, Distributionspolitik, Kommunikationspolitik und Produktpolitik), d.h. alle Aktivitäten, die der Vermarktung der produzierten Produkte dienen, das Kostenniveau der Unternehmung. Darüber hinaus können durch den Einsatz dieses Instrumentariums der Umsatz und der Gewinn beeinflußt werden.

Ferner hängt die Höhe der mit dem Einsatz von Potential- und Repetierfaktoren verbundenen Kapitalkosten von der Art der **Finanzierung** ab. Dies bedeutet, daß auch der Finanzbereich Auswirkungen auf das Kostenniveau hat. Auch eine unzureichende Eigenkapitalausstattung kann sich auf die Höhe der Produktionskosten auswirken. Dies ist etwa dann der Fall, wenn mangelndes Eigenkapital zur weiteren Nutzung veralteter Produktionsaggregate führt, obwohl mit neueren Aggregaten die Produktion kostengünstiger realisiert werden könnte.

Ziel der Aktivitäten der **Forschung und Entwicklung** ist die Verbesserung der Produkt- und Faktorqualität einerseits und der Produktionsverfahren andererseits. Sie üben damit einen **indirekten Einfluß** auf die Höhe der Produktionskosten aus. Dabei ist zu beachten, und hierauf weisen Busse von Colbe und Laßmann (1988, S. 218) explizit hin, daß die Forschungs- und Entwicklungsausgaben eigentlich den Perioden zugerechnet werden müssen, in denen die Ergebnisse dieser Aktivitäten in der Produktion wirksam werden. Häufig werden sie jedoch in den Perioden als Kosten verrechnet, in denen die Ausgaben anfallen.

Bei den betrachteten Kosteneinflußgrößen ist weiterhin danach zu unterscheiden, inwieweit sie der unternehmerischen Disposition unterliegen, d.h. für die Unternehmung einen **Aktionsparameter** oder ein **Datum** darstellen. So gibt es eine Reihe von Kosteneinflußgrößen, die unabhängig von der gewählten Betrachtungsweise außerhalb des betrieblichen Entscheidungsfeldes liegen, d.h. einer unmittelbaren Gestaltung nicht mehr zugänglich sind, wie dies etwa bei Steuern, Lohnsätzen als Arbeitsentgelte, Beschaffungspreisen und der Arbeitszeitordnung der Fall sein kann.

Weiterhin ist zu beachten, daß auch die Kosteneinflußgrößen Produktionsprogramm, Faktorqualität, Produktionsablauf und Betriebsgröße, auch wenn sie grundsätzlich Aktionsparameter der Unternehmung darstellen, kurzfristig als Daten aufzufassen sind. Die Planungssituation wird folglich durch bereits in der Vergangenheit getroffene und realisierte Entscheidungen restringiert. Auf der Grundlage des Kriteriums Zeit ist damit in kostentheoretischen Ansätzen nur die Beschäftigung als kurzfristig variierbar anzusehen. In den weiteren Betrachtungen wird dieser Problembereich im Zentrum des Interesses stehen. Wird ausschließlich die Beschäftigung, gemessen an der Ausbringungsmenge, als Kosteneinflußgröße betrachtet, dann stellt sich im Rahmen der Analyse von Kostenverläufen die Frage, mit welchen Veränderungen die Ausbringungsmengen der Produktion auf die Kostenhöhe des Betriebes einhergehen. Unter der Annahme, daß die Unternehmung nur **eine Produktart** in einem **einstufigen Produktionsprozeß** erstellt, läßt sich dann die folgende Kostenfunktion aufstellen:

$$K = f(x)$$

1.3.2.2 Grundlagen der kostentheoretischen Modellanalyse

Zur Charakterisierung von Kostenverläufen ist es einerseits erforderlich, einige spezielle Kostenbegriffe zu erläutern und anderseits Aussagen über einige Eigenschaften von Kostenfunktionen zu tätigen. Dabei sei zunächst ein linearer Gesamtkostenverlauf unterstellt. Unter Gesamtkosten (K) wird der gesamte Kostenbetrag verstanden, der bei der Produktion der Menge "x" anfällt. Die Gesamtkosten setzen sich aus den **fixen Kosten** (K_f), die bei Variation der Beschäftigung konstant bleiben und den **variablen Kosten** (K_v), die sich mit Variation der Kosteneinflußgröße verändern, zusammen, so daß sich die folgende Kostenfunktion ergibt:

$$K(x) = K_f + K_v(x)$$

Graphisch ergibt sich dann der in Abbildung 47 dargestellte Kostenverlauf.

Diese Abbildung zeigt, daß sich die variablen Kosten in Abhängigkeit von der Beschäftigung verändern, d.h. sie sind durch das Beschäftigungsausmaß determiniert. Beträgt die Beschäftigung Null (x=0), dann gilt für die variablen Kosten $K_v(0) = 0$. Als Beispiel für diese Kostenkategorie sei der Rohstoffverbrauch genannt.

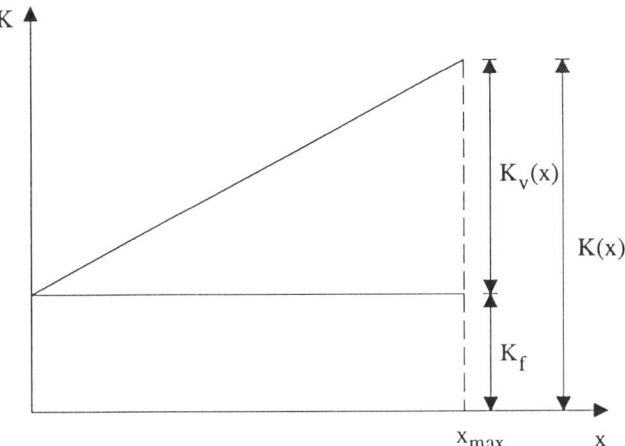

Abb. 47: Linearer Gesamtkostenverlauf

Diejenigen Kosten, die auf Beschäftigungsänderungen nicht reagieren, werden als **fixe Kosten** bezeichnet, d.h. sie fallen unabhängig von "x" immer in der gleichen Höhe an (K_f = konstant). Ein Beispiel hierfür sind die Gehälter für Angestellte im Produktionsbereich. Neben diesen für den gesamten Kapazitätsbereich fixen Bereitschaftskosten des gesamten Betriebes sind Kosten für begrenzt teilbare Produktionsfaktoren zu berücksichtigen, die nur innerhalb eines Intervalls unverändert bleiben, jedoch bei Über- oder Unterschreitung der Intervallgrenzen sprungweise Veränderungen aufweisen. Diese Kosten werden als **sprungfixe** oder **intervallfixe Kosten** (K_{fi}) bezeichnet. Es ergibt sich dann der in Abbildung 48 dargestellte Verlauf.

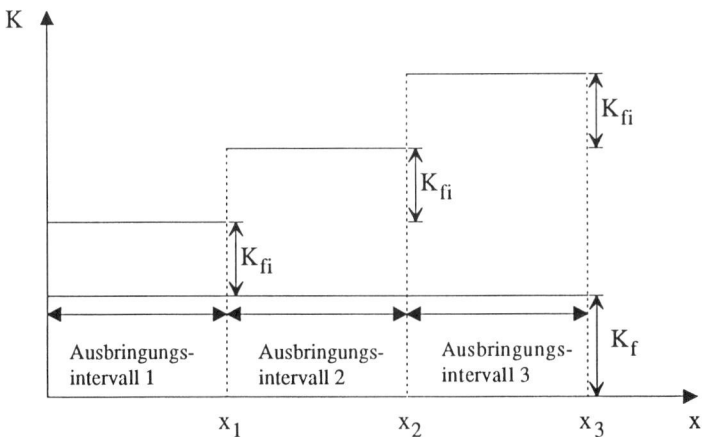

Abb. 48: Sprungfixe oder intervallfixe Kosten

Dabei gibt die **Sprunghöhe** einer intervallfixen Kostenart den Preis für eine Einheit des entsprechenden Produktionsfaktors an. Die **Intervallbreite** gibt demgegenüber die Kapazität des entsprechenden Produktionsfaktors wieder.

Werden die Gesamtkosten $K(x)$ durch die dazugehörige Ausbringungsmenge "x" dividiert, dann ergeben sich die **Stückkosten,** auch **Durchschnittskosten** ($k(x)$) genannt:

$$k(x) = \frac{K(x)}{x}$$

Wie bei den Gesamtkosten lassen sich auch die Stückkosten in fixe und variable Kosten pro Stück aufteilen. Es ergibt sich dann die folgende Kostenfunktion:

$$k(x) = \underbrace{\frac{K_f}{x}}_{k_f(x)} + \underbrace{\frac{K_v(x)}{x}}_{k_v(x)}$$

(fixe Kosten (variable Kosten
pro Stück)   pro Stück)

Graphisch lassen sich diese Zusammenhänge wie folgt darstellen:

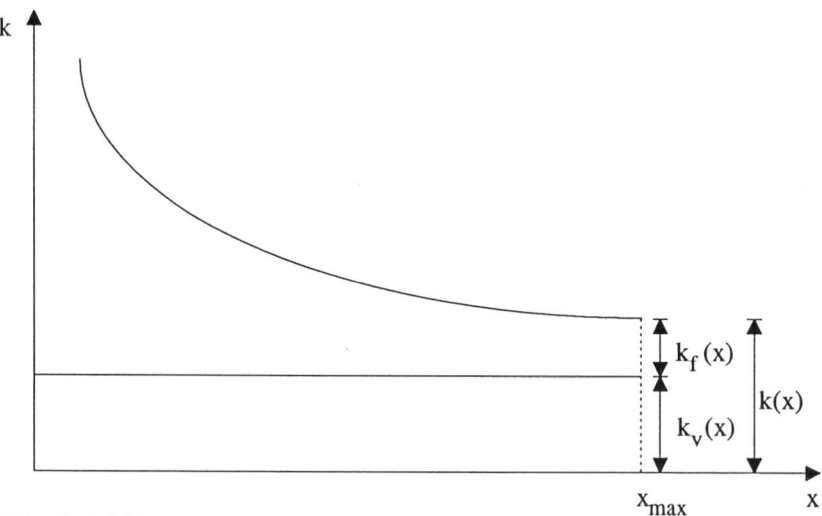

Abb. 49: Stückkosten

Diese Abbildung verdeutlicht, daß die fixen Kosten pro Ausbringungsmenge mit steigender Beschäftigung abnehmen. Dieser Sachverhalt wird als **Fixkostendegression** bezeichnet.

Unter der Voraussetzung einer differenzierbaren Gesamtkostenfunktion geben die **Grenzkosten** (k'(x)) die erste Ableitung der Gesamtkosten nach der Ausbringungsmenge an:

$$k'(x) = \frac{dK(x)}{dx} = \frac{dK_f}{dx} + \frac{dK_v(x)}{dx} = \frac{dK_v(x)}{dx}$$

Die Grenzkosten geben damit Auskunft darüber, wie sich die Gesamtkosten bei einer infinitesimalen Veränderung von "x" verhalten, d.h. sie geben die Steigung der Gesamtkostenfunktion an. Da jedoch die erste Ableitung der fixen Kosten $k'_f = 0$ ist, stimmt diese mit der Steigung der variablen Kostenfunktion überein. Bei dem unterstellten linearen Gesamtkostenverlauf sind die Grenzkosten konstant und folglich mit den variablen Stückkosten identisch. Während es sich in diesem Fall um eine kontinuierliche Grenzkostenkurve handelt, treten bei intervallfixen Kosten zwar ebenfalls Grenzkosten auf, jedoch handelt es sich hierbei um Grenzkostenstäbe, die jeweils an den entsprechenden Intervallgrenzen auftreten.

Neben dem linearen Kostenverlauf seien im folgenden einige typische **Grunderscheinungsformen der Kostenkurven** skizziert.

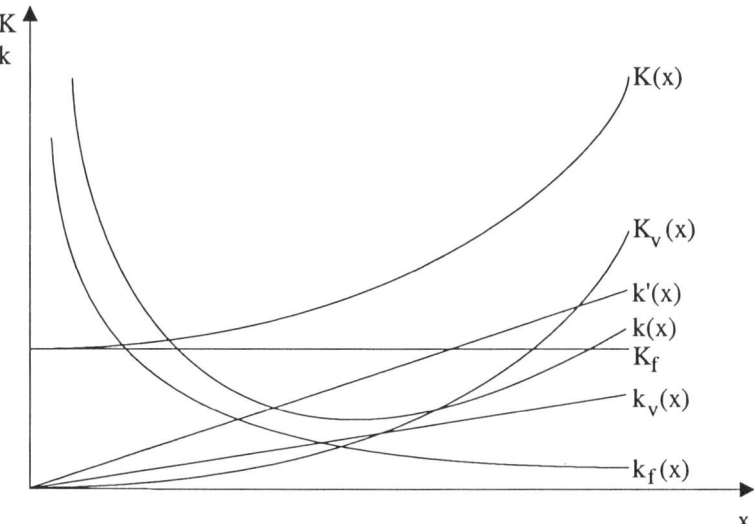

Abb. 50a: Progressiver Kostenverlauf

Bei einem **progressiven Kostenverlauf** steigen die Kosten mit zunehmender Beschäftigung überproportional an. Progressive Kosten entstehen beispielsweise im Rahmen von Lohnkosten, wenn die Steigerung der Ausbringungsmenge nur durch die Realisation von Überstunden bewerkstelligt werden kann.

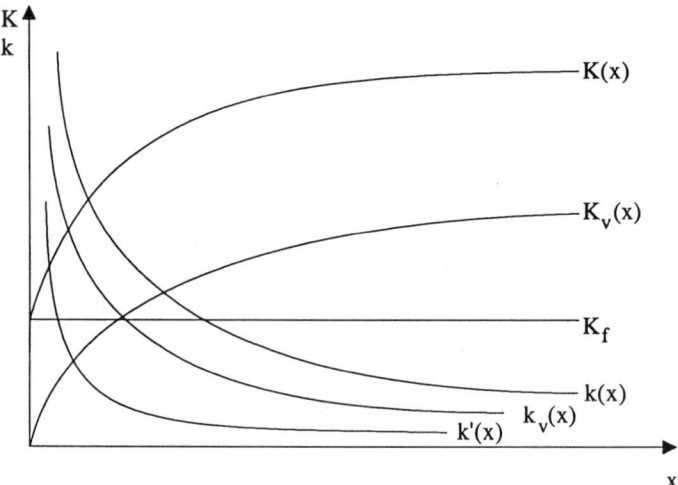

Abb. 50b: Degressiver Kostenverlauf

Bei einem **degressiven Kostenverlauf** nehmen die Gesamtkosten mit steigender Ausbringungsmenge zwar zu, jedoch lediglich unterproportional. Ein solcher Kostenverlauf kann etwa im Rahmen der Einarbeitungszeiten bei einem Mitarbeiter auftreten, der auf der Grundlage eines Zeitlohns bezahlt wird. Dies liegt darin begründet, daß ein Mitarbeiter zu Beginn der Produktion aufgrund seiner geringen Erfahrung noch relativ viel Zeit zur Produktion eines Stückes benötigt und damit auch höhere Kosten hervorruft, als dies nach der Einarbeitungszeit der Fall ist (Lerneffekt).

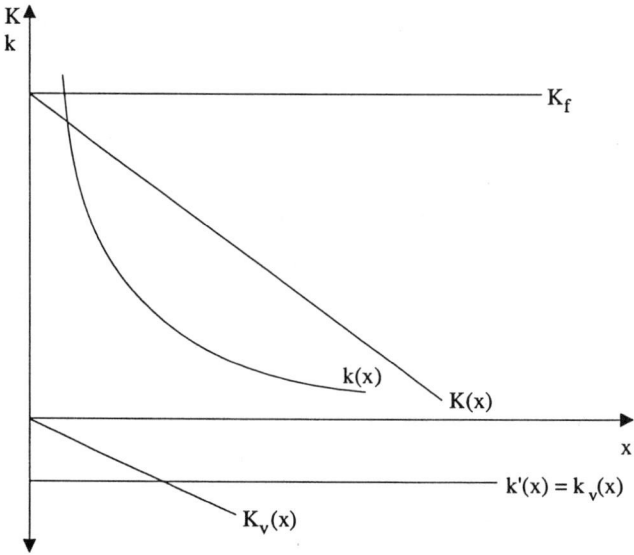

Abb. 50c: Regressiver Kostenverlauf

Bei einem **regressiven Kostenverlauf** nehmen die Kosten mit steigender Ausbringungsmenge ab. Als Beispiele für diesen Kostenverlauf werden die Heizungskosten im Kino angeführt. Dieses ungewöhnliche Beispiel zeigt, daß regressive Kostenverläufe in der betrieblichen Praxis selten auftreten dürften.

1.3.2.3 Die Minimalkostenkombination

Bei der Bestimmung der Minimalkostenkombination geht es um das Problem, welche Produktionsfaktoreinsatzmengenkombination, unter der Voraussetzung bekannter Faktorpreise, gewählt werden soll, um eine bestimmte Produktionsmenge mit minimalen Kosten zu erstellen. Dabei erscheint es selbstverständlich, daß in dieses Auswahlproblem lediglich effiziente Produktionen aufgenommen werden, da bei ineffizienten Produktionen ein gegebener Output mit einer geringeren Inputmenge bei mindestens einem Faktor realisierbar ist, wodurch geringere Kosten hervorgerufen würden. Damit ist festzustellen, daß das ökonomische Kriterium einer Kostenminimierung immer die technische Effizienz impliziert.

Um die Minimalkostenkombination ermitteln zu können, ist es erforderlich, die Preise der zum Einsatz gelangenden Produktionsfaktoren $(p_1, p_2, ..., p_n)$ zu kennen. Im weiteren sei dabei von einem Produktionsmodell ausgegangen, in dem lediglich zwei Produktionsfaktorarten zum Einsatz gelangen. Werden diese Produktionsfaktoren (r_1, r_2) mit ihren Preisen (p_1, p_2) multipliziert, dann ergibt sich für eine bestimmte Kostenhöhe $K = \overline{K}$ die folgende **Kostenisoquante**:

$$\overline{K} = r_1 \cdot p_1 + r_2 \cdot p_2$$

Durch Auflösung nach r_2 ergibt sich dann für diesen Produktionsfaktor die folgende Kostenisoquante:

$$r_2 = \frac{\overline{K}}{p_2} - \frac{p_1}{p_2} \cdot r_1$$

Dabei ist $-p_1/p_2$ die Steigung der Isoquante. In einer r_1-r_2-Ebene läßt sich diese Funktion dann als fallende Gerade darstellen (vgl. Abb. 51).

Während in Punkt A ausschließlich der Produktionsfaktor r_2 zum Einsatz gelangt $(r_1 = 0)$, wird im Punkt B nur der Faktor r_1 eingesetzt $(r_2 = 0)$. Mit Hilfe dieser Kostenisoquante wird damit die Menge aller Faktorkombinationen erfaßt, die zu gleichen Gesamtkosten führen.

Wird das Kostenbudget K größer als $\overline{K}$, dann erfährt die Kostenisoquante c.p. eine Parallelverschiebung vom Koordinatenursprung weg et vice versa. Bleibt das Kostenbudget $\overline{K}$ hingegen konstant und es verändern sich die Preise der Produktionsfaktoren, dann erfährt die Kostenisoquante in Punkt A oder B eine Drehung, und die Steigung der Isoquante verändert sich.

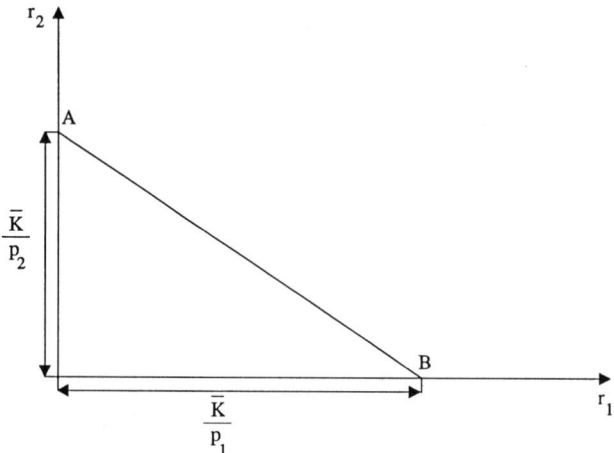

Abb. 51: Kostenisoquante

Im folgenden soll die Minimalkostenkombination getrennt für eine

- substitutionale und eine
- limitationale Produktion

untersucht werden.

Liegen **substitutionale Faktoreinsatzbeziehungen** vor, dann kann ein bestimmtes Outputniveau $x = x_1$ durch mehrere technisch effiziente Faktorkombinationen erstellt werden. Diese Faktorkombinationen liegen im effizienten Bereich der Produktionsisoquante. Um aus dieser Faktorkombination die kostenminimale auswählen zu können, ist es erforderlich, eine Kostenisoquante für ein bestimmtes Budget $K = K_1$, die durch ein festes Verhältnis der Faktorpreise p_1 und p_2 determiniert ist, aufzustellen. In Abbildung 52 ist dieser Sachverhalt für unterschiedliche Output- und Budgetniveaus dargestellt.

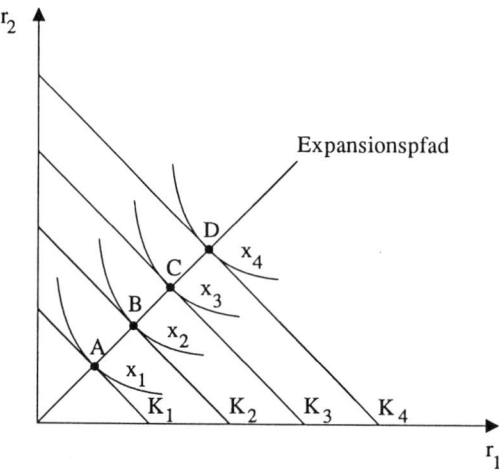

Abb. 52: Minimalkostenkombination bei substitutionalen Faktoreinsatzbeziehungen

Die Minimalkostenkombination ist dann in den Punkten gegeben, in denen die Kosten-isoquante die Produktionsisoquante tangiert (Punkte A, B, C und D). Durch Verbindung dieser Tangentialpunkte ergibt sich dann der **Expansionspfad**. Da in diesen Tangentialpunkten die Steigung der Kostenisoquante und der Produktionsisoquante übereinstimmen, gilt:

$$\frac{dr_1}{dr_2} = -\frac{p_2}{p_1}$$

Für substitutionale Faktoreinsatzbeziehungen gilt demnach für die Minimalkosten-kombination, daß die Grenzrate der Substitution zwischen den Produktionsfaktoren umgekehrt proportional zum Faktorpreisverhältnis ist.

Bei einem **limitationalen Produktionsprozeß** stehen die zum Einsatz gelangenden effizienten Inputmengen $(r_1, r_2, ..., r_n)$ in einem eindeutigen Verhältnis zu der her-zustellenden Outputmenge x. Dies bedeutet, daß es für ein bestimmtes Outputniveau jeweils nur eine effiziente Faktorkombination gibt. Abbildung 53 gibt die Minimal-kostenkombination bei einem linear-limitationalen Produktionsprozeß wieder.

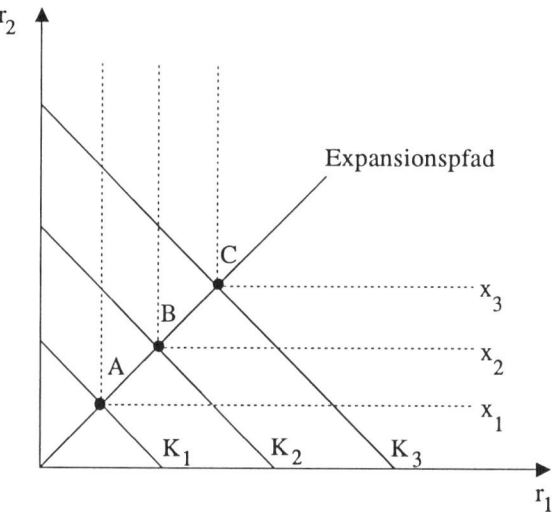

Abb. 53: Minimalkostenkombination bei einem linear-limitationalen Produktionsprozeß

Der Expansionspfad fällt folglich bei einem limitationalen Produktionsmodell mit dem technisch-effizienten Prozeßstrahl zusammen. Graphisch ergibt sich die Minimalko-stenkombination für ein bestimmtes Outputniveau x_1 durch Identifikation des Punktes, in dem die Kostenisoquante $K = r_1 \cdot p_1 + r_2 \cdot p_2$ die Produktionsisoquante x_1 erstmals berührt. Da die Steigung der Kostenisoquante durch den Ausdruck $-p_2/p_1$ wiedergegeben wird, d.h. stets negativ ist und zwischen den Steigungen liegt, die an den ineffizienten Isoquantenästen gelten, müssen die Kostenisoquanten die Produktionsisoquanten genau in ihren effizienten Eckpunkten tangieren, die den Minimalkostenkombinationen entsprechen. Da in den vorangegangenen Überlegungen von einem linear-limitationalen Produktionsprozeß ausgegangen wurde, verändert sich die Minimalkostenkombination bei Faktorpreisvariationen nicht, sondern es verändert sich die mit dem jeweiligen Produktionsniveau verbundene Kostenhöhe.

In den bisherigen Überlegungen wurde von einem Produktionsprozeß ausgegangen, so daß das Problem der Auswahl des günstigsten Produktionsprozesses nicht bestand. In Abbildung 54 wird ein Produktionsmodell wiedergegeben, bei dem eine Produktart auf der Grundlage zweier kontinuierlich variierbarer Repetierfaktoren und zweier linear limitationaler Prozesse erstellt werden kann. Dabei sind die beiden Produktionsprozesse gegenseitig linear substituierbar.

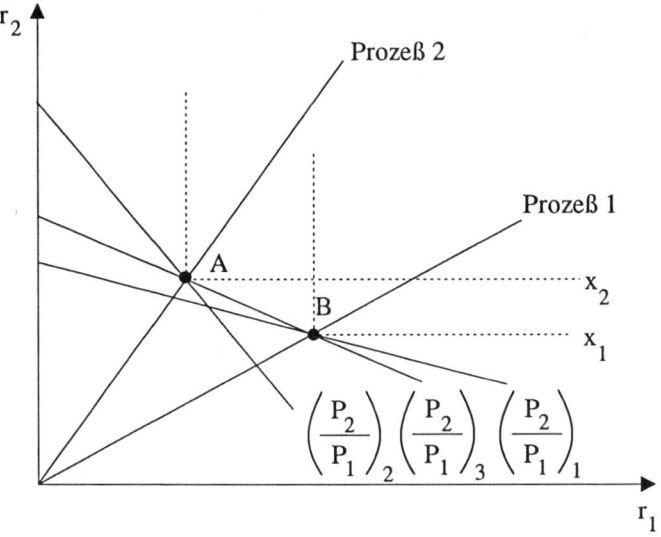

Abb. 54: Minimalkostenkombination bei zwei linear-limitationalen Produktionsprozessen

Für das Preisverhältnis $(p_2/p_1)_1$ ist damit nur der Prozeß 1 (Punkt B) kostenoptimal. Demgegenüber ist bei einem Preisverhältnis $(p_2/p_1)_2$ der Prozeß 2 (Punkt A) kostenoptimal. Gilt hingegen das Preisverhältnis $(p_2/p_1)_3$, dann sind nicht nur beide Prozesse (Punkt A und B) kostenoptimal, sondern darüber hinaus auch alle Faktorkombinationen (r_1,r_2), die zwischen den Punkten A und B liegen.

Soll nun ein beliebiger Punkt C, der zwischen den Punkten A und B liegt, realisiert werden, d.h. es erfolgt eine Kombination der Prozesse 1 und 2, dann läßt sich die Aufteilung des Outputniveaus $x = 3x_1$, wie in Abbildung 55 dargestellt, ermitteln.

Ausgangspunkt ist der Punkt C, der durch einen kombinativen Einsatz der Prozesse 1 und 2 gekennzeichnet und mit den Gesamteinsatzmengen r_1^G und r_2^G verbunden ist. Die Punkte D und E geben dann das Outputniveau der einzelnen Prozesse an (Prozeß 1 = $2x_1$; Prozeß 2 = $1x_1$). Diese Überlegung läßt sich auf jeden anderen Isoquantenpunkt übertragen.

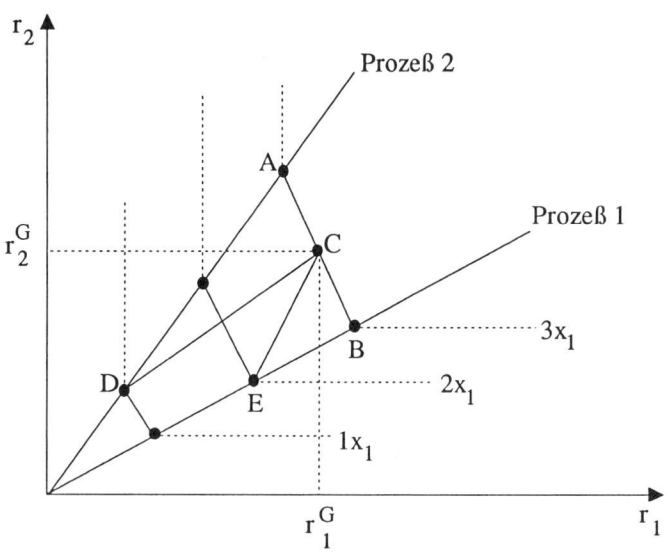

Abb. 55: Aufteilung der Gesamtproduktionsmenge auf mehrere effiziente Prozesse

1.3.2.4 Kostenfunktionen auf der Grundlage ausgewählter Produktionsfunktionen

Grundlage der weiteren Ausführungen soll ein einstufiger Produktionsprozeß in einer Einproduktunternehmung sein. Mit dieser Vereinfachung soll eine Beschränkung auf einige grundlegende Problemstellungen vorgenommen werden. Sind diese Voraussetzungen nicht gegeben, dann können die Fälle einer mehrstufigen Produktion und einer Mehrproduktunternehmung, von dem Fall der Kuppelproduktion abgesehen, durch Addition der Kosten über alle Produktionsstufen und/oder Produktarten erfaßt werden. Im folgenden sollen die Kostenfunktionen auf der Grundlage des Ertragsgesetzes (Produktionsfunktion vom Typ A) und der Gutenberg-Produktionsfunktion (Produktionsfunktion vom Typ B) hergeleitet werden.

1.3.2.4.1 Kostenfunktionen auf der Basis einer ertragsgesetzlichen Produktionsfunktion

Ausgangspunkt ist die ertragsgesetzliche Produktionsfunktion in der Form:

$$x = f(r_1, r_2, ..., r_n)$$

Unter der Voraussetzung, daß lediglich ein Faktor (r_1) variierbar ist, d.h. es liegt eine partielle Faktorvariation vor, ergibt sich der bekannte ertragsförmige Verlauf, der durch die folgende Funktion beschrieben wird:

$$x = f(r_1, \underbrace{r_2, ..., r_n}_{\text{konstant}})$$

Durch Bewertung der Einsatzmengen mit ihren Preisen ergibt sich dann:

$$x = f(\underbrace{r_1 \cdot p_1 + r_2 \cdot p_2 + \dots + r_n \cdot p_n}_{\text{konstant}})$$

Graphisch ergibt sich die folgende Funktion, die auch als monetäre Produktionsfunktion bezeichnet wird.

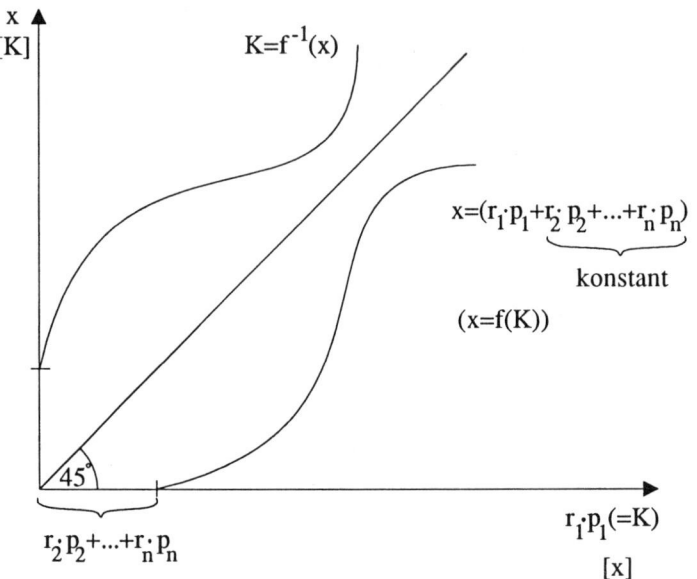

Abb. 56: Herleitung der Kostenfunktion aus der ertragsgesetzlichen Produktionsfunktion

Der rechte Teil dieser monetären Produktionsfunktion stellt damit den bewerteten sachzielbezogenen Güterverzehr dar, d.h. es werden die Kosten als unabhängige Variable betrachtet. Durch Bildung der Umkehrfunktion (f^{-1}) ergibt sich die Kostenfunktion, die die Abhängigkeit der Kosten von der Ausbringungsmenge beschreibt. Diese Kostenfunktion läßt sich wiederum aufteilen in einen von der Produktionsmenge x abhängigen Teil

$$K_v(x) = r_1 \cdot p_1$$

und in einen von der Menge x unabhängigen Teil

$$K_f = \bar{r}_2 \cdot p_2 + \bar{r}_3 \cdot p_3 + \dots + \bar{r}_n \cdot p_n$$

Als Gesamtkostenfunktion ergibt sich dann:

$$K(x) = K_f + K_v(x)$$

Eine Möglichkeit, die Veränderungen der Gesamtkosten zu erfassen, bieten die **Grenzkosten**. Mathematisch sind sie die erste Ableitung der Gesamtkostenfunktion und geben damit ihre Steigung an. Wie in Abbildung 57 dargestellt, fallen die Grenzkosten bis zum Wendepunkt der Gesamtkostenfunktion, erreichen in diesem Punkt ihr Minimum und steigen dann an.

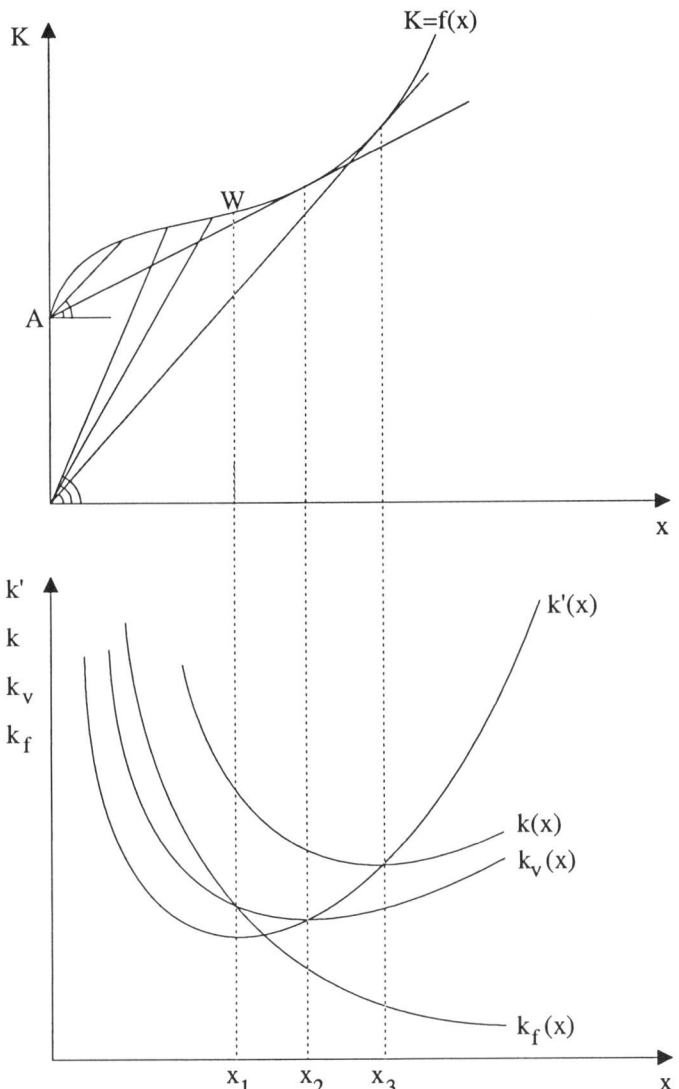

Abb. 57: Kostenverläufe bei ertragsgesetzlicher Produktionsfunktion

Die **gesamten Stückkosten** (= Durchschnittskosten)

$$k(x) = \frac{K(x)}{x}$$

lassen sich graphisch dadurch ermitteln, daß vom Koordinatenursprung ein Fahrstrahl
an die Gesamtkostenfunktion gelegt wird. Der Winkel, den dieser Fahrstrahl mit der
Abszisse bildet, wird dabei zunächst immer kleiner und erreicht an der Stelle sein
Minimum, an der er zur Tangente wird, d.h. in diesem Punkt stimmen Grenzkosten und
gesamte Stückkosten überein. Ab diesem Punkt nimmt dieser Winkel wieder zu, d.h. die
gesamten Stückkosten steigen.

In methodisch gleicher Weise lassen sich die **variablen Stückkosten**

$$k_v(x) = \frac{K_v(x)}{x}$$

ermitteln. Der Fahrstrahl hat in diesem Fall seinen Ausgangspunkt nicht im Koordinatenursprung, sondern im Punkt A (vgl. Abb. 57) auf der Ordinate. Auch die variablen
Stückkosten nehmen dabei bis zu dem Punkt ab, an dem der Fahrstrahl zur Tangente
wird, um dann wiederum, allerdings auf einem geringeren Niveau als die Durchschnittskosten, anzusteigen. Auch sie werden in ihrem Minimum von den Grenzkosten (k')
geschnitten. Dabei ist zu beachten, daß der Abstand zwischen den gesamten Stückkosten
und den variablen Stückkosten mit zunehmender Ausbringungs-menge kleiner wird.
Die Differenz zwischen diesen beiden Funktionen sind die fixen Stückkosten, die sich
wie folgt berechnen lassen:

$$k_f(x) = \frac{K_f}{x}$$

Sie nehmen folglich mit steigender Ausbringungsmenge ab, so daß sich der Abstand
zwischen den gesamten Stückkosten und den variablen Stückkosten verringern muß.

Der Schnittpunkt der variablen Stückkostenkurve mit der Grenzkostenkurve (x_2) wird
als **Betriebsminimum** bezeichnet. Es stellt die **kurzfristige Preisuntergrenze** dar, d.h.
wenn der Marktpreis für eine Ausbringungseinheit unter das Minimum der variablen
Stückkosten sinkt, müßte die Unternehmung ihre Produktion einstellen. Demgegenüber
stellt der Schnittpunkt der gesamten Stückkostenkurve mit der Grenzkostenkurve (x_3)
das **Betriebsoptimum** dar. Dieser Punkt wird auch als **langfristige Preisuntergrenze**
bezeichnet.

1.3.2.4.2 Kostenfunktionen auf der Basis der Gutenberg-Produktionsfunktion

Im Vergleich zu der ertragsgesetzlichen Produktionsfunktion zeigen die Kostenfunktionen auf der Grundlage der Produktionsfunktion vom Typ B ein differenzierteres
Erscheinungsbild. Ursache hierfür ist einerseits, daß Gutenberg mit seinen Anpassungs-

formen unterschiedliche Möglichkeiten bereithält, wie eine Unternehmung auf Beschäftigungsschwankungen reagieren kann und anderseits die Kostenverläufe bei Ausbringungsvariationen davon abhängig sind, ob es sich um Potential- oder Repetierfaktoren handelt. Im folgenden sollen für die einzelnen Anpassungsformen die entsprechenden Kostenfunktionen hergeleitet werden, und zwar sowohl für ihren isolierten als auch für ihren kombinativen Einsatz.

Grundlage der Produktionsfunktion vom Typ B ist, wie im Rahmen der produktionstheoretischen Ausführungen gezeigt wurde, die Verbrauchsfunktion. Sie gibt den Produktionsfaktorverbrauch in Abhängigkeit von der realisierten Intensität an. Liegen die Verbrauchsfunktionen für ein Aggregat vor, und weisen diese unterschiedliche Minima auf, dann stellt sich die Frage nach der günstigsten Intensität. Ziel muß es folglich sein, die Intensität des Aggregates zu realisieren, bei der der gesamte Produktionsfaktoreinsatz optimal ist. Um diesen Punkt zu ermitteln, ist es erforderlich, die Verbrauchsfunktionen mit den jeweiligen Faktorpreisen zu multiplizieren:

$$k = h_1(\lambda) \cdot p_1 + h_2(\lambda) \cdot p_2 + \ldots + h_n(\lambda) \cdot p_n$$

oder

$$k = \sum_{i=1}^{n} h_i(\lambda) \cdot p_i$$

Das Minimum dieser Stückkostenfunktion ergibt sich dann aus:

$$k' = \frac{dk}{d\lambda} = \frac{\delta h_1(\lambda)}{\delta\lambda} \cdot p_1 + \ldots + \frac{\delta h_n(\lambda)}{\delta\lambda} \cdot p_n \overset{!}{=} 0$$

Graphisch läßt sich dann die **kostenminimale Intensität** für zwei u-förmige Kostenfunktionen, wie in Abbildung 58 dargestellt, ermitteln.

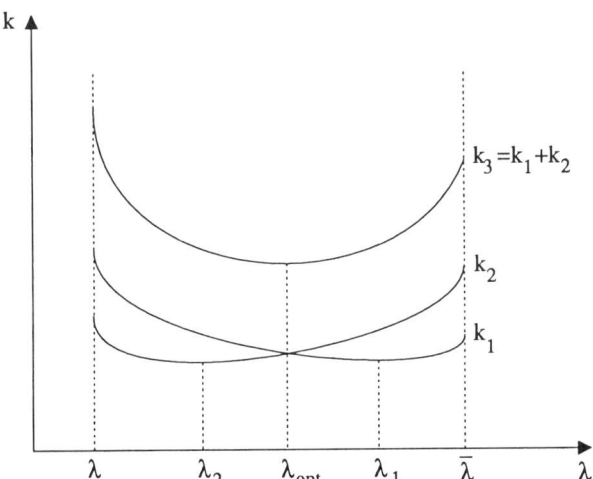

Abb. 58: Kostenoptimale Intensität bei zwei u-förmigen Kostenfunktionen

Die Kostenkurven k_1 und k_2 zeigen, daß das Leistungsoptimum, d.h. das Kostenminimum je Leistungseinheit für die Faktorart 1 bei λ_1 und für die Faktorart 2 bei λ_2 liegt. Durch die Addition der mit den Faktorpreisen bewerteten Verbrauchsfunktionen läßt sich dann die optimale Intensität (λ_{opt}) für beide Faktorarten ermitteln.

Wird die Intensität eines Potentialfaktors hingegen in einem Zeitintervall konstant gehalten, dann lassen sich unterschiedliche Produktionsmengen durch eine Veränderung des zeitlichen Einsatzes des Potentialfaktors realisieren, d.h. es wird von der Voraussetzung ausgegangen, daß die Betriebszeit t_i innerhalb bestimmter Grenzen variierbar ist:

$$r_i = r_i(t_i)$$

Graphisch ergibt sich dann eine Gerade, die ihren Ausgangspunkt im Koordinatenursprung hat und deren Steigung durch r_i/t_i für das jeweils gewählte λ_i bestimmt wird. Abbildung 59 gibt diesen Sachverhalt wieder.

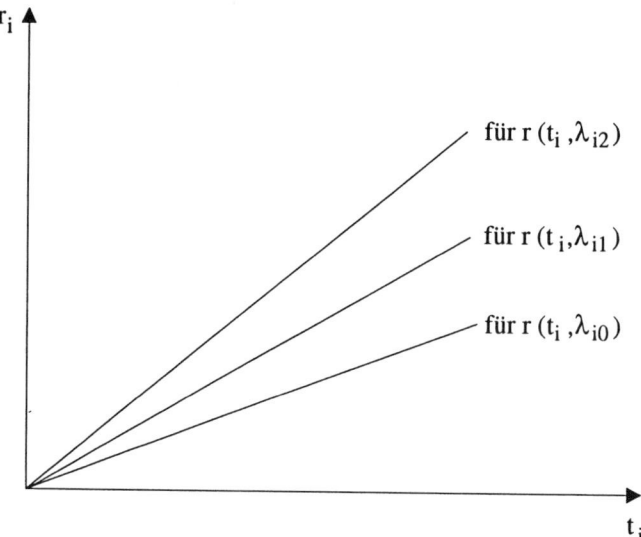

Abb. 59: Faktorverbrauch bei zeitlicher Anpassung

Bei einer **zeitlichen Anpassung** variieren folglich die Produktionsfaktoreinsatzmengen proportional zu t_i und ebenfalls zur Ausbringungsmenge $x_i = \overline{\lambda}_i \cdot t_i$. Durch Multiplikation des Faktorverbrauchs mit dem als konstant unterstellten Faktorpreis ergibt sich dann die Kostenfunktion K_i für die Kostenart i:

$$K_i = r_i \cdot p_i$$

Die Gesamtkostenfunktion für einen Potentialfaktor ergibt sich dann durch Addition der Kosten aller Repetierfaktorarten und unter Beachtung der fixen Kosten K_f:

$$K_i(t_i) = \sum_{i=1}^{n} K_i + K_f$$

Da bei einer zeitlichen Anpassung die Intensität eines Aggregates konstant ist, gilt für die Betriebszeit t_i:

$$t_i = \frac{x_i}{\bar{\lambda}_i}$$

Damit ist t_i auch eindeutig durch x_i bestimmt. Folglich läßt sich die Gesamtkostenfunktion auch in Abhängigkeit von der Ausbringungsmenge x_i darstellen, wie dies in Abbildung 60 dargestellt ist.

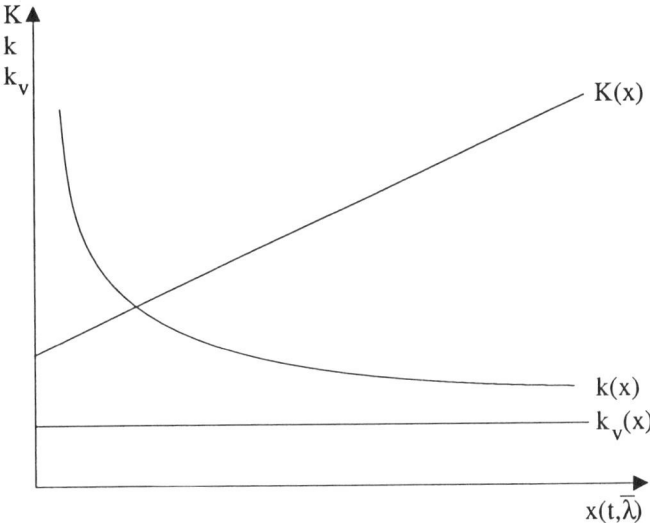

Abb. 60: Kostenfunktion bei zeitlicher Anpassung

Darüber hinaus ist eine Kombination der Produktionszeit t_i und der Intensität λ_i möglich, d.h. sie lassen sich auch gleichzeitig unabhängig voneinander variieren. Als Gesamtkostenfunktion ergibt sich dann:

$$K_i(t_i, \lambda_i) = \sum_{i=1}^{n} h_i(\lambda_i) \cdot \lambda_i \cdot t_i \cdot p_i + K_f$$

Um diesen Sachverhalt graphisch zu erfassen, ist ein dreidimensionales Koordinatensystem erforderlich, wie dies in Abbildung 61 dargestellt wird.

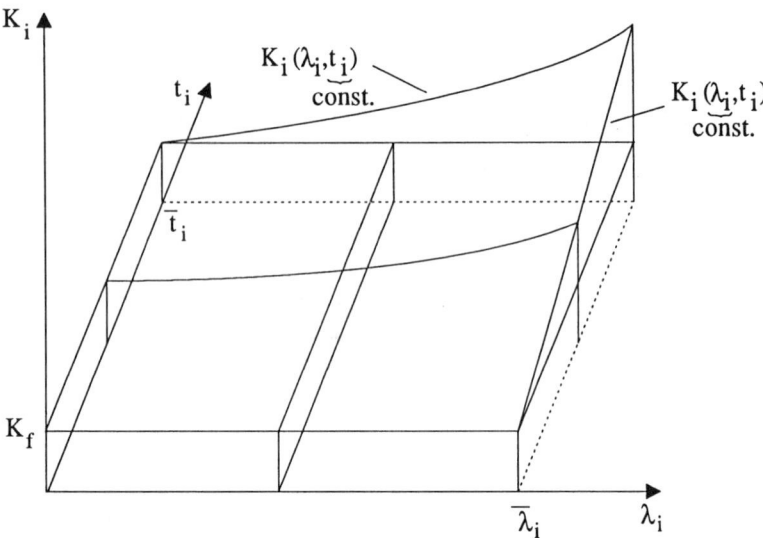

Abb. 61: Kostengebirge bei zeitlicher und intensitätsmäßiger Anpassung

Abbildung 61 gibt damit das Kostengebirge wieder, das durch eine unabhängige Variation der Parameter t_i und λ_i entsteht. Durch senkrechte Schnitte, die parallel zu den Achsen durchzuführen sind, ergeben sich dann die jeweiligen Kostenfunktionen bei zeitlicher Anpassung ($K_i(t_i)$) und bei intensitätsmäßiger Anpassung ($K_i(\lambda_i)$).

Als dritte Maßnahme ist die **quantitative Anpassung** zu nennen, bei der unter Konstanz der Produktionszeit und der Intensität zusätzliche Produktionsaggregate mit den entsprechenden Arbeitskräften zusätzlich im Produktionsprozeß eingesetzt oder auch stillgelegt werden. Dabei sind die beiden folgenden Erscheinungsformen zu unterscheiden:

- **Multiple Anpassung**, d.h. es gelangen Betriebsmittel zum Einsatz, die technisch gleich sind (z.B. mehrere Webstühle, Drehbänke);
- **Selektive Anpassung**, d.h. die Betriebsmittel weisen eine unterschiedliche Wirtschaftlichkeit auf, die im Rahmen von Anpassungsproblemen mit einem entsprechenden Auswahlprozeß verbunden ist.

In Abbildung 62 ist zunächst der Kostenverlauf für einen Betrieb dargestellt, der über gleiche technische Aggregate verfügt.

Dabei sind K_f die fixen Bereitschaftskosten des gesamten Betriebes. Durch den Einsatz eines einzelnen Aggregates entstehen intervallfixe Kosten (K_{fi}) und in Abhängigkeit von x variable Kosten. Sowohl bei den fixen Bereitschaftskosten als auch bei den intervallfixen Kosten wird weiterhin zwischen Nutz- (K_{Nutz}) und Leerkosten (K_{Leer}) unterschieden. Während mit den **Leerkosten** derjenige Teil der fixen Kosten erfaßt wird, der im Rahmen der Produktion nicht genutzt wird, stellen die **Nutzkosten** den Teil der fixen Kosten dar, der in der Produktion genutzt wird. Wird die maximale Ausbringungsmenge mit x_{max} und die realisierte mit x_{real} bezeichnet, dann lassen sich die Leerkosten wie folgt berechnen:

$$K_{Leer}(x) = (x_{max} - x_{real}) \cdot \frac{K_f}{x_{max}}$$

Entsprechend ergibt sich für die Nutzkosten:

$$K_{Nutz}(x) = \frac{K_f}{x_{max}} \cdot x_{real}$$

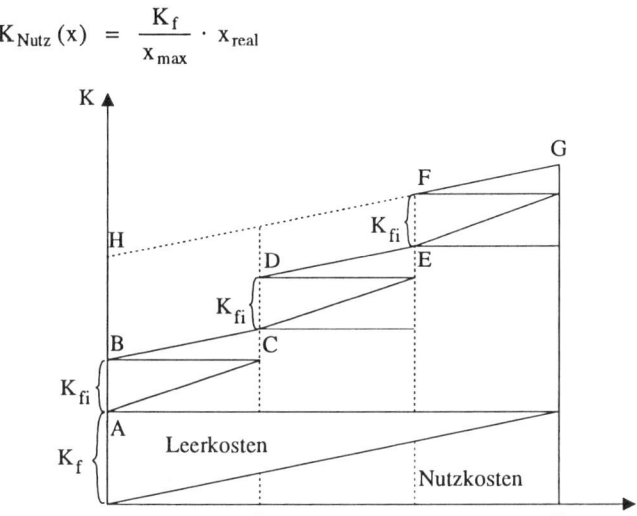

Abb. 62: Kostenfunktion bei multipler Betriebsgrößenvariation

Aufgrund der intervallfixen Kosten ergibt sich als Stückkostenfunktion keine über den gesamten Kapazitätsbereich stetige Funktion, sondern sie weist an den Stellen x_1 und x_2 entsprechende Sprungstellen auf, wie dies in Abbildung 63 dargestellt ist.

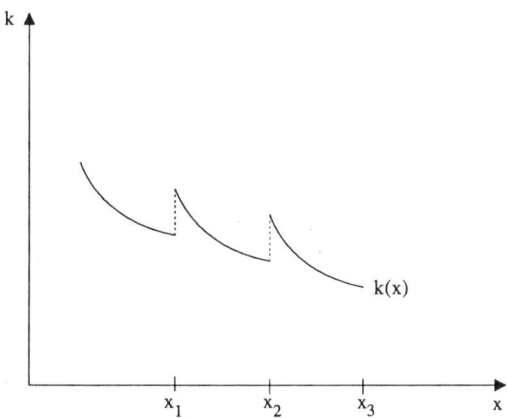

Abb. 63: Stückkostenfunktion bei multipler Betriebsgrößenvariation

Für den Fall ungleicher Aggregate, d.h. sie unterscheiden sich in den fixen und variablen Kosten, ergibt sich die Ausbringungsmenge x bei f Aggregatequalitäten aus:

$$x = n_1 \cdot t_1 \cdot \lambda_1 + \dots + n_F \cdot t_F \cdot \lambda_F = \sum_{f=1}^{F} n_f \cdot t_f \cdot \lambda_f$$

wobei die Aggregate 1 bis F so angeordnet sein sollen, daß eine höhere Numerierung mit weniger effizient arbeitenden Aggregaten eihergeht. Der Anpassungsprozeß läßt sich dann wie folgt beschreiben:

$$(n_F) = 0; \quad (n_{F;}\, n_{F-1}) = 0 \quad \text{usw.}$$

Die bei einer **selektiven Anpassung** eintretenden kostenmäßigen Veränderungen sind in Abbildung 64 erfaßt.

$\overline{ABCEFG}$ stellt den Kostenverlauf bei selektiver Anpassung dar; bei umgekehrter Reihenfolge wird der Kostenverlauf durch $\overline{GHKLMN}$ beschrieben. Verharren die Kosten bei einem Beschäftigungsrückgrang auf einem höheren Niveau, als dies aufgrund der Kostenfunktion zu erwarten gewesen wäre, dann liegt **Kostenremanenz** vor (vgl. Reiß/Corsten 1992, S. 1483). Werden hingegen Kapazitäten aufgebaut (z.B. vorsorgliche Einstellung von Fachkräften), bevor sie effektiv (durch einen erwarteten, aber noch nicht erteilten Auftrag) genutzt werden können, dann wird dieses Phänomen als **Kostenpräkurrenz** bezeichnet. In den Abbildungen 62 und 64 werden diese remanenten Kosten durch die Polyeder $\overline{BCDEFH}$, $\overline{ABCEFOP}$ und $\overline{NMLKHP}$ wiedergegeben.

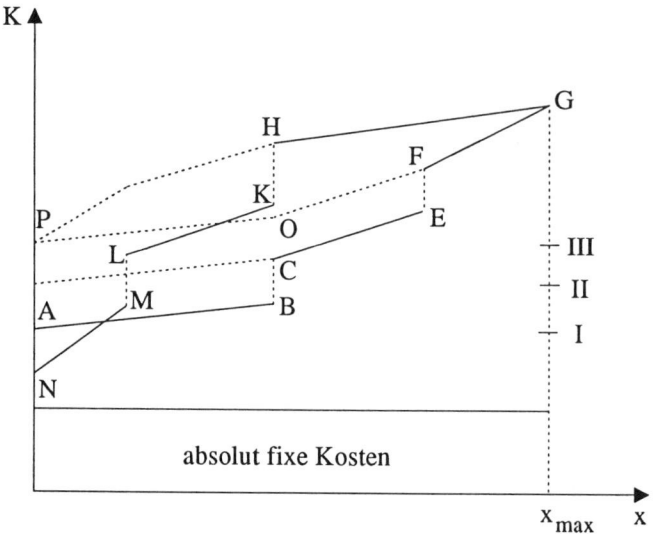

Abb. 64: Kostenfunktion bei selektiver Betriebsgrößenvariation

Den bisherigen Überlegungen lag eine kurzfristige Betrachtungsweise zugrunde. Ist hingegen der Betrachtungszeitraum so groß, daß keiner der zum Einsatz gelangenden Produktionsfaktoren als konstant unterstellt werden kann, dann kann sich ein Betrieb langfristig an die unterschiedlichen Ausbringungsmengen anpassen, wobei die folgenden Fälle zu unterscheiden sind:

- **Multiple Anpassung**: Bei einer Betriebsgrößenvariation ergeben sich die gleichen Kostenverläufe, wie in Abbildung 62 dargestellt.
- **Selektive Anpassung**: Auch hierbei ergeben sich die gleichen kostenmäßigen Veränderungen wie in Abbildung 64.
- **Mutative Anpassung**: Die Betriebsgrößenvariation geht mit einer produktionstechnischen Um- oder Neugestaltung einher, d.h. es handelt sich um ein fertigungstechnisches Novum im Vergleich zur Ausgangssituation.

In dieser Betrachtungsweise weist die Produktionstheorie enge Beziehungen mit der Investitionstheorie auf, da bei langfristigen Überlegungen Investitions- und Desinvestitionsprobleme auftreten. Die Abbildungen 65 a/b geben die langfristigen Kostenkurven bei multipler Anpassung wieder.

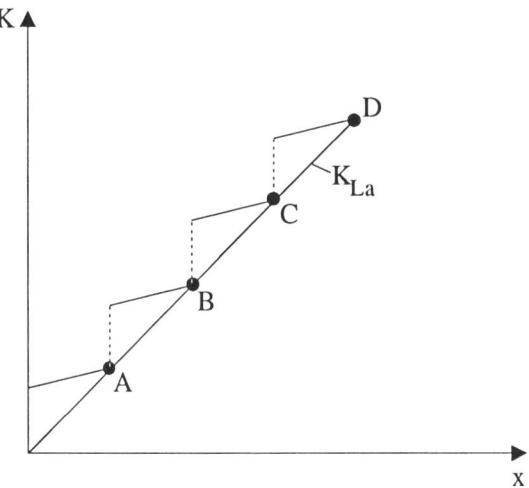

Abb. 65a: Langfristige Gesamtkostenkurve bei multipler Betriebsgrößenvariation

Unter der Voraussetzung einer hinreichend feinen Abstufung der Kapazitäten ergibt sich eine lineare **langfristige Gesamtkostenkurve** K_{La} (A,B,C,D), die im Koordinatenursprung beginnt, d.h. bei langfristigen Kostenfunktionen existieren keine fixen Kosten. Dabei entsteht die langfristige Kostenkurve dadurch, daß die Punkte der kurzfristigen Kostenkurven verbunden werden, in denen die maximale Ausbringungsmenge des jeweiligen Größenintervalls liegt. Entsprechend läßt sich auch die **langfristige Stückkostenkurve** (vgl. Abb. 65b) konstruieren. Wesentlich ist dabei, daß die langfristige Kostenfunktion zwischen den Punkten (A, B, C und D) nicht definiert ist. Die zwischen diesen Punkten liegenden Kostenpunkte sind durch kurzfristige Maßnahmen in der Form von zeitlicher und/oder intensitätsmäßiger Anpassung realisierbar.

Liegt hingegen eine selektive Betriebsgrößenvariation vor, dann kann die langfristige Gesamtkostenfunktion die unterschiedlichsten Verläufe annehmen. Sind die hinzukommenden Kapazitäten relativ groß, dann liegen die entsprechenden Kostenpunkte in weit auseinanderfallenden Punkten auf der aus dem Ursprung kommenden langfristigen Kostenkurve.

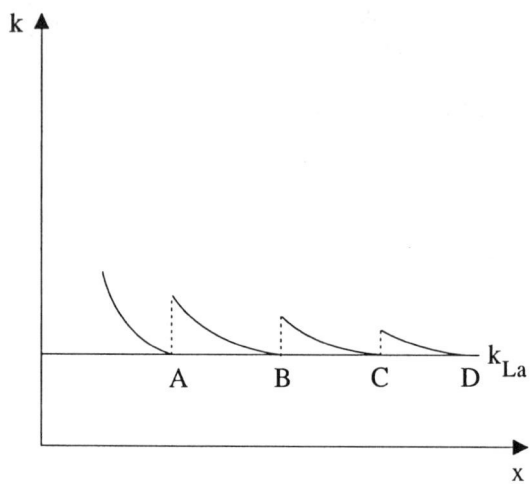

Abb. 65b: Langfristige Stückkostenkurve bei multipler Betriebsgrößenvariation

Demgegenüber liegt bei **mutativen Betriebsgrößenvariationen** eine neue fertigungstechnische Situation vor. Derartige Betriebsgrößenerweiterungen gehen dabei mit einer Abfolge von Gesamtkostenfunktionen einher, die dadurch charakterisiert sind, daß die Fixkostenblöcke größer werden, während sich der Anstieg der variablen Kosten verringert (vgl. Abb. 66a).

Es lassen sich hier die folgenden Bereiche unterscheiden:

- für $0 \leq x_i < x_1$ führt die Kostenfunktion 1 zu den niedrigsten Kosten;
- für $x_1 < x_i < x_2$ führt die Kostenfunktion 2 zu den niedrigsten Kosten;
- für $x_i > x_2$ führt die Kostenfunktion 3 zu den niedrigsten Kosten.

Dies zeigt, daß kapitalintensivere Produktionsverfahren erst ab bestimmten Betriebsgrößen ökonomisch günstiger sind als weniger kapitalintensive Verfahren. Ferner ist in Abbildung 66a eine degressiv verlaufende Umhüllungskurve K_{La} eingezeichnet, die die langfristige Gesamtkostenkurve darstellt. Diese Erscheinung wird auch als **Größendegression** bezeichnet.

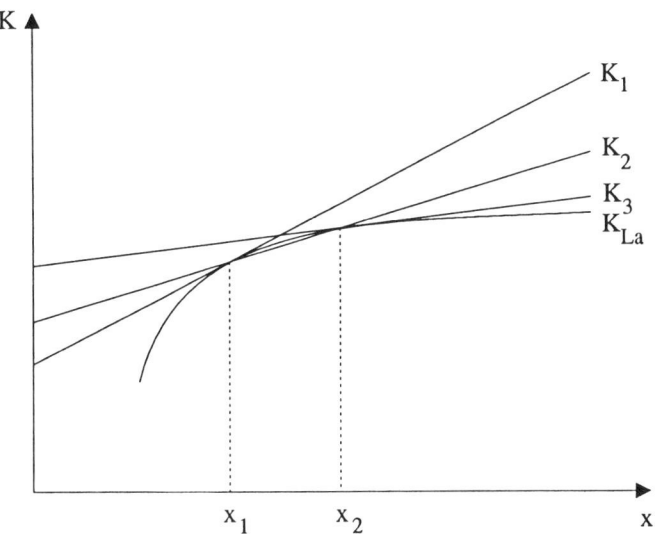

Abb. 66a: Langfristige Gesamtkostenkurve bei mutativer Betriebsgrößenvariation

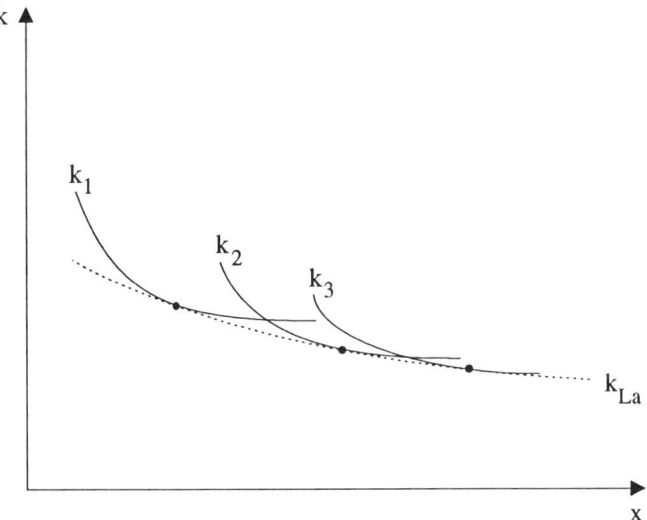

Abb. 66b: Langfristige Stückkostenkurve bei mutativer Betriebsgrößenvariation

Bei einer Stückkostenbetrachtung (vgl. Abb. 66b) zeigt sich, daß die Umhüllungskurve k_{La} mit wachsender Betriebsgröße fällt.

2 Produktionsprogrammgestaltung

2.1 Produkte als Elemente des Produktionsprogramms

2.1.1 Produktions- und absatzwirtschaftliche Aspekte von Produkten

Gegenstand der Überlegungen ist zunächst die Gestaltung des Produktionsergebnisses, das Produkt. Über die marktliche Verwertung von Produkten sind damit zunächst **absatzwirtschaftliche Probleme** angesprochen. Da hierdurch aber maßgeblich die zu ihrer Herstellung benötigten Potentiale und Prozesse determiniert werden, zeigt sich damit die **produktionswirtschaftliche Relevanz.** Die existenten Potentiale restringieren folglich das Entscheidungsfeld, und zwar hinsichtlich der zu vermarktenden Produktarten (vgl. Kern 1992, S. 96). Dabei wird teilweise eine Einengung auf materielle Produkte vorgenommen (substanzieller Produktbegriff), einer Vorgehensweise, der im weiteren nicht gefolgt werden soll. Produkte können vielmehr sowohl **materieller** als auch **immaterieller Natur** sein. Bei dieser Überlegung liegt jedoch implizit ein idealtypisches Begriffspaar "materiell-immateriell" zugrunde. Darüber hinaus sind **komplexe Produkte**, die auch als **Problemlösungen** bezeichnet werden, zu beachten, worunter Leistungsbündel zu verstehen sind, die materielle und immaterielle Komponenten umfassen können. Teilweise wird für den Verkauf derartig hochkomplexer Produkte auch der Terminus **Systems Selling** verwendet (vgl. Arbeitskreis "Marketing in der Investitionsgüter-Industrie" 1975, S. 758). Dabei bietet es sich an, den Wert der materiellen und immateriellen Komponenten in Bezug zum Gesamtwert des Produktes zu erfassen, wie dies in der folgenden Abbildung vorgenommen wird (vgl. Haak 1982, S. 91).

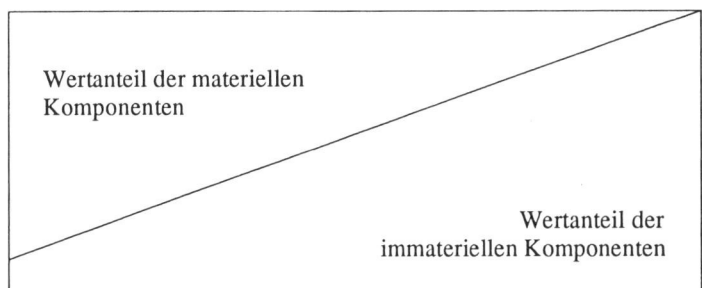

Abb. 67: Produkte als Leistungsbündel von materiellen und immateriellen Komponenten

Diese Abbildung verdeutlicht ferner, daß es ein rein materielles Produkt nicht gibt, sondern immer bestimmte immaterielle Anteile existieren.

Dem Produzenten obliegt die Aufgabe, die Anforderungen der Produktverwender mit seinen konzeptionellen Möglichkeiten der Produktgestaltung in Einklang zu bringen.

Dieses zwischen Produzenten- und Verwendererfordernissen existente **Spannungsfeld** läßt sich idealtypisch durch die beiden folgenden polaren Erscheinungsformen erfassen (vgl. Kern 1992, S. 102 f.):

- **Dominanz der Produzentenerfordernisse**: In diesem Fall konzipiert der Produzent sein Produkt weitgehend standardisiert für den anonymen Markt, indem er auf die häufigste Erwartung abstellt, d.h. es liegt eine angebots- oder marktorientierte Produktion vor.

- **Dominanz der Verwendererfordernisse**: Der Produzent erstellt im unmittelbaren Kontakt mit dem Verwender ein individuelles Produkt, d.h. es liegt eine nachfrage- oder auftragsorientierte Produktion vor.

Der Terminus der Problemlösung dürfte am ehesten für den zuletzt genannten Fall gelten. Dabei ist zu beachten, daß es auch in diesem Fall Standardisierungsmöglichkeiten gibt, wobei **Standardisierung** sowohl die Vereinheitlichung von ganzen Produkten (Typung) als auch von Produktteilen (Normung) umfaßt. Mit Standardisierungen lassen sich beispielsweise die folgenden Vorteile realisieren: Erleichterung der Konstruktionsarbeiten, Vereinfachung der Produktion und Lagerung, Erhöhung der Integrationsqualität und nicht zuletzt das Wirksamwerden des Gesetzes der Massenproduktion und der damit einhergehenden kostengünstigen Herstellung. Eine konsequente Realisation dieser Standardisierungsbestrebungen stellt das **Baukastensystem** dar, das aus einem Repertoire von standardisierten Elementen besteht. Das Baukastensystem ist folglich ein Gestaltungsprinzip der **Systemsynthese**, bei dem die einzelnen Elemente in unterschiedlichen Kombinationen zu Produkten zusammengefaßt werden, wobei die Elemente als Bausteine oder Module bezeichnet werden (vgl. Ropohl 1979, Sp. 294). Durch entsprechende Kombinationen der einzelnen Bausteine mit eventuell weiteren Individualteilen lassen sich dann kundenspezifische Produkte erstellen. Eine solche Vorgehensweise verlangt jedoch häufig die Hinnahme von Redundanzen hinsichtlich eventueller Überdimensionierungen einzelner Teile und/oder überflüssiger Elemente zur Verbindung der Bausteine (zu weiteren Vor- und Nachteilen bei der Herstellung bzw. der Verwendung von Produktsystemen vgl. Ropohl 1979, Sp. 299 f.).

Die im Produktionsprogramm zusammengefaßten Produkte können ferner hinsichtlich

- der Produktion,
- des Materials,
- des Absatzes und
- der Forschung und Entwicklung (F&E)

eine Verwandtschaft aufweisen (vgl. Zäpfel 1982, S. 51 ff.; Strebel 1984, S. 112 ff.). Von einer **Produktionsverwandtschaft** wird dann gesprochen, wenn die Produkte mit den gleichen Produktionsaggregaten und -verfahren erstellt werden. Demgegenüber liegt eine **Materialverwandtschaft** vor, wenn Produkte aus gleichen oder ähnlichen Materialien bestehen. Dies kann u.a. positive Auswirkungen auf die Bezugsmengenpolitik haben. Bei der **Absatzverwandtschaft**, die sich sowohl auf eine gemeinsame Nutzung von Vertriebspotentialen als auch auf die Programmwirkungen der Produkte beziehen kann, lassen sich komplementäre und substitutive Verbundwirkungen unterscheiden (vgl. Frese 1985, S. 268 f.). Bei einer **komplementären Beziehung** liegen Marktinterdependenzen mit positiver Wirkung vor, d.h. die Absatzaktivität für ein Produkt beeinflußt den Erfolg des Absatzes eines anderen Produktes positiv. Es handelt sich folglich um die Realisation **absatzpolitischer Synergieeffekte**. Diese positiven Effekte können beispielsweise durch eine gemeinsame Nutzung von Vertriebspotentialen erreicht werden. Demgegenüber handelt es sich bei einer **substitutiven Beziehung** um eine Marktinterdependenz mit negativer Wirkung, d.h. die Absatzaktivität für ein Produkt beeinflußt den Erfolg des Absatzes für ein anderes Produkt in negativer Weise. Es liegt damit eine **Substitutionskonkurrenz** vor, d.h. die jeweiligen Produkte konkurrieren bei der Bedarfsdeckung miteinander. Eine **F&E-Verwandtschaft** ist dann gegeben, wenn bei den Produkten auf das gleiche F&E-Potential zurückgegriffen werden kann.

Während aus **produktionswirtschaftlicher Sicht** das zu erstellende Produkt als die final angestrebte Ausbringungsmenge der Produktion definiert wird (vgl. Chmielewicz 1968, S. 14), sind aus **absatzwirtschaftlicher Sicht** Produkte als Ausbringungsgüter dadurch gekennzeichnet, daß sie zur Bedürfnisbefriedigung Dritter geeignet sind. Ein Produkt wird dabei als eine Menge von Eigenschaften verstanden, die in der Lage sind, bei den potentiellen Verwendern einen Nutzen zu stiften. Ein Nachfrager erwirbt damit ein Produkt, um aus ihm einen Nutzen zu ziehen, was letztlich eine bestimmte Verwendungssituation unterstellt. Auf der Grundlage eines **Positionierungsmodells** lassen sich die am Markt angebotenen Produkte in einem geometrischen Modell erfassen, so daß sich ein Produktraum ergibt. Hierbei werden die Merkmale der Produkte als Dimensionen des Produktraumes verwendet, die Produkte als Punkte in diesem Raum eingetragen und die Produktdistanzen als Maßstab für die Ähnlichkeit oder Unähnlichkeit zwischen den Produkten herangezogen (vgl. Brockhoff 1988a, S. 23 ff.). Für zwei Produktmerkmale läßt sich dann eine Produktbeurteilung durch die Käufer in einem zweidimensionalen Raum, der als **Produkt-Markt-Raum** bezeichnet wird, erstellen (vgl. Abb. 68).

Grundlage für die Entwicklung eines solchen Produkt-Markt-Raumes können z.B. Versuchspersonen sein, denen die Produkte zur Beurteilung vorgelegt werden. Damit wird deutlich, daß die Einordnung der einzelnen Produkte in diesem Raum auf der Basis von **Präferenzurteilen** erfolgt. Die Einordnung einer Produkteigenschaft als wichtig oder weniger wichtig läßt sich folglich nicht objektiv vollziehen, sondern ist ausschließlich zweckbestimmt. So kann etwa die von einem Nachfrager als besonders wichtig erachtete Eigenschaft (z.B. sparsamer Energieverbrauch eines Haushaltsgerätes) von einem anderen Nachfrager, der das Gerät auf der Grundlage der Handhabungsbequemlichkeit oder des Designs beurteilt, als irrelevant erachtet werden. In gleicher Weise können unterschiedliche Nachfrager die gleichen Produkteigenschaften unterschiedlich beurteilen (vgl. Marr 1979, Sp. 1444).

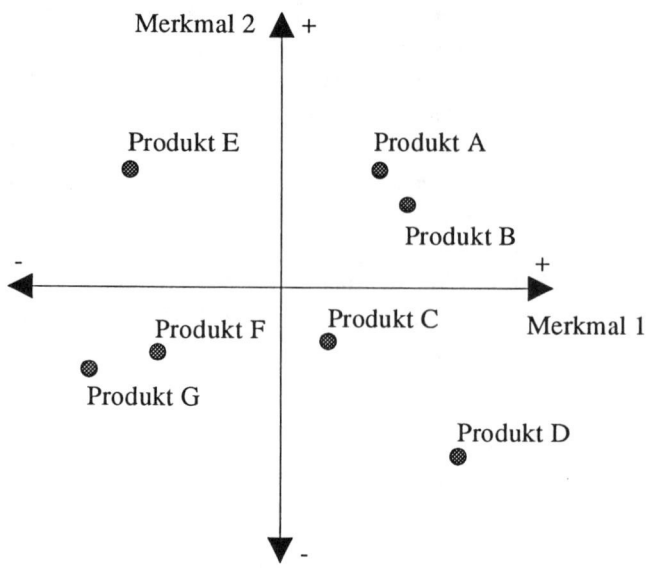

Abb. 68: Produkt-Markt-Raum

Die in den Produkt-Markt-Raum eingetragenen Punktwerte stellen damit eine Durchschnittsbewertung über alle Befragten dar. Je nach Streuung der individuellen Bewertung läßt sich die jeweilige Produktposition auch als Fläche unterschiedlichen Ausmaßes wiedergeben. Je kleiner diese Fläche dann ist, um so eindeutiger ist das Produktimage aus der Sicht der Nachfrager. Durch eine vergleichende Gegenüberstellung eigener mit fremden Produkten läßt sich ein Überblick über den jeweiligen Markt und die entsprechende Wettbewerbssituation verschaffen. Durch die Positionierung von Idealpunkten als Kennzeichnung der Präferenzen bestimmter Abnehmergruppen lassen sich darüber hinaus Informationen für eine optimale Lokalisierung der eigenen Produkte gewinnen. Diese Ausführungen zeigen die eminente Bedeutung derartiger Produktbeurteilungen für eine Unternehmung, da diese grundlegende Anhaltspunkte für eine Produktgestaltung liefern.

Bisher wurde lediglich global von einem Nutzen gesprochen, den ein Produkt seinen Käufern zu stiften vermag. Der **Nutzen** ist dabei ein Maß der Bedürfnisbefriedigung, das einem Käufer aus der Verwendung von Produkten erwächst. Dieser Nutzen läßt sich jedoch in einzelne Nutzenkategorien aufspalten, wie aus der folgenden Abbildung hervorgeht (vgl. z.B. Böcker/Thomas 1981, S. 108; Bratschitsch/Dapunt 1989, S. 104 ff.; Meier 1984, S. 52 ff.)

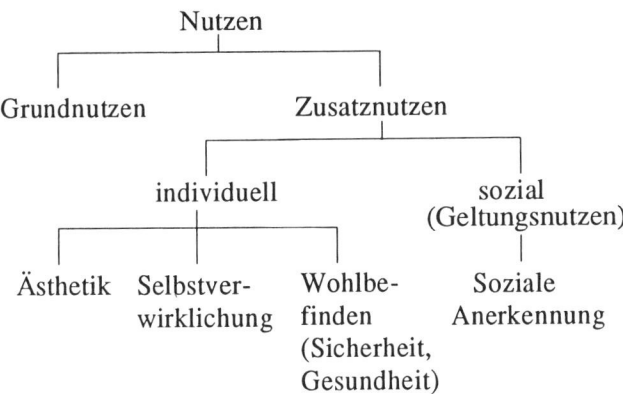

Abb. 69: Nutzenkategorien

Während der **Grundnutzen** an der eigentlichen Funktion anknüpft, die das Produkt erfüllen soll (funktionaler Nutzen), wird mit dem **Zusatznutzen** eine geistig-seelische und soziale Nutzenstiftung erfaßt, die über die Nutzenstiftung des Grundnutzens hinausgeht (Bratschitsch/Dapunt 1989, S. 104 ff. sprechen in diesem Zusammenhang von praktischer, ästhetischer und symbolischer Funktion; während die praktische Funktion dem Grundnutzen entspricht, sind die beiden zuletzt genannten Funktionen dem Zusatznutzen zuzuordnen). Da bei den heute angebotenen Produkten der Grundnutzen, und zwar insbesondere das technische Niveau, häufig sehr ähnlich ist, erlangt der Zusatznutzen eine immer größere Bedeutung. Zur Ermittlung der Bedeutung und Ausprägung der für ein Produkt wesentlichen Nutzenkategorien werden Nutzenprofile herangezogen.

Neben dem Begriff Nutzen werden auch die Termini Image, Präferenz und Produktqualität verwendet, die inhaltlich zum großen Teil übereinstimmen (vgl. Brockhoff 1988a, S. 27). Unter **Qualität**, als einem mehrdimensionalen Phänomen, werden alle materiellen und immateriellen Eigenschaften eines Produktes verstanden. Dabei werden in der Literatur die folgenden **Teilqualitäten** unterschieden (vgl. Chmielewicz 1968, S. 72; Kern 1992, S. 112; Pfeiffer 1965, S. 42 f., zur Qualität von Dienstleistungen vgl. Corsten 1985a, S. 314 ff.):

- Funktionalqualität,
- Dauerqualität,
- Integrationsqualität,
- Stilqualität und
- Umweltqualität.

Mit der **Funktionalqualität** wird der vom Anbieter intendierte Verwendungszweck eines Produktes erfaßt. Sie entspricht damit dem Grundnutzen (z.B. Kalorien- und Vitamingehalt bei Lebensmitteln, Reinigungswirkung einer Wasch- oder Geschirrspülmaschine).

Die **Dauerqualität** erfaßt die Verwendungs- oder Lebensdauer eines Produktes. In einer globalen Betrachtung ergeben sich zunächst bei der Messung dieser Teilqualität keine grundlegenden Meßprobleme: z.b. Fahrleistung eines PKW, Zeitdauer der Erhaltung wesentlicher Produkteigenschaften bei Lebensmitteln (Mindesthaltbarkeitsdatum). Bei **komplexen Produkten** ergeben sich jedoch Probleme hinsichtlich der Festlegung, welche Produktelemente für die Messung der Dauerqualität relevant sind. Die Abstimmung der einzelnen Dauerqualitäten der jeweiligen Produktelemente kann folglich wiederum als ein eigenes Optimierungsproblem aufgefaßt werden. Dabei sind die qualitativen Überdimensionierungen zu minimieren. Als Komponenten der Dauerqualität können die Konstruktions-, die Fertigungs- und die Materialqualität unterschieden werden. Ein Problem, das in diesem Zusammenhang intensiv diskutiert wird, ist eine bewußte Verkürzung der Nutzungsdauer von Produkten (Obsoleszenz), um damit frühzeitigere Ersatzbeschaffungen zu initiieren. Hierzu ergeben sich die folgenden Ansatzpunkte (vgl. Raffée/Wiedmann 1980, S. 156):

- Nichtanwendung des technischen Fortschritts
- Einführung von Innovationen.

Bei einer Verlängerung der Nutzungsdauer aufgrund der Anwendung des technischen Fortschritts durch den Anbieter stellt sich für den Nachfrager das Problem, ob Kosten und Nutzen der Verlängerung in einem angemessenen Verhältnis zueinander stehen. Bei Produktinnovationen bringt der Produzent ein neues Produkt auf den Markt. Damit stellt sich das Problem der Abgrenzung des Begriffes "neu". Hierbei ist zwischen einem subjektiven und objektiven Neuheitsbegriff zu unterscheiden. In der betriebswirtschaftlichen Literatur sind sich die Autoren jedoch darüber einig, daß eine Abgrenzung des Kriteriums "Neuheit" nur auf der Basis eines bestimmten Wissensstandes einer konkreten Organisation erfolgen kann. Es wird damit ein **subjektiver Neuheitsbegriff** zugrunde gelegt. Auf der Grundlage des **Novitätsgrades** lassen sich Basis-, Verbesserungs- und Scheininnovationen unterscheiden (vgl. Mensch 1977, S. 56 f.). Während es sich bei **Basisinnovationen** um richtungsweisende Abweichungen von existenten Produkten handelt, liegen bei **Verbesserungsinnovationen** lediglich Weiterentwicklungen bereits vorhandener Produkte vor. Demgegenüber handelt es sich bei **Scheininnovationen** um Produktdifferenzierungen oder -variationen, d.h. es werden eine oder mehrere Produkteigenschaften eines bereits am Markt eingeführten Produktes modifiziert und in der Form zusätzlicher Produktvarianten angeboten. Dabei bleiben die für die Nutzenstiftung zentralen Produktmerkmale unberührt. Ziel dieser Maßnahme ist eine zielgruppenspezifische Anpassung der Produktgestaltung. Diese Ausführungen lassen darüber hinaus deutlich werden, daß es keine eindeutige Abgrenzung zwischen neuen und veränderten Produkten gibt und damit Aussagen wie "x% des Umsatzes einer Unternehmung werden mit neuen oder weniger als y-Jahre alten Produkten realisiert" mit kritischer Distanz zu begegnen ist (vgl. Chmielewicz 1979, Sp. 1453).

Zur **Integrationsqualität** zählen alle Eigenschaften, die es ermöglichen, ein Produkt mit bereits existierenden Produkten im Verbund zu nutzen. Chmielewicz (1968, S. 80) weist in diesem Zusammenhang darauf hin, daß die Integrationsqualität nicht als eigenständige Teilqualität aufzufassen, sondern diese auf die Teilqualitäten Funktional-, Dauer- und Stilqualität zu beziehen sei. Es ergeben sich dann eine integrale Funktional-, eine integrale Stil- und eine integrale Dauerqualität. Mit dem zuletzt genannten Aspekt wird damit die bereits erwähnte Abstimmungsproblematik zwischen den Dauerqualitäten einzelner Produktteile erfaßt.

Mit Hilfe der **Stilqualität** werden die ästhetischen Merkmale des Produktes berücksichtigt, und zwar insbesondere Form und Farbe.

Die **Umweltqualität** erfaßt die Bedeutung der ökologischen Umwelt bei der Leistungserstellung und -verwertung. Mit zunehmendem Umweltbewußtsein der Nachfrager erlangen Informationen über die ökologische Verträglichkeit von Produktionsverfahren sowie den Ge- und Verbrauch von Produkten zunehmende Bedeutung.

Für eine zusammenfassende Qualitätsbeurteilung wäre es nun erforderlich, die einzelnen Teilqualitäten mit ihren konkreten Ausprägungen zu einem Gesamtqualitätsurteil zu aggregieren. Hierbei ergeben sich jedoch erhebliche methodische Probleme.

2.1.2 Produktentwicklung

Will eine Unternehmung langfristig am Markt bestehen, dann ist sie nicht nur gezwungen, ihre Produktionstechnologien zu erneuern, sondern sie muß auch eine regelmäßige **Erneuerung des Angebotsprogramms** realisieren, d.h. neue Produkte in ihr Angebot aufnehmen. Ursache hierfür ist die begrenzte Lebensfähigkeit von Produkten, die modellmäßig mit Hilfe des **Lebenszyklusansatzes** erfaßt wird. Dieser Ansatz besagt, daß fast alle Produkte eine begrenzte Lebensdauer am Markt haben. Verantwortlich hierfür sind beispielsweise veränderte Bedürfnisse der Konsumenten, das Auftreten von Substituten oder auch der Wegfall komplementärer Produkte. Für die Entwicklung neuer Produkte ist dabei die Forschung und Entwicklung von grundlegender Bedeutung.

2.1.2.1 Forschung und Entwicklung

In einer effizienten Forschung und Entwicklung (F&E) ist eine wesentliche Voraussetzung für die Erhaltung und den Ausbau der Wettbewerbsfähigkeit von Unternehmungen und Volkswirtschaften zu sehen. Grundlage hierfür sind die aus der Forschung und Entwicklung fließenden Inventionen und Innovationen. Während unter **Invention** die Erfindung zu verstehen ist, umfaßt die **Innovation** die erste wirtschaftliche Nutzbarmachung dieser Invention. Die folgende Abbildung 70 gibt den Zusammenhang zwischen Innovationstätigkeit, Wettbewerbsfähigkeit und wirtschaftlichem Wachstum in vereinfachter Form wieder (vgl. Brockhoff 1988b, S. 17).

Dabei existiert über den quantitativen Zusammenhang zwischen diesen Größen nur wenig gesichertes Wissen. Empirische Befunde belegen jedoch eine positive Beziehung zwischen diesen Größen (vgl. Heitger 1986, S. 51).

Die Abbildung verdeutlicht, daß die Innovationstätigkeit vom Wissensstand, den gesellschaftlichen und staatlichen Rahmenbedingungen und von den betriebswirtschaftlichen Bedingungen beeinflußt wird. Darüber hinaus bestehen zwischen diesen Elementen interdependente Beziehungen.

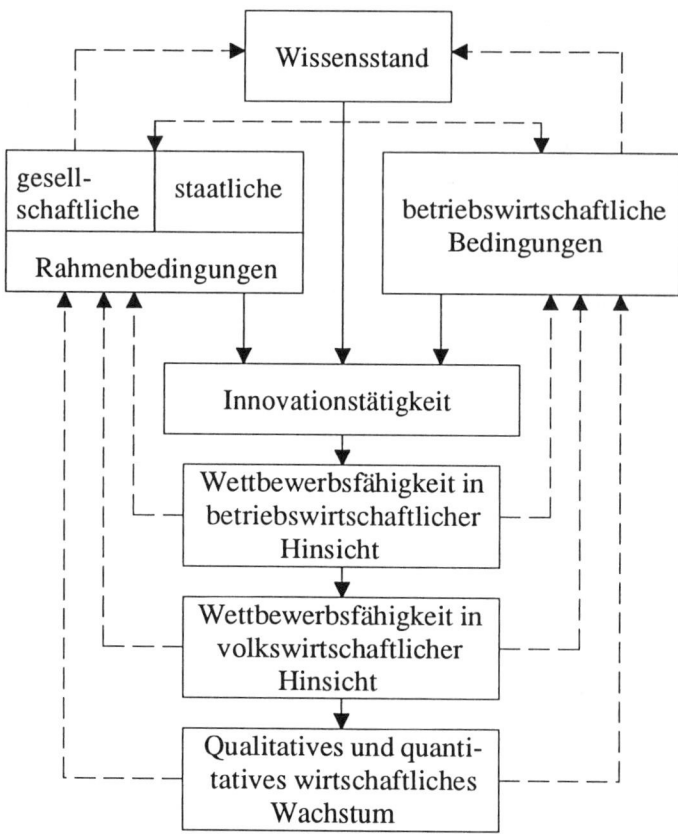

Abb. 70: Zusammenhang zwischen Innovationstätigkeit, Wettbewerbsfähigkeit und wirtschaftlichem Wachstum

Spezifizierend wird in diesem Zusammenhang auch von einem **Innovationswettbewerb** gesprochen, der dadurch charakterisiert ist, daß er

- einerseits eine Aktivierung existenter Geschäftsfelder mit dem Ziel einer Erweiterung der Marktpotentiale und
- andererseits neue Problemlösungen für bestehende oder vermutete Bedürfnisse mit dem Ziel, neue Geschäftsfelder aufzubauen,

bewirkt.

Die Abbildung verdeutlicht ferner den **Instrumentalcharakter** von Innovationen, d.h. sie sind kein Selbstzweck, sondern Instrumente zur Sicherung und Erneuerung von Systemen, Systemelementen und/oder -beziehungen. Dabei hängt der konkrete Innovationsbedarf eines Systems von der **Dynamik** und der **Komplexität** der System-Umwelt-Beziehungen ab.

Innovationen umfassen jedoch nicht nur neue Produkte oder Verfahren, sondern hierunter sind ferner organisatorische, soziale und rechtliche Neuerungen zu subsumieren. Den weiteren Überlegungen soll dieser weite Innovationsbegriff zugrunde gelegt werden.

Die allgemeine Ausweitung einer Innovation erfolgt dann im Rahmen einer **Diffusion**. Bei Betrachtung des gesamten Innovationsprozesses können die Forschung und Entwicklung und die Diffusion als Elemente dieses Prozesses aufgefaßt werden. Dieser Sachverhalt wird in Abbildung 71 vereinfacht dargestellt.

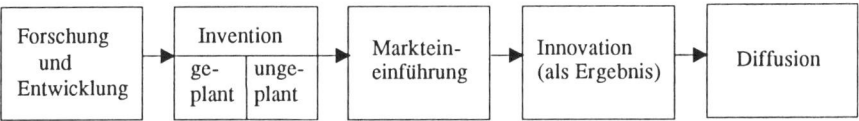

Abb. 71: Innovationsprozeß

Es ist zu beachten, daß der erfolgreiche Abschluß von Forschungs- und Entwicklungsaktivitäten zwar eine notwendige, jedoch keine hinreichende Bedingung für den Markterfolg einer Neuerung darstellt.

Die Innovation kann grundsätzlich durch einen "**technology-push**" oder durch einen "**market-pull**" initiiert werden. Unterscheidungskriterium ist dabei die Richtung, aus der die Innovationen ausgelöst werden. Während bei einem technology-push die Innovation aus dem F&E-Bereich der Organisation stammt, d.h. der Antrieb für die Innovation kommt vom Anbieter, und er muß für ein neues Produkt oder Verfahren erst einen neuen Markt oder Anwendungsbereich schaffen, wird sie bei einem "market-pull" durch den Markt initiiert, d.h. der Markt verlangt nach einer Innovation und ist folglich aufnahmebereit. Bei einer pull-Strategie wird damit ein vorhandenes Bedürfnis durch eine Innovation befriedigt.

Demgegenüber unterscheidet von Hippel (1978, S. 240 ff.) zwischen einem

- Nutzer-dominierten und einem
- Hersteller-dominierten Innovationsprozeß,

wodurch angegeben wird, wem im Rahmen des Innovationsprozesses eine überragende Bedeutung zukommt. Bei einem Nutzer-dominierten Innovationsprozeß spricht von Hippel auch vom **Paradigma der kundenaktiven Produktentwicklung**, d.h. daß der potentielle Käufer die Idee des gewünschten Produktes selbst entwickelt, sich dann zur

Herstellung dieses Produktes einen geeigneten Lieferanten aussucht und auch die Initiative ergreift, bei dem ausgewählten Produzenten das gewünschte Produkt nachzufragen. Diese Charakterisierung zeigt, daß die von von Hippel aufgestellten Typen polare Erscheinungsformen der realen Typenvielfalt darstellen, d.h. sie können als die Eckpunkte eines Kontinuums aufgefaßt werden. Diesen polaren Typen soll der "**kooperative Innovationsprozeß**" übergeordnet werden, mit dem dann alle denkbaren Ausprägungen unterschiedlicher Kooperationsintensitäten erfaßt werden können. Gerade ein kooperativer Innovationsprozeß, d.h. es werden Nutzer und Lieferanten mit unterschiedlichen Intensitätsausprägungen in den Prozeß eingebunden, erlangt in jüngster Zeit zunehmend Aufmerksamkeit. So kann etwa die frühzeitige Einbeziehung der Kunden in den Produktenwicklungsprozeß mit den folgenden positiven Effekten einhergehen:

- Verdeutlichung des Nutzens der Innovation,
- Aufdeckung nicht erfüllter Anforderungen und
- Aufdeckung unerwarteter Gegenargumente.

Darüber hinaus ist eine intensive Kooperation zwischen den unterschiedlichen betrieblichen Funktionsbereichen erforderlich. So werden dann auch in neueren Veröffentlichungen (vgl. z.b. Sommerlatte 1986, S. 165 f.) die beiden folgenden Gründe genannt, die für Verzögerungen im Innovationsprozeß relevant sind:

- Abstimmungsprobleme zwischen F&E- und Marketingbereich und
- Verzögerungen beim Übergang zur Serienproduktion, die ihre Begründung in einer strikten Trennung von F&E und der Produktion als ausführender Funktion finden (Corsten/Reiß 1992, S. 33 ff.). So kommt es z.b. häufig vor, daß die von der F&E bereitgestellten Prototypen noch einmal überarbeitet werden müssen, ehe dann daraus ein ökonomisch herstellbares Produkt und eine am Markt wettbewerbsfähige Leistung wird. Verantwortlich hierfür sind vor allem die beiden folgenden Ursachen:

  -- entweder waren die von der F&E erstellten Lösungen fertigungstechnisch zu teuer oder

  -- sie hatten ein Profil von Leistungsmerkmalen, das nicht dem Anforderungsprofil des Marktes entsprach.

Diese Überlegungen unterstreichen die Bedeutung einer intensiven und besseren Kooperation zwischen den relevanten Funktionsbereichen, wobei Köhler (1988, S. 813) sehr anschaulich von einer "**balanced-strategy**" spricht, d.h. es soll eine Ausgewogenheit in der Zusammenarbeit zwischen F&E, Produktion und Marketing bestehen. Dabei wird die **Intensität der Kooperation** als **Erfolgsfaktor** für den Markterfolg von Innovationen unterstrichen, d.h. mit zunehmender Intensität steigt die Erfolgswahrscheinlichkeit der Innovation. So bestätigen empirische Untersuchungen, daß es einen unmittelbaren Zusammenhang zwischen der Qualität der Kooperation von F&E und Vertrieb und der Erfolgsquote bei der Einführung von Innovationen am Markt gibt (vgl. Frese 1985, S. 282). Dabei wird das **gemeinsame Engagement** und die **Partnerschaft** zwischen F&E und Vertrieb zu einer **signifikanten Bestimmungsgröße** für den **Projekterfolg** oder

-fehlschlag. Dementsprechend werden dann auch als die Hauptgründe für ein Scheitern von Innovationen der Mangel an Impulsen, Engagement und Interesse im Vertriebsbereich genannt.

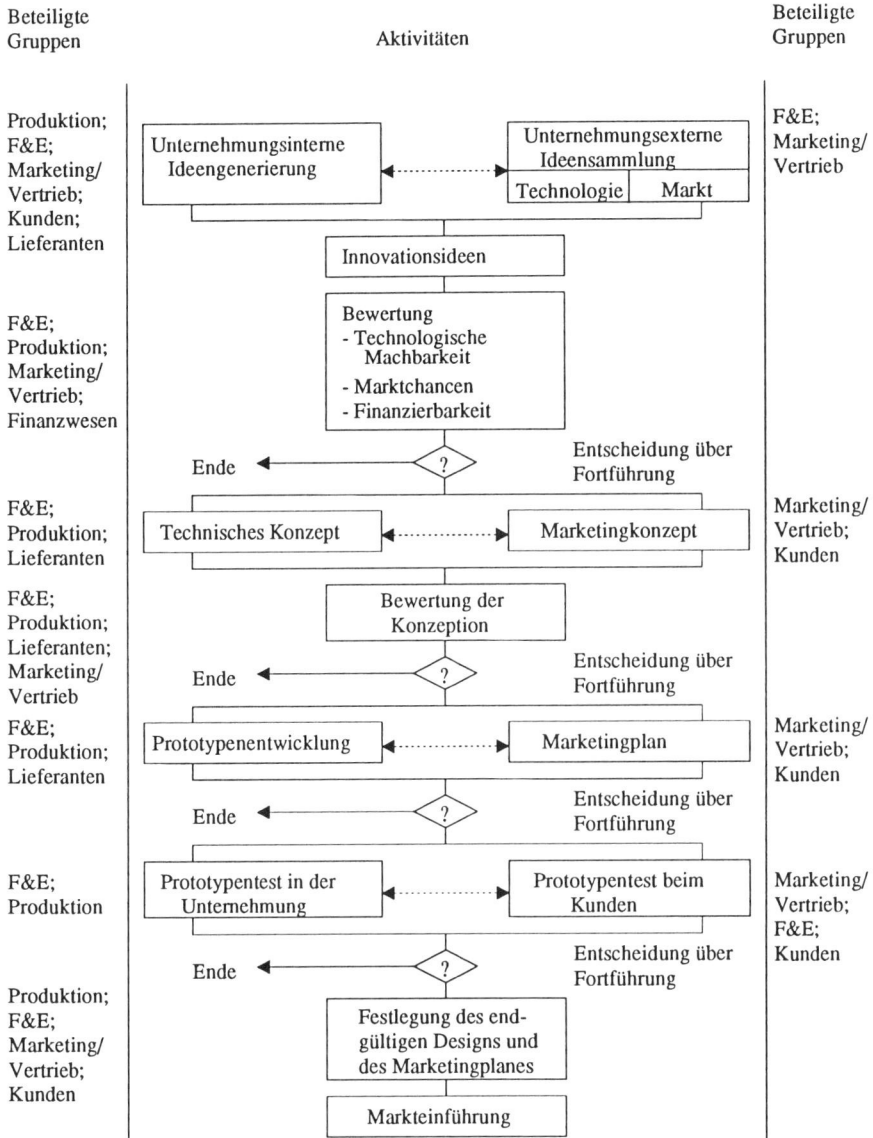

Abb. 72: Kooperation relevanter Gruppen im Innovationsprozeß

Es ist damit ein enger Gedankenaustausch zwischen F&E -, Produktions- und Vertriebsmitarbeitern zu realisieren, so daß eine gemeinsame Konzeption innovativer Problemlösungen erarbeitet werden kann. Die Abbildung 72 gibt diesen Koordinationsprozeß in stark vereinfachter Form als Ablaufdiagramm wieder (in Modifikation von Schmietow 1987, S. 352). Dabei werden auch externe Teilnehmer, wie etwa die potentiellen Nachfrager und Lieferanten in die Überlegung einbezogen.

2.1.2.1.1 Zum Begriff der Forschung und Entwicklung

Eine einheitliche Definition des Begriffspaares Forschung und Entwicklung liegt aufgrund des weiten Spektrums der darunter gefaßten Aktivitäten nicht vor. In einer faktorkombinationsorientierten Betrachtungsweise stellt die Forschung und Entwicklung einen Produktionsprozeß sui generis dar. Forschung und Entwicklung läßt sich dann als eine **Kombination von Produktionsfaktoren** beschreiben, mit dem Ziel, entweder neues Wissen zu erwerben, und zwar sowohl über Natur- als auch Kulturphänomene, oder dieses Wissen erstmalig oder neuartig anzuwenden (vgl. Brockhoff 1988b, S. 23; Kern/Schröder 1977, S. 16). Diese Abgrenzung macht einige Erklärungen notwendig:

- Da die Forschung und Entwicklung als Produktionsprozeß aufgefaßt wird, muß sie **planvoll** und **systematisch** erfolgen, d.h. es handelt sich um einen nach bestimmten Regeln ablaufenden Prozeß. Eine so verstandene geplante Suche bedeutet nicht, daß Forschung und Entwicklung keine zufälligen Ergebnisse hervorbringen kann, sondern nur, daß Forschungs- und Entwicklungsrichtungen und -aktivitäten nichts Zufälliges darstellen, sondern vielmehr geplant werden.

- Bei den zum Einsatz gelangenden Produktionsfaktoren obliegt der **kreativ menschlichen Tätigkeit** eine dominante Rolle.

- Ziel der Forschung und Entwicklung ist es, neues Wissen zu erlangen. Hierbei kann wie bereits erwähnt, zwischen einem subjektiven und objektiven Neuheitsbegriff unterschieden werden. Von einer **subjektiven Neuheit** wird dann gesprochen, wenn eine Neuerung von einem Individuum oder einer Organisation als neu empfunden wird, und zwar unabhängig davon, ob diese bereits zu diesem Zeitpunkt von einem anderen Individuum oder Organisation angewandt wird. Demgegenüber liegt eine **objektive Neuheit** dann vor, wenn es sich um eine Weltneuheit bzw. um die erste Nutzung handelt. Im weiteren wird ein subjektiver Neuheitsbegriff zugrunde gelegt.

- Mit der Umschreibung, daß Forschung und Entwicklung neues Wissen ermöglichen soll, wird zum Ausdruck gebracht, daß der Faktoreinsatz nicht mit Sicherheit zu dem erwünschten Ergebnis führt, d.h. Forschungs- und Entwicklungstätigkeiten sind mit **Unsicherheiten** verbunden. Die mit Forschungs- und Entwicklungstätigkeiten verbundenen Unsicherheiten lassen sich weiter untergliedern, und zwar in:

  -- Unsicherheit im Rahmen der Produktion neuen Wissens

    • Unsicherheit bezüglich des Ergebnisses (diese Unsicherheit bezieht sich einerseits darauf, daß das angestrebte Ergebnis nicht realisiert wird, und andererseits ist es möglich, daß bis zu n-1 andere Ergebnisse erzielt werden (Serendipitätsrisiko))

    • Unsicherheit bezüglich der anfallenden Kosten

    • Unsicherheit bezüglich der erforderlichen Zeit

-- Unsicherheit bezüglich der Verwertung des erworbenen Wissens.

Das Begriffspaar Forschung und Entwicklung läßt sich ferner auf der Grundlage unterschiedlicher Gliederungskriterien systematisieren. Einen Überblick hierüber bietet die folgende Abbildung.

Kriterium	Untergliederung
Spezifität	- Grundlagenforschung - Angewandte Forschung - Entwicklung
Ausführungsort	- Universitäten und nichtuniversitäre Forschungseinrichtungen - Industrieforschung
Träger	- öffentliche F&E - private F&E
Wettbewerbspolitische Funktion	- offensive F&E - defensive F&E - absorptive F&E
Objekt	- Produkt-F&E - Prozeß-F&E
Identität von finanzierender und ausführender Organisation	- autonome F&E - Auftrags-F&E - Vertrags-F&E
Art der Unsicherheit	- F&E unter Risiko - F&E unter Ungewißheit
Zahl der beteiligten Organisationen	- alleinige F&E - kooperative F&E

Abb. 73: Klassifikation der Forschung und Entwicklung

Den weiteren Abgrenzungsüberlegungen soll die "klassische" Dreiteilung in

- Grundlagenforschung,
- angewandte Forschung und
- Entwicklung

zugrundegelegt werden.

Unter **Grundlagenforschung** werden alle diejenigen Aktivitäten verstanden, die eine wissenschaftliche Erkenntnisgewinnung zum Ziel haben, ohne daß diese auf eine spezifische Anwendungsmöglichkeit gerichtet ist (vgl. Kern/Schröder 1977, S. 22). Diese Abgrenzung bedeutet nicht, daß jeglicher Anwendungsaspekt ausgeklammert wird, denn es ist durchaus denkbar, daß Ergebnisse der Grundlagenforschung unmittelbar zur Anwendung gelangen, auch wenn potentielle Anwendungsmöglichkeiten ex ante nicht spezifiziert wurden. Teilweise wird die Grundlagenforschung in die beiden Teilklassen reine und anwendungsorientierte Grundlagenforschung aufgespalten, wobei letztere in ihrer Themenwahl durch die praktische Bedeutung eines Themas beeinflußt wird. Da eine solche Differenzierung die Abgrenzungsproblematik zwischen Grundlagen- und angewandter Forschung noch verstärkt, wird dieser Ansatz nicht weiter verfolgt.

Auch die **angewandte Forschung** hat als erklärtes Ziel die Erweiterung der wissenschaftlichen Erkenntnisse. Der entscheidende Unterschied zur Grundlagenforschung ist darin zu sehen, daß sie auf spezifische praktische Anwendungen ausgerichtet ist und folglich ex ante eine wirtschaftliche Nutzung intendiert.

Während das Ziel der Grundlagenforschung und der angewandten Forschung die Gewinnung neuen Wissens ist, ist die **Entwicklung** auf die Anwendung dieser Erkenntnisse gerichtet und orientiert sich dabei nicht nur an den technischen, sondern ebenfalls an den wirtschaftlichen Erfordernissen. Auch die Entwicklungstätigkeiten weisen ein äußerst heterogenes Erscheinungsbild auf. Beispielhaft werden die folgenden Tätigkeiten genannt: Durchführung von Tests, Entwurf, Bau und Betrieb von Prototypen und Modellen oder die Errichtung von Pilotanlagen. Demgegenüber werden Qualitätskontrolle, Materialprüfung und technischer Kundendienst nicht zu den Entwicklungstätigkeiten gezählt. Umstritten ist hingegen die Einbeziehung von Erprobung und die Produktion von Nullserien. Die Uneinigkeit bei der Zuordnung von Erprobungen ist vor allem darauf zurückzuführen, daß diese ähnlich wie Testarbeiten nicht ausschließlich am Ende der Entwicklungsarbeiten oder zu Beginn der Produktionsarbeiten vollzogen werden, sondern auch während der Entwicklung und Produktion anfallen können.

Darüber hinaus erfährt die Entwicklung in der Literatur noch weitere Untergliederungen (vgl. Kern/Schröder 1977, S. 24). So wird häufig zwischen Produkt- und Verfahrensentwicklung, technischer Entwicklung und Anwendungsentwicklung, experimenteller, konstruktiver und Routineentwicklung, Neu-, Weiter- und Verbesserungsentwicklung differenziert.

Neben diesen Abgrenzungen, die im wesentlichen auf OECD-Definitionen basieren, gibt es eine Vielzahl weiterer Definitionsvorschläge, die etwa auf der Ebene einzelner Unternehmungen verbindlich festgelegt werden oder aber auch auf Branchenebene erarbeitet wurden. Diese begriffliche Heterogenität beeinträchtigt die Vergleichbarkeit statistischer Erhebungen im Forschungs- und Entwicklungsbereich in erheblicher Weise.

2.1.2.1.2 Möglichkeiten des externen Wissenserwerbs

In den bisherigen Ausführungen wurde implizit unterstellt, daß die Unternehmung, die das neue Wissen anwendet, dieses auch erforscht. Eine Unternehmung kann sich jedoch auch extern gewonnenes Wissen aneignen, d.h. es stellt sich hierbei das klassische Entscheidungsproblem "Eigenfertigung oder Fremdbezug". Ohne auf eine Formulierung dieses Entscheidungsproblems einzugehen, sollen im folgenden Möglichkeiten der externen Durchführung von Forschung und Entwicklung besprochen werden. Dies schließt Fragen des Erwerbs von Schutzrechten zunächst aus, da in diesen Fällen das Wissen bereits vorliegt und nicht erst erforscht werden muß. Auf der Grundlage dieser Voraussetzungen kann ein Wissenserwerb durch externe Forschung und Entwicklung dann in den folgenden Ausgestaltungsformen erfolgen:

- Vertrags- und Auftragsforschung und
- Kooperation und Gemeinschaftsforschung.

Die Begriffe Vertrags-, Kontrakt- und Auftragsforschung werden oft nur unzulänglich abgegrenzt. Die Termini Vertrags- und Kontraktforschung sollen synonym verwendet werden. Grundlage der **Vertragsforschung** ist ein Vertrag, in dem das zu erforschende Problem spezifiziert wird und sowohl der voraussichtlich benötigte Zeitraum als auch die finanziellen Konditionen vereinbart werden. Eine Vertragsforschung liegt folglich dann vor, wenn ein Individuum oder eine Organisation (Auftraggeber) eine externe Stelle auf der Grundlage einer vertraglichen Vereinbarung ein Problem für sich erforschen läßt und die Ergebnisse dieses Forschungsprozesses dem Auftraggeber zur Verfügung gestellt werden. Institutionell kommen für die Vertragsforschung Universitäten, Industrie und Forschungsinstitute (z.B. Fraunhofer Gesellschaft, Batelle-Institut) in Frage.

Für den Auftraggeber kann die Vertragsforschung mit den folgenden **Vorteilen** einhergehen:

- In **kapazitätsmäßiger Hinsicht** ist der Auftraggeber in der Lage, die sachliche und personelle Kapazität quantitativ und qualitativ zeitlich begrenzt zu erweitern, ohne hierfür neue eigene Kapazitäten zu schaffen, da deren Aufbau zeitraubend ist und mit finanziellen Belastungen einhergeht. Hinzu kommt das Problem einer ständigen Auslastung dieser neu geschaffenen Kapazitäten. Durch Vertragsforschung ist somit eine Möglichkeit der Engpaßüberwindung für die Unternehmung gegeben.
- In **kostenmäßiger Hinsicht** entfallen einerseits die Investitionsausgaben für die Errichtung neuer Kapazitäten und anderseits die damit verbundenen Folgekosten. Aufgrund der Spezialisierung der Forschungsinstitutionen ist es ferner möglich, daß die anfallenden Kosten, bedingt durch die vorhandenen Erfahrungen, überschaubarer und somit genauer kalkulierbar sind, als dies bei Eigenforschung der Fall wäre.
- In **zeitmäßiger Hinsicht** besteht einerseits die Möglichkeit eines sofortigen Bearbeitungsbeginns, da eine Einarbeitungszeit weitgehend entfällt. Anderseits kann aufgrund der zum Einsatz gelangenden Spezialisten eine Reduzierung der gesamten Bearbeitungszeit erreicht werden.

Diesen potentiellen Vorteilen sind die folgenden **Nachteile** gegenüberzustellen:

- Der Auftraggeber verzichtet auf das **Know-How**, das die am Forschungsprozeß Beteiligten erwerben und das sich in positiver Weise auf Folgeprojekte auswirken kann.
- Die **Geheimhaltung** erscheint bei einer Eigenforschung problemloser.
- Die externen Forscher verfügen zwar über die entsprechenden **Spezialkenntnisse**, jedoch sind sie oft nicht mit den auftraggeberspezifischen Bedingungen vertraut.
- Es ist eine intensive und damit aufwendige Koordination zwischen Auftraggeber und Auftragnehmer erforderlich.

Durch die Gegenüberstellung einiger Vor- und Nachteile der Vertragsforschung wird deutlich, daß eine generelle Aussage zur Durchführung der Eigen- oder Vertragsforschung nicht auf der Basis eines eindimensionalen Kostenvergleichs entschieden werden kann. Als abstrakte Entscheidungsregel gilt, daß der Entscheidungsträger die Alternative wählt, die ihm den höchsten **Nettonutzen** verspricht (vgl. Kern/Schröder 1977, S. 60 f.).

Demgegenüber soll von **Auftragsforschung** dann gesprochen werden, wenn eine Organisation im Auftrag für einen Dritten forscht. An dieser Abgrenzung wird deutlich, daß die Begriffe Auftragsforschung und Vertragsforschung inhaltlich identisch sind und lediglich durch eine Betrachtung aus unterschiedlichen Perspektiven resultieren. Während bei der Vertragsforschung die Sicht des Auftraggebers zugrundeliegt, ist bei der Auftragsforschung der Auftragnehmer Ausgangspunkt der Betrachtung.

Als weitere Möglichkeiten zur Erlangung externen Wissens wurden die Kooperation und die Gemeinschaftsforschung genannt. Von einer **Kooperation** wird dann gesprochen, wenn selbständige Personen und/oder Organisationen aufgrund gemeinsamer Ziele durch Abmachungen über die Erfüllung von Teilaufgaben der Beteiligten bestimmen (vgl. Schwarz 1979, S. 83). Die **Intensität** der Kooperation wird dabei in erheblichem Maße durch den Umfang der vorgenommenen Aufgabenausgliederung determiniert. Diese **Aufgabenausgliederung** kann als ein **Kontinuum** betrachtet werden, das einerseits durch den **Erfahrungsaustausch** als loseste Form der Kooperation und anderseits durch die **kollektive Wahrnehmung** einzelner oder mehrerer **Funktionen** begrenzt wird. Die Erscheinungsform des Erfahrungsaustausches setzt im Gegensatz zur kollektiven Wahrnehmung einzelner Funktionen, die eine Einrichtung unter gemeinschaftlicher Leitung erfordert, keine Verbundeinrichtungen voraus.

Voraussetzungen für eine Kooperation auf dem Gebiet der Forschung und Entwicklung sind

- ein verbindendes Motiv,
- ein mit der Kooperation verbundener Nettonutzen,
- gleiche, zumindest jedoch ähnliche oder ergänzende Informationsbedürfnisse und
- die grundsätzliche Bereitschaft der einzelnen Wirtschaftseinheiten zur Zusammenarbeit.

Die Bereitschaft zu einer Zusammenarbeit wird dabei vor allem von den folgenden Faktoren beeinflußt (vgl. Corsten 1982, S. 174 ff.):

- von der Allgemeinheit und vielseitigen Verwertbarkeit der Ergebnisse,
- von den Konkurrenzverhältnissen, insbesondere der Substitutionskonkurrenz,
- von der personellen und finanziellen Leistungsfähigkeit und
- von dem Unabhängigkeitsstreben der Unternehmung.

Als mögliche **Vorteile** der Kooperation sind zu nennen:

- aus **betriebswirtschaftlicher Sicht**:
  -- Reduktion der Forschungs- und Entwicklungskosten
    • durch Aufteilung auf die Beteiligten
    • durch Realisation von Kostendegressionen
  -- Reduktion der Unsicherheiten
  -- Zeitverkürzung des Informationsgewinnungsprozesses
  -- Ausschöpfung eines größeren Informationspotentials
  -- Vergrößerung des Forschungspotentials
  -- Realisierung von Aufgaben, die sonst aus personellen, sachlichen oder finanziellen Gegebenheiten nicht möglich wären
  -- Nutzung von Spezialerfahrungen
- aus **volkswirtschaftlicher Sicht**:
  -- Vermeidung von Doppelarbeiten und -investitionen
  -- Erhöhung der Wettbewerbsfähigkeit
  -- Produktivitätssteigerung
  -- Verhinderung starker Konzentration.

Diesen Vorteilen können die folgenden **Nachteile** gegenübergestellt werden:

- Einengung des Entscheidungsspielraumes des Einzelnen durch die Kooperation;
- Zunahme der Abhängigkeit von anderen Unternehmungen;
- Unzureichende Ausrichtung der Ergebnisse auf die unternehmungsspezifischen Belange (Adaptionsprobleme);
- Probleme, die sich aus den unterschiedlichen Präferenzen der Beteiligten ergeben (z.B. welche Forschungs- und Entwicklungsprojekte sollen in welcher Reihenfolge und Intensität bewältigt werden);
- Verfügbarkeit der Ergebnisse für alle Beteiligten.

Generelles Ziel der Kooperation ist eine Verbesserung der wirtschaftlichen Situation, wobei nicht der Kooperationsgesamterfolg, sondern der Erfolgszuwachs des einzelnen Kooperationspartners gemeint ist.

Von **Gemeinschaftsforschung** wird dann gesprochen, wenn Unternehmungen der gleichen oder verschiedener Branchen gemeinsame Forschung innerhalb gemeinsam getragener Forschungseinrichtungen betreiben. Damit stellt sich die Frage nach dem

Unterschied und den Gemeinsamkeiten zwischen Kooperation einerseits und Gemeinschaftsforschung anderseits. Wie bereits angeführt, können Kooperationen unterschiedliche Intensitätsgrade aufweisen, wobei die höchste Intensität bei einer kollektiven Wahrnehmung einzelner Funktionen gegeben ist. Die kollektive Wahrnehmung einzelner Funktionen erfordert jedoch eine Verbundeinrichtung, die die ausgegliederte Funktion erfüllt und folglich nichts anderes als eine Gemeinschaftseinrichtung darstellt.

Auf der Grundlage dieser Überlegungen kann die Gemeinschaftsforschung als eine spezifische Erscheinungsform der Kooperation aufgefaßt werden, und zwar als eine Kooperation mit höchster Intensität. Gegenstand der Gemeinschaftsforschung sind Probleme, die für alle beteiligten Unternehmungen von Interesse sind. Für den F&E-Bereich bedeutet dies, daß im Rahmen der Gemeinschaftsforschung die Grundlagenforschung und die angewandte Forschung im Mittelpunkt stehen, und damit ihr primäres Ziel in der Erweiterung der wissenschaftlichen Erkenntnisse zu sehen ist. Diese Zielsetzung unterstreicht den primär komplementären Charakter der Gemeinschaftsforschung zur unternehmungsinternen Forschung. Der unternehmungseigenen Forschung obliegt dabei die Aufgabe, auf die Ergebnisse der Gemeinschaftsforschung aufzubauen, d.h. es erfolgt eine spezifizierte Forschungstätigkeit mit dem Ziel, die allgemeineren Ergebnisse der Gemeinschaftsforschung auf die unternehmungsspezifischen Belange abzustimmen und zuzuschneiden.

Eine weitere Aufgabe der Gemeinschaftsforschungseinrichtung kann in der Aus- und Weiterbildung der in den einzelnen Unternehmungen tätigen Wissenschaftler und Techniker gesehen werden.

Als Beispiel für die Gemeinschaftsforschung sei die Arbeitsgemeinschaft industrieller Forschungsvereinigungen (AIF) genannt.

2.1.2.1.3 Der Schutz betrieblicher Forschungs- und Entwicklungsergebnisse

Die Bedeutung der Forschung und Entwicklung für die Sicherung und das Wachstum für Unternehmungen wird allgemein anerkannt und wurde bereits zu Beginn der Ausführungen hervorgehoben. Bei erfolgreichem Abschluß des Forschungs- und Entwicklungsprojektes ergibt sich für die Unternehmung die Möglichkeit entweder einer

- Kostenreduzierung (bei Verfahrensinnovationen) oder einer
- Realisierung von Vorsprungsgewinnen (bei Produktinnovationen),

wenn der Markt das Ergebnis akzeptiert. Dem **Innovator** ergibt sich damit die Möglichkeit, Gewinne zu realisieren, bevor andere Unternehmungen (Imitatoren) mit dem gleichen oder ähnlichen Produkt auf den Markt kommen und dann die Absatzchancen des Innovators beschneiden. Damit wird in der Beziehung Innovator - Imitator das Zeitelement von entscheidender Bedeutung. Abbildung 74 gibt diesen Sachverhalt in vereinfachter Form wieder.

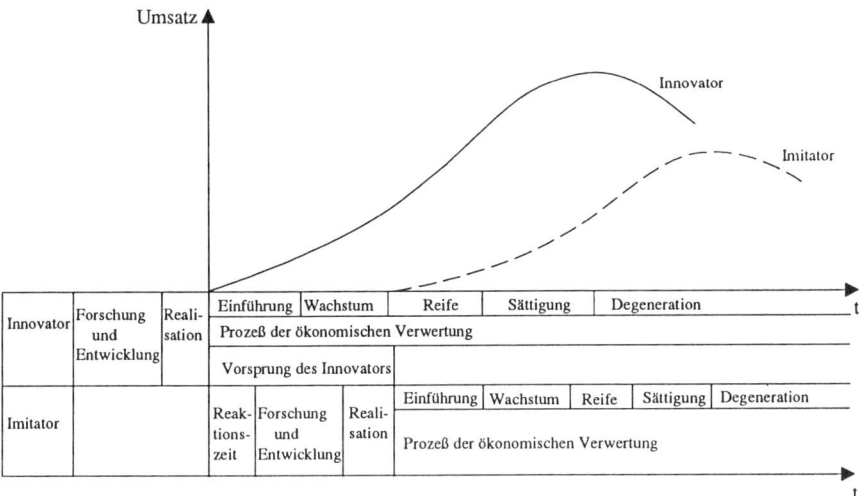

Abb. 74: Die Bedeutung des Vorsprungs des Innovators im Rahmen der ökonomischen Verwertung

Der **Imitator** erhält spätestens mit der Markteinführung des neuen Produktes Informationen über die Aktivität des Innovators. Der potentielle Imitator muß sich nun entscheiden, ob er die Innovation ablehnt oder sich zu einer Imitation entschließt (Reaktionszeit). Diese Entscheidung und die Länge der Reaktionszeit hängen entscheidend davon ab, welche Informationen der potentielle Imitator über den Markterfolg der Innovation hat und wie er die zukünftigen Erfolgsaussichten der Innovation beurteilt. Entscheidet er sich für eine Imitation, dann sind zunächst entsprechende Forschungs- und Entwicklungsarbeiten zu tätigen und im Anschluß daran Produktions- und Absatzvorbereitungen zu treffen (Realisation), d.h. es sind Produktionskapazitäten und eventuell neue Absatzwege aufzubauen. Sind diese Aktivitäten vollzogen, so beginnt der Marktzyklus des Imitators, und die **Monopolperiode** des Innovators ist beendet (vgl. Kowalski 1980, S. 61 ff.). Für den Innovator stellt sich folglich das Problem, den Eintrittszeitpunkt des potentiellen Imitators in den Markt weiter in die Zukunft zu verlagern, da er so seine Monopolperiode zu verlängern vermag. Je früher der Imitator auf dem Markt erscheint, desto schneller werden die Vorsprungsgewinne des Innovators aufgezehrt.

Aus der Sicht des Innovators stellt die Imitation damit eine Wachstumsrestriktion dar, deren Wirkung durch den Markteintrittszeitpunkt des Imitators bestimmt wird. Die Zeitspanne, die der potentielle Imitator dazu benötigt, am Markt als Konkurrent aufzutreten, hängt dabei von den folgenden Faktoren ab:

- Zeitpunkt der Kenntnisnahme,
- erlangter Erkenntnisumfang,
- vorhandene freie Kapazitäten

-- in sachlicher und

-- personeller Hinsicht,

- finanzielle Gegebenheiten und

- Forschungs- und Entwicklungsgebiet (Handelt es sich um ein Gebiet, das den Mitarbeitern vertraut ist?).

Bei dieser Betrachtungsweise ist weiterhin zu berücksichtigen, daß mit der Länge der Monopolperiode des Innovators häufig Präferenzen für seine Produkte aufgebaut werden, d.h. es entwickelt sich eine Markentreue, die es für den Imitator immer schwieriger werden läßt, die Nachfrage auf eine andere Marke zu lenken. Die Präferenzen für den Innovator stellen dann aus der Sicht des Imitators einen Marktwiderstand dar, den es zu überwinden gilt. Handelt es sich bei der Innovation um ein Investitionsgut, dann kann der Innovator sich diesen Sachverhalt über die **Integrationsqualität** der Innovation zu Nutze machen. Gerade bei Investitionsgütern spielen neben den materiellen die immateriellen Komponenten eine bedeutende Rolle. Der Innovator müßte damit bestrebt sein, durch den Aufbau eines "integralen" Qualitätssystems die Nachfrager dazu zu bewegen, auch in Zukunft wieder Produkte von ihm zu erwerben und damit den Imitator am Markteintritt zu hindern (vgl. Kowalski 1980, S. 70 f.). Gelingt es dem Innovator nicht, den Markteintritt des Inmitators zu verzögern oder gar zu verhindern, dann muß er damit rechnen, daß seine Vorsprungsgewinne schnell durch die auftretenden Imitatoren aufgezehrt werden. Unter Wettbewerbsbedingungen kann Forschung und Entwicklung jedoch nur durch die Unternehmungen finanziert werden, wenn den entsprechenden Forschungs- und Entwicklungsaufwendungen mindestens Erträge in einer Höhe gegenüberstehen, die der besten alternativen Verwendung dieser Mittel entsprechen (vgl. Brockhoff 1988b, S. 56). Um dem Innovator hierzu die Möglichkeit zu eröffnen, kann er das durch seine Forschungsaktivitäten erworbene Wissen temporär schützen und ist damit für eine bestimmte Zeitspanne einem unmittelbaren Wettbewerb durch eventuelle Nachahmer nicht ausgesetzt. Um eine ausschließliche Wissensnutzung durch den Innovator zu ermöglichen, existieren die folgenden gesetzlich normierten **Schutzrechte** zum Schutze neuer naturwissenschaftlicher Kenntnisse (das Warenzeichenrecht bleibt dabei unberücksichtigt):

- das im Patentgesetz geregelte **Patent**,
- das im Gebrauchsmustergesetz geregelte **Gebrauchsmuster** und
- das **Geschmacksmuster**, das im Geschmacksmustergesetz verankert ist.

Patente werden dabei nur für **Erfindungen** erteilt, d.h. es handelt sich um Geistesschöpfungen, durch die unter Ausnutzung naturgesetzlicher Kräfte oder Vorgänge bewußt ein technischer Erfolg herbeigeführt wird. Es darf sich dabei jedoch nicht um ein zufälliges Ergebnis handeln, sondern es muß bei beliebigen Wiederholungen der gleiche Erfolg eintreten. Eine weitere Voraussetzung für die Patentierbarkeit ist die **Neuheit**. Nach dem Patentgesetz gilt eine Erfindung dann als neu, wenn sie nicht zum Stand der Technik gehört, und zwar im In- und Ausland. Es wird damit von einem **objektiven** oder **absoluten Neuheitsbegriff** ausgegangen.

Darüber hinaus muß die Erfindung **gewerblich anwendbar** sein. Eine Erfindung ist dann als gewerblich anwendbar zu bezeichnen, wenn ihr Gegenstand auf einem gewerblichen Gebiet (einschließlich der Landwirtschaft) hergestellt oder benutzt werden kann.

Als letzte Voraussetzung für die Erteilung eines Patents ist die **erfinderische Tätigkeit** zu nennen. Diese liegt dann vor, wenn sich eine Erfindung für den Fachmann (Durchschnittsfachmanns) nicht in naheliegender Weise aus dem Stand der Technik ergibt. Für diesen Sachverhalt wurde früher der Terminus "Erfindungshöhe" verwendet. Grundlegend für eine Entscheidung darüber, ob die Erfindung auf einer erfinderischen Tätigkeit beruht, sind damit

- einerseits der Stand der Technik und
- andererseits das Können eines Durchschnittsfachmanns in dem jeweiligen Fachgebiet.

Unabhängig von den Problemen, die sich bei der Festlegung des Standes der Technik bereits ergeben, zeigt sich die **Inoperationalität** bei der Komponente "Können des Durchschnittsfachmanns" in besonders deutlicher Weise, da es sich hierbei letztlich um eine Fiktion handelt, die sich einer objektiven Überprüfung (im Sinne einer intersubjektiven Vergleichbarkeit) entzieht.

Erhält der Patentanmelder durch das Deutsche Patentamt in München ein Patent, dann verleiht es seinem Inhaber nach § 6 PatG die allein ihm zustehende Befugnis, "... gewerbsmäßig den Gegenstand der Erfindung herzustellen, in Verkehr zu bringen, feilzuhalten oder zu gebrauchen." Die **Dauer des Patentschutzes** beträgt im Höchstfall 20 Jahre nach der Anmeldung, wobei sich im Zeitablauf steigende Gebühren ergeben.

Der Patentinhaber kann das von ihm erworbene Schutzrecht in unbeschränkter oder beschränkter Form einem Dritten übertragen. Während bei einer **unbeschränkten Übertragung** der Erwerber die Umschreibung des Patentes in der Patentrolle beantragen kann und damit das ausschließliche Nutzungsrecht erhält, handelt es sich bei einer **beschränkten Übertragung** lediglich um ein Nutzungsrecht, das einem Dritten auf der Grundlage einer Lizenz zugestanden wird. Bei der Überlassung eines Nutzungsrechtes verzichtet der Patentinhaber damit freiwillig auf die ihm gesetzlich zugestandene temporäre Monopolstellung. Gründe für einen derartigen Verzicht können beispielsweise sein:

- dem Pateninhaber ist eine vollständige Ausnutzung des Nutzungsrechtes nicht möglich (z.B. aufgrund mangelnder finanzieller oder personeller Ressourcen) oder
- sie ist zwar möglich, jedoch erscheint sie ihm nicht vorteilhaft (vgl. Kern/Schröder 1977, S. 76).

Diese beiden Problemkomplexe verdeutlichen, daß es eine generelle Entscheidung darüber, ob eine ausschließliche Nutzung durch den Patentinhaber oder ein Verzicht auf die Ausschließlichkeit erfolgen soll, nicht getroffen werden kann, sondern daß diese situationsspezifisch erfolgen muß.

Systematisierungsobjekt	Systematisierungskriterium	Erscheinungsformen	Erläuterungen
Lizenzobjekt	Existenz von Schutzrechten	Patentlizenz	Genehmigung zur gewerblichen Nutzung von Kenntnissen, die durch Schutzrechte geschützt sind.
		Know-How-Lizenz	Genehmigung zur gewerblichen Nutzung von Kenntnissen, die rechtlich nicht geschützt sind.
		Gemischte Lizenz	Genehmigung zur gewerblichen Nutzung von Kenntnissen, die teilweise rechtlich geschützt und teilweise nicht geschützt sind.
	Nutzungsrechtsumfang	Unbeschränkte Lizenz	Der Nutzungsrechtsumfang erfährt keine Einschränkung.
		Beschränkte Lizenz	Sachliche Beschränkung - Montagelizenz - Herstellungslizenz - Vertriebslizenz - Gebrauchslizenz - Benutzungsumfang etc.
			Räumliche Beschränkung (Gebietslizenz), z.B. auf bestimmte Länder begrenzt.
			Zeitliche Beschränkung (Zeitlizenz). Es erfolgt eine zeitliche Limitierung, die kürzer ist als die maximale Patentschutzzeit von 20 Jahren.
Lizenznehmer	Anzahl der Lizenznehmer	Ausschließliche Lizenz	Der Lizenznehmer hat das alleinige Recht der Verwertung der lizenzierten Erfindung in bezug auf den vereinbarten Gegenstand und die vereinbarte Vertragszeit.
		Einfache Lizenz	Der Lizenznehmer erhält das Recht, die lizenzierte Erfindung neben weiteren Lizenznehmern zu nutzen.
Zustandekommen der Lizenz	Freiwilligkeit	Zwangslizenz	Im öffentlichen Interesse kann es zu einer Zusprechung einer Zwangslizenz kommen (§ 24 PatG). Sie hat bisher keine Bedeutung erlangt.
		Vereinbarte Lizenz	Lizenzgeber und -nehmer vereinbaren auf freiwilliger Basis einen Lizenzvertrag.
Vereinbartes Entgelt	Berechnungsart	Nutzungsunabhängige Lizenz	Es wird eine Pauschale (Gebühr) vereinbart.
		Nutzungsabhängige Lizenz	Es wird im Vertrag eine nutzungsabhängige Zahlung, z.B. in der Form einer Stücklizenz, preisabhängigen oder gewinnabhängigen Lizenzgebühr vereinbart.

Abb. 75: Erscheinungsformen der Lizenzen

Bei einer beschränkten Übertragung in der Form einer Lizenz können zwischen **Lizenzgeber** und **-nehmer** die unterschiedlichsten Ausgestaltungsformen gewählt werden. Einen sicherlich nicht vollständigen Überblick über unterschiedliche Erscheinungsformen der Lizenzierung gibt die Abbildung 75 (vgl. Kern/Schröder 1977, S. 79).

Als weitere spezielle Erscheinungsformen seien

- Rücklizenzen und
- Lizenzaustauschverträge

erwähnt. Im Rahmen einer **Rücklizenz** verpflichtet sich der Lizenznehmer, daß er die durch seine F&E-Anstrengungen getätigten Verbesserungen des Lizenzgegenstandes dem Lizenzgeber entweder kostenlos oder gegen ein entsprechendes Entgelt zur Verfügung stellt ("grant-back"-Klausel). Bei **Lizenzaustauschverträgen** verpflichten sich die Vertragspartner, sämtliche von ihnen auf einem bestimmten Gebiet erworbenen neuen Kenntnisse zur Nutzung auszutauschen. Auch dies kann entgeltlich oder unentgeltlich erfolgen.

Neben den bisherigen Überlegungen zum Patent sind Situationen relevant, in denen eine Unternehmung ein Patent hält, dieses jedoch nicht nutzt, aber auch nicht bereit ist, hierauf eine Lizenz zu erteilen. Hierbei ist zwischen Sperr- und Vorratspatenten zu unterscheiden. Ziel von **Sperrpatenten** ist es, die Konkurrenten in ihren technischen Entwicklungen zu behindern. Demgegenüber liegt ein **Vorratspatent** vor, wenn sein Einsatz aufgrund strategischer Überlegungen hinausgezögert wird. Gründe hierfür sind:

- die Erhöhung der Lebensdauer von existenten Produkten und damit eventuell Verhinderung eines Absatzrückganges;
- der Markt ist zum augenblicklichen Zeitpunkt noch nicht oder nicht in ausreichendem Maße aufnahmebereit;
- die Vorratspatente werden als Reaktionspotential auf Vorstöße von Konkurrenten gehalten;
- das Produkt weist zum aktuellen Zeitpunkt nicht die notwendige technische Ausgereiftheit auf usw.

Der entscheidende Unterschied zwischen diesen Erscheinungsformen liegt damit in der Intention, mit der der Patentinhaber das Patent zurückhält. Demgegenüber weisen beide Formen eine temporäre Wirkung auf. Es dürfte damit im Einzelfall schwierig sein, eine saubere Abgrenzung zwischen diesen Formen vorzunehmen.

Das **Gebrauchsmuster** ist wie das Patent ein **technisches Schutzrecht**. Die Grundidee dieses Schutzrechtes war von Anfang an auf praktische Bedürfnisse ausgerichtet. Die mit ihm verknüpften Rechte gleichen dem des Patentes. Unterschiede sind jedoch in vierfacher Hinsicht zu konstatieren:

- Der Schutz des Gebrauchsmusters bezieht sich auf **nur auf Gegenstände** (Arbeitsgerätschaften oder Gebrauchsgegenstände oder Teile derselben) und nicht auf Verfahren.
- Der Gegenstand des Gebrauchsmusters muß zwar ebenfalls, wie dies bei dem Patent der Fall ist, auf einem **erfinderischen Schritt** beruhen, jedoch werden an die Höhe

des Schrittes ("Erfindungshöhe") **geringere Anforderungen** gestellt als beim Patent. Aus diesem Grunde wird teilweise auch von "kleinen Erfindungen" oder von einem "Minipatent" gesprochen.

- Bei Anmeldung erfolgt eine **beschränkte Prüfung**, d.h. es werden zwar die formellen Voraussetzungen, nicht hingegen die Neuheit, der erfinderische Schritt und die gewerbliche Anwendbarkeit überprüft. Diese Prüfungen bleiben dem Verletzungsprozeß oder dem Gebrauchsmusterlöschungsverfahren vorbehalten.

- Die **Schutzfrist** eines Gebrauchsmusters beträgt zunächst 3 Jahre, die dann durch Zahlung einer Verlängerungsgebühr zunächst um weitere 3 Jahre und danach noch einmal um 2 Jahre verlängert werden kann. Die maximale Schutzfrist beläuft sich folglich auf 8 Jahre.

Teilweise findet das Gebrauchsmuster auch Einsatz als zusätzliches Schutzinstrument, und es erhält damit den Charakter eines "Auffangrechts". So kann etwa eine **Doppelanmeldung** erfolgen, d.h. es wird eine parallele Patent- und Gebrauchsmusteranmeldung vollzogen, um etwa die Nachteile einer Patentversagung oder eines Widerrufs aufzufangen.

Im Gegensatz zu den bisher besprochenen Schutzrechten handelt es sich beim **Geschmacksmuster** nicht um ein technisches Schutzrecht, sondern Gegenstand dieses Schutzes sind **ästhetische gewerbliche Leistungen**. Gegenstand sind dabei (zweidimensionale) **Muster** und (dreidimensionale) **Modelle**. Die ästhetische Leistung wirkt dabei allein über das Auge auf den **Form-** und **Farbsinn des Menschen**. Als Beispiele seien genannt: Textilien, Schmuck, Lederwaren, Tapeten, Vasen, Geschirr, Kinderspielzeug, Hausgeräte usw.

Das Schutzrecht entsteht mit der Anmeldung. Bei der Anmeldung ist jedoch eine photographische oder andere graphische Darstellung des Musters oder Modells miteinzureichen. Ist es hingegen schwierig, z.B. besondere Effekte der Oberflächengestaltung durch ein Photo oder eine Graphik wiederzugeben, dann kann nach § 7 (IV) GeschmMG gestattet werden, das Muster selbst einzureichen.

Eine Besonderheit im Geschmacksmustergesetz ist die sogenannte **Sammelanmeldung**, d.h. es können bis zu maximal 50 Muster oder Modelle in einer Anmeldung zusammengefaßt werden.

Nach Eintragung in das **Musterregister** erfolgt dann im Geschmacksmusterblatt die Bekanntmachung der Eintragung.

Die Schutzfrist ist zunächst auf 5 Jahre begrenzt. Wie beim Gebrauchsmuster sind jedoch Verlängerungen möglich. Die Schutzfrist kann um jeweils 5 Jahre oder ein Mehrfaches hiervon bis zu einer maximalen Dauer von 20 Jahren verlängert werden.

Neben dem Patent und dem Gebrauchsmuster kommt in der Praxis der **faktischen Sicherung** eine bedeutende Rolle zu. Während bei **Prozessen** und **Formeln** eine Geheimhaltung grundsätzlich möglich ist, können bei **Produkten** konstruktive Vorkehrungen wie Einbettung und Kapselung der Neuerung zum Einsatz gelangen. Ein Grund für die Geheimhaltung durch den Innovator kann in der mit einer Patentierung einhergehenden Offenlegung einer Erfindung gesehen werden, da hierdurch **potentielle Imitatoren** Informationen über die Forschungs- und Entwicklungsaktivitäten des Innovators erlangen. Dieser kann hierin eine Gefährdung der eigenen Innovation sehen und sich deshalb gegen die Erlangung eines Schutzrechtes entscheiden. Ziel dieser Vorgehensweise ist es, eine Imitation mit Hilfe eines **Mangels an Informationen** über die Innovation zu verhindern (vgl. Kowalski 1980, S. 103).

Entschließt sich eine Unternehmung, die Sicherung eines F&E-Ergebnisses nicht auf der Grundlage eines Patentes, sondern durch Geheimhaltung zu realisieren, dann unterliegt der Schutz zwar grundsätzlich keiner zeitlichen Limitierung, jedoch geht sie das Risiko ein, daß die Geheimhaltung nicht aufrechterhalten werden kann und damit ungeschütztes Wissen dem Konkurrenten zufließt. Darüber hinaus ist zu beachten, daß eine derartige Geheimhaltungsstrategie keinen wirksamen Schutz vor **Doppelerfindungen** durch andere Unternehmungen bietet. Um eine differenziertere Betrachtungsweise zu ermöglichen, erscheint es zweckmäßig, im Rahmen einer Geheimhaltungsstrategie zwischen einer

- permanenten und einer
- temporären Geheimhaltung

zu unterscheiden. Bei einer temporären Geheimhaltung verfolgt der Innovator das Ziel, zu einem späteren Zeitpunkt ein Schutzrecht in Anspruch zu nehmen, jedoch durch eine zeitlich verzögerte Anmeldung die Reaktionsperiode potentieller Imitatoren zu verlängern.

Dabei ist die **Entscheidung "Geheimhaltung** versus **Schutzrecht"** in hohem Maße davon abhängig, ob es sich bei der Innovation um ein Produkt oder Verfahren handelt. Grundsätzlich gilt, daß eine permanente Geheimhaltung bei einem Produkt kaum realisierbar ist, sondern hierbei lediglich eine temporäre Geheimhaltung in Frage kommt, und zwar insbesondere aufgrund **marktstrategischer Überlegungen.** Eine permanente Geheimhaltung erscheint damit grundsätzlich nur bei Verfahren realisierbar. Diese Strategie ist vor allem für Unternehmungen von Interesse, die Branchen angehören, in denen Patente bereits nach kurzer Zeit durch die ökonomische Entwicklung wertlos werden und diese Zeitspanne durch die mit der Offenlegung verbundene Informationsweitergabe noch verkürzt würde. Als Beispiel hierfür sei die chemische Industrie genannt.

Ein weiterer Aspekt, der im Rahmen dieser Entscheidungssituation von Bedeutung ist, ist in der Schwierigkeit zu sehen, eine wirksame Kontrolle und Aufrechterhaltung des Patentschutzes von Verfahren zu realisieren, die sich in der Praxis nur bedingt wirksam durchführen läßt.

2.1.2.2 Methoden der Ideenfindung

2.1.2.2.1 Intuitive Ansätze

Grundlage der intuitiven Ansätze zur Ideenfindung ist die spontane Eingebung und die Kreativität der an diesen Verfahren beteiligten Personen, d.h. es wird versucht, das Kreativitätspotential der einzelnen Mitarbeiter für die Unternehmungsziele nutzbar zu machen. Die intuitiven Verfahren stellen somit eine Form des organisierten Kreativitätstrainings dar.

2.1.2.2.1.1 Brainstorming

Das von Osborn entwickelte Verfahren des Brainstorming stellt den Versuch dar, die Generierung kreativer Gedanken auf der Grundlage **gruppendynamischer Effekte** effizient zu gestalten (vgl. Osborn 1963; Clark 1973). Von grundlegender Bedeutung beim Brainstorming ist die Schaffung einer Atmosphäre, die die **freie Assoziation** erleichtert und Kettenreaktionen der freien Assoziation auslöst. Unter einer Kettenreaktion ist das "Sichanhängen" an die Ideen anderer zu verstehen, d.h. es findet ein quasi "Per-Anhalter-Mitfahren" statt (vgl. Clark 1973, S. 52), das als Katalysator in diesem Prozeß wirkt.

Ausgangspunkt der weiteren Überlegungen sind die in Abbildung 76 dargestellten Faktoren, die auf eine Brainstormingsitzung Einfluß haben.

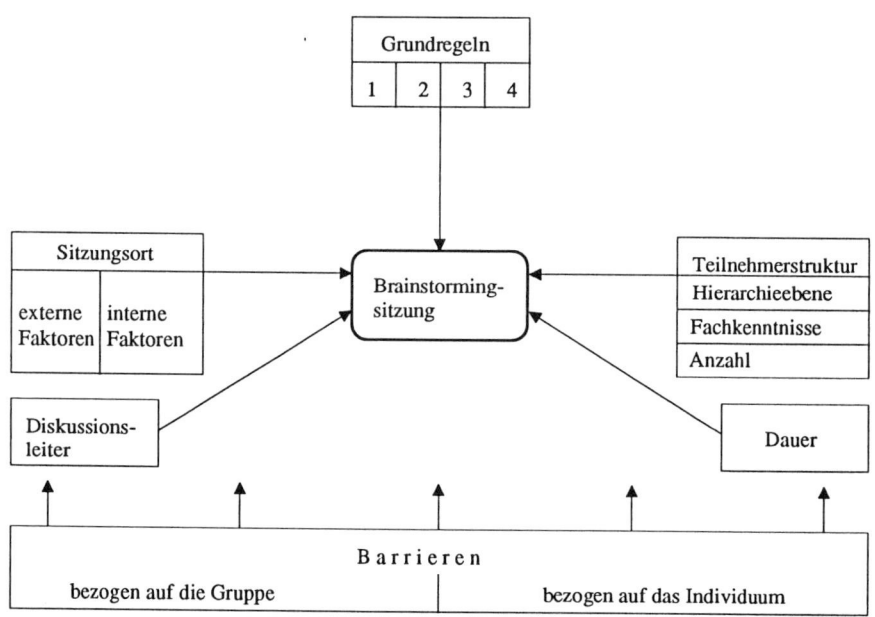

Abb. 76: Determinanten einer Brainstormingsitzung

Das Brainstorming, das keine eindeutige Abfolge von Arbeitstechniken kennt, basiert auf den folgenden vier **Grundregeln**:

- Jede Kritik ist verboten (insbesondere sogenannte **Killerphrasen**, wie etwa: "So haben wir das früher nie gemacht", "Geht nicht", "Alles graue Theorie", "Was für ein Phantast ist denn darauf gekommen". Clark (1973, S. 48 ff.) weist zusätzlich darauf hin, daß Kritik nicht unbedingt in verbaler Form, sondern ebenfalls durch den Gesichtsausdruck geäußert werden kann und spricht in diesem Zusammenhang von einem **Killerblick**).

- **Freie Assoziation** wird begrüßt.

- **Quantität** geht vor Qualität.

- **Kombinationen** und **Verbesserungen** sind gesucht, wobei es sich hierbei nicht nur um eigene Ideen handelt, sondern die Ideen der anderen Mitglieder sollen aufgegriffen und verbessert werden, d.h. die "Logik" der Brainstormingmethode besteht darin, einen möglichst produktiven Gesprächskontakt zwischen den Teilnehmern zu initiieren. Hieraus resultiert, daß der Einzelne kein Urheberrecht auf seine Ideen erheben kann.

Ausgangspunkt einer jeden Brainstormingsitzung ist die präzise Formulierung des Problems. Je spezieller und präziser die Problemstellung definiert wird, desto besser läßt sich das Problem mit Brainstorming angehen. Clark (1973, S. 31 ff.) spricht hierbei sehr anschaulich von einer "**Spatenfrage**" und stellt sie der "**Schneeschaufelfrage**" (weitgefaßte, allgemeine Frage) gegenüber. Das definierte Problem soll dann den Teilnehmern mit einer Einladung zur Brainstormingsitzung zugesandt werden, damit ihnen die Möglichkeit gegeben wird, das Problem bereits vor der Sitzung zu überdenken und dem Unterbewußtsein so eine Arbeitsgrundlage zu geben. Bei der stattfindenden Sitzung ist der Einsatz von Stenographen zweckmäßig, die die einzelnen Ideen protokollieren, wobei eine Zensur durch den Protokollführer zu unterbinden ist, d.h. es werden alle Ideen vorbehaltlos notiert. Als weitere Hilfsmittel bieten sich Tonbänder oder Videoaufzeichnungen an, um bei eventuellen Ungenauigkeiten des erstellten Protokolls eine Möglichkeit zur Rekonstruktion zu haben. Dem Protokollanten kann auch die Aufgabe übertragen werden, die einzelnen Ideen für alle sichtbar auf einer Tafel zu notieren, so daß den Teilnehmern eine bessere Möglichkeit gegeben wird, auf bereits geäußerte Lösungsvorschläge nachträglich zurückzugreifen.

Zur Frage nach der **optimalen Gruppengröße** bei Brainstormingsitzungen finden sich in der Literatur keine einheitlichen Angaben. Die meisten Empfehlungen liegen in dem Intervall von 4 bis 12 Personen. Tendenziell ist die Gefahr gegeben, daß mit zunehmender Gruppengröße kleinere Subgruppen entstehen, die negative Auswirkungen auf den Sitzungsverlauf haben können.

Weitgehende Einigkeit besteht hingegen bei der Frage der **Gruppenzusammensetzung/ -struktur**. Generell wird eine heterogene Zusammensetzung in bezug auf

- Fachkenntnisse,

- Einstellungen und

- Werdegang

gefordert, wobei als elementare Voraussetzung bei jedem Teilnehmer in dem jeweiligen Bereich fundierte Fachkenntnisse vorhanden sein müssen.

Bei der Zusammensetzung der Teilnehmer ist ferner darauf zu achten, daß die Mitarbeiter möglichst auf der gleichen hierarchischen Ebene angesiedelt sind, damit Faktoren wie "sich vor dem Vorgesetzten zu blamieren" von Anfang an ausgeschaltet werden. Eventuell kann auch auf externe Berater als Teilnehmer zurückgegriffen werden.

Ferner kann die Auswahl des **Sitzungsortes** auf die Effizienz von Brainstormingsitzungen Einfluß haben. Neben dem Grundsatz, einen Sitzungsort mit einer allgemein ruhigen Atmosphäre zu wählen, sollte er sich außerhalb der Unternehmung befinden, damit die Teilnehmer sich frei von der Unternehmungsatmosphäre entfalten können (externe Faktoren). Im Sitzungsraum sollte nach Möglichkeit ein runder Tisch stehen, damit keine Hierarchie und kein Autoritätsdenken eintreten können (interne Faktoren).

Hinsichtlich der **Sitzungsdauer** werden i.d.R. zehn bis sechzig Minuten empfohlen. Dabei ist zu beachten, daß die Ideen pro Minute kontinuierlich abnehmen. Pflieger (1974, S. 351 ff.) weist jedoch darauf hin, daß aufgrund von Erfahrungen gerade gegen Ende der Sitzungen gute Ideen hervorgebracht werden, was er auf den höheren Informationsstand der Teilnehmer zurückführt.

Als **Barrieren** im Rahmen einer Brainstormingsitzung sind

- äußere Einwirkungen auf die Gruppe, z.b. aufgrund der Statusstruktur in der Gruppe,
- Faktoren, die im Gruppenprozeß selbst auftreten, z.b. die Bildung von Subgruppen und
- Fähigkeits- und Willensbarrieren beim einzelnen Teilnehmer

zu unterscheiden. Eine Möglichkeit, mittelfristig derartige Barrieren abzubauen, ist in dem Einsatz von Personalentwicklungsmaßnahmen zu sehen.

Nach Beendigung der Brainstormingsitzung erfolgt dann die **Bewertung der notierten Ideen** durch einen Ausschuß, der mit der Problemstellung vertraut ist. Hierzu werden die einzelnen Problemlösungsvorschläge zunächst nach geeigneten Kriterien geordnet. Teilweise wird die Liste den Teilnehmern noch einmal mit der Bitte zugesandt, diese um eventuelle weitere Ideen zu ergänzen, oder die Teilnehmer werden einige Tage später noch einmal telephonisch befragt, ob ihnen in der Zwischenzeit weitere Lösungsvorschläge eingefallen seien. Nachdem dieses Ideenrohmaterial vorliegt, müssen die getätigten Vorschläge einer Bewertung unterzogen werden. Dabei können beispielsweise die folgenden Klassen gebildet werden:

- sofort realisierbar,
- in absehbarer Zeit realisierbar und
- vorerst nicht realisierbar.

Die Brainstormingmethode hat vielfältige Modifikationen erfahren. Beispielhaft seien die folgenden Varianten kurz skizziert:

- **Philipps 66**: Bei dieser Variante, die vor allem bei Großgruppen zur Anwendung gelangt, erfolgt eine Aufteilung in kleinere Gruppen zu jeweils 6 Personen, die dann 6 Minuten ein Problem diskutieren, wobei es in jeder Gruppe einen Diskussionsleiter gibt. Es erfolgt dann eine Zusammenfassung aller Diskussionsbeiträge, die der Gesamtgruppe vorgetragen werden. Diesem Ansatz liegt die Überlegung zugrunde, daß der Mensch sich in einer kleineren Gruppe freier fühlt und auch am Gruppengeschehen aktiver teilnimmt, als dies bei Großgruppen der Fall ist.

- **Little-Technik**: Im Gegensatz zum Brainstorming wird das zu lösende Problem nicht vor Beginn der Sitzung klar definiert, sondern die Problemstellung wird der Gruppe erst im Verlauf der Sitzung näher gebracht. Diese Technik verlangt damit ein aktives Eingreifen des Diskussionsleiters in den Sitzungsverlauf. Dies widerspricht dem Grundsatz, daß der Diskussionsleiter keine Führungs- oder Lenkungsrolle im Rahmen der Ideenfindungssitzung übernehmen soll. Damit besteht die Gefahr einer leiterzentrierten Sitzung, deren Erfolg in erheblichem Maße von den Fähigkeiten des Leiters abhängt, die Gruppe an das Problem heranzuführen.

- **Methode 635** (Variante der Brainwritingmethode): Sechs Teilnehmer sollen in jeweils 5 Minuten 3 Ideen zu Papier bringen, d.h. die Assoziation geht hierbei von schriftlich fixierten Ideen aus. Die Teilnehmer $T_1, T_2, ..., T_6$ erhalten je ein Formular $F_1, F_2, ..., F_6$, auf das sie 3 Lösungsvorschläge notieren und nach 5 Minuten an ihren (rechten oder linken) Nachbarn weiterreichen, wie dies in Abbildung 77 dargestellt ist.

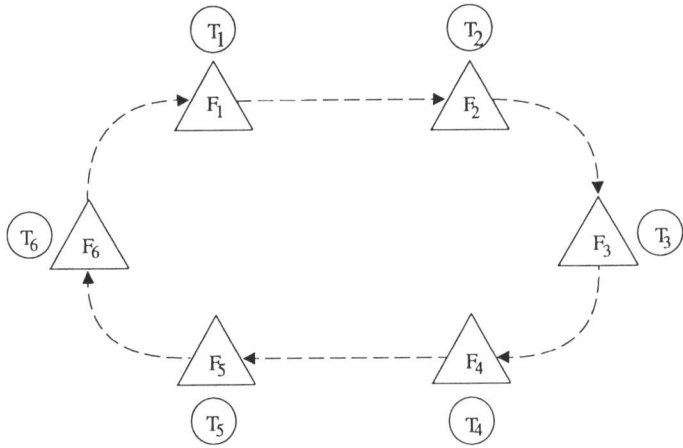

Abb. 77: Methode 635 (Ausgangssituation)

Dem Nachbarn kommt dann die Aufgabe zu, die ihm vorgelegten Lösungsvorschläge zu ergänzen und zu verfeinern. Das Verfahren läuft so lange, bis die Ausgangssituation wieder erreicht ist und schließt mit maximal 108 Lösungsansätzen. Im Vergleich zum traditionellen Brainstorming werden dieser Methode vor allem die folgenden Vorteile zugesprochen:

-- Die gesamte **Problematik der Leitung einer kreativen Gruppe entfällt**, da die Teilnehmer weitgehend durch die Technik der Methode gesteuert werden.

-- Es wird möglich, den **Urheber eines Lösungsansatzes zu identifizieren**, was insbesondere unter urheberrechtlichen Aspekten von Bedeutung sein kann.

Als gravierender Nachteil der Methode 635 wird herausgehoben, daß der vorgegebene Rhythmus nicht immer dem Leistungsvermögen der Teilnehmer entspricht und diese überfordert werden können. Um diese Schwäche zu überwinden, wurden sogenannte **Brainstorming-Pools** entwickelt. In diesen wird versucht, durch Aufhebung des starren Rhythmus der unterschiedlichen Leistungsfähigkeit der einzelnen Teilnehmer gerecht zu werden. Zunächst erhält jeder Teilnehmer mehrere Formulare, auf die er einige seiner Lösungsvorschläge notiert. Weitere Formulare werden in die Tischmitte gelegt (**Pool**). Teilnehmer, die nun einige Ideen auf ihren Formularen notiert haben, legen diese beschrifteten Formulare zur Tischmitte und nehmen dort ein neues Formular. Andere Teilnehmer, deren Ideenfluß nachzulassen droht, tauschen dann ihre Formulare gegen die in der Tischmitte liegenden aus und können so neue Anregungen für neue Lösungsvorschläge bekommen.

Das Brainstorming und die daraus abgeleiteten Varianten, die als **heuristische Ansätze** bezeichnet werden können, lassen sich mit anderen Methoden kombinieren. Zum Beispiel wird häufig vorgeschlagen, Brainstorming als eine Vorstufe zur Entwicklung morphologischer Kästen einzusetzen. In der praktischen Arbeit sind derartige Methodenkombinationen häufig zu beobachten.

2.1.2.2.2.1.2 Delphi-Methode

Die Delphi-Methode entstand als Nebenprodukt der US-Militärforschung der fünfziger Jahre und wurde zu Beginn der sechziger Jahre vor allem durch Publikationen von Dalkey/Helmer (1963) und Gordon/Helmer (o.J.) bekannt. Die Delphi-Methode kann als ein Verfahren zur Informationsgewinnung durch strukturierte Gruppenbefragungen charakterisiert werden (vgl. Albach 1970, S. 17). Die Delphi-Methode findet heute in zwei Ausprägungen Anwendung: zum einen in der Form des konventionellen Delphi (Delphi-Exercise, Papier- und Bleistift-Delphi) und zum anderen in der des computergestützten Delphi (Delphi-Conference, Real-Time-Delphi). Zu diesen Hauptunterscheidungen kommen zahlreiche, auf den jeweiligen Anwendungsfall zugeschnittene Modifikationen hinzu.

Die **konventionelle Delphi-Methode** ist durch die folgenden Punkte charakterisiert (vgl. Albach 1970, S. 17):

- die Verwendung eines **Fragebogens,**
- die **anonyme Behandlung** der Einzelantworten,
- die **Ermittlung** einer durch **statistische Kennziffern** beschriebenen Gruppenantwort,
- die **Informierung der Gruppenteilnehmer** über diese statistische Gruppenantwort und
- **mehrere Befragungsrunden.**

Aus **methodischer Sicht** lassen sich die drei folgenden Kernelemente nennen (vgl. Martino 1972, S. 20 f.):

- Die **Anonymität:** Während des Delphi-Verfahrens wird verhindert, daß einzelne Teilnehmer eine Zuordnung zwischen einzelnen anderen Teilnehmern und den jeweiligen Aussagen treffen können; dies geschieht durch Geheimhaltung des Teilnehmerkreises. Hierdurch soll sowohl eine vom Ansehen der einzelnen Teilnehmer der Befragung nicht beeinflußte Abwägung der einzelnen Antworten ermöglicht, als auch zugleich das Eingeständnis von Irrtümern und die Annäherung an andere Standpunkte ohne Prestigeverlust möglich gemacht werden.

- **Die Iteration der Befragung bei kontrollierter Rückkoppelung**: Die auf der Beantwortung von Fragebögen basierende Gruppeninteraktion gestattet es der Leitung des Delphi-Verfahrens, sich nur auf diejenigen Antworten zu konzentrieren, die sich wirklich mit der zu untersuchenden Fragestellung beschäftigen, und die übrigen Gruppenteilnehmer auch nur über solche Antworten zu informieren. Gleichzeitig erhalten die Gruppenteilnehmer durch die Wiederholung der Fragestellung noch einmal die Möglichkeit, ihre ursprünglichen Überlegungen zu überdenken.

- **Die Darstellung der Gruppenantwort durch statistische Kennziffern**: Üblicherweise wird bei der Präsentation einer Gruppenmeinung die Mehrheitsmeinung und gegebenenfalls noch ein Minderheitenvotum abgegeben. Die Delphi-Methode versucht, der Streuung der Ansichten stärker gerecht zu werden, indem etwa Median und Quartilsabstände bekanntgegeben werden.

Unabhängig von den vielfältigen Modifikationen läßt sich der **typische Verlauf** eines **Delphi-Verfahrens** durch die folgenden Schritte beschreiben:

- Auswahl der zu befragenden Experten.

- Erste Befragung, in der das Problem – meist zerlegt in Einzelfragen – den Experten zur Stellungnahme vorgelegt wird.

- Erste Analyse, in der die Antworten der Experten durch ein Projektteam zusammengefaßt, verglichen und (statistisch) ausgewertet werden.

- Die Bekanntgabe der Ergebnisse der ersten Befragung mit der anschließenden zweiten Befragung.

- Zweite Analyse der Befragungsergebnisse.

- Ergebnisformulierung.

Abbildung 78 gibt den klassischen Ablauf des Delphi-Verfahrens in der Form eines Ablaufplanes wieder (vgl. Geschka 1978, S. 28 f.).

Modifikationen des konventionellen Delphi-Verfahrens können an einer ganzen Reihe von Punkten ansetzen und in vielfacher Weise miteinander verknüpft werden. Beispielhaft seien die folgenden Varianten genannt:

- In der **"Beginning with a blank sheet of paper"-Version** wird in der ersten Befragungsrunde noch ohne strukturierten Fragebogen gearbeitet; dadurch wird die Gefahr, aufgrund der Fragestellung die Befragungsergebnisse in erheblichem Maße zu präjudizieren oder die Beantwortung der Fragestellung in nicht problemadäquater Weise zu beschränken, reduziert. Bei einer unstrukturierten ersten Befragungsrunde kann aber auch der Fall eintreten, daß sich die gegebenen Antworten aus der Sicht der Leitung des Delphi-Verfahrens als irrelevant erweisen.

- In der **"Confidence-Factor"-Version** wird ermittelt, wieviel Prozent der Teilnehmer des Delphi-Verfahrens bei der Vorhersage des Eintrittszeitpunktes eines Ereignisses diesem Ereignis überhaupt eine Eintrittschance in der endlichen Zukunft beimessen.

- In der Version des **"Self-Rating"** werden die einzelnen Teilnehmer bei der jeweiligen Antwort aufgefordert, den Grad ihres eigenen Sachverstandes einzuschätzen und mit anzugeben. In der anschließenden Analysephase werden die einzelnen Antworten der Teilnehmer mit dem Grad ihres Sachverstandes gewichtet und dann die modifizierten statistischen Kennziffern rückgekoppelt.

- In der **"Beginning with a context"-Version** wird den Teilnehmern zu Beginn der ersten Befragungsrunde ein politisch-ökonomisches Szenarium vorgegeben. Dadurch soll eine Trennung der Vorhersage von politisch-ökonomischen Rahmenbe-

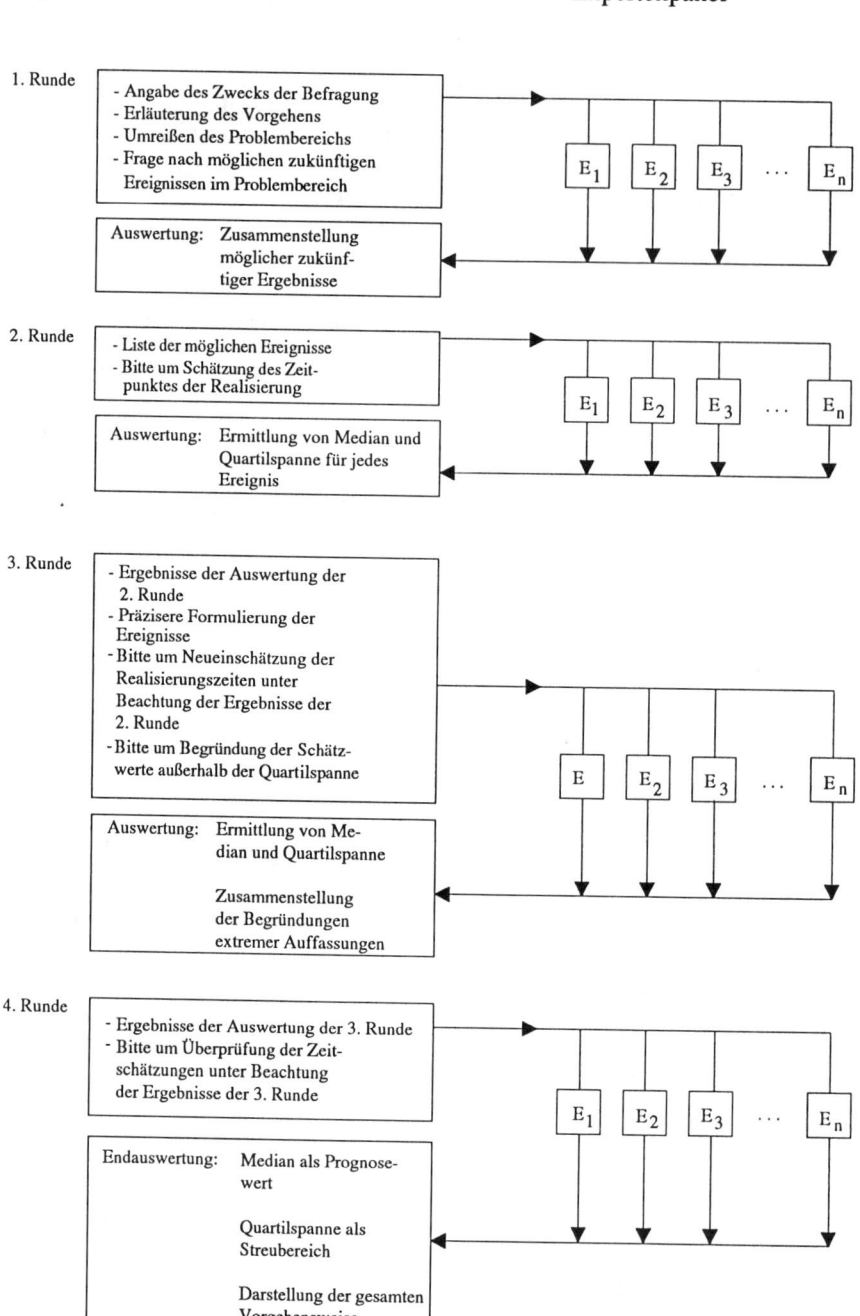

Abb. 78: Ablauf der klassischen Delphi-Befragung

dingungen auf der einen Seite und von technologischen Entwicklungen auf der anderen Seite erreicht werden.

Weitere Modifikationen des konventionellen Delphi-Verfahrens ergeben sich, wenn die Anzahl der Befragungsrunden berücksichtigt wird. In einigen Fällen wurden Varianten benutzt, in denen auch Charakteristika des Verfahrens abgewandelt wurden. So berichtet Martino (1972, S. 28 ff.) von Beispielen, in denen die Anonymität der Teilnehmer partiell aufgegeben oder in denen die Rückkoppelung nicht oder nur in eingeschränktem Maße durchgeführt wurde.

Als zweite Hauptform wurde auf das **computergestützte Delphi-Verfahren** hingewiesen. In dieser Ausprägung wird das Delphi-Verfahren zur Gruppe der Telekonferenzen oder der Computer-Konferenzen gezählt.

Der Terminus **Telekonferenz** ist dabei der Oberbegriff für sämtliche Kommunikationsformen auf Konferenzbasis, in denen keine Verhandlungsführung im direkten persönlichen Kontakt stattfindet. Dabei ist unter einer Konferenz diejenige Form zu verstehen, in der Ausschüsse oder Kollegien ihre Arbeit verrichten. Unter **Kommunikation** wird dabei die Übermittlung von Nachrichten von einem Sender zu einem Empfänger verstanden. Je nachdem, ob nur in einer oder in beiden Richtungen Informationen fließen können, kann zwischen ein- und zweiseitiger Kommunikation unterschieden werden. Darüber hinaus lassen sich die folgenden **Kommunikationsformen** unterscheiden (vgl. Brockhoff 1979, S. 27):

- Mensch-Mensch-Kommunikation,
- Mensch-Maschine-Kommunikation,
- Maschine-Mensch-Kommunikation und
- Maschine-Maschine-Kommunikation.

Um Vorgänge aus dem Bereich der **Mensch-Maschine-Kommunikation** handelt es sich dann, wenn der Mensch den Prozeß führt und die Strategie besitzt und die Maschine herangezogen wird, um Daten aus einer Datenbank zur Verfügung zu stellen oder um Datenverarbeitungsprozesse durchzuführen, während es sich um eine **Maschine-Mensch-Kommunikation** dann handelt, wenn die Maschine den Prozeß führt und die Strategie besitzt und der Mensch konsultiert wird, wenn menschliche Entscheidungen zur Bestimmung der Richtung des weiteren Prozeßverlaufs erforderlich sind, nicht programmierte Fälle auftreten, genau definierte Ausnahmesituationen auftreten, oder die Maschine die Anweisung hat, an bestimmten Stellen Zwischenbericht zu erstatten (vgl. Mertens/Kress 1970, S. 2).

Ebenfalls gehören **Computerkonferenzen** wie Telephonkonferenzen oder Fernsehkonferenzschaltungen zur Gruppe der Telekonferenzen. Sie lassen sich beschreiben als ein System, in dem verschiedene Teilnehmer über einen Computer miteinander kommunizieren, der die einzelnen Diskussionsbeiträge verfolgt, aufzeichnet und den anderen Diskussionsteilnehmern zur Verfügung stellt, wobei die einzelnen Teilnehmer räumlich und zeitlich voneinander getrennt agieren können. Ein wesentlicher Aspekt der

Computerkonferenz, durch den sich diese von herkömmlichen Abfragesystemen unterscheidet, ist darin zu sehen, daß ein teilnehmerinitiierter Nachrichtenaustausch zwischen den einzelnen Teilnehmern erfolgt und damit die Nutzung des Wissens Dritter ermöglicht wird.

In der Literatur wird zwischen verschiedenen Arten von Computerkonferenzen unterschieden, wobei als Unterscheidungskriterium die zeitliche Synchronität der Beteiligung der einzelnen Konferenzteilnehmer herangezogen wird. Gelten z.b. enge Geschäftsordnungsregeln, dann sind alle Konferenzteilnehmer gezwungen, zur gleichen Zeit dieselben formal bestimmten Arbeitsschritte zu durchlaufen. Bei Computerkonferenzen mit weiter Geschäftsordnung sind dagegen die Teilnehmer in bezug auf einzelne Arbeitsschritte zeitlich nicht festgelegt.

Computergestützte Delphi-Verfahren stehen in Konkurrenz mit konventionellen Verfahren. Nach Brockhoff (1979, S. 29 ff.), der eine Zusammenstellung der **Argumente** pro und contra computergestütztes Delphi erstellt hat, spricht **zugunsten des computergestützten Ansatzes**, daß

- **konventionelle Delphi-Verfahren zu zeitaufwendig** und **schwerfällig** seien; verschiedene bei Brockhoff zitierte Autoren sprechen von einem Zeitaufwand von mindestens siebzig Tagen, andere von 4 $^1/_2$ Monaten oder gar 46 Wochen, wobei für den Aufwand je Einzelfrage eine Dauer von zwei bis drei Stunden genannt wird;
- eine **sehr hohe Ausfallquote** bei den Teilnehmern der konventionellen Delphi-Verfahren zu verzeichnen sei; die verfügbaren Angaben über die Ausfallquoten liegen zwischen 18% und 43% der ursprünglichen Teilnehmerzahl;
- demgegenüber der **Zeitaufwand** und die **Ausfallraten bei computergestützten Delphi-Verfahren** wesentlich niedriger liegen; so wird der Zeitaufwand je Frage mit deutlich unter einer halben Stunde angegeben;
- computergestützte Verfahren eine **detaillierte Aufzeichnung** aller **Kommunikationsprozesse** erlauben, während bei konventionellen Verfahren hierfür eine sehr große Zahl von Protokollführern erforderlich wäre;
- computergestützte Delphi-Verfahren im Unterschied zu anderen Formen von Telekonferenzen einen **direkten Zugriff zu Daten- und Methodenbänken** gestatten.

2.1.2.2.1.3 Synektik-Methode

Die Synektik, die von Gordon (1961) entwickelt wurde, stellt eine "operational theory for the conscious use of the preconscious psychological mechanisms present in man's creative activity" (Gordon 1961, S. 3) dar, d.h. sie benutzt dem Bewußtsein vorgelagerte Mechanismen, die dem einzelnen (oder einer Gruppe) offenbar gemacht werden, um dessen (oder deren) Kreativität zu steigern. Sie basiert auf drei **Hypothesen** (vgl. Gordon 1961, S. 4):

- die **menschliche Kreativität** kann **signifikant gesteigert** werden, wenn der zugrunde liegende psychologische Prozeß verständlich wird;
- im schöpferischen Prozeß kommt der **emotionalen Komponente** größeres Gewicht zu als der intellektuellen; der irrationale ist wichtiger als der rationale Bereich;

- um die **Erfolgswahrscheinlichkeit** in einer Problemlösungssituation zu erhöhen, müssen die emotionalen und irrationalen Elemente verstanden werden.

Der schöpferische Prozeß ist in der Synektik definiert als geistige Aktivität in einer Problemlösungssituation, die Erfindungen künstlerischer oder technischer Art zur Folge hat. Mit der Problemlösungssituation wird dabei sowohl die Problemdefinition als auch das Problemverständnis erfaßt. Der Beitrag der Synektik zur Förderung dieses schöpferischen Prozesses besteht darin, kreativitätsfreundliche "psychologische Zustände" zu schaffen, was mit Hilfe der sogenannten **operationalen Mechanismen** erfolgt. Der hierbei einsetzende synektische Prozeß beinhaltet zwei Phasen:

- **das Fremde vertraut zu machen** ("making the strange familiar") und
- **das Bekannte zu verfremden** ("making the familiar strange").

Im ersten Fall "das Fremde vertraut zu machen" handelt es sich um die übliche analytische Phase, in der das Problem verstanden werden soll. Nach Ansicht von Gordon ist allein aus dieser Analysephase heraus keine "basis-neue"-Erfindung möglich; eine solche Basisneuerung ("basic novelty") erfordert vielmehr neue Gesichtspunkte und damit eine neue Art, ein Problem zu betrachten. Dem dient das Prinzip "das Bekannte zu verfremden", das sich auf vier Techniken stützt:

- die Technik der persönlichen Analogie,
- die Technik der direkten Analogie,
- die Technik der symbolischen Analogie und
- die Technik der Analogie durch Phantasie.

In der Technik der **persönlichen Analogie** versucht der Problemlöser, sich mit den Elementen des Problems zu identifizieren ("wenn ich ein Molekül wäre"). In der **direkten Analogie** werden Parallelen zu ähnlichen konkreten Objekten oder Phänomenen gezogen (etwa: menschliches Ohr und Telephon). Bei der Technik der **symbolischen Analogie** werden die Vergleichsobjekte dem poetisch-ästhetischen Bereich entnommen (etwa: fliegender Teppich und Luftkissenboot). Bei der **Analogie durch Phantasie** liegt die Freud'sche Vorstellung zugrunde, daß Künstler Werke schaffen, um in diesen in verfremdeter Form ihre Bedürfnisse zu befriedigen. Übertragen auf technische Probleme wird in einem Ansatz des "bewußten Selbstbetrugs" eine Phantasielösung gesucht, in der zeitweilig bewußt von physikalischen etc. Gesetzen abstrahiert wird.

Der **Verfremdungsphase** als Bestandteil des kreativen Prozesses folgt die **Phase der Entwicklung von Lösungsansätzen** und abschließend die ihrer **Auswahl** und **Fortentwicklung**.

Synektik wird am effizientesten in einer synektischen Gruppe durchgeführt. Eine solche Gruppe besteht aus fünf bis sieben Mitgliedern, die sich sowohl vom beruflichen "background" als auch von der emotionalen Konstitution her deutlich unterscheiden sollten. Die Ausbildung einer synektischen Gruppe dauert etwa ein Jahr; geführt wird sie von einem administrativen Leiter und einem Konferenzleiter. Fehlen der Gruppe gewisse Spezialkenntnisse, können auch externe Experten hinzugezogen werden. Diesen Experten obliegt eine Doppelfunktion: zum einen dienen sie als "Enzyklopädie", zum anderen nehmen sie die Funktion eines "advocatus diaboli" wahr. Vielfach kommt den Experten die Aufgabe zu, aufgeworfene Analogien im technischen Bereich überhaupt erst zu erkennen und in ihrer Bedeutung zu erfassen.

Die Synektik gilt als die anspruchsvollste der Kreativitätstechniken, und zwar sowohl hinsichtlich der Fähigkeiten der Gruppenmitglieder als auch in bezug auf die Inanspruchnahme betrieblicher Ressourcen.

2.1.2.2.2 Diskursive Ansätze

Im Gegensatz zu den intuitiven Ansätzen, deren Grundlage die spontane Eingebung und Kreativität ist, basieren die diskursiven Ansätze auf bewußt **logisch-kombinativen Denkprozessen**. Zentrales Anliegen dieser Ansätze ist damit die **Analyse von Problemen** in die relevanten Komponenten, um auf dieser Basis dann logisch-kombinativ zu Lösungsansätzen zu gelangen.

2.1.2.2.2.1 Morphologischer Ansatz

Die morphologische Methode (vgl. Zwicky 1971) basiert auf den drei folgenden Ansätzen:

- der Methode der systematischen Feldüberdeckung,
- der Methode des Morphologischen Kastens und
- der Methode der Negation und Konstruktion.

Die Methode der **systematischen Feldüberdeckung** unterstellt die Existenz einer ausreichend großen Anzahl von Stützpunkten des Wissens in dem zu untersuchenden Bereich. Unter solchen Stützpunkten sind "Tatsachen und Erfahrungen" zu verstehen, "...die man selbst gemacht hat oder die von anderen gemacht worden sind. Auch der Besitz von Geräten, Büchern, Kunstgegenständen oder die Kenntnis der Gesetze, nach denen physikalische, chemische, biologische oder psychologische Vorgänge ablaufen, liefern solche Stützpunkte." (Zwicky 1971, S. 43). Diese Stützpunkte dienen zusammen mit einer ausreichenden Zahl von Denkprinzipien dazu, neue Tatsachen aufzudecken, neue Probleme zu formulieren und eventuell neue Materialien, Geräte und Methoden zu erfinden, die dann der weiteren Forschung dienen. Zu den von Zwicky angeführten Denkprinzipien gehören dabei die Fähigkeit, Gleichheiten und Verschiedenheiten, Koinzidenzen und Nichtkoinzidenzen zu erkennen, die Vorstellung von der Kontinuität aller Dinge und das Prinzip der Vollständigkeit der Feldüberdeckung, d.h. die Erschließung und Herleitung aller denkbaren Lösungen für ein gegebenes Problem. Der Morphologe kann demnach als "Spezialist des Unmöglichen" bezeichnet werden, denn er weiß, daß es außerordentlich schwerfällt zu beweisen, dieses oder jenes sei unmöglich, also aus dem Bereich der denkbaren Lösungen auszuschließen.

Die **Methode des Morphologischen Kastens** ist das Kernstück der morphologischen Methode. Sie umfaßt

- die genaue Umschreibung und Definition des vorgegebenen Problems,
- die genaue Bestimmung der die Problemlösung beeinflussenden Faktoren,
- die Konstruktion eines vieldimensionalen Schemas, in dem alle möglichen Problemlösungen eingeordnet werden und
- die Wahl der optimalen Lösung.

Das Prinzip des **Morphologischen Kastens** stellt einen Klassifikationsansatz mit "n" Merkmalen dar, wobei jedem Merkmal eine beliebig große Anzahl von Merkmalsausprägungen zugeordnet werden kann. In der Sprache der Morphologie werden diese Merkmalsausprägungen als "extensionale Merkmale" bezeichnet, während die Merkmale selbst mit dem Begriff "intensionale Merkmale" belegt werden. Ein Objekt läßt sich folglich dadurch klassifizieren, daß es als Schnittmenge der verschiedenen Merkmalsmengen definiert wird. Dies sei an der nachstehenden formalisierten Abbildung eines Morphologischen Kastens verdeutlicht.

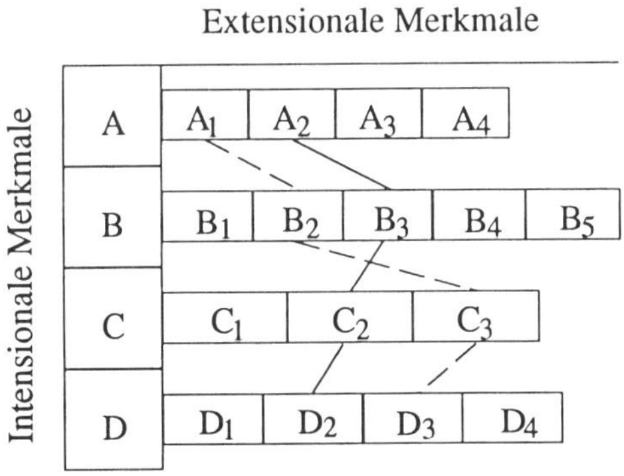

Abb. 79: Allgemeine Struktur des Morphologischen Kastens

In Abhängigkeit von der Zahl der intensionalen Merkmale und der zugehörigen Merkmalsausprägungen ergeben sich dann in diesem Beispiel $4 \cdot 5 \cdot 3 \cdot 4 = 240$ mögliche Kombinationen von Merkmalsausprägungen.

Die **Schwierigkeit** der morphologischen Methode liegt weniger in ihrem formalen Aufbau als vielmehr in ihrer jeweiligen **inhaltlichen Ausgestaltung**:

- der zweckmäßigen Wahl der **intensionalen Merkmale**, und zwar derart, daß sämtliche relevanten Eigenschaften der zu beschreibenden Objekte erfaßt werden;
- der vollständigen Erfassung der **extensionalen Merkmale** und – vor allem – eine sinnvolle Klassenbildung, insbesondere wenn diese einen kontinuierlichen Verlauf aufweisen;
- der **Erkennung und Ausschaltung** von **logischen Unverträglichkeiten** zwischen einzelnen Merkmalsausprägungen.

Um zu einer zweckmäßigen inhaltlichen Ausgestaltung in bezug auf die Wahl der intensionalen Merkmale zu gelangen, schlägt Ropohl (1972, S. 541 ff.) ein am Konzept der allgemeinen Systemtheorie orientiertes Vorgehen vor, das ein Objekt (ein System) durch seine

- Attribute,
- Funktionen,
- Subsysteme und seine
- Struktur

definiert. Dabei werden unter den **Attributen** eines Systems die Eigenschaften verstanden, die gegenüber der Umwelt ausgewiesen werden, wie äußere Merkmale, Eingangs- oder Ausgangsgrößen etc., während der Terminus **Funktionen des Systems** zur Kennzeichnung bestimmter Beziehungen und Zuordnungen benutzt wird, die zwischen den Attributen des Systems bestehen. Die Bestandteile eines Systems wiederum werden als **Subsysteme** bezeichnet, wobei auch diese Subsysteme durch Attribute und Funktionen charakterisiert werden können. Die Beziehungen zwischen den Attributen der verschiedenen Subsysteme eines Systems werden **Relationen** genannt; ihre Gesamtheit bildet die **Struktur** eines Systems.

Die folgende Abbildung gibt beispielhaft die "Morphologische Systematik einer Uhr" wieder (Ropohl 1972, S. 544).

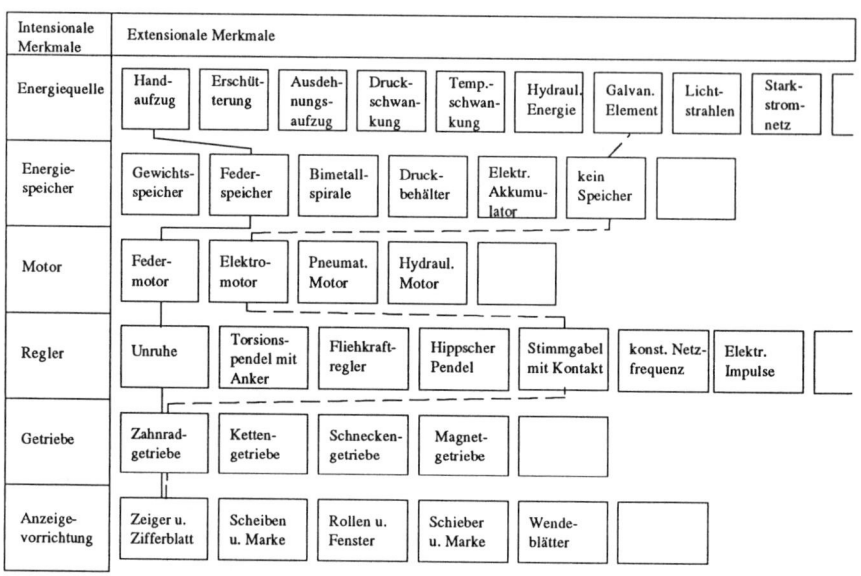

Abb. 80: Morphologische Systematik einer Uhr

Die durch die durchgezogene Linie miteinander verbundenen Merkmalsausprägungen der einzelnen intensionalen Merkmale kennzeichnet dabei die übliche Armbanduhr mit Federaufzug, während die gestrichelte Verbindung eine elektrische Armbanduhr beschreibt.

Die **Methode der Negation und Konstruktion** versucht, durch das systematische Negieren scheinbarer Wahrheiten und Fakten sowie durch das darauf aufbauende konstruktive Ausbeuten der sich dabei eröffnenden Ausblicke, Entdeckungen und Erfindungen zu machen. Nach Brockhoff (1969, S. 19) versucht die Methode der Negation und Konstruktion, "...Wissensmehrungen dadurch herbeizuführen, daß man sich bestimmte unerwünschte Eigenschaften von Stoffen, Vorgängen usw. wegdenkt und danach die Frage stellt, wie der Weg zur konstruktiven Verwirklichung des Denk-Ergebnisses verlaufen kann."

2.1.2.2.2.2 Relevanzbaummethode

Ziel der Relevanzbaumanalyse ist es, komplexe Systeme vollständig und übersichtlich zu beschreiben, wobei nicht nur eine Strukturanalyse erfolgt, sondern auch eine Quantifizierung der Beziehungen zwischen einzelnen Elementen. Der **Relevanzbaum** selbst ist ein **Graph**, der aus Knoten und Kanten besteht, wobei die **Knoten** Ziele oder Mittel und die **Kanten** die Beziehungen zwischen den Knoten symbolisieren. Der Relevanzbaum stellt folglich eine Verknüpfung von Zweck-Mittel-Ketten dar, und die Relevanzbaumanalyse befaßt sich mit der Bedeutung der einzelnen Mittel für die Realisation der unmittelbar übergeordneten Ziele (vgl. Strebel 1974, S. 34). Ausgangspunkt zur Erstellung eines Relevanzbaumes ist die Konstruktion eines **Szenariums**, worunter ein Gefüge von Rahmenbedingungen, Ausgangspositionen und Annahmen über Entwicklungstendenzen zu verstehen ist. Mit Hilfe des Szenariums wird versucht, Alternativen zu finden, die zu einer Zielerreichung beizutragen vermögen, was eine klare Definition von Zielen und Mitteln voraussetzt. Durch die Auffächerung der Ziel-Mittel-Beziehungen ergibt sich dann eine baumartige Struktur, auf deren Grundlage schrittweise der Bedarf an neuen wissenschaftlichen Erkenntnissen, die zur Erreichung der angestrebten Ziele erforderlich sind, ermittelt wird. Im Rahmen der Identifikation und Verknüpfung von Zielen und Mitteln können die Methoden Brainstorming, Delphi und Morphologischer Kasten flankierend herangezogen werden. Bei der Konstruktion des Relevanzbaumes ist darauf zu achten, daß die Elemente, die sich auf der gleichen Ebene befinden, untereinander vergleichbar sind, damit sich ein **geordnetes Beziehungsgefüge** ergibt. Hierzu müssen die folgenden **formalen Anforderungen** erfüllt sein:

- das **Vollständigkeitspostulat**: die Elemente auf einer Ebene müssen eine erschöpfende Liste möglicher Lösungen darstellen und
- das **Ausschließlichkeitspostulat**: die Elemente einer Ebene dürfen keine Gemeinsamkeiten aufweisen.

Bei der Anwendung der Relevanzbaumanalyse lassen sich die folgenden Schritte unterscheiden:

- **Schritt 1**: Sorgfältige Abgrenzung und Definition des Untersuchungsobjektes.
- **Schritt 2**: Festlegung der Beurteilungskriterien; dazu werden Maßstäbe konzipiert, auf deren Grundlage eine Festlegung der Prioritäten zur Auswahl der jeweiligen Mittel erfolgen kann. Die Kriterien können sowohl für den gesamten Relevanzbaum gleich als auch auf den verschiedenen Ebenen unterschiedlich sein.
- **Schritt 3**: Gewichtung der Kriterien; durch Gewichtungen werden die Kriterien in eine Rangfolge gebracht. Sie stellt einen subjektiv wertenden Vorgang dar.
- **Schritt 4**: Ermittlung der Signifikanzziffern und Aufstellung von Entscheidungstabellen. Bei den Signifikanzzahlen handelt es sich um Sachurteile, die eine Rangfolge der Eignung der einzelnen Mittel pro Beurteilungskriterium angeben.
- **Schritt 5**: Ermittlung der Relevanzzahlen; sie werden auf der Grundlage der Signifikanzzahlen und der Kriteriengewichte errechnet und stellen Parameter dar, die die relative Vorziehenswürdigkeit einer Alternative gegenüber den übrigen Möglichkeiten auf der Basis aller Beurteilungskriterien messen.

Durch diese Vorgehensweise ist die Relevanzbaumanalyse mit den folgenden **Konsequenzen** verbunden:

- Die Ziele und Mittel müssen in ihren Inhalten und Beziehungen offengelegt und die Mittel im Hinblick auf ihre Zielerfüllung bewertet werden.
- Die Zusammenhänge zwischen den Zielen und alternativen Mitteln werden offengelegt.
- Die Wertsysteme der einzelnen Entscheidungsträger werden transparent.
- Es werden Defizite aufgedeckt.

2.1.3 Produktgestaltung

2.1.3.1 Aufgaben der Produktgestaltung

Die Produktgestaltung ist ein Teilgebiet der Produktpolitik und umfaßt sämtliche Aufgaben, die sich auf die Beschaffenheit von Produkten beziehen. Der Produktgestaltung obliegt es damit, die Eigenschaften der Erzeugnisse festzulegen. Im einzelnen handelt es sich hierbei um die Wahl der zum Einsatz gelangenden Stoffe, der Produktstruktur und der technischen Funktionen sowie der äußeren Merkmale des Produktes wie der Formgebung (z.B. Funktionalität, Ästhetik), der Größe, der Oberfläche, des Geschmacks usw. Darüber hinaus ist in diesem Zusammenhang auch der Problemkomplex der Verpackung zu nennen, der in enger Verbindung mit der Formgebung steht. Die Verpackung hat dabei traditionell eine Transport-, Lager-, Sicherungs-, Schutz- und Informationsfunktion zu erfüllen.

Die Gestaltungsmittel lassen sich dabei auf einer ersten Ebene in elementare und komplexe Mittel unterscheiden (Koppelmann 1989, S. 255). Die **elementaren Mittel** lassen sich weiterhin in **originäre** (hierzu zählen Aspekte wie Stoff/Material, Form, Farbe) und **derivative Mittel** (z.B. Markenzeichen, Oberfläche, Verpackung) unterscheiden. Bei den komplexen Mitteln ist zwischen prinzipiellen Mittelkombinationen (z.b. Funktionsprinzipien, Konstruktionsprinzipien, historische Lösungsprinzipien) und konkreten Mittelkombinationen (z.b. Produktteile) weiter zu untergliedern.

Neben diesen Aspekten sind im Rahmen der Produktgestaltung auch **produktionstechnische** und **produktionswirtschaftliche Aspekte** zu beachten, die in Abhängigkeit vom jeweiligen Produkt in unterschiedlichen Forderungen ihren Niederschlag finden (vgl. Kern 1992, S. 117):

- **Bearbeitungsgerechtigkeit** (z.b. leichte Zugänglichkeit der Bearbeitungsstellen);
- **Materialwirtschaftlichkeit** (Vermeidung übermäßiger Abmessungen und Sicherheitszuschläge sowie qualitativer Redundanzen);
- **Genauigkeitsoptimalität** (z.b. Oberflächengüte, Präzisionsanforderung bei Abmessungen von Toleranzen).

Darüber hinaus werden Forderungen wie Stapelfähigkeit, Verpackungs- und Transportgerechtigkeit erwähnt. Da sich diese Forderungen letztlich in den Herstellkosten niederschlagen, wird häufig auch als generelle Forderung das Prinzip der herstellkostengerechten Produktgestaltung formuliert.

Die Produktgestaltung ist jedoch nicht nur produktionstechnisch/produktionswirtschaftlich und absatzwirtschaftlich zu betrachten, sondern darüber hinaus sind auch **ökologische Aspekte** in die Produktgestaltung einzubeziehen (z.b. Ressourcen- und Energieschonung, Recyclingfähigkeit, Emissionsarmut).

Im Rahmen der Produktgestaltung können z.b. Checklisten für die Beurteilung der Umweltfreundlichkeit in den Phasen der Beschaffung, der Produktion, des Ge- oder Verbrauchs und der Vernichtung herangezogen werden. Ihren Ausdruck finden diese Bemühungen in der Entwicklung rohstoffschonender und recyclingfähiger Produkte. Die **Recyclingorientierung** beim Konstruktionsprozeß ermöglicht eine Antizipation der **Demontage-** und **Remontagefreundlichkeit**, der **Werkstoffwahl** hinsichtlich Verwertungsverträglichkeit sowie der **Zugänglichkeit** und **Reinigungsmöglichkeit**. Neben der Produktgestalt bestimmt auch die **Produktlebensdauer** den Grad der Umweltbelastung. Durch die Verbesserung der Haltbarkeits- und Verschleißeigenschaften kann eine Verlängerung der Lebensdauer und damit eine input- und outputseitige Entlastung der Umwelt erreicht werden. Ebenfalls ergeben sich bei der **Produktverpackung** Ansatzpunkte:

- Verringerung des Verpackungsmaterials (Vermeidung von überdimensionierten Verpackungen und Mehrfachverpackungen);
- Erhöhung der Mehrfachverwendbarkeit (Aufbau von Recyclingkreisläufen);
- Reduktion von Verbundverpackungen;
- Materialsubstitution.

Darüber hinaus können **rechtliche Normen** (z.B. Sicherheitsbestimmungen, Prüfvorschriften) Einfluß auf die Produktgestaltung haben.

Ein weiterer Aspekt der Produktgestaltung ist in der **Standardisierung**, d.h. der Vereinheitlichung von Produkten oder Produktteilen zu sehen. Sie ist nicht nur für eine kostensparende Produktion von Bedeutung, sondern auch für die Formgebung und Verpackung, und hat ferner eine nicht zu unterschätzende Relevanz für die Absatzfähigkeit von Produkten (z.b. unter dem Aspekt der Integrationsqualität). Wie bereits erwähnt, läßt sich die Standardisierung in die beiden Teilklassen Typung und Normung unterscheiden. Unabhängig von der Problematik einer Trennung dieser beiden Aspekte steht im folgenden der Problembereich der Normung im Zentrum des Interesses. "Normung ist die planmäßige, durch die interessierten Kreise gemeinschaftlich durchgeführte Vereinheitlichung von materiellen und immateriellen Gegenständen zum Nutzen der Allgemeinheit. Sie darf nicht zu einem wirtschaftlichen Sondervorteil einzelner führen. Sie fördert die Rationalisierung und Qualitätssicherung in Wirtschaft, Technik, Wissenschaft und Verwaltung. Sie dient der Sicherheit von Menschen und Sachen sowie der Qualitätsverbesserung in allen Lebensbereichen. Sie dient außerdem einer sinnvollen Ordnung und der Information auf dem jeweiligen Normungsgebiet. Die Normung wird auf nationaler, regionaler und internationaler Ebene durchgeführt" (DIN 820). Zuständig für die Normung innerhalb der BRD ist das "DIN Deutsches Institut für Normung e.V.". Die Ergebnisse dieser Normungsarbeit sind "Deutsche Normen", die mit dem Verbandszeichen DIN herausgegeben werden und in ihrer Summe das "Deutsche Normenwerk" bilden.

Nach DIN 820 hat sich die Normungsarbeit des DIN an den folgenden Grundsätzen zu orientieren:

- **Freiwilligkeit:** Dies bedeutet, daß jedermann das Recht hat, auf freiwilliger Basis an der Erarbeitung von Normen mitzuwirken. Dabei sind die Normen lediglich Empfehlungen, deren Anwendung jedermann freisteht. Allerdings kann sich eine Anwendungsverpflichtung aus Rechts- oder Verwaltungsvorschriften sowie Verträgen ergeben.
- **Öffentlichkeit:** Alle Normungsvorhaben, Entwürfe und DIN-Normen werden öffentlich bekanntgemacht.
- **Beteiligung aller interessierten Kreise:** Bei der Erarbeitung von Normen sollen alle interessierten gesellschaftlichen Gruppen einbezogen werden.
- **Einheitlichkeit und Widerspruchsfreiheit:** Normen unterschiedlicher technischer Disziplinen sollen formal einheitlich sein. Sie dürfen nicht in Widerspruch zu bestehenden Normen sowie Rechts- und Verwaltungsvorschriften stehen.
- **Sachbezogenheit:** DIN-Normen orientieren sich an Sachverhalten, nicht an Wertvorstellungen.
- **Ausrichtung am allgemeinen Nutzen:** Der Inhalt von Normen ist an den Erfordernissen der Allgemeinheit zu orientieren. Der Allgemeinnutzen geht dem Individualnutzen vor.
- **Ausrichtung am Stand der Technik:** Normung vollzieht sich auf der Grundlage technisch-wissenschaftlicher Erkenntnisse. Sie sorgt für die schnelle Umsetzung neuer Erkenntnisse.
- **Ausrichtung an den wirtschaftlichen Gegebenheiten:** Jede Normsetzung ist auf ihre wirtschaftlichen Wirkungen hin zu untersuchen. Normung ist kein Selbstzweck.

- **Internationalität:** Die Normungsarbeit des DIN unterstützt die internationale Zusammenarbeit.

Darüber hinaus ist auch die Erarbeitung einer Norm nach einem vorgegebenen **Arbeitsablauf** vorzunehmen (DIN 820):

- Behandeln eines Normungsantrages (der von jedermann gestellt werden kann),
- Aufstellen einer Norm-Vorlage,
- Beraten bis zum Verabschieden der Norm-Vorlage,
- Bearbeiten der verabschiedeten Fassung als Manuskript für den Norm-Entwurf,
- Prüfung des Manuskriptes und Veröffentlichen des Norm-Entwurfes,
- Stellungnehmen zum Norm-Entwurf,
- Behandeln der Stellungnahmen zum Norm-Entwurf,
- Verabschieden der endgültigen Fassung der Norm,
- Bearbeiten der verabschiedeten Fassung als Manuskript für die Norm,
- Prüfung des Manuskriptes für die Norm und Anfertigung des Kontrollabzuges,
- Aufnehmen der Norm in das Deutsche Normenwerk und Veröffentlichung der Norm.

Im internationalen Bereich bilden die "International Organization for Standardization (ISO)" und die "International Electrotechnical Commission (IEC)" die Institutionen der Internationalen Normung.

Während die ISO der allgemeinen internationalen Standardisierung dient, obliegt der IEC der spezielle Auftrag zu einer weltweiten Vereinheitlichung auf dem elektrotechnischen Gebiet. Dabei kann jedes Land mit einem nationalen Normungsinstitut Mitglied dieser Organisationen werden, wobei in der BRD das DIN diese Aufgabe in der ISO wahrnimmt und der VDE Mitglied der IEC ist. Die internationalen Normen stellen Empfehlungen zu einer Angleichung der entsprechenden nationalen Normen dar.

Darüber hinaus existiert eine europäische Normung. Bei den europäischen Normungsinstituten ist einerseits das Europäische Komitee für Normung (CEN) und das Europäische Komitee für elektrotechnische Normung (CENELEC) zu unterscheiden. Das Zustandekommen einer solchen Norm ist an eine qualifizierte Stimmenmehrheit gebunden. Eine verabschiedete Norm muß jedoch grundsätzlich von allen Mitgliedsländern in ihre nationalen Normenwerke aufgenommen werden, und zwar auch dann, wenn das jeweilige Land gegen die entsprechende Norm gestimmt hat. In der Bundesrepublik werden europäische Normen in das Normenwerk als DIN-EN-Normen aufgenommen.

Normen lassen sich nach den unterschiedlichsten Kriterien systematisieren. Von besonderem Interesse ist jedoch eine Systematisierung nach den Kriterien Umfang, Inhalt und Grad der Normung. Nach dem **Umfang** ihrer Anwendung lassen sich Normen unterteilen in:

- Werksnormen (Festlegung eines einzelnen Betriebes),
- Verbandsnormen (z.b. VDE-Richtlinien, VDMA-Einheitsblätter, VDE-Vorschriften),
- nationale Normen (z.b. DIN-Normen),
- regionale Normen (z.b. CEN-, CENELEC-Normen) und
- internationale Normen (ISO/IEC-Normen).

Hinsichtlich ihres **Inhaltes** lassen sich nach DIN 820 folgende Arten von Normen unterscheiden: Dienstleistungs-, Gebrauchstauglichkeits-, Liefer-, Maß-, Planungs-, Prüf-, Qualitäts-, Sicherheits-, Stoff-, Verfahrens- und Verständigungsnormen.

Mit Hilfe des **Grades** der Normung wird das Ausmaß erfaßt, in dem die Norm den Normungsgegenstand und ihre Bedeutung im Zusammenhang mit anderen Normen festlegt. Nach DIN 820 ist zwischen Grund-, Fach- und Fachgrundnormen zu unterscheiden. Während **Grundnormen** für viele Fachgebiete von grundlegender Bedeutung sind (z.b. Normen, die der Verständigung dienen "Einheiten, Einheitsnamen, Einheitszeichen", "allgemeine Formelzeichen" oder Normen, die für den Konstruktionsprozeß grundlegend sind (z.b. Normzahlen, Normmaße, Gewinde, Passungen, Zeichnungsnormen)) beziehen sich **Fachnormen** auf ein abgegrenztes Fachgebiet. Eine eindeutige Abgrenzung zwischen Fach- und Grundnorm ist jedoch schwierig, da fast jede Norm wiederum Grundlage für eine andere Norm ist. Aus diesem Grunde erfolgt eine weitergehende Differenzierung in reine Grundnormen (z.b. Formelzeichen), Fachgrundnormen (z.b. Spurweiten von Bahngleisen) und reine Fachnormen (z.b. Farbbandspulen für Schreibmaschinen).

2.1.3.2 Wertanalyse als Instrument einer optimierenden Produktgestaltung

Die Wertanalyse, die ein Rationalisierungsverfahren darstellt, war ursprünglich eine Methode zur Senkung der Materialkosten von Produkten mit vorgegebenen Eigenschaften. Im Laufe der Zeit erfuhr die Wertanalyse eine Erweiterung in die drei folgenden Richtungen (Kern/Schröder 1978, S. 375):

- Ausweitung auf sämtliche Größen, die sich auf die Kosten eines Wertanalyse-Objektes auswirken;
- neben der Senkung der Kosten wurde die Steigerung des Wertes des zu untersuchenden Objektes in die Überlegungen aufgenommen;
- neben materiellen wurden auch immaterielle Objekte in die Wertanalyse einbezogen.

Die Wertanalyse ist damit als eine Konzeption zu charakterisieren, die einer Maximierung der Nutzen-/Kostenrelation bzw. der Differenz zwischen Nutzen und Kosten bei den betrachteten Analyseobjekten zu realisieren trachtet (Glaser 1989b, Sp. 1700).

Die Wertanalyse läßt sich durch die folgenden vier **Merkmale** weiter spezifizieren (Hahn/Laßmann 1990, S. 163):

- Denken in Funktionen (gezielte Analyse der Funktionen eines Objektes differenziert in Haupt- und Nebenfunktionen);

- Schematisierter Planungsprozeß (eindeutige Aufgabendefinition, quantifizierbare Zielvorgaben);
- Interdisziplinäre Gruppenarbeit (Team);
- Einsatz von Kreativitätstechniken.

Zentral für die Wertanalyse ist dabei das **Denken in Funktionen**, worunter Aufgaben zu verstehen sind, die das Objekt erfüllt oder erfüllen soll. Sie lassen sich wie folgt differenzieren:

- Funktionsklassen
  -- Haupt- oder Grundfunktionen (eigentlicher Zweck des Objektes)
  -- Neben- oder Hilfsfunktionen (ergänzen die Hauptfunktionen)
  -- unnötige Funktionen
- Funktionstypen
  -- Gebrauchsfunktionen
  -- Geltungsfunktionen.

Während auf **Nebenfunktionen** verzichtet werden kann, ohne daß hierdurch der Charakter des Objektes in negativer Weise beeinträchtigt wird, tragen **unnötige Funktionen** weder zur Erfüllung anderer Funktionen bei noch wird durch sie ein selbständiger Nutzen beim Abnehmer bewirkt.

Während der **Gebrauchsnutzen** zur technischen und wirtschaftlichen Nutzung eines Objektes notwendig ist, dienen **Geltungsfunktionen** ausschließlich der Befriedigung von ästhetischen und Prestigebedürfnissen.

Die Wertanalyse hat damit die folgenden **Teilaufgaben** zu erfüllen (Kern/Schröder 1978, S. 377):

- Ermitteln und ordnen der Funktionen des zu analysierenden Objektes und Feststellung der von seinen Komponenten verursachten Kosten.
- Ermitteln des Wertes der Funktionen auf der Grundlage der
  -- Nutzenfeststellung
  -- Kostenverteilung gemäß des Beitrages der Kostenträger zur Erfüllung der unterschiedlichen Funktionen.
- Erhöhen des Wertes des Analyseobjektes durch Ausschalten "wertloser", kostengünstigere Erfüllung bereits vorhandener "wertvoller" und Hinzufügen neuer wertsteigernder Funktionen.

Nach DIN 69910 lassen sich die folgenden sechs Grundschritte der Wertanalyse unterscheiden (Bucksch/Rost 1985, S. 358 f.; Hahn/Laßmann 1990, S. 164 f.):

1. Vorbereitende Maßnahmen
- Auswahl des Analyseobjektes (z.B. mit Hilfe der ABC-Analyse)
- Festlegung der Analyseziele
- Bildung einer Arbeitsgruppe
- Planung des Ablaufs der Wertanalyse

2. Ermittlung des Ist-Zustandes

- Beschreibung des Untersuchungsobjektes
- Funktionsanalyse
- Kostenanalyse (Ergebnis: Funktionskosten)

3. Prüfung des Ist-Zustandes (Ziel: Feststellung der Soll-Funktionen)

4. Suche nach alternativen Lösungen zur Erfüllung der Soll-Funktionen (Einsatz von Kreativitätstechniken)

5. Prüfung der alternativen Lösungen

- Grobprüfung (Zulässigkeit, Zweckmäßigkeit)
- Feinprüfung (Zulässigkeit, Zweckmäßigkeit)

6. Auswahl und Verwirklichung der optimalen Lösung.

Im Rahmen der **Anwendung** der Wertanalyse sind die folgenden **Probleme** zu beachten:

- Entscheidend für die Auswahl und Festlegung des Analyseziels ist der voraussichtliche Zielbeitrag, der sich aus dem Nutzen und den Kosten der Analyse ergibt. Damit setzt eine zielorientierte Auswahl der Analyseobjekte streng genommen die Kenntnis der Ergebnisse der Wertanalyse voraus. Erschwerend kommt hinzu, daß der Nutzen einer Wertanalyse für ein Objekt von den Kosten abhängt, die für die Analyse aufgewendet werden. Dies impliziert die Notwendigkeit einer simultanen Entscheidung über die zu analysierenden Objekte und die Höhe der für die Analyse aufzuwendenden Kosten (Kern/Schröder 1978, S. 427).
- Im Rahmen der Funktionsanalyse ergibt sich das Problem der Festlegung des Detaillierungsgrades der Funktionsgliederung.
- Probleme im Rahmen der Festlegung der Soll-Größen, da die Festlegung von Soll-Funktionen sich nur an dem Nutzenentgang (Zuwachs) und den entfallenden (hinzukommenden) Kosten bei ihrem Fortfall (ihrer Aufnahme) orientieren kann.
- Im Rahmen der Ermittlung der Soll-Funktionen bleibt ungeklärt, wie diese Funktionen zu ermitteln sind. Darüber hinaus stellt sich die Frage, ob die Bestimmung der Soll-Funktions-Gliederung nicht nur die Grundlage für die weiteren Schritte bildet, sondern vielmehr die Durchführung der Schritte vier bis sechs voraussetzt (Glaser 1989b, Sp. 1701).

Zunehmend erfolgt der Einsatz des wertanalytischen Instrumentariums aber auch zum Auffinden neuer Ideen (Value-Innovation). Wird die Wertanalyse in der Entstehungsphase eines Objektes eingesetzt, d.h. zur Entwicklung neuer Objekte, dann wird auch von einem Value-Engineering gesprochen (Jehle 1992).

2.1.4 Qualitätskontrolle zur Sicherung der Produktqualität

Die Qualitätskontrolle stellt neben der Qualitätsplanung, -steuerung und -durchführung ein Element der Qualitätssicherung dar. Unter **Qualitätssicherung** werden alle Maßnahmen subsumiert, die der Schaffung und Einhaltung der Eignung von Produkten zur Erfüllung bestimmter Verwendungszwecke dienen. In den weiteren Ausführungen sollen jedoch ausschließlich Fragen der Qualitätskontrolle behandelt werden. Zentrale Aufgabe der Qualitätskontrolle ist die vergleichende Gegenüberstellung der **Sollqualität** mit der **Istqualität**, um auf dieser Grundlage Abweichungen (Fehler) festzustellen.

Werden im Rahmen eines derartigen Vergleichs Abweichungen identifiziert, ist nicht nur eine Aussonderung und evtl. Nachbearbeitung erforderlich, sondern darüber hinaus ist im Rahmen einer Ursachenanalyse eine Ursachenermittlung notwendig, um hieraus Rückschlüsse für weitere Planungsprozesse ziehen zu können. Generell lassen sich die folgenden **Fehlerursachen** unterscheiden:

- Situationsbedingte Fehler
  -- maschinenbedingt
  -- materialbedingt
  -- methodenbedingt
- menschenbedingte/verhaltensbedingte Fehler
  -- unmittelbar bedingte umweltbezogene Ursachen (z.B. Beleuchtung, Geräusche)
  -- unmittelbar durch den Menschen bedingte Ursachen
    • Mangel an Wissen und Können
    • Mangel an Sorgfalt, Aufmerksamkeit etc.

Jeder zum Einsatz gelangende Produktionsfaktor stellt damit eine potentielle Fehlerquelle dar.

Auf der Grundlage des Umfangs der Kontrollmaßnahmen ist zwischen Total- und Partialkontrolle zu unterscheiden. Während bei einer **Totalkontrolle** eine Überprüfung eines jeden Teils der zu kontrollierenden Grundgesamtheit hinsichtlich der relevanten Eigenschaften erfolgt, beschränkt sich eine **Partialkontrolle** auf die Überprüfung einiger zufällig ausgewählter Teile (Stichprobe) aus der Grundgesamtheit (hierbei wird auch von statistischer Qualitätskontrolle gesprochen). Dies bedeutet, daß anhand der Stichprobenergebnisse dann auf das Qualitätsniveau der Grundgesamtheit geschlossen wird.

Im Bereich der Produktqualitätskontrolle ist zwischen einer zeitpunkt- und einer zeitdauerbezogenen (zeitraumbezogenen) Betrachtung zu unterscheiden. Während die zeitpunktbezogene Betrachtung insbesondere die Produktkonzeptionsqualität und die Ausführungsqualität umfaßt, konzentriert sich die zeitdauerbezogene Qualität auf die Zuverlässigkeit des Produktes im Rahmen seiner Verwendung. Auf der Grundlage von Refa (1985, S. 12) lassen sich dann die folgenden Qualitätsarten unterscheiden:

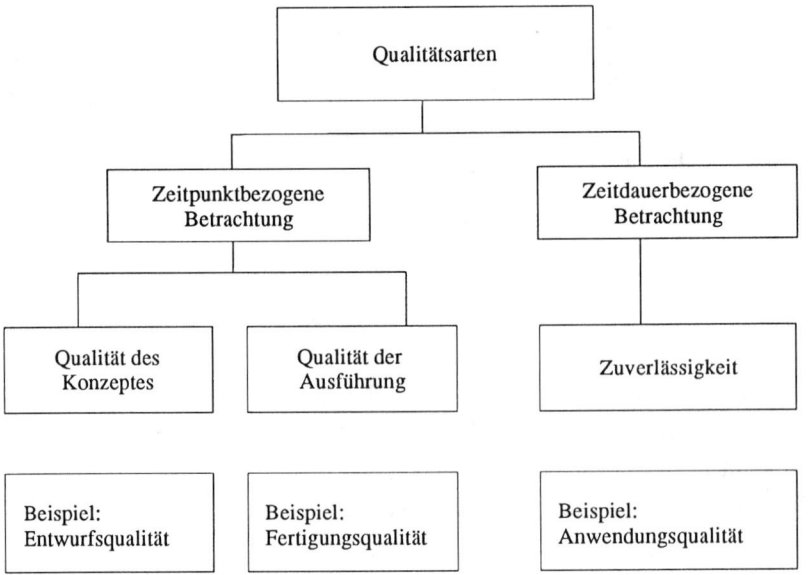

Abb. 81: Qualitätsarten nach REFA

In ökonomischer Sichtweise sind vor allem die **Qualitätskosten** von Bedeutung. Als generelle Zielsetzung wird dabei die Minimierung der Qualitätskosten unterstellt. Die folgende Abbildung gibt einen systematisierenden Überblick über die einzelnen Elemente der Qualitätskosten (Zink 1989, S. 12).

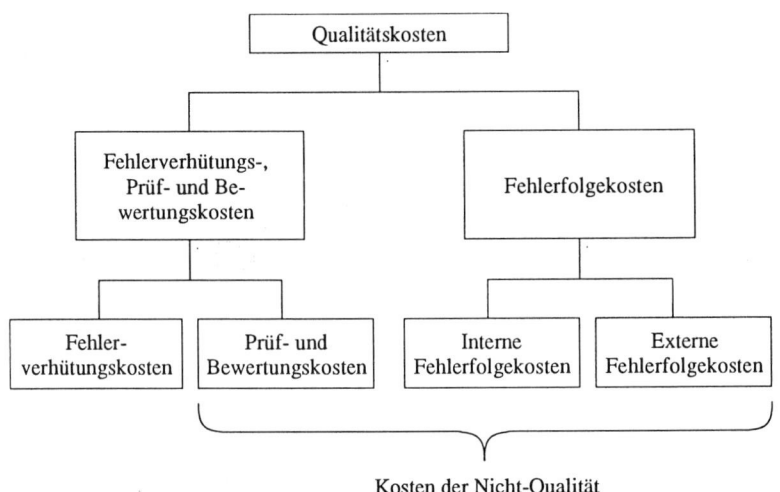

Abb. 82: Komponenten der Qualitätskosten

Während zu den **Fehlerverhütungskosten** alle Kosten für vorbeugende Maßnahmen zählen, handelt es sich bei den **Prüfkosten** um diejenigen Kosten, die für die Durchführung der Prüfung und die Beurteilung der Prüfergebnisse anfallen. Unter **Fehlerfolgekosten** sind die Kosten zu verstehen, die durch das Auftreten eines Fehlers hervorgerufen werden, einschließlich der Erlösschmälerungen aufgrund von Produktfehlern. Die dargestellten Kostenarten werden in der folgenden Abbildung in ihrer Verlaufstendenz wiedergegeben.

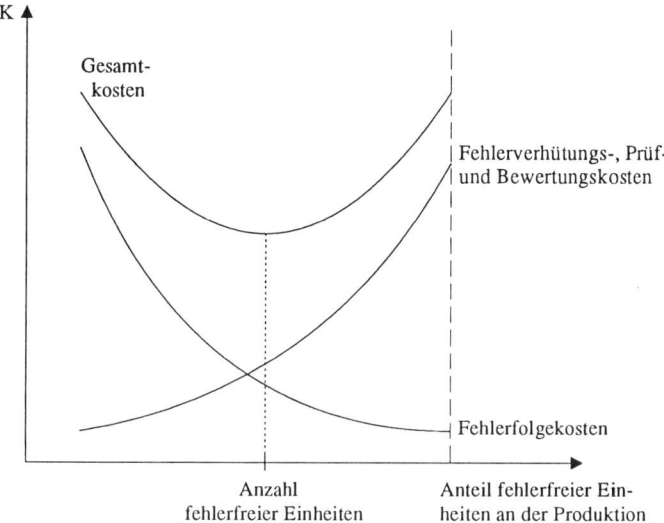

Abb. 83: Kostenoptimale Qualitätsprüfungsintensität

Dem vorgestellten Ansatz liegt jedoch ein äußerst enges Qualitätskonzept zugrunde. In jüngerer Zeit haben sich Qualitätskonzepte durchgesetzt, die von einem umfassenderen Qualitätsverständnis ausgehen. In diesem Zusammenhang sind insbesondere die **Qualitätszirkel** (Quality-Circles) zu nennen, die sich mittlerweile auch in der Bundesrepublik Deutschland einer hohen Beliebtheit erfreuen. Grundgedanke des Quality-Circle-Ansatzes ist es, das bisher weitgehend ungenutzte Problemlösungspotential der Mitarbeiter zu aktivieren. Ihm liegt die Erkenntnis zugrunde, daß Probleme am besten dort erkannt und beseitigt werden können, wo sie auftreten. Die Mitarbeiter sind damit aufgerufen, die Schwierigkeiten, die sich bei der täglichen Arbeitsdurchführung ergeben, aufzugreifen und hierzu Lösungsvorschläge zu erarbeiten. Es erfolgt somit eine Einbeziehung der Mitarbeiter in den Prozeß der Planung und Kontrolle der eigenen Tätigkeit, wobei es darum geht, sowohl das Qualitätsinteresse bei den Mitarbeitern zu wecken als auch das Qualitätsbewußtsein und die Qualitätsverantwortung auszubauen. Damit wird die menschliche Arbeitsleistung als eine Haupteinflußgröße der Qualitätsförderung betrachtet.

Unter Qualitätszirkel sind **organisierte Kleingruppen** mit gemeinsamer Erfahrungs-
grundlage zu verstehen, deren Mitglieder der gleichen Hierarchieebene angehören, und
die sich auf freiwilliger Basis regelmäßig zur gemeinsamen Diskussion arbeitsbezogener
Probleme treffen, um Lösungsvorschläge zu erarbeiten, an deren Realisation sie dann
mitwirken (Zink/Schick 1984, S. 53 ff.). Es ist zu betonen, daß es nicht darum geht,
zwischen Qualitätszirkeln und anderen Unternehmungsbereichen eine Konkurrenz-
beziehung aufzubauen, sondern daß sie in eine komplementäre Beziehung zueinander
treten. Die folgende Abbildung gibt die Grundstruktur der Qualitätszirkelorganisation
wieder (Domsch 1985, S. 435).

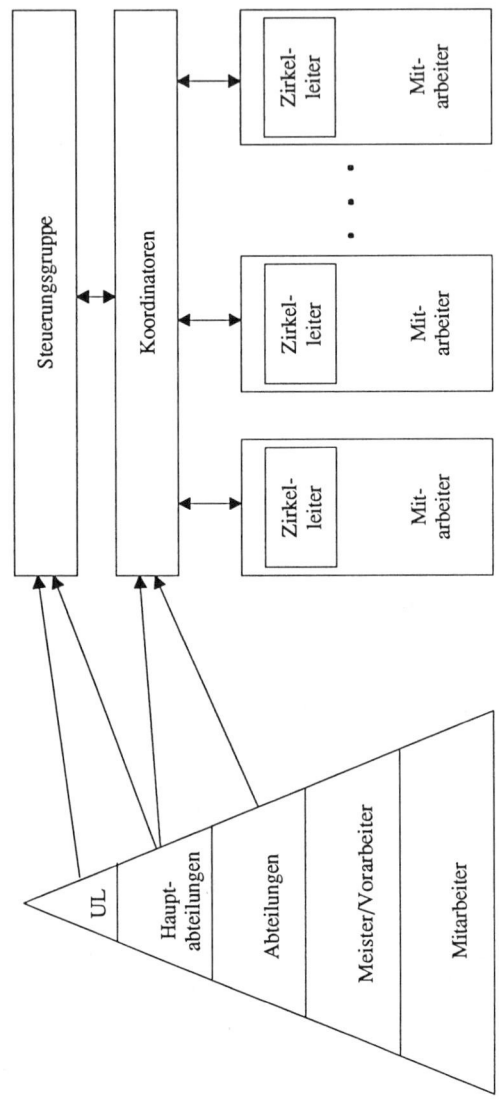

Abb. 84: Allgemeines Modell der Qualitätszirkelorganisation

Aus diesem Organigramm ergeben sich die **Elemente des Qualitätszirkelkonzeptes,** die im folgenden kurz skizziert werden:

- **Qualitätszirkelgruppen:**

  Den Qualitätszirkelgruppen, die aus vier bis zehn Mitarbeitern bestehen, obliegen die folgenden Aufgabenbereiche, die sich teilweise bereits aus der Definition der Qualitätszirkel ergeben:

  -- Erkennen von Schwachstellen im eigenen Arbeitsbereich

  -- Ursachenermittlung

  -- Entwicklung von Problemlösungen

  -- Präsentation der Ergebnisse vor dem Management

  -- Realisation der Lösung

  -- Laufende Überwachung.

- **Zirkelleiter (Moderator):**

  Im Werkstattbereich wird in der Regel der Meister oder Vorarbeiter die Position des Zirkelleiters übernehmen. Es ist aber auch möglich, die Gruppenleitung einem zu wählenden Gruppenmitglied zu übertragen. In der Einführungsphase obliegen dem Zirkelleiter die Aufgaben, die Zirkel auf freiwilliger Basis zu bilden und den Teilnehmern bestimmte Techniken zu vermitteln. Darüber hinaus muß er in der Lage sein, die Mitarbeiter zu motivieren und die Gruppe entsprechend zu leiten.

- **Koordinator:**

  Dem Koordinator obliegt die Betreuung der Qualitätszirkelgruppen eines Unternehmungsbereichs. Da ihm eine Vermittlerrolle zwischen den Mitarbeitern in den Zirkeln und dem Management zukommt, ist bei der Besetzung dieser Position darauf zu achten, daß er einerseits von der Unternehmungsleitung und anderseits auch von den einzelnen Mitarbeitern akzeptiert wird. Aus diesem Grunde legen Zink/Schick (1984, S. 50) keinen Personenkreis fest, der in besonderem Maße zur Besetzung dieser Position geeignet ist, sondern betonen, daß es primär auf die persönlichen Eigenschaften und Fähigkeiten ankomme. In erster Linie dürften aber hierfür insbesondere Personen aus dem unteren bis mittleren Management in Betracht kommen. Während dem Koordinator in der Verlaufs- und Einführungsphase Aufgaben wie Auswahl der Zirkelleiter in Absprache mit der Steuergruppe, Organisation und Überprüfung der Ausbildung der Zirkelleiter und die Information der Mitarbeiter über das Qualitätszirkelkonzept obliegen, liegt sein Aufgabenschwerpunkt nach der Einführung in der Koordination der Aktivitäten in seinem Bereich und in der Unterstützung der Zirkel.

- **Steuerungsgruppe:**

  Der Steuerungsgruppe, der Mitglieder der höchsten Managementebene angehören, obliegt die Klärung der grundsätzlichen Sachverhalte; sie ist verantwortlich für die Planung, Leitung und Steuerung des Programms. Sie sollte ferner intensive Kontakte mit dem Betriebsrat pflegen und diesen in das Konzept einbeziehen. Teilweise wird die Aufnahme eines Vertreters des Betriebsrates als Mitglied der Steuerungsgruppe empfohlen. Als weitere generelle Aufgaben der Steuerungsgruppe sind zu nennen: Information der Mitarbeiter über Sinn und Zweck des Programms, Erarbeitung eines Gesamtkonzeptes, Erfolgskontrolle des Programms, Berichterstattung zum Management, Unterstützung der Koordinatoren und Entgegennahme der Berichte.

Generell ist bei der Einführung von Qualitätszirkeln zu beachten, daß es sich hierbei um ein **längerfristig orientiertes Personalentwicklungskonzept** handelt, das den Mitarbeiter als Träger von Ideen begreift und ihn nicht als einen Empfänger und Ausführenden von Anweisungen betrachtet. Dies impliziert, daß auch das Management seinen Führungsstil überdenken muß, denn ein richtig verstandenes Qualitätszirkelkonzept basiert letztlich auf einem kooperativen Gedankengut und bedingt damit einen **partizipativen Führungsstil.** Das Qualitätszirkelkonzept ist damit als eine Führungs- und Managementstrategie aufzufassen und nicht ausschließlich als ein Instrument der Qualitätskontrolle zur Fehlerreduktion.

Neben dem Quality-Circle-Ansatz seien die folgenden ausgewählten Ansätze kurz skizziert:

- Null-Fehler-Programme
- Betriebliches Vorschlagswesen
- Werkstattzirkel
- Lernstatt
- Quality-Circle-Briefe.

Die Konzepte haben im Laufe der Zeit vielfältige Modifikationen erfahren, wodurch teilweise fließende Grenzen zwischen einzelnen Konzeptionen zu beobachten sind. Da es in diesem Rahmen nicht möglich ist, die zahlreichen Modifikationen der einzelnen Konzepte darzustellen, erfolgt eine Beschränkung auf die Explikation der Grundformen.

Null-Fehler-Programmen liegt die Annahme zugrunde, daß Fehler entweder auf einen Mangel an Kenntnissen oder auf einen Mangel an Aufmerksamkeit zurückzuführen sind. Während der ersten Fehlergruppe durch Training und Unterweisung begegnet werden kann, handelt es sich bei der zuletzt genannten Fehlergruppe um ein Problem der inneren Einstellung. Primärer Ansatzpunkt der Null-Fehler-Programme sind die Fehler der zweiten Gruppe, wobei unterstellt wird, daß jeder Mitarbeiter Perfektion bei seiner Arbeit erreichen könne, wenn er nur wolle. Die Möglichkeit, eine Veränderung der Einstellung gegenüber Fehlern zu bewirken, wird dabei mit den beiden folgenden Überlegungen begründet:

- Der Mitarbeiter soll über die Erhöhung der Verantwortung für die Qualität und einer verstärkten Eigenkontrolle eine größere Selbstbestätigung erfahren.
- Durch eine öffentliche Anerkennung fehlerfreier Arbeit erfährt der Mitarbeiter eine Verstärkung, die wiederum mit positiven Auswirkungen auf das Qualitätsverhalten einhergeht. Hierdurch werden auch andere Mitarbeiter angespornt, ihr Verhalten entsprechend zu ändern.

Empirische Untersuchungen zeigen jedoch, daß lediglich 20% der auftretenden Fehler direkt durch den ausführenden Mitarbeiter beeinflußbar sind; 80% sind hingegen auf Planungsfehler, Materialfehler etc. zurückzuführen. Qualitätsförderungskonzepte, die ausschließlich an den menschenbedingten (verhaltensbedingten) Fehlern ansetzen, vermögen damit nur einen geringen Beitrag zur Qualitätsförderung zu liefern.

Als **betriebliches Vorschlagswesen** wird eine betriebliche Einrichtung zur Förderung, Begutachtung, Anerkennung und Verwirklichung von Verbesserungsvorschlägen der Arbeitnehmer bezeichnet (Thom 1979, Sp. 2223). Dabei muß es sich um eine prämierungsfähige Sonderleistung handeln, die über die zugewiesene Diensttätigkeit hinausgeht. Zu einem Verbesserungsvorschlag gehört sowohl eine Beschreibung dessen, was verbesserungswürdig ist, als auch Hinweise, wie die Verbesserung, die für die Unternehmung nützlich sein muß, vorgenommen werden kann. Auch wenn es sich beim betrieblichen Vorschlagswesen um ein primär individuenorientiertes Konzept handelt, können auch Gruppenvorschläge eingebracht werden.

Bei den **Werkstattzirkeln** handelt es sich um kleine Gruppen, die ein **vorgegebenes Problem** in einer bestimmten Anzahl von Sitzungen bearbeiten. Sie sind damit als vorstrukturierte Problemlösungsgruppen zu bezeichnen, weil Sitzungsablauf, Arbeitsmethoden und Materialien vom Management vorgegeben sind. Die Teilnehmer, die mit Ausnahme des Gruppenleiters keine besondere Ausbildung erfahren, können unterschiedliche hierarchische Stellungen innehaben.

Ursprüngliches Ziel der **Lernstatt** war es, die Integration ausländischer Mitarbeiter zu erleichtern. Die kulturelle Integration und die Sprachschulung traten dann in den Hintergrund, und es erfolgte eine Schwerpunktverlagerung hin zur Vermittlung von Fachwissen und gegenseitigem Erfahrungsaustausch bis zu Programmen, deren Ziel die Persönlichkeitsentfaltung ist. Als Elemente der Lernstatt sind zu nennen: Lernstattgruppe, Gruppenmoderatoren, Supervisionsgruppe und Situationsberater. Die **Lernstattgruppe**, in der sich acht bis zwölf Teilnehmer auf freiwilliger Basis an Problemlösungen beteiligen, trifft sich in regelmäßig stattfindenden Sitzungen und berät über Themen, die entweder vom Betriebsleiter oder von der Gruppe selbst eingebracht werden und wird i.d.R. durch einen Meister (Gruppenmoderator) geleitet. Die **Moderatoren** erlernen in Intensivübungen die Technik der Lernstattarbeit. Um einen Erfahrungsaustausch zwischen den Gruppenmitgliedern zu gewährleisten, bilden diese eine **Supervisionsgruppe**, in der auch eine gegenseitige Beratung erfolgt. Bei den **Situationsberatern** handelt es sich um (interne oder externe) Experten, die im Rahmen spezieller Probleme zu den Sitzungen der Lernstattgruppe hinzugezogen werden. Dem Situationsberater wird vor der Sitzung ein Fragenkatalog, den die Gruppe erarbeitet hat, vorgelegt. Nach Erledigung dieses Kataloges nimmt der Situationsberater nicht mehr an den Sitzungen teil. Die Ergebnisse der Lernstattgruppen haben lediglich Vorschlagscharakter, d.h. die Entscheidungen über ihre Realisation werden von einer hierarchisch übergeordneten Stelle vollzogen.

Der **Quality-Circle-Brief** ist eine Abwandlung des Quality-Circle-Konzeptes, bei dem die Qualitätskontrolle den Mitarbeitern ein Schwerpunktprogramm zur Qualitätsförderung vorlegt (Rehm 1982, S. 112 ff.). Dies erfolgt mit Hilfe speziell ausgearbeiteter Formulare. Den Mitarbeitern obliegt dann die Aufgabe, Maßnahmen zur Erreichung bestimmter Qualitätsstandards vorzulegen. Der Qualitätsbrief ist damit ein Instrument zur systematischen Auseinandersetzung mit Qualitätsfragen, wobei die Problemstellung von der Qualitätskontrolle in Zusammenarbeit mit der Produktionsleitung festgelegt wird. Die Qualitätsbriefe werden unter Leitung des Vorarbeiters oder Meisters besprochen, wobei hervorzuheben ist, daß die Teilnahme an diesen Besprechungen nicht ausschließlich freiwillig ist.

Eine noch weitgehendere Sichtweise liegt dem **Total-Quality-Management** (TQM) zugrunde (Zink 1989, S. 22 ff.). Kerngedanke dieser Konzeption ist es, sämtliche Unternehmungsbereiche in die Überlegungen einzubeziehen und eine Motivation aller Beteiligten durch ein vorbildliches Verhalten der Führungskräfte zu erzielen, d.h. Qualität wird als eine umfassende Managementaufgabe verstanden mit dem Ziel, auf allen Unternehmungsebenen ein entsprechendes Qualitätsbewußtsein zu schaffen (Engelhardt/Schütz 1991, S. 396 ff.). Etwas präziser läßt sich dieser Ansatz durch die drei Wortteile von TQM erfassen:

- **Total:** Dies bedeutet, daß alle Unternehmungsbereiche und Mitarbeiter einbezogen werden, präventive Maßnahmen das gleiche Gewicht aufweisen wie kurative und ein Überschreiten der Unternehmungsgrenzen erfolgt (z.B. Einbeziehung von Lieferanten und Kunden).

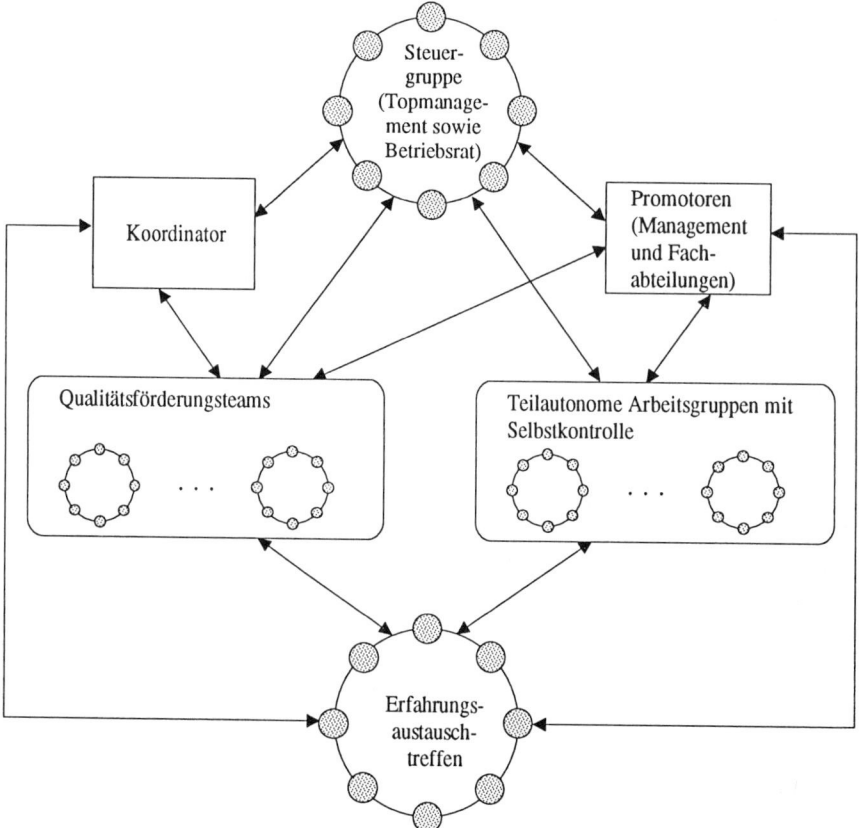

Abb. 85: Grundstruktur des organisatorischen Aufbaus eines umfassenden, integrierten Qualitätsmanagements

- **Quality:** Der Qualität liegt eine konsequente Kundenorientierung auf allen Unternehmungsebenen zugrunde.
- **Management:** Es sollen Verknüpfungen auch mit anderen Managementkonzepten erfolgen, z.b. mit dem Management by Objectives (MbO); es soll eine Neustrukturierung der Organisation auf der Grundlage von Partizipation und Delegation erfolgen; Qualität ist ein Fundament der Unternehmungskultur.

Diese kurze Skizzierung zeigt, daß eine erfolgreiche Realisation nur auf der Grundlage einer partizipativen Führungskonzeption und einer entsprechenden Unternehmungskultur möglich ist (Ritter/Zink 1989, S. 256). Qualitätszirkel als Kleingruppenkonzepte können dabei durchaus in Richtung auf ein Total-Quality-Management weiterentwickelt werden.

Für ein so verstandenes umfassendes und integrierendes Qualitätsmanagement ist damit eine formale bereichsübergreifende Organisation eine unabdingbare Voraussetzung. Die Abbildung 85 gibt die organisatorische Grundstruktur eines Total-Quality-Management wieder (Ritter/Zink 1989, S. 242).

Den in dieser Abbildung skizzierten Teams sind dann entsprechende Aufgaben eines **umfassenden Qualtitätsförderungsprogramms** zuzuordnen. Abbildung 86 gibt einen Überblick über die wesentlichen Aufgaben dieser Teams im Rahmen eines umfassenden, integrierenden Qualitätsmanagements (Ritter/Zink 1989, S. 243).

2.1.5 Produkthaftung

Unter Produkthaftung ist die Pflicht eines Haftungsadressaten zu verstehen, für Mangelfolgeschäden einzustehen. Demgegenüber bezieht sich die Gewährleistungshaftung (§§ 459; 633 ff. BGB) auf den Produktfehler selbst und gewährt infolgedessen lediglich Ansprüche auf Rückgängigmachung des Kaufes oder Herabsetzung des Kaufpreises bzw. Gefahrbeseitigung an dem fehlerhaften Produkt. Als Haftungsadressaten kommen dabei Lieferanten, Hersteller, Quasihersteller ("...der sich als Hersteller ausgibt, indem er seinen Namen, sein Warenzeichen oder ein anderes Erkennungszeichen auf dem Produkt anbringt" § 4 Abs. 1 Satz 2 ProdHaftG), Importeure und Händler in Betracht. Unter Mangelfolgeschäden sind dabei die Schäden zu subsumieren, die ursächlich durch einen Produktfehler hervorgerufen werden, wobei zwischen Körper- bzw. Personenschäden, Sachschäden und Vermögensschäden unterschieden wird.

Grundsätzlich ist zwischen einer verschuldensabhängigen und einer verschuldensunabhängigen Produkthaftung zu unterscheiden. Während bei einer verschuldensunabhängigen Haftung die Fehlerhaftigkeit eines Produktes, unabhängig vom Verschulden des Haftungsadressaten, für die Rechtmäßigkeit der Schadensersatzansprüche notwendig ist, erlangt bei der verschuldensabhängigen Haftung zusätzlich ein Verschulden als Anspruchsvoraussetzung Bedeutung. Gemeinsam ist diesen beiden Haftungssystemen, daß als Anspruchsvoraussetzung die Existenz eines Produktfehlers gegeben sein muß (zum Problembereich der Produkthaftung vgl. z.B. Anhalt 1988; Bartl 1989; Borer 1986; Ensthaler 1992).

Wesentliche Teilaufgaben eines TQM-Programms	Aufgabenerledigung durch:
1. Planung, Leitung und Steuerung sämtlicher Qualitätsaktivitäten	• Steuergruppe
2. Information und Schulung	• Schulungsmaßnahmen • Lerngruppen
3. Abstimmung und Unterstützung der einzelnen Qualitäts-aktivitäten	• Koordinator(en) • Promotoren
4. Systematische Prozeßanalyse und -verbesserung	• Teilautonome Problem-lösungsgruppen • Teilstrukturierte Pro-blemlösungsgrupppen (Task-Force-Gruppen) • Teilautonome Arbeits-gruppen • Lerngruppen
5. Austausch von Erfahrungen	• Erfahrungsaustausch-treffen
6. Präsentation der Ergebnisse	• Präsentationsworkshop

Abb. 86: Grundstruktur für die Aufteilung der wesentlichen Aufgaben im Rahmen eines umfassenden, integrierten Qualitätsmanagements

Vor Inkrafttreten des **Produkthaftungsgesetzes** (ProdHaftG) am 1.1.1990, das auf die am 25. Juli 1985 verabschiedete EG-Richtlinie über die Haftung für fehlerhafte Produkte zurückgeht, war das Recht der Produkthaftung in der Gesetzgebung der Bundesrepublik Deutschland nicht explizit codifiziert. Grundlage waren bis dahin die einschlägigen Normen des BGB:

- § 459 BGB: Der Produktgeschädigte kann seine Ansprüche auf eine vertragliche Haftung des Herstellers bzw. Verkäufers stützen.
- § 823 BGB: Deliktische Ansprüche sind gegeben.

Während bei der vertragsrechtlichen Produkthaftung der Handel als Haftungsadressat anzusprechen ist, greift die deliktrechtliche Schadensersatzpflicht auch bei einem Fehlen einer derartigen Vertragsbeziehung.

Bei der **vertragsrechtlichen Produkthaftung** lassen sich die beiden folgenden Fälle unterscheiden:

- Haftung wegen Fehlens einer zugesicherten oder mehrerer zugesicherter Eigenschaft(en) und
- Haftung aus positiver Vertragsverletzung (Händler bzw. Hersteller haften für eine vorsetzliche oder fahrlässige Verletzung von Vertragspflichten und für nebenvertragliche Sorgfaltspflichten).

Demgegenüber basiert die **deliktsrechtliche Produkthaftung** auf der Schadensersatzpflicht für unerlaubte Handlungen (§ 823 BGB), wobei zum Schadensersatz verpflichtet ist, "...wer vorsätzlich oder fahrlässig das Leben, den Körper, die Gesundheit, die Freiheit, das Eigentum oder ein sonstiges Recht eines anderen widerrechtlich verletzt" (§ 823 Abs. 1 BGB).

In der ständigen Rechtsprechung wurden Verkehrssicherungspflichten entwickelt, die sich als Mindestanforderungen an Produktion und Vertrieb interpretieren lassen und deren Einhaltung, im Falle eines Rechtsstreits, argumentativ einer erfolgreichen Entlastung zu dienen vermögen. Diese Verkehrssicherungspflichten sind dabei Ausdruck der folgenden Fehlerkategorien:

- **Konstruktionsfehler:** Das Produkt muß verwendungssicher konstruiert sein, d.h. es darf die nach dem Stand der Wissenschaft und Technik maßgeblichen Sicherheitserfordernisse nicht unterschreiten. Konstruktionsfehler betreffen damit die gesamte Produktserie.
- **Fabrikationsfehler:** Sie betreffen Organisations- und Kontrollpflichten im Rahmen des Produktionsprozesses von Produkten. Sie beziehen sich damit auf einzelne Produkte oder auf Gruppen von Produkten. Aus der Sicht des Herstellers ist damit der Produktionsablauf lückenlos zu organisieren sowie zu überwachen und darüber hinaus muß das fertige Produkt entsprechenden Qualitätskontrollen unterworfen werden.
- **Instruktionsfehler:** Ist trotz einwandfreier Konstruktion eine gefahrlose Verwendung des Produktes nicht gewährleistet, dann trifft den Hersteller eine Belehrungspflicht über die Handhabung des Produktes, wenn dieses Wissen beim Durchschnittsbenutzer nicht vorausgesetzt werden kann. Instruktionsfehler resultieren folglich aus unzureichenden Produktinformationen oder aus unterbliebener Warnung vor Produktgefahren. Als Maßnahmen sind zu nennen: Warnhinweise, Benutzeranweisungen, Montageanleitungen etc.
- **Produktbeobachtungsfehler:** Dem Produzenten obliegt eine Produktbeobachtungspflicht, d.h. er hat sich über die Verwendungsfolgen seines Produktes zu informieren. Erfährt er hierbei von Schädigungen oder werden ihm Risiken bekannt, dann hat er zu warnen bzw. das Produkt zurückzurufen. Mit dem Rückruf ist die Pflicht zur Übernahme der anfallenden Reparaturkosten bzw. zum Schadenersatz verbunden. Jedoch ist eine Mißachtung von Produktbeobachtungspflichten allein nicht haftungsbegründend. Schadenersatzverpflichtungen resultieren hieraus erst dann, wenn durch ihre Mißachtung Konstruktions-, Fabrikations- oder Instruktionsfehler unentdeckt bleiben.

Darüber hinaus ist der Produzent verpflichtet, die Entwicklung von Wissenschaft und Technik auf den entsprechenden Gebieten zu verfolgen. Demgegenüber beziehen sich die händlerspezifischen Verkehrssicherungspflichten auf eine Sichtkontrolle der gelieferten Produkte, eine sachgerechte Lagerung, Verhinderung des Verkaufs an ungeeignete Personen (z.B. Kinder) etc. Ferner obliegt dem Händler die Pflicht, im Falle häufigerer sicherheitskritischer Reklamationen durch die Kunden den Produzenten hiervon in Kenntnis zu setzen.

Im Gegensatz zur verschuldensabhängigen Produkthaftung ist bei der **verschuldens- unabhängigen Produkthaftung** bereits das Auftreten eines Produktfehlers, der einen Mangelfolgeschaden auslöst, haftungsbegründend. Ferner kann der Anspruchssteller mit seinen Forderungen gegen jeden Haftungsadressaten in der Haftungskette auftreten, d.h. nach § 4 ProdHaftG unterliegen nicht nur die Hersteller eines Endproduktes, sondern ebenfalls die Hersteller eines Vorproduktes und ferner sämtliche Personen, die sich aufgrund ihres Namens, Warenzeichens oder eines anderen Erkennungszeichens als Hersteller ausgeben (Quasihersteller), dieser verschuldensunabhängigen Haftung. Ebenfalls gehören die Importeure, die Produkte aus Nicht-EG-Ländern in den EG-Raum einführen und die Händler, wenn sich der Hersteller nicht feststellen läßt, der Haftungskette an. Nach § 1 ProdHaftG bezieht sich die verschuldensunabhängige Haftung auf Personenschäden, Sachschäden und mittelbare Vermögensschäden, die als Folge eines Sach- oder Personenschadens auftreten. Darüber hinaus muß der Sachschaden im privaten Bereich eingetreten sein (§ 1 ProdHaftG) mit der Konsequenz, daß die gewerbliche Sachschadenhaftung nicht Gegenstand des ProdHaftG ist (für diesen Bereich gilt nach wie vor das Delikts- bzw. Vertragsrecht).

Wesentlich ist, daß der Nachweis mangelnden Verschuldens keine Möglichkeit der Entlastung bietet, d.h. ausschlaggebend für die Haftung sind: Verursachung eines Schadens durch einen Produktfehler, eine Rechtsgutverletzung und die Kausalität zwischen Produktfehler und Rechtsgutverletzung. Damit erlangt die Definition dessen, was als Fehler zu bezeichnen ist, zentrales Interesse. § 3 ProdHaftG definiert den Fehlerbegriff wie folgt:

" (1) Ein Produkt hat einen Fehler, wenn es nicht die Sicherheit bietet, unter Berücksichtigung aller Umstände, insbesondere

  a) seiner Darbietung,

  b) des Gebrauchs, mit dem billigerweise gerechnet werden kann,

  c) des Zeitpunktes, in dem es in den Verkehr gebracht wurde, berechtigterweise erwartet werden kann.

  (2) Ein Produkt hat nicht allein deshalb einen Fehler, weil später ein verbessertes Produkt in den Verkehr gebracht wurde."

Fiktion dieser Vorschrift ist damit (was immer auch darunter zu verstehen sein mag) die "berechtigte Sicherheitserwartung eines durchschnittlichen Verbrauchers" (unbestimmter Rechtsbegriff). § 3 Abs. 1 ProdHaftG gibt jedoch eine gewisse Konkretisierung des Fehlerbegriffs, indem er eine beispielhafte Aufzählung der besonderen Umstände zur Bestimmung der "berechtigten" Sicherheitserwartungen vornimmt. Zu den fehlerbegründenden Umständen zählen:

- die Darbietung des Produktes (z.b. Bedienungsanleitung, Gefahrenhinweise, Produktwerbung);
- der vorhersehbare Produktgebrauch.

Darüber hinaus sieht § 1 Abs. 2 ProdHaftG die folgenden Nachweise vor, die einen Haftungsausschluß bewirken können:

- Entlastungsmöglichkeit für Entwicklungsfehler (Fehler, die nach dem Stand von Wissenschaft und Technik zum Zeitpunkt des Inverkehrbringens des Produktes noch nicht erkannt waren).
- Haftungsbefreiend wirkt, wenn die Fehlerhäufigkeit des Produktes auf die Berücksichtigung zwingend einzuhaltender Rechtsvorschriften zum Zeitpunkt des Inverkehrbringens zurückzuführen ist.
- Für den Zulieferer besteht keine Einstandspflicht, wenn das gelieferte Produkt erst durch den Einbau in ein untaugliches Endprodukt fehlerhaft wird oder der Fehler auf die konstruktiven Vorgaben des Herstellers zurückzuführen ist (§ 1 Abs. 3 ProdHaftG).
- Nach § 1 Abs. 2 Satz 1 ProdHaftG entfällt für den Produzenten die Schadensersatzpflicht dann, wenn er nachzuweisen vermag, daß er das Produkt nicht in den Verkehr gebracht hat.
- Nach § 1 Abs. 2 Satz 3 ProdHaftG entfällt die Haftung auch dann, wenn das Produkt weder mit der Absicht des Verkaufs oder einer anderen Form des entgeltlichen Vertriebs noch im Rahmen einer beruflichen Tätigkeit erstellt oder vertrieben wurde (Hobbybastler).

Die Ersatzpflicht wird durch die §§ 7-11 ProdHaftG sowohl bei Personen- als auch bei Sachschäden begrenzt. Ein Anspruch auf Schmerzensgeld ist im Gesetz nicht vorgesehen.

2.2 Lebenszykluskonzepte

Jedes Produkt wird nur eine begrenzte Zeit am Markt durch die Nachfrager akzeptiert. Die **Zeitspanne**, in der sich ein Produkt am Markt befindet, wird dabei als **Produktlebenszyklus** bezeichnet, dessen Länge von Produkt zu Produkt erhebliche Unterschiede aufweisen kann (z.b. Modeartikel versus Investitionsgut). Unter einem Produktlebenszyklus kann dann "...der in der Vergangenheit festgestellte oder für die Zukunft ... erwartete Verlauf des Absatzes eines Produktes während des gesamten Zeitabschnittes, in dem sich das Produkt am Markt befindet" (Brockhoff 1988a, S. 99) verstanden werden. Während in **idealtypischer Weise** dieser Lebenszyklus mit Hilfe einer **logistischen Kurve** dargestellt wird, zeigen empirische Untersuchungen, daß es äußerst unterschiedliche Zyklustypen gibt. So ergeben sich insbesondere bei Verbrauchsgütern, unter der Voraussetzung, daß keine Saison- und Zufallsschwankungen auftreten, meist unsymmetrische eingipflige Kurven. Treten hingegen in erhöhtem Umfang Ersatzbeschaffungen auf, dann können sich auch mehrgipflige Kurven ergeben. In den weiteren Ausführungen wird jedoch der skizzierte idealtypische Verlauf unterstellt. Ferner wird der Lebenszyklus in einzelne Phasen eingeteilt, die durch bestimmte Merkmale gekennzeichnet sind, wobei in der Literatur (vgl. z.B. Kreikebaum 1987, S. 72; Zäpfel 1989 a,

S. 97 f.) keine einheitliche Phaseneinteilung vorgenommen wird (so sind vor allem vier-, fünf- und sechsphasige Ansätze zu finden). Im weiteren wird von einem Fünfphasenmodell ausgegangen, das sich wie folgt spezifizieren läßt:

- Einführungsphase,
- Wachstumsphase,
- Reifephase,
- Sättigungsphase und
- Degenerationsphase.

Es ergibt sich dann die folgende Abbildung 87.

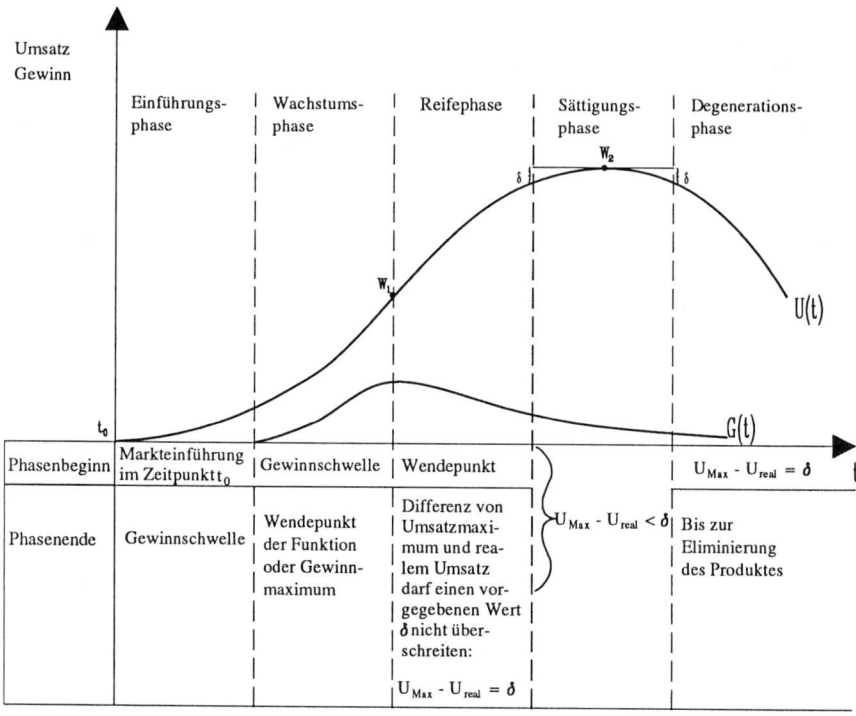

Abb. 87: Grundmodell des Produktlebenszyklus

Die **Einführungsphase** beginnt mit dem Zeitpunkt der Markteinführung eines Produktes und endet mit dem Erreichen der Gewinnschwelle. In dieser Phase sind die Kosten höher als der am Markt realisierte Umsatz. Seine Begründung findet dieser Sachverhalt z.B. in den Kosten für die Einführungswerbung und für den Aufbau der Verkaufsorganisation, denen nur langsam steigende Umsätze gegenüberstehen.

Die **Wachstumsphase** ist demgegenüber durch steigende Zuwachsraten gekennzeichnet, die auf eine erfolgreiche Marktdurchdringung zurückzuführen sind. Ihr Ende findet diese Phase im Wendepunkt (W_1) der Lebenszykluskurve.

In der **Reifephase** tritt eine Verlangsamung des Umsatzwachstums ein, die durch eine zunehmende Marktsättigung hervorgerufen wird. Das Ende dieser Phase wird dabei nicht einheitlich definiert. Brockhoff (1988a, S. 100 f.) schlägt in diesem Zusammenhang vor, das Phasenende dadurch zu bestimmen, daß die Differenz zwischen dem Umsatzmaximum und dem realisierten Umsatz eine vorgegebene Größe δ unterschreitet.

Die **Sättigungsphase** ist charakterisiert durch eine Stagnation des Umsatzes auf hohem Niveau. Das Phasenende wird ebenfalls durch die Vorgabe einer Größe δ festgelegt. In dieser Phase liegt auch das absolute Umsatzmaximum (W_2).

In der **Degenerationsphase** nimmt der Umsatz kontinuierlich ab. Das Phasenende wird durch die Produkteliminierung determiniert.

Grundlage dieses Lebenszyklusmodells ist die **Diffusionsforschung**, die sich mit der Ausbreitung materieller und immaterieller Objekte innerhalb eines Zeitabschnittes beschäftigt, und zwar mit dem **Ziel**, diesen Verbreitungsprozeß zu messen und die Faktoren herauszuarbeiten, die den Verlauf des Diffusionsprozesses beeinflussen. Diffusion ist damit ein kumulativer Vorgang. Idealtypisch zeigt sich dabei für technologische Innovationen das folgende Bild (vgl. Rogers 1983, S. 247).

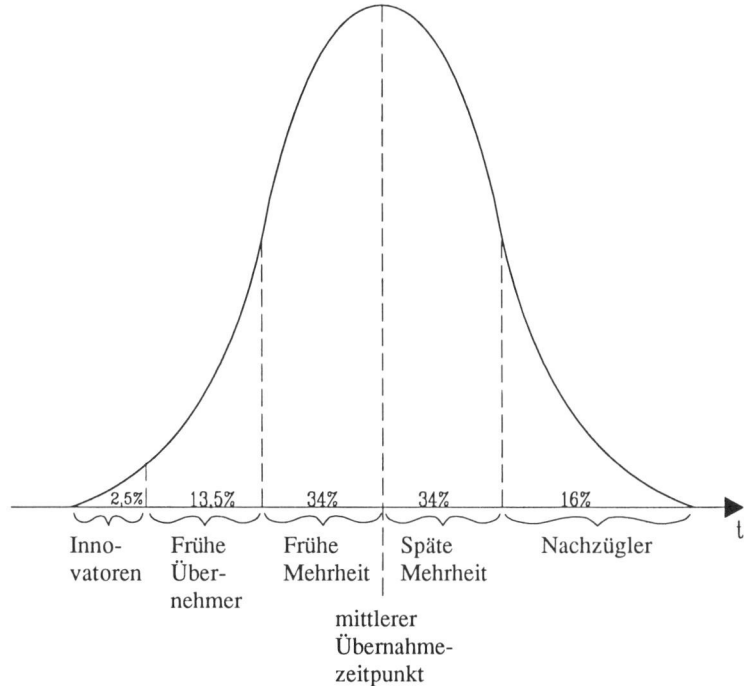

Abb. 88: Diffusionsfunktion

Grundlage dieses Modells, daß auf einer Normalverteilung basiert, bildet damit eine Klassifikation der Wirtschaftssubjekte nach ihrem Verhalten im Übernahmeprozeß. Dem Ansatz kommt dabei primär eine heuristische Funktion zu, wobei der Verlauf der Diffusionskurve keineswegs unumstritten ist. Die einzelnen Gruppen seien nachfolgend kurz skizziert:

- **Innovatoren**: Sie sind risikofreudig und haben ein großes Interesse an neuen Ideen. Sie verfügen über eine solide finanzielle Ausstattung, so daß sie in der Lage sind, eventuelle Verluste aus einer unrentablen Innovation aufzufangen. Darüber hinaus weisen sie die Fähigkeit auf, mit komplexen technischen Systemen umzugehen.

- **Frühe Übernehmer**: Ihnen kommt eine hohe Bedeutung als Meinungsführer zu, da sie im Gegensatz zu den Innovatoren in ihrer sozialen Umwelt stark verhaftet sind. Sie werden innerhalb ihrer sozialen Gruppe akzeptiert und mit der Verwendung erfolgreicher Innovationen identifiziert.

- **Frühe Mehrheit**: Sie übernimmt eine Innovation, kurz bevor dies durch den "Durchschnitt" vollzogen wird. Ihr kommt eine **Bindegliedfunktion** im Diffusionsprozeß zu. Sie zeichnet sich durch einen extensiven Entscheidungsprozeß aus, bevor sie sich zur Übernahme einer Innovation entschließt.

- **Späte Mehrheit**: Sie übernimmt eine Innovation erst dann, wenn an ihrer Vorteilhaftigkeit kein Zweifel mehr besteht. Sie steht Innovationen folglich skeptisch gegenüber.

- **Nachzügler**: Sie übernehmen eine Innovation erst dann, wenn die Mehrheit der infragekommenden Wirtschaftssubjekte bereits ihre Erfahrungen mit der Innovation gemacht hat. Ihr Bezugspunkt ist folglich die Vergangenheit. Dabei kann es vorkommen, daß die Innovatoren bereits Interesse an einer anderen Innovation zeigen und diese bereits übernehmen.

Wird das Produktlebenszyklusmodell als ein Erklärungsansatz akzeptiert, dann ergeben sich für eine Unternehmung im Rahmen der Produktionsprogrammgestaltung die folgenden Konsequenzen (vgl. Engeleiter 1981, S. 415):

- Möchte eine Unternehmung ihre Erfolgspotentiale auch zukünftig erhalten, dann hat sie dafür Sorge zu tragen, daß sich immer eine ausreichende Anzahl von Produkten in der Einführungs- und Wachstumsphase befindet.

- Damit eine Unternehmung die neuen Produkte finanzieren kann, muß sie darauf achten, daß sich immer eine ausreichende Anzahl von Produkten in der Reife- und Sättigungsphase befindet.

Das Produktlebenszykluskonzept gibt damit auch eine globale Gestaltungsempfehlung zur Zusammensetzung des Produktionsprogramms. Darüber hinaus möchte dieses Konzept in den jeweiligen Phasen Strategieempfehlungen geben. Dabei ist jedoch die konkrete Wettbewerbssituation der Unternehmung am Markt in die Überlegungen einzubeziehen. Auf derartige Empfehlungen wird im Rahmen des Portfolio-Ansatzes näher eingegangen.

In den bisherigen Überlegungen wurde ausschließlich der **Marktzyklus** eines Produktes berücksichtigt. Hierunter ist der Zeitraum zu verstehen, in dem ein Produkt angeboten **oder** nachgefragt oder angeboten **und** nachgefragt wird. Entsprechend der allgemeinen Marktdefinition läßt sich der Marktzyklus dann in einen Angebots- und einen Nachfragezyklus untergliedern. Während der **Angebotszyklus** mit dem erstmaligen Angebot eines Produktes am Markt beginnt, ist dem **Nachfragezyklus** eine Reaktionsperiode der Nachfrager vorgeschaltet, so daß dieser zeitlich später beginnt. Derjenige Zeitraum, in dem dann Nachfrage und Angebot gleichzeitig vorhanden sind, wird dann als Marktperiode bezeichnet (vgl. Kreikebaum 1987, S. 72).

Bei einer Konzentration auf den Marktzyklus wird folglich unterstellt, daß die am Markt einzuführenden Produkte bereits existieren. Die Produkte fallen gleichsam zum Zeitpunkt t_o vom Himmel. Es ist jedoch zu beachten, daß dem Marktzyklus ein **Produktentstehungszyklus** vorausgeht, der nicht nur Zeit in Anspruch nimmt, sondern auch zum Teil mit erheblichen Kosten einhergeht. Das Management dieses Entstehungszyklus ist dabei für die Erfolgsträchtigkeit der Produkte von grundlegender Bedeutung. Forschung und Entwicklung, Produktion, Beschaffung, Marketing und Finanzierung müssen dabei nicht nur untereinander eine enge Kooperation realisieren, sondern es hat sich als zweckmäßig erwiesen, auch Externe (z.B. Kunden und Lieferanten) in diesen Prozeß stärker einzubeziehen. Die **Intensität der Kooperation** wird in empirischen Untersuchungen als **Erfolgsfaktor** für den Markterfolg von neuen Produkten identifiziert, d.h. das **gemeinsame Engagement** der einzelnen Funktionsbereiche wird zu einer signifikanten Bestimmungsgröße für den Markterfolg oder -fehlschlag.

Neben diesem Entstehungszyklus ist weiterhin ein **Beobachtungszyklus** in die Überlegungen einzubeziehen, in dem über die entscheidungsrelevanten Beobachtungsfelder Informationen gesammelt und ausgewertet werden müssen. Werden diese drei Zyklen in einer Gesamtbetrachtung erfaßt, dann entsteht das **Konzept des integrierten Produktlebenszyklus**, das in Abbildung 89 dargestellt wird (vgl. Pfeiffer u.a. 1982).

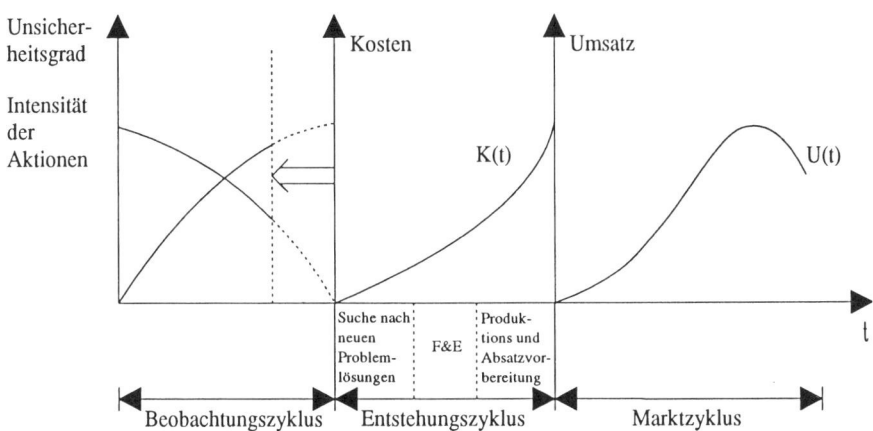

Abb. 89: Integriertes Produktlebenszykluskonzept

Die sequentielle Darstellung der einzelnen Zyklen dient dabei lediglich der besseren Anschaulichkeit. Für reale Verhältnisse ist eher eine **Überlagerung dieser Teilzyklen** charakteristisch.

Im **Beobachtungszyklus** muß die Unternehmung alle strategisch relevanten Informationen aus der Unternehmungsumwelt beobachten, die für ihre zukünftige Entwicklung von Bedeutung sein können. Ein zentrales Problem in diesem Zyklus ist die **Unsicherheit** hinsichtlich der Bedeutung der wahrgenommenen Informationen für die Unternehmung. Mit zunehmender Informationsaufnahme und -verarbeitung nimmt der Grad der Unsicherheit jedoch ab. Dementsprechend werden konkrete Aktionen erst bei niedrigeren Unsicherheitsgraden vollzogen. Wartet eine Unternehmung jedoch so lange mit der Durchführung von Aktivitäten, bis über die entsprechenden Entwicklungen in ihrem Umsystem keine Unsicherheit mehr besteht, dann ist sie nicht mehr in der Lage, Vorteile gegenüber ihren Konkurrenten zu erlangen. Es ist damit Aufgabe der Unternehmung, den Entstehungszyklus zeitlich vorzuverlagern (vgl. gestrichelte Linie) und hierdurch Vorteile gegenüber den Konkurrenten zu realisieren.

Der **Entstehungszyklus** beginnt mit der Suche nach neuen Problemlösungen. Darauf aufbauend werden die notwendigen F&E-Aktivitäten durchgeführt. Der Zyklus endet mit den Vorbereitungen von Produktion und Absatz.

Diesem Entstehungszyklus schließt sich dann der bereits dargestellte **Marktzyklus** an.

In der Literatur (vgl. Kreikebaum 1987, S. 74) wird das Produktlebenszykluskonzept als ein Instrument zur Unterstützung der folgenden Problembereiche thematisiert:

- Unterstützung der Absatzprognose von Produkten
- Orientierungsrahmen zum Einsatz des absatzpolitischen Instrumentariums (z.B. phasenspezifische Einsatzplanung)
- Beurteilungsgrundlage für die Erfolgsträchtigkeit von Produkten
- Unterstützung der langfristigen Produktplanung
- Grundlage für die Ableitung von F&E-Aufgaben
- Unterstützung der Produktionsprogrammplanung (z.B. Produkteliminierung, Diversifikation).

Das Produktlebenszykluskonzept ist zwar einerseits ein sehr anschaulicher und leicht verständlicher Ansatz, jedoch ist es anderseits mit erheblichen Problemen verbunden, die sich mit den folgenden **Kritikpunkten** umreißen lassen:

- Die Phaseneinteilung ist willkürlich. Dies zeigt sich in besonderer Deutlichkeit bei der Abgrenzung der Reife-, Sättigungs- und Degenerationsphasen.
- Die idealtypische Form (logistische Kurve) trifft insbesondere in der Degenerationsphase häufig nicht zu, da bei Produkten durchaus eine erneute Wachstumsphase auftreten kann (z.B. Relaunch).
- Der Lebenszyklus kann erst ex post exakt identifiziert werden, d.h. der Lebenszyklus ist erst dann bekannt, wenn das Produkt bereits aus dem Markt ausgeschieden ist. Für noch am Markt befindliche Produkte muß der zukünftige Teil des Lebenszyklus prognostiziert werden, d.h. er ist mit erheblichen Unsicherheiten behaftet.
- Die Dauer des Lebenszyklus läßt sich ex ante nicht bestimmen. Dies gilt ebenfalls für die Länge der einzelnen Phasen.

- Es wird lediglich die Zeit als Variable des Absatzes eines Produktes herangezogen. Andere Einflußgrößen wie die Kaufhäufigkeit, die Konsumentenbedürfnisse, die Rate des technischen Fortschritts, die absatzpolitischen Maßnahmen der Unternehmung und das Verhalten potentieller Nachahmer werden nicht berücksichtigt.

Diese Kritikpunkte zeigen, daß das Lebenszykluskonzept die ihm übertragenen Aufgaben kaum zu erfüllen vermag. Insgesamt darf an dieses Konzept nicht ein zu hoher Anspruch gestellt werden. Es ist vielmehr ein einfaches Instrument, um zukünftige **Absatzchancen** eines Produktes **qualitativ** zu analysieren (vgl. Hansmann 1987, S. 41).

Darüber hinaus ist es wesentlich, Umweltrisiken systematisch zu analysieren, und zwar mit Hilfe geeigneter **Frühwarnindikatoren.** So schlägt Albach (1978, S. 708 f.) dann auch eine Verknüpfung der Phasen des Lebenszykluskonzeptes mit der Marktattraktivität zum sogenannten Markt-Produktlebenszyklus-Portfolio vor (zu den unterschiedlichen Portfolio-Ansätzen vgl. Kapitel 2.3).

Eine über das integrierte Lebenszykluskonzept hinausgehende Erweiterung schlagen Strebel/Hildebrandt (1989, S. 101 ff.) vor. Durch die Einführung sogenannter **Rückstandszyklen,** mit denen die **produktinduzierte Rückstandsentstehung** erfaßt wird, erweitern sie das Lebenszykluskonzept um eine **Entsorgungsphase.** Der Rückstandszyklus beginnt dabei in der Entwicklungsphase, zum Beispiel bedingt durch die Prototypenherstellung, erstreckt sich über die Nutzung des Produktes und endet mit der Entsorgungsphase. Da bei jeder Produktart i.d.R. mehrere Schadstoffarten auftreten, muß für jede Schadstoffart ein separater produktinduzierter Rückstandszyklus erstellt werden. Im folgenden soll jedoch global von Emissionen gesprochen werden, um die Grundidee dieses Ansatzes in einfacher Form darstellen zu können. Die **produktinduzierten Gesamtemissionen** einer Produktart P_i für den gesamten Rückstandszyklus ergeben sich dann aus:

$$P_i EM_{ges} \quad = \quad P_i EM_{F\&E} + P_i EM_P + P_i EM_N + P_i EM_E$$

mit:

$P_i EM_{F\&E}$ = Emissionen der Produktart P_i in der F&E-Phase

$P_i EM_P$ = Emissionen der Produktart P_i in der Produktionsphase

$P_i EM_N$ = Emissionen der Produktart P_i in der Nutzungsphase

$P_i EM_E$ = Emissionen der Produktart P_i in der Entsorgungsphase.

Zwischen diesen Phasen ergeben sich zum Teil erhebliche Überlagerungen. Dabei sind die folgenden Phasenabgrenzungen von Bedeutung.

- Die **Nutzungsphase** beginnt mit dem Verkauf oder der Vermietung der ersten produzierten Einheit.
- Die **Entsorgungsphase** beginnt mit der Ausmusterung der ersten Produkteinheit und endet, wenn die letzte Produkteinheit entsorgt ist.

In schematischer Form ergibt sich dann das folgende Rückstandszyklusmodell (vgl. Abb. 90). Es sei darauf hingewiesen, daß der vorliegende Kurvenverlauf nicht als allgemeingültiges Verlaufsmuster zu interpretieren ist, sondern lediglich eine Variante darstellt. So ist es z.B. denkbar, daß die Emissionen in der F&E-Phase aufgrund der mangelnden Beherrschbarkeit der verfahrenstechnischen Gegebenheiten höher sein können als in den nachgelagerten Produktions- und Nutzungsphasen.

Die Phasenbetrachtung zeigt deutlich, daß produktinduzierte Emissionen auch dann noch anfallen, wenn die Produktion durch die Unternehmung bereits eingestellt ist und auch der Nutzer das Produkt nicht mehr nutzt. Aus der Sicht der Unternehmung ist damit die **Emissionsverantwortung** auf die F&E- und Produktionsphase beschränkt. Darüber hinaus zeigt dieser Ansatz, daß eine **Entsorgungsproblematik** auch dann noch besteht,wenn die Nutzung der Produkte bereits eingestellt ist. Um derartige produktinduzierte Rückstandszyklen prognostizieren zu können, sind die folgenden **Informationen** notwendig:

- es müssen Stoffbilanzen der entsprechenden Produktionsprozesse aufgestellt werden;
- Ermittlung der entsprechenden Rückstandskoeffizienten (Rückstandsmenge pro Zwischen- oder Endprodukt);
- Produktionsmengenschätzungen;
- emittierte Schadstoffmengen, die bei Ge- und Verbrauch des Produktes und bei der Entsorgung des Alterzeugnisses pro Mengeneinheit anfallen. Hierzu zählen ebenfalls eventuell auftretende Verpackungsrückstände.

Das Rückstandszykluskonzept erweitert folglich den Produktlebenszyklus in zweifacher Hinsicht:

- es werden die produktinduzierten Rückstände phasenbezogen analysiert und
- der Lebenszyklus um die Entsorgungsphase ergänzt.

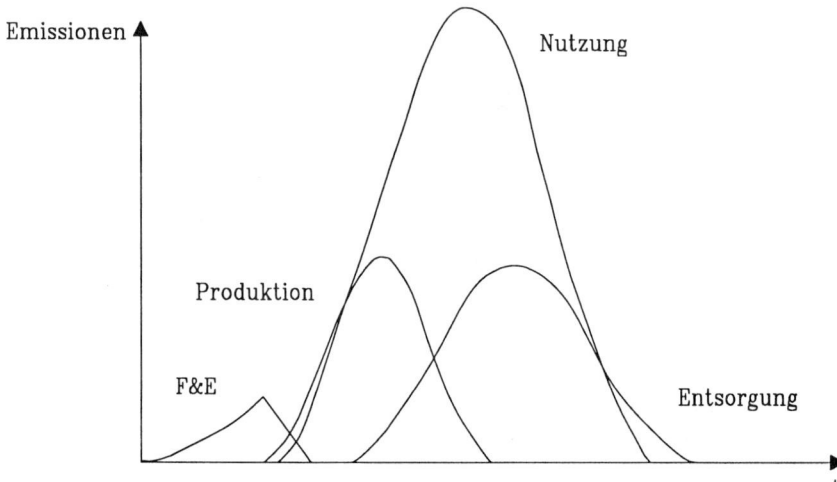

Abb. 90: Phasen des Rückstandszyklus

2.3 Portfoliomethoden

2.3.1 Das Marktwachstums-Marktanteils-Portfolio als Grundkonzeption

Ein grundlegendes Element der Portfoliomethode ist das **Erfahrungskurvenkonzept**. Mit Hilfe der Erfahrungskurve wird der Zusammenhang zwischen der Kostenentwicklung eines Produktes und der kumulierten Produktionsmenge erfaßt (zur Problematik des zugrundeliegenden Kostenbegriffs vgl. Grimm 1983). Ein ähnlicher Effekt ist bei der **Lernkurve** zu beobachten. Sie besagt, daß die zur Produktion eines Produktes benötigte Zeit mit steigender Anzahl der erstellten Einheiten abnimmt. Die Zeitersparnis, die im Rahmen einer Verdoppelung der Anzahl der erstellten Güter realisiert werden kann, schwankt dabei, wie empirische Untersuchungen zeigen, zwischen 10% und 30%. Außer der Zeitverkürzung durch zunehmende Erfahrungen resultieren die angesprochenen potentiellen **Kostensenkungen** bei einer Produktionsausdehnung aus Größendegressionseffekten und einer veränderten Produktionstechnik.

Bedingt durch den konstanten prozentualen Kostenrückgang bei einer Verdoppelung der Ausbringungsmenge muß die Erfahrungskurve eine hyperbolische Funktion sein:

$$k_n = k_1 \cdot n^{-\rho}$$

mit:

k_n = Stückkosten, die bei der n-ten Produkteinheit entstehen

k_1 = Stückkosten, die bei der ersten Produkteinheit entstehen

n = kumulierte Produkteinheiten

ρ = Degressionsfaktor, der durch die Erfahrungsrate bestimmt wird.

Der Erfahrungskurveneffekt ist damit dann am größten, wenn eine Unternehmung einen möglichst hohen Marktanteil auf sich vereinigen kann und einen möglichst hohen Anteil an den Wertschöpfungskosten zu kontrollieren vermag. Konsequenzen einer an der Erfahrungskurve orientierten Unternehmungspolitik müßten damit

- eine hohe Produktstandardisierung und
- eine hohe vertikale Integraton sein.

Hiermit geht jedoch der Nachteil einer abnehmenden Flexibilität und damit auch ein erhöhtes Risiko einher. Diese Effekte gilt es im Rahmen des Erfahrungskurvenkonzeptes zu beachten.

Der langfristige Erfolg einer strategischen Geschäftseinheit hängt dabei von der Fähigkeit ab, die eigenen Erzeugnisse zu Kosten herzustellen, die niedriger sind als die Kosten der Wettbewerber. Unter einer **strategischen Geschäftseinheit** ist dabei eine klar abgrenzbare Subeinheit einer Unternehmung zu verstehen. Sie ist damit eine autonome Einheit mit eigenen Chancen und Risiken, die zu einem bestimmten Zeitpunkt eine **spezifische Wettbewerbsposition** aufweist und eigenständige Strategien zu realisieren vermag. Unter **Strategie** wird dabei eine generelle unternehmerische Handlungsmöglichkeit verstanden, d.h. durch sie wird die generelle Richtung definiert, die eine Unternehmung zukünftig zu realisieren trachtet. Sie fixiert damit auch die zukünftige Position, die eine Unternehmung ansteuern möchte (vgl. Zäpfel 1989a, S. 15). Strategische Geschäftseinheiten müssen die folgenden Merkmale erfüllen:

- Sie stellen von anderen Einheiten unabhängige und klar abgrenzbare **Produkt-Markt-Kombinationen** dar.
- Mit ihnen müssen sich **Wettbewerbsvorteile** erzielen lassen.

Für jede strategische Geschäftseinheit ist dabei eine **Wettbewerbsanalyse** durchzuführen, die sich durch folgende Elemente charakterisieren läßt (vgl. z.B. Will 1992b, S. 931 f.):

- **Generelle Umweltanalyse:** Mit ihrer Hilfe sollen die Chancen und Gefahren, die von außen auf eine Unternehmung zukommen können, identifiziert werden. Sie bezieht sich sowohl auf die aktuelle als auch auf die zukünftige Situation der folgenden Komponenten: ökonomische, ökologische, technologische, rechtlich-politische und sozio-kulturelle Komponente (vgl. Kubicek/Thom 1976, Sp. 1388 f.).
- **Spezifische Umweltanalyse:** Sie soll die in einer Branche wirkenden Faktoren und Entwicklungsperspektiven identifizieren und analysieren, d.h. es sind diejenigen Faktoren zu untersuchen, die die spezifische Situation eines Geschäftszweiges beeinflussen. Hierzu zählen z.B.: Substitutionsprodukte, Auftreten neuer Wettbewerber, Positionskämpfe zwischen den Marktpartnern, Kunden- und Lieferantensituation, Marktstruktur und -größe.
- **Unternehmungsanalyse:** Sie soll die Leistungsfähigkeit einer strategischen Geschäftseinheit im Vergleich zu den Wettbewerbern ermitteln, d.h. über Stärken und Schwächen der jeweiligen Einheit eine Aussage machen. Ergebnis dieser Analyse ist dann eine Aussage über die Wettbewerbsstärke, in der zum Ausdruck kommt, welche Möglichkeiten eine Unternehmung hat, ihre Vorstellungen auch gegen den Widerstand von Wettbewerbern realisieren zu können. Sie wird im wesentlichen beeinflußt durch die Marktposition und die Potentiale (Ressourcen) einer Unternehmung.
- **Strategische Erfolgsanalyse:** Ziel dieser Analyse ist es, diejenigen Schlüsselfaktoren zu identifizieren, die für den Erfolg einer Branche von besonderer Bedeutung sind (vgl. hierzu die Ausführungen zum PIMS-Programm).

Aufbauend auf einer solchen Analyse können dann Maßnahmen ergriffen werden, um **Erfolgspotentiale** zu schaffen oder zu erhalten. Derartige Erfolgspotentiale gründen letztlich auf besonderen Fähigkeiten einer Unternehmung im Vergleich zu den Konkurrenten und können sich auf

- **Produkte** (z.B. qualitativ hochwertige Produkte im Vergleich zu den Wettbewerbern),
- **Märkte** (z.B. wirkungsvolle Erschließung neuer Märkte) und
- **Funktionen** (Beschaffung, Produktion, Absatz, Finanzierung, Forschung und Entwicklung)

beziehen (vgl. Zäpfel 1989a, S. 10 f.).

Diese strategischen Geschäftseinheiten werden dann in einer Matrix positioniert. Ziel ist es dabei, die Stärken und Schwächen und die Chancen und Risiken einer Unternehmung zu erkennen.

Eine der bekanntesten Formen ist das **Marktwachstums-Marktanteils-Portfolio**. Ausgangspunkt dieses Ansatzes ist dabei die Überlegung, daß das Marktrisiko um so geringer ist, je höher der relative Marktanteil ist. Primäres Ziel dieses Ansatzes ist es, eine **finanzielle Ausgewogenheit** der im Produktionsprogramm zusammengefaßten Produkte herbeizuführen, d.h. es soll ein **Gleichgewicht** zwischen den **finanzbedürftigen** und den **finanzüberschüssigen Produkten** realisiert werden (vgl. Koch 1979, S. 150). Dieser **Grundgedanke** einer optimalen Mischung mehrerer Investitionsmöglichkeiten stammt aus der Investitionstheorie, und zwar aus den Programmentscheidungen bei unsicheren Erwartungen.

Die strategische Geschäftseinheit wird beim Marktwachstums-Marktanteils-Portfolio mit Hilfe der beiden folgenden Größen charakterisiert (vgl. Jacob 1982, S. 58):

- der **relativen Wettbewerbsposition** (sie ergibt sich aus der quotialen Verknüpfung des Marktanteils der strategischen Geschäftseinheit mit dem Marktanteil des größten Mitwettbewerbers; hiermit werden die Kostenvorteile oder -nachteile zum Ausdruck gebracht, die eine Folge des Erfahrungskurveneffektes sind);

- der **Wachstumsrate des Marktes** (auch in dieser Dimension zeigt sich die Bedeutung des Erfahrungskurveneffektes, da die Geschwindigkeit des Marktwachstums Auswirkungen auf den Zeitraum hat, in dem eine Verdoppelung der erstellten Güter realisierbar ist).

Durch Kombination dieser Dimensionen läßt sich dann eine zweidimensionale Matrix erstellen, die einen **Zusammenhang** zwischen einer von der Unternehmung **nicht beeinflußbaren** und einer von ihr **beeinflußbaren** Größe wiedergibt. Während der relative Marktanteil durch die Unternehmung beeinflußbar ist, entzieht sich das Marktwachstum weitgehend ihrer Beeinflußbarkeit. Die folgende Abbildung gibt die hieraus resultierende Matrix wieder.

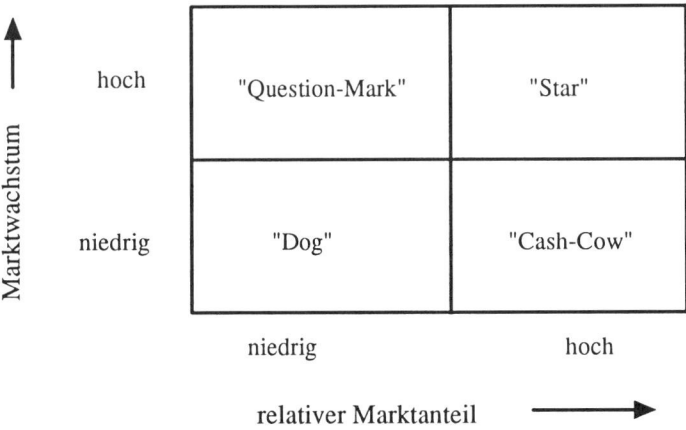

Abb. 91: Marktwachstums-Marktanteils-Portfolio

Die **Stars** sind gekennzeichnet durch ein hohes Marktwachstum und einen hohen relativen Marktanteil. Sie erbringen zwar hohe Erlöse, jedoch müssen diese zur Erhaltung der Position in Kapazitätserweiterungen reinvestiert werden. Ursache hierfür ist das schnelle Marktwachstum. Verringern sich im Laufe der Zeit die Wachstumsraten und kann die Marktführerposition gehalten werden, dann wird aus einem Star eine Cash-Cow. Verliert der Star hingegen auch Marktanteile, dann wird er zum Dog.

Bei den **Cash-Cows** handelt es sich um Produkte, die durch ein niedriges Marktwachstum und einen relativ hohen Marktanteil charakterisiert sind. Die in diese Produkte getätigten Investitionen wurden größtenteils bereits amortisiert, als diese noch Stars waren. Damit tragen sie nunmehr zu Überschüssen bei, die nur soweit reinvestiert werden, als es zur Erhaltung der Position notwendig ist.

Die **Dogs** sind Produkte mit niedrigen Wachstumsraten und einem niedrigen relativen Marktanteil. Aufgrund des geringen Marktwachstums existieren nur sehr begrenzte Möglichkeiten, weitere Marktanteile hinzuzugewinnen. Da jedoch nur geringe Investitionen erforderlich sind, um die Position zu halten, ist ihre Cash-Flow-Bilanz, wenn auch auf niedrigem Niveau, in der Regel ausgeglichen.

Question-Marks sind Produkte, die durch einen niedrigen relativen Marktanteil und durch ein hohes Marktwachstum gekennzeichnet sind. Sie weisen damit die ungünstigste Position im Portfolio auf, da sie einerseits den zur Finanzierung des Wachstums notwendigen hohen Finanzbedarf erfordern und andererseits aufgrund der relativ schlechten Marktposition nur geringe Erlöse realisieren.

In diese Matrix werden dann sowohl die **Ist-** als auch die **Zielpositionen** für die strategischen Geschäftseinheiten eingetragen. Mit diesem Portfolio sollen damit die Ist- und die Zukunftssituationen der strategischen Geschäftseinheiten erfaßt werden, d.h. es bildet einerseits einen gedanklichen Rahmen für die Istsituation und andererseits eine Orientierung für die strategische Formulierung der Zukunftssituation. Damit ist die Portfolioanalyse zwar in der Lage, die Notwendigkeit von produktpolitischen Maßnahmen zur Realisation der Unternehmungsziele aufzudecken, jedoch lassen sich auf dieser Grundlage keine inhaltlich bestimmten Maßnahmen herleiten (vgl. Brockhoff 1988a, S. 54). Der Portfolioanalyse kommt damit eher die Aufgabe zu, Fragen zu stellen, die für die Erfüllung der Unternehmungsziele von Interesse sind, und weniger die Aufgabe, unmittelbare Antworten zu liefern.

In einem zweiten Schritt werden dann den einzelnen Matrixfeldern sogenannte **Normstrategien** zugeordnet, die jedoch lediglich eine **grobe Stoßrichtung** für die jeweiligen strategischen Geschäftseinheiten angeben. Die nachfolgende Abbildung ordnet diese Normstrategien den jeweiligen Feldern zu und gibt darüber hinaus über den notwendigen **Cash-Flow-Bedarf** Auskunft (vgl. Engeleiter 1981, S. 409; Kreikebaum 1987, S. 87).

Marktanteil/ Marktwachstum	Cash-Flow-Bedarf	Normstrategien
Stars	Hoher Marktanteil in schnell wachsenden Märkten	Hoher Cash-Flow-Bedarf, den sie jedoch größtenteils selbst decken	Investitionsstrategien
Cash-Cows	Hoher Marktanteil in langsam wachsenden Märkten	Nur geringe Erhaltungsinvestitionen und daher Realisation eines Cash-Flow-Überschusses	Abschöpfungsstrategien (Defensivstrategien)
Question-Marks	Geringer Marktanteil in schnell wachsenden Märkten	Cash-Flow reicht nicht aus, um die Erweiterungsinvestitionen zu decken	Investitions- oder Desinvestitionsstrategien (Offensivstrategie oder Aufgabe)
Dogs	Geringer Marktanteil in langsam wachsenden Märkten	Niedriger Cash-Flow (teilweise auch negativer Cash-Flow)	Desinvestitionsstrategie

Abb. 92: Normstrategien im Marktwachstums-Marktanteils-Portfolio

Die Unternehmung hat nun dafür Sorge zu tragen, daß den Stars und Question-Marks auch Cash-Cows gegenüberstehen, die die notwendigen Mittel für weitere Produktentwicklungen und die hierzu erforderlichen Investitionen erwirtschaften. Auf der anderen Seite ist es erforderlich, ständig neue Stars und Question-Marks zu haben, damit die augenblicklichen Cash-Cows rechtzeitig, d.h. bevor sie zum Dog werden, ersetzt werden können. Es ist damit unter **finanzwirtschaftlichen Gesichtspunkten** ein ausgewogenes Produkt-Portfolio aufzustellen.

Der dargestellte Portfolioansatz ist jedoch an die folgenden **Voraussetzungen** gebunden (vgl. Kreikebaum 1987, S. 87 ff.):

- **Gültigkeit des Erfahrungskurveneffektes**, d.h. wird eine Erhöhung des Marktanteils aufgrund einer Absatzmengenausweitung realisiert, dann führt diese c.p. zu einer Stückkostensenkung und zu einer potentiellen Erhöhung der Gewinnspannen.
- Der **Marktanteil** hat einen **unmittelbaren Einfluß** auf die **Rentabilität**.
- **Wachstumsmärkte** sind für die Unternehmung die attraktivsten, da eine Ausweitung des Marktanteils hier am leichtesten möglich erscheint.
- Unternehmungen lassen sich in voneinander **unabhängige strategische Geschäftseinheiten** zerlegen, zwischen denen lediglich **finanzielle Interdependenzen** bestehen.
- Es existiert ein **systematischer Zusammenhang** zwischen dem **Cash-Flow** und der **Position in der Portfoliomatrix**.
- Die einzelnen **Produkte** lassen sich **eindeutig** in der Portfoliomatrix **positionieren** (Punkthypothese).
- Es ist eine **eindeutige Abgrenzung** des **Marktes** oder des **Marktsegmentes** möglich.

Eine **kritische Analyse** der Portfoliomethode kann damit an diesen Prämissen ansetzen (vgl. Jacob 1982, S. 59 f.; Kreikebaum 1987, S. 90 f.).

- Auch wenn in der **fehlenden Operationalisierung** der zu messenden Größen (Kosten, neue Produkte, Erfahrung) eine **zentrale Schwachstelle** des Erfahrungskurvenkonzeptes zu sehen ist, kann die Grundaussage dieses Konzeptes als gesichert gelten. Darüber hinaus erscheint eine Präzisierung dieser Grundaussage erforderlich, d.h. sie muß hinsichtlich der postulierten Erfahrungsraten unter unterschiedlichen situativen Bedingungen spezifiziert werden. Unter diesem Gesichtspunkt sollte von einer rein quantitativen Betrachtung der Erfahrungskurve abgesehen werden und eine **qualitative Interpretation** Platz greifen.

- Daß es einen positiven Zusammenhang zwischen dem Marktanteil und der Rentabilität gibt, wird zwar durch zahlreiche Untersuchungen gestützt, jedoch ist der **Beitrag, den der Marktanteil zur Erklärung der Rentabilitätshöhe** leistet, eher gering. Er kann damit nicht als ein Haupterfolgsfaktor bezeichnet werden.

- Der Überlegung, daß Wachstumsmärkte für eine Unternehmung die attraktivsten sind, liegt die **These** zugrunde, daß Wettbewerber auf Wachstumsmärkten weniger aggressiv auf Marktanteilsverluste reagieren, solange ihr Umsatzwachstum aufgrund der schnellen Marktausweitung zufriedenstellend verläuft. Dies muß jedoch nicht immer der Fall sein. Entscheidend sind vielmehr die Erwartungen der Wettbewerber hinsichtlich der zukünftigen Umsatzentwicklung.

- Neben den finanziellen sind ferner **produktions- und absatzwirtschaftliche Interdependenzen** zwischen den einzelnen strategischen Geschäftseinheiten relevant, ein Aspekt, der im Portfolioansatz keine Berücksichtigung erfährt (vgl. Frese 1985, S. 267 ff.).

- Neben dem **Marktanteil** und dem **Marktwachstum**, die lediglich ca. 10% der **Cash-Flow-Varianz erklären**, sind weitere Variablen zu berücksichtigen.

- Mit der **Punkthypothese** wird unterstellt, daß eine strategische Geschäftseinheit als ein Punkt in der Portfoliomatrix abgebildet werden kann. Unabhängig von der Unsicherheit der zugrundeliegenden Informationen, die durch diese Vorgehensweise nicht ausreichend berücksichtigt wird, sind hierzu die beiden folgenden Anmerkungen erforderlich:

  -- Es erfolgt eine **Vortäuschung einer Präzision**, die de facto nicht existiert. Die für die strategische Planung zur Verfügung stehenden Daten sind in der Regel weder objektiv noch exakt genug, um nur eine Positionierung zu stützen.

  -- Die **Positionierung** ist i.d.R. das **Ergebnis** einer **Konsensbildung** zwischen den am Planungsprozeß beteiligten Personen.

  Soll die Portfoliomethode als Entscheidungsgrundlage für die Wahl bestimmter Wettbewerbsstrategien dienen, dann sind Unsicherheiten bei der Beurteilung der Istsituation auch sichtbar zu machen. So schlagen dann auch Roventa (1979) und Ansoff u.a. (1981, S. 963 ff.) zur Berücksichtigung der Unsicherheit im Marktportfolio die sogenannte **Unschärfepositionierung** vor, d.h. einer strategischen Geschäftseinheit wird ein bestimmter Bereich in der Portfoliomatrix zugeordnet. Zur Festlegung des Unschärfebereichs wird dabei die **Monte-Carlo-Methode** vorgeschlagen.

- **Probleme** bei der **Abgrenzung des Marktes** oder des **relevanten Marktsegmentes** ergeben sich insbesondere dann, wenn es sich um **heterogene Güter** handelt. Dabei ist es denkbar, daß der Bestimmung des Marktanteils und des Marktwachstums unterschiedliche Marktsegmente zugrunde gelegt werden.

Neben diesen Kritikpunkten ist ferner zu beachten, daß sich die Beurteilung der zukünftigen strategischen Geschäftseinheiten auf das gegenwärtige Marktwachstum und den aktuellen Marktanteil stützt. Damit erfolgt eine stillschweigende **Extrapolation** der gegenwärtigen Verhältnisse in die Zukunft, mit der Konsequenz, daß eventuelle Diskontinuitäten nicht in die Überlegungen einbezogen werden (vgl. Jacob 1982, S. 60).

Neben diesem Marktwachstums-Marktanteils-Portfolio wurde eine Vielzahl weiterer Portfolios entwickelt (z.B. Markt-Produktlebenszyklus-Portfolio, Geschäftsfeld-Ressourcen-Portfolio, Anfälligkeitsportfolio, vgl. Albach 1978, S. 705 ff.; Engeleiter 1981, S. 409), auf die im einzelnen nicht eingegangen werden soll. Im folgenden sollen lediglich einige **Multifaktorenansätze** näher dargestellt werden.

Ferner ist zu beachten, daß das Marktwachstums-Marktanteils-Portfolio primär für sogenannte **Volumengeschäfte** gilt. Diese Überlegung ist dann auch die Ausgangsbasis von Oetinger (1983, S. 44 ff.), der bestimmte Geschäftstypen unterscheidet. Ziel dabei ist es, daß eine Unternehmung bestrebt sein sollte, sich von den Wettbewerbern mit Hilfe einer Differenzierung abzukoppeln, um so entsprechende Vorteile zu erlangen. Je besser einer Unternehmung dies gelingt, desto stabiler wird ihre Ertragsbasis sein. Wird unterschieden zwischen

- der Anzahl der Vorteile und
- der Größe des Vorteils

und diese jeweils in niedrig und hoch differenziert, dann ergibt sich die folgende **Vorteilsmatrix** (vgl. Oetinger 1983, S. 45).

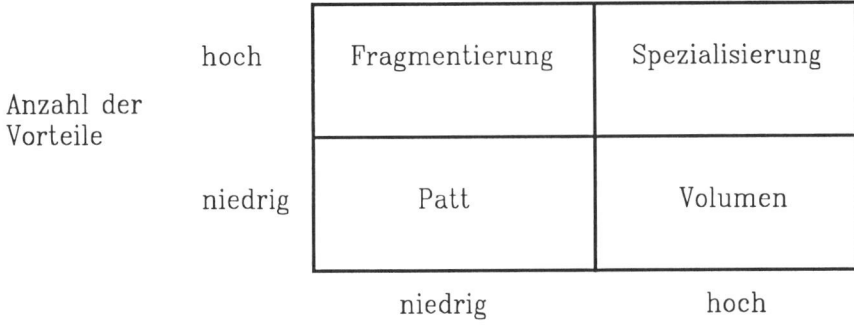

Abb. 93: Vorteilsmatrix

Anzahl der Vorteile: Je mehr Merkmale zur Differenzierung eines Geschäftes existieren, desto größer ist die Zahl der potentiellen Wettbewerber, und desto mehr unterschiedlich erfolgreiche Strategien wird es geben. Existieren hingegen nur wenige Faktoren, auf deren Basis eine Abkoppelung vom Wettbewerb möglich ist, dann verringert sich die Anzahl der Strategien. Je mehr es den Unternehmungen gelingt, sich von den Wettbewerbern abzukoppeln, desto stabiler wird auch ihre Ertragsbasis, vorausgesetzt, daß das Marktvolumen ausreichend groß ist.

Größe des Vorteils einer Unternehmung im Vergleich zu den Wettbewerbern: Ist der maximale relative Vorteil, den die Wettbewerber erreichen können, klein, dann wird sich das Gewinnpotential der einzelnen Wettbewerber nur wenig unterscheiden. Ist er hingegen hoch, dann werden die Gewinne eine deutliche Abstufung aufweisen.

Die einzelnen Matrixfelder lassen sich dann wie folgt charakterisieren:

-   **Volumengeschäft:** Es existieren zwar nur wenige Differenzierungsmerkmale, jedoch sind die Ertragsaussichten gut. Sie basieren auf **Preis-** und **Kostenführerschaft.** Grundlegend für diesen Geschäftstyp ist damit der Erfahrungskurveneffekt.
-   **Spezialisierungsgeschäft:** Es existiert eine Vielzahl an Differenzierungsmöglichkeiten und damit auch an Wegen zur Realisation von Wettbewerbsvorteilen.
-   **Pattgeschäft:** Es lassen sich keine nachhaltigen Vorteile mehr realisieren. Gründe hierfür können sein: die Technologie ist allgemein verbreitet, die Erfahrung weist keine größeren Steigerungsraten mehr auf oder die wichtigsten Wettbewerber haben die optimale Betriebsgröße bereits erreicht.
-   **Fragmentierungsgeschäft:** Es besteht zwar eine Vielzahl von Differenzierungsmöglichkeiten zur Erlangung von Wettbewerbsvorteilen, jedoch sind diese nicht so groß, daß sie zu einer deutlichen Überlegenheit im Vergleich zur Konkurrenz führen. Die Situation ist dadurch gekennzeichnet, daß sich der Markt auf viele Anbieter aufsplittet, die jedoch nur in geringem Maße miteinander konkurrieren.

Dieses Wettbewerbsvorteilskonzept basiert auf einer idealtypischen Kategorisierung. So befindet sich eine Branche i.d.R. nicht in einer Kategorie, sondern die einzelnen Geschäfte sind häufig gleichzeitig in mehreren Kategorien zu finden. Primäres Verdienst dieses Konzeptes ist es vielmehr, deutlich gemacht zu haben, daß das Marktwachstums-Marktanteils-Portfolio primär für Volumengeschäfte zutrifft (vgl. Zäpfel 1989a, S. 73).

2.3.2 Multifaktorenansätze

Die Kritik, strategische Geschäftseinheiten lediglich auf der Grundlage von zwei Größen zu beurteilen, hat zu Weiterentwicklungen geführt, von denen die beiden folgenden eine differenziertere Betrachtung erfahren sollen:

-   der Multifaktorenansatz des Portfoliokonzeptes und
-   das PIMS-Programm (PIMS = Profit Impact of Market Strategies).

2.3.2.1 Der Multifaktorenansatz des Portfoliokonzeptes

Der grundlegende Unterschied des Multifaktorenansatzes im Vergleich zu dem Zweifaktoransatz ist darin zu sehen, daß an die Stelle des Marktwachstums die **Markt- und Branchenattraktivität** und an die Stelle des relativen Marktanteils der **Wettbewerbs-**

vorteil tritt und diese zum **Marktattraktivitäts-Wettbewerbsvorteil-Portfolio** kombiniert werden. Dabei sind die Markt- und Branchenattraktivität und der Wettbewerbsvorteil lediglich Überschriften für eine Gruppe von Faktoren, von denen unterstellt wird, daß sie für diese beiden Komplexe von Bedeutung sind. Die Aufteilung dieser beiden Überschriften erfolgt dabei in der Literatur nicht einheitlich (vgl. Hinterhuber 1984, S. 97; Jacob 1982, S. 63; Koch 1979, S. 149; Kreikebaum 1987, S. 88 ff.). So kann die **Marktattraktivität** auf der Grundlage der folgenden **Faktoren** spezifiziert werden:

- Marktwachstum und Marktgröße
- Stabilität des Bedarfs
- Energie- und Rohstoffversorgung
- Konjunkturempfindlichkeit
- Innovationsgeschwindigkeit
- Gefahr staatlicher Eingriffe
- Kundentreue.

Die Dimension **Wettbewerbsvorteil** läßt sich dann mit Hilfe der folgenden **Faktoren** erfassen:

- relativer Marktanteil
- relative Finanzkraft der Unternehmung
- relatives Produktionspotential
- Goodwill der Unternehmung
- Kostenstruktur und -höhe
- Marketingpotential
- technisches Know-how (F&E-Potential)
- Patentschutz
- Grad der Etabliertheit im Markt.

Um eine Einordnung der strategischen Geschäftseinheiten in die Portfoliomatrix vollziehen zu können, ist es erforderlich, die Ausprägungen der einzelnen Faktoren zu einer **Gesamtbeurteilung** zu aggregieren. Dies erfolgt auf der Grundlage der **Scoringmethode**. Grundlage für die Positionierung der strategischen Geschäftseinheiten ist dann die folgende Matrix (vgl. Abb. 94).

Nach der Positionierung werden dann wiederum entsprechende Normstrategien empfohlen. Dabei zeigt sich, daß sich diese Normstrategien nur dann eindeutig zuordnen lassen, wenn für die strategischen Geschäftseinheiten entweder eine extrem günstige oder extrem ungünstige Position existiert. Demgegenüber lassen sich in den Feldern, die die Diagonale in dieser Matrix bilden, und letztlich die "kritischen Geschäftseinheiten" bilden, keine eindeutigen Zuordnungen der Normstrategien vollziehen. In diesen Fällen sind vielmehr **situationsspezifische Optimierungsüberlegungen** anzustellen (vgl. Koch 1979, S. 151).

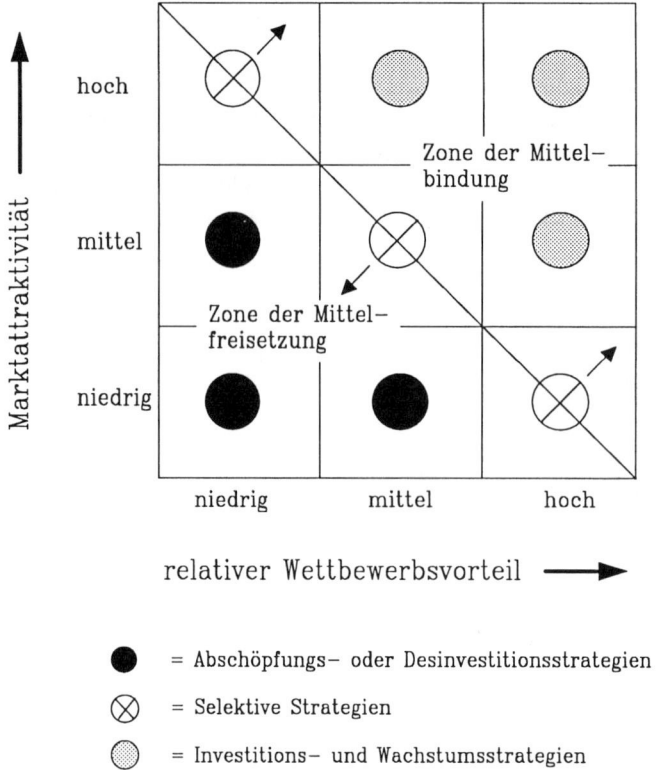

relativer Wettbewerbsvorteil ⟶

● = Abschöpfungs– oder Desinvestitionsstrategien

⊗ = Selektive Strategien

◎ = Investitions– und Wachstumsstrategien

Abb. 94: Marktattraktivität-Wettbewerbsvorteil-Portfolio

Neben den bereits angeführten Kritikpunkten zur Portfoliomethode ist dieser Mehrfaktorenansatz zusätzlich mit den folgenden **Schwächen** behaftet (vgl. Jacob 1982, S. 64):

- Im Rahmen der Amalgamation der einzelnen Faktoren der Marktattraktivität und des Wettbewerbsvorteils mit Hilfe des Scoringansatzes ergeben sich bei der Bepunktung und der Gewichtung der einzelnen Faktoren erhebliche Probleme. Darüber hinaus erfolgt die Klassenbildung bei den aufzustellenden Punktegruppen mehr oder weniger willkürlich. Diese Schwachstellen beeinflussen die Positionierung der strategischen Geschäftseinheiten in der Portfoliomatrix nicht unerheblich.

- Die beiden Faktorenlisten umfassen einerseits Größen, die sich auf die Ertragskraft beziehen und andererseits Größen, die ein bestimmtes Risiko zum Ausdruck bringen. Eine derartige Vermischung unterschiedlicher Größen kann negative Auswirkungen auf die zu treffenden Entscheidungen haben.

Ein weiterer Mehrfaktorenansatz ist das von Pfeiffer u.a. (1982) entwickelte **Technologieportfolio**. Im Gegensatz zur Marktportfoliomethode knüpft die Technologieportfoliomethode nicht an den Produkten oder Produktgruppen an, sondern an den Technologien, die diesen Produkten zugrunde liegen. Als Dimensionen werden dabei die

- Technologieattraktivität und die
- Ressourcenstärke

herangezogen.

Mit der **Technologieattraktivität** wird versucht, die wirtschaftlichen und technischen Vorteile zu erfassen, die durch die Realisierung der in einem technologischen Gebiet noch steckenden strategischen Entwicklungspotentiale erreicht werden können. Sie ist damit eine Größe, die durch die Unternehmung nicht beeinflußbar ist.

Demgegenüber wird mit dem Begriff der **Ressourcenstärke** zum Ausdruck gebracht, inwieweit die jeweilige Unternehmung ein technologisches Gebiet beherrscht, und zwar im Vergleich zu seinen wichtigsten Konkurrenten. Die Ressourcenstärke ist damit im Rahmen des Technologieportfolios ein **Aktionsparameter** der Unternehmung.

Zur Aufstellung eines Technologieportfolios sind dann die folgenden **Schritte** erforderlich:

- **Identifikation** aller in der Unternehmung verwendeten **Produkt- und Prozeß- technologien.** Durch Zergliederung sind diese in mehreren Hierarchieebenen anzu- ordnen.

- **Bestimmung der Technologieattraktivität.** Diese wird zunächst in die beiden Teilklassen Technologie-Potential und Technologie-Bedarf aufgespalten, die dann in einem nächsten Schritt weiter differenziert werden, so daß sich die folgende Abbildung ergibt (vgl. Abb. 95). Die Aggregation der einzelnen Einflußgrößen zur Technologieattraktivität soll dann wiederum mit Hilfe eines Scoringansatzes erfol- gen.

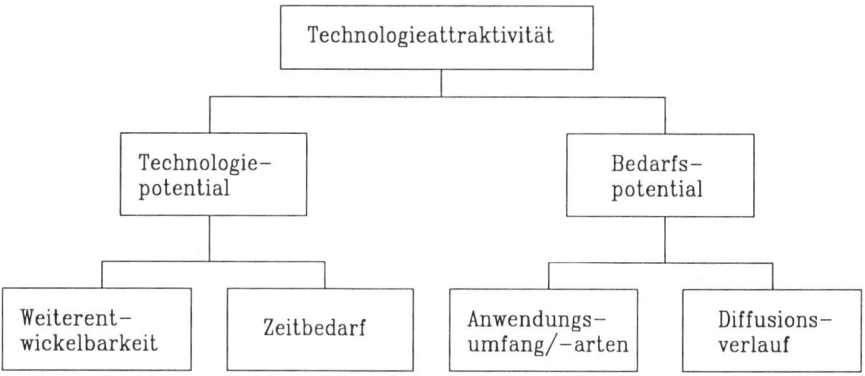

Abb. 95: Komponenten der Technologieattraktivität

Letztlich wird mit der Technologieattraktivität eine Aussage darüber gemacht, ob die entsprechende Technologie bereits ausgereift ist oder nicht. Hierfür sind entspre- chende Früherkennungsindikatoren aufzustellen, die der Unternehmung Hinweise auf Entwicklungslinien zu geben vermögen (z.B. strategische Patentanalyse oder S- Kurven-Analyse zur Identifikation technologischer Diskontinuitäten). Als Indikato- ren im Rahmen einer **strategischen Patentanalyse** können die **Aktivität** (= Anzahl der neu in einer bestimmten Patentklasse angemeldeten Patente), die **Aktualität** (= zeitlicher Abstand zwischen den durch Querverweise verbundenen Patentschriften), die **Dominanz** (= Häufigkeit der zitierten eigenen und fremden Patentschriften in einer Patentklasse), die **Reichweite** (= Aufdeckung der Beziehungsmuster von Patentschriften) und die **Konzentration** (= Anteil der Patente, die die wichtigsten Anmelder in einem Technologiebereich auf sich vereinigen) herangezogen werden (vgl. Schmietow 1987, S. 292 ff.). Demgegenüber setzt die **S-Kurven-Analyse** an der Leistungsfähigkeit der verwendeten Technologie an. Mit ihr wird der Versuch unternommen, unterschiedliche Stadien in der Entwicklung der Leistungsfähigkeit einer Technologie darzustellen.

- **Ermittlung der Ressourcenstärke.** Auch hierbei handelt es sich wiederum um eine komplexe Größe, die in Teilklassen aufgespalten wird. Abbildung 96 gibt diesen Sachverhalt wieder.

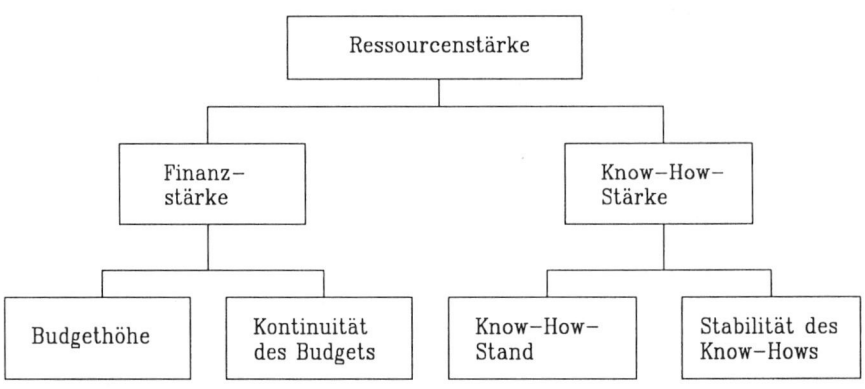

Abb. 96: Komponenten der Ressourcenstärke

Während sich die Ressourcenstärke in Bezug auf die Finanzen relativ einfach operationalisieren läßt, ist die Unternehmung bei der Beurteilung der Know-How-Stärke auf qualitative Schätzungen angewiesen.

- **Erstellung der Istsituation** und **Beurteilung** hinsichtlich künftiger konkurrierender Technologien.

Ein Technologieportfolio wird beispielhaft in Abbildung 97 wiedergegeben.

Der Begriff **Problemtechnologie** weist darauf hin, daß diese Technologie eine geringe technologische Attraktivität und eine geringe Ressourcenstärke aufweist. Demgegenüber weisen **Spitzentechnologien** sowohl eine hohe Attraktivität als auch eine hohe Ressourcenstärke auf. **Nachwuchstechnologien** besitzen zwar ebenfalls eine hohe Attraktivität, jedoch ist ihre aktuelle Ressourcenstärke gering. **Cash-Technologien** besitzen zwar nur noch eine geringe technologische Attraktivität, jedoch erwirtschaften sie momentan noch Cash-Beiträge. Sie sind damit eine wesentliche Grundlage für die gegenwärtigen Aktivitätsbereiche, denn ihre vorhandenen Fähigkeiten und Möglichkeiten tragen wesentlich zum aktuellen Erfolg der Unternehmungstätigkeit bei.

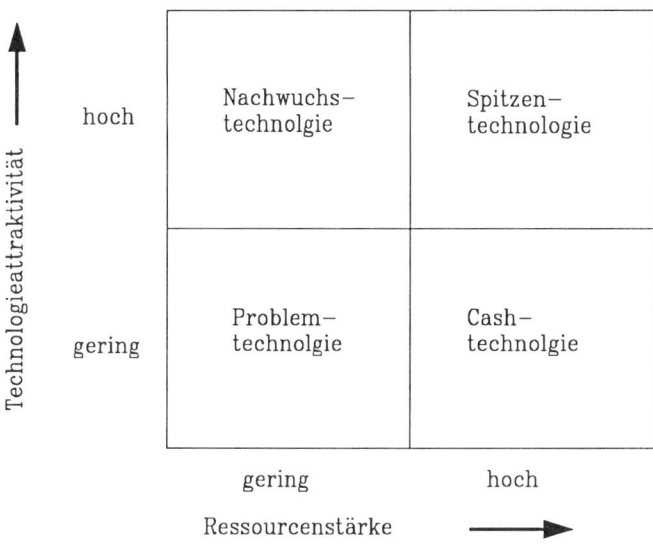

Abb. 97: Technologieportfolio

Darauf aufbauend werden dann wiederum Normstrategien aufgestellt, die den bereits angeführten in starkem Maße gleichen. In besonderem Maße hervorgehoben wird dabei, vor allem in entwickelten Volkswirtschaften, die Strategie der **Technologieführerschaft**. Sie soll durch "Überholen der Wettbewerbertechnologie, ohne sie einzuholen" realisiert werden. Diese Formulierung zeigt, daß es sich bei dieser Strategie nicht um eine Perfektionierung einer Technologie handeln kann, sondern daß ein Wechsel zu einer erkennbar überlegenen Technologie vollzogen werden soll. Dieser Sachverhalt läßt sich mit Hilfe der S-Kurven-Analyse verdeutlichen.

Die Abbildung 98 zeigt, daß ein potentieller Technologieführer nicht nur versuchen sollte, durch die Erhöhung der Investitionen die Leistungsfähigkeit der Technologie TE_1 zu erhöhen, zumal mit zunehmendem Leistungsstandard nur noch unterproportionale Leistungszuwächse zu erzielen sind, sondern ein Wechsel zur Technologie TE_2 vollzogen werden sollte, da deren Leistungsfähigkeit letztlich höher ist.

Ziel der dargestellten Portfolio-Ansätze ist es, für die einzelnen strategischen Geschäftseinheiten Handlungsempfehlungen zu formulieren, die ihren Niederschlag in sogenannten Normstrategien fanden. Als wesentliches Ziel von Strategien ist letztlich der Aufbau und die Absicherung von Wettbewerbsvorteilen zu sehen. Auf der Grundlage dieser Überlegungen formuliert Porter (1986) dann auch sogenannte **Wettbewerbsstrategien**. Dabei unterscheidet er drei **Strategietypen**:

- Kosten- oder Preisführerschaft,
- Differenzierung und
- Konzentration auf Schwerpunkte.

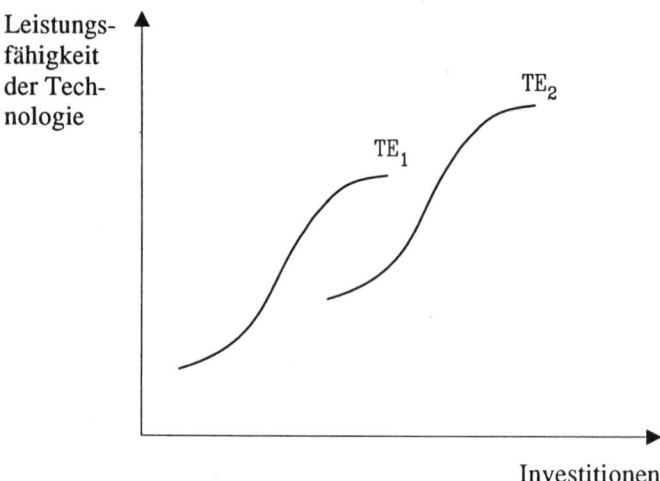

Abb. 98: S-Kurven-Konzept

Die Strategie der **Kostenführerschaft** zielt darauf ab, durch Bündelung aller strategischen Aktivitäten einen relativen Kostenvorsprung gegenüber Wettbewerbern zu erreichen und so Wettbewerbsvorteile auf dem Gesamtmarkt des strategischen Geschäftsfeldes zu erzielen. Als Quellen derartiger strategischer Kostenvorteile kommen betriebsgrößenbedingte Kostendegressionen, unternehmungsspezifische Technologien, vorteilhafter Ressourcenzugang, hohe Kapazitätsauslastung, Standortvorteile etc. in Betracht, die insgesamt ein Absenken der Stückkosten unter das Niveau der wichtigsten Konkurrenten ermöglichen sollen.

Die **umfassende Kostenführerschaft** kann nach dem Prinzip der Erfahrungskurve u.a. durch hohe relative Marktanteile erreicht werden, um über ein hohes akkumuliertes Produktionsvolumen entsprechende Kostensenkungspotentiale zu erschließen. Nach dieser Erfahrungskurvenlogik wäre die Kostenführerschaft letztlich nur für eine einzige Unternehmung eines strategischen Geschäftsfeldes erreichbar, was beispielsweise Porter zu einer entsprechend restriktiven Empfehlung der (umfassenden) Kostenführerschaftsstrategie veranlaßt. Demnach erscheint die Kostenführerschaftsstrategie in erster Linie in Märkten mit homogenen Gütern und weithin anerkannten Produktstandards sinnvoll, in denen produkt- oder abnehmerspezifische Merkmale nur begrenzte Differenzierungsmöglichkeiten bieten und hinter den Preis als Präferenzbildungskriterium zurücktreten.

Die **Differenzierungsstrategie** stellt demgegenüber darauf ab, sich gegenüber den Wettbewerbern über das Angebot einzigartiger Produkte abzuheben, die im betreffenden strategischen Geschäftsfeld bezüglich bestimmter, für den Abnehmer wertvoller Merkmale einen Besonderheitscharakter aufweisen und dem Abnehmer einen Zusatznutzen stiften, der mit einer Preisprämie honoriert wird. Dies setzt zum einen voraus, daß der angebotene Zusatznutzen für den Abnehmer wichtig ist und von ihm auch tatsächlich wahrgenommen wird. Zum anderen muß nach Differenzierungswegen gesucht werden, die eine über den Differenzierungskosten liegende Preisprämie aufgrund einer im Wettbewerbsvergleich vollständigen oder annähernden Kostenparität ermöglichen. Darüber hinaus muß die für den Zusatznutzen geforderte Preisprämie in einem angemessenen Verhältnis zu dem Wert des Zusatznutzens für den Abnehmer stehen.

Die Differenzierungsstrategie zielt damit u.a. auf eine Verringerung der Preiselastizität der Nachfrage ab, was wie im (Ideal-) Fall der monopolistischen Konkurrenz einen umso größeren reaktionsfreien Bereich eröffnet, je geringer die Substituierbarkeit des differenzierten Produktes aufgrund standortbezogener, sachlicher, persönlicher und zeitlicher Käuferpräferenzen ist.

Als **Ansatzpunkte zur** wettbewerbsstrategischen **Differenzierung** können zum einen die Senkung der Nutzungskosten des Abnehmers, beispielsweise aufgrund reduzierter Produktionskosten durch fertigungssynchrone Zulieferung oder durch montagegerechte Produktgestaltung von Vorprodukten, und zum anderen die Steigerung des Nutzungswertes, beispielsweise aufgrund einzigartiger Leistungen hinsichtlich Kundenservice, Standort, Qualität, Design, Integration etc. unterschieden werden (Corsten/Will 1992a, S. 185 ff.).

Während sich die Kostenführerschafts- und die Differenzierungsstrategie auf den Gesamtmarkt beziehen, liegt der Konzentrationsstrategie eine engere Ausrichtung auf eine spezielle Marktnische des strategischen Geschäftsfeldes zugrunde. Innerhalb dieses Teilmarktes, der durch eine spezifische Kundengruppe, Produktlinie oder ein geographisches Gebiet definiert werden kann, ist wiederum eine Grundsatzentscheidung über den Typ des angestrebten Wettbewerbsvorteils zu treffen, was zu einer Differenzierung der **Konzentrationsstrategie mit Kostenschwerpunkt** und **mit Differenzierungsschwerpunkt** führt.

Ansatzpunkte beider Varianten der Konzentrationsstrategie sind Unterschiede zwischen dem betrachteten Nischensegment und den anderen Segmenten des strategischen Geschäftsfeldes, beispielsweise hinsichtlich spezifischer Abnehmerbedürfnisse oder der Adäquanz des Produktions- und Distributionssystems, wobei die vom Branchendurchschnitt divergenten Anforderungen des Nischensegments aufgrund einer spezifischen Ressourcenkombination bzw. einer segmentbezogenen Fokussierung unternehmungsspezifischer Stärken (z.B. Standort, Forschung und Entwicklung, Produktionstechnologie) gezielter erfüllt werden können.

Abbildung 99 gibt die Bedingungen des erfolgreichen Einsatzes der Kostenführerschafts- und Differenzierungsstrategie noch einmal zusammenfassend wieder (vgl. Zäpfel 1989a, S. 90).

Komponenten / Strategietyp	Produkte	Produktionssystem	Organisatorische Anforderungen
Kostenführerschaft	Herstellung kostengünstiger Produkte, bei angemessener Qualität	Verfahrensinnovationen zur kostengünstigen Produktion (Kapazitätserweiterungen) Primärer Einsatz von Spezialaggregaten	Intensive Kostenkontrolle Anreizsystem, das an quantitativen Zielen orientiert ist
Differenzierung	Hohe Produktqualität bei angemessenen Kosten Individuelle Produktgestaltung	Flexible(s) Produktionsanlagen und Personal, um den differenzierten Kundenwünschen gerecht zu werden	Koordination zwischen F&E, Produktion, Konstruktion und Marketing Anreizsystem für qualifizierte Arbeitskräfte (nicht primär quantitative Kriterien)

Abb. 99: Bedingungen für einen erfolgreichen Einsatz unterschiedlicher Strategietypen

Als Erweiterung dieser Strategietypen führt Zäpfel (1989a, S. 85 ff.) eine **Rückzugsstrategie** ein, die unter bestimmten situativen Bedingungen notwendig werden kann. Sie ist grundsätzlich dann angezeigt, wenn sich für eine Unternehmung langfristig keine Möglichkeiten bieten, eine als angemessen erachtete Rentabilität zu erreichen, wobei die folgenden Formen unterschieden werden können:

- **langfristige Liquidationsstrategie:** es handelt sich um eine Abschöpfungsstrategie (vgl. hierzu die Normstrategien im Rahmen der Portfolio-Analyse), mit der versucht wird, den noch erzielbaren Cash-flow zu realisieren;

- **kurzfristige (frühzeitige) Liquidationsstrategie:** sie versucht, durch einen sofortigen Rückzug die entstehenden Verluste in Grenzen zu halten.

Die Wahl der Rückzugsstrategie wird dabei entscheidend von den existenten **Austrittsbarrieren** determiniert (z.B. Existenz spezialisierter Potentiale, interdependente Beziehungen zwischen strategischen Geschäftseinheiten, gesellschaftliche oder staatliche Barrieren bei eventuellen Arbeitskräftefreisetzungen).

Als weitere Ergänzung wird die Strategie der "dynamischen Produktdifferenzierung" vorgeschlagen (vgl. Kaluza 1987, S. 29 ff.), in deren Zentrum die "Fähigkeit zum Wechseln" steht, d.h. die Durchführung von Erzeugniswechseln. Aus den folgenden Gründen kann hierbei jedoch nicht von einer eigenständigen Strategie gesprochen werden:

- die "Fähigkeit zum Wechseln" ist eine Voraussetzung der Differenzierungsstrategie von Porter, in der die Flexibilität der Produktionspotentiale als ein konstitutives Element enthalten ist.

- die Strategien von Porter haben insofern einen dynamischen Charakter, als gerade bei der Differenzierungsstrategie ein Wechselpotential aufgebaut werden muß, um den individuellen Kundenwünschen Rechnung zu tragen.
- Es erscheint problematisch, die von Porter empirisch ermittelten Strategien aufgrund theoretischer Überlegungen zu erweitern.

2.3.2.2 Das PIMS-Programm

Ziel des PIMS-Programms (vgl. Buzzell/Gale 1989) ist es, die strategischen Faktoren zu identifizieren, die den Erfolg einer Unternehmung beeinflussen. Unter **strategischen Faktoren** werden dabei die Determinanten verstanden, die für den Erfolg oder Mißerfolg einer Unternehmung von entscheidender Bedeutung sind. Die **Grundidee** dieses Programms geht dabei davon aus, daß es einige Faktoren, sogenannte **Basisfaktoren** gibt, die für den Erfolg einer Unternehmung, und zwar unabhängig von der Branchenzugehörigkeit und den spezifischen situativen Bedingungen, von grundlegender Bedeutung sind. Zu diesen Basisfaktoren, die **Variablensysteme** darstellen, gehören

- die Marktposition,
- die Wettbewerbsposition und
- die Kapital- und Produktionsstruktur

einer Unternehmung (vgl. Grimm 1983, S. 26 ff.; Kreikebaum 1987, S. 97 ff.; Jacob 1983, S. 262 ff.). Diesen Basisfaktoren kommt im Rahmen unterschiedlicher Bedingungskonstellationen auch eine spezifische Gewichtung zu, d.h. die Bedeutung dieser strategischen Faktoren ändert sich im Zeitablauf. Insgesamt werden in das PIMS-Programm 37 unabhängige Variablen in ihrer Wirkung auf die abhängige Erfolgsvariable, den **Return on Investment (ROI)** und den **Cash-Flow**, untersucht. In der folgenden Abbildung 100 werden von diesen 37 Variablen 17 erfaßt (vgl. Buzzell/Gale 1989, S. 25; Kreikebaum 1987, S. 100). Einige der anderen Variablen sind lediglich Spezifikationen der angeführten Faktoren. Aus Gründen der Übersichtlichkeit werden im folgenden nur einige Schlüsselvariablen betrachtet.

Empirische Basis des PIMS-Programms bilden ca. 250 Unternehmungen mit ca. 2100 **strategischen Unternehmungseinheiten**, die dadurch charakterisiert sind, daß sie eine bestimmte Produktgruppe anbieten und auf dem Markt dieser Produktgruppe eigenständig die Geschäfte führen, d.h. es stehen ihnen eindeutig bestimmbare Konkurrenten gegenüber, für die sie auch selbst wiederum einen vollwertigen Konkurrenten darstellen.

Methodische Grundlage zur Ermittlung der Zusammenhänge zwischen den unabhängigen Variablen und der abhängigen Variablen ist dabei die **multiple, lineare Regression**. Im folgenden werden einige als wichtig erachtete Variablen in ihrem Einfluß auf den ROI diskutiert. Unter ROI wird dabei der Betriebsgewinn vor Steuern und vor Abzug der Fremdkapitalzinsen, bezogen auf das durchschnittlich gebundene Kapital, d.h. der Summe der Buchwerte der im Anlagevermögen enthaltenen Gegenstände zuzüglich des Umlaufvermögens, vermindert um die kurzfristigen Verbindlichkeiten, verstanden.

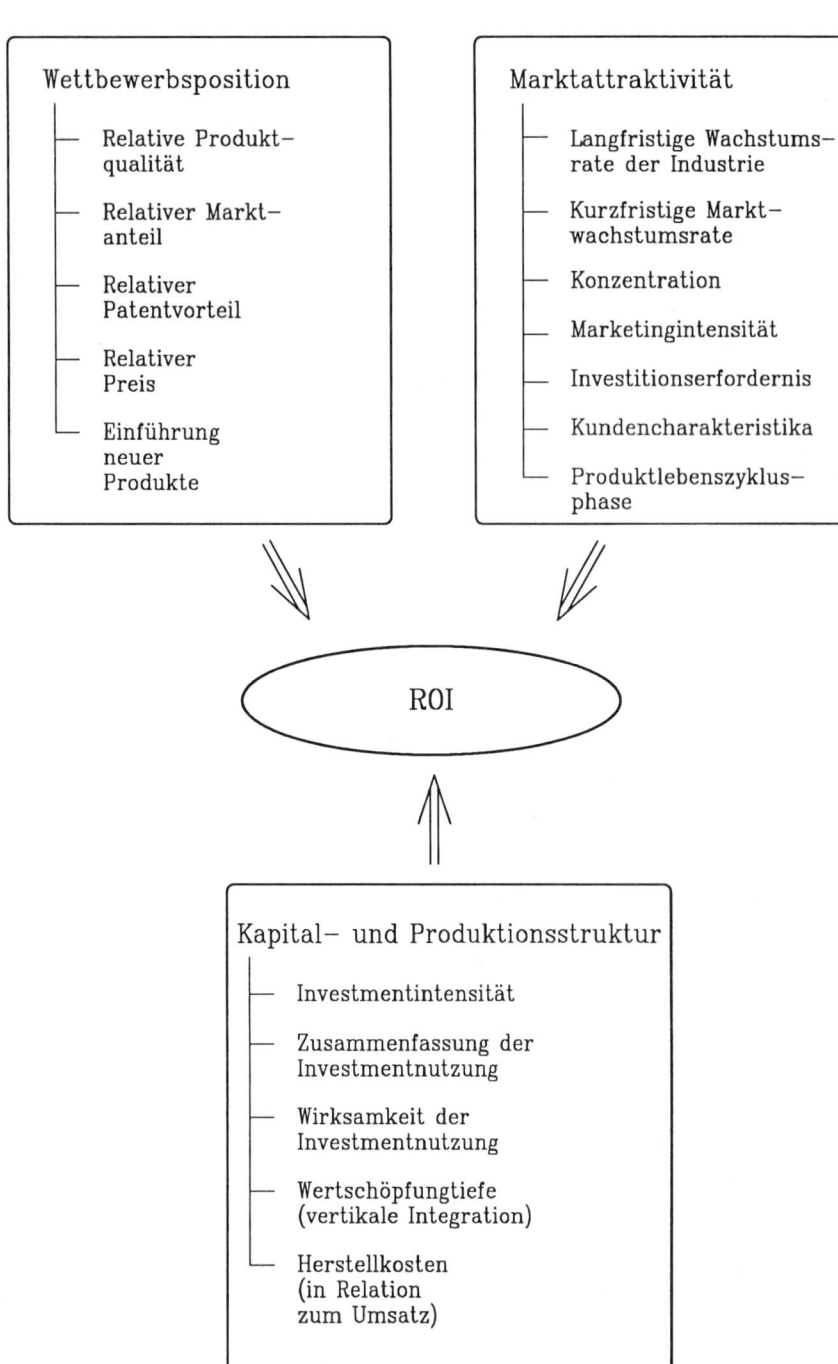

Abb. 100: Wichtige Bestimmungsgrößen des ROI

Eines der bekanntesten Ergebnisse der PIMS-Studie ist in der hohen positiven Korrelation zwischen dem **relativen Marktanteil** und dem ROI zu sehen. Zur Ermittlung des relativen Marktanteils wird dabei der folgende Quotient verwendet:

$$\text{Relativer Marktanteil} = \frac{\text{Marktanteil der untersuchten Unternehmung}}{\text{Summe der Marktanteile der drei größten Konkurrenten}}$$

Dieses Ergebnis besagt nicht, daß Unternehmungen mit einem kleinen relativen Marktanteil nicht so erfolgreich sein können wie Unternehmungen mit einem großen Anteil (z.b. durch gezielte Ausnutzung von Marktnischen), sondern lediglich, daß die Chance, einen hohen ROI zu realisieren, mit dem Marktanteil wächst.

Die **Wachstumsrate der Industrie und des Marktes** hat keinen direkten Einfluß auf die Höhe des ROI. Ihre Bedeutung ist vielmehr darin zu sehen, daß bei schnell wachsenden Märkten einer Unternehmung in höherem Maße strategische Entwicklungspotentiale zur Verfügung stehen, als dies etwa bei stagnierenden Märkten der Fall ist. Ihr kommt damit eher die Funktion einer Rahmengröße zu (vgl. Grimm 1983, S. 36).

Ebenfalls hat die Phase im Rahmen des **Produktlebenszyklus** keinen unmittelbaren Einfluß auf den ROI. Demgegenüber existiert zwischen den Faktoren Wachstumsrate und Phase im Produktlebenszyklus eine enge Beziehung.

Die **Qualität der Produkte** weist generell eine positive Korrelation mit dem ROI auf. Grundlage zur Erfassung der Variable war bis 1980 das Qualitätsurteil der Kunden über die seitens der Unternehmung angebotenen Produkte im Vergleich zu den Konkurrenzprodukten, und zwar ohne Berücksichtigung des Preises. Auf dieser Basis wurde dann der folgende Index ermittelt:

Qualitätsindex = (Prozentsatz des Umsatzes qualitativ überlegener Produkte)
- (Prozentsatz der qualitativ unterlegenen Produkte).

Aufgrund der an diesem Meßverfahren formulierten Kritik wird seit dem Jahre 1980 eine differenziertere Qualitätsmessung vollzogen, wobei einzelne Merkmale der materiellen und immateriellen Produkte, die für die Kaufentscheidung relevant sind, herangezogen werden. Die Beurteilung der einzelnen Merkmale erfolgt dabei weiterhin durch die Kunden. Bei der Analyse der Auswirkungen der Produktqualität auf den ROI zeigt sich ferner, daß der negative Einfluß eines relativ kleinen Marktanteils durch eine relativ hohe Produktqualität kompensiert werden kann.

Die **vertikale Integration** ist definiert als der Quotient aus eigener Wertschöpfung und dem Umsatz und hat dann einen positiven Einfluß auf den ROI, wenn es sich um ausgereifte und stabile Märkte handelt. Liegen hingegen rasch wachsende, schrumpfende oder oszillierende Märkte vor, dann zeigt sich eine negative Beziehung zum ROI.

Die **Invesitionsintensität**, gemessen als Quotient aus dem durchschnittlich gebundenen Kapitals und dem Umsatz, weist eine stark negative Korrelation mit dem ROI auf.

Nach dieser beispielhaften Darstellung einiger Ergebnisse der PIMS-Studie stellt sich die Frage nach den Nutzungmöglichkeiten der gewonnenen Ergebnisse. Hat eine Unternehmung Kenntnis über die den ROI beeinflussenden Größen, dann läßt sich daraus auf den ROI der Unternehmung schließen. Im Rahmen der PIMS-Studie wird hierfür das **"Par-Modell"** verwendet. Dieses Modell berechnet auf der Grundlage der Daten der zu analysierenden strategischen Einheit einen Vergleichswert für die Rentabilität. Es gibt damit Hinweise auf die Stärken und Schwächen der betrachteten strategischen Geschäftseinheit. Zeigt ein Vergleich, daß die tatsächlichen Werte größer sind als die errechneten, dann kann dies beispielsweise ein Indiz dafür sein, daß die Qualität des Managements überdurchschnittlich ist, weil dieses Management ein Ergebnis realisiert hat, das über dem Durchschnitt zahlreicher anderer strategischer Geschäftseinheiten unter vergleichbaren situativen Bedingungen liegt. Im umgekehrten Fall ist dies als ein Hinweis darauf zu betrachten, daß strategische Schritte unternommen werden müssen, um das strategische Potential zukünftig besser zu nutzen (vgl. Warkerly 1984, S. 94).

Ferner wird im Rahmen einer **"Look-Alike-Analyse"** ein Vergleich der Erfolgsfaktoren durchgeführt. Hierzu werden aus dem vorhandenen Datenbestand die strategischen Geschäftseinheiten herausgesucht, die in den relevanten Charakteristika mit der betrachteten strategischen Einheit übereinstimmen, wobei die Gruppe der zum Vergleich herangezogenen strategischen Geschäftseinheiten in erfolglose und erfolgreiche aufgespalten wird. Ergebnis dieser Analyse ist dann eine Liste von Faktoren, die die erfolgreichen Einheiten von den übrigen unterscheidet. Für das Management ergeben sich daraus Anhaltspunkte dafür, welche Strategien beachtet und welche vermieden werden sollen (vgl. Schoeffler 1983, S. 3).

Mit Hilfe eines **Simulationsmodells** lassen sich weiterhin Auswirkungen von Entscheidungen analysieren, und zwar sowohl hinsichtlich der zu erwartenden Ergebniswirkungen als auch der damit einhergehenden Kosten. Da das Simulationsmodell auf der PIMS-Datenbank aufbaut, zeigt es die Auswirkungen von Entscheidungen auf der Grundlage der gespeicherten Erfahrungen. Auf dieser Basis lassen sich dann Strategieempfehlungen entwickeln.

Da die Marktposition bereits als eine Variable hervorgehoben wurde, die eine hohe positive Korrelation mit dem ROI aufweist, richten sich die strategischen Überlegungen, wenn auch nicht ausschließlich, jedoch in erster Linie auf die Marktstellung der strategischen Geschäftseinheit. Dabei werden die drei folgenden Möglichkeiten unterschieden:

- Marktanteile erobern (Wachstumsstrategie),
- Marktanteile halten (Haltestrategie) und
- Marktanteile aufgeben (Erntestrategie).

Die in der PIMS-Datenbank gespeicherten Erfahrungen zeigen, daß einerseits

- große Marktanteilssteigerungen selten schnell zu erreichen und anderseits
- Marktanteilssteigerungen i.d.R. teuer sind.

So zeigt sich dann auch, daß bei einer **aggressiven Marktstrategie** der ROI zumindest in einer kurzfristigen Betrachtung, und zwar unabhängig von der konkreten Ausgangssituation, negativ beeinflußt wird. Aus diesem Grunde sollte die Unternehmungsführung sich die folgenden Fragen stellen, bevor sie die Entscheidung für eine aggressive Marktstrategie fällt:

- Verfügt die Unternehmung über die erforderlichen finanziellen Mittel?
- Ist die Unternehmung auch dann noch lebensfähig, wenn das gesetzte Marktziel nicht realisiert werden kann?

Neben dem unmittelbaren Angriff auf die Marktanteile der Konkurrenten bietet sich der Unternehmung zur Verbesserung der Marktposition die Möglichkeit, sich auf ein **Marktsegment** zu konzentrieren und dieses zu dominieren oder mit einer Innovation in einen Markt vorzudringen, auf dem keine anderen Innovatoren aktiv sind.

Ziel einer **Haltestrategie** ist es, den jeweiligen Marktanteil zu erhalten. Verfügt eine Unternehmung über einen hohen Marktanteil, dann kann sie ihren ROI steigern, wenn sie entweder ihre Produkte zu einem höheren Preis anbietet oder in verstärktem Umfang Marketing betreibt, et vice versa.

Demgegenüber ist das Ziel einer **Erntestrategie** in der kurzfristigen Erhöhung des Unternehmungsergebnisses zu sehen. Dabei werden die Investitionen reduziert oder ganz eingestellt.

Eine kritische Betrachtung des PIMS-Ansatzes ist aufgrund fehlender Veröffentlichungen über die genaue Modellstruktur und präziser Ergebnisse äußerst schwierig. Ansatzweise seien jedoch die folgenden Punkte genannt, die die **Aussagen** von PIMS zumindest **relativieren** (vgl. Jacob 1983, S. 265 f.; Kreikebaum 1987, S. 101; Venohr 1987, S. 138 f.):

- Die Aussagen dürfen nicht als generell gültig betrachtet werden. So konnte zwar i.d.R. ein positiver Zusammenhang zwischen Marktanteil und ROI konstatiert werden, jedoch zeigt die Höhe dieses Zusammenhanges starke Schwankungen.
- Unklar erscheinen die hinter den Korrelationen stehenden Kausalzusammenhänge, da sie sich auf der Grundlage der PIMS-Datenbank nur schwer untersuchen lassen. Auch wenn die zeitliche Aufeinanderfolge der Veränderungen der nach PIMS unabhängigen und abhängigen Variablen untersucht wurde und dabei ein zeitliches Hinterherhinken der Veränderung der abhängigen Variable (ROI) hinter der Veränderung der unabhängigen Variablen beobachtet werden konnte, stellt dies keinen Beweis, sondern lediglich ein Indiz für eine Kausalität dar. Darüber hinaus fehlt hierzu eine umfassende Ergebnisdokumentation.
- Die unabhängigen Variablen Marktanteil, Produktqualität und Investmentintensität weisen zwar die höchste Korrelation auf, jedoch können diese Faktoren jeweils lediglich zwischen 10% bis 12% der Varianz des ROI erklären. Es erscheint damit kaum angezeigt, von strategischen Schlüsselfaktoren zu sprechen.

- Eine linear multiple Regression setzt einerseits die **Linearität der Beziehungen** und anderseits die **Unabhängigkeit** der erklärenden Variablen voraus. In der Literatur wird jedoch bezweifelt, daß diese Voraussetzungen bei allen Faktoren gegeben sind (vgl. Jacob 1983, S. 266). Bei der Unabhängigkeit stellt sich das Problem der **Multikollinearität**, daß in den PIMS-Studien nicht ausgeschlossen werden kann. Sie liegt dann vor, wenn zwischen den erklärenden Variablen lineare Abhängigkeiten existieren, und führt zu schlecht abgesicherten Regressionskoeffizienten und zu Schätz- und Zurechnungsfehlern. Eine Multikollinearität erschwert folglich eine eindeutige Identifikation korrelativer Zusammenhänge. Auf das PIMS-Konzept bezogen bedeutet dies, daß sich der Einfluß der unabhängigen Variablen auf den ROI nicht mehr eindeutig zurechnen läßt.

Zusammenfassend hebt Kreikebaum (1987, S. 101) dann auch hervor, daß sich die PIMS-Datenbank aus der Sicht der Unternehmung am besten für eine "strategische Bestandsaufnahme" eignet. Dies bedeutet, daß etwa Vergangenheitsentwicklungen einer bestimmten strategischen Geschäftseinheit mit den in der Datenbank gespeicherten Erfahrungen aus anderen Einheiten verglichen und Abweichungen von durchschnittlichen Werten ermittelt werden, die dann Ursache für Abweichungsanalysen sein können. Da die PIMS-Analyse ein rein statistisches Verfahren ist, vermag sie lediglich Wege aufzuzeigen, die die Wahrscheinlichkeit, bestimmte Ergebnisse zu erreichen, erhöht.

2.4 Produktionsprogrammplanung

2.4.1 Begriffliche Grundlegungen

Im Rahmen der Produktionsprogrammplanung obliegt der Unternehmung die Aufgabe, Entscheidungen darüber zu treffen, welche Produktarten sie in welchen Mengen und in welcher zeitlichen Verteilung herzustellen vermag. Ein **Produktionsprogramm** stellt folglich eine Zusammenstellung der Produkte dar, die ein Betrieb in einem Zeitabschnitt produzieren kann (vgl. Kern 1992, S. 142).

Es weist damit

- eine qualitative,
- eine quantitative und
- eine zeitliche Komponente

auf (vgl. Hilke 1988, S. 2; Zäpfel 1982, S. 46). Neben dem Begriff des Produktionsprogramms, der im folgenden ausschließlich Verwendung finden soll, wird in der Literatur eine Vielzahl von Begriffen, die nicht immer Synonyme darstellen, verwendet: Erzeugnisprogramm, Fertigungsprogramm, Sortiment, Leistungsprogramm etc. (vgl. hierzu Kern 1979b, Sp. 1564 f.).

Die Programmplanung sei dabei in die drei folgenden Problembereiche aufgespalten.

- **Strategische Programmplanung**: Ihr obliegt die Aufgabe der Festlegung der Produktfelder. Ein **Produktfeld** umfaßt dabei die Produkte, die sich gedanklich auf ein allgemeines Grundprodukt zurückführen lassen (es besteht eine verwendungs- oder technologiebezogene Verwandtschaft), d.h. es ist ausschließlich qualitativ spezifiziert und weist keine Mengenorientierung auf. Die Grenzen des Produktfeldes sind dabei abhängig von dem zugrundeliegenden Grundprodukt (z.b. optische Geräte oder Photoapparate, Filmkameras und Ferngläser). Die Produktfelder charakterisieren letztlich die generellen Betätigungsfelder einer Unternehmung.

- **Taktische Programmplanung**: Ihr obliegt die Aufgabe der Konkretisierung der einzelnen Produktfelder (z.b. kann das Produktfeld Schuhe in die Unterklassen Damen-, Herren- und Kinderschuhe aufgespalten werden). Die in der strategischen Programmplanung festgelegten Produktfelder erfahren im Rahmen der taktischen Programmplanung die folgenden inhaltlichen Spezifikationen:

  -- **Breite des Produktionsprogramms**: Hiermit wird die Anzahl der unterschiedlichen Produkte erfaßt, die produziert werden soll. Sie umfaßt sowohl die Anzahl als auch die verschiedenen Ausführungsformen der Grundprodukte. Während sich die einzelnen Grundprodukte in signifikanter Weise voneinander unterscheiden, handelt es sich bei den Ausführungsformen um Differenzierungen innerhalb eines Grundproduktes z.b. hinsichtlich Größe, Farbe und Qualität.

  -- **Tiefe des Produktionsprogramms**: Mit der Programmtiefe wird die Anzahl der unterschiedlichen Produktionsstufen erfaßt, die ein Produkt im Betrieb durchläuft. Eine Operationalisierung erfährt die Programmtiefe dann durch den folgenden Quotienten: Anzahl der unterschiedlichen Produktionsstufen/Gesamtzahl der Produktionsstufen, die ein Produkt durchlaufen muß. Dieser Problembereich knüpft an die Frage Eigenerstellung oder Fremdbezug (make-or-buy) an, d.h. welche Produkte, Produktteile oder ähnliches soll die Unternehmung selbst erstellen oder von Dritten beziehen.

  -- **Benötigte Kapazitäten**: Die herzustellenden Produktarten werden den vorhandenen Kapazitäten nur global zugeordnet. Der Produktionsapparat ist in dieser Stufe jedoch noch nicht endgültig festgelegt, sondern er kann in bestimmten Grenzen noch gestaltet werden, da er sich erst dann genau festlegen läßt, wenn konkrete Vorstellungen über die Programmbreite und -tiefe vorhanden sind. Charakteristisch für die taktische Programmplanung ist folglich die enge Verknüpfung von Programm- und Invesititionsentscheidungen (zu einem formalen Ansatz vgl. Zäpfel 1979, Sp. 1709 ff.).

Mit den Entscheidungen über die Produktionsprogrammbreite und -tiefe wird einerseits die notwendige Anlagenausstattung und anderseits der erforderliche Personalbestand nach Art und Menge wesentlich determiniert. Die Entscheidung über die Programmbreite wird dabei durch die folgenden Aspekte beeinflußt (vgl. Strebel 1984, S. 112 ff.; Zäpfel 1982, S. 51 ff.):

  -- **Produktionsverwandtschaft** zwischen den Produkten (hierdurch können eventuell Kostendegressionseffekte genutzt werden).

  -- **Materialverwandtschaft** zwischen den Produkten (hierdurch können sich im Beschaffungsbereich Möglichkeiten zur Nutzung von Rabattvorteilen ergeben).

  -- **Absatzverwandtschaft** zwischen den Produkten (hierdurch können sich einerseits Degressionseffekte bei den Vertriebskosten und dem Einsatz absatzfördernder Maßnahmen und anderseits Synergieeffekte bei Komplementärprodukten ergeben. Unter risikopolitischen Aspekten sind konjunkturelle und saisonale Nachfrageschwankungen zu beachten).

  -- **F&E-Verwandtschaft** (Neben einer besseren Auslastung der zum Einsatz gelangenden Potentiale (Anlagen und Personal), die mit beschäftigungsfixen Kosten einhergehen, sind insbesondere Lerneffekte im F&E-Bereich von besonderer Bedeutung.).

Darüber hinaus werden in zunehmendem Maße **ökologische Gesichtspunkte** im Rahmen der Produktionsprogrammplanung relevant.

Zusätzlich sind bei der Programmtiefe die beiden folgenden Problembereiche zu beachten:

-- Mit der Anzahl der Produktionsstufen variiert auch der Umfang der Lagerbestände in den Zwischenlagern.

-- Mit zunehmender Produktionstiefe wird die Produktionsplanung und -steuerung komplizierter.

- **Operative Programmplanung:** Ihr obliegt die Aufgabe, im Rahmen der durch die strategische und taktische Programmplanung vorgegebenen Grenzen das Programm nach Art und Menge für den unmittelbar folgenden Planungszeitraum festzulegen (z.B. für einen Monat). Das operative Programm gibt damit an, welche Produkte in welchen Mengen in der nächsten Periode produziert werden sollen.

Ferner ist es wesentlich, zwischen Produktions- und Absatzprogramm zu unterscheiden. Das **Absatzprogramm** gibt Auskunft darüber, welche Mengen der einzelnen Produktarten in einer Periode abgesetzt werden sollen. Bei seiner Festlegung durch das Marketingmanagement hat eine enge Abstimmung mit dem **Produktionsprogramm** zu erfolgen, wobei einerseits die kapazitativen Gegebenheiten und anderseits die Beschaffungsmöglichkeiten zu beachten sind. Absatz- und Produktionsprogramm müssen jedoch nicht identisch sein. Dies kann folgende Gründe haben (vgl. Zäpfel 1982, S. 49 f.):

- **Inhaltliche Nichtübereinstimmung**

  -- **Zukauf von Handelswaren:** Zur Abrundung oder Ergänzung des Produktionsprogramms werden weitere Produkte von anderen Produzenten erworben, um hiermit das **akquisitorische Potential** des Absatzprogramms zu erhöhen.

  -- **Selbsterstellte Leistungen:** Nicht sämtliche in der Unternehmung erstellten Leistungen müssen zum Absatz gelangen, sondern können auch in den Produktionsprozeß wieder eingesetzt werden (z.B. selbsterstellte Anlagen).

- **Zeitliche Nichtübereinstimmung:** So kann etwa bei einer Produktion auf Lager die Produktion losgelöst vom Absatz erfolgen, wie dies im Rahmen einer totalen Emanzipation der Produktions- von der Absatzkurve der Fall ist.

Im Rahmen der Produktionsprogrammbildung lassen sich darüber hinaus die folgenden Fälle unterscheiden:

- reine Formen

  -- kunden-(auftragsorientierte) Programmbildung

  -- markt- (erwartungsorientierte) Programmbildung

- Mischformen der kunden- und marktorientierten Programmbildung.

Liegt eine **kundenorientierte Programmbildung** vor, dann ist das Produktionsprogramm mit den in einem Zeitraum eingegangenen Aufträgen identisch. Die Inanspruchnahme der Potentiale hängt dabei von der zufälligen Zusammensetzung des jeweiligen Auftragsbestandes ab, d.h. die Absatzschwankungen werden in die Produktion hineingetragen. Die **Programmplanung** ist damit **weitgehend stochastisch.** Sie weist nur für den Teil deterministische Züge auf, der aus einem vorliegenden Auftragsbestand abgeleitet werden kann. Hierdurch bedingt können unregelmäßige Kapazitätsauslastungen auftreten. In dieser Situation ist die Bildung ökonomisch sinnvoller Auftragsgrößen kein Aktionsparameter der Produktion, sondern sie tritt, wenn überhaupt, nur zufällig auf. Auf der anderen Seite ist zu beachten, daß bei dieser Programmbildung keine Unsicherheiten hinsichtlich des Absatzes der erstellten Produkte entstehen.

Demgegenüber basiert eine **marktorientierte Programmbildung** auf Absatzprognosen, d.h. die Produktion wird auf der Basis von Erwartungen vollzogen. Diese Vorgehensweise bietet sich insbesondere bei standardisierten Produkten an. Ein wesentlicher Vorteil dieser Erscheinungsform ist darin zu sehen, daß der Produktionsablauf unter ökonomischen Gesichtspunkten differenziert geplant werden kann (z.b. Auftragsgrößen- und Kapazitätsbelegungsplanung etc.). Demgegenüber ist die Unsicherheit zu beachten, die sich daraus ergibt, daß die produzierten Güter, z.b. aufgrund einer Fehleinschätzung des Bedarfs, nicht abgesetzt werden können. Eine marktorientierte Produktionsprogrammbildung ist am ehesten dann zweckmäßig, wenn die folgenden Voraussetzungen gegeben sind:

- Der **Bedarf** muß **relativ konstant** sein, damit eine relativ verläßliche Prognose erstellt werden kann.
- Es muß sich um **standardisierte Produkte** handeln.
- Es existiert eine **hohe Sensitivität der Nachfrager hinsichtlich der Lieferzeiten.**

Am häufigsten werden in der Realität jedoch **Mischformen** zwischen markt- und kundenbezogener Auftragsbildung anzutreffen sein, d.h. die Unternehmung bietet in ihrem Produktionsprogramm sowohl standardisierte als auch kundenindividuelle Produkte an. Je nach Ausprägung dieser Komponenten existiert hierbei eine Vielzahl von Mischformen. So ist es beispielsweise denkbar, daß eine Unternehmung zwar Standardprodukte fertigt, diese jedoch in kundenindividuellen Varianten anbietet. In diesen Fällen ergibt sich für eine Unternehmung die Möglichkeit, bis zu einer bestimmten Fertigungsstufe auf Vorrat zu produzieren (Vorfertigungsgrade), während danach dann eine kundenbezogene Disposition erfolgt. Durch die Realisation eines hohen Vorfertigungsgrades läßt sich nicht nur die **Lieferzeit** reduzieren, sondern es lassen sich darüber hinaus auch die zu produzierenden Mengen einzelner Komponenten von den jeweiligen Aufträgen abkoppeln und zu **ökonomisch zweckmäßigen Auftragsgrößen** zusammenfassen. Hierbei ist eine konsequente Anwendung des Baukastenprinzips hilfreich. Beim **Baukastenprinzip** entstehen durch die verschiedenartigen Zusammensetzungen genormter Teile unterschiedliche Endprodukte. Dabei läßt sich die Vielfalt durch die Berücksichtigung nichtstandardisierter Zusatzkomponenten noch weiter erhöhen. Damit ist es für eine Unternehmung möglich, bis zu einer bestimmten Produktionsstufe erwartungsbezogen und ab einer weiteren Produktionsstufe kundenbezogen zu disponieren. Eng verbunden mit diesem Komplex ist das Problem der **Festlegung der Bevorratungsebene** (vgl. Zimmermann 1988, S. 391 ff.). Hierunter ist die Produktionsstufe zu verstehen, bis zu der in einem Betrieb erwartungsbezogen produziert werden kann. Die Bevorratungsebene muß für jedes Endprodukt separat definiert werden. Die folgende Abbildung gibt diesen Sachverhalt beispielhaft wieder.

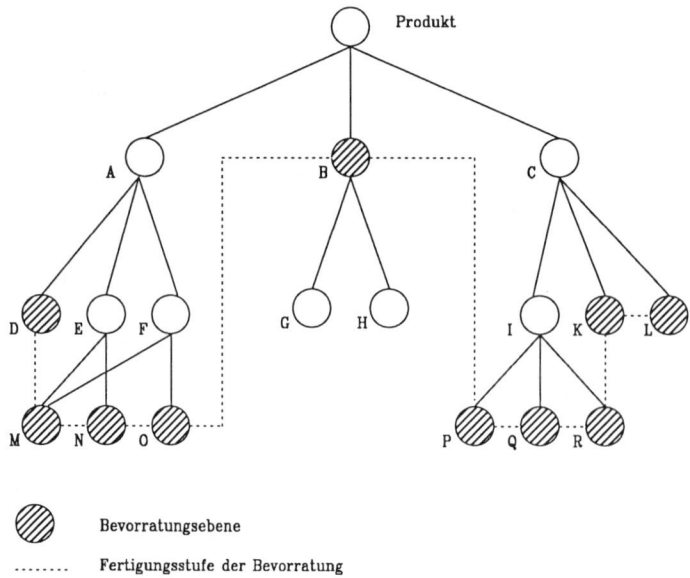

Abb. 101: Beispiel zur Festlegung der Bevorratungsebenen

In diesem Beispiel werden die Elemente B, D, K, L, M, N, O, P, Q und R als Bevorratungsebene festgelegt. Dieses Beispiel verdeutlicht die Bedeutung der **Konstruktion** für die Realisation einer günstigen Bevorratungsstrategie, indem sie darauf bedacht ist, die einzelnen Komponenten variantenneutral, d.h. mit einer hohen **Mehrfachverwendung** zu entwickeln. Es läßt sich damit die Forderung für den Konstruktionsbereich formulieren, variantenspezifische Positionen erst auf einer möglichst späten Produktionsstufe zu montieren. Die folgende Abbildung zeigt diesen Problembereich an einem vereinfachten Beispiel für zwei Endprodukte (vgl. Zimmermann 1988, S. 397).

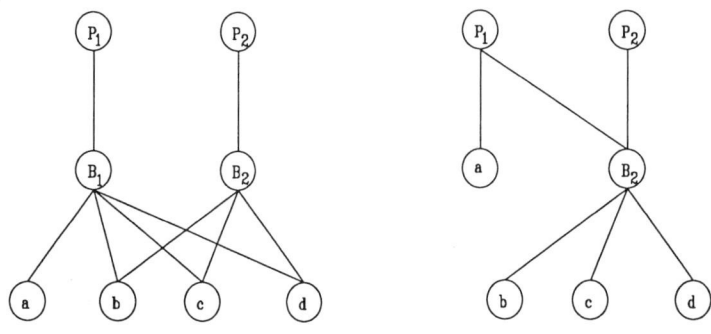

P = Produkt
B = Baugruppe

Abb. 102: Konstruktive Maßnahme zur Erhöhung der Mehrfachverwendbarkeit einzelner Komponenten

Im linken Teil dieser Abbildung sind die beiden Baugruppen B_1 und B_2 eingezeichnet, die jeweils in einer speziellen Variante des Endproduktes Verwendung finden. Bei einer Bevorratung der Baugruppen B_1 und B_2 erhöht sich die damit verbundene Bevorratungsunsicherheit. Erfolgt hingegen eine Bevorratung der Komponenten a, b, c und d, dann geht hiermit eine Erhöhung der Erstellungszeit für den Kundenauftrag einher und folglich auch eine Lieferzeitverlängerung. Durch eine Umstrukturierung, wie dies im rechten Teil der Abbildung beispielhaft dargestellt ist, läßt sich eine Verbesserung des Produktaufbaus realisieren. In dieser Situation wird die Baugruppe B_2 gefertigt und gelangt bei beiden Endprodukten P_1 und P_2 zum Einsatz (Mehrfachverwendung). Demgegenüber wird die Komponente a erst bei der Montage von P_1 hinzugefügt. Hierdurch bedingt wird die Mehrfachverwendung von B_2 realisiert und damit die Bevorratungsunsicherheit der Baugruppe B_2 reduziert. Zusätzlich kann durch die Bevorratung der Baugruppe B_2 eine Verkürzung der Lieferzeit erreicht werden. Generell gilt, daß die Unsicherheit, falsche Produkte in falschen Mengen zu falschen Zeiten zu bevorraten um so größer wird, je höher die Ebene der Bevorratung festgelegt wird, weil die Mehrfachverwendbarkeit der Produkte abnimmt.

Eine wesentliche Ursache für die zu hohe Fixierung der Bevorratungsebene ist in der Realität das Denken in kostenoptimalen Losgrößen. Dabei wird versucht, durch die Zusammenfassung mehrerer Bedarfsmengen eine ökonomisch optimale Losgröße zu erreichen. Ein Ansatzpunkt zur Lösung dieses Problems ist in der Losgrößenreduzie:ung zu sehen. Dies setzt voraus, daß auch die Rüstkosten und -zeiten verringert we:den können.

In den bisherigen Überlegungen wurden die Bevorratungsebenen als gegeben vorausgesetzt. Es wurde dabei nicht thematisiert, welche Aspekte die Entscheidung für eine bestimmte Ebene beeinflussen. Als **Kriterien**, die für diese Festlegung von Bedeutung sein können, lassen sich folgende nennen:

- Die seitens der Nachfrager **erwartete oder geforderte Lieferzeit**. Als globale Regel gilt, daß für die Festlegung der Bevorratungsebene die kürzeste zugesicherte Lieferzeit relevant ist. Die Unternehmung muß also grundsätzlich in der Lage sein, in einem vorgegebenen Zeitraum die durch den Nachfrager gewünschten Varianten bereitzustellen. Dabei hat sich die Lieferzeit zu einem wesentlichen Wettbewerbskriterium entwickelt.
- Die Bevorratungsebene ist so festzulegen, daß die **Mehrfachverwendbarkeit** der Komponenten möglichst hoch ist.
- Die Bevorratungsebenen sollten so festgelegt werden, daß die **Bedarfsschwankungen** der jeweiligen Komponenten **möglichst gering sind** und damit eine hohe Zuverlässigkeit der Bedarfsvorhersage erreicht werden kann.
- Unter dem Aspekt der **Kapitalbindung** ist zu beachten, daß der Großteil des Wertzuwachses des zu erstellenden Produktes in den Bereich der kundenbezogenen Produktionsstufen gelegt wird.
- Unterliegen die **Auftragseingänge größeren Schwankungen**, dann sind die Endprodukte erwartungsbezogen zu produzieren. In einer Zeit geringer Nachfrage werden dann die gängigen Varianten, deren Bedarf relativ gut prognostizierbar ist und die eine geringe Kapitalbindung aufweisen, und Komponenten mit der höchsten

Mehrfachverwendbarkeit gefertigt und zwischengelagert. Diese können dann bei Nachfragespitzen abgebaut werden.

Diese diskutierten Aspekte zeigen, daß es eine allgemeingültige Lösung hinsichtlich der Festlegung der optimalen Bevorratungsebenen nicht gibt, sondern daß diese in der Unternehmung situationsbezogen zu bestimmen sind und die o.a. Aspekte hierbei eine Hilfestellung im Rahmen der Entscheidungsfindung bieten. Sie haben damit lediglich den Charakter von Orientierungsgrößen.

2.4.2 Modelle zur Produktionsprogrammplanung

Im folgenden werden ausschließlich **lineare Modelle** der Produktionsprogrammplanung dargestellt, d.h. sowohl die Zielfunktion als auch die Restriktionen sind lineare Funktionen. Für produktionswirtschaftliche Überlegungen sind dabei insbesondere

- Modelle der Produktionsprogrammplanung für **standardisierte Produkte** und
- Modelle der Produktionsprogrammplanung für **kundenindividuelle Produkte**

von Interesse. Während im zuerst genannten Fall von festgelegten und bekannten Produktstrukturen ausgegangen wird und folglich auch die Produktionsabläufe determiniert sind, muß im zweiten Fall die Differenzierung der Produkte nach den Nachfragerwünschen abgewartet werden. Damit lassen sich für standardisierte Produkte sowohl die **Mengen-** als auch die **Zeitgerüste** der Produkte aus den **Stücklisten, Rezepturen** u.ä. entnehmen. Demgegenüber liegen diese Informationen bei kundenindividuellen Produkten erst dann vor, wenn der Nachfrager seinen Bedarf konkret artikuliert hat. Die weiteren Überlegungen werden sich primär auf Modelle zur Produktionsprogrammplanung für standardisierte Produkte beziehen.

Ausgangspunkt bildet dabei der **Standardansatz der linearen Programmierung** zur Bestimmung des gewinnmaximalen Produktionsprogramms. Dieses Modell geht davon aus, daß

- n Produkte $P_1, P_2, ..., P_n$ auf
- m Aggregaten $F_1, F_2, ..., F_m$ mit
- den Kapazitäten $b_1, b_2, ..., b_m$

hergestellt werden können. Dieses **Grundmodell** geht dabei von den folgenden **Prämissen** aus:

- Produktions- und Absatzmengen sind für alle Produkte identisch.
- Der Preis und die variablen Kosten je Mengeneinheit sind für jedes Produkt konstant.
- Die Produktionskoeffizienten sind konstant.
- Die Kapazitäten sind konstant und im Planungszeitraum bekannt.
- Zwischen den Produkten existiert kein Absatzverbund, d.h. es bestehen keine substitutionalen oder komplementären Beziehungen. Interdependenzen zwischen den Produkten gibt es nur bezüglich der Kapazitäten.
- Rüstkosten und -zeiten werden nicht explizit berücksichtigt.

- Es existieren keine Kuppelprodukte.
- Es handelt sich um ein deterministisches Modell, d.h. es bestehen einwertige Erwartungen.
- Es bestehen konstante Faktorpreise.

Auf der Grundlage dieser Prämissen läßt sich dann der **Standardansatz** wie folgt formulieren:

lineare Zielfunktion: $\quad Z \;=\; \sum_{j=1}^{n} c_j \cdot x_j \;\rightarrow\; \text{Max!}$

unter Beachtung der folgenden **Nebenbedingungen:**

$$\sum_{j=1}^{n} t_{ij} \cdot x_j \;\leq\; b_m$$

oder in **expliziter** Schreibweise:

$$t_{11} \cdot x_1 + t_{12} \cdot x_2 + \ldots + t_{1n} \cdot x_n \leq b_1$$

$$t_{21} \cdot x_1 + t_{22} \cdot x_2 + \ldots + t_{2n} \cdot x_n \leq b_2$$

.

.

.

$$t_{m1} \cdot x_1 + t_{m2} \cdot x_2 + \ldots + t_{mn} \cdot x_n \leq b_m$$

und den **Nichtnegativitätsbedingungen:**

$$x_j \geq 0$$

Mit: x_j = Menge des Produktes j (j = 1,2,...,n)

$\quad\;\; F_i$ = Fertigungsaggregat i (i = 1,2,...,m)

$\quad\;\; c_j$ = die zu maximierende ökonomische Größe, z.B. Gewinn oder Deckungsbeitrag des j-ten Produktes

$\quad\;\; t_{ij}$ = Produktionszeit (Produktionskoeffizient) des j-ten Produktes auf dem i-ten Fertigungsaggregat

Zur Lösung dieses linearen Optimierungsmodells existiert ein Algorithmus, die **Simplex-Methode** (vgl. hierzu Kern 1987b, S. 41 ff.; Müller-Merbach 1973, S. 91 ff.). Für zwei Produkte läßt sich dieses Problem auch graphisch lösen. Dies sei anhand eines Beispiels verdeutlicht:

Zwei Produkte P_1 und P_2 müssen in der Produktion die Fertigungsaggregate F_1, F_2 und F_3 passieren. Die wöchentliche Arbeitszeit sei 40 Stunden. Es ergibt sich dann die folgende Situation:

Fertigungs-aggregate	Produkte		Anzahl der Aggregate	Aggregate-kapazität Std./Woche
	P_1	P_2		
F_1	4 Std./Stück	2 Std./Stück	10	400
F_2	2 Std./Stück	2 Std./Stück	6	240
F_3	2 Std./Stück	6 Std./Stück	12	480

Abb. 103: Situationsbeschreibung

Gesucht: Die wöchentlichen Stückzahlen der Produkte P_1 und P_2 : x_1 und x_2

Auf dem Fertigungsaggregat F_1 wird das Produkt P_1 4 Stunden und das Produkt P_2 2 Stunden bearbeitet, wobei sich die wöchentliche Maximalkapazität dieses Aggregates auf 400 Stunden beläuft. Die gleiche Überlegung ist für die Fertigungsaggregate F_2 und F_3 zu vollziehen. Es lassen sich dann die folgenden Restriktionen formulieren:

$$4\,x_1 + 2\,x_2 \leq 400$$

$$2\,x_1 + 2\,x_2 \leq 240$$

$$2\,x_1 + 6\,x_2 \leq 480$$

Nichtnegativitätsbedingungen:

$$x_1 \geq 0$$

$$x_2 \geq 0$$

Bedingt durch die Nichtnegativitätsbedingungen müssen sich die zulässigen Lösungen für das gesuchte Produktionsprogramm im ersten Quadranten eines kartesischen Koordinatensystems befinden. Durch Einzeichnen der Restriktionen in ein x_1, x_2-System ergibt sich dann die folgende Abbildung (vgl. Abb. 104).

Zur Auswahl der optimalen Lösung muß nun eine Zielfunktion formuliert und in den Ansatz einbezogen werden. Als Zielsetzung sei die Maximierung des Deckungsbeitrages (DB) unterstellt (für Produkt $P_1 = 2$,- DM und Produkt $P_2 = 3$,- DM), so daß sich die folgende Zielfunktion ergibt:

$$DB = 2x_1 + 3x_2 \rightarrow \text{Max!}$$

Um diese Zielfunktion in das Koordinatensystem der Abbildung 104 einzuzeichnen, sind zwei Wege beschreitbar:

- Durch die Festsetzung eines beliebigen Deckungsbeitrages (z.B. $2 x_1 + 3 x_2 = 150$) läßt sich eine Gerade konstruieren, die dann vom Koordinatenursprung weg solange verschoben wird, bis diese den zulässigen Lösungsbereich tangiert. In diesem Punkt liegt die gesuchte Optimallösung.

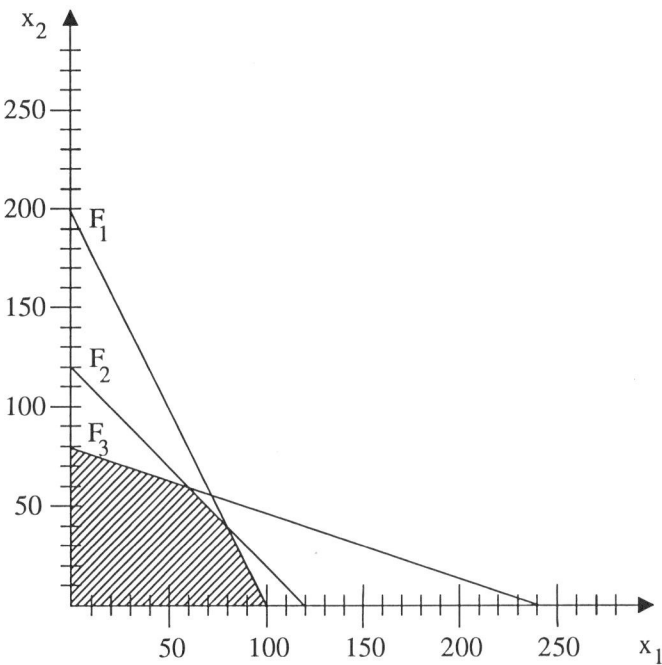

Abb. 104: Zulässiger Lösungsbereich für das gesuchte Produktionsprogramm

- Durch Umformung der Zielfunktion nach einer Variablen (z.B. x_1):

$$DB = c_1 \cdot x_1 + c_2 \cdot x_2$$

$$DB - c_1 \cdot x_1 = c_2 \cdot x_2$$

$$\frac{DB}{c_1} - \frac{c_2}{c_1} \cdot x_2 = x_1$$

Der Quotient $-c_2/c_1$ gibt dann die Steigung der Deckungsbeitragsgeraden an, die wiederum in das Koordinatensystem einzuzeichnen ist und solange verschoben wird, bis sie den zulässigen Lösungsraum tangiert (vgl. Abbildung 105).

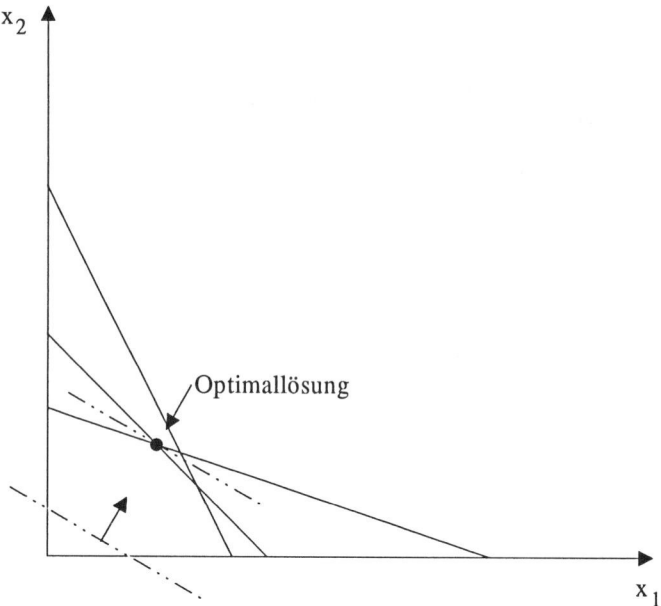

Abb. 105: Optimales Produktionsprogramm

Darüber hinaus sind Situationen denkbar, in denen es nicht nur ein, sondern **mehrere optimale Produktionsprogramme** gibt. Dies ist dann der Fall, wenn sich nicht alle Restriktionen in einem Punkt schneiden und die **Zielfunktion eine Strecke** des zulässigen Lösungsraumes **tangiert**, wie dies in Abbildung 106 dargestellt ist.

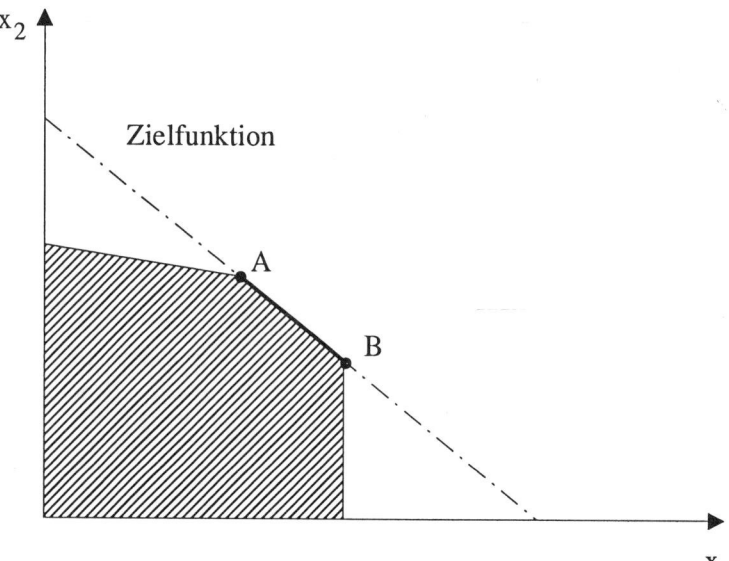

Abb. 106: Mehrdeutige Lösung

In diesem Fall erbringen alle Mengenkombinationen von x_1 und x_2, die sich auf der Strecke $\overline{AB}$ befinden, den gleichen Zielfunktionswert. Es ist eine mehrdeutige Lösung gegeben.

Die **Grenzen** dieses Standardansatzes lassen sich verdeutlichen, wenn die herausgestellten Voraussetzungen einer kritischen Betrachtung unterzogen werden:

- Als Ziel wurde die Maximierung des Deckungsbeitrages unterstellt. Wie im Punkt 1.1.8 bereits ausgeführt wurde, kann eine Unternehmung sehr unterschiedliche Ziele anstreben. Darüber hinaus wird es sich i.d.R. nicht um eine monovariable Zielfunktion, sondern um ein **Zielbündel** handeln, das eine Unternehmung ihren Handlungen zugrunde legt.

- Die Interdependenzen zwischen Absatz- und Produktionsprogramm werden nicht in ausreichendem Maße beachtet. Es ist zwar möglich, absatzwirtschaftliche Aspekte durch die Einführung von **Absatzhöchstmengen** ($x_j \le x_{Aj}$) und **Absatzmindestmengen** ($x_j \ge x_{Aj}$) in das Modell zu integrieren, jedoch vermag dies theoretisch nicht zu befriedigen, da über den Absatzplan unabhängig vom Produktionsprogramm bereits eine Vorentscheidung gefallen ist. Sowohl die Verkaufspreise als auch die Absatzmöglichkeiten werden nicht simultan mit dem Produktionsprogramm ermittelt, sondern sie sind vorgegebene Größen für die Produktionsprogrammoptimierung (vgl. Zäpfel 1982, S. 93).

Für eine **zeitliche Abstimmung** zwischen **Absatz-** und **Produktionsprogramm** bieten sich die folgenden Wege an (vgl. Sabel 1979, Sp. 1693):

-- Bildung von Lagern für Halb- und Fertigprodukte;

-- Anpassung der Produktion nach dem Zeitstufenprinzip durch unterschiedliche Nutzung von Kapazitäten oder Nutzung unterschiedlicher Kapazitäten;

-- Beeinflussung des Absatzverlaufes durch den Einsatz absatzpolitischer Instrumente.

Als Konsequenz dieser Überlegungen ergeben sich dann **mehrperiodige Ansätze**. Bei einer variablen Absatzpolitik ist folglich eine **simultane Planung** des produktions- und absatzwirtschaftlichen Instrumentariums notwendig. Hierbei sind die beiden folgenden Probleme relevant:

-- Es müssen die **Wirkungsfunktionen** der absatzpolitischen Instrumente je Produktart und bei Interdependenzen der Produktarten auch für die Kombinationen der Instrumente bekannt sein. Dieser Problembereich ist theoretisch noch nicht umfassend gelöst.

-- Es ergeben sich in den meisten Fällen **nicht-lineare Programme**, für die bei einer größeren Anzahl von Produkten und Restriktionen meist keine effizienten Algorithmen existieren. Aus diesem Grunde wird dann mit **linearen Approximationen** gearbeitet.

- Die **Deckungsbeiträge** werden als **konstant** unterstellt. Damit werden etwa Rabatte nicht in die Überlegungen einbezogen.

- Die Produktionskoeffizienten werden als konstant unterstellt. Wird die Anlage jedoch mit unterschiedlichen Intensitäten genutzt, dann sind die **Produktionskoeffizienten variabel** und es ergeben sich nicht-lineare Verbrauchsfunktionen. Die gleiche Situation ergibt sich, wenn ein Produkt mit **verschiedenen Produktionsverfahren** erstellt werden kann.

- Finanz- und Beschaffungsbedingungen werden nicht berücksichtigt. Das Grundmodell ist folglich um entsprechende Restriktionen zu ergänzen.

- Kurzfristige Anpassungen, z.B. über Zusatzschichten und Überstunden, die mit höheren Kosten einhergehen, werden nicht berücksichtigt.
- Probleme der Lagerhaltung werden ausgeklammert. Existieren beispielsweise saisonale Schwankungen auf der Absatzseite und wird die Lagerhaltung damit zu einem wesentlichen Ausgleichsinstrument, dann ist dieses Grundmodell nicht einsetzbar.
- Es wird eine einstufige Produktion unterstellt. Probleme der Mehrstufenproduktion werden nicht beachtet, obwohl dies eher der Regelfall in der Praxis sein dürfte.
- Im Grundmodell werden keine Rüstprozesse berücksichtigt. Damit werden Fragen der Ablaufplanung der betrieblichen Leistungserstellung explizit ausgeschlossen.

Durch Einbeziehung dieser Aspekte läßt sich dann der vorgestellte Standardansatz schrittweise der Realität annähern, was jedoch mit einer **Zunahme der Modellkomplexität** verbunden ist. Aus der Vielzahl der unterschiedlichen Erweiterungen des Grundmodells (vgl. hierzu die Ausführungen von Zäpfel 1982, S. 98 ff.) seien im folgenden einige wenige vorgestellt.

In dem dargestellten Optimierungsmodell wurde eine **monovariable Zielfunktion** unterstellt. Wird diese Prämisse zugunsten einer **multivariablen Zielfunktion** aufgegeben, dann sind die möglichen Beziehungen zwischen den Zielen zu beachten (vgl. Punkt 1.1.8). Während im Fall komplementärer Zielbeziehungen keine zusätzlichen Probleme auftreten (perfekte Lösung), sind hingegen bei konkurrierenden Beziehungen zusätzliche Analysen erforderlich. Formal läßt sich eine multivariable Zielfunktion für k-Ziele in einer Vektorfunktion Z(x) erfassen (Vektormaximierungsproblem):

$$\max \{Z(x) = (Z_1(x), ..., Z_k(x))\}$$

Da bei konkurrierenden Zielbeziehungen eine gleichzeitige Maximierung aller Ziele nicht möglich ist, ist zunächst zu klären, was unter einer maximalen Lösung in diesem Zusammenhang zu verstehen ist. Hierzu ist eine zweistufige Vorgehensweise erforderlich:

- Aussonderung ineffizienter Lösungen
- Auswahl einer Lösung aus den effizienten Lösungen.

Eine zulässige Lösung $\hat{x} \in X$ ist dann eine **effiziente Lösung**, wenn es keinen Vektor $x \in X$ gibt, der die Bedingungen

$$Z_k(x) \geq Z_k(\hat{x}) \text{ für alle } k$$

$$Z_k(x) > Z_k(\hat{x}) \text{ für mindestens ein } k$$

erfüllt. Demgegenüber liegt eine **ineffiziente Lösung** dann vor, wenn es eine zulässige Lösung gibt, für die sich alle Zielfunktionswerte mindestens nicht verkleinern, jedoch für mindestens einen Zielfunktionswert eine Vergrößerung eintritt.

Durch den ersten Schritt der Aussonderung erfolgt damit eine Verkleinerung des Lösungsraumes. Die Frage, welche aus den effizienten Lösungen auszuwählen ist, kann allerdings auf der Grundlage der bisherigen Überlegungen noch nicht beantwortet werden. Hierzu ist es erforderlich, **weitere Entscheidungsregeln** zu formulieren, die die Auswahl der optimalen aus den effizienten Lösungen ermöglichen. Hierzu finden sich in der Literatur unterschiedliche Empfehlungen. Gemeinsam ist diesen Ansätzen, daß sie ihren Niederschlag in einer **übergeordneten Kompromißzielsetzung** finden. Als bekannteste Entscheidungsregeln lassen sich in diesem Zusammenhang nennen:

- Lösung von Zielkonflikten durch **Gewichtung**.
- Lösung von Zielkonflikten durch die **Maximierung des minimalen Zielerrei-chungsgrades**: Grundlage dieser Vorgehensweise ist das **Min-Max-Kriterium**, d.h. es wird eine **pessimistische Haltung des Entscheidungsträgers** unterstellt.
- Lösung von Zielkonflikten durch **Goal-Programming**: Der Entscheidungsträger setzt für die einzelnen Ziele bestimmte Vorgaben, die das Produktionsprogramm nach Möglichkeit erfüllen soll, d.h. es wird dasjenige Produktionsprogramm gewählt, das den Zielvorgaben am nächsten kommt. **Ziel** ist es dabei, die Summe der absoluten Abweichungen von den Zielvorgaben zu minimieren. Darüber hinaus können die **einzelnen Zielvorgaben** hinsichtlich ihrer Bedeutung unterschieden, d.h. in eine **Rangordnung** gebracht werden. In diesem Fall kann ein nachrangiges Ziel erst dann realisiert werden, wenn ein höherwertiges Ziel bereits erreicht wurde. Das **Haupt-problem** bei diesem Ansatz ist in der Ermittlung sinnvoller Zielvorgaben zu sehen. Das jeweilige gewählte Niveau dieser Zielvorgaben hat dabei starke Auswirkungen auf das Ergebnis. Mit Hilfe von **Sensitivitätsanalysen** lassen sich jedoch die Konsequenzen unterschiedlicher Vorgaben analysieren. Ein weiteres Problem ergibt sich bei der Festlegung der Rangordnung der in die Zielfunktion einbezogenen Ziele.

Im folgenden sei kurz auf den Lösungsansatz mit Hilfe von **Gewichtungen** eingegangen. Bei diesem Ansatz werden den einzelnen Zielen Gewichte zugeordnet, so daß sich folgende Struktur ergibt:

Suche $\hat{x}$, für das

$$g_1 \cdot Z_1(x) + g_2 \cdot Z_2(x) + \dots + g_k \cdot Z_k(x)$$

ein Maximum annimmt, mit

$$\sum_{k=1}^{K} g_k = 1 \quad \text{und} \quad 0 \leq g_k \leq 1$$

Die **übergeordnete Zielfunktion** ist damit ein gewogenes Mittel. Die **Zielgewichtungen** entziehen sich jedoch einer objektiven Festsetzung, sie lassen sich lediglich subjektiv bestimmen. Mit Hilfe von Simulationen lassen sich auch in diesem Falle die Konsequenzen unterschiedlicher Gewichtungen analysieren.

Das folgende **Beispiel** soll zur Verdeutlichung dieser Vorgehensweise dienen. Es seien die beiden folgenden Zielfunktionen gegeben:

Umsatz: $Z_1(x) = 1000x_1 + 2000x_2 \quad \rightarrow \quad \text{Max!}$

Deckungsbeitrag: $Z_2(x) = 350x_1 + 950x_2 \quad \rightarrow \quad \text{Max!}$

In die Kompromißregel soll der Deckungsbeitrag mit einem Gewicht von 0,7 und der Umsatz mit 0,3 eingehen, so daß sich die folgende **Kompromißzielfunktion** ergibt:

$$Z(x) = 0,3 \, (1000x_1 + 2000x_2) + 0,7 \, (350x_1 + 950x_2) \rightarrow \text{Max!}$$

$$Z(x) = 300x_1 + 600x_2 + 245x_1 + 665x_2 \rightarrow \text{Max!}$$

$$Z(x) = 545x_1 + 1265x_2 \rightarrow \text{Max!}$$

Ein besonderes Problem tritt dann auf, wenn die Koeffizienten der jeweiligen Zielfunktionen ganz unterschiedliche Größenordnungen aufweisen, da in diesem Fall die Dominanz einer Zielgröße nicht nur durch den jeweiligen Gewichtungsfaktor, sondern auch von der Größenordnung der Koeffizienten mitbestimmt wird.

Ein weiteres Problem im Rahmen der Produktionsprogrammplanung ergibt sich bei **zusammengesetzten Erzeugnissen**, die aus unterschiedlichen **Erzeugnisstrukturstufen** bestehen, d.h. die Erzeugnisse setzen sich aus Gruppen, Untergruppen und diese wiederum aus Teilen zusammen, wie dies etwa für die Metallindustrie typisch ist (vgl. Kiesel 1971; Hinz 1977). In diesen Fällen treten Besetzungsdichten in den Restriktionsmatrizen zwischen 20% und 60% auf. Die Besetzungsdichte ist dabei wie folgt definiert:

$$BD = \frac{A_E}{m \cdot n} \cdot 100$$

mit:

A_E = Anzahl der Koeffizienten, die ungleich Null sind

n = Spalten der Matrix

m = Zeilen der Matrix

BD = Besetzungsdichte

Aufgrund des **Hauptsatzes der linearen Programmierung** kann die Anzahl der im optimalen Produktionsprogramm enthaltenen Produkte höchstens der Zahl der aufgestellten Gleichungen entsprechen (= Anzahl der Zeilen). Es können folglich maximal "m" Produkte enthalten sein.

Bei der Lösung von linearen Optimierungsmodellen mit hohen Besetzungsdichten mit Hilfe der Simplexmethode treten unabhängig von der Matrixstruktur die folgenden Probleme auf:

- Das optimale Produktionsprogramm enthält weniger als die theoretisch mögliche Anzahl von "m" Produkten. Bezeichnen wir die Anzahl dieser Elemente mit "$\bar{m}$", dann gilt: $\bar{m}$ < m.

- Unter diesen "$\bar{m}$" Elementen in der Optimallösung befinden sich "$\hat{m}$" **Schlupfvariablen,** so daß lediglich $\bar{m}$ - $\hat{m}$ **Strukturvariablen** auftreten, d.h. Produkte im optimalen Produktionsprogramm enthalten sind.

Diese über den Hauptsatz der linearen Programmierung hinausgehende **Beschränkung der Lösungsmenge,** wird als **Strukturvariablenbeschränkung** bezeichnet. Die Bedeutung der Reduzierung der Strukturvariablen durch die auftretenden Schlupfvariablen wird deutlich, wenn deren Anteil betrachtet wird. Wie die folgende Abbildung 107 zeigt, liegt der Anteil der Schlupfvariablen in der Metallindustrie in der Optimallösung mit etwa 40% erheblich über allen anderen angeführten Industriebereichen. In diesem hohen Anteil an Schlupfvariablen ist ein Grund zu sehen, der den Einsatz der Simplexmethode im Rahmen der Produktionsprogrammplanung in der Metallindustrie behindert.

Die Anzahl der Schlupfvariablen in der Optimallösung wird deshalb größer, weil diese von der Besetzungsdichte der Ausgangsmatrix abhängt.

Unternehmungen aus unterschiedlichen Industriezweigen	Anzahl der Zeilen (m)	Anzahl der Spalten (n)	Schlupf- variablen in v.H.
Mineralölindustrie	410	500	7,6
Mineralölindustrie	1200	1900	2,9
Mineralölindustrie	752	1090	1,6
Petrochemie	210	360	8,2
Raffinerie	71	91	2,7
Metallindustrie	1000	1800	39,3

Abb. 107: Anteil der Schlupfvariablen in der Optimallösung in verschiedenen Industriezweigen mit unterschiedlichen Modellabmessungen

Das so ermittelte optimale Produktionsprogramm ist unter **akquisitorischen Gesichtspunkten,** aufgrund der starken Produktbeschränkung, eine wenig attraktive Lösung. Aus diesem Sachverhalt ergibt sich ein **Spannungsfeld** zwischen **absatz- und produktionswirtschaftlichen Überlegungen.** Während aus absatzwirtschaftlicher Sicht ein breites Produktionsprogramm aufgrund der damit einhergehenden akquisitorischen Wirkungen günstiger erscheint als ein zu eng ausgerichtetes Programm, sind aus produktionswirtschaftlicher Perspektive eine geringe Anzahl von Produkten und große Serien (und den damit verbundenen niedrigen Stückkosten) günstiger zu beurteilen. Es ist damit ein Weg zu suchen, der dieses Spannungsfeld zu überwinden vermag, d.h. wie die Anzahl der Produkte im Produktionsprogramm erhöht werden kann, ohne dabei zu weit von der Optimallösung, hinsichtlich eines Verlustes beim Zielfunktionswert, abzuweichen. Als Ergebnis ergäbe sich dann ein **suboptimales Produktionsprogramm**, das jedoch unter absatzwirtschaftlichen Aspekten günstiger zu beurteilen ist.

Um dieses Problem zu lösen, werden die drei folgenden Wege empfohlen:

- Einführung zusätzlicher Restriktionen,
- Verwendung verschiedener Zielfunktionen und
- Aufspaltung der Produktionskapazität.

Als **Kriterien zur Beurteilung** dieser Ansätze können

- der **Zielfunktionswertverlust** und die
- sich ergebende **Lösungsmenge**

herangezogen werden.

Die Einführung zusätzlicher Restriktionen bewirkt eine **Erhöhung der Zeilenzahl**. Hierbei kann zwar zunächst durch die Zeilenzahlerhöhung die Lösungsmenge gesteigert werden, jedoch nimmt diese bei Überschreiten eines bestimmten **Seitenverhältnisses** nicht weiter zu. Je nach Besetzungsdichte geht der Deckungsbeitrag um 30% bis 50% zurück, während die Lösungsmenge 60% bis 70% der theoretisch möglichen Menge beträgt.

Bei **Variation der Zielfunktion**, z.B. maximaler Deckungsbeitrag, maximale Kapazitätsauslastung, maximaler Umsatz und maximale Arbeitsproduktivität, ergibt sich lediglich bei der Zielfunktion "maximiere die Kapazitätsauslastung" eine deutliche Erhöhung der Lösungsmenge, die jedoch mit hohen Zielfunktionswertverlusten einhergeht (Deckungsbeitragsverluste von bis zu 60%).

Die günstigsten Ergebnisse im Rahmen von Simulationsrechnungen ergaben sich beim **Kapazitätsaufteilungsverfahren**. Aus diesem Grunde sei dieses Verfahren ausführlicher vorgestellt.

Mit diesem Verfahren kann die Anzahl der Produkte, die in das Produktionsprogramm aufgenommen werden, die theoretische Grenze "m" der Simplexlösung überschreiten, wobei jedoch im Vergleich zur ursprünglichen (optimalen) Lösung ein Zielfunktionswertverlust hingenommen werden muß, der deutlich niedriger ist, als dies bei den zuerst genannten Ansätzen der Fall ist. Das Verfahren hat den folgenden formalen Aufbau:

1. Auf der Grundlage der Simplexmethode und der gesamten zur Verfügung stehenden Kapazität wird eine optimale Lösung berechnet.

2. Die so ermittelten Stückzahlen (x) der in der Optimallösung vorhandenen Produkte werden dann mit einem **Reduktionsfaktor** (R) herabgesetzt:

$$x_{red} = R \cdot x_{opt} \quad \text{mit } R < 1$$

Dies hat zur Folge, daß Kapazitäten für weitere Lösungsläufe freigesetzt werden. Die hierdurch **freigesetzte Kapazität** ergibt sich aus:

$$(b_{frei})_i = b_i - \sum_j (x_{red})_j \cdot bb_{ij}$$

Der **reduzierte Zielfunktionswert** ergibt sich dann aus:

$$Z_{red} = \sum_j (x_{red})_j \cdot c_j$$

3. Die freigesetzte Kapazität bildet mit den Produkten, die nicht in der ersten optimalen Lösung enthalten sind, das Ausgangsmodell für die zweite Simplexlösung, die dann in einem weiteren Schritt wiederum reduziert werden kann.

Dieses Verfahren läuft für eine vorgegebene Anzahl von Reduktionsschritten (AR) ab, wobei sich die Gesamtlösung aus den Teillösungen zusammensetzt und die letzte optimale Simplexlösung unreduziert in die Gesamtlösung eingeht. Für AR Reduktionsschritte ergibt sich der **gesamte Zielfunktionswert** aus der folgenden Zielfunktion:

$$Z = \sum_{s=1}^{AR} R_s(Z_{opt})_s + \underbrace{(Z_{opt})_{AR+1}}$$

unreduzierte Lösung

Die Abbildung 108 gibt den beschriebenen Lösungsweg noch einmal in anschaulicher Form wieder.

Die **Erfolgsaussichten dieses Verfahrens** sind darin begründet, daß in späteren Lösungsläufen Produkte ermittelt werden können, die die Kapazitätsengpässe der ersten Lösung nur in geringem Ausmaß beanspruchen.

Mit diesem bewußten Verzicht auf die Optimallösung $(Z_{opt})_1$ geht ein Zielfunktionswertverlust (ZV) einher, der sich wie folgt als Differenz zwischen $(Z_{opt})_1$ und der Gesamtlösung (Z) ermitteln läßt:

$$ZV = (Z_{opt})_1 - Z$$

$$ZV = (Z_{opt})_1 - [R_1(Z_{opt})_1 + ... + R_{AR}(Z_{opt})_{AR} + \underbrace{(Z_{opt})_{AR+1}}]$$

unreduzierte Lösung

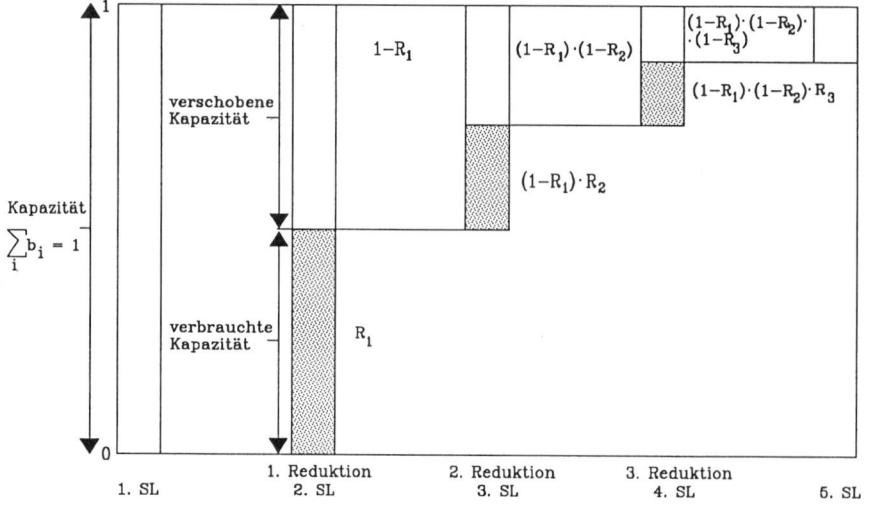

mit: $0 < R_i < 1$ (Reduktionsfaktor);   SL: Simplexlösung

Abb. 108: Graphische Darstellung des Kapazitätsaufteilungsverfahrens

Bisher unbeantwortet blieb die Frage nach der Quantifizierung des Ausmaßes des Zielfunktionswertverlustes, der mit der Erhöhung der Lösungsmenge einhergeht. In Versuchsrechnungen zeigten sich besonders günstige Ergebnisse bei einem Reduktionsfaktor von 0,5 mit vier Reduktionsschritten. Dabei steigt die Lösungsmenge über die theoretische Grenze "m" und erreicht, je nach Besetzungsdichte (40%-60%), einen Wert zwischen 110% und 140%. Der Zielfunktionswertverlust beträgt dabei in Abhängigkeit von der Besetzungsdichte zwischen 5% und 20%. Allgemeingültige Aussagen lassen sich hierzu jedoch kaum formulieren, sondern die Ergebnisse hängen von den konkreten Zusammensetzungen der Erzeugnisse und den jeweiligen Kapazitätsinanspruchnahmen durch die Produkte ab. Generell gilt jedoch (vgl. Abb. 109), daß die Anzahl der Reduktionsschritte um so kleiner sein kann, je größer der Reduktionsfaktor ist.

R	$1 - R$	$(1 - R)^2$	$(1 - R)^3$	$(1 - R)^4$
0,5	0,5	0,25	0,125	0,0625
0,6	0,4	0,16	0,064	0,0256
0,7	0,3	0,09	0,027	0,0081
0,8	0,2	0,04	0,008	0,0016
0,9	0,1	0,01	0,001	0,0001

Abb. 109: Reduktionsfaktoren in Abhängigkeit von der Anzahl der Schritte

In den bisherigen Überlegungen wurde davon ausgegangen, daß keine **Kuppelprodukte** auftreten. Insbesondere unter ökologischen Gesichtspunkten erscheint dieser Aspekt von Interesse, da **aus naturgesetzlichen Gründen eine rückstandsfreie Produktion ausgeschlossen ist.** Hierfür sind die beiden folgenden Gründe verantwortlich (vgl. Strebel/Hildebrandt 1989, S. 101):

- Materie und Energie, die als Input in den Produktionsprozeß einfließen, werden nicht vernichtet, sondern lediglich umgewandelt.
- Der Input fließt nicht vollständig in die erwünschten Produkte, sondern auch in unerwünschte Rückstände, d.h. es handelt sich um unvermeidliche Kuppelprodukte.

Eine vollständige Rückstandsvermeidung ist damit technisch nicht möglich. Darüber hinaus kann sie auch aus **ökonomischen** und/oder **ökologischen** Gesichtspunkten keine akzeptable Alternative darstellen. In diesen Fällen gelangt die Verwertung der entstehenden Rückstände in das Zentrum des Interesses. Diesen Prozeß der Rückführung fester, flüssiger oder gasförmiger Rückstände in den Produktionsprozeß wird als **Recycling** bezeichnet, das mit den folgenden Effekten einhergeht (vgl. z.B. Faber/Stephan 1988, S. 5 f.):

- Verringerung des Rohstoff- und Energieinputs, der Umweltschädigungen und der Abfallmengen. Dabei ist zu beachten, daß
  -- eine vollständige Rückgewinnung der in den Rückständen enthaltenen Rohstoffe häufig nicht möglich ist,
  -- Rückstände i.d.R. nicht beliebig oft recycliert werden können,
  -- nicht alle Rückstände unter ökonomischen Bedingungen recyclierbar sind und
  -- auch Recyclingprozesse umweltschädliche Kuppelprodukte hervorbringen können.
- Recycling geht mit einer Schonung von knappem Deponievolumen einher.

Der **Wirkungsgrad** von Recyclingprozessen ist dabei u.a. von der **Homogenität der Rückstände** abhängig, da hierdurch der Energieaufwand für die Trennung und Aufbereitung der zu recyclierenden Rückstände beeinflußt wird. Aus diesen Überlegungen resultiert, daß Recycling i.d.R. zu einer **temporären Entlastung** des Primärrohstoffverbrauchs beiträgt, d.h. die Verweildauer von Stoffen im wirtschaftlichen Kreislauf verlängert wird. Darüber hinaus ist zu beachten, daß recyclierte Rückstände sich auch durch andere qualitative Eigenschaften auszeichnen können (vgl. Corsten/Götzelmann 1989, S. 411f.). Recyclingprozesse weisen jedoch ein äußerst unterschiedliches Erscheinungsbild auf. So lassen sich die folgenden **Erscheinungsformen** unterscheiden:

- **direktes Recycling**: die Rückstände lassen sich unmittelbar ohne weitere Behandlung als Input
  -- im gleichen Produktionsprozeß ① (direktes primäres Recycling) oder
  -- in einem anderen Produktionsprozeß ② (direktes sekundäres Recycling) einsetzen;
- **indirektes Recycling**: die anfallenden Rückstände müssen vor ihrer Wiederverwendung einer Behandlung unterzogen werden, um dann

-- im gleichen Produktionsprozeß ③ (indirektes primäres Recycling) oder

-- in einem anderen Produktionsprozeß ④ (indirektes sekundäres Recycling) eingesetzt zu werden.

Übernimmt hingegen eine Unternehmung Rückstände von anderen Unternehmungen oder aus dem Kundenbereich, dann fließen diese wiederum über den Beschaffungsbereich in den Produktionsprozeß als Input ein und werden entsprechend erfaßt (Corsten/ Reiß 1991, S. 617). Die folgende Abbildung 110 gibt diesen Zusammenhang in vereinfachter Form wieder.

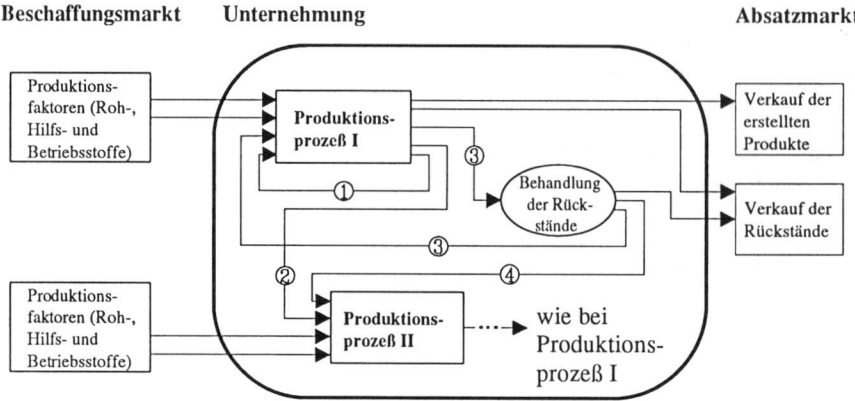

Abb. 110: Erscheinungsformen des Recycling

Ansatzpunkte zur Einbeziehung von Recyclingprozessen in die Produktionsprogrammplanung auf der Grundlage der linearen Programmierung wurden bereits im Jahre 1971 von Russell formuliert. Aufbauend auf diesen Ansatz wurden weiterführende Modelle von Bührens (1979, S. 190 ff.) und Jahnke (1986, S. 154 ff.) entwickelt. Durch die Integration von Recyclingprozessen in die Optimierung des Produktionsprogramms erfahren sowohl die **Zielfunktion** als auch die **Restriktionen** Veränderungen. Bevor die Grundstruktur des Ansatzes von Jahnke skizziert wird, sei zunächst auf diese Veränderungen eingegangen. Unterstellen wir als Zielfunktion die Gewinnmaximierung, dann können die einzelnen **Zielfunktionskomponenten** in ihren Ausprägungen durch die folgenden Aspekte beeinflußt werden:

- Auf der **Erlösseite**

-- durch anfallende Verkaufserlöse aus den vermarkteten Rückständen und

-- durch Erlösveränderungen, die durch die Produktion neuer Produkte aus Rückständen und durch qualitative Auswirkungen des Recycling entstehen;

- auf der **Kostenseite**

-- durch Produktions- und Beschaffungskosten, bedingt durch quantitative und qualitative Auswirkungen des Recycling,

-- durch Beschaffungskosten der Rückstände,

-- durch Recyclingkosten zwischen den Produktionsprozessen (z.b. Transport-, Reinigungs- und Trennkosten),

-- durch Kosten, die durch eine spezielle Bearbeitung von Rückständen entstehen,

-- durch Zwischenlagerungskosten der Rückstände und

-- durch Kosten für die Abgabe von Rückständen an die Umwelt.

Bei den **Restriktionen** ergeben sich durch die Einbeziehung von Recyclingprozessen die folgenden Erweiterungen:

- Beschaffungsrestriktionen für Rückstände,

- Gleichgewichtsbedingung für die Faktorbeschaffung und den Faktoreinsatz,

- Recyclingrestriktionen zur Qualitätssicherung (Ober-, Untergrenzen),

- Kapazitätsrestriktionen der zum Einsatz gelangenden Überarbeitungsanlagen,

- Gleichgewichtsrestriktion für die Entstehung und Verwendung von Rückständen,

- Gleichgewichtsrestriktionen für Lagerzugänge und -abgänge (Zwischenlagerung der Rückstände),

- Kapazitätsrestriktionen für die Zwischenlagerung,

- Absatzrestriktionen für Rückstände und

- Restriktionen für die Abgabe von Rückständen an die Umwelt.

Zunehmend wird in diesem Zusammenhang in der Literatur die gesellschaftliche Verantwortung von Unternehmungen diskutiert (moralisch begründeter Imperativ, Kern 1982, S. 132), die etwa darin zum Ausdruck kommt, daß Unternehmungen restriktivere Bedingungen setzen, als dies zur Erfüllung staatlicher Forderungen notwendig ist. Im **Extremfall** ergäbe sich dann eine Zielfunktion, in die ausschließlich ökologische Komponenten einfließen (z.b. minimiere die emittierten Schadstoffmengen) unter Beachtung eines zu realisierenden Mindestgewinnes. Eine derartige Zielsetzung dürfte unter ökonomischen Gesichtspunkten nur in Ausnahmefällen begründbar sein.

Ausgehend von den Schwachstellen des Ansatzes von Russell entwickelt Jahnke einen LP-Ansatz, der es erlaubt, Recyclingprozesse in die Produktionsplanung zu integrieren. Dabei wählt er die folgende **mehrstufige Vorgehensweise:**

- Ausgangspunkt bildet ein statisches Modell zur Integration des Recycling in die Produktionsplanung.

- Darauf aufbauend werden Investitions- und Finanzplanung in die Überlegungen einbezogen. Dies erfordert einen dynamischen, mehrperiodigen Ansatz.

- In einem weiteren Schritt erfolgt dann eine differenzierte Einbeziehung von Qualitätsproblemen bei Recyclingprozessen und Problemen der Zwischenlagerung von Rückständen.

In den Ansatz fließen dann die folgenden **Problembereiche** ein:

- Mehrproduktproduktion,

- Beschaffung von Rohstoffen inklusive Rückstände von externen Stellen,

- unternehmungsinterne Recyclingprozesse,

- Abgabe von Rückständen an die Umwelt und
- Absatz von Produkten und Rückständen.

Dabei werden die folgenden **Prämissen** zugrunde gelegt:

- Es liegen limitationale Faktoreinsatzbeziehungen vor.
- Es liegt eine starre Kuppelproduktion vor, d.h. auf der Outputseite fallen die einzelnen Komponenten in einem festen Verhältnis an.
- Es ist eine intensitätsmäßige Anpassung realisierbar.
- Es sind folgende Verwertungsmöglichkeiten von anfallenden Rückständen zulässig:

  Rückstände können

  -- in den sie verursachenden Produktionsprozeß oder

  -- in einen anderen Produktionsprozeß, der auch speziell hierfür konzipiert werden kann,

  einfließen.
- Für die Behandlung der Rückstände stehen entsprechende Anlagen zur Verfügung.
- Sowohl für die abzusetzenden Produkte als auch für die entstehenden Rückstände können Absatzober- und untergrenzen eingeführt werden.
- Die Kapazitäten sind gegeben.

Die Struktur des sich hieraus ergebenden **Grundmodells**, und nur auf dieses sei im Rahmen einer Einführung eingegangen, ergibt sich dann aus Abbildung 111 (das Symbol x: steht für eine Mengenbegrenzung; der senkrechte Doppelstrich auf der rechten Seite symbolisiert das Gleichheitszeichen und die Vorzeichen "+" und "-" weisen auf die Existenz und Art der berücksichtigten Interdependenzen hin (vgl. Jahnke 1986, S. 176).

Eine wesentliche Schwachstelle bei der gewinn- oder deckungsbeitragsmaximalen Bestimmung des Produktionsprogramms auf der Grundlage der linearen Programmierung ist in der Ermittlung der **Kostenkomponente in der Zielfunktion** zu sehen. Da eine rückstandsfreie Produktion aus naturgesetzlichen Gründen ausgeschlossen ist, d.h. auch unerwünschte Rückstände auftreten, ist jede industrielle Produktion letztlich eine Kuppelproduktion. Bei derartigen Kuppelproduktionen liegt eine **Kostenverbundenheit** vor, d.h. eine verursachungsgerechte Aufteilung der Kosten auf die einzelnen Produkte und Rückstände ist nicht möglich. In der Praxis haben sich zur Bewältigung dieses Problems drei Behelfsmethoden herauskristallisiert (vgl. Ahlert/Franz 1988, S. 80 f.):

- **Restwertmethode:** Ausgangspunkt dieses Ansatzes ist die Annahme, daß sich der Output der Kuppelproduktion in ein Hauptprodukt und ein oder mehrere Nebenprodukt(e) aufspalten läßt. Die mit der Veräußerung der Nebenprodukte einhergehenden Erlöse werden von den anfallenden Gesamtkosten der Kuppelproduktion subtrahiert, und der sich ergebende Restbetrag als Kosten des Hauptproduktes betrachtet.

- **Kostenverteilungsmethode:** Grundlage dieser Methode ist die Äquivalenzziffernrechnung, d.h. es wird vorausgesetzt, daß Vergleichbarkeitsziffern (Basis hierfür sind technische Relationen) existieren, die eine Verteilung der Kosten auf die Produkte ermöglichen.

	Beschaffung		Produktion	Recycling (innerbetrieblich)	Überarbeitung der Rückstände (alle Formen)	Abgabe an die Umwelt	Absatz		
	Roh-stoffe	Rück-stände					Pro-dukte	Rück-stände	
Zielfunktion	−	−	−	−	−	−	+	+	max!
Beschaffungs-restriktion Rohstoffe	+								$\leqq$ x:
Beschaffungs-restriktion Rückstände		+							$\leqq$ x:
Beschaffungsgleichgewicht	+	+	−	+					= 0
Recyclingrestriktionen		+	−	+					$\leqq$ 0
Kapazitäts-restriktionen Produktion			+						$\geqq$ 0
Kapazitäts-restriktionen Überarbeitung					+				$\leqq$ x:
Verwendungsgleichgerichtete Rückstände			+	−		−		−	= 0
Abgabenrestriktionen der Rückstände						+			$\leqq$ x:
Absatz-restriktionen Produkte							+		$\leqq$ x:
Absatz-restriktionen Rückstände								+	$\geqq$ x:
Nichtnegativitätsbedingungen	+	+	+	+	+	+	+	+	$\geqq$ 0

Abb. 111: Struktur des Grundmodells

- **Marktpreismethode:** Auch hierbei handelt es sich um eine Anwendung der Äquivalenzziffernrechnung. Grundlage zur Bildung dieser Äquivalenzziffern sind dabei die Marktpreise, d.h. die Kosten werden dem Verhältnis der Marktpreise entsprechend auf die anfallenden Produkte aufgeteilt.

Die Ergebnisse dieser Methoden haben keinen betriebswirtschaftlichen Aussagewert. Eine verursachungsgerechte Aufteilung der Kosten ist nicht möglich. Diese Aussagen verdeutlichen die Problematik bei der Ermittlung der Kostenkomponenten in der Zielfunktion des LP-Ansatzes.

Den vorangegangenen Ausführungen lag eine marktorientierte Produktion zugrunde, d.h. es werden Produkte für den anonymen Markt produziert. Demgegenüber ist eine **kundenorientierte Produktion** dadurch charakterisiert, daß die Produktion erst durch den jeweiligen Kundenauftrag ausgelöst wird. Unter diesen situativen Gegebenheiten ergeben sich bei der Produktionsprogrammplanung die folgenden Problemstellungen:

- Soll ein Auftrag für die bevorstehende Planungsperiode angenommen oder soll er abgelehnt werden?
- Wie groß soll die zu haltende Kapazitätsreserve für die in einem Planungszeitraum erwarteten und lohnenden Aufträge sein?

Es wird damit von der Überlegung ausgegangen, daß sich die Entscheidungsträger im Rahmen der Entscheidung über die Annahme oder Ablehnung eines Auftrages davon leiten lassen, welche Kapazitätsreserven für erwartete, gewinnträchtige Aufträge vorgehalten werden sollen. Zur Lösung dieser Problemstellung hat Jacob (1971, S. 495 ff.) ein grundlegendes Modell entwickelt, das im folgenden in seinen Grundzügen kurz skizziert wird.

In einem ersten Schritt erfolgt eine **Aufspaltung der verplanbaren Kapazität** in die beiden Teilklassen

- freie und
- reservierte Kapazität.

Um eine Grundlage für den Zugriff auf die reservierte Kapazität zu erhalten, werden zusätzlich **Quasikosten** eingeführt. Ein vorliegender Auftrag wird nur dann mit der reservierten Kapazität bearbeitet, wenn dieser trotz der Quasikosten noch lohnend erscheint. Für das Management stellt sich folglich einerseits die Aufgabe, die Quasikosten in ihrer Höhe festzulegen und anderseits die reservierten Kapazitäten in der Form von Zeitanteilen zu fixieren. Für die Quasikosten sind von der Unternehmungsleitung etwa Deckungsbeiträge festzulegen. Die Höhe der Kapazitätsreserve hängt dabei von den in der Planungsperiode zu erwartenden Aufträgen ab. Es läßt sich dann der folgende lineare Ansatz formulieren:

$$u_j = \begin{cases} 1, \text{ Annahme des Auftrages j} \\ 0, \text{ Ablehnung des Auftrages j} \end{cases}$$

$b_{\text{frei ij}} \geq 0$ freie Kapazität der Produktiveinheit i für den Auftrag j

$b_{res\,ij} \geq 0$ reservierte Kapazität der Produktiveinheit i für den Auftrag j

$K_{Q\,i}$ Quasikosten der reservierten Kapazität der Produktiveinheit i

t_{ij}^B Bearbeitungszeit für den Auftrag j auf der Einheit i

$\overline{b}_i$ Kapazitätsobergrenze der Produktiveinheit i

$b_{ex\,i}$ ex ante festgelegter Anteil für die reservierte Kapazität i, mit $0 \leq b_{ex\,i} \leq 1$

DB_j Deckungsbeitrag des Auftrages j

Als Zielfunktion ergibt sich dann:

$$\sum_{j=1}^{n} DB_j \cdot u_j - \sum_{i=1}^{m} \sum_{j=1}^{n} K_{Qi} \cdot b_{res\,ij} \rightarrow \text{Max}!$$

Diese Zielfunktion besagt, daß die Deckungsbeiträge bei Subtraktion der Quasikosten für die reservierte Kapazität zu maximieren sind, und zwar· unter Beachtung der folgenden **Restriktionen**:

$$\sum_{j=1}^{n} b_{frei\,ij} \leq b_{ex\,i} \cdot \overline{b}_i$$

$$\sum_{j=1}^{n} b_{res\,ij} \leq (1 - b_{ex\,i}) \cdot \overline{b}_i$$

Mit Hilfe dieser Restriktionen wird sichergestellt, daß die in Anspruch genommenen Zeiten durch Aufträge weder die freie noch die reservierte Kapazität überschreiten.

Ist ein Auftrag j zur Produktion vorgesehen, dann muß die Belegung auf allen für die Herstellung notwendigen Anlagen gesichert sein:

$$\sum_{i=1}^{m} (b_{frei\,ij} + b_{res\,ij}) \geq u_j \cdot \sum_{j=1}^{m} t_{ij}^B$$

$$b_{frei\,ij} + b_{res\,ij} \leq t_{ij}^B$$

Mit der zweiten Bedingung wird sichergestellt, daß eine Kapazitätsart nicht durch eine andere substituiert wird.

Zusätzlich sind die folgenden **Nichtnegativitätsbedingungen** zu beachten:

$$u_j \in \{0, 1\}$$

$$b_{frei\,ij}, b_{res\,ij} \geq 0$$

Die Lösung dieses Problems ist mit Hilfe der **gemischt-ganzzahligen Optimierung** möglich. Diese Algorithmen führen allerdings bei größeren (und damit praktisch relevanten) Problemen schnell zu rechentechnischen Schwierigkeiten. Unabhängig von diesem, für praktische Fragestellungen grundlegenden Problem, geht dieser Ansatz von den folgenden **Voraussetzungen** aus (vgl. Zäpfel 1982, S. 150):

- die Aufträge liegen abschlußreif vor und führen mit Sicherheit zu einer Bestellung,
- der Bedarf an Kapazitäten der jeweiligen Aufträge ist ex ante eindeutig bekannt und
- die Erlöse und variablen Kosten der vorliegenden Aufträge, zwischen denen das Management wählen kann, stehen fest.

In **realen Situationen** einer kundenorientierten Produktion sind diese Voraussetzungen jedoch i.d.R. nicht erfüllt. So existieren bei Auftragsvorlage häufig nur grobe Vorstellungen darüber, mit welchen Kapazitätsbelastungen und welchen Kosten der jeweilige Auftrag verbunden ist. Darüber hinaus werden häufig differenzierte Unterlagen, wie Stücklisten und Arbeitspläne, erst dann erstellt, wenn der Auftrag bereits verbindlich angenommen und vom Kunden das Angebot akzeptiert ist. Dieses Verhalten ist bereits deshalb rational, weil der Produzent nicht weiß, welche Angebote letztlich zu einem Auftrag werden und er damit das Bestreben hat, den Aufwand vor Auftragserteilung möglichst gering zu halten. Die dargestellten Größen werden folglich zu **Zufallsvariablen**. So ist z.B. die verfügbare Kapazität nicht nur von der Anzahl und dem Umfang der Angebote abhängig, sondern darüber hinaus von der Erfolgswahrscheinlichkeit, mit der ein Angebot zu einem Auftrag wird, und insbesondere auch zu welchem Zeitpunkt der jeweilige Auftrag erteilt wird, wodurch sich Auswirkungen auf den Liefertermin ergeben. Diese Überlegungen zeigen, daß der primäre Wert dieses Ansatzes weniger in einer praktischen Hilfestellung zur optimalen Problemlösung zu sehen ist, sondern darin besteht, die Struktur des Entscheidungsproblems zu erfassen und eindeutig zu beschreiben und damit eine **Problemtransparenz** erreicht wird. Neben diesem Ansatz wurden in der Literatur weitere Modelle entwickelt, die zur Gruppe der stochastischen Angebotsmodelle gehören, deren primärer Zweck ebenfalls nicht in der optimalen Lösung praktischer Problemstellungen zu sehen ist (vgl. z.B. Trampedach 1973). Zentrales Problem bei diesen Ansätzen ist es, unabhängig von eventuell auftretenden rechentechnischen Problemen, die Erfolgswahrscheinlichkeit, mit der ein Angebot zu einer Bestellung wird, relativ zuverlässig zu schätzen. Gelingt dies, dann kann von diesen Ansätzen auch eine konkretere Hilfestellung erwartet werden.

3 Potentialgestaltung

Zur Realisation der im vorangegangenen Kapitel dargestellten Produktionsprogramme bedarf es des Einsatzes von Produktionsfaktoren, wobei zwischen Potentialfaktoren (menschliche Arbeitsleistungen und Anlagen) und Repetierfaktoren (Roh-, Hilfs- und Betriebsstoffe) unterschieden wird. Durch die Kombination dieser Produktionsfaktoren entstehen **Leistungspotentiale**, die auch als Produktiveinheiten bezeichnet werden. Sie sind in der Lage, spezifische qualitative und quantitative Leistungen zu erbringen. Die durch diese Kombinationen geschaffenen Produktionspotentiale kennzeichnen dabei zunächst eine bestimmte **Leistungsbereitschaft**. Riebel (1954, S. 14) versteht dabei unter Leistungsbereitschaft einen Grenzzustand, der sich zwischen Kapazität und Nutzung schiebt. Die Kapazität stellt folglich für den Aufbau der Leistungsbereitschaft eine Rahmenbedingung dar. Diese Leistungsbereitschaft wird dann durch die Erteilung einer konkreten Aufgabe genutzt. Dies wird als **Endkombination** bezeichnet.

Wie bereits im Rahmen der Ausführungen über den Kapazitätsbegriff dargelegt wurde, besitzt jede Faktorart die Fähigkeit zur Erbringung bestimmter Leistungen. In der Faktorkombination wird das Leistungsvermögen durch den am knappsten dimensionierten Faktor determiniert, d.h. durch den **Engpaßfaktor**. Aufgabe der Potentialgestaltung ist es damit, für eine möglichst weitgehende Harmonisierung der zum Einsatz gelangenden Produktiveinheiten zu sorgen, um so eklatante Engpaßbildungen und die damit einhergehenden Leerkosten zu vermeiden. Derartige Abstimmungsverluste lassen sich jedoch, bedingt durch die mangelnde Teilbarkeit vieler Produktionsfaktoren, nicht vollständig vermeiden. Ziel der Potentialgestaltung muß es damit sein, die Abstimmungsverluste zu minimieren.

Aufgabe der Potentialgestaltung ist es nun, einerseits für die **Beschaffung** und anderseits für die **Bereitstellung** der zum Einsatz gelangenden Produktionsfaktoren Sorge zu tragen. Dabei seien die Faktoren menschliche Arbeitsleistungen, Anlagen und Material unterschieden, die als Gliederungspunkte für die weiteren Ausführungen dienen sollen (vgl. Kern 1992, S. 148)

3.1 Potentialbeiträge der menschlichen Arbeitsleistung

3.1.1 Begriffliche Grundlegungen

In der Physik ist Arbeit das Produkt aus Kraft · Weg. Diese hinsichtlich Träger und Zweck der Arbeit neutrale Begriffsbestimmung ist für betriebswirtschaftliche Fragestellungen zu präzisieren. Dabei können als Träger sowohl personelle als auch sachliche Elemente auftreten, und zwar zu dem Zweck, eine Problemlösung zu realisieren. In diesem Zusammenhang sei ausschließlich auf personale Elemente als Träger der Arbeit abgestellt, so daß unter Arbeit jede menschliche Tätigkeit zur Lösung unternehmungsbezogener Probleme verstanden werden kann (vgl. Pfeiffer/Dörrie/Stoll 1977, S. 13).

Unter Arbeitsleistung kann dann die quotiale Verknüpfung von Arbeit und Zeit verstanden werden, d.h. eine nach Art und Menge bestimmte Arbeit pro Zeiteinheit. Da sich die menschliche Arbeitsleistung einer **direkten Messung** entzieht, kann sie nur über Ersatzgrößen, d.h. mit Hilfe einer **indirekten Messung** erfaßt werden, wie etwa durch den realisierten Output, die Anzahl der Arbeitsverrichtungen und ähnliches. Im Rahmen produktionswirtschaftlicher Fragestellungen lassen sich dabei als Bezugsgrößen

- der Input und
- der Output

heranziehen.

Im Rahmen einer Inputbetrachtung lassen sich die beiden folgenden Ansatzpunkte unterscheiden:

- Die während eines Arbeitsprozesses verbrauchte Energie. Hierbei wird implizit unterstellt, daß sich Energieeinsatz und Problemlösungsbeitrag proportional verhalten.
- Die Menge der in Anspruch genommenen Produktionsfaktoren. In diesem Falle läge eine hohe Leistung dann vor, wenn ein relativ geringer Rohstoffverbrauch und eine relativ geringe Inanspruchnahme der betrieblichen Anlagen gegeben ist, d.h. es handelt sich letztlich um eine Ersparnisleistung.

Demgegenüber setzt eine Outputbetrachtung am Arbeitsergebnis an, d.h. es wird der Beitrag erfaßt, den ein Mitarbeiter an einer betrieblichen Problemlösung leistet. Dies setzt voraus, daß die Leistungsabgabe eines einzelnen Mitarbeiters in unmittelbarem Zusammenhang mit einer konkreten Problemlösung steht. Diese Voraussetzung ist jedoch primär bei objektbezogenen, körperlichen Arbeiten gegeben. In diesen Fällen läßt sich dann der Leistungsanteil des jeweiligen Mitarbeiters relativ leicht ermitteln. Demgegenüber ist ein solcher Beitrag bei dispositiv-geistigen Tätigkeiten nur in Ausnahmefällen zu ermitteln, weil sich in diesen Fällen die Leistung häufig auf mehrere Problemlösungen bezieht (z.B. Entscheidung über den Einsatz eines neuen Materialflußsystems oder über die Verwendung neuer Fertigungsverfahren). Es lassen sich damit die folgenden Aussagen formulieren:

- Liegt ein mengenmäßiges Arbeitsergebnis vor und lassen sich die Leistungseinheiten addieren, dann läßt sich die Leistung im Sinne einer Mengenleistung erfassen.
- Ist diese Voraussetzung nicht gegeben, wie etwa bei dispositiven Tätigkeiten, dann kann diese Vorgehensweise nicht realisiert werden, sondern es wird in diesen Fällen versucht, die Leistung mit Hilfe der Arbeitsbewertung zu ermitteln.

3.1.2 Einflußgrößen der menschlichen Arbeitsleistung

Eine zentrale Frage im Rahmen der Analyse der menschlichen Arbeitsleistungen ist darin zu sehen, welche Faktoren diese Leistung beeinflussen und die darauf aufbauende Problemstellung, welche Möglichkeiten sich einer Unternehmung eröffnen, um auf die Arbeitsleistung einzuwirken.

Einer der ersten Wissenschaftler, der sich mit diesem Problemkomplex in systematischer Form auseinandersetzte, war F. W. Taylor, der Begründer des **Scientific Management**. Ferner sind in diesem Zusammenhang die Forscher H. L. Gantt und F. B. Gilbreth zu nennen. Die Begründer des Scientific Management betrachten die Unternehmung als ein technisch-ökonomisches System, in dem es gilt, den Produktionsfaktor Mensch in optimaler Weise zum Einsatz zu bringen. Dabei soll der Einsatz der Arbeitskräfte so rationalisiert werden, daß eine Leistungssteigerung realisiert wird. Der Mensch wird als ein nach **Einkommensmaximierung** strebendes Wesen charakterisiert.

Zentrales Element des Scientific Management bilden dabei die **Arbeits- und Zeitstudien**, auf deren Grundlage die Arbeitsabläufe zu analysieren sind, um dann die Arbeitsbedingungen so zu gestalten, daß die menschliche Arbeitskraft einer bestmöglichen Nutzung zugeführt werden kann. Dabei vertritt Taylor das Postulat einer strikten Trennung von Planung (Kopf) und Ausführung (Hand), das sich auch in seinen organisationstheoretischen Überlegungen niederschlägt (vgl. Funktionsmeistersystem). Hierdurch bedingt, wird der Arbeiter auf einen nicht denkenden, rein ausführenden Spezialisten reduziert, was nach Taylors Auffassung positiv für den Mitarbeiter ist, weil er hierdurch eine Entlastung erfährt. Seine Überlegungen zur Arbeitsbestgestaltung auf der Basis von Arbeitsstudien trugen wesentlich zur Leistungssteigerung bei, weil durch eine differenzierte Planung der einzelnen Tätigkeiten, sowie einer intensiven Anleitung und Übung unnötige und belastende Handgriffe vermieden werden.

Taylor betrachtet die menschliche Arbeit als einen technisch-mechanischen Vorgang in Analogie zu einer Maschine. Darüber hinaus geht er von der **homo oeconomicus - These** aus, mit deren Hilfe idealtypische Verhaltensannahmen über das Verhalten des wirtschaftenden Menschen formuliert werden. Zentraler Punkt dieses Menschenbildes ist das Rationalprinzip, d.h. handlungsbestimmend ist das Streben nach Nutzenmaximierung (vgl. Eckardstein/Schnellinger 1978). Diese Annahme hat seinen Ursprung in der Philosophie des Hedonismus, die unterstellt, daß der Mensch nur solche Handlungen auswählt, die mit einer Maximierung des Eigeninteresses einhergehen.

Aufbauend auf den Überlegungen des Scientific Management entwickelte sich eine Richtung, die als **biologische Rationalisierung der Arbeit** bezeichnet wird. Im Gegensatz zu Taylor, der als Ziel die Erreichung einer Maximalleistung sah, ohne dabei den menschlichen Organismus hinreichend zu beachten, werden in dieser Betrachtungsweise die zu verrichtenden Arbeitsprozesse an den menschlichen Organismus angepaßt. Ziel ist es, damit die Arbeitsbedingungen, d.h. die Temperaturverhältnisse, Beleuchtung, Belüftung, körpergerechte Konstruktion der Anlagen und Werkzeuge etc., an den Menschen anzupassen. Damit gelangen vor allem die äußeren Arbeitsbedingungen ins Zentrum des Interesses.

Diese Überlegungen zeigen deutlich, daß der Mensch als soziales Wesen fast vollständig vernachlässigt wird. Diese sozialen Aspekte wurden dann durch die **Human-Relations-Bewegung** aufgegriffen, d.h. es wurde der Versuch unternommen, das

Leistungsverhalten der Mitarbeiter mit nicht ökonomischen Determinanten zu erklären. Leistungsveränderungen werden in diesem Ansatz durch Veränderungen der sozialen Bedingungen am Arbeitsplatz erklärt, die sich

- einerseits in einer besseren Zusammenarbeit zwischen den Mitarbeitern und Vorgesetzten (vertikal) und dem Vertrauen zwischen ihnen und
- anderseits in einer besseren Zusammenarbeit mit Gleichgestellten (horizontal) entwickeln,

ergeben. Zentraler Ansatzpunkt der Human-Relations-Bewegung ist es damit, daß der Mensch als Glied einer Gemeinschaft betrachtet wird. Ziel dieses Ansatzes war es, durch die Berücksichtigung informeller Gruppenstrukturen und -beziehungen die Zufriedenheit der Mitarbeiter zu erhöhen. Damit wird die Zufriedenheit als eine Voraussetzung für die Leistung angesehen.

Aber auch dieser Ansatz muß letztlich wiederum als einseitig betrachtet werden, da er nur die sozialen Bedingungen ins Zentrum des Interesses stellt. Dementsprechend wurden dann auch in jüngster Zeit umfassende Systeme aufgestellt, mit deren Hilfe die Vielzahl der Einflußgrößen der menschlichen Arbeitsleistung zu erfassen versucht wird (vgl. z.B. Pfeiffer/Dörrie/Stoll 1977, S. 20; Wagner 1975, Sp. 1183 f.; Zink/Schick 1984, S. 2). In Modifikation dieser Ansätze sei von dem folgenden Einflußgrößensystem ausgegangen (vgl. Abb. 112).

Bei den Determinanten wird zunächst zwischen individuellen und situationsbedingten Einflußgrößen unterschieden, wobei letztere in inner- und außerbetriebliche Faktoren differenziert werden. Bei den situationsbezogenen innerbetrieblichen Faktoren geht es um die Schaffung leistungsfördernder Bedingungen, d.h. es werden die Rahmenbedingungen entworfen, in denen sich der Mitarbeiter, aufgrund seiner individuellen Möglichkeiten, entfalten kann. Demgegenüber entziehen sich die außerbetrieblichen Einflußgrößen weitgehend einer direkten betrieblichen Einflußnahme. Aus diesem Grunde werden diese Faktoren aus den weiteren Überlegungen ausgeklammert.

3.1.2.1 Individuelle Einflußgrößen

3.1.2.1.1 Leistungsfähigkeit

Die Leistungsfähigkeit, die die Komponenten Anlage und Grad der Entfaltung umfaßt, kann als eine Art **Potential des Mitarbeiters** aufgefaßt werden. Während die Unternehmung auf die Anlagen des Mitarbeiters keinen Einfluß nehmen kann (das Niveau der Anlagen läßt sich nur im Rahmen der Einstellungspolitik steuern), vermag sie jedoch den Entfaltungsgrad der Anlagen über Lernen und Üben direkt zu beeinflussen. Dabei ist zu beachten, daß Lernen und Üben nicht nur im Rahmen des betrieblichen Schulungswesens vollzogen wird, sondern daß derartige Prozesse auch während der Arbeitsausführung erfolgen. So zeigt sich in der betrieblichen Praxis bei der Anwendung von Produktionsverfahren, daß der Aufwand (z.B. Arbeitszeit) zur Erstellung einer Einheit mit der Zunahme der Wiederholungen bis zu einem bestimmten Grenzwert

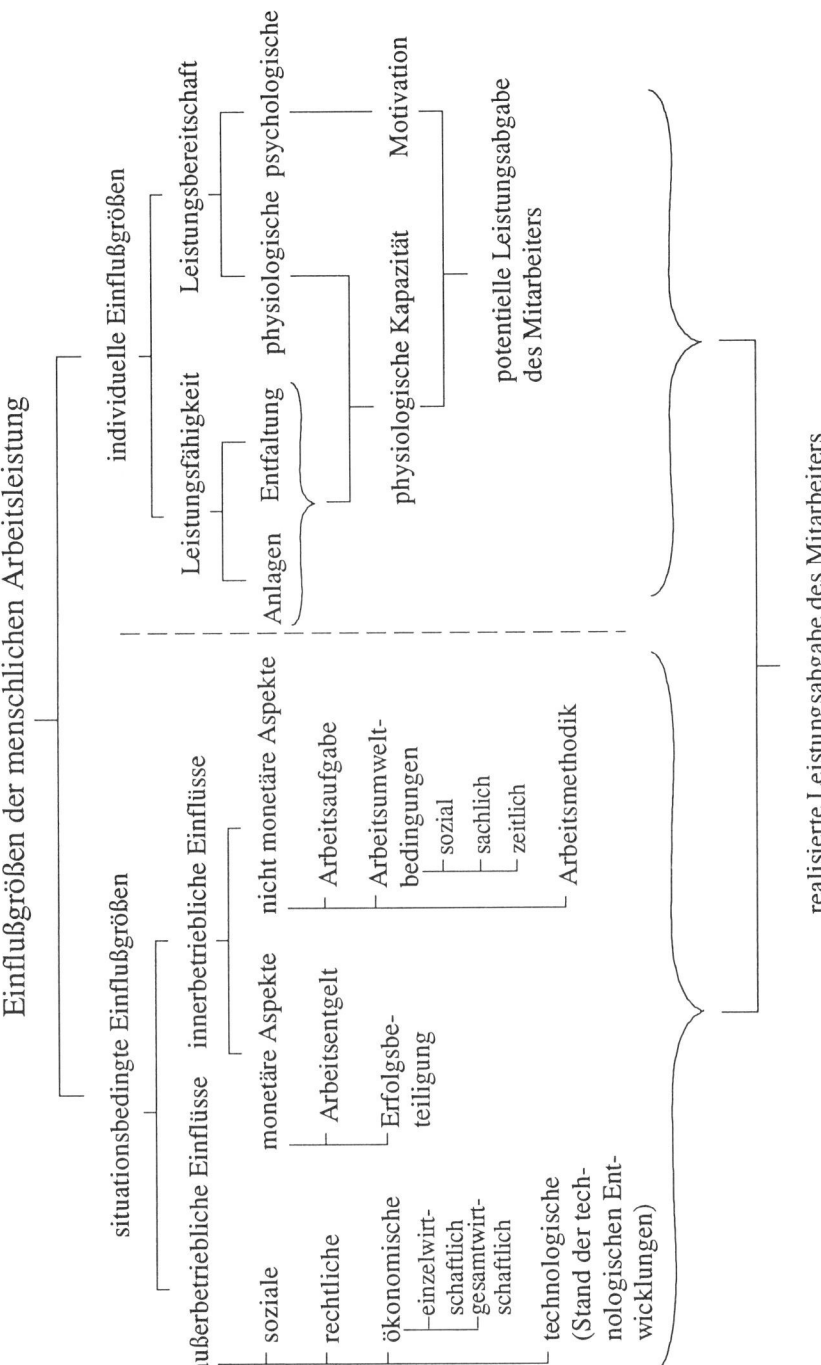

Abb. 112: Determinanten menschlicher Arbeitsleistung

abnimmt, was letztlich bedeutet, daß die Produktionszeiten und folglich die Kosten der Produktion sinken. Dieser Sachverhalt wird als das **Lerngesetz der industriellen Produktion** bezeichnet. Für den Bereich der sogenannten Hauptgeraden gilt (vgl. Kern 1992, S. 183; Zäpfel 1989a, S. 60 ff.):

$$t = t_o \cdot x^{-\rho}$$

mit:

t_o = Zeit zur Produktion der ersten Einheit

ρ = Abnahmefaktor, der mit Hilfe der Lernrate (LR) bestimmt

wird:

$$\rho = -\frac{\log LR}{\log 2} \quad \text{und} \quad LR = 1 - RA/100$$

RA = relative Aufwandsreduzierung (in %) bei Verdoppelung der Ausbringungsmenge.

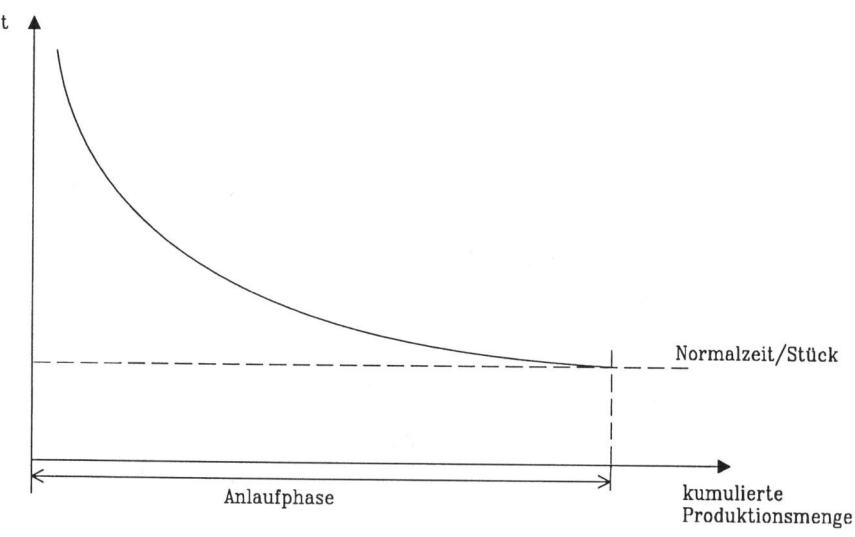

Abb. 113: Lerngesetz der industriellen Produktion

Durch Logarithmierung $\log t = \log t_o - \rho \cdot \log x$ ergibt sich dann eine Gerade bei doppelt-logarithmischer Skaleneinteilung.

Diese Betrachtung bedarf jedoch einer Differenzierung, da dieser Zusammenhang nicht für den Beginn und das Ende der Einarbeitungsphase uneingeschränkt Gültigkeit besitzt: Während zu Beginn der Einarbeitungsphase mit höheren Lerngewinnen zu rechnen ist, wird sich der Lerneffekt gegen Ende der Einarbeitungsphase abschwächen, so daß sich der folgende Zusammenhang ergibt (vgl. Kern 1992, S. 184).

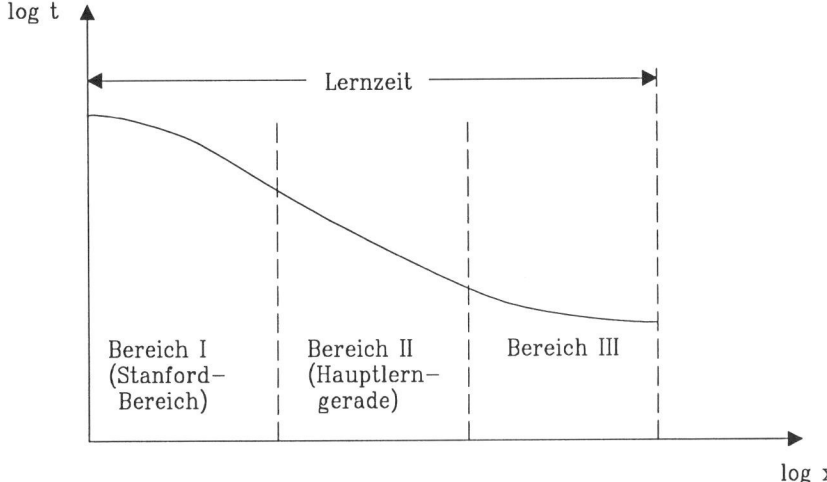

Abb. 114: Modifizierte Lernkurve

Durch die bereits erwähnte Verkürzung der Produktlebenszyklusdauer gewinnen diese mit der Lernkurve erfaßten Lernvorgänge für die Planung der Produktionszeiten zunehmend an Bedeutung.

3.1.2.1.2 Leistungsbereitschaft

Die Leistungsbereitschaft entscheidet darüber, in welchem Ausmaß das Potential, das durch die Leistungsfähigkeit erfaßt wird, genutzt wird, d.h. der Entfaltungsgrad der Anlagen eines Mitarbeiters wird unmittelbar von der Bereitschaft zur Leistung beeinflußt. Dabei ist zwischen der **physiologischen** und **psychologischen Leistungsbereitschaft** zu unterscheiden. Leistungsfähigkeit und physiologische Leistungsbereitschaft lassen sich zur **physiologischen Kapazität** zusammenfassen, die auch als Leistungsvermögen bezeichnet wird (vgl. Wagner 1975, Sp. 1186), die wiederum durch die **psychologische Leistungsbereitschaft** gesteuert wird.

Die physiologische Komponente läßt sich arbeitswissenschaftlich durch die **Tagesrhythmikkurve** (oder physiologische Arbeitskurve) beschreiben, die in Abbildung 115 dargestellt wird.

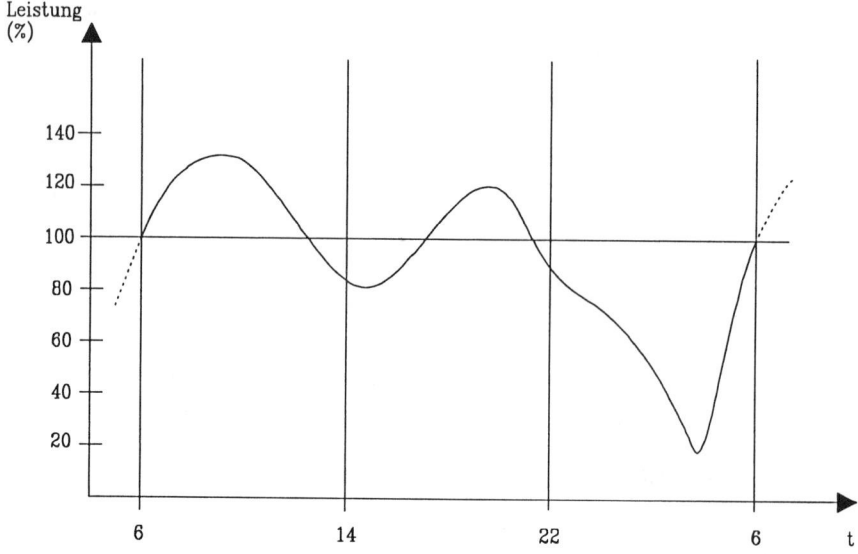

Abb. 115: Idealisierte Tagesrhythmikkurve

Dieser Kurvenverlauf, der zwar durch individuelle Unterschiede Modifikationen aufweisen kann, stellt das Ergebnis arbeitswissenschaftlicher Untersuchungen dar, wobei die einzelnen Punkte das arithmetische Mittel einer Vielzahl von Einzelwerten darstellen, und kann insofern durchaus als ein charakteristischer Verlauf angesehen werden. Demnach lassen sich folgende tendenzielle Aussagen formulieren:

- das absolute Leistungsmaximum liegt zwischen 7^{00} und 9^{00} Uhr;
- das erste Leistungsminimum liegt zwischen 14^{00} und 15^{00} Uhr;
- ein zweites Maximum liegt im Spätnachmittag und frühen Abend zwischen 17^{00} und 20^{00} Uhr;
- danach nimmt die Leistung ständig ab und erreicht gegen 3^{00} Uhr morgens ihr absolutes Minimum.

Die Erkenntnisse, die aus diesem Kurvenverlauf gewonnen werden können, müssen bei der Festlegung der täglichen Arbeitszeit und den Pausenregelungen Beachtung finden.

Neben der physiologischen ist die **psychologische Komponente der Leistungsbereitschaft** zu berücksichtigen. Durch diese Willenskomponente des geistig-psychischen Bereiches wird letztlich die Bereitschaft des Mitarbeiters zur Leistungsabgabe bestimmt. Zur Analyse dieses Problemkomplexes bieten die sogenannten **Motivationstheorien** eine geeignete Grundlage. Motivation entsteht aus der Interaktion von Person und Situation (vgl. Rosenstiel 1980, S. 270). Demgegenüber stellen Motive überdauernde Persönlichkeitsmerkmale dar. Sie können als Antriebselemente oder Beweggründe des Handelns beschrieben werden, d.h. unter Motiv kann eine Energie verstanden werden, die physischen oder psychischen Ursprungs ist, die Handeln und Denken induziert und diesem eine bestimmte Richtung verleiht (vgl. Andritzky 1976, S. 150). Motive werden dann durch die Wahrnehmung spezifischer Situationsbedingungen (Anreize) aktiviert und damit zur Motivation.

Eine in der Ökonomie häufig diskutierte Theorie ist das **hierarchische Motivationsmodell** von Maslow (1954). Ausgangspunkt dieses Modells ist dabei die Untergliederung der Motive in

- Defizitmotive und
- Wachstumsmotive.

Während auf die **Defizitmotive** homöostatische Ansätze anwendbar sind, können diese zur Erklärung der **Wachstumsmotive** nicht herangezogen werden, da es sich hierbei um ein expansives Phänomen handelt. Dabei wird zwischen den einzelnen Motiven und den Motivklassen eine hierarchische Beziehung unterstellt (vgl. Abb. 116).

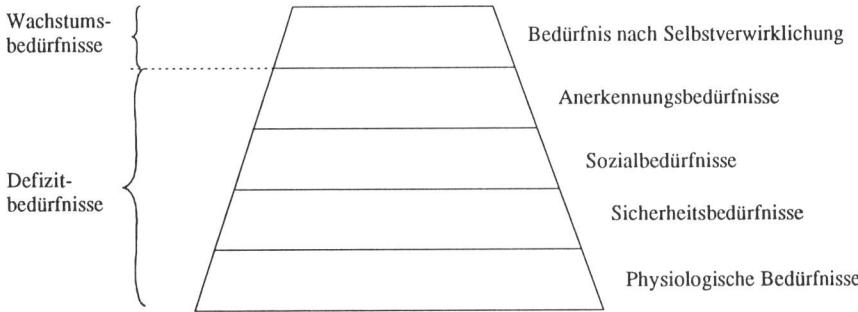

Abb. 116: Bedürfnishierarchie nach Maslow

Bedürfnisse höherer Ordnung werden dabei nur dann verhaltensrelevant, wenn Bedürfnisse niedrigerer Ordnung aus der Sicht des jeweiligen Individuums in ausreichendem Maße bereits befriedigt sind. Maslow betont jedoch, daß die einzelnen Bedürfnisse nicht nur getrennt von den anderen Bedürfnissen verhaltenswirksam werden, sondern daß auch Bedürfnisse unterschiedlicher Stufen gleichzeitig auf das Verhalten des Individuums wirken können.

Während Defizitmotive bei Befriedigung nicht mehr als Motivation für erhöhte Leistungen wirken, ist dies beim Selbstverwirklichungsbedürfnis nicht gegeben, da hierbei eine zunehmende Befriedigung zu einer Erhöhung der Motivationsstärke führt.

An dem von Maslow aufgestellten Motivationsmodell ist in der Literatur (vgl. die Überblicke bei Bühner 1986a, S. 54; Hentze 1980, S. 35; Schanz 1979, S. 77 ff.) vielfältige Kritik geübt worden. Ohne in differenzierter Form hierauf einzugehen, seien die folgenden Kritikpunkte angeführt:

- Ansatz für eine Kritik ist zunächst die von Maslow behauptete Aufeinanderfolge der Bedürfnisse, die in Untersuchungen nicht bestätigt werden konnte.

- Es existieren keine allgemeingültigen Kriterien zur Messung des Selbstverwirklichungsbedürfnisses.

- Inhaltlich unzureichende Abgrenzung der einzelnen Motive: So stehen etwa die sozialen Bedürfnisse in enger Verbindung zu dem Bedürfnis nach Wertschätzung, da das Streben nach Anerkennung durch andere letztlich eine qualitative Komponente der sozialen Bedürfnisse bildet. Sicherheits-, Zugehörigkeits- und Fremdwertschätzung sind letztlich Aspekte der interpersonellen Beziehungsbedürfnisse und lassen sich folglich kaum stringent trennen.

Trotz dieser Kritikpunkte darf der **heuristische Wert** dieses Ansatzes nicht unterschätzt werden, da dieses Motivationsmodell zu einer Fülle weiterführender Überlegungen beigetragen hat. Aus ökonomischer Sicht ist es von besonderem Interesse, daß Maslow auf eine Mehrzahl verhaltensrelevanter Bedürfnisse hingewiesen und damit unmittelbar das Leitbild des "homo oeconomicus" problematisiert hat.

Einen auf Maslow aufbauenden Ansatz legt Alderfer (1969, S. 142 ff.) vor. Seine Überlegungen basieren auf den folgenden vier Hypothesen:

- **Frustrationshypothese**: ein nicht befriedigtes Bedürfnis wird dominant.

- **Frustrations-Regressionshypothese**: wird ein Bedürfnis nicht befriedigt, dann wird ein hierarchisch niedrigeres Bedürfnis relevant.

- **Befriedigungs-Progressionshypothese**: durch die Befriedigung eines Bedürfnisses wird ein hierarchisch höheres Bedürfnis aktiviert.

- **Frustrations-Progressionshypothese**: die Frustration eines Bedürfnisses kann zur Persönlichkeitsentwicklung und zur Aktivierung höherer Bedürfnisse beitragen.

Diese Hypothesen zeigen, daß es sich auch bei dem Ansatz von Alderfer um ein **hierarchisches Motivationsmodell** handelt, wobei der Autor drei Motivklassen unterscheidet:

- E = existence (Grundbedürfnisse)
- R = relatedness (soziale Bedürfnisse)
- G = growth (Entfaltungsbedürfnisse),

die er dann auf diese vier Hypothesen anwendet. Die Anfangsbuchstaben dieser Motivklassen gaben dann auch diesem Ansatz seinen Namen: **ERG-Theorie**. Durch Kombination dieser Motivklassen mit den vier dargestellten Hypothesen gelangt Alderfer (1969, S. 148) zu den folgenden Aussagen:

"P1. The less existence needs are satisfied, the more they will be desired.

P2. The less relatedness needs are satisfied, the more existence needs will be desired.

P3. The more existence needs are satisfied, the more relatedness needs will be desired.

P4. The less relatedness needs are satisfied, the more they will be desired.

P5. The less growth needs are satisfied, the more relatedness needs will be desired.

P6. The more relatedness needs are satisfied, the more growth needs will be desired.

P7. The more growth needs are satisfied, the more they will be desired."

Im Rahmen von Untersuchungen erfuhr die ERG-Theorie eine gewisse empirische Stützung. Zumindest erscheinen diese Aussagen denen überlegen, die aus einfachen Frustrationshypothesen und dem Maslow-Modell ableitbar sind (vgl. Rosenstiel 1980, S. 279).

Auch unter Beachtung kritischer Analysen zu den hierarchischen Motivationsmodellen wird die Bedeutung des Beitrages zur Bedürfnisbefriedigung durch die Organisation, der ein Individuum angehört, deutlich. Dies betrifft nicht nur die Grundbedürfnisse, sondern insbesondere auch die Bedürfnisse nach Sicherheit, sozialem Kontakt und der Selbstverwirklichung, ein Aspekt, der im Rahmen der Gestaltung der Arbeitsaufgaben und den damit verbundenen Handlungsspielräumen von Bedeutung ist. Darüber hinaus sind diese Überlegungen für die Diskussion unterschiedlicher Führungsstile von großem Interesse.

Eine von Anfang an auf empirischer Forschung basierende Theorie, und zwar auf der Grundlage einer systematischen Befragung, ist die **Zweifaktorentheorie von Herzberg** (1966), die unterstellt, daß Zufriedenheit eine hohe Leistungsbereitschaft der Mitarbeiter bewirkt. Ziel dieses Ansatzes ist die Identifikation der Faktoren, die Auswirkungen auf die Arbeitszufriedenheit und -unzufriedenheit haben. Dabei unterscheidet Herzberg zwei Faktorengruppen:

- **Hygienefaktoren**, die keine Zufriedenheit bewirken, aber Unzufriedenheit verhindern;
- **Motivatoren**, die Zufriedenheit bewirken.

Dabei bezieht sich die Kategorie Hygienefaktoren auf die **Arbeitsumweltbedingungen**, wobei die folgenden Komponenten zu nennen sind:

- praktizierter Führungsstil,
- Unternehmungspolitik und -verwaltung,
- Arbeitsbedingungen,
- Beziehungen zu Gleichgestellten,
- Beziehungen zu Untergebenen,
- Beziehungen zu Vorgesetzten,
- Status,
- Arbeitssicherheit,
- Gehalt und
- persönliche berufsbezogene Lebensbedingungen.

Die Faktoren verhindern jedoch nur das Auftreten negativer Zustände (Unzufriedenheit), wenn ihre Ausprägungen aus der Sicht der Mitarbeiter positiv bewertet werden, führen jedoch nicht zu positiven Zuständen in Form von Zufriedenheit.

Demgegenüber betreffen die Motivatoren die Arbeit selbst, d.h. den **Arbeitsinhalt.**
Hierzu zählen die folgenden Komponenten:

- Leistung,
- Anerkennung der eigenen Leistung,
- Arbeit selbst,
- Verantwortung,
- Aufstieg und
- Möglichkeit zum Wachstum.

Die Erfüllung dieser Faktoren, die letztlich eine **intrinsische Motivation** darstellen,
wirkt sich positiv auf die Leistungsbereitschaft der Mitarbeiter und damit auf ihre
Arbeitszufriedenheit aus. Dies bedeutet, daß die Arbeit so zu gestalten ist, daß sie dem
Mitarbeiter die Möglichkeit zu einer umfassenden Selbstverwirklichung bietet. Realisieren läßt sich dies z.b. durch eine vertikale Arbeitsbereicherung (vgl. hierzu die
Ausführungen zum Job Enrichment), d.h. es sollen dem Mitarbeiter vor allem intrinsisch
motivierende Aufgaben übertragen werden.

Auch gegen diesen Ansatz von Herzberg werden viele **Kritikpunkte** vorgebracht, von
denen einige beispielhaft erwähnt seien:

- Die befragten Personen haben in einer freien Erzählung zufriedenstellende und
  unzufriedenmachende Situationen geschildert, zu denen dann differenzierende Fragen gestellt wurden. Eine derartige Vorgehensweise zur Analyse vergangener
  Ereignisse geht mit der Gefahr stärkerer Verzerrungen einher, die aufgrund spezifischer Abwehrmechanismen der Befragten systematisch sind. So erscheint es beispielsweise naheliegend, Ereignisse, die der Befragte selbst zu verantworten hat, als
  Elemente der Zufriedenheit zu nennen, während Gründe für eine Unzufriedenheit
  leichter anderen Personen zugeordnet werden (z.B. Verhalten von Vorgesetzten).
- Die Zuordnung einzelner Elemente zu den Hygienefaktoren und den Motivatoren
  erscheint teilweise recht willkürlich. Dies wird deutlich bei der Zuordnung "Geld für
  die eigene Leistung" zu den Hygienefaktoren und "Anerkennung für die eigene
  Leistung" zu den Motivatoren (vgl. hierzu Zink 1975).
- Der Begriff der Arbeitszufriedenheit bleibt bei Herzberg undefiniert (vgl. Schanz
  1978, S. 271).
- Herzberg unterstellt, daß die physiologischen und psychologischen Bedürfnisse
  unabhängig voneinander sind, d.h. er geht von einer Leib-Seele-Dichotomie aus (vgl.
  Schanz 1978, S. 269).

Wenn Bühner (1986a, S. 55) aus der Zweifaktorentheorie von Herzberg dann die
Forderung ableitet, daß sich das Hauptinteresse des Managers auf die Motivatoren
beziehen soll, da nur durch sie Arbeitszufriedenheit bewirkt werde, so kann dieser
allgemeinen Formulierung nicht in vollem Umfang zugestimmt werden. Es erscheint
vielmehr wesentlich, um die Brauchbarkeit betrieblicher Maßnahmen auf der Grundlage
dieser Motivationstheorien beurteilen zu können, sich über die Bedürfnisstrukturen der
Mitarbeiter zu informieren, um dann auf dieser Basis einen Instrumenteneinsatz zu
planen. Dies bedeutet, daß verschiedene Individuen auch unterschiedliche Bedürfnisse
in der Arbeitssituation zu befriedigen suchen, ein Sachverhalt, der insbesondere im

Rahmen des Einsatzes personalwirtschaftlicher Instrumente zu beachten ist. Zu berücksichtigen ist dabei, daß sich Bedürfnisstrukturen und die Dringlichkeit einzelner Bedürfnisse im Zeitablauf verändern können, so daß hieraus eher nur grobe Ansatzpunkte für den Einsatz von personalwirtschaftlichen Instrumenten zu erhalten sind.

Eine zentrale Aussage von Herzberg ist darin zu sehen, daß die Leistung, die der Mitarbeiter erbringt, bei ihm Zufriedenheit bewirkt, eine These, die nicht unumstritten ist. Ganz allgemein resultiert Zufriedenheit aus der Erfüllung von Bedürfnissen oder aus deren Antizipation. Damit ist mit **Arbeitszufriedenheit** eine positive Einstellung eines Individuums hinsichtlich seiner Arbeit gemeint (vgl. Hentze 1980, S. 43), d.h. Arbeitszufriedenheit stellt einen internen Zustand des Individuums dar, der sich damit einer unmittelbaren Beobachtung entzieht. Nach Rosenstiel (1980, S. 297) umfaßt die Diskussion um die Arbeitszufriedenheit dabei drei Akzente:

- **physisch-ökonomischer Akzent**: er umfaßt die äußeren Arbeitsbedingungen und die finanzielle Sphäre;
- **sozialer Akzent**: er umfaßt die zwischenmenschlichen Beziehungen;
- **Selbstverwirklichungsakzent**: er umfaßt die Selbstverwirklichungsmöglichkeiten eines Individuums innerhalb seiner Arbeit (vgl. den Ansatz von Maslow).

Der Ansatz von Herzberg umfaßt dabei diese drei Akzente und überführt diese in eine Zweidimensionalität der Arbeitszufriedenheit, wie sie bereits beschrieben wurde. Generell wird zwar von einer **positiven Korrelation** zwischen **Leistung** und **Zufriedenheit** ausgegangen, jedoch läßt sich diese Korrelation in unterschiedlicher Weise interpretieren (vgl. Eckardstein/Schnellinger 1978, S. 79 ff.). Einen differenzierten Überblick über Untersuchungen zum Zusammenhang zwischen Arbeitszufriedenheit und Leistung gibt Schanz (1978, S. 288 ff.):

- Zufriedenheit bedingt Leistung
- Leistung bedingt Zufriedenheit
- Zufriedenheit und Leistung hängen von einer dritten Variablen ab, ohne daß zwischen den zuerst genannten Variablen eine direkte Beziehung existiert.

Dies zeigt, daß allgemeingültige Aussagen über die Beziehung zwischen Leistung und Zufriedenheit nicht möglich sind. Zufriedenheit kann einmal Leistung bedingen und sich in einer anderen Situation leistungsneutral verhalten. Dies bedeutet, daß den situativen Bedingungen eine hohe Bedeutung zukommt. Empirische Ergebnisse mit zeitlich versetzter Datenerhebung geben jedoch gewisse Hinweise darauf, daß die Leistung eher als Ursache für die Zufriedenheit aufgefaßt werden kann und nicht umgekehrt. Einigkeit herrscht hingegen darüber, daß Unzufriedenheit nur kurzfristig mit einer Leistungssteigerung einhergeht, während mit ihr langfristig Leistungsrückgänge verbunden sind (vgl. Eckardstein/Schnellinger 1978, S. 80).

Damit stellt sich die Frage, welche organisatorischen Maßnahmen tendenziell geeignet sind, positiv auf die Arbeitszufriedenheit zu wirken. Dabei ist zu betonen, daß Arbeitszufriedenheit sich immer aus der Interaktion von Situation und spezifisch geprägtem

Individuum ergibt, d.h. Maßnahmen, die bei einem Mitarbeiter Zufriedenheit hervorrufen, müssen diese nicht unbedingt auch bei anderen Mitarbeitern auslösen. Generell scheinen die folgenden Aspekte geeignet, um Zufriedenheit zu bewirken (vgl. Rosenstiel 1980, S. 310 ff.):

- Realisation eines mitarbeiterorientierten (partizipativen) Führungsstils.
- Schaffung einer hohen Kohäsion durch die Bildung kleiner Gruppen.
- Schaffung eines Handlungsspielraumes, der jedoch den jeweiligen Mitarbeiter nicht überfordert.
- Schaffung angenehmer Arbeitsbedingungen, z.b.: Gestaltung des Arbeitsraumes, Beseitigung von Lärm, Staub etc.
- Informationsfluß und Zusammenarbeit der einzelnen Unternehmungsbereiche.
- Entwicklungsmöglichkeiten, d.h. persönliches Vorwärtskommen in der Unternehmung.
- Bezahlung, dabei hängt die Zufriedenheit nicht von der absoluten, sondern von der relativen Höhe des Entgeltes ab, d.h. der soziale Vergleich ist relevant.
- Gestaltung der Arbeitszeit.
- Arbeitsplatzsicherheit.

3.1.2.2 Situative Einflußgrößen

Bei den situativen Einflußgrößen wurden inner- und außerbetriebliche Faktoren unterschieden. Da sich, wie bereits erwähnt, die außerbetrieblichen Einflußgrößen weitgehend einer direkten betrieblichen Einflußnahme entziehen, werden im folgenden ausschließlich die **innerbetrieblichen Faktoren** einer differenzierten Analyse unterzogen, wobei eine weitergehende Untergliederung in monetäre und nicht monetäre Einflußgrößen vorgenommen wird.

3.1.2.2.1 Nicht monetäre Einflußgrößen

3.1.2.2.1.1 Arbeitsaufgabe

Im Rahmen der Analyse der Arbeitsaufgabe, wobei unter einer Aufgabe "... dauerhaft wirksame Aufforderungen, Verrichtungen an Objekten zur Erreichung eines Zieles vorzunehmen" (Frese 1976, S. 31) verstanden werden, sollen vier Aspekte betrachtet werden (vgl. Pfeiffer/Dörrie/Stoll 1977, S. 55 ff.):

- Art der Arbeitsaufgabe,
- Technologie des Arbeitsverfahrens,
- Aufgabenstruktur und
- Aufgabenkomplexität.

Die unterschiedlichen Aufgabenarten stellen an den jeweiligen Mitarbeiter die unterschiedlichsten Anforderungen (vgl. hierzu auch die Ausführungen zur Arbeitsbewertung), und zwar sowohl in psychischer als auch in physischer Hinsicht. Die aus der

Aufgabenart resultierenden Anforderungen an den Mitarbeiter werden als **Eignungs-nachfrage** bezeichnet und lassen sich formal in einem Merkmalsvektor der Eignungsnachfrage zusammenfassen. Auf der anderen Seite lassen sich ebenfalls die psychischen und physischen Merkmale des Mitarbeiters zu einem Vektor des **Eignungsangebotes** (**-profiles**) zusammenfassen. In einem nächsten Schritt ist eine vergleichende Gegenüberstellung von Eignungsnachfrage und -angebot zu vollziehen. Dabei wird davon ausgegangen, daß von der Arbeitsaufgabenart immer dann ein leistungsfördernder Effekt ausgeht, wenn zwischen Eignungsnachfrage und -angebot eine hohe Kongruenz besteht, d.h. daß Nichtübereinstimmungen in der Form von Über- und Unterforderungen i.d.R. zu Frustrationen führen. Damit kann allein auf der Grundlage des Anforderungsprofils keine Aussage über die motivationalen Wirkungen der Aufgabenart gemacht werden. Zu berücksichtigen ist bei diesen Überlegungen, daß diese Merkmalsvektoren lediglich eine punktuelle Merkmalsaufnahme darstellen, die im Zeitablauf Veränderungen aufweisen kann, z.B. durch Aus- und Fortbildungsmaßnahmen oder durch die Einführung neuer Technologien an den jeweiligen Arbeitsplätzen.

Bei der dem Arbeitsverfahren zugrunde liegenden Technologie sollen insbesondere Aspekte der Mechanisierung und Automatisierung analysiert werden. Zentrales Anliegen der **Mechanisierung** und **Automatisierung** ist die **Übertragung von Leistungen,** die bisher **von Personen** erbracht wurden, **auf sachliche Leistungsträger.** Diese Vorgänge haben in der Literatur vielfältige Systematisierungsversuche erfahren (vgl. den Überblick bei Zäpfel 1989b, S. 107 ff.). Auch wenn diese hinsichtlich ihres Differenzierungsgrades erhebliche Unterschiede aufweisen, so ist ihnen doch gemeinsam, daß die Ausgangsstufe durch die rein menschliche Arbeit verkörpert wird, während sich die weiteren Stufen dadurch ergeben, daß zunächst Werkzeuge und Maschinen den Menschen in seiner Tätigkeit unterstützen und später Funktionen wie Steuerung, Regelung und Kontrolle durch ein Aggregat übernommen werden. Es erfolgt also eine sukzessive Übertragung menschlicher Einzelfunktionen auf technische Artefakte, wobei im allgemeinen Handarbeit, Mechanisierung und Automatisierung als typische Ausprägungen unterschieden werden (vgl. Kern 1992 S. 94 und S. 201).

Hieraus ergibt sich die Notwendigkeit einer Abgrenzung, insbesondere von Mechanisierung und Automatisierung: Unter **Mechanisierung** wird die Übertragung menschlicher Arbeitsprozesse auf Anlagen verstanden, d.h. der Einsatz sachlicher Mittel wird verstärkt, wobei Steuerungs- und Kontrollfunktionen weiterhin durch den Menschen wahrgenommen werden. Demgegenüber handelt es sich bei der **Automatisierung** um einen Vorgang, bei dem zusätzlich die Steuerung und Kontrolle auf eine Anlage oder ein Anlagensystem übertragen werden, d.h. es erfolgt eine selbständige Steuerung der Funktionen. Ziel der Automatisierung ist folglich die selbständige Aufgabenerfüllung durch realtechnische Mittel.

Über die mit der Automatisierung einhergehenden Konsequenzen wurden insbesondere im industriellen Bereich umfangreiche Forschungsarbeiten durchgeführt. Im folgenden sollen drei damit verbundene Problemfelder diskutiert werden (einen Überblick über weitere Probleme gibt (Zink 1984, S. 177 ff.):

- Freisetzung von Arbeitskräften,
- Veränderung in der Qualifikationsstruktur der Mitarbeiter,
- Veränderung der Arbeitsstruktur.

Zu den mit der Automatisierung einhergehenden **Freisetzungen von Arbeitskräften** lassen sich kaum allgemeingültige Aussagen formulieren, da hierfür eine Vielzahl von Faktoren, insbesondere Branchen- und Marktgegebenheiten, relevant sind. Generell ist zu beachten, daß es bisher nur in Ausnahmesituationen zu Entlassungen in größerem Umfang gekommen ist und eine Personalreduktion i.d.r. durch den Verzicht auf eine Wiederbesetzung frei werdender Stellen bewerkstelligt wird. Tedenziell kann weiterhin festgestellt werden, daß Personalfreisetzungen von der Qualifikationsstufe des jeweiligen Mitarbeiters abhängen, wobei solche niedrigerer Qualifikationsstufen stärker durch die Automatisierung gefährdet sind als andere (vgl. Kudera/Ruff/Schmidt 1982, S. 136 ff.).

Über die Auswirkungen der Automatisierung auf die **Qualifikationsstruktur** liegen in der Literatur unterschiedliche Aussagen vor. Zusammenfassend handelt es sich um die drei folgenden Hypothesen:

- Höherqualifizierung,
- Dequalifizierung und
- Polarisierung.

Bei der **Höherqualifizierungsthese** wird davon ausgegangen, daß eine stärkere Automatisierung an die Mitarbeiter auch gestiegene geistige Anforderungen stellt, d.h. es werden tendenziell höher qualifizierte Arbeitskräfte benötigt. Zum Beleg dafür werden in der Literatur insbesondere Instandhaltungstätigkeiten herangezogen. Aber auch in diesem Bereich ist in jüngerer Zeit eine stärkere Schematisierung der Kontrolltätigkeit, generelle Normierung der Arbeiten und automatische Kontrolle anfälliger Aggregateteile zu beobachten. Dies hat zur Folge, daß einerseits für anspruchsvolle Arbeiten wenige Experten und andererseits für die anfallenden Routinearbeiten Mitarbeiter zum Einsatz gelangen können, die speziell dafür angelernt werden.   .

Dieser Hinweis deutet bereits auf einen wesentlichen Grund für die voneinander **abweichenden Untersuchungsergebnisse** der einzelnen Wissenschaftler hin, nämlich den unterschiedlichen **Zeithorizont** in den einzelnen **Untersuchungen** (vgl. Fotilas 1983, S. 93). Empirische Studien belegen, daß die Auswirkungen der Automatisierung divergieren, je nachdem, ob deren Früh- oder Spätphase betrachtet wird.

Demgegenüber wird bei der **Dequalifizierungsthese** unterstellt, daß durch die Automatisierung der Anteil an standardisierten Tätigkeiten zunimmt und hierdurch **niedrigere,**

einseitige Qualifizierungsanforderungen hervorgerufen werden. Teilweise wird aber auch hervorgehoben, daß diese Dequalifizierung bestimmter Tätigkeiten mit einer **Requalifizierung** verbunden sein kann. Dies ist in den Fällen gegeben, in denen ein Mitarbeiter von mechanischen, repetitiven Tätigkeiten entlastet und dadurch befähigt wird, sich seinen ursprünglichen Aufgaben wie etwa der individuellen Kundenbetreuung zu widmen.

Die **Polarisierungsthese** hebt darauf ab, daß eine Auflösung der früher breiten mittleren Qualifikationsschicht einsetzt und eine kleine Gruppe hochqualifizierter Arbeitskräfte einer großen Zahl minderqualifizierten Personals gegenübersteht.

Wie sich die Automatisierung auf die Qualifikationsstruktur auswirkt, läßt sich in allgemeiner Form nicht bestimmen. Wesentlich erscheint die Feststellung, daß es **keine Zwangsläufigkeit zwischen Automatisierung und Qualifikation** gibt, sondern daß die möglichen Auswirkungen durch die folgenden Faktoren beeinflußt werden (vgl. Fotilas 1983, S. 92; Kudera/Ruff/Schmidt 1982, S. 142):

- organisatorische Lösung des Technikeinsatzes;
- Art der in der Unternehmung von dem Technikeinsatz betroffenen Funktion. So ist etwa das Rechnungswesen stärker betroffen als z.B. der Vertrieb.
- Niveau der auszuübenden Tätigkeit. Es zeigt sich, daß qualifiziertere Tätigkeiten von einer Technisierung eher positiv betroffen sind.

Ergänzend ist darauf hinzuweisen, daß die Auswirkungen der Automatisierung nicht nur in verschiedenen Unternehmungen, sondern auch innerhalb einer Unternehmung unterschiedlich sein können.

Als dritter Problembereich wurde die Aufgabenstruktur angeführt. Unter **Aufgabenstruktur** ist die Zusammensetzung aller zu vollziehenden Tätigkeiten zu verstehen. Durch Automatisierung kann es zu **Strukturverschiebungen** kommen. Staudt (1980, S. 424) betont in diesem Zusammenhang, daß es eine Kernthese in der betriebswirtschaftlichen Literatur sei, daß sich Automation und betriebliche Elastizität gegenläufig entwickeln. Diese Aussage basiert auf der Erfahrung, daß durch die Automatisierung vorhandene Arbeitsstrukturen zerlegt und Tätigkeiten aus dem Aufgabenverbund herausgelöst werden, um sie dann in zentrale Organisationseinheiten, wie etwa zentrale Schreibdienste oder Datenerfassungsabteilungen, zusammenzufassen. Für die davon betroffenen Mitarbeiter ist diese Tätigkeitsverlagerung mit einer Spezialisierung verbunden. Im Mikroprozessor zeigt sich jedoch eine Technologie, die die These von der abnehmenden Elastizität zu widerlegen vermag (vgl. Staudt 1980, S. 426), wobei Textverarbeitung und Telekommunikation einen Anfang darstellen und einen Einblick geben, welche Automatisierungsmöglichkeit sich insbesondere auch für den Dienstleistungssektor in der Zukunft eröffnen. Diese Technologie bietet damit die Chance, sowohl **organisatorische** als auch **soziale Zusammenhänge** im Rahmen von Rationalisierungsmaßnahmen zu berücksichtigen. Es könnte folglich zu einer Reintegration von Arbeitsinhalten kommen, d.h. eine Entwicklung zur **Dezentralisierung** einsetzen (vgl. Fotilas 1983, S. 105). Dies impliziert eine Tendenz zur Realisation **ganzheitlicher**

organisatorischer Nutzungskonzepte, die gleichzeitig die Qualifikationsstruktur positiv beeinflussen könnte.

So berichten Heisig/Littek (1982, S. 104 ff.), daß durch eine Reintegration, bedingt durch die Einführung dezentraler Datenverarbeitungssysteme, Requalifikationen beobachtet werden konnten. Die Aussage, daß mit steigender Technisierung die organisatorischen Spielräume abnehmen, bedarf damit zumindest einer Relativierung. Eine funktionale Beziehung von Technologie und Organisationsstruktur im Hinblick auf strukturelle Handlungsspielräume dürfte in dieser strengen Form kaum gegeben sein.

Als letzter Aspekt sei auf die Aufgabenkomplexität eingegangen. Aus systemtheoretischer Sicht hängt die **Komplexität eines Systems** von der Anzahl der Elemente, den Beziehungen und der Verschiedenartigkeit der Beziehungen zwischen den Elementen ab (vgl. Luhmann 1980, Sp. 1064 f.). Die Komplexität spiegelt damit auch den Schwierigkeitsgrad einer Aufgabe wider. Eine Reduktion der Komplexität einer zu erfüllenden Aufgabe kann folglich mit Hilfe der Zerlegung einer Gesamtaufgabe in Teilaufgaben erfolgen, wodurch die Anzahl der Elemente, die Beziehungen und die Verschiedenartigkeit der Beziehungen zwischen den Elementen vermindert werden kann.

Die Zerlegung einer Aufgabe kann dabei mengen- oder artmäßig vorgenommen werden. Bei einer **mengenmäßigen Arbeitsteilung** erfolgt die Verteilung eines Arbeitsauftrages dergestalt, daß die entsprechenden Mitarbeiter sämtliche Verrichtungen eines Arbeitsauftrages ausführen, d.h. jeder der betroffenen Mitarbeiter vollzieht den gesamten Arbeitsablauf an einer Teilmenge der zu bearbeitenden Objekte (Abb. 117; Refa 1 1976, S. 89).

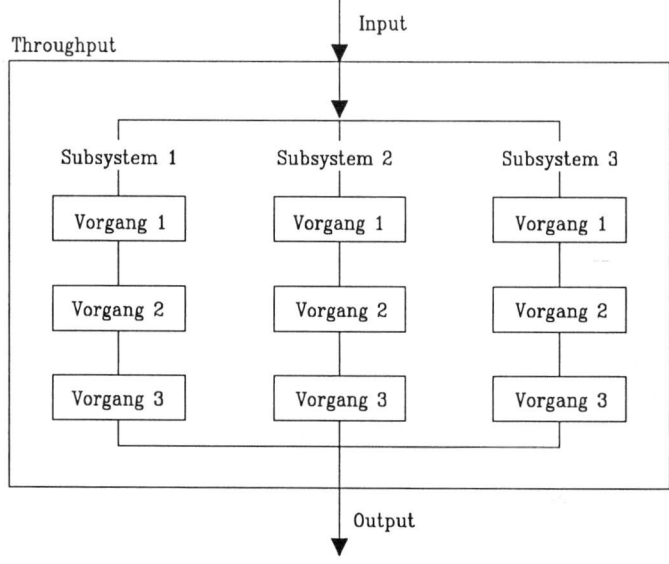

Abb. 117: Mengenteilung

Diese Abbildung verdeutlicht, daß die gesamte zu bearbeitende Inputmenge, z.B. Rohstoffe, auf die einzelnen Subsysteme aufgeteilt wird und jedes Subsystem an diesen Objekten die gleichen Verrichtungen vollzieht, d.h. es entstehen gleiche parallele Subsysteme. Demgegenüber erfolgt bei einer **artmäßigen Arbeitsteilung** eine Zerlegung der Gesamtaufgabe in Teilaufgaben dergestalt, daß auf die einzelnen Subsysteme qualitativ unterschiedliche Teilaufgaben übertragen werden, d.h. es entstehen artmäßig unterschiedliche Aufgaben und folglich unterschiedliche hintereinanderliegende Subsysteme, wie dies in Abbildung 118 dargestellt ist.

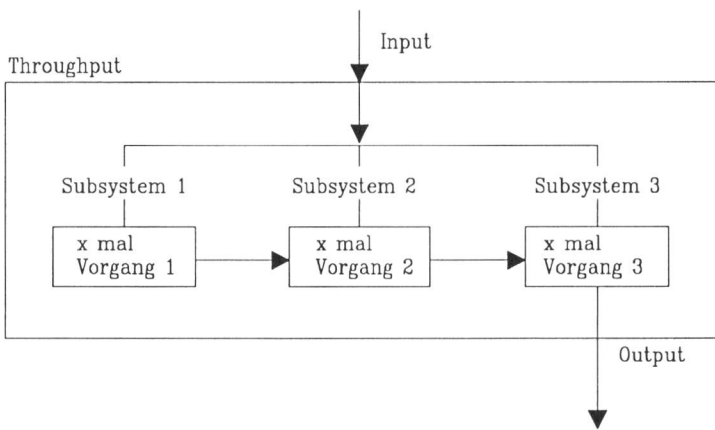

Abb. 118: Artenteilung

Die Artenteilung geht auf Taylor zurück, dessen Bestreben es war, die Arbeitsaufgaben so weit wie möglich aufzusplitten, um auf der Grundlage der dadurch eintretenden **Spezialisierung** zu einer hohen Leistung der Mitarbeiter zu gelangen. Als **Vorteile** dieser Artenteilung sind dabei zu nennen (vgl. Pfeiffer/Dörrie/Stoll 1977, S. 65 ff.):

- **Reduktion der Aufgabenkomplexität.** Durch die Wiederholung der jeweiligen Verrichtungen in kurzen Abständen lassen sich hohe Lerngewinne realisieren.
- Aufgrund der extremen Aufgabenverteilung entstehen
  -- **kürzere Anlernzeiten** und ein
  -- **flexibler Einsatz** der Mitarbeiter,
  weil nur einzelne leicht erlernbare Tätigkeiten zu erbringen sind.
- Die betrieblichen Sachmittel lassen sich an die besonderen Aufgaben gut anpassen (Einzweckaggregate), d.h. es entstehen **Einzweckarbeitsplätze.**
- Durch die gute Beherrschung der Arbeitsaufgabe und durch den Einsatz von Einzweckaggregaten lassen sich häufig **Qualitätsverbesserungen** erzielen.

Diesen potentiellen Vorteilen stehen jedoch die folgenden **Nachteile** gegenüber (vgl. Frese 1976, S. 138):

- Der menschliche Organismus erfährt eine **einseitige Beanspruchung**, die mit einer starken Ermüdung einhergeht. Dies impliziert einen hohen Erholungsbedarf bei den betroffenen Mitarbeitern.

- Eine zu starke Zerlegung der Arbeitsaufgabe bewirkt **Monotonie** bei den Mitarbeitern, die

  -- einerseits leistungsmindernd wirken und

  -- anderseits die Flexibilität der Mitarbeiter reduzieren kann.

- Durch die Zerlegung der Arbeitsaufgabe kann der Blick für die Gesamtaufgabe (Gesamtzusammenhang) verloren gehen, die eine **Entfremdung** vom Arbeitsergebnis hervorrufen kann.

- Der Planungsaufwand steigt mit zunehmender Arbeitsteilung, und zwar bedingt durch

  -- die größere Zahl von Transportoperationen und

  -- die größere Zahl von Greifvorgängen (Hernehmen und Weglegen des Arbeitsobjektes).

Um diesen Nachteilen entgegenzuwirken, wurde, insbesondere im Rahmen der Humanisierung der Arbeit, das Konzept der **Arbeitsbereicherung** entwickelt, das eine Abkehr von einer einseitigen Spezialisierung anstrebt und auf eine Erweiterung des Tätigkeitsspielraumes abzielt. Unter Arbeitsbereicherung werden damit alle Veränderungen eines gegebenen Zustandes der Arbeitsteilung subsumiert, bei denen zusätzliche, qualitativ neue Handlungselemente in das Tätigkeitsspektrum des Mitarbeiters eingeführt werden (vgl. Frese 1979, Sp. 152). Die Arbeitsbereicherung geht dabei von der Annahme aus, daß der Mitarbeiter eine herausfordernde Tätigkeit anstrebt und nach Befriedigung seines Selbstverwirklichungsbedürfnisses in seiner Arbeit trachtet und daß er, wenn ihm hierzu Gelegenheit geboten wird, mit Zufriedenheit und höherer Leistungsbereitschaft (Willenskomponente) reagiert (vgl. Kieser/Kubicek 1977, S. 363). Als Ansatzpunkte für eine Arbeitsbereicherung bieten sich eine

- Aufgabenerweiterung und ein
- Aufgabenwechsel an.

Im Rahmen der **Aufgabenerweiterung** ist zunächst das **Job Enlargement** zu nennen, das dadurch charakterisiert ist, daß eine Bereicherung auf der Ebene der **Realisationsaufgaben** vollzogen wird. Es erfolgt eine Zusammenfassung von Aufgaben, die hinsichtlich ihrer Anforderungen und in ihrer Struktur ähnlich sind, d.h. der Mitarbeiter führt dann verschiedene Tätigkeiten aus, die vorher von mehreren, stark spezialisierten Arbeitskräften ausgeführt wurden (vgl. Bühner 1986a, S. 17; Schanz 1982, S. 142 f.). Die Abbildung 119 gibt diese Form der Arbeitsbereicherung wieder.

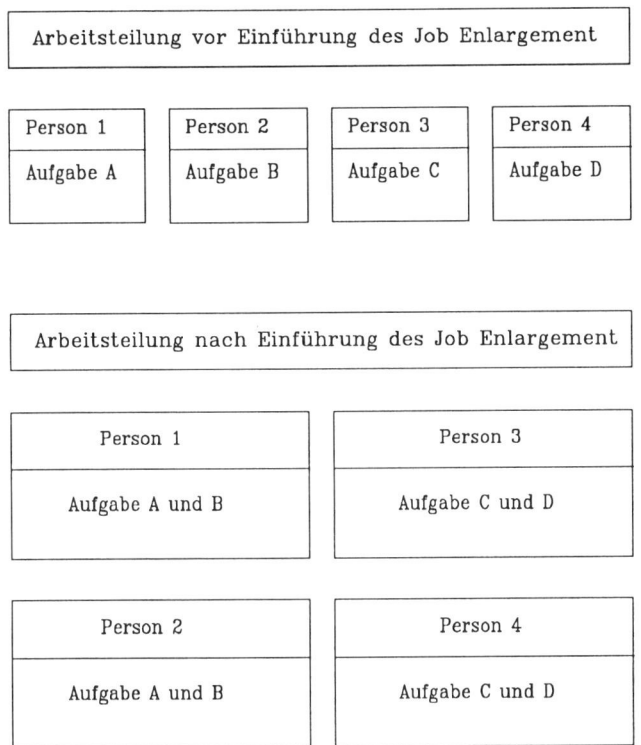

Abb. 119: Job Enlargement

Demgegenüber werden beim **Job Enrichment** dem Mitarbeiter zusätzlich zu seinen Realisationsaufgaben auch Planungs- und Kontrollaufgaben übertragen, d.h. seine Entscheidungskompetenz wird erweitert. Charakteristisch für dieses Konzept ist damit die Übertragung von Entscheidungskompetenzen und einer damit verbundenen Vergrößerung des Dispositionsspielraums und damit einhergehende höhere Qualifikationsanforderungen. Mit Job Enrichment ist folglich nicht nur ein erweiterter Tätigkeitsspielraum, sondern darüber hinaus ein umfassender Entscheidungsspielraum gemeint. Pfeiffer/Dörrie/Stoll (1977, S. 74) sprechen in diesem Zusammenhang sehr anschaulich von einer Arbeitsaufgabenerweiterung im Sinne einer Integration zusätzlicher Phasen der Systemregelung. Abbildung 120 gibt diesen Sachverhalt in anschaulicher Weise wieder.

Frese (1976, S. 140 f.) betont, daß im Rahmen der industriellen Produktion bei Einsatz des Fließbandes das Job Enrichment nicht realisierbar ist. Die Einführung des Job Enrichment hat zwangsläufig Folgen für die gesamte Produktionsstruktur. Hierin ist einer der wesentlichen Gründe für die Weiterentwicklung des Job Enrichment zu einer neuen Konzeption, dem Konzept der teilautonomen Arbeitsgruppe, zu sehen, bei dem eine Abkehr vom verrichtungsorientierten Fließprinzip erfolgt (vgl. Schanz 1982, S. 144 f.). Unter einer **teilautonomen Gruppe**, auch selbststeuernde oder selbstverwaltende Gruppe genannt, ist nach Lattmann (1972, S. 27) eine Kleingruppe zu verstehen, "... der ein Aufgabenzusammenhang übertragen wird, dessen Regelung von ihr selber vorgenommen wird, so daß alle in ihr vorkommenden Tätigkeiten und Interaktionen von ihr selbst gesetzten Normen unterstellt sind." Es handelt sich demnach um eine **Arbeitsbereicherung auf Gruppenbasis.** Die teilautonome Arbeitsgruppe ist folglich dadurch charakterisiert, daß die Mitglieder dieser Gruppe bei der Lösung wesentlicher Aufgaben eigenverantwortlich zusammenarbeiten, wobei bei der Wahl der jeweiligen gruppeninternen Arbeitsstruktur die Gestaltungsmaßnahmen Job Enlargement, Job Enrichment und Job Rotation zur Anwendung gelangen können. Dabei zielt dieses Konzept auf eine Erweiterung des Realisations-, Entscheidungs- und Kontrollspielraumes der Mitarbeiter ab, wobei der Grad der Autonomie, der der Gruppe übertragen wird, charakteristisch für dieses Gruppenkonzept ist. Dabei reicht die Spannweite von der Festlegung der internen Arbeitsteilung über die Fixierung der Aufgabeninhalte und Produktionsverfahren bis hin zur Entscheidung über die Führung der Gruppe (vgl. Bühner 1986a, S. 52). Mit dem Aufbau von **Fertigungsinseln** erfuhr das Konzept der teilautonomen Gruppen eine weitere Verbreitung in der Produktion.

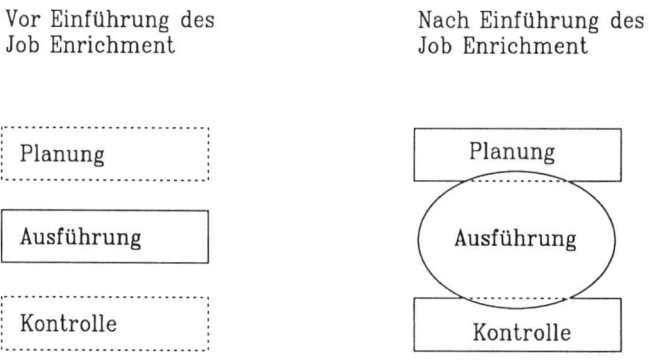

Abb. 120: Job Enrichment

Unter **Job Rotation** (geplanter Arbeitsplatzwechsel) wird ein Tausch der Arbeitsplätze zwischen den Mitarbeitern verstanden, der entweder aufgrund eigener Initiative oder nach einem festgelegten Rhythmus erfolgt. Ziel dieses Ansatzes ist eine Unterbrechung der Monotonie, eine Reduzierung einseitiger Belastungen (z.B. bestimmter Muskelgruppen) und eine Förderung des Verständnisses für betriebliche Zusammenhänge , in dem der Mitarbeiter vor- und nachgelagerte Bereiche kennenlernt (vgl. Bühner 1986a, S. 17). **Gestaltungsparameter** sind dabei die **einzubeziehenden Arbeitsplätze**, die **Rotationsfolge** und das **Rotationsintervall** (die Dauer der einzelnen Folge). Die Arbeitsinhalte der einbezogenen Arbeitsplätze determinieren dabei entscheidend die an den jeweiligen Mitarbeiter zu stellenden Qualifikationsanforderungen. Häufig wird davon ausgegangen, daß beim Job Rotation Tätigkeiten der gleichen Ebene betrachtet werden und damit die Anforderungen an die jeweiligen Stellen keine zu große Streuung aufweisen, d.h. der Arbeitsbereicherungseffekt eher als niedrig zu bezeichnen ist: "Mehrere weitgehend sinnarme Arbeitsschritte im Austausch ergeben noch nichts sinnvolles Ganzes." (Rosenstiel 1980, S. 246). In diesem Fall, einer Zusammenfassung von überwiegend strukturell gleichartigen Tätigkeiten, kann das Job Rotation als ein zeitlich sukzessives Job Enlargement interpretiert werden. Wird dieser engen Auffassung nicht gefolgt, und werden im Rahmen des Job Rotation auch strukturell unterschiedliche Aufgaben einbezogen, dann ergeben sich ähnliche Wirkungen wie beim Job Enrichment mit der Chance einer umfassenden Höherqualifizierung. So betont Frese (1979, Sp. 153), daß die Konzeption des Job Rotation alternativ oder komplementär zum Job Enlargement zu sehen sei, d.h. sie .i.d.R. dann sinnvoll ist, wenn die Einführung des Job Enlargement durch technologische Gegebenheiten nur begrenzt oder gar nicht realisierbar ist.

Bei der Wahl der zeitlichen Länge der Rotationsfolge ist zu beachten, daß

- einerseits eine zu kurz gewählte Dauer Übungseffekte (vgl. Lerngesetz der industriellen Produktion) nur in geringem Umfang ermöglicht und
- andererseits eine zu lang gewählte Dauer eventuell Einarbeitungszeiten bedingt (vgl. Zäpfel 1989a, S. 290).

3.1.2.2.1.2 Arbeitsumweltbedingungen

3.1.2.2.1.2.1 Soziale Aspekte

Im Rahmen ihrer Tätigkeit stehen die Mitarbeiter in der Unternehmung in horizontalen und vertikalen Interaktionen. Dies impliziert, daß die Leistungsbereitschaft und -fähigkeit nicht nur durch individuelle Faktoren bestimmt werden, sondern auch durch die Leistung anderer Mitarbeiter, d.h. die individuelle Leistung des Mitarbeiters als Teil der Gruppenleistung zu erklären ist. Als Determinanten dieser sozialen Umweltbedingungen sind dann zu nennen (vgl. Sader 1979, S. 35 ff.):

- Gruppenstruktur (sie umfaßt die Gesamtheit aller Beziehungen zwischen den Individuen),
- Gruppengröße,
- Organisation der Gruppe
  -- formal
  -- informell,
- Gruppenkohäsion,
- Gruppenzusammensetzung (Grad der Homogenität/Heterogenität),
- Gruppennormen.

Ohne auf diese einzelnen Komponenten einzugehen, ist jedoch zu betonen, daß sich aus den intra- und intergruppenmäßigen Beziehungen und durch die Einordnung der jeweiligen Gruppen die Notwendigkeit der **Führung** dieser sozialen Interaktionsprozesse ergibt. Dabei ist davon auszugehen, daß die Beziehung zwischen den Geführten und den Führern eine entscheidende Determinante der menschlichen Leistung darstellt, da hierdurch die Bedürfnisse nach **Wertschätzung** und nach **Selbstverwirklichung** maßgeblich befriedigt werden können. Im allgemeinen Sprachgebrauch wird Führung mit Lenken, Leiten und Beeinflussen in Einklang gebracht und weist folglich auf Interaktion hin. Führung beeinflußt damit ganz allgemein das Verhalten anderer Personen (zielgerichtete Verhaltensbeeinflussung, vgl. Hentze 1980, S. 47), d.h. Führung findet immer dort statt, wo mehrere Personen durch soziale Verbindung miteinander in Bezug stehen (**personale Führung**). Führung setzt somit die Existenz der folgenden Bedingungen voraus (vgl. Schanz 1978, S. 160):

- eine Gruppe,
- eine gemeinsame Aufgabe und
- die Differenzierung der Verantwortung.

Wenn ferner berücksichtigt wird, daß der Führungsprozeß keine einseitige Einflußnahme des Vorgesetzten in bezug auf seine Mitarbeiter darstellt, sondern daß es sich hierbei um einen **Interaktionsprozeß** zwischen Vorgesetzten und Untergebenen handelt, dann kann Führung wie folgt definiert werden: "Führung impliziert alle Versuche, in denen Personen in einem interaktiven Prozeß (Vorgesetzter ⇔ Untergebener) auf das Verhalten der jeweils anderen Person(en) dergestalt Einfluß zu nehmen suchen, ein bestimmtes Ziel zu erreichen, wobei seitens des Führers eine dominante Einflußnahme auf die anderen Gruppenmitglieder ausgeht." (Brose/Corsten 1983a, S. 113). Die Art und Weise dieser Verhaltungsbeeinflussung kann dann als Führungsstil bezeichnet werden, d.h. unter einem **Führungsstil** kann damit die spezifische Form der Verhaltensbeeinflussung verstanden werden, die seitens des "Führers" im Interaktionsprozeß mit seinen Geführten Anwendung findet. Führungsstile lassen sich nach unterschiedlichen Kriterien bilden (vgl. z.B. Wunderer/Grunwald 1980 I, S. 43). Wird als Merkmal das Ausmaß der Zuordnung von Aktivitäten auf den Führer und die Mitarbeiter und der Grad der Einbeziehung der Mitarbeiter in den Willensbildungs- und -durchsetzungsprozeß herangezogen, dann lassen sich idealtypisch eine autoritäre und eine kooperative Führung unterscheiden (vgl. Hentze 1980, S. 47). Wird die Entscheidung vom Vorgesetzten getroffen und an den Untergebenen zur Ausführung mit dem Charakter von Befehlen weitergegeben, dann liegt ein **autoritärer Führungsstil** vor. Sind die Mitarbeiter hingegen an der Willensbildung beteiligt, die unterschiedliche graduelle Abstufungen aufweisen kann, d.h. die Aktivitäten werden gleichmäßig auf den Führenden und die Geführten verteilt, dann handelt es sich um einen **kooperativen Führungsstil** (einen Überblick über unterschiedliche Definitionen des kooperativen Führungsstils geben Wunderer/Grunwald 1980 II, S. 38 ff.). Während damit bei einem autoritären Führungsstil eine strikte personale Trennung von Entscheidungsprozeß und Aufgabenausübung stattfindet, erfolgt bei einem kooperativen Führungsstil diese strikte Trennung von Entscheidungsfindung und Tätigkeitsausübung nicht, sondern alle Mitglieder einer Gemeinschaft besitzen (unterschiedliche) Möglichkeiten der Beteiligung an den Führungsaufgaben in der Form der Willensbildung und -durchsetzung. Damit lassen sich die folgenden Merkmale einer autoritären und kooperativen Führung herausstellen (vgl. Eckardstein/Schnellinger 1978, S. 88 und S. 101 f.):

- Merkmale einer **autoritären Führung**:
  -- Interpersonale Trennung zwischen Entscheidung, Ausführung und Kontrolle.
  -- Entscheidungs- und Anweisungskompetenz liegt beim Vorgesetzten.
  -- Anweisungen sind vom Untergebenen auszuführen.
  -- Kontrollrecht liegt ausschließlich beim Vorgesetzten (Fremdkontrolle).

- Merkmale eines **kooperativen Führungsstils**:
  -- Die strikte interpersonale Trennung von Entscheidung, Ausführung und Kontrolle ist gemildert.
  -- Die ausschließliche Entscheidungskompetenz des Vorgesetzten wird durch ein Mitwirkungsrecht der Untergebenen substituiert.
  -- Die Anweisungskompetenz des Vorgesetzten wird abgeschwächt, da die Untergebenen an dem Zustandekommen der Entscheidungen mitwirken.
  -- Die Fremdkontrolle wird zur Selbstkontrolle, oder sie wird gemeinsam durch den Vorgesetzten und den Untergebenen ausgeübt.
  -- Auch dem Untergebenen steht ein Kontrollrecht gegenüber seinem Vorgesetzten zu.

Es wurde bereits betont, daß es sich bei den skizzierten Führungsstilen um **Idealtypen** handelt, die in der Realität in unterschiedlichen Ausprägungen anzutreffen sind. Diese Idealtypen können folglich als die Extremaltypen eines Kontinuums aufgefaßt werden, wie dies in Abbildung 121 dargestellt ist (vgl. Tannenbaum/Schmidt 1974, S. 60).

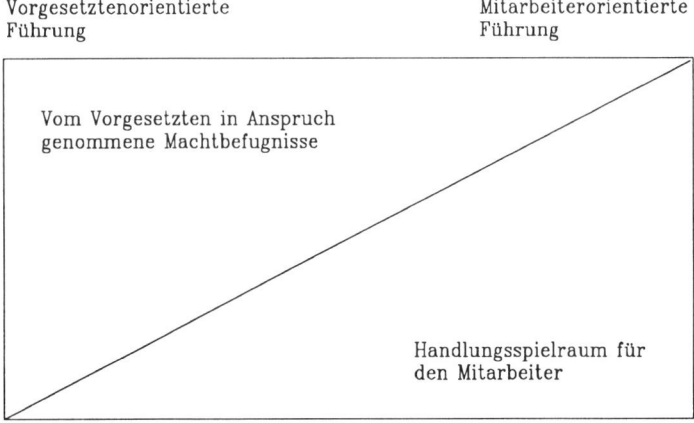

Abb. 121: Kontinuum des Führungsverhaltens

Während der linke Pol dieses Kontinuums dadurch charakterisiert ist, daß der Vorgesetzte die Entscheidung trifft und sie seinen Untergebenen mitteilt, damit diese die getroffene Entscheidung ausführen, zeigt der rechte Pol eine Situation, in der der Vorgesetzte der Gruppe erlaubt, innerhalb einer bestimmten Grenze die Entscheidung zu treffen.

Bei einer **vergleichenden Gegenüberstellung** dieser Führungsstile wird in der Literatur (vgl. z.B. Steinmann 1974, S. 99 f.) häufig von einer generellen Überlegenheit des kooperativen gegenüber dem autoritären Führungsstil ausgegangen, und zwar auf der Grundlage der folgenden Argumente:

- Stärkung des Zusammengehörigkeitsgefühls der Gruppenmitglieder,
- besserer Gesamtüberblick für die Gruppenmitglieder,
- Verringerung möglicher Konflikte,
- besseres Gruppenklima und
- Begünstigung der persönlichen Entfaltungsmöglichkeiten der Mitarbeiter.

Auf der Grundlage einer Analyse von 100 Quellen gelangt Seidel (1977, S. 93 ff. und 1978, S. 526 ff.) jedoch zu dem Ergebnis, daß es keine gehaltvollen Effizienzkriterien für die Überlegenheit des kooperativen Führungsstils gibt. Dies bedeutet, daß die Frage nach einem optimalen Führungsstil nur unter Beachtung der jeweiligen situativen und individuellen Gegebenheiten beantwortet werden kann, d.h. die Allgemeingültigkeit ist bereits durch unterschiedliche Persönlichkeitsstrukturen eingeschränkt: "So kommt beispielsweise ein autoritärer Führungsstil einem im autoritären Denken verhafteten Menschen entgegen, da ein solcher Mitarbeiter tendenziell unselbständiges und weisungsbezogenes Arbeiten gewöhnt ist und sich weiterhin durch treue und kritiklose Ergebenheit gegenüber seinem Vorgesetzten, durch Widerstand gegen Änderungen und durch eigenes autoritäres Führungsverhalten gegenüber seinen Untergebenen kennzeichnen läßt." (Pfeiffer/Dörrie/Stoll 1977, S. 92). Demgegenüber ist ein Mitarbeiter, der im Rahmen seiner Tätigkeit nach einer Befriedigung der Wertschätzungs- und Selbstverwirklichungsbedürfnisse strebt, an einem kooperativen Führungsstil interessiert. Hieraus läßt sich auch das unterschiedliche Interesse erklären, das von Mitarbeitern der Partizipation entgegengebracht wird.

Da diese Ausführungen grundsätzlich auf alle relevanten Merkmale von Führungsstilen zutreffen, kann der Aussage von Bleicher (1974, S. 201) weiterhin zugestimmt werden, daß die Behauptungen den "richtigen Führungsstil" gefunden zu haben, suspekt erscheinen. Diese Ausführungen machen deutlich, daß es keinen generell überlegenen Führungsstil gibt, sondern die Wahl des Führungsstils an den situationsspezifischen Gegebenheiten auszurichten ist. Als situative Komponenten seien dabei genannt:

- die zu verrichtende Aufgabe,
- der Bildungs- und Qualifikationsstand der Mitarbeiter und
- die Motivationsstruktur der Mitarbeiter.

Tendenziell läßt sich dann folgendes feststellen:

- der autoritäre Führungsstil ist in **regressiven Leistungsprozessen**, d.h. in routinisierbaren und programmierbaren Leistungsvorgängen tendenziell erfolgreicher;
- der kooperative Führungsstil erscheint geeigneter für **progressive Leistungsprozesse** , d.h. wenn innovative und nicht programmierbare Leistungsvorgänge gegeben sind, da in diesen Fällen eine autoritäre, singulär ausgerichtete Führungsform eher hinderlich ist.

3.1.2.2.1.2.2 Sachliche Aspekte

Zu den sachlichen Arbeitsumweltbedingungen gehören Anlagen, Werkzeuge, Meß- und Prüfgeräte, Werkbänke etc. und darüber hinaus die physikalische Arbeitsumgebung. Diese Komponenten werden zum sogenannten Sachsystem zusammengefaßt. Wird zum Arbeitssystem das Sachsystem und das soziale Element Mensch subsumiert, dann läßt sich dieses als **sozio-technisches System** charakterisieren. Im Rahmen der Gestaltung von Sachsystemen steht die Auslegung des jeweiligen sachlichen Elementes, und zwar an den Menschen angepaßt, im Zentrum des Interesses. Ziel ist es dabei, durch die Gestaltung des Sachsystems positiv auf die Leistungsbereitschaft und -fähigkeit einzuwirken, d.h. leistungsfördernde Arbeitsverhältnisse zu schaffen. Diese Problembereiche, die Gegenstand der **Arbeitswissenschaft** als einer interdisziplinär orientierten Wissenschaft der menschlichen Arbeit sind, können in einer Einführung in die Produktionswirtschaft nicht ausführlich diskutiert werden. Es sei deshalb auf die entsprechende Spezialliteratur verwiesen (vgl. z.B. Hackstein 1977; Kaminsky 1971; Pfeiffer/Dörrie/Stoll 1977; Refa Teil 1 1976; Stirn 1980). Als Problembereiche seien aufzählend erwähnt:

- Gestaltung optischer Informationsträger (Ableseinstrumente);
- richtiger Abstand von den Betrachtungsobjekten;
- richtige Beleuchtung;
- körpergerechte Griffhaltung (Form, Abmessung, Material);
- Anordnung der Bedienungselemente (nach dem Kriterium der Wichtigkeit);
- sicherheitstechnische Sachmittelgestaltung;
- physiologisch angemessene Gestaltung des Sachsystems
    -- Prinzip der körpergrößengerechten (anthropometrischen) Gestaltung des Sachsystems;
    -- Prinzip der körperfunktionsgerechten Gestaltung des Sachsystems
        • körperfunktionsgerechte Gestaltung der Arbeitsweise
        • körperfunktionsgerechte Gestaltung der physikalischen Arbeitsumgebung (Klimaverhältnisse, Lärmverhältnisse, Beleuchtungsverhältnisse, Schwingungsverhältnisse, Staubverhältnisse);
- psychologische Aspekte der Gestaltung des Sachsystems, z.B. sinnliche Bereicherung über Farbgestaltung mit dem Ziel der motivationalen Verbesserung der sachlichen Arbeitsumweltbedingungen;
- räumliche Verhältnisse, mit denen der Mitarbeiter konfrontiert ist.

3.1.2.2.1.2.3 Zeitliche Aspekte

Es ist zu beachten, daß im Rahmen der Gestaltung der Arbeitszeit und Pausen rechtliche und tarifvertragliche Rahmenbedingungen zu berücksichtigen sind. Hierzu zählen: Arbeitszeitordnung (AZO), Gewerbeordnung, Jugendarbeitschutzgesetz, Mutterschutzgesetz und die tariflichen Vereinbarungen.

Zunächst ist zwischen Normalarbeitszeit (§ 2 AZO) und der effektiven Arbeitszeit zu unterscheiden, die die regelmäßigen Pausen nicht umfaßt. Aufgabe einer Pause ist es, dem Menschen in ausreichendem Maße die Möglichkeit zur Regeneration zu gewähren, d.h. die durch die effektive Arbeitszeit hervorgerufene Ermüdung und der damit einhergehende Leistungsrückgang soll durch Unterbrechung der Arbeit zumindest teilweise ausgeglichen werden (vgl. Pfeiffer/Dörrie/Stoll 1977, S. 126). Wird der durch eine Pause verursachte Produktionsausfall durch eine höhere Arbeitsproduktivität nach Beendigung kompensiert oder sogar überkompensiert, dann wird dieser Sachverhalt als eine "lohnende Pause" bezeichnet. Generell ist bei körperlicher Arbeit davon auszugehen, daß eine größere Anzahl kürzerer Pausen mit keiner höheren Erholungswirkung einhergeht, als dies bei einer geringeren Anzahl längerer Pausen der Fall ist. Dabei sind jedoch auch Effekte wie Übungsgewinne und -verluste zu berücksichtigen. Als relevante Einflußgrößen für eine **effektive Pausengestaltung** lassen sich dann nennen:

- Ermüdung (Arbeitsbelastung),
- Erholung,
- Tagesrhythmikkurve,
- Lage und Dauer der Pause (Übungsgewinne, -verluste),
- Produktionstechnologie und
- die gesetzlichen und tariflichen Vereinbarungen.

Neben den ex ante festgelegten Pausen, die als **geplante Pausen** zu bezeichnen sind, gibt es **ungeplante Pausen**, die personen- oder ablaufbedingt sein können. Während ablaufbedingte ungeplante Pausen z.B. durch Störungen in den Zulieferungen begründet sein können, haben personenbedingte Pausen ihre Ursache darin, daß der menschliche Organismus nicht ununterbrochen körperliche und/oder geistige Leistungen erbringen kann.

Die Arbeitsdauer ist durch gesetzliche und tarifliche Vereinbarungen fixiert. Temporär ist diese Zeitspanne durch Überstunden oder Kurzarbeit veränderbar. Dabei können die Regelungen der täglichen, wöchentlichen, monatlichen und jährlichen Arbeitszeit starr oder in bestimmten Grenzen variabel sein. Bei einer **starren Arbeitszeitregelung** sind Beginn und Ende der täglichen Arbeitszeit und die Lage und Dauer der Pausen fixiert. Damit erstreckt sich die Gestaltung der Unternehmung auf die Fixierung dieser Zeitpunkte. Ein Problem, das in diesem Zusammenhang insbesondere aus produktionstechnologischen Gründen auftritt, ist in der **Schichtarbeit** zu sehen. Wie bereits aus der Tagesrhythmikkurve ersichtlich ist, muß davon ausgegangen werden, daß in der Spät- und Nachtschicht eine geringere Leistung durch die Mitarbeiter erbracht wird. Auch

wenn durch Umgewöhnung der menschliche Körper in der Lage ist, die Tagesrhythmikkurve in bestimmten Grenzen zu beeinflussen, so darf nicht verkannt werden, daß die
Nachtarbeit unter arbeitsphysiologischen Gesichtspunkten äußerst problematisch ist,
zumal der periodische Wechsel der Schichtzeiten eine Umstellung des Mitarbeiters
erfordert.

Demgegenüber kann die Schichtarbeit unter ökonomischen Gesichtspunkten sinnvoll
sein, wenn etwa bei kapitalintensiven Produktionsanlagen die Leerzeiten gesenkt
werden sollen.

Im Gegensatz zur festen Arbeitszeitregelung bietet die **gleitende Arbeitszeit** (auch
flexible oder variable Arbeitszeit genannt) dem einzelnen Mitarbeiter die Möglichkeit,
seine tägliche Arbeitszeit im Rahmen bestimmter Bandbreiten selbst zu gestalten, d.h.
er kann am Morgen mit seiner Arbeit innerhalb einer vorgegebenen Zeitspanne beginnen
und am Nachmittag innerhalb einer zweiten Zeitspanne beenden. Dabei ist zu beachten,
daß alle Mitarbeiter innerhalb einer sogenannten **Kernzeit** (auch Pflichtarbeitszeit,
Kontakt- oder Blockzeit genannt) in der Unternehmung anwesend sein müssen. Abbildung 122 gibt das Grundprinzip der gleitenden Arbeitszeit wieder.

Innerhalb der angegebenen Gleitspannen kann der Mitarbeiter seine Anwesenheit
individuell gestalten, wobei allerdings Zeitminderstand und -guthaben innerhalb eines
bestimmten Zeitraumes (z.B. einem Monat) ausgeglichen werden müssen, oder in
begrenztem Umfang eine Zeitübertragung in den nächsten Zeitraum vorgenommen
werden kann: Die flexible Arbeitszeitregelung läßt damit die verschiedensten Ausprägungen zu, und zwar hinsichtlich

- der Lage und Länge der Kernzeit,
- der Verrechnungsart entstehender Zeitsalden und
- der Übertragbarkeit von Zeitguthaben (vgl. Kern 1992, S. 192).

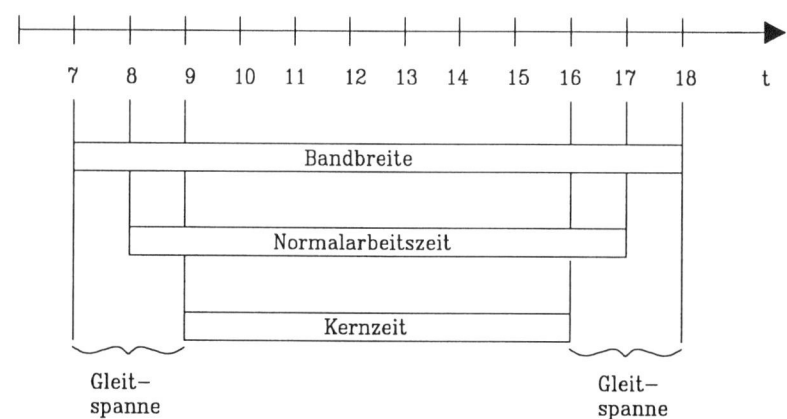

Abb. 122: Grundprinzip der gleitenden Arbeitszeit

Die Einführung der flexiblen Arbeitszeit ist allerdings an die Zustimmung des Betriebsrates oder des Personalrates gebunden. Erfahrungen mit der flexiblen Arbeitszeit zeigen, daß eine Reduzierung der Fluktuationsrate und der Abwesenheitsquote beobachtet werden konnte. Dies bedeutet, daß die flexible Arbeitszeitregelung tendenziell mit einer positiven Wirkung auf die Arbeitsmotivation einhergeht.

3.1.2.2.1.3 Arbeitsmethodik

Unter Arbeitsmethodik sind die Regeln zu verstehen, nach denen eine Arbeitskraft die ihr übertragene Arbeitsaufgabe ausführen soll. Hierfür ist zunächst eine **differenzierte Arbeitsbeschreibung** erforderlich, d.h. eine systematische Deskription der Aufgabenart und -komplexität, um darauf aufbauend eine analytische Untersuchung der **Verrichtungsfolgen** zu ermöglichen. Voraussetzung hierfür sind Arbeitsablaufstudien und die darauf aufbauenden Bewegungs- und Zeitstudien.

Arbeitsablaufstudien analysieren dabei die zeitliche und räumliche Abfolge von Arbeitsvorgängen, die bei der Erstellung einer Problemlösung erforderlich sind. Dabei können derartige Arbeitsablaufstudien unter unterschiedlichen Aspekten durchgeführt werden, wie die folgende Abbildung 123 zeigt (REFA 3 1976, S. 99).

Demgegenüber verfolgen **Bewegungsstudien** das Ziel, optimale Bewegungen und Bewegungsabläufe zu ermitteln. Hierzu ist es erforderlich, kleinste Bewegungen und deren Abfolge zu analysieren (vgl. hierzu auch die Ausführungen zu den Systemen vorbestimmter Zeiten). Im Zentrum der Überlegungen stehen dabei die von Hand ausgeführten Bewegungsabläufe. Nach REFA (3 1976, S. 138 ff.) lassen sich dabei die drei folgenden **Gestaltungsprinzipien** unterscheiden:

- das Prinzip der Bewegungsvereinfachung,
- das Prinzip der Bewegungsverdichtung und
- das Prinzip der Mechanisierung von Bewegungen.

Ausgangspunkt der **Bewegungsvereinfachung** sind die einzelnen Bewegungselemente. Ziel ist es, die Bewegungselemente so zu vereinfachen, daß die dafür erforderliche Zeit und die Belastung minimal werden. Hierzu seien folgende Beispiele genannt:

- Vereinfachung von Fügebewegungen durch das Anbringen von Fasen am Stift und an der Bohrung.
- Erleichterung des Fügens durch Montagehilfen und Anschläge an den Betriebsmitteln.
- Vermeidung von zu großen Greifabständen.
- Erleichterung des Greifens von flachen Teilen durch spezielle Unterlagen mit besonderen Hilfsmitteln.
- Griffgünstiges Anordnen der Greifbehälter.
- Vermeiden des Greifens von Teilen in der falschen Reihenfolge.

Aspekte von Arbeits-, Arbeitssystem- bzw. Ablaufanalysen	Gebräuchliche Instrumente
Zeitliche Folge von Ablaufschritten	Zeitaufnahme, Balkendiagramm, Netzplan
Logische Folge von Ablaufabschnitten	Flußdiagramm, Netzplan
Räumliche Darstellung des Ablaufs	Materialflußanalyse
Menschliche Aspekte - Arbeitsmethode - Beanspruchung - Arbeitsanforderung - Menschliche Leistung - andere ergonomische Aspekte - sozial-psychologische und organisatorische Aspekte	Bewegungsanalyse Belastungsanalyse Arbeits- bzw. Anforderungsanalyse, -beschreibung, -bewertung Analytische Leistungsbewertung Sicherheitsstudie, Arbeitszerlegung zur Arbeitsunterweisung Organisationsstudie
Technische Aspekte - Arbeitsverfahren Betriebsmitteleinsatz und -nutzung - Materialfluß - Andere technische Arbeitsbedingungen	Technologische Studie Betriebsmittelstudie (z.B. in Form einer Multimomentaufnahme) Materialflußstudie Werkstoffprüfung

Abb. 123: Unterschiedliche Aspekte von Arbeitsanalysen nach REFA

Das Prinzip der Bewegungsvereinfachung strebt damit eine zweckmäßige Gestaltung und Anordnung von Betriebsmitteln durch konstruktive Maßnahmen an, wobei die einzelnen Bewegungselemente im Zentrum des Interesses stehen.

Demgegenüber verfolgt das **Prinzip der Bewegungsverdichtung** eine Optimierung der Abfolge von Bewegungsabläufen, d.h. es setzt am gesamten Ablauf an. Diesem Ziel kann durch folgende Maßnahmen Rechnung getragen werden:

- durch Beidhandarbeit,
- durch Beseitigung oder Vermeidung unproduktiver Ablaufabschnitte und
- durch Speicherkoppelung (dabei wird die Bewegungsenergie einer notwendigen Bewegung direkt benutzt, um eine nachfolgende Arbeit zu verrichten).

Während sich mit den Prinzipien der Bewegungsvereinfachung und Bewegungsverdichtung ohne grundlegende Veränderungen der Sachsystemstruktur und damit mit relativ geringen Investitionsmitteln verhältnismäßig hohe Zeiteinsparungen realisieren lassen, ist dies bei der Anwendung des **Prinzips der Mechanisierung von Bewegungen und Bewegungsabläufen** nicht gegeben. So zeigen empirische Untersuchungen, daß eine 75% Stückzeitersparnis mit ca. 25% der für eine Vollmechanisierung nötigen Investitionen erreichbar ist. Werden darüber hinausgehende Zeitersparnisse angestrebt, dann bedingen diese deutlich höhere Investitionen. Aufgabe der Bewegungsstudien ist es, den Punkt einer maximalen Bewegungsvereinfachung und -verdichtung zu realisieren, um dann auf dieser Grundlage mit Hilfe von Wirtschaftlichkeitsrechnungen Ansatzpunkte für Mechanisierungen von Bewegungen und Bewegungsabläufen aufzuzeigen.

3.1.2.2.2 Monetäre Einflußgrößen

3.1.2.2.2.1 Arbeitsentgelt

Zum Arbeitsentgelt gehören alle von der Unternehmung an den Mitarbeiter geleisteten Entgelte. Eine zentrale Problemstellung in diesem Zusammenhang ist die Forderung nach **Lohngerechtigkeit**, da ein von Mitarbeitern als ungerecht empfundenes Lohnsystem mit negativen Wirkungen auf die Arbeitsleistung einhergeht. Als empirisch gesichert kann der Sachverhalt gelten, daß zwischen der Höhe des Arbeitseinkommens und der Zufriedenheit des Mitarbeiters eine eindeutige Beziehung besteht. Dabei kommt es weniger auf die absolute Höhe als vielmehr auf die **relative Höhe des Lohnes** an, d.h. auf das Verhältnis der verschiedenen Löhne zueinander (Gestaltung der betrieblichen Lohnstrukturen). Dabei spielt das Geld eine äußerst differenzierte Rolle, da sich mit seiner Hilfe (Instrumentalfunktion) eine Vielzahl individueller Bedürfnisse befriedigen lassen. So verleiht Geld häufig ein gewisses Ansehen und ist damit ein Statussymbol. Neben dieser **Instrumentalfunktion** hat es eine **Rückkoppelungsfunktion** in dem Sinne zu erfüllen, daß es als Gradmesser dafür herangezogen wird, wie die Leistung des Mitarbeiters von anderen bewertet wird (vgl. Schanz 1979, S. 177).

Als Grundlage für die Beurteilung der Lohngerechtigkeit kann der Mitarbeiter

- horizontale und vertikale **innerbetriebliche Lohnvergleiche** und
- horizontale und vertikale **zwischenbetriebliche Lohnvergleiche**

durchführen. Treten bei einem derartigen Vergleich Diskrepanzen auf, etwa

- weil gleich schwierig empfundene Arbeiten unterschiedlich entlohnt oder
- zwischen Tätigkeiten unterschiedlicher Anforderungsarten zu kleine oder zu große Differenzierungen erfolgten,

dann wird das Lohnsystem als ungerecht empfunden. Zu unterscheiden ist dabei jedoch zwischen einer tatsächlichen und einer subjektiv empfundenen Diskrepanz. Während erstere etwa durch eine methodisch unzureichende Arbeits- und Leistungsbewertung hervorgerufen werden kann, kann es sich im zweiten Fall um eine unzureichende Informationsbereitstellung handeln, die eine Lohnintransparenz hervorruft.

Ein zentraler Punkt im Rahmen der Lohngerechtigkeit ist der Grundsatz der Äquivalenz von Lohn und Leistung, den Kosiol (1962, S. 29) als das **Äquivalenzprinzip** bezeichnet, das er weiter aufspaltet in die beiden Komponenten

- Äquivalenz von Lohn und Anforderungsgrad und
- Äquivalenz von Lohn und Leistungsgrad.

Darüber hinaus muß eine Unternehmung im Rahmen der Entlohnung den sozialen Status und die individuellen sozialen Bedingungen der Mitarbeiter berücksichtigen. Dieser Teil des Entgeltes wird auch als **Soziallohn** bezeichnet, der sich in zwei Teilbereiche weiter aufspalten läßt:

- gesetzlich oder tariflich vorgeschriebene Sozialleistungen (z.b. nach dem Lebensalter und Familienstand gestaffelte Entgelte, bezahlter Urlaub usw.);
- freiwillige Sozialleistungen (z.b. betriebliche Altersversorgung).

Oberstes Ziel im Rahmen der Gestaltung des Arbeitsentgeltes stellt dabei immer die Realisation einer relativen Lohngerechtigkeit dar, d.h. es soll ein **anforderungsgerechter, leistungsgradgerechter** und **sozialgerechter Lohn** verwirklicht werden. Anforderungsgerecht bedeutet dabei, daß Tätigkeiten mit unterschiedlichen Schwierigkeiten im Rahmen der Entlohnung unterschiedlich behandelt werden. Voraussetzung dafür ist es jedoch, daß die unterschiedlichen Anforderungsgrade, die an die jeweiligen Tätigkeiten geknüpft sind, bestimmt werden müssen. Eine Basis hierfür stellen die Methoden der Arbeitsbewertung dar. Sind auf der Grundlage einer Arbeitsbewertung die jeweiligen Arbeitswerte für die Tätigkeiten ermittelt worden, dann ist diesen Ergebnissen im Rahmen einer **Lohnsatzdifferenzierung** Rechnung zu tragen. Ferner müssen in den Lohnsätzen auch unterschiedliche Leistungsgrade der Mitarbeiter berücksichtigt werden. Dies geschieht mit Hilfe der sogenannten **Leistungsbewertung**. Während eine Lohnsatzdifferenzierung, auf der Grundlage einer Arbeitsbewertung, unabhängig von einer bestimmten Arbeitskraft erfolgt, d.h. nur unter Beachtung der zu beurteilenden Tätigkeit, fließen in die Leistungsbewertung individuelle Unterschiede ein (vgl. Bühner 1986a, S. 73; Eckardstein/Schnellinger 1978, S. 147 ff.; Pfeiffer/Dörrie/Stoll 1977, S. 170 ff.; Wibbe 1979, Sp. 104).

3.1.2.2.2.1.1 Arbeitsbewertung als Grundlage einer gerechten Entlohnung

Aufgabe der Arbeitsbewertung ist die Beurteilung der Arbeitsschwierigkeit. Voraussetzung hierfür sind Arbeitsanalyse und Arbeitsbeschreibung. Ziel der Arbeitsbewertung ist es folglich, auf der Grundlage einer Anforderungsanalyse die in einer Unternehmung zu vollziehenden Arbeiten nach einem einheitlichen Maßstab zu ordnen, ohne dabei eine bestimmte Person, die diese Arbeiten erbringen soll, zu berücksichtigen. Sie geht damit von der Fiktion eines Normalarbeitenden mit **Normalleistung** aus. Ergebnis eines solchen Bewertungsvorganges ist dann ein **Arbeitswert**, mit dessen Hilfe die relative Schwierigkeit einer Tätigkeit im Vergleich zu anderen Tätigkeiten zum Ausdruck gebracht wird.

Im Rahmen der **Anforderungsanalyse** sind die für die Bewertung relevanten Anforderungsarten festzulegen. Ein anerkannter Anforderungskatalog stellt das **Genfer Schema** dar, das folgende Merkmale unterscheidet (vgl. Karg/Staehle 1982, S. 47; Schanz 1982, S. 237; Tenckhoff 1979, Sp. 84 f.):

- geistige Anforderungen
- körperliche Anforderungen
- Verantwortung
- Arbeitsbedingungen.

Die Anforderungsarten geistige und körperliche Anforderungen lassen sich weiterhin in "Können" und "Belastung" untergliedern, so daß insgesamt sechs Anforderungsarten entstehen. Dieses Schema, das vom REFA-Verband übernommen wurde, hat eine Vielzahl an Modifikationen erfahren (zu einem Überblick vgl. Gerum/Herrmann 1980; Karg/Staehle 1982, S. 48 ff.; Tenckhoff 1979, Sp. 85 ff.), auf die im einzelnen nicht eingegangen werden kann. Beispielhaft sei der folgende differenzierende **Anforderungsartenkatalog** erwähnt (vgl. Kern 1992, S. 174):

- Kenntnisse (Ausbildung, Erfahrung, Denkfähigkeit),
- Geschicklichkeit (Handfertigkeit, Körpergewandtheit),
- Verantwortung
  - -- für die eigene Arbeit
  - -- für die Arbeit anderer
  - -- für die Sicherheit anderer
- vorwiegend geistige Belastung (Aufmerksamkeit, Denkfähigkeit),
- vorwiegend muskelmäßige Belastung (dynamische, statische, einseitige Muskelarbeit),
- Umgebungseinflüsse (Klima, Nässe, Öl, Fett, Schmutz, Staub, Gase, Dämpfe, Lärm, Erschütterung, Blendung oder Lichtmangel, Erkältungsgefahr, Schutzkleidung, Unfallgefährdung).

Pfeiffer/Dörrie/Stoll (1977, S. 189) weisen weiterhin darauf hin, daß etwa bei der Analyse von Angestelltentätigkeiten weitere spezifische Anforderungsarten zu berücksichtigen seien. Hierzu zählen:

- Umgangs- und Ausdrucksgewandtheit,
- Dispositionsvermögen und
- Leitungs- und Steuerungsfähigkeit.

Die Anforderungsarten und ihre Ausprägungen bedürfen jedoch der permanenten Pflege und damit verbunden einer Anpassung an sich verändernde situative Gegebenheiten (vgl. Paasche 1979, Sp. 102). So weist Bühner (1986a, S. 11 f. und S. 68 ff.) darauf hin, daß durch den Einsatz von flexiblen Fertigungssystemen eine Schwerpunktverlagerung in den Arbeitstätigkeiten hervorgerufen wurde. Von diesen Veränderungen sind nicht nur die ausführenden Mitarbeiter betroffen, sondern ebenfalls die den Maschineneinsatz planenden und vorbereitenden Personen: "Tätigkeiten im maschinennahen Bereich, die den Schwerpunkt konventioneller Werkzeugmaschinenarbeit bilden, werden durch das technische System ersetzt: Steuern, Schalten, Führen, Einstellen, Positionieren, unmittelbares Überwachen und Kontrollieren. Bei Einführung von NC- und CNC-Maschinen und deren Rechnerverbund zu flexiblen Fertigungssystemen findet eine Funktionsverlagerung in planende und steuernde sowie überwachende Bereiche statt." (Bühner 1986a, S. 11 f.). Dies bedeutet konkret, daß neue Fertigungstechnologien mit den folgenden **Anforderungsveränderungen** einhergehen:

- Sie führen zu einer Entlastung von körperlich schwerer Arbeit. Darüber hinaus kommt es zu einer Reduzierung der Transporttätigkeiten von Hand, da diese durch automatisierte, verkettete Transporteinrichtungen übernommen werden können.
- Sie führen bei den Maschinenbedienern zu einer Zunahme von Wartungs- und Instandhaltungstätigkeiten und der Systemorganisation. Tendenziell zeigt sich eine Zunahme von Vorbereitungstätigkeiten und eine Entlastung von Tätigkeiten im Bereich der maschinell vollzogenen Fertigung.
- Die Umwelteinflüsse verlieren an Bedeutung.
- Bei den geistig-psychischen Belastungen (Aufmerksamkeit, Konzentration und Verantwortungsbewußtsein) ist eine tendenzielle Zunahme zu beobachten.

Diese Schwerpunktverlagerungen in den Arbeitsanforderungen sind im Rahmen der Arbeitsbewertung zu beachten.

In einem nächsten Schritt sind die Arbeitsanforderungen dann einer Bewertung zu unterziehen. Aufgrund der zugrundeliegenden Handhabung der Bewertung ist zwischen einer summarischen und analytischen Vorgehensweise zu unterscheiden (vgl. z.B. Hentze 1980, S. 60):

- Bei einer **summarischen Arbeitsbewertung** wird die Schwierigkeit der einzelnen Aufgaben global beurteilt, d.h. der Bewerter berücksichtigt sämtliche Anforderungsarten gleichzeitig.
- Bei einer **analytischen Arbeitsbewertung** werden die einzelnen Anforderungsarten der Arbeit beurteilt und durch Amalgamation der Teilwerte eine Gesamtwertzahl (Arbeitswert) ermittelt.

Die Wertzahlzuordnung zu den einzelnen Tätigkeiten oder Anforderungsarten kann dann mit Hilfe einer Reihung oder Stufung erfolgen.

Bei einer **Reihung** werden die zu bewertenden Arbeiten so angeordnet, daß der Arbeitsplatz mit dem höchsten Schwierigkeitsgrad an die erste Stelle der Reihe und derjenige mit dem niedrigsten Schwierigkeitsgrad an die letzte Stelle der Reihe angeordnet wird.

Demgegenüber werden bei einer **Stufung** für die unterschiedlichen Schwierigkeitsgrade Anforderungsstufen festgelegt. Arbeiten mit gleicher oder ähnlicher Anforderungshöhe werden dann den gleichen Stufen zugeordnet. Zur Erleichterung der Einstufung werden die einzelnen Merkmalsstufen mit Richtbeispielen versehen.

Durch Kombination dieser beiden Betrachtungsweisen läßt sich dann die folgende Abbildung erstellen (vgl. z.B. Wibbe 1966, S. 30).

Bewertungsart Basis der Wertzahlzuordnung	Summarisch	Analytisch
Reihung	Rangfolge– verfahren	Rangreihen– verfahren
Stufung	Lohngruppen– verfahren	Stufenwertzahl– verfahren

Abb. 124: Arbeitsbewertungsverfahren

Voraussetzung des **Rangfolgeverfahrens** ist eine Auflistung sämtlicher in der Unternehmung vorkommender Arbeitsplätze. Jeder Arbeitsplatz wird dann im Hinblick auf seine Gesamtschwierigkeit mit jedem anderen Arbeitsplatz verglichen und in eine Rangfolge gebracht. Aus dieser Rangfolge ist jedoch nicht zu ersehen, wie groß die Unterschiede zwischen den Schwierigkeiten der einzelnen Arbeitsplätze sind. In der Praxis wird dabei auf einer ersten Ebene i.d.R. zunächst abteilungsweise vorgegangen und dann in einem zweiten Schritt eine Gesamtrangordnung erstellt. Die so erstellte Rangordnung bildet dann die Grundlage für die Lohndifferenzierung. Ein wesentlicher Vorteil dieses Verfahrens ist in seiner Einfachheit zu sehen. Mit zunehmender Mitarbeiterzahl wird seine Handhabung jedoch sehr zeit- und kostenaufwendig. Ein grundlegender Nachteil ist hingegen in der subjektiven Einschätzung des Bewerters und den damit einhergehenden Problemen zu sehen, d.h. die Gefahr von Fehlurteilen ist tendenziell groß. Dies liegt vor allem darin begründet, daß es sich hierbei um ordinale Werte handelt, die keine Aussagen über die zwischen den jeweiligen Rängen liegenden Schwierigkeitsintervalle zulassen. Damit fehlt auch eine exakte Bezugsgröße für die Zuordnung der Lohnsätze zu den Wertzahlen.

Beim **Lohngruppenverfahren** werden unterschiedliche Schwierigkeitsbereiche (Stufen) gebildet, denen dann entsprechende Lohngruppen zugeordnet werden. Zur Erleichterung der Einordnung werden die einzelnen Stufen durch Richtbeispiele ergänzt. Auch hierbei erfolgt eine globale Bewertung, so daß auch bei diesem Verfahren die Gefahr einer Über- oder Unterschätzung des Gesamtarbeitswertes besteht. Die Praktikabilität dieses Verfahrens hängt dabei entscheidend von der Exaktheit der Definition der Lohngruppenmerkmale ab.

Der Nachteil einer Globalbeurteilung, mit dem die summarischen Verfahren behaftet sind, soll bei den analytischen Methoden durch **Aufspaltung des Bewertungsprozesses** überwunden werden. Grundlage der Bewertung sind hierbei die einzelnen Anforderungsarten.

Beim **Rangreihenverfahren** wird jede Anforderungsart getrennt nach ihrem Schwierigkeitsgrad in eine Rangordnung gebracht. Abbildung 125 gibt diesen Sachverhalt wieder (Pfeiffer/Dörrie/Stoll 1977, S. 196).

Anforderungs-art / Tätigkeit	Kenntnisse	Geistige Belastung	Geschicklichkeit	Muskelmäßige Belastung	Verantwortung	Umweltbedingungen
Montage	1	3	1	3	3	8
Bedienen einer Mehrzweckmaschine	2	4	3	2	6	6
Qualitäts-kontrolle	4	1	7	6	2	7
Kranführung	3	2	2	7	1	4
Bedienen einer Bohrmaschine	5	5	4	5	7	3
Werkzeug-ausgabe	6	7	6	4	4	5
Transport-arbeiten	7	6	5	1	5	2
Hofkehren	8	8	8	8	8	1

Abb. 125: Beispiel einer Rangreihenfolge für acht Tätigkeiten

Um den Arbeitswert der einzelnen Tätigkeiten zu ermitteln, ist eine Transformation der Platzziffern in addierbare Zahlenwerte erforderlich. Ferner sind die Anteile der einzelnen Anforderungsarten an der Gesamtanforderung einer Tätigkeit zu bestimmen. Den einzelnen Platzziffern werden dann zur Berücksichtigung der Schwierigkeitsintervalle Prozentwerte zugeordnet, wobei die Tätigkeit mit der höchsten Platzziffer bei der jeweiligen Anforderungsart mit 100% bewertet wird. Den nachfolgenden Tätigkeiten werden dann entsprechend niedrigere Prozentzahlen zugeordnet. Der Arbeitswert für die jeweilige Tätigkeit ergibt sich dann aus der Addition der gewichteten Punktwerte der einzelnen Anforderungsarten.

Beim **Stufenwertzahlverfahren** werden für jede Anforderungsart einzelne Stufen festgelegt und gegebenenfalls durch Tätigkeitsbeispiele ergänzt. Darüber hinaus wird jeder Stufe eine Punktzahl zugeordnet. Durch Addition der Punktzahlen über alle Anforderungsarten ergibt sich dann der Arbeitswert für die jeweilige Tätigkeit.

Ein Hauptproblem, das sich im Rahmen der analytischen Arbeitsbewertungsverfahren ergibt, ist neben der Festlegung der Merkmale, deren Gewichtung, d.h. die Bestimmung des Anteils der einzelnen Anforderungsarten an der Gesamtanforderung der Tätigkeit (vgl. Wibbe 1979, Sp. 113). Die Gewichtung gibt folglich die unterschiedliche Bedeutung der einzelnen Anforderungsarten an. Dabei ist zu beachten, daß subjektive Momente bei der Fixierung der Gewichte eine nicht unbedeutende Rolle spielen. In der Literatur (vgl. Hentze 1980, S. 76) werden die folgenden Vorgehensweisen vorgeschlagen:

- Ableitung aus den betrieblichen Lohnsätzen,
- Betriebsbefragung,
- Berücksichtigung personalpolitischer Zielsetzungen und
- Vereinbarung.

Dabei ist zu bedenken, daß die "Berücksichtigung personalpolitischer Zielsetzungen" letztlich keine Vorgehensweise zur Festlegung von Gewichtungen darstellt, sondern lediglich Ziele liefert, die bei der Festlegung von Gewichten normativ wirken. In der Praxis sind die Gewichte jedoch letztlich Ergebnisse von Verhandlungsprozessen (z.B. zwischen Arbeitgeber und Betriebsrat). Damit wird die jeweilige Gewichtung durch die Interessenlage und die Machtverhältnisse der Entscheidungsträger wesentlich geprägt.

In einer vergleichenden Gegenüberstellung der summarischen und analytischen Verfahren läßt sich feststellen, daß mit Hilfe der analytischen Vorgehensweise eine differenzierte und intersubjektiv überprüfbare Ermittlung der Arbeitswerte möglich ist. Trotzdem darf dieses Streben nach objektiven Differenzierungsmaßstäben nicht darüber hinwegtäuschen, daß auch in diese Verfahren nicht unerhebliche Subjektivismen einfließen (vgl. Kern 1992, S. 176). Trotz dieser Schwäche, die eventuell durch eine **multipersonale Urteilsbildung** reduziert werden kann, ist die analytische Arbeitsbewertung eine Methode, die geeignet erscheint, als Grundlage für eine Lohnsatzdifferenzierung zu dienen.

3.1.2.2.2.1.2 Lohnformenbestimmung

Im Rahmen der Arbeitsbewertung wurde von einer sogenannten Normalleistung ausgegangen und von einer konkreten Person abstrahiert. In einem zweiten Schritt ist es nun erforderlich, auch individuelle Leistungsunterschiede in die Betrachtung aufzunehmen. Unter einer **Normalleistung** ist dabei die Leistung zu verstehen, die bei gegebener Arbeitsmethode von einem hinreichend geeigneten Arbeiter nach normaler Einarbeitung und bei normalem Kräfteeinsatz ohne Gesundheitsschädigung auf die Dauer und im Durchschnitt der täglichen Arbeitszeit erreichbar ist, wenn die in der Vorgabezeit enthaltenen Verteilzeiten und Erholzeiten eingehalten werden. Die Normalleistung kann damit als eine **fiktive Leistung** verstanden werden, auf deren Grundlage dann individuelle Leistungsabweichungen ermittelbar sind. Erfassen läßt sich die Normalleistung z.b. über die Outputmenge, d.h. durch die in einer bestimmten Zeiteinheit erbrachte Menge oder die für eine Leistungseinheit aufgewandte Zeit. Dies macht es erforderlich, die Normalzeit in einzelne Zeitarten zu zerlegen und dann für die jeweiligen Zeitarten den Zeitbedarf zu ermitteln. Voraussetzung hierfür ist die Zerlegung des Arbeitsablaufs in einzelne Ablaufabschnitte wie Vorgänge, Teilvorgänge und Vorgangselemente. Nach der Phase des Arbeitsablaufs kann zwischen Rüsten und Ausführen differenziert werden. Unter **Rüsten** wird dabei die Vorbereitung des Arbeitssystems für die Erfüllung einer Arbeitsaufgabe sowie, wenn erforderlich, das Rückversetzen des Arbeitssystems in den ursprünglichen Zustand verstanden (vgl. REFA 2 1976, S. 21). Demgegenüber erfährt der Input beim Ausführen eine Veränderung im Sinne der durch das Arbeitssystem zu erfüllenden Aufgabe.

Von Bedeutung, insbesondere im Rahmen einer Akkordentlohnung, ist die Unterscheidung zwischen **beeinflußbaren** und **unbeeinflußbaren Arbeitsabläufen**, wobei erstere in voll beeinflußbar und bedingt beeinflußbar weiter differenziert werden können. Während im Fall einer vollen Beeinflußbarkeit die Ausführung des Arbeitsablaufes ausschließlich vom Mitarbeiter abhängt, ist dies bei bedingt beeinflußbaren Abläufen nur im Rahmen des technologisch bedingten Spielraums des Arbeitsverfahrens möglich. Bei unbeeinflußbaren Abläufen kann der Mensch auf den Arbeitsablauf nicht einwirken, da dieser selbststeuernd abläuft.

Darüber hinaus lassen sich weitergehende Gliederungen der Ablaufarten aufstellen, wie dies in Abbildung 127 für den Menschen gezeigt wird (REFA 2 1976, S. 25).

In einem nächsten Schritt ist es nun erforderlich, **Vorgabezeiten**, d.h. Sollzeiten für den Menschen (Auftragszeit) und Betriebsmittel (Belegungszeit), für die auszuführenden Arbeitsabläufe vorzugeben. Für die **Auftragszeit** ergibt sich dann nach REFA (2 1976, S. 42) die folgende Strukturierung.

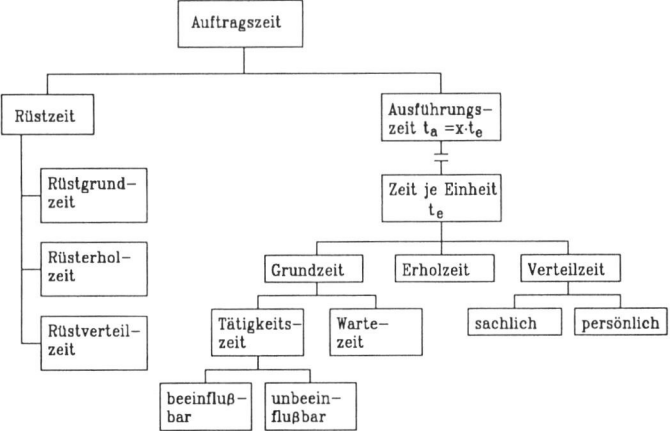

Abb. 126: Zeitgliederung für die Auftragszeit

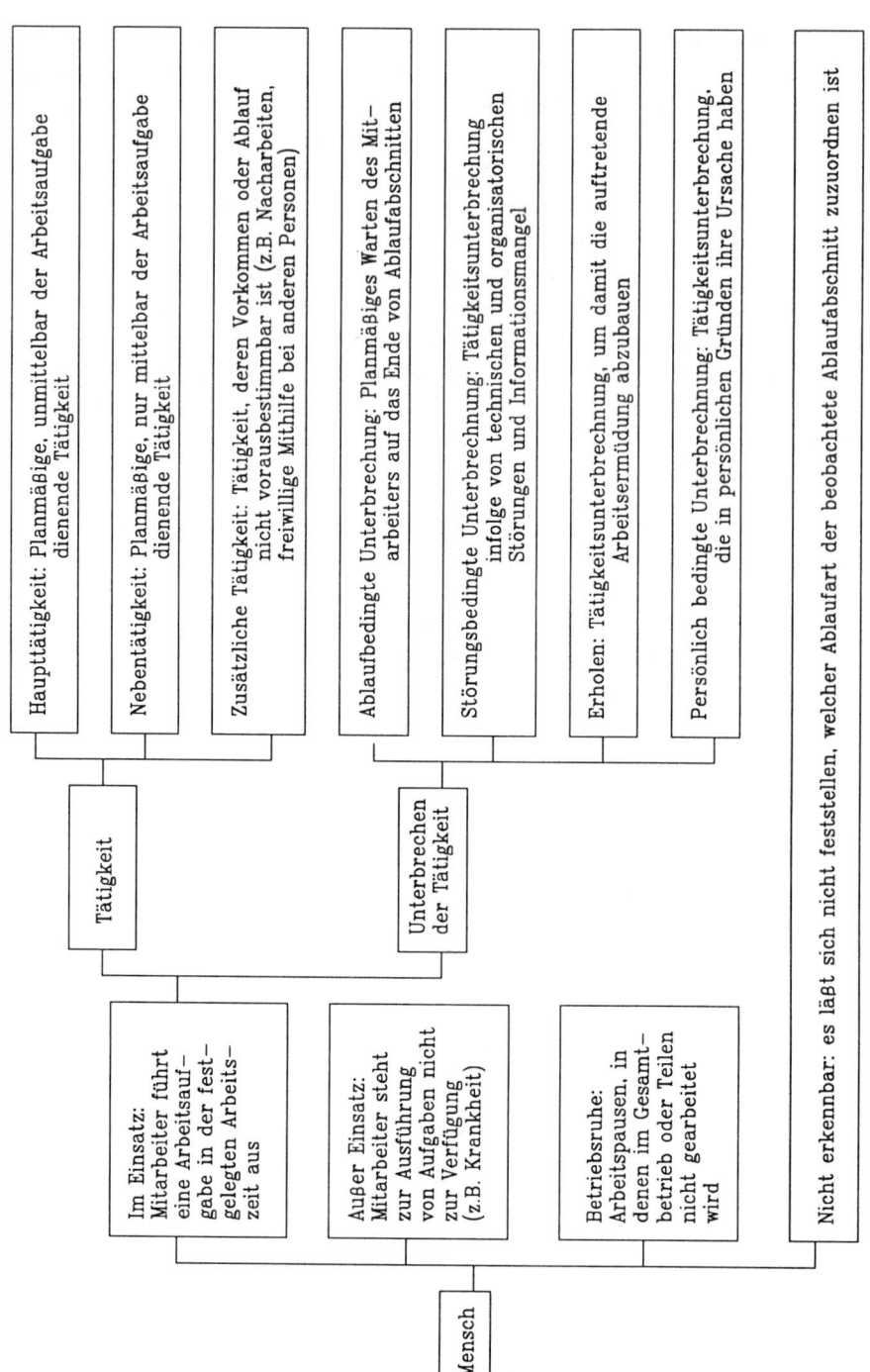

Abb. 127: Ablaufgliederung (für den Mitarbeiter)

Neben den bereits erklärten Komponenten sind weiterhin die drei folgenden Teilzeiten zu spezifizieren:

-   **Grundzeit**: Hierbei handelt es sich um die Sollzeit für die planmäßige Ausführung eines Ablaufes. Sie tritt bei jeder Wiederkehr eines Arbeitsganges auf.

-   **Verteilzeit**: Hierbei handelt es sich um unregelmäßig und weniger häufig auftretende Zeiten, die nicht bei jeder Zeitaufnahme oder Zeitrechnung gesichert erfaßt werden können. Sie wird aus diesem Grund mit Hilfe eines Zuschlages zur Grundzeit berücksichtigt. Dabei wird zwischen persönlicher und sachlicher Verteilzeit unterschieden:

    -- Die **sachlichen Verteilzeiten**, die von Fall zu Fall ermittelt werden müssen, sind von den Bedingungen des jeweiligen Arbeitsvorganges abhängig. Zu ihnen zählen z.B. Beseitigung kleiner Störungen, Schärfen des Bohrers und Austausch bei Unbrauchbarkeit.

    -- Die **persönlichen Verteilzeiten** dienen der Befriedigung persönlicher Bedürfnisse des Mitarbeiters.

-   **Erholungszeit**: Sie dient der notwendigen Erholung des Mitarbeiters, d.h. zum Ausgleich der durch die Tätigkeit hervorgerufenen Ermüdung.

Mit der Strukturierung der Gesamtzeit ist die Voraussetzung geschaffen, die Zeitbedarfe für die einzelnen Zeitarten mit ausreichender Genauigkeit zu erfassen. Zur Ermittlung dieser Zeiten stehen die unterschiedlichsten Verfahren zur Verfügung (vgl. hierzu Kaminsky 1971, S. 175 ff.; REFA 2 1976, S. 65 ff.; Pfeiffer/Dörrie/Stoll 1977, S. 214 ff.):

-   messende Zeitstudien,

-   rechnende Zeitstudien und

-   orientierende Zeitstudien.

Zu den **messenden Verfahren** gehören

-   das Stoppuhrverfahren (in der Form der Fortschrittszeitmessung und der Einzelzeitmessung);

-   das Verfahren der teilautomatisierten Registrierung (z.B. Zeitdrucker, Zeitschreiber);

-   das Verfahren der automatisierten Registrierung (es erfolgt eine laufende Überwachung der Objekte, z.B. durch Filmaufnahmen).

Wie bereits erwähnt, weist die menschliche Arbeitsleistung im Zeitablauf Schwankungen auf (intra- und interindividuelle Streuung). Um diese unterschiedlichen Leistungen vergleichbar zu machen, werden die Istleistungen auf eine Normalleistung als Vergleichsgröße bezogen. Dabei wird das Verhältnis von individuell gemessener Leistung zur Normalleistung als **Leistungsgrad** (LG) bezeichnet (vgl. Kaminsky 1971, S. 165 f.):

$$LG = \frac{\text{beobachtete Leistung}}{\text{Normalleistung}} \cdot 100$$

Dieser Leistungsgrad ist durch den Zeitstudiennehmer zu schätzen, d.h. es handelt sich um ein subjektives Urteil. Die Erfahrung zeigt jedoch, daß durch eine angemessene Schulung und entsprechende Übung eine akzeptable Genauigkeit erlangt werden kann.

Mit Hilfe des **Leistungsfaktors** (LF) erfolgt dann die Umrechnung der Istzeiten auf Normalzeiten:

$$LF = \frac{LG}{100} \text{ und}$$

$$Normalzeit = Istzeit \cdot Leistungsfaktor$$

Werden zur Normalzeit die Verteil- und Erholzeiten addiert, dann ergibt sich die Vorgabezeit, die als Grundlage der Entlohnung dient.

Zu den **rechnenden Zeitstudien** gehören die Systeme vorbestimmter Zeiten, auch Kleinstzeitverfahren genannt. Ausgangspunkt dieser Verfahren sind die Bewegungsabläufe, die in kleinste Elemente zerlegt werden und für die dann der jeweilige Zeitbedarf bestimmt wird. Durch Synthetisierung dieser Teilzeiten ergibt sich dann die Vorgabezeit. Diesen Systemen liegen die folgenden Grundannahmen zugrunde (vgl. Kaminsky 1971, S. 195):

- Jede Handarbeit besteht aus verschiedenen erkennbaren Grundbewegungen.
- Jede Grundbewegung weist einen konstanten Zeitwert und eine mittlere Leistungshöhe auf.
- Die Zeitwerte für sämtliche Grundbewegungen werden exakt gemessen.

Die bekanntesten Verfahren der Systeme vorbestimmter Zeiten sind die **Work Factor Methode** (WF) und die **Methods Time Measurement Methode** (MTM). Im folgenden seien die Grundgedanken der MTM-Methode kurz erläutert. Grundlage der Ermittlung der MTM-Werte sind dabei detaillierte Filmaufnahmen, wobei lediglich Arbeitszeiten und keine Verteilzeit- und Erholungszuschläge berücksichtigt werden. Die ermittelten Zeitwerte werden dann in **Zeittabellen** zusammengefaßt. Zeiteinheit ist dabei 0,00001 Stunde, die als TMU (Time Measurement Unit) bezeichnet wird. Das MTM-Verfahren unterscheidet dabei acht Grundbewegungen der Hand und Finger, zwei Blickfunktionen, sowie eine Anzahl von Körper-, Bein- und Fußbewegungen, denen Normzeiten zugeordnet werden, jedoch unter Beachtung der situativen Bedingungen (z.B. Länge einer Bewegung, Lage des Objektes, Größe, Gewicht und Form des Objektes). Zu diesen **Grundbewegungen** zählen:

- Hinlangen,
- Bringen,
- Drehen,
- Drücken,
- Greifen,
- Handhabung,

- Anfügen und
- Trennen.

Für sämtliche dieser Grundbewegungen werden dann unter Beachtung der situativen Bedingungen die jeweiligen Zeitwerte in Tabellenform erfaßt.

Zu den **orientierenden Zeitstudien** zählen die Multimomentaufnahmen, deren Charakteristikum darin besteht, daß zunächst keine direkten Zeiten gemessen, sondern nur die prozentualen Anteile der unterschiedlichen Zeitarten ermittelt werden. Beim Multimomentverfahren handelt es sich folglich um ein Stichprobenverfahren zur Erfassung der Häufigkeit der jeweiligen Ablaufarten. Die Genauigkeit dieses Verfahrens hängt von der Anzahl der Beobachtungen ab. Eingesetzt wird dieses Verfahren primär zur Ermittlung der Verteilzeiten (zu einer differenzierten Darstellung vgl. Kaminsky 1971, S. 223 ff.).

Im Rahmen der Lohnfestsetzung sind die gesetzlichen Bestimmungen, die tarifvertraglichen Regelungen und Betriebsvereinbarungen als Restriktionen zu beachten.

Der **Tarifvertrag** ist ein Kollektivvertrag, der zwischen dem Arbeitgeberverband und der Gewerkschaft geschlossen wird und sich in zwei Teile aufspalten läßt:

- einen schuldrechtlichen Teil, dem sogenannten Manteltarifvertrag und
- einen normativen Teil, dem sogenannten Lohn- oder Gehaltstarifvertrag.

Im **Manteltarifvertrag** sind die Rechte und Pflichten der Vertragsparteien formuliert. Außerdem enthält er Regelungen zu folgenden Punkten:

- Bestimmung des Geltungsbereiches des Tarifvertrages;
- Angaben über das Entlohnungssystem, insbesondere hinsichtlich Vorgabezeiten, Mindestlohn, Akkordzuschlag u.ä.;
- Bestimmungen zur Arbeitszeit;
- Urlaubsregelungen.

Der Manteltarifvertrag ist im Gegensatz zum Lohn- und Gehaltstarifvertrag, der jährlich auszuhandeln ist, für mehrere Jahre gültig.

Zentraler Punkt der **Lohn- und Gehaltstarifverträge** sind die Lohnsätze, die für die Unternehmungen den Charakter von Mindestlohnsätzen haben, d.h. sie dürfen nicht unterschritten werden. Allerdings dürfen die effektiv gezahlten Lohnsätze höher sein. Im Rahmen der Tarifverhandlungen werden jedoch nicht die einzelnen Lohngruppen verhandelt, sondern es wird eine Lohngruppe als **Ecklohngruppe** ausgewählt, mit deren Hilfe dann die übrigen Lohngruppen angepaßt werden.

Der **Gesamtlohn** setzt sich aus den folgenden **Bestandteilen** zusammen:

- einem anforderungsabhängigen Teil, der auf der Basis der Arbeitsbewertung festgelegt wird;
- einem leistungsabhängigen Teil, dessen Grundlage die Leistungsbewertung darstellt;
- einem sonstigen Teil, der auf der Basis gesetzlicher, tarifvertraglicher und einzelvertraglicher Regelungen ermittelt wird.

In Abhängigkeit von der Art der Erfassung der Arbeitsleistung und der Arbeitsentgelt-
berechnung lassen sich

- Zeitlohn,

- Akkordlohn und

- Prämienlohn

unterscheiden. Um die Zusammenhänge der bisherigen Überlegungen zur Arbeitsbewertung und Leistungsbewertung mit den zu besprechenden Lohnformen zu veran-
schaulichen, sei die folgende Abbildung herangezogen (vgl. Blohm u.a. 1987, S. 111).

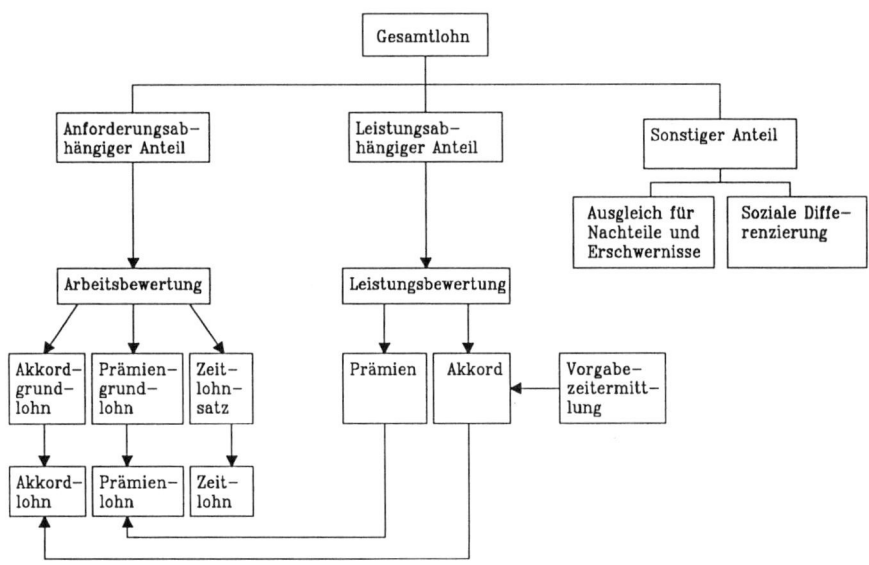

Abb. 128: Zusammenhänge zwischen Arbeits-, Leistungsbewertung und Lohnformen

Bemessungsgrundlage des **Zeitlohns** ist die geleistete Arbeitszeit. Die Zeit ist dann als
Leistungsbemessungsgrundlage geeignet, wenn zwischen **Zeit** und **Leistung** (zumindest annähernd) eine **proportionale Beziehung** existiert, d.h., daß letztlich die Maßgrö-
ße Leistung durch die Zeit als Maßstab substituiert wird. Dies zeigt, daß auch bei einem
Zeitlohn von einer bestimmten (normalen) Leistung des Mitarbeiters ausgegangen und
nicht ausschließlich die Anwesenheit eines Beschäftigten entlohnt wird. Kurzfristige
Leistungsunterschiede, die ihren Niederschlag im Arbeitsergebnis finden, erfahren bei
dieser Lohnform keine Beachtung, d.h. es wird unabhängig von der jeweils konkret
erbrachten Leistungsmenge der gleiche Stundenverdienst bezahlt. Längerfristig finden
unterschiedliche Leistungen dann ihren Niederschlag in unterschiedlichen Lohnsätzen,
d.h. es fehlt ein unmittelbarer Zusammenhang zwischen Lohnhöhe und Leistungsmenge.

Der zu zahlende Lohn ergibt sich hierbei durch die multiplikative Verknüpfung von Stundenlohn (l_s) und zu leistenden Arbeitsstunden, d.h. die Lohnkosten (K_{Lohn}) sind proportional zur vereinbarten Arbeitszeit. Demgegenüber ergibt sich für den Lohn je Stück (l_s/x) ein hyperbolischer Verlauf. Abbildung 129a gibt diese Zusammenhänge wieder.

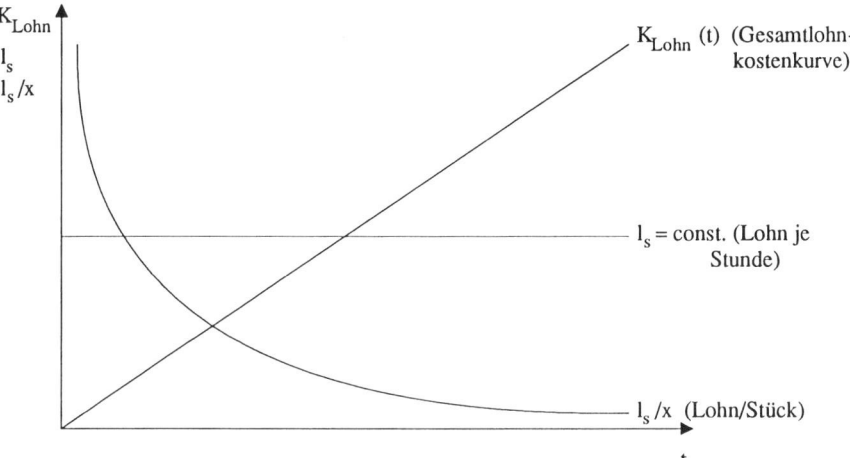

Abb. 129a: Zeitlohn

Der **Zeitlohn** erscheint immer dann als **geeignete Lohnform**, wenn

- der Leistungsmenge gegenüber der Leistungsqualität eine untergeordnete Bedeutung zukommt,
- es sich um sicherheitsgefährdende Tätigkeiten handelt,
- es sich um quantitativ schwer meßbare Tätigkeiten handelt (z.B. geistig-kreative Arbeiten),
- die Tätigkeit durch den Mitarbeiter nicht beeinflußbar ist (z.B. Pförtner als reiner Bereitschaftsdienst),
- die Arbeitsgeschwindigkeit durch den Mitarbeiter nicht beeinflußbar ist.

Diese Ausführungen zeigen, daß vom Zeitlohn kaum eine leistungssteigernde Wirkung auf den Mitarbeiter zu erwarten ist. Weiterhin ist zu beachten, daß durch den Sachverhalt einer hyperbolisch verlaufenden Lohnstückkostenkurve die Kalkulation erschwert ist. Diesen Nachteilen stehen allerdings die folgenden Vorteile gegenüber:

- die Einfachheit der Abrechnung,
- die Schonung der Menschen, d.h. das Leistungsvermögen des Mitarbeiters wird nicht überfordert (gleiches gilt für die Anlagen), und
- es entfällt die Vorgabezeitermittlung.

Ausgangspunkt des **Akkordlohns** (accord = Gleichklang, Übereinstimmung) ist das mengenmäßige Arbeitsergebnis. Eine Akkordentlohnung ist folglich immer dann sinnvoll, wenn Veränderungen der individuellen Anstrengungen auch einen ergebnismäßigen Niederschlag finden (vgl. Schanz 1979, S. 119). Voraussetzungen für seine Einführung ist einerseits die Akkordfähigkeit und anderseits die Akkordreife. Unter **Akkordfähigkeit** wird der Sachverhalt verstanden, daß die Arbeit vorausbestimmbar und zeitlich meßbar ist, d.h. das Arbeitsergebnis ist mengenmäßig erfaßbar. Eine akkordfähige Arbeit ist dann **akkordreif**, wenn ein Arbeitsablauf so organisiert ist, daß er durch einen Mitarbeiter bei hinreichender Übung und Einarbeitung beherrscht werden kann. Dabei basiert die Ermittlung des Lohnsatzes pro Mengeneinheit auf der Fiktion eines normalen Stundenverdienstes, den der Mitarbeiter bei unterstellter Normalleistung zu erreichen vermag. Zu diesem Normallohnsatz wird dann ein Akkordzuschlag addiert, um die bei Akkordarbeiten unterstellte größere Leistungsbereitschaft und damit höhere Leistungsintensität zu honorieren. Die Addition dieser beiden Komponenten ergibt dann den **Akkordrichtsatz** (Grundlohn).

Nach der Art der Ermittlung lassen sich die beiden folgenden **Varianten des Akkord-lohns** unterscheiden:

- Geldakkord und
- Zeitakkord.

Für den **Geldakkord** ergibt sich die folgende Berechnung:

$$\text{Lohn [DM/Std]} = \text{Produktionsmenge [ME/ZE]} \cdot \text{Geldfaktor [DM/ME]}$$

mit:

$$\text{Geldfaktor [DM/ME]} = \frac{\text{Lohnsatz [DM/Std]}}{\text{Normalmenge [ME/Std]}}$$

Produziert ein Mitarbeiter eine über die Normalmenge hinausgehende Menge, dann wird ihm diese ohne Abstriche vergütet. Da bei einer Lohnerhöhung sämtliche in einer Unternehmung angewandten Geldfaktoren neu ermittelt werden müssen, ist seine Verbreitung in der Praxis sehr gering.

Beim **Zeitakkord** wird dem Mitarbeiter für die Ausführung einer Arbeit eine Zeit vorgegeben (Vorgabezeit), die zur Erbringung einer Einheit bei Normalleistung und angemessener Erholung erforderlich ist. Er läßt sich wie folgt berechnen:

$$\text{Lohn [DM/Std]} = \text{Produktionsmenge [ME/Std]} \cdot \text{Vorgabezeit [Min/ME]} \cdot$$
$$\text{Minutenfaktor [DM/Min]}$$

Dabei gibt der **Minutenfaktor** den Lohnsatz pro Minute an:

$$\text{Minutenfaktor [DM/Min]} = \frac{\text{Akkordrichtsatz [DM/Std]}}{60}$$

Der Zusammenhang zwischen Lohnhöhe und Mengenleistung unter der Voraussetzung eines garantierten Mindestlohnes wird in Abbildung 129b dargestellt.

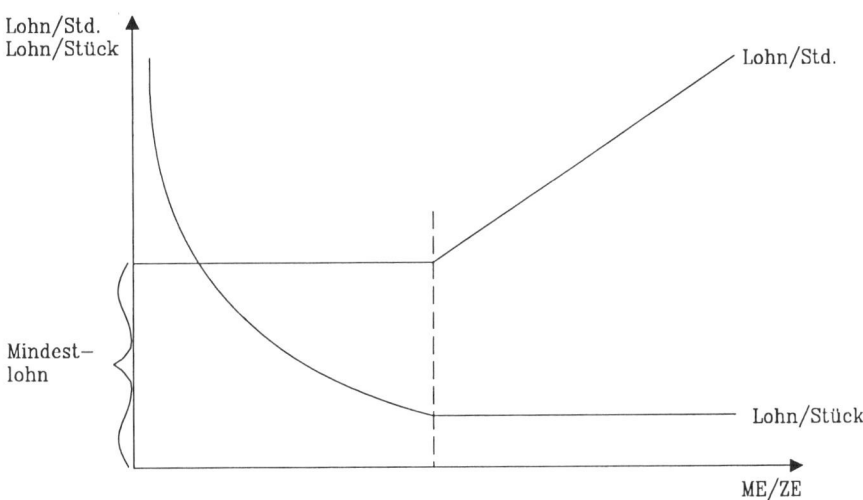

Abb. 129b: Zeitakkord in Abhängigkeit von der Produktionsmenge

Als generelle **Vorteile** eines Akkordsystems lassen sich nennen:

- Anreiz zur Leistungssteigerung,
- hohe Ausnutzung der Anlagen,
- gute Grundlage für die Vorkalkulation.

Dem stehen jedoch die **Nachteile** der

- Gefahr der Überbeanspruchung von Mensch und Anlagen und
- eventuelle Qualitätsminderungen

entgegen.

Als generell **nicht akkordierbare Arbeiten** lassen sich dann nennen:

- Arbeiten mit hohem Unfallrisiko,
- einmalige Tätigkeiten,
- Tätigkeiten mit stark schwankendem Leistungsanfall,

- die Qualität ist entscheidend durch die Arbeitskraft beeinflußbar,
- Tätigkeiten, die durch den Mitarbeiter unbeeinflußbar sind,
- Tätigkeiten, bei denen Kreativität, Denkvermögen, Reaktionsvermögen im Vordergrund stehen.

Bei den bisherigen Überlegungen handelte es sich ausschließlich um **Einzelakkord**, d.h. die Zeit- oder Geldwerte werden für jeden einzelnen Mitarbeiter vorgegeben. Wird hingegen eine Tätigkeit von mehreren Mitarbeitern erbracht und werden die Zeit- und Geldwerte nicht für den einzelnen Mitarbeiter, sondern für die gesamte Gruppe vorgegeben, dann handelt es sich um **Gruppenakkord**. Dies kann z.B. der Fall sein, wenn aus arbeitsorganisatorischen Gründen im Rahmen einer Arbeitsbereicherung das Konzept der teilautonomen Gruppen realisiert wird oder wenn die Leistung eines einzelnen Gruppenmitgliedes nicht genau erfaßt, die Leistung der Gruppe aber genau bestimmt werden kann. Ein Problem, das sich in diesem Zusammenhang ergibt, ist die Ermittlung des Anteils des einzelnen Mitarbeiters an der Gesamtleistung und darauf aufbauend die Verteilung des Mehrverdienstes auf die Gruppenmitglieder. Optimal wäre die Verteilung, die dem Verhältnis der anteiligen Leistungen an der Gesamtleistung der Gruppe entspräche. Dies setzt jedoch voraus, daß die Einzelleistungen bekannt sind. Da dies jedoch häufig nicht der Fall ist, kann eine Verteilung nur approximativ über Schlüsselgrößen, auf der Basis der Äquivalenzziffernrechnung, erfolgen. In der Praxis wird dieses Verteilungsproblem auch teilweise in die Verantwortung der Gruppe gelegt, da dort die Transparenz über die Leistungsunterschiede der Gruppenmitglieder am höchsten ist.

Neben dem Akkordlohn führt Bühner (1986a, S. 76ff.) **akkordnahe Lohnkonzepte** an, bei denen es sich um **periodenkonstante Leistungslohnformen** handelt. Für den Mitarbeiter ergibt sich damit eine vorausschaubare Lohnzahlung pro Periode. Durch einen Soll-Ist-Vergleich wird die Leistung kontrolliert und eine eventuell notwendig werdende Lohnanpassung wird in der Folgeperiode vollzogen. Diese Lohnkonzepte bieten sich in den Situationen an, in denen eine konstante Leistung gefordert ist und Schwankungen den Ablauf stören. Als bekannte akkordnahe Lohnkonzepte sind zu nennen:

- zeitkonstanter Leistungslohn,
- Pensumlohn und
- Kontraktlohn.

Bei dem **zeitkonstanten Leistungslohn** handelt es sich um einen mit Vorgabezeiten und Sollmengenleistungen gekoppelten Zeitlohn, d.h. die Mitarbeiter erhalten bei Einhaltung der Zeit- bzw. Mengenvorgaben einen zeitkonstanten Lohn.

Der **Pensumlohn** ist durch die drei folgenden Leistungskomponenten gekennzeichnet:

- Vorgabe einer Leistungserwartung in Form von Planzeiten;
- Durchführung einer Leistungskontrolle;
- lohnmäßige Konsequenzen bei Abweichungen vom vorgegebenen Pensum.

Der Leistungsanteil wird auf der Grundlage einer **Pensumkurve** ermittelt, die i.d.R. degressiv verläuft, damit der Mitarbeiter zwar bestrebt ist, sein "Pensum" zu steigern, jedoch nicht in zu hohem Maße. Ziel ist es dabei, daß der Betrieb eine möglichst konstante Gesamtleistung erbringt und dem Mitarbeiter ein möglichst konstanter Lohn garantiert werden kann.

Beim **Kontraktlohn** wird dem Mitarbeiter für einen bestimmten Kontraktzeitraum (z.B. Quartal) ein festes Entgelt zugesichert, wobei eine durchschnittliche Leistung des Mitarbeiters zugrunde gelegt wird. Bei Abschluß eines neuen Kontraktes wird dann die tatsächliche Leistung des Mitarbeiters, die er in der vorangegangenen Kontraktperiode erreicht hat, als Basis herangezogen.

Generell ist jedoch an jedes Akkordsystem die Anforderung zu stellen, daß es so konzipiert sein muß, daß für den Mitarbeiter die Beziehung zwischen Leistungshöhe und Lohnhöhe ersichtlich ist. Ferner werden in der Literatur (vgl. Schanz 1979, S. 119) die beiden folgenden **Probleme der Akkordentlohnung** hervorgehoben:

- Auf individueller Ebene kann ein Grund für ein dem Akkord entgegengebrachtes Mißtrauen darin gesehen werden, daß der Mitarbeiter befürchtet, daß bei permanentem Übertreffen der Normalleistung diese durch die Unternehmungsleitung zu seinem Nachteil verändert wird. Unter diesen Gegebenheiten entsteht der Eindruck, daß eine hohe persönliche Leistung langfristig mit der Gefahr von negativen Konsequenzen einhergeht. Auch wenn diese Schlußfolgerung im Einzelfall unbegründet ist, zeigt sie ihre Wirkung innerhalb von Arbeitsgruppen in der Bildung informeller Normen, an denen die Mitarbeiter ihr Verhalten dann ausrichten, was letztlich ein Versagen des Akkordsystems bewirken kann.

- Ein Akkordsystem kann aber auch auf der Ebene der Unternehmung problematisch sein. Ein Grund hierfür ist darin zu sehen, daß mit dem realisierten Akkordsystem nicht immer die gesamte Streubreite des individuellen Verhaltens abgedeckt wird. So kann beispielsweise ein ausschließlich am mengenmäßigen Output orientiertes System mit hohen Ausschußraten einhergehen oder zu einer wenig sorgfältigen Behandlung von Anlagen und Werkzeugen führen.

Mit dem zuletzt angeführten Punkt wird bereits auf die Problematik einer Verschiebung und Erweiterung der in Zukunft relevanten **Leistungsstandards** hingewiesen. Bühner (1986, S. 75) betont in diesem Zusammenhang, daß insbesondere den folgenden Aspekten zukünftig eine hohe Bedeutung zukommen wird:

- Eigenverantwortung und Zuverlässigkeit,
- Sauberkeit und Organisationsgeschick,
- Flexibilität im Arbeitseinsatz und Verhalten,
- Kooperationsbereitschaft,
- unternehmerisches Denken im Umgang mit Werkstoffen und Werkzeugen,
- Qualitätsarbeit und Termintreue.

Tendenziell gilt, daß alternative Entlohnungssysteme um so größere Bedeutung erlangen werden, je mehr der Anteil an den von Mitarbeitern beeinflußbaren Zeiten durch Automatisierungsbestrebungen zurückgedrängt wird. Insgesamt ist damit mit einer Verschiebung zur Prämienentlohnung zu rechnen. Bei einem **Prämienlohn**, auch Teilungslohn genannt, wird zum vereinbarten Grundlohn ein zusätzliches Entgelt, die Prämie, gewährt, die in der Form von Quantitäts-, Nutzungs-, Ersparnis- und Qualitätsprämien auftreten. Wird lediglich für eine Quantitätsleistung eine Prämie gewährt, dann nähert sich der Prämienlohn dem Akkordlohn an, und es entstehen fließende Grenzen. Die folgende Abbildung 130 gibt die Grundstruktur eines Prämiensystems wieder.

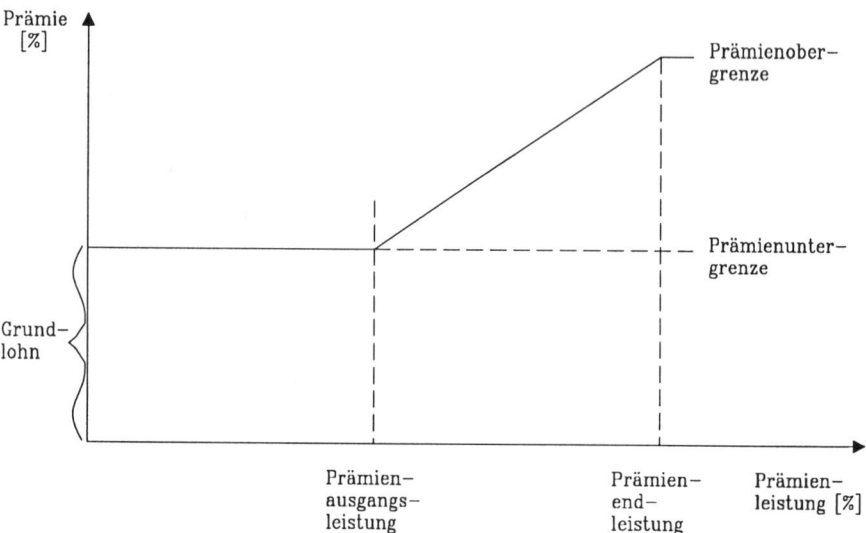

Abb. 130: Grundaufbau des Prämiensystems

Der Prämienverlauf kann dabei sowohl linear als auch nicht-linear (degressiv, progressiv, intervallfix) sein. Als **Kriterien** für eine **Prämie** lassen sich heranziehen:

- Reduzierung von Stillstandszeiten der Anlagen (Warte- und Leerlaufzeiten),
- Unterschreitung zulässiger Ausschußquoten,
- Ersparnis von Material und Energie,
- sorgfältige Behandlung von Anlagen und Werkzeugen,
- individuelle Verhaltensleistungen
  -- Zusammenarbeit und Information
  -- Einsatz und Interesse
  -- Vielseitigkeit und Mobilität.

Diese Kriterien können auch additiv oder multiplikativ zu einer **kombinierten Prämie** verknüpft werden.

Generell ist ein Prämienlohnsystem immer dann anwendbar, wenn der Mitarbeiter einen erfaßbaren Einfluß auf das Ergebnis seiner Leistung auszuüben vermag.

3.1.2.2.2.2 Erfolgsbeteiligung

Während die Entlohnung an der Arbeitsleistung des Menschen orientiert ist, d.h. es existiert ein unmittelbarer Zusammenhang zwischen Mitarbeiter und Lohn, stellt die Erfolgsbeteiligung eine darüber hinausgehende Zahlung der Unternehmung an die Mitarbeiter dar, um ihren Anteil an der Erwirtschaftung des Unternehmungserfolges zu honorieren, d.h. Bemessungsgrundlage ist eine **gesamtbetriebliche Erfolgsgröße**. Ferner weisen Löhne und Gehälter einen Kostencharakter auf, während es sich bei der Erfolgsbeteiligung um eine **Gewinn- oder Ertragsverwendung** handelt, d.h. um die Verteilung bestimmter Betriebserfolge auf Unternehmer, Kapitalgeber und Arbeitnehmer. Steuerrechtlich sind die Erfolgsbeteiligungen für die Unternehmung Betriebsausgaben. Damit ist eine Erfolgsbeteiligung immer mit dem Problem der Zurechnung gesamtbetrieblicher Erfolgsgrößen auf die an ihrer Entstehung beteiligten Gruppen verbunden. Mit einer Erfolgsbeteiligung werden insbesondere die folgenden Ziele verfolgt:

- Identifikation der Mitarbeiter mit der Unternehmung und ihren Zielen,
- Förderung der Initiative zu schöpferischen, mitunternehmerischen Leistungen,
- Schaffung eines qualifizierten Mitarbeiterstammes,
- Erhöhung der Mitarbeiterzufriedenheit,
- Vermögensbildung der Arbeitnehmer,
- Liquiditätsvorteile (wenn die Erfolgsanteile nicht ausgeschüttet, sondern einer investiven Verwendung in der Unternehmung zugeführt werden).

Die Erfolgsbeteiligung ist jedoch mit den folgenden **Problemfeldern** verbunden:

- Festlegung der Bemessungsgrundlage,
- Festlegung der Beteiligungsquoten der beteiligten Gruppen,
- Festlegung der Kriterien für die Verteilung innerhalb der jeweiligen Gruppe,
- Festlegung der Ausschüttungsmodalitäten.

Als **Bemessungsgrundlagen** können dabei fungieren:

- die Leistung (Leistungsbeteiligung)
  -- Produktionsmengen
  -- Produktivitätsbeteiligung
- der Ertrag (Ertragsbeteiligung)
  -- Umsatz (Umsatzbeteiligung)
  -- Wertschöpfung (Wertschöpfungsbeteiligung)
  -- Nettoertrag (Nettoertragsbeteiligung)

- der Gewinn (Gewinnbeteiligung)
-- Bilanz (handels- oder steuerrechtlicher Gewinn; Unternehmungsgewinnbeteiligung)
-- ausgeschütteter Gewinn (Ausschüttungsgewinnbeteiligung).

Für die **Zurechnung des Erfolges auf die unterschiedlichen Gruppen**, die letztlich auf die Produktionsfaktoren Arbeit und Kapital zurückgeführt werden können, existieren keine wissenschaftlich fundierten Methoden, so daß es sich hierbei immer um normative Entscheidungen handelt.

Bei der **Verteilung des Erfolges innerhalb der einzelnen Gruppen** lassen sich drei Prinzipien unterscheiden:

- **Gleichheitsprinzip** (jeder Mitarbeiter erhält den gleichen Betrag),
- **Sozialprinzip** (es werden Kriterien wie Alter, Familienstand und Kinderzahl berücksichtigt),
- **Leistungsprinzip** (z.B. nach der Lohn- oder Gehaltsgruppe).

In der Praxis am weitesten verbreitet scheint das Leistungsprinzip zu sein, wobei die persönlichen Bezüge als Basis dienen. Da jedoch im Rahmen der Festlegung der Löhne und Gehälter, neben den leistungsbezogenen Elementen, auch soziale Aspekte einfließen, erscheint eine kombinative Verwendung des Leistungs- und Sozialprinzips auch bei der Erfolgsbeteiligung durchaus angezeigt.

Bei den **Ausschüttungsmodalitäten** kann unterschieden werden zwischen einer Barauszahlung oder einer investiven Verwendung, d.h. der Erfolg bleibt in der Unternehmung. Eine investive Verwendung wird dabei in der Praxis priorisiert. Handelt es sich um eine Aktiengesellschaft, dann erfolgt i.d.R. die Ausgabe von Belegschaftsaktien. Bei anderen Rechtsformen überwiegt die Umwandlung der Erfolgsanteile in Mitarbeiterdarlehen, d.h. es handelt sich um Fremdkapital für die Unternehmung (zu in der Praxis realisierten Erfolgsbeteiligungssystemen vgl. z.B. Berthel 1979, S. 253 f.; Schanz 1985, S. 141 ff.).

3.2 Potentialbeiträge der Anlagenwirtschaft

3.2.1 Objekte der Anlagenwirtschaft

3.2.1.1 Begriffliche Grundlegungen

Unter dem Elementarfaktor Betriebsmittel werden alle beweglichen und unbeweglichen technischen Mittel subsumiert, die zur Realisation des betrieblichen Leistungsprozesses erforderlich sind. Als Potentialfaktoren stellen sie **Nutzungspotentiale** dar, die über einen längeren Zeitraum (Nutzungszeit) im Rahmen der Leistungserstellung zum Einsatz gelangen. Teilweise werden auch die Werkstoffe zu den Betriebsmitteln gezählt, eine Vorgehensweise, der im weiteren nicht gefolgt wird (vgl. Gallus 1979, Sp. 354). Die

Betriebsmittel lassen sich nach unterschiedlichen Kriterien systematisieren. Abbildung 131 gibt eine mögliche Differenzierung der Betriebsmittel wieder (vgl. Kern 1992, S. 196; Zäpfel 1989b, S. 100).

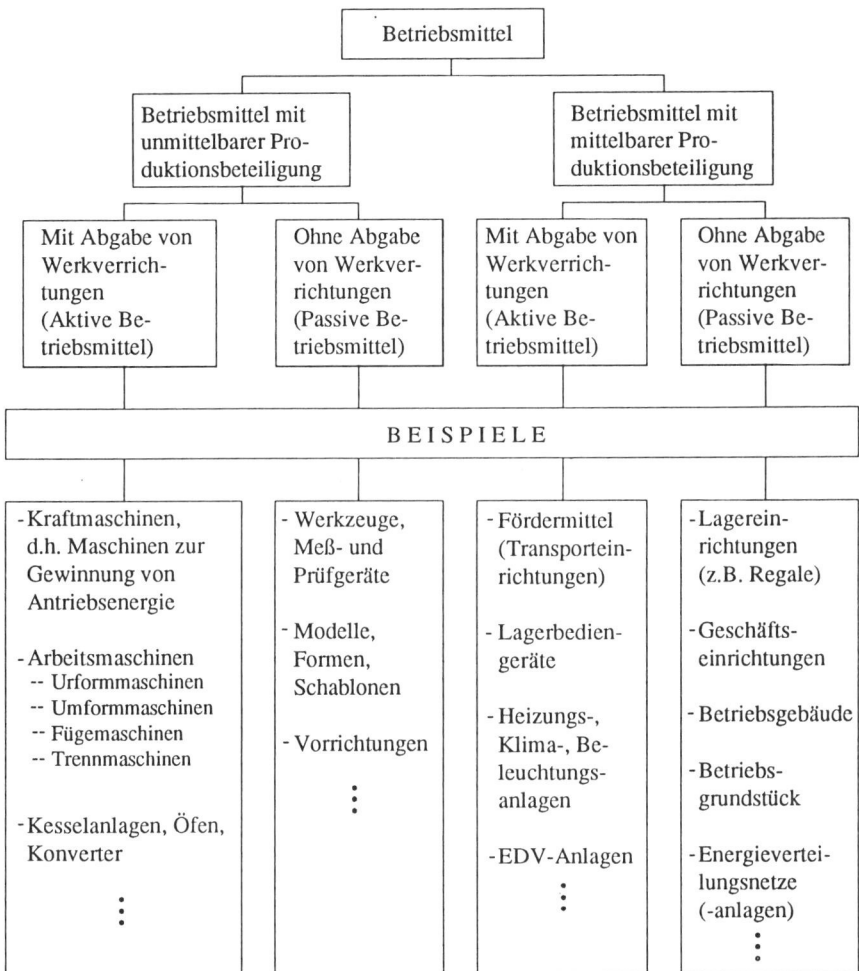

Abb. 131: Betriebsmittelsystematik

Auf der ersten Ebene wird zunächst danach unterschieden, ob die Betriebsmittel unmittelbar oder nur mittelbar am Produktionsprozeß beteiligt sind. Beide Untergruppen lassen sich dann danach aufsplitten, ob es sich um Betriebsmittel mit oder ohne Abgabe von Werkverrichtungen handelt. Während **Betriebsmittel mit Abgabe von Werkverrichtungen** zu einem Fertigungsfortschritt an den betreffenden Arbeitsobjekten führen, obliegt den **Betriebsmitteln ohne Abgabe von Werkverrichtungen** eine unterstützende Funktion im Rahmen des Produktionsprozesses.

3.2.1.2 Neuere fertigungstechnische Erscheinungsformen

Seit längerer Zeit stehen **computergesteuerte Produktionsanlagen** im Zentrum des Interesses. Hierunter sind Werkzeug- und Handhabungsmaschinen zu verstehen, bei denen mit Hilfe eines Computers numerische Daten in Steuersignale, d.h. in Bewegungs- und Schaltfunktionen, transformiert werden. Die Entwicklung der Fertigungstechnik ist dabei einerseits durch neuere **Steuerungssysteme** wie **NC** (Numerical Control)-Maschinen und die hinsichtlich des Computereinsatzes erweiterten **CNC** (Computerized Numerical Control)- und **DNC** (Direct Numerical Control)-Maschinen und anderseits durch neuere **Fertigungsanlagen** wie Flexible Fertigungszellen, Flexible Fertigungssysteme und Flexible Transferstraßen gekennzeichnet (vgl. Blohm u.a. 1987, S. 212 f.; Scheer 1990, S. 47 ff.).

Ausgangspunkt der computergesteuerten Produktion stellten die **NC-Maschinen** dar, bei denen mit Hilfe eines Lochstreifens das Programm in die Fertigungsmaschine (Dreh-, Fräs-, Bohrmaschine usw.) eingegeben wird, wobei die Steuerung fest verdrahtet war, was sich negativ auf die Flexibilität des Aggregates auswirkte. Ein NC-Programm stellt dabei nichts anderes dar als einen differenzierten Arbeitsplan (vgl. hierzu die ausführliche Darstellung bei Hedrich u.a. 1983, S. 10 ff.; zusammenfassend auch Kaluza 1989, S. 118 ff.). Neben dem Nachteil der festverdrahteten Logik ist vor allem auf die störanfälligen Lochstreifen als Schwachstelle von NC-Maschinen hinzuweisen. Da eine Änderung des NC-Programmes nur durch eine Neueingabe eines entsprechenden Lochstreifens erfolgen kann, weist eine NC-Maschine nur eine geringe Flexibilität auf.

Gerade dieser Aspekt der Flexibilität führte dann in den 70er Jahren zu der Entwicklung von **CNC-Maschinen** (Computerized Numerical Control), bei denen die Werkzeugmaschinen mit freiprogrammierbaren Kleinrechnern ausgestattet sind, die die numerische Steuerung übernehmen (seit Anfang der 80er Jahre werden NC-Maschinen nur noch mit CNC-Steuerungen ausgestattet). Hierdurch bedingt, können Änderungen direkt an der Maschine durch Programmeingaben vollzogen werden, wodurch sich die Flexibilität der CNC-Maschinen im Vergleich zu NC-Maschinen deutlich erhöht. Die für die Steuerung erforderlichen Daten über Lage und Eigenschaften der zu bearbeitenden Werkstücke stammen bei entsprechender Integration aus den Bereichen der C-Techniken (vgl. hierzu den folgenden Abschnitt), und zwar insbesondere von CAD-Systemen (Computer Aided Design), d.h. in den Fällen, in denen eine integrierte Steuerung gegeben ist, werden die im Rahmen der Konstruktion erstellten Daten unmittelbar an die Produktion weitergeleitet.

Werden mehrere NC- oder CNC-Maschinen mit einem Rechner verbunden, dem die Steueraufgaben übertragen werden, dann wird von einem **DNC-System** (Direct Numerical Control) gesprochen. Dem DNC-System obliegt dann die Aufgabe, die NC-Programme in einer NC-Programmbibliothek zu verwalten und entsprechend an die einzelnen Aggregate zu verteilen. DNC ist damit als ein **System zur Rechnerdirektführung** zu charakterisieren, mit dessen Hilfe mehrere numerisch gesteuerte Maschinen durch einen Digitalrechner geleitet werden, d.h. der Rechner übernimmt in einem umfassenden DNC-Betrieb die folgenden Aufgaben (vgl. Zäpfel 1989a, S. 173 f.):

- Versorgung der einzelnen NC-Maschinen mit Programmen,
- Feststellen des Systemzustandes der einzelnen Maschinen,
- Führung des Systemzustandes bezüglich aller Werkzeuge und Werkstücke und
- Sammlung von Meßdaten und Einleitung von Korrekturen in der Produktion.

Neben diesen Steuerungssystemen wurden in jüngster Zeit neuere Fertigungsanlagen entwickelt. Die Einteilung dieser neueren fertigungstechnischen Konzeptionen erfolgt dabei in der Literatur nicht einheitlich (vgl. Arning 1987, S. 69 ff.; Blohm u.a. 1987, S. 212 ff., Kaluza 1989, S. 125 ff., Switalski 1989b, S. 259 ff.). In den weiteren Ausführungen wird zwischen

- Fertigungszellen,
- Flexiblen Fertigungssystemen und
- Flexiblen Transferstraßen

unterschieden. Flexible Fertigungsinseln werden in dieser primär von technischen Kriterien getragenen Systematik nicht berücksichtigt, da bei Flexiblen Fertigungsinseln arbeitsorganisatorische Gesichtspunkte im Zentrum des Interesses stehen, mit dem Ziel, die planenden, bereitstellenden, fertigenden und kontrollierenden Tätigkeiten neu zu regeln (vgl. hierzu Punkt 1.1.6).

Die **Flexible Fertigungszelle** stellt die kleinste Einheit der flexiblen Fertigungskonzeptionen dar, deren Grundlage eine CNC- oder DNC-Steuerung bildet. Unter einer Flexiblen Fertigungszelle ist dann eine Bearbeitungsmaschine zu verstehen, die auf der Grundlage eines Programms das Werkstück positioniert und dessen (möglichst) komplette Bearbeitung in einem System ermöglicht (vgl. Switalski 1989b, S. 259). Dabei läßt sich eine Flexible Fertigungszelle in die drei folgenden Komponenten aufteilen:

- das Bearbeitungssystem (i.d.R. eine CNC-Maschine),
- das Materialflußsystem und
- das Informationssystem.

Uneinheitlich ist dabei die Unterscheidung zwischen einer Flexiblen Fertigungszelle und einem Bearbeitungszentrum, das häufig als Zwischenstufe zwischen NC-Maschinen und Flexiblen Fertigungszellen betrachtet wird. Unter einem **Bearbeitungszentrum** werden i.d.R. Maschinen verstanden, die Bohr- und Fräsbearbeitungen durchführen (vgl. Arning 1987, S. 69). Durch eine Automatisierung des Werkstückwechsels und den Einsatz eines Werkstückspeichers wird dann aus dem Bearbeitungszentrum eine Fertigungszelle. Typisch für Flexible Fertigungszellen ist dabei eine einstufige Bearbeitung auf Einzelmaschinen ohne Verkettung. Dem Materialflußsystem obliegen die Aufgaben des Speicherns sowie das Handhaben der Werk-, Spann- und Meßzeuge. Der **Werkzeugwechsel** erfolgt in Flexiblen Fertigungszellen entsprechend den vorzunehmenden

Bearbeitungsvorgängen automatisch aus einem Werkzeugspeicher. Dem Informationssystem obliegen die **Steuerungs- und Überwachungstätigkeiten**, wozu z.B. die Informationsverteilung und das Überwachen der Werkstücke und -zeuge gehört.

Charakteristisch für ein **Flexibles Fertigungssystem** (FFS) ist die Verbindung mehrerer Aggregate mit Hilfe eines automatischen Transportsystems (zum Problem der Konfigurationsentscheidung von FFS, d.h. die Abschätzung von Konfigurationsvariablen wie Anzahl und Kapazität der Bearbeitungsmaschinen, Anzahl der Paletten, Kapazität des Materialflußsystems hinsichtlich ökonomischer Zielgrößen wie Auslastung des Systems, Durchlaufzeit und Lagerbestand vgl. Tempelmeier 1988b, S. 963 ff.). Generelles Ziel der Flexiblen Fertigungssysteme ist es dabei, die Vorteile der Werkstatt- und Fließfertigung zu verbinden, d.h. hohe Produktivität bei gleichzeitig hoher Flexibilität zu realisieren. Zentraler Gedanke der FFS ist es, mehrere Aggregate, und zwar sowohl numerisch gesteuerte als auch konventionell automatisierte Maschinen, die durch ein automatisiertes Transportsystem verbunden sind, zu einem geschlossenen System zusammenzufassen. Eine spezifische Erscheinungsform der FFS sind die **Flexiblen Montagesysteme**, mit deren Hilfe programmgesteuert einzelne Teile zu Baugruppen und diese zu Endprodukten verbunden werden. Als **Transportsysteme** gelangen dabei schienengebundene Transportsysteme, flächenbestreichende Roboter oder induktiv gesteuerte Transportfahrzeuge in Verbindung mit Industrierobotern zum Einsatz (vgl. Arning 1987, S. 73). Bei Robotern handelt es sich um Automaten, die in mehreren Bewegungsachsen frei programmierbar und mit Greifern oder Werkzeugen ausgestattet sind. Auf der Grundlage dieser Definition lassen sich **Roboter** damit durch drei Merkmale charakterisieren:

- mechanisches System,
- elektronische Steuerung und
- flexible Programmierung.

Zunehmend werden Industrieroboter mit **Sensoren** ausgestattet. Als primäre Einsatzmöglichkeiten hierfür sind zu nennen (vgl. Hansmann 1987, S. 90 f.):

- Werk**zeug**handhabung
  -- Punktschweißen
  -- Lichtbogenschweißen
  -- Lackieren
  -- Beschichten mit Kunststoff
  -- Montieren
- Werk**stück**handhabung
  -- Beschicken von Pressen und Drehbänken
  -- Be- und Entladen von Transportbändern
  -- Stapeln im Lager.

Wie eine Flexible Fertigungszelle läßt sich folglich auch ein Flexibles Fertigungssystem in ein Bearbeitungs-, ein Materialfluß- und ein Informationsflußsystem untergliedern. Die Flexibilität eines solchen Systems ist darin zu sehen, daß es unterschiedliche Fertigungsaufgaben ohne große Umrüstverluste auszuführen vermag, da die notwendigen Umrüstprozesse in den Produktionsablauf weitgehend integriert werden (vgl. Scheer 1990, S. 53).

Bei einer **Flexiblen Transferstraße** werden mehrere automatisierte Produktionseinrichtungen durch ein Transportsystem verknüpft, wobei jedoch die generellen Merkmale einer Transferstraße,

- gerichteter Materialfluß und

- taktgebundene Werkstückweitergabe,

beibehalten werden. Switalski (1989b, S. 260) spricht von Flexiblen Fertigungslinien. Ziel ist es dabei, eine schnelle Umrüstbarkeit, d.h. eine reibungslose Anpassung an wechselnde Fertigungsaufgaben, zu erreichen. Eine Flexible Transferstraße weist bedingt durch die o.a. Merkmale eine geringere Flexibilität auf als Flexible Fertigungssysteme. Sie sind vor allem für die Produktion von Werkstücken geeignet, die eine hohe Ähnlichkeit hinsichtlich der durchzuführenden Fertigungsaufgaben aufweisen. Primärer Einsatzbereich für derartige Systeme ist dabei die Großserienproduktion. Analog zu den bisherigen Darstellungen sei auch hierbei zwischen Bearbeitungs-, Materialfluß- und Informationsflußsystem unterschieden. Das Bearbeitungssystem besteht aus mehreren Aggregaten, und es liegt eine mehrstufige Bearbeitung vor. Im Gegensatz zu konventionellen Transferstraßen werden NC-Werkzeugmaschinen und Industrieroboter eingesetzt. Bedingt durch die **Innenverkettung** der einzelnen Aggregate ist es erforderlich, daß die aufeinanderfolgenden Bearbeitungsgänge zeitlich aufeinander abgestimmt sind. Um Störungen zu vermeiden, werden zwischen den einzelnen Bearbeitungsstationen Pufferlager eingerichtet. Dem Informationsflußsystem obliegen die Aufgaben der Prozeßsteuerung und -überwachung.

3.2.1.3 Entwicklungsstand der C-Techniken

Grundlage für die Entwicklungen im Bereich der C-Techniken sind die Fortschritte auf dem Gebiet der Mikroelektronik (vgl. hierzu Fotilas 1983). Hierdurch bedingt erfuhr der Bereich der industriellen Produktion grundlegende Veränderungen, die häufig mit dem Schlagwort "Flexible Automatisierung" plakativ umschrieben werden. In den weiteren Ausführungen sollen die folgenden C-Techniken kurz skizziert werden (vgl. hierzu z.B. Spur/Krause 1984; Scheer 1990, S. 38 ff.; zusammenfassend auch Kaluza 1989, S. 176 ff.):

- CAD   (Computer - Aided Design)
- CAP   (Computer - Aided Planing)
- CAM   (Computer - Aided Manufacturing)
- CAQ   (Computer - Aided Quality Assurance).

Unter **CAD** ist die rechnergestützte Konstruktion zu verstehen (zu einem Überblick über die Hard- und Softwarekomponenten eines CAD-Systems vgl. die Darstellung bei Kaluza 1989, S. 181 ff.). Aufgabe der Konstruktion ist der Entwurf von Produktteilen, Produkten und Produktkomplexen und deren anschauliche Darstellung, d.h. es werden Produktteile, Produkte und Produktkomplexe konzipiert, ihre geometrische Form bestimmt, Berechnungen durchgeführt und die notwendigen Fertigungsunterlagen erstellt. Dabei kann zwischen **Neu-, Anpassungs-** und **Variantenkonstruktion** unterschieden werden, wobei zwischen diesen Erscheinungsformen erhebliche Abgrenzungsprobleme existieren. Dieses Spektrum der Konstruktion zeigt, daß es sich hierbei um ein äußerst heterogenes Arbeitsfeld handeln kann, das sowohl einen ausgesprochen schöpferischen als auch einen primär repetitiven Charakter aufweisen kann. Der Konstruktionsbereich wird in der verarbeitenden Industrie als eine spezifische Erscheinungsform der Entwicklung betrachtet und diesem Bereich dann auch organisatorisch zugeordnet (vgl. Kern 1992, S. 104).

Während die traditionelle Arbeitsweise in der Konstruktion dadurch charakterisiert ist, daß der Konstrukteur mit Hilfe von Zeichenbrett, Schablonen, Zirkel usw. eine Lösungsidee in der Form einer technischen Zeichnung erstellt, zeichnet sich der computerunterstützte Konstruktionsprozeß durch eine hohe interaktive Arbeitsweise zwischen CAD-System und Konstrukteur aus, d.h. im Rahmen eines **interaktiven Entscheidungsprozesses** erfolgt schrittweise ein Produktentwurf, wobei verschiedene Gestaltungsmöglichkeiten auch unter ökonomischen Zielsetzungen bewertet werden, um zu einer "optimalen" Lösung zu gelangen. Diese graphisch-interaktive Arbeitsweise wird auch als Modellieren bezeichnet. Das CAD-System besteht dabei aus Hardwareelementen, d.h. aus Eingabe-, Ausgabegeräten und Rechnern und aus Softwareelementen, wobei zwischen CAD-Systemsoftware und CAD-Anwendersoftware unterschieden werden kann. An der Benutzerschnittstelle zwischen dem System und dem Konstrukteur werden Tastatur, Graphiktablett, Lichtgriffel oder Maustechnik eingesetzt. Als Ausgabegeräte sind alphanumerischer Bildschirm, Graphik-Bildschirm, Plotter, Drucker usw. zu nennen.

Als primäre **Zielsetzungen** des Einsatzes von CAD-Systemen sind dabei die

- Reduzierung der Konstruktionszeiten und die
- Optimierung des Materialeinsatzes (Reduzierung des Materialeinsatzes, Verringerung des Ausschusses)

zu nennen.

CAD-Systeme unterstützen damit **einerseits** die graphische Aufbereitung geometrischer Objekte und **andererseits** den Konstruktionsprozeß selbst. Insbesondere eröffnet eine dreidimensionale Geometrieverarbeitung Möglichkeiten, die deutlich über den traditionellen Konstruktionsprozeß hinausgehen. So ist es durchaus realistisch, daß sich der Prototypenbau in bestimmten Situationen erübrigt und dadurch die Entwicklungszeit eine deutliche Reduktion erfährt.

Primäre Einsatzgebiete für CAD-Systeme sind einer Untersuchung von Strothmann u.a. (1987, S. 5) zufolge der Maschinenbau und die Elektrotechnik. Die Hauptschwierigkeit sehen die Anwender derartiger Systeme in der Auswahl der Software. Als positive Folgen des Einsatzes von CAD-Systemen werden von den Anwendern genannt:

- Erhöhung der Flexibilität,
- Verkürzung der Entwicklungszeit,
- Imageprofilierung der anwendenden Unternehmung,
- Qualitätsverbesserung,
- Verbesserung der Wettbewerbsposition und
- sinkende Produktions- und Personalkosten.

Neuere Entwicklungen sollen CAD-Systeme insbesondere für konzeptionelle Arbeiten einsatzfähig machen, was eine Unterstützung durch Expertensysteme bedingt (vgl. hierzu Mertens 1988, S. 31; Specht 1989, S. 618 f.). Ein Expertensystem weist die in Abbildung 132 dargestellte generelle Struktur auf (vgl. z.B. Milling 1989, S. 387; Scheer 1988, S. 8; Weiß 1988, S. 538).

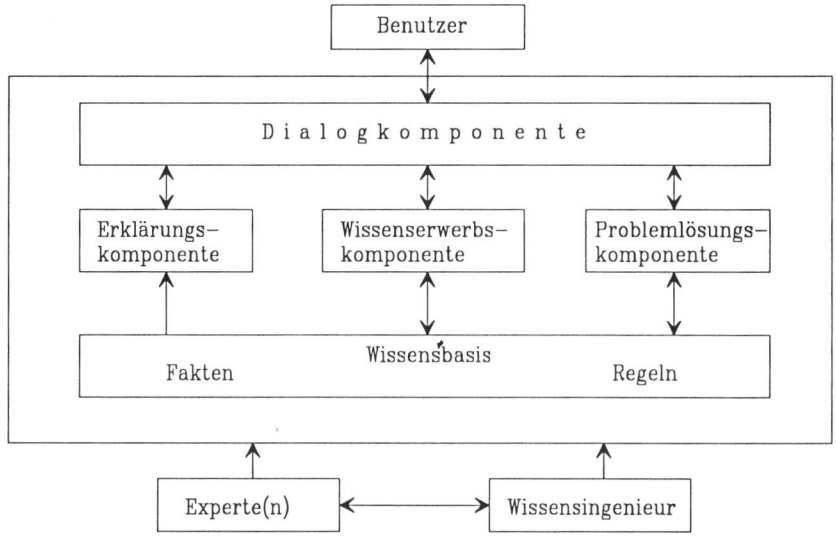

Abb. 132: Komponenten eines Expertensystems

Die Expertensysteme (XPS), auch wissensbasierte Systeme genannt, stellen den betriebswirtschaftlich relevanten Bereich der Künstlichen Intelligenz (Artificial Intelligence) dar. Unter einem **Expertensystem** sind dabei Computerprogramme zu verstehen, mit deren Hilfe versucht wird, die analytischen Fähigkeiten und das Beurteilungsvermögen menschlicher Experten nachzuahmen, d.h. Wissen soll maschinell verfügbar und reproduzierbar gemacht werden (vgl. Milling 1989, S. 385). Expertensysteme unterscheiden sich von konventioneller Software insbesondere durch die Wissensbasis, die aus Fakten und Regeln besteht und durch einen Problemlösungsmechanismus (Inferenzmechanismus) miteinander verknüpft werden (zu einer differenzierten Unterscheidung von Expertensystemen und konventioneller Software vgl. Scheer 1988, S. 20). Die **Wissensbasis** enthält somit das für die Lösung eines Problems erforderliche Wissen eines bestimmten Fachgebietes, das durch Expertenbefragungen und Analysen von Fachveröffentlichungen gewonnen wird. Mit Hilfe der **Problemlösungskomponente** löst das XPS auf der Grundlage der Wissensbasis die vom Benutzer gestellte Aufgabe, indem abgespeichertes Wissen über den Inferenzmechanismus verknüpft wird, d.h. es handelt sich um Programme, die aus bekanntem Wissen Ableitungen oder neue Kombinationen zu bilden vermögen. Sie enthält Steuerungsvorschriften und Schlußfolgerungsregeln, auf deren Grundlage die Wissensbasis interpretiert wird. Die **Wissenserwerbskomponente** sorgt für die Aktualisierung und Weiterentwicklung der Wissensbasis. Demgegenüber obliegt der **Erklärungskomponente** die Aufgabe, die Prozeduren des Expertensystems transparent zu machen, d.h. es erteilt dem Benutzer Auskunft über die Wirkungsweise des Systems, und es erteilt Hilfestellungen, wie Fragen des Systems zu beantworten sind. Ein Expertensystem kann damit als ein Informationssystem sui generis charakterisiert werden, das fachspezifisches Wissen für einen Benutzer verfügbar macht.

Bei den Personen, die für die Entwicklung und den Einsatz von Expertensystemen erforderlich sind, lassen sich die Benutzer, der Wissensingenieur und die Experten unterscheiden. Der **Wissensingenieur** verfügt über die Erfahrungen zur Entwicklung von XPS und Tools und entwickelt zusammen mit den **Experten** das System. Aber auch der **Benutzer** des Systems muß über Fachwissen verfügen, d.h. er sollte in der Lage sein, die durch das System generierten Lösungen auf ihre Brauchbarkeit und Konsistenz abschätzen zu können, da nicht sämtliche Lösungen, die ein XPS generiert, ex ante überprüfbar sind. Aus diesem Grunde hat es sich als zweckmäßig erwiesen, in der Einführungsphase derartiger Systeme einen Experten einzusetzen, der einige Zeit die generierten Lösungen überprüft. Erst nachdem dies erfolgt ist, sollte das XPS einem qualifizierten Sachbearbeiter übergeben werden (vgl. Scheer 1988, S. 19).

Betrachten wir den Einsatz und die Verbreitung von XPS, dann zeigt sich einerseits, daß es bei der praktischen Nutzung noch keinen Durchbruch gegeben hat (vgl. Milling 1989, S. 389; Mertens (1988, S. 38) berichtet von 28 laufenden Systemen im deutschsprachigen Raum; vgl. ferner Specht 1989, S. 618 ff.) und anderseits, daß die zur Zeit realisierten Systeme nur wenig anspruchsvolle Anwendungen darstellen (vgl. Scheer 1988, S. 25; einen Überblick über XPS in den einzelnen Funktionsbereichen einer Unternehmung (z.B. F&E, Vertrieb, Beschaffung/Materialwirtschaft, Produktion, Finanzierung, Rechnungswesen, Personalwirtschaft, Verwaltung, Unternehmungsführung und -planung) gibt Mertens (1988, S. 30 ff.)). So betont dann auch Milling (1989, S. 390), indem er auf die Euphorie im Rahmen der Konzeption des Management-Informations-Systems (MIS) in den sechziger Jahren hinweist, daß vor übersteigerten Erwartungen an XPS, insbesondere hinsichtlich unrealistischer Zielvorstellungen, zu warnen ist.

Kosten-Nutzenüberlegungen zu Expertensystemen zeigen, daß nicht nur die Kosten derartiger Systeme schwer abschätzbar sind, sondern sich auch die meisten Nutzeneffekte nicht hinreichend genau quantifizieren lassen. Daß es sich hierbei eher um **quantitative Vermutungen** handelt, zeigen die Quantifizierungsversuche im Rahmen der Aufwandsschätzungen für die Systementwicklung, die Reminger vorlegt, in eindrucksvoller Weise (vgl. Reminger 1989, S. 615f.).

Die **computergestützte Arbeitsplanung** (CAP), die teilweise auch als CAD-Bestandteil betrachtet wird, eine Vorgehensweise, der nicht gefolgt werden soll, baut auf den Ergebnissen der computergestützten Konstruktion auf. Aufgabe der Arbeitsplanung ist es, auf der Basis der konstruktiven Lösung einen Arbeitsplan zu erstellen, in dem die einzelnen Arbeitsschritte, die zum Einsatz gelangenden Arbeitssysteme und die entsprechenden Vorgabezeiten enthalten sind. Ausgangspunkt können dabei die einzelnen Materialien, Einzelteile oder auch ganze Baugruppen sein, wodurch die hohe Bedeutung von Stücklisten im Rahmen der Arbeitsplanung betont wird. CAP umfaßt somit den rechnergestützten Prozeßentwurf, der neben der computergestützten Arbeitsplanerstellung die Programmierung von NC-Maschinen und die Prüfplanung umfaßt. Grundlage für die Erstellung eines Prüfplans sind die im Rahmen des Produktentwurfs festgelegten Qualitätsmerkmale und deren Ausprägungen. Die Prüfplanung hat dabei Entscheidungen über die Prüfnotwendigkeit, den Prüfumfang, den Prüfzeitpunkt und -ort, die Prüfmethode und -mittel und die Festlegung der Vorgabezeiten für die Prüfvorgänge zu fällen (vgl. Zäpfel 1989a, S. 171). Die Prüfnotwendigkeit, mit deren Hilfe aus den potentiellen Prüfobjekten die aktuellen Prüfobjekte ausgewählt werden, d.h. diejenigen Objekte, die tatsächlich Gegenstand von Prüfhandlungen sind, kanalisiert die durchzuführenden Prüfhandlungen. Die Notwendigkeit hierfür ergibt sich einerseits aus den begrenzten Kapazitäten und anderseits aus Wirtschaftslichkeitsüberlegungen (vgl. Corsten 1988d, S. 597 ff.). Als primäre **Zielsetzungen** von CAP sind zu nennen:

- qualitative Verbesserung der Arbeitsplanung und
- Reduktion der Planungszeiten und -kosten.

Auf der Grundlage des Kriteriums "**Umfang des Rechnereinsatzes**" lassen sich nach Zäpfel (1989a, S. 166 ff.) die folgenden Erscheinungsformen der computergestützten Arbeitsplanung unterscheiden:

- **Systeme der computergestützten Arbeitsplanverwaltung**: Charakteristisch für diese Systeme ist es, daß die Arbeitsplanerstellung auf der Basis von gespeicherten auftragsneutralen Arbeitsplänen erfolgt, d.h. Arbeitspläne werden nach bestimmten Systematisierungskriterien gespeichert und bei Bedarf in der gewünschten Form erzeugt.
- **Systeme der computergestützten Arbeitsplanerstellung nach dem Variantenprinzip**: Grundlage für dieses System bilden fertigungstechnisch ähnliche Komponenten, für die im Rahmen von Standardisierungen Grundtypen festgelegt wurden. Durch die Eingabe von Parametern lassen sich dann geometrische Varianten dieser Grundtypen generieren.
- **Systeme der computergestützten Arbeitsplanerstellung nach dem Anpassungsprinzip**: Auf der Grundlage existenter Arbeitspläne werden durch Zufügen, Löschen

und Modifizieren einzelner Arbeitsvorgänge neue Arbeitspläne erstellt, d.h. es erfolgt eine Anpassung an die neue Aufgabe.

- **Systeme der computergestützten Arbeitsplanerstellung nach dem Generierungsprinzip**: Hierbei erfolgt eine computergestützte Neuplanung, d.h. es liegen keine ähnlichen Arbeitspläne vor, auf die dann zurückgegriffen werden könnte. Es werden vielmehr auf der Basis von Algorithmen oder Heuristiken direkt aus den geometrischen Daten spezifische Arbeitspläne erstellt. Da hierbei eine vollständige Algorithmisierung häufig nicht möglich ist, sind i.d.R. nicht sämtliche Tätigkeiten automatisierbar. Aus diesem Grunde erfolgt eine interaktive Arbeitsweise zwischen Benutzer und System. Auch auf diesem Gebiet werden in jüngster Zeit Einsatzmöglichkeiten von Expertensystemen diskutiert und vorgeschlagen. CAD und CAP werden häufig auch zu **CAE** (Computer-Aided Engineering) zusammengefaßt. CAE umfaßt dabei Funktionen wie die Produktentwicklung und die Projektierung ganzer Anlagen (vgl. Switalski 1989b, S. 261 f.). CAE umfaßt damit Ingenieuraufgaben wie Entwicklung, Test, Analyse etc., die in allen Phasen eines Entwicklungsprozesses mit der Fertigung abzustimmen und zu integrieren sind.

Für den Terminus **computergestützte Produktion** (CAM) werden in der Literatur unterschiedlich weite definitorische Abgrenzungen vorgeschlagen (vgl. Scheer 1990, S. 49). Während einerseits in einer engen Fassung lediglich die Steuerung von computergestützten Transport-, Lager- und Fertigungssteuerungen einbezogen wird, erfolgt andererseits in einer sehr weiten Fassung die Einbeziehung aller Funktionen der Fertigungssteuerung. Unter einer computergestützten Produktion wollen wir den durch Rechnereinsatz automatisierten Produktionsprozeß verstehen, d.h. es handelt sich um die Steuerung und Überwachung der zum Einsatz gelangenden Aggregate, und zwar zur Herstellung von Teilen und dem Zusammenbau von Komponenten. Der computergestützten Arbeitsplanung kommt damit eine Art Bindegliedfunktion zwischen CAD und CAM zu. Sind CAD- und CAM-System durch eine gemeinsame Datenbank verknüpft, dann ist es möglich, auf die mit Hilfe des CAD-Systems erstellten Daten unmittelbar zurückzugreifen, d.h. an das CAM-System weiterzugeben, um diese dann weiterverarbeiten zu können (vgl. Bühner 1986a, S. 29).

Ein CAM-System setzt sich aus folgenden Komponenten zusammen:

- NC-, CNC- oder DNC-Bearbeitungssysteme,
- Werkzeug- und Werkstückhandhabungssysteme,
- Transport- und Lagersysteme,
- Prüf- und Meßsysteme,
- Prozeßsteuerung und -überwachung.

Durch die **kombinative Verknüpfung** dieser Komponenten entstehen dann die bereits besprochenen Flexiblen Fertigungskonzepte wie Flexible Fertigungsinseln, Flexible Fertigungssysteme und Flexible Transferstraßen (vgl. Switalski 1989b, S. 261). Durch die hohe Flexibilität von CAM, sich an unterschiedliche Produktionsaufgaben anzupassen, wird es ermöglicht, die verschiedenen Werkstücke ohne hohen Rüstaufwand wirtschaftlich zu fertigen.

Die **computergestützte Qualitätssicherung** (CAQ) ist als eine **Querschnittsaufgabe** zu verstehen, die alle bisher dargestellten Systeme überlagert. So sind im Rahmen der

Produktentwicklung und Konstruktion die Qualitätsmerkmale und deren Ausprägungen festzulegen, um dann in der Arbeitsplanung die Produktionsverfahren auszuwählen, die die aufgestellten Qualitätsanforderungen sicherstellen. Darüber hinaus sind Prüfpläne zu erstellen, damit die Produktionsstellen die erforderlichen Prüfvorgänge durchführen können. Im Rahmen des Produktionsprozesses sind Abweichungen zu identifizieren, um dann rechtzeitig entsprechende Maßnahmen einleiten zu können, die sicherstellen, daß die aufgestellten Qualitätsstandards eingehalten werden. Damit in den Produktionsstellen diese Aufgaben rechnergestützt vollzogen werden können, gelangen **Funktionsprüf-** und **Meßsysteme**

- CAT (Computer-Aided Testing) bzw.
- CAI (Computer-Aided Inspection)

zum Einsatz (vgl. Zäpfel 1989a, S. 154 f.). Fragen der Qualitätssicherung begleiten damit den gesamten betrieblichen Leistungsprozeß, und zwar von der Eingangsprüfung der Materialien über die Prüfung der Produktionsprozesse bis hin zur Endkontrolle des erstellten Output. Werden die Prozeß- und Outputdaten wiederum für den Prozeß- und Produktentwicklungsprozeß und die Konstruktion genutzt, dann schließt sich der Regelkreis der Qualitätssicherung (vgl. Kern 1989a, S. 291). Um derartige **Qualitätsregelkreise** bilden zu können, ist eine Integration von Planungs-, Steuerungs- und Datenerfassungssystemen, d.h. eine Koppelung der CAQ-Funktionen untereinander, eine unabdingbare Voraussetzung. Ein weiterer Integrationsaspekt ist in der Einbeziehung der CAQ-Funktionen in die CIM (Computer Integrated Manufacturing)-Umgebung zu sehen, der insbesondere eine Minimierung der Datenredundanzen und eine schnelle Nutzung von Informationen aus anderen Systemen ermöglicht (vgl. Kring 1989, S. 6).

Die Computerunterstützung der Qualitätssicherung setzt damit an zwei Ebenen an (vgl. Scheer 1990, S. 56):

- **Unterstützung der Prüfungen** durch automatische Einrichtungen (z.B. Analyseinstrumente, Sensoren, Zähler etc.) und
- **Unterstützung der Planung** der Prüfvorgänge.

Unter CAQ ist folglich eine Rechnerunterstützung im Rahmen der Prüfplanerstellung, Prüfauftragsbearbeitung, Prüfdatenerfassung und Prüfmittelüberwachung zu verstehen (vgl. Kring 1989, S. 5).

Es sei jedoch darauf hingewiesen, daß die derzeit marktgängigen Lösungen nur einen Teilbereich eines so verstandenen CAQ-Systems erfassen, wobei die Unterstützung der Planung, Durchführung und Auswertung der Qualitätsprüfung den Schwerpunkt darstellt. Daneben existieren Ansätze zur Auswertung von Service- und Garantiedaten, die i.d.R. jedoch Eigenentwicklungen der Anwender darstellen. Unter Vernachlässigung von Besonderheiten lassen sich die Leistungen, die die üblichen CAQ-Systeme bieten, wie folgt skizzieren (vgl. Köppe 1988, S. 15):

- Prüfplanerstellung am Bildschirm,
- Steuerung der Prüfpläne, z.b. in Abhängigkeit von Teilehistorie und
- Prüfdatenerfassung, evtl. mit unterschiedlicher Analysetiefe.

Die Darstellung macht deutlich, daß diese Lösungen nur Teillösungen der oben beschriebenen CAQ-Systeme sind.

3.2.2 Aufgaben der Anlagenwirtschaft

Dem Bereich Anlagenwirtschaft werden in der Literatur unterschiedlich differenzierte Aufgabenfelder zugeordnet (vgl. z.B. Kern 1992, S. 205 f.; Kilger 1986, S. 365; Schwinn 1979, Sp. 63 ff.). Im weiteren seien die folgenden Aufgabenkomplexe unterschieden:

- Beschaffung von Betriebsmitteln,
- Planung des Betriebsmitteleinsatzes,
- Betriebsmittelerhaltung (Instandhaltung) und
- Betriebsmittelverwaltung.

Die folgenden Überlegungen konzentrieren sich auf die drei ersten Aufgabenkomplexe. Das Aufgabenfeld der **Betriebsmittelverwaltung** sei an dieser Stelle kurz skizziert: Ihr obliegt die Aufgabe, alle Daten der Betriebsmittel zu sammeln, aufzubereiten und zu speichern, die für das betriebliche Planungswesen von Bedeutung sind. Hierzu zählen:

- Zustand der Betriebsmittel und ihr Standort,
- Einsatzbereiche der Betriebsmittel und
- Vorbereitung, Auslösung und Überwachung aller Maßnahmen, die auf die Beschaffung, Erhaltung und Nutzung der Betriebsmittel abzielen.

Kern (1992, S. 213 ff.) nennt als weiteren Teilbereich der Anlagenwirtschaft die **Energieversorgung**. Unter ökonomischen Gesichtspunkten obliegen der betrieblichen Energieversorgung dann die folgenden Aufgaben:

- Wahl der günstigsten Energieform,
- Verbesserung der Energieausbeute (z.B. durch den Einsatz von Betriebsmitteln mit hohen energetischen Wirkungsgraden) und
- Mehrfachnutzung bestimmter Energiearten (z.B. mittels Heizkraftkoppelung, Wärmerückgewinnung).

Um der zunehmenden Bedeutung der Energie als Produktionsfaktor gerecht zu werden, schlägt Kern (1989b, S. 433 ff.) die Entwicklung einer **Energie-Betriebswirtschaftslehre** vor, die sowohl die Probleme der energieerzeugenden als auch der energieverwendenden Unternehmungen zu analysieren hat. Damit geht Kern deutlich über den gegenwärtigen Stand der betriebswirtschaftlichen Forschung, die den Energiebereich außerordentlich spärlich thematisiert, hinaus. Da das Problemfeld einer Energie-Betriebswirtschaftslehre erst in groben Zügen umrissen ist und zum augenblicklichen Zeitpunkt noch kein Forschungsprogramm einer so verstandenen speziellen Betriebswirtschaftslehre existiert, sei in dieser Einführung auf diesen Problembereich nicht weiter eingegangen.

3.2.2.1 Betriebsmittelbeschaffung

Grundlage der Betriebsmittelbeschaffung bilden die qualitativen und quantitativen Anforderungen der durchzuführenden Produktionsaufgaben (vgl. hierzu auch die Ausführungen zur qualitativen und quantitativen Kapazität). Analog dem materialwirtschaftlichen Optimum obliegt ihr die Aufgabe, die entsprechenden Betriebsmittel hinsichtlich Art und Menge zur erforderlichen Zeit und am erforderlichen Ort zur Verfügung zu stellen (vgl. Kern 1992, S. 206). Die Betriebsmittelbeschaffungsplanung determiniert dabei weitgehend die langfristige Kapazitätsplanung, da die Betriebsmittel die wichtigste Einflußgröße der Kapazitäten der Produktionsstellen sind. Basis dieser Entscheidungen bildet dabei die Investitionsrechnung. Für eine Betriebsmittelbeschaffung stehen die folgenden grundsätzlichen Möglichkeiten zur Auswahl:

- Eigenerstellung
- Fremdbeschaffung
  -- Kauf
  -- Leasing (zum Problem der Vorteilhaftigkeit von Leasing im Vergleich zum Kauf vgl. Buhl 1989, S. 1095 ff.; Kruschwitz 1989, S. 1090 ff.).

Zur Beurteilung der Wirtschaftlichkeit von Beschaffungsobjekten steht dabei das investitionstheoretische Instrumentarium zur Verfügung, wobei von der folgenden Systematik der investitionstheoretischen Kalküle ausgegangen wird.

Kriterien	Investitionstheoretische Kalküle	
Dimensionalität des Zielsystems	Monovariable Investitionskalküle	Multivariable Investitionskalküle (Scoring–Modelle)
Zeithorizont	Einperiodische Ansätze	Mehrperiodische Ansätze
Determiniertheit/ Indeterminiertheit	Deterministische Ansätze	Stochastische Ansätze
Berücksichtigung von Interdependenzen	Einzelentscheidungen	Programmentscheidungen

Abb. 133: Systematik investitionstheoretischer Kalküle

Während **einperiodische Ansätze** auf kalkulatorischer Basis mit Aufwendungen und Erträgen oder Kosten und Leistungen arbeiten und durchschnittliche (Jahres-)Größen für den Planungszeitraum bilden, wobei sie von der zeitlichen Verteilung der tatsächlich anfallenden Zahlungströme abstrahieren, berücksichtigen **mehrperiodische Verfahren** bewußt die zeitliche Dimension, indem die pagatorischen Größen Einzahlungen und Auszahlungen zeitpunktbezogen erfaßt und durch Diskontierung miteinander vergleichbar gemacht werden. **Stochastische Ansätze** tragen der quantifizierten Indeterminiertheit dadurch Rechnung, daß an die Stelle eindeutiger Größen Wahrscheinlichkeitsverteilungen treten, durch die gegenüber deterministischen Ansätzen ein höherer Grad an Isomorphie erreicht werden kann. **Einzelprojektentscheidungen** beschäftigen sich mit Annahme oder Ablehnung eines einzelnen Investitionsobjektes oder mit der Bestimmung des günstigsten Projektes aus einer Anzahl alternativer Vorhaben. **Investitionsprogrammentscheidungen** versuchen, entweder die zwischen den einzelnen Investitionsobjekten bestehenden Interdependenzen zu beachten oder mögliche produktions-, finanz- oder absatzwirtschaftliche Abhängigkeiten zu berücksichtigen, indem sie eine optimale Kombination von Investitions- und Finanzierungsprojekten anstreben, d.h. eine simultane Bestimmung von Investitionsprogrammen mit Hilfe der mathematischen Programmierung vornehmen. Im Rahmen einer Einführung kann nicht auf die einzelnen Kalküle eingegangen werden. Da für die Bestimmung der optimalen Nutzungsdauer von Investitionsobjekten eine mehrperiodische Betrachtungsweise erforderlich ist, sei die Grundidee der **mehrperiodischen** (finanzmathematischen) **Methoden** vorgestellt (vgl. z.B.: Altrogge 1988; Blohm/Lüder 1983; Kern 1976a; Kruschwitz 1987).

Eine Investition läßt sich durch die zeitliche Folge der mit ihr verbundenen Aus- und Einzahlungen darstellen. Bei kontinuierlichen Zahlungsströmen ergibt sich folgende Darstellung:

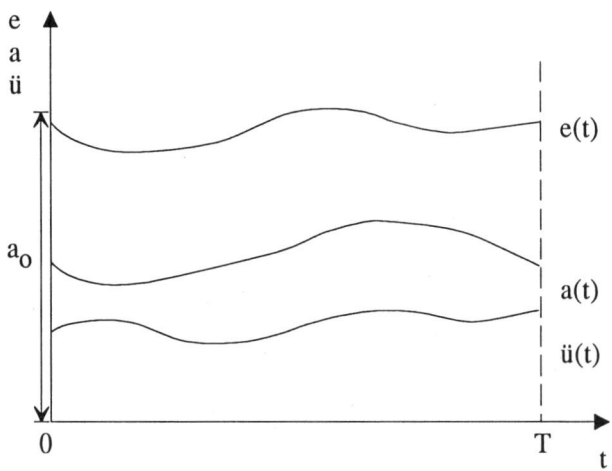

e = Einzahlung; a = Auszahlung; ü = Überschuß

Abb. 134: Kontinuierliche Zahlungsströme

Die Differenz zwischen Ein- und Auszahlungen wird als Einzahlungsüberschuß bezeichnet. Jede der drei Zahlungsreihen beginnt in $t = 0$ und endet in $t = T$ mit dem Ausscheiden des Investitionsobjektes. Für eine beliebige Periode 1 läßt sich der Einzahlungsüberschuß ($\ddot{u}_l$) dann wie folgt ermitteln:

$$\ddot{u}_l = \int_{l-1}^{l} \ddot{u}(t)dt$$

oder:

$$\ddot{u}_l = \int_{l-1}^{l} e(t)dt - \int_{l-1}^{l} a(t)dt$$

Für die weiteren Überlegungen sei **rationales Verhalten** des Investors unterstellt, das sich in zweifacher Weise äußert:

- Hohe Einzahlungsüberschüsse sind dem Investor lieber als geringere.
- Der Investor schätzt Einzahlungsüberschüsse um so mehr, je früher sie anfallen.

Gemeinsames Merkmal der finanzmathematischen Verfahren der Investitionsrechnung ist es, daß sie sowohl die Höhe der Einzahlungsüberschüsse als auch die Zeitpunkte ihres Anfallens in den Kalkül einbeziehen. Die Berücksichtigung des **Zeitfaktors** ist damit grundlegend für diese Ansätze. Er wird dadurch in die Betrachtung aufgenommen, daß die den einzelnen Zeitpunkten zugeordneten Einzahlungsüberschüsse auf den Betrachtungszeitpunkt diskontiert werden. Dies geschieht mit Hilfe des **Kalkulationszinsfußes**. Den im weiteren vorzustellenden Methoden liegen die folgenden Prämissen zugrunde:

- Die Einzahlungsreihe und die Auszahlungsreihe einer Investition bzw. die Zeitreihe der Einzahlungsüberschüsse sei gegeben.
- Der Investor wünscht möglichst hohe und möglichst frühzeitig anfallende Einzahlungsüberschüsse.
- Die Zahlungen einer Periode werden dem Periodenende zugerechnet.
- Der verwendete Kalkulationszinsfuß ist für alle betrachteten Zeitpunkte gleich.

Zunächst sei die Grundidee der **Kapitalwertmethode** skizziert, wobei der Kapitalwert die Summe aller Barwerte darstellt, d.h. die auf den Zeitpunkt t mit dem Kalkulationszinsfuß i diskontierten Zahlungen ($1 + i = q$), die nach dem Zeitpunkt t erfolgen. Der Kapitalwert (C_o) stellt damit die Differenz zwischen den Gegenwartswerten der Einzahlungen und der Auszahlungen einer Investition dar:

$$C_o = \sum_{t=0}^{T} e_t \cdot q^{-t} - \sum_{t=0}^{T} a_t \cdot q^{-t}$$

$$C_0 = \sum_{t=0}^{T} (e_t - a_t) \cdot q^{-t}$$

$$C_0 = \sum_{t=0}^{T} \ddot{u}_t \cdot q^{-t}$$

Da für die Anschaffungsauszahlung (a_0) im Zeitpunkt $t=0$ die Diskontierung entfällt, ergibt sich:

$$C_0 = -a_0 + \sum_{t=1}^{T} \ddot{u}_t \cdot q^{-t}$$

Wird zusätzlich berücksichtigt, daß das Investitionsobjekt am Ende seiner Nutzung noch einen Liquidationserlös (L_T) erzielt, dann ergibt sich:

$$C_0 = -a_0 + \sum_{t=1}^{T} \ddot{u}_t \cdot q^{-t} + L_T \cdot q^{-T}$$

Eine Investition ist dann als vorteilhaft zu bezeichnen, wenn für den Kapitalwert gilt:

$$C_0 \geq 0.$$

Ebenso wie die Kapitalwertmethode baut auch die **Annuitätenmethode** auf vorgegebenen Zahlungsreihen auf. Die rechnerischen Größen, an Hand derer die Vorteilhaftigkeit einer Investition beurteilt wird, unterscheiden sich zwar formal bei diesen beiden Methoden, jedoch weisen sie dieselbe grundlegende mathematische Struktur auf, d.h. die Annuitätenmethode kann als eine mathematische Umformung der Kapitalwertmethode verstanden werden. Bei der Annuitätenmethode wird die **Vorteilhaftigkeit** einer Investition dadurch ermittelt, daß die mit ihr verbundenen **durchschnittlichen Einzahlungen** und **Auszahlungen** miteinander verglichen werden:

$$e \gtrless a$$

oder $\ddot{u} = e - a \gtrless 0.$

Die durchschnittlichen jährlichen Zahlungen werden dabei als Annuität bezeichnet, wobei zwischen

- der Annuität der Einzahlungsreihe,
- der Annuität der Auszahlungsreihe und
- der Annuität der Einzahlungsüberschußreihe

zu unterscheiden ist. Zur **Errechnung der Annuität** wird ausgehend von der gegebenen Zahlungsreihe eine neue Zahlungsreihe ermittelt, die folgende Eigenschaften aufweist:

- sie ist **uniform**, d.h. die Zahlungen sind sämtlich größengleich, und
- sie ist **äquivalent**, d.h. ihr Barwert ist gleich dem Barwert der vorgegebenen Zahlungsreihe.

Während die Ausgangszahlungsreihe in den Zeitpunkten $t = 0, 1,...,T$ unterschiedlich hohe Auszahlungen aufweist, treten in der neuen Zahlungsreihe in $t = 1, 2,...,T$ jeweils konstante Zahlungen auf[1]. Da beide Reihen äquivalent sein sollen, gilt:

$$\underbrace{\frac{a_0}{q^0} + \frac{a_1}{q^1} + \frac{a_2}{q^2} + ... + \frac{a_T}{q^T}}_{} = \underbrace{\frac{a}{q^1} + \frac{a}{q^2} + ... + \frac{a}{q^T}}_{}$$

Barwert der vorgegebenen   Barwert der neuen
Auszahlungsreihe   Auszahlungsreihe

$$\sum_{t=0}^{T} \frac{a_t}{q^t} = \sum_{t=1}^{T} \frac{a}{q^t}$$

Die rechte Seite der Gleichung entspricht dem **Barwert einer nachschüssigen Rente.** Durch Anwendung der **Rentenbarwertformel** ergibt sich:

$$\sum_{t=0}^{T} \frac{a_t}{q^t} = a \frac{q^n - 1}{q^n (q-1)}$$

Für die Annuität der Auszahlungsreihe ergibt sich dann:

$$a = \frac{q^T (q-1)}{q^T - 1} \sum_{t=1}^{T} \frac{a_t}{q^t}$$

oder:

$$a = \frac{(1+i)^T i}{(1+i)^T - 1} \sum_{t=0}^{T} \frac{a_t}{q^t}$$

mit:

$$q = 1 + i$$

Der Faktor

$$\frac{(1+i)^T \, i}{(1+i)^T - 1} ,$$

also der reziproke Wert des Barwertfaktors einer nachschüssigen Rente, wird als **Wiedergewinnungsfaktor** oder **Annuitätenfaktor** bezeichnet (er kann für diverse i und T mathematischen Tabellen entnommen werden). Die Annuität der Auszahlungsreihe

---

1) In der neuen Zahlungsreihe wird dem Zeitpunkt t=0 keine Auszahlung zugeordnet. Dies entspricht der Vorgehensweise bei der Ermittlung des Kapitaldienstes.

ergibt sich aus der multiplikativen Verknüpfung des Annuitätenfaktors mit dem
Barwert. In analoger Weise ergibt sich die Annuität der Einzahlungen bzw. der
Einzahlungsüberschüsse:

$$e = \frac{(1+i)^T i}{(1+i)^T - 1} \sum_{t=0}^{T} \frac{e_t}{q^t}$$

$$ü = \frac{(1+i)^T i}{(1+i)^T - 1} \sum_{t=0}^{T} \frac{ü_t}{q^t}$$

Daraus ergibt sich:

$$e - a = \frac{q^T i}{q^n - 1} \left(\sum_{t=0}^{T} \frac{e^t}{q^t} - \sum_{t=1}^{T} \frac{a^t}{q^t} \right)$$

$$e - a = \frac{q^n i}{q^n - 1} \sum_{t=0}^{T} \frac{e^t - a^t}{q^t}$$

$$e - a = \frac{q^n i}{q^n - 1} \sum_{t=0}^{T} \frac{ü^t}{q^t}$$

$$e - a = ü$$

Als **Entscheidungsregel** zur Vorteilhaftigkeitsprüfung einer Investition mit Hilfe der
Annuitäten ergibt sich: Eine Investition ist dann vorteilhaft, wenn die Annuität der
Einzahlungen die Annuität der Auszahlungen übersteigt oder wenn beide Annuitäten
zumindest gleich groß sind. **Oder:** Eine Investition ist dann vorteilhaft, wenn die
Annuität der Einzahlungsüberschüsse größer oder gleich Null ist:

$$(e \geq a \lor ü = e - a \geq 0) \rightarrow \text{vorteilhafte Investition}$$

Ist $e > a$ bzw. $ü > 0$, dann erwirtschaftet die Investition eine über den Kalkulationszinsfuß hinausgehende Verzinsung. Der effektiv erzielte Zinsfuß i_e ist größer als der
angestrebte i_a:

$$(e > a \lor ü > 0) \rightarrow i_e > i_a$$

Für $e = a$ bzw. $ü = 0$ gilt:

$$(e = a \lor ü = 0) \rightarrow i_e = i_a$$

Und für $e < a$ bzw. $ü < 0$ gilt:

$$(e < a \lor ü < 0) \rightarrow i_e < i_a$$

Um den Nachweis zu führen, daß die Kapitalwertmethode und die Annuitätenmethode zum gleichen Ergebnis führen, sei von der Annuität der Einzahlungsüberschüsse ausgegangen:

$$\ddot{U} = e - a = \underbrace{\frac{(1+i)^T i}{(1+i)^T - 1} \sum_{t=0}^{T} \frac{\ddot{u}^t}{q^t}}_{\text{Kapitalwert der Investition } (C_o)}$$

$$\ddot{u} = \frac{(1+i)^T i}{(1+i)^T - 1} C_o$$

Für gegebene i und T sind ü und C_o direkt proportional. Der Wiedergewinnungsfaktor ist i.d.R. kleiner als eins, so daß bei gegebenen Einzahlungsüberschüssen, gegebenem i und T, ü grundsätzlich kleiner als C_o sein wird. Da aber für ü > 0 auch C_o > 0, für ü = 0 auch C_o = 0 und für ü < 0 auch C_o < 0 ist, ändern sich die Entscheidungsregeln nicht:

(ü ≥ 0 → C_o ≥ 0) → vorteilhafte Investition

(ü < 0 → C_o < 0) → unvorteilhafte Investition

Als letztes finanzwirtschaftliches Verfahren sei kurz auf den **internen Zinsfuß** eingegangen. Daß dieses Verfahren nicht unproblematisch ist, unterstreicht Kruschwitz (1987, S. 85), indem er den Abschnitt "Verfahren der internen Zinsfüße" mit dem Zusatz versieht "ein Kapitel, das man eigentlich nicht lesen sollte". Da der interne Zinsfuß sich jedoch in der Praxis einer hohen Beliebtheit erfreut, sei dieses Verfahren kurz skizziert. Unter dem internen Zinsfuß ist der Zinsfuß (i_i) zu verstehen, bei dem der Kapitalwert einer Investition Null wird:

$$\sum_{t=0}^{T} (e_t - a_t) \cdot (1+i_i)^{-t} = 0$$

Mathematisch stellt die Ermittlung des internen Zinsfußes die **Bestimmung von Nullstellen eines Polynoms T-ten Grades** dar, d.h. es können sich bis zu T Lösungen ergeben. Neben dieser **Mehrdeutigkeit** kann eine **Eindeutigkeit**, aber auch eine **Nicht-Existenz** des internen Zinsfußes auftreten. Problemlos läßt sich der interne Zinsfuß im Einperiodenfall, d.h. die Nutzungsdauer beträgt genau eine Periode, ermitteln, dem jedoch nur eine geringe praktische Bedeutung zukommt.

Bei der Darstellung der dynamischen Investitionsmethoden wurde von der Voraussetzung ausgegangen, daß die Nutzungsdauer eines Investitionsobjektes gegeben ist. Heben wir diese Prämisse auf, dann ergibt sich das Problem der Bestimmung der **optimalen Nutzungsdauer** eines Investitionsobjektes. Sie ist **einerseits** erforderlich für die langfristige Kapazitätsplanung und der damit verbundenen Investitionsplanung und **anderseits** zur Berechnung von Abschreibungen, mit deren Hilfe der Anlagenverzehr, als Minderung des Wertes von Anlagen, der sich im Zeitablauf vollzieht (dabei ist zu beachten, daß sich der Anlagenverzehr i.d.r. nicht in eindeutig, objektiv meßbaren Indikatoren niederschlägt, sondern nur auf der Basis von Annahmen möglich ist; vgl. Sieben/Schildbach 1979, Sp. 54).

Die Bestimmung der optimalen Nutzungsdauer stellt dabei kein technisches, sondern ein ökonomisches Problem dar. Sie gibt den Nutzungszeitraum an, innerhalb dessen eine Anlage einer vergleichbaren Anlage unter ökonomischen Kriterien überlegen ist, d.h. die mit einer Investition verbundene(n) Zielsetzung(en) determinieren die Nutzungsdauer. Hiervon zu unterscheiden ist die technische Lebensdauer, die sich mit Hilfe von Instandhaltungsmaßnahmen beliebig verlängern läßt (vgl. Kern 1976, S. 64).

Ein **Ersatzproblem** liegt jedoch nur dann vor, wenn eine neue Anlage mit einer alten konkurriert, d.h. eine Antwort auf die Frage zu geben ist, ob die alte Anlage weiterhin genutzt werden soll oder ob sie durch eine neue Anlage zu substituieren ist. Soll hingegen die neue Anlage neben der bereits vorhandenen alten Anlage genutzt werden, dann liegt kein Ersatzproblem vor, sondern es handelt sich um ein Problem der **Investitionsprogrammplanung**.

Formal läßt sich die optimale Nutzungsdauer T_{opt} einer Anlage schreiben (vgl. Schröder 1986, S. 21 ff.):

$$ZG (T_{opt}) = Max !$$

d.h., daß der Zielerreichungsgrad eines Investors maximiert wird. Die optimale Nutzungsdauer ist folglich die Nutzungsdauer, die die Zielfunktion des Investors zu optimieren vermag. Der Entscheidung über die optimale Nutzungsdauer einer Anlage liegen in der Investitionsrechnung die beiden folgenden Prämissen zugrunde (vgl. Kruschwitz 1987, S. 137 f.):

- Das Investitionsobjekt, dessen optimale Nutzungsdauer zu bestimmen ist, wurde noch nicht realisiert (= **Plan-Nutzungdauer**).
- Da beim Ersatzproblem die Frage analysiert wird, ob ein vorhandenes Investitionsobjekt durch ein gleiches oder ähnliches zu ersetzen ist, wird damit zumindest implizit über die Nutzungsdauer der vorhandenen Anlage entschieden. Damit lassen sich auch die hierfür aufgestellten Ansätze zu den investitionsrechnerischen Kalkülen zur Bestimmung der optimalen Nutzungsdauer einsetzen (= **Ist-Nutzungsdauer**).

Im folgenden seien lediglich einige einführende Ausführungen zur Ermittlung der Plan-Nutzungsdauer bei sicheren Erwartungen getätigt.

Zunächst sei unterstellt, daß der Investor zur Ermittlung der optimalen Nutzungsdauer davon ausgeht, den **Kapitalwert zu maximieren** und daß es **keinen Nachfolger** für das ausscheidende Aggregat gibt. Die optimale Nutzungsdauer ergibt sich dann aus:

$$C (T_{opt}) = \underset{i}{Max} \{ C (T_{opt\,i}) \mid C (T_{opt\,i} - 1) < C (T_{opt\,i}) > C (T_{opt\,i} + 1) \}$$

Weist der Kapitalwert in Abhängigkeit von der Nutzungsdauer nur ein relatives Maximum auf, das gleichzeitig das absolute Maximum ist, dann gilt:

$$C\ (T_{opt} - 1) < C\ (T_{opt}) > C\ (T_{opt} + 1)$$

Diese Bedingung bringt zum Ausdruck, daß der Kapitalwert sowohl bei einer Nutzungsdauerreduzierung als auch bei einer -verlängerung sinken würde.

Neben dieser **Totalbetrachtung**, d.h. der Ermittlung und dem Vergleich aller Kapitalwerte von $T = 1$ bis $T = T_{opt} + 1$, läßt sich die optimale Nutzungsdauer auch auf der Basis einer **Grenzbetrachtung**, d.h. marginalanalytisch bestimmen. Für die Verlängerung der Nutzungsdauer um eine Periode von $T - 1$ bis T ergeben sich die folgenden zielrelevanten Konsequenzen, unter der Voraussetzung, daß der Kapitalwert zu maximieren ist (vgl. Schröder 1986, S. 24 f.):

- Die Fortsetzung der Nutzung um 1 Periode (T) geht mit einem **Einzahlungsüberschuß** $ü_T$ einher. Der Wert dieses Einzahlungsüberschusses zum Zeitpunkt t=0 ergibt sich dann aus:

  $$ü_T \cdot (1+i)^{-T}$$

- Der Investor verzichtet auf den **Liquidationserlös** (L_{T-1}) zum Zeitpunkt T-1 und erhält stattdessen zum Zeitpunkt T den Liquidationserlös L_T. Bezogen auf t=0 ergibt sich dann der folgende Nettoeffekt:

  $$-L_{T-1}\ (1+i)^{-(T-1)} + L_T\ (1+i)^{-T}$$

  $$= (-\Delta L_T - i\ L_{T-1})\ (1+i)^{-T}$$

mit:

$$\Delta L_T = L_{T-1} - L_T$$

Die Kapitalwertänderung $\Delta\ C_1$, die durch die Verlängerung der Nutzungsdauer um eine Periode hervorgerufen wird, ergibt sich dann aus:

$$\Delta C_1 = (ü_T - \Delta L_T - i\ L_{T-1}) \cdot (1+i)^{-T}$$

$$\Delta C_1 = ü'_T\ (1+i)^{-T}$$

Eine Verlängerung der Nutzungsdauer um eine Periode ist dann solange sinnvoll, wie gilt:

$$\Delta C_1 > 0$$

bzw.

$$ü'_T = ü_T - \Delta L_T - i\, L_{T-1} > 0$$

oder

$$ü_T > \Delta L_T + i\, L_{T-1} = K'_T$$

oder

$$i' = \frac{ü_T - \Delta L_T}{L_{T-1}} > i$$

mit:

$i\, L_{T-1}$ = Zinsen, die bei einer Freisetzung des im Aggregat gebundenen Kapitals zum Zeitpunkt T - 1 in der Periode T hätten erzielt werden können

K'_T = Opportunitätskosten der Verlängerung der Nutzungsdauer um eine Periode

$ü'_T$ = Grenz(opportunitäts)erfolg

i'_T = Grenzrentabilität.

Auf dieser Grundlage lassen sich dann die folgenden Aussagen formulieren: Eine Verlängerung der Nutzungsdauer um eine Periode ist dann angebracht, wenn

- ein **positiver Grenzerfolg** realisiert wird,
- die **Grenzeinzahlungsüberschüsse** die **Grenzopportunitätskosten** der Verlängerung **übersteigen** oder
- die **Grenzrentabilität** größer ist als der Kalkulationszinsfuß.

Das dargestellte Grundmodell läßt sich in vielfacher Hinsicht weiterentwickeln. Beispielhaft seien genannt (vgl. Schröder 1986, S. 27):

- Beachtung von Nachfolgeobjekten,
- Einbeziehung der Nutzungsdauerentscheidung in die Bestimmung von Investitionsprogrammen,
- Berücksichtigung steuerlicher Aspekte und unterschiedlicher Abschreibungsverfahren und
- Einbeziehung stochastischer Größen, und zwar hinsichtlich des Anlagenausfalls sowie hinsichtlich Zeitpunkt und Höhe der Ein- und Auszahlungen.

3.2.2.2 Planung des Betriebsmitteleinsatzes

Grundlegend für den Betriebsmitteleinsatz ist die Kapazitätsdimensionierung der zum Einsatz gelangenden Anlagen, d.h. es ist festzulegen, in welchen quantitativen und qualitativen Ausprägungen die Produktiveinheiten und damit das Produktionssystem bereitzustellen ist (zur Ermittlung der quantitativen Kapazität vgl. die Ausführungen in Punkt 1.1.3.1). Die **Kapazitätsdimensionierung** erfolgt dabei in drei Schritten (vgl. Zäpfel 1989b, S. 129 ff.):

- Ermittlung des vorhandenen Kapazitätsbestandes;
- Festlegung des Kapazitätsbedarfs für die geplanten Leistungsarten und -mengen;
- Abstimmung des Kapazitätsbestandes mit dem -bedarf.

Unter **Kapazitätsbestand** (oder **Kapazitätsangebot**) wird dabei das zur Verfügung stehende Leistungsvermögen einer Kapazitätseinheit zur Durchführung von Aufgaben verstanden, und zwar bezogen auf eine Planungsperiode. Ist eine Kapazitätseinheit aufgrund ihrer Flexibilität (vgl. Punkt 1.1.3.2) in der Lage, unterschiedliche Leistungen zu erbringen, dann stellt der Output je Zeiteinheit keine geeignete Basis für die Erfassung des Leistungsvermögens dar. Als Hilfsgröße kann dann die zeitliche Verfügbarkeit (= **Zeitfond**) einer Kapazitätseinheit herangezogen werden, die sich aus der multiplikativen Verknüpfung des Kapazitätsquerschnitts (b_{quer}) und der maximal möglichen Nutzungsdauer in der betrachteten Periode (T_{Max}) ergibt:

$$\text{Zeitfond (ZF)} = b_{quer} \cdot T_{Max}$$

Da im Kombinationsprozeß, mit Ausnahme eines vollautomatisierten Prozesses, sowohl Anlagen als auch Arbeitskräfte zum Einsatz gelangen, erscheint es notwendig, zwischen

- einer von **Arbeitskräften determinierten Kapazitätseinheit** und
- einer von **Betriebsmitteln determinierten Kapazitätseinheit**

zu unterscheiden (vgl. hierzu auch Corsten 1985a, S. 225). Während im ersten Fall der Mensch das Leistungsvermögen der Kapazitätseinheit restringiert, limitieren im zweiten Fall die Betriebsmittel das Leistungsvermögen. Der Zeitfond (ZF) für eine Kapazitätseinheit ergibt sich dann für eine Kapazitätseinheit m aus:

$$ZF_m = b_{quer\ m} \min \{T_M, T_N\} - T_V$$

mit:

$b_{quer\ m}$ = Kapazitätsquerschnitt, z.B. Anzahl der homogenen Kapazitätseinheiten

T_M = Arbeitszeit der Arbeitskräfte, die der Kapazitätseinheit angehören

T_N = Nutzungszeit des Betriebsmittels der jeweiligen Kapazitätseinheit

T_v = kapazitätsmindernde Verlustzeiten (z.b. Wartungen, Maschinenstörungen, Materialmangel, Rüsten)

Der quantitative Kapazitätsbestand hat damit eine

- **zeitliche** (der Zeitraum, in dem eine Kapazitätseinheit nutzbar ist) und eine
- **zahlenmäßige Dimension** (Anzahl der Potentialfaktoren).

Bedingt durch die kapazitätsmindernden Verlustzeiten läßt sich der zeitliche Kapazitätsbestand in einen **theoretischen** und **realen Bestand** weiter aufteilen.

In einem zweiten Schritt ist dann der **Kapazitätsbedarf** zu ermitteln, der die gewünschte Inanspruchnahme der relevanten Kapazitätseinheit je Zeitraum erfaßt, der zur Realisation des geplanten Produktionsprogramms notwendig ist. Analog zum Kapazitätsbestand weist auch der -bedarf eine zeitliche und zahlenmäßige Dimension auf. Um den **zeitlichen Kapazitätsbedarf** ermitteln zu können, sind Informationen über

- die einzelnen Produktarten und -mengen im Planungszeitraum und
- den Produktaufbau (z.B. Stücklisten)

notwendig. In Abhängigkeit vom Bekanntheitsgrad der Produkte für die Unternehmung oder Branche läßt sich dann der Kapazitätsbedarf mit unterschiedlichen Genauigkeitsgraden ermitteln, wie dies in der folgenden Abbildung skizziert ist (vgl. hierzu Zäpfel 1989b, S. 135).

Bekanntheits-grad des Produktes / Planungs-schritte	Für die Unternehmung		Für die Branche (Für die Unternehmung neu)	
	bekannt	ähnlich	bekannt	neu
	Vorgehensweise 1	Vorgehensweise 2	Vorgehensweise 3	Vorgehensweise 4
Erstellung der Erzeugnisstruktur für die zu erstellende Leistung	Auswertung der Stücklisten	Auswertung der Stücklisten ähnlicher Erzeugnisse Grobentwurf der neuen Komponenten	Analyse der Konkurrenzprodukte Grobentwurf der neuen Komponenten	Grobentwurf des neuen Produktes und seiner Komponenten
Zeitermittlung für die Komponenten	Entnahme aus Arbeitsplänen Schätzung des Reduktionszeitfaktors (Lernkurve)	Arbeitsplanauswertung ähnlicher Teile; Ableitung repräsentativer Kapazitätsbedarfsprofile Grobe Schätzung für neue Komponenten Schätzung des Reduktionszeitfaktors	Für neue Komponenten vgl. Vorgehensweise 2 Genauigkeit der Ermittlung hängt vom Novitätsgrad der Komponenten ab	Für neue Komponenten vgl. Vorgehensweise 2 Genauigkeit hängt vom Novitätsgrad der Komponenten ab (tendenziell geringer als bei Vorgehensweise 3)
Bestimmung des Kapazitätsbedarfs	– Summation des Kapazitätsbedarfs der Produktkomponenten für die jeweiligen Kapazitätseinheiten – Hochrechnen des Kapazitätsbedarfs auf Periodenwerte auf der Grundlage des Absatzplanes und unter Berücksichtigung der Lernkurve			

Abb. 135: Vorgehensweisen zur Ermittlung des Kapazitätsbedarfs

Diese Systematik zeigt, daß es für die Kapazitätsbedarfsermittlung von grundlegender Bedeutung ist, ob sich das zu produzierende Produkt aus bekannten oder aus neuen Komponenten zusammensetzt. Während bei den selbstzuerstellenden bekannten Komponenten, z.B. aus Stücklisten und den dazugehörigen Arbeitsplänen der Kapazitätsbedarf ermittelt werden kann, ist dieser bei neuen Komponenten zu schätzen, wobei die Schätzgenauigkeit vom Ähnlichkeitsgrad (oder Novitätsgrad) der neuen Komponenten im Vergleich zu den bekannten Komponenten abhängt.

Liegen diese Informationen vor, dann lassen sich für die jeweiligen Planperioden **Prozeßtechnik-Profile** erstellen wie in Abbildung 136 dargestellt (Zäpfel 1989b, S. 137).

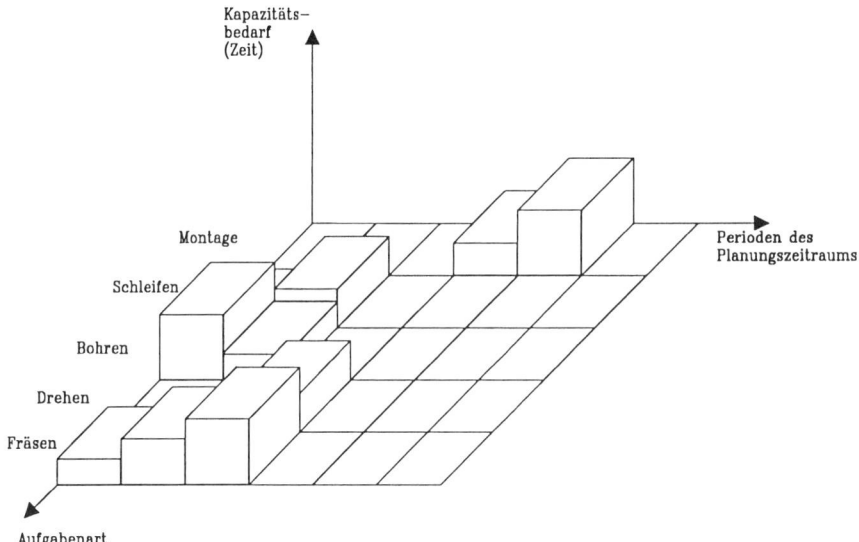

Abb. 136: Prozeßtechnik-Profil

In einem dritten Schritt sind dann Kapazitätsbestand und -bedarf gegenüberzustellen. Je nach Planungszeitraum bieten sich dabei unterschiedliche Möglichkeiten an:

- auf **taktischer Ebene**: Abstimmung über Investition oder Desinvestition (simultane Programm- und Investitionsplanung);
- auf **operativer Ebene**: Anpassungsmaßnahmen (zeitliche und intensitätsmäßige).

Ein weiteres Problem im Rahmen des Betriebsmitteleinsatzes stellt die **Verfahrenswahl** dar. Gegenstand der Verfahrenswahl sind dabei **Produktionsverfahren**, worunter die Art und Weise zu verstehen ist, in der eine Fertigungsaufgabe planvoll und in sich gleichbleibend und wiederholbar durchgeführt wird (vgl. Riebel 1963, S. 12 f.). Dabei sind die beiden folgenden Ausprägungen zu unterscheiden (vgl. Bea 1979, Sp. 2094):

- Entscheidung über die **Zusammensetzung des Faktorbestandes**. Bei dieser Betrachtungsweise ist nur das Produktionsprogramm gegeben und die Betriebsmittel sind variabel, d.h. es liegt ein Investitionsproblem vor (= langfristige Betrachtung).

- Entscheidung über die Art der **Inanspruchnahme des vorhandenen Faktorbestandes**, d.h. es handelt sich um ein reines Maschinenbelegungsproblem, da sowohl die Betriebsmittel als auch deren Standorte gegeben sind (= kurzfristige Betrachtung).

In den weiteren Ausführungen werden nur Entscheidungssituationen der **kurzfristigen Verfahrenswahl** berücksichtigt, in denen eine Unternehmung sich gegebenen Betriebsmittel- und Personalkapazitäten gegenüber sieht. Die vorhandenen Betriebsmittel unterscheiden sich dabei i.d.R. hinsichtlich

- des Mechanisierungs- und Automatisierungsgrades,
- der qualitativen Eigenschaften und
- des Alters.

Dies führt zu unterschiedlichen Kostenstrukturen der jeweiligen Verfahren.

Ausgangspunkt der Verfahrenswahl bildet dabei die Überlegung, daß Produktionsaufgaben i.d.R. auf unterschiedliche Weise gelöst werden können. Es wird unterstellt, daß die zur Auswahl stehenden Verfahren bestimmte Grundanforderungen (z.B. Qualität, Quantität, Funktionsfähigkeit, Genauigkeit, Störanfälligkeit usw.) erfüllen, so daß sie für die Herstellung der geforderten Produkte geeignet sind. Im Rahmen dieses Entscheidungsproblems ist folglich dasjenige Verfahren auszuwählen, das der Maxime wirtschaftlicher Leistungserstellung unter Beachtung existenter Restriktionen am besten gerecht wird (vgl. Kern 1992, S. 51).

Im Rahmen einer kurzfristigen Verfahrenswahl sind die Kapazitäten keine variable, sondern eine gegebene Größe, d.h. die Kosten der Betriebsbereitschaft werden durch diese Entscheidung nicht berührt und sie sind damit nicht entscheidungsrelevant. Bei gegebenen Kapazitäten sind folglich nur die ausbringungsabhängigen (variablen) Kosten in das Entscheidungsproblem einzubeziehen.

Ziel der kurzfristigen Verfahrenswahl ist die Minimierung der Herstellkosten, d.h. die auszuführenden Aufträge sind so auf die Aggregate aufzuteilen, daß die Herstellkosten minimiert werden. Generell gilt folglich, daß ein Verfahren 1 einem Verfahren 2 dann vorzuziehen ist, wenn (vgl. Kilger 1966, S. 166 ff.):

$$K_1(x) < K_2(x).$$

Sind:

k_R = Rüstkosten

k_F = Fertigungskosten (proportionaler Kostensatz)

t_R = Rüstzeit

t_F = Fertigungszeit in Min/Stück

x = Anzahl der Produkte,

dann gilt für ein Erzeugnis und eine Produktionsstufe mit den Verfahren 1 und 2 die folgende Entscheidungsregel:

$$\underbrace{t_{R1} \cdot k_{R2}}_{} + \underbrace{x \cdot t_{F1} \cdot k_{F1}}_{} \geq \underbrace{t_{R2} \cdot k_{R2}}_{} + \underbrace{x \cdot t_{F2} \cdot k_{F2}}_{}$$

| Rüstkosten des Verfahrens 1 | Fertigungskosten des Verfahrens 1 | Rüstkosten des Verfahrens 2 | Fertigungskosten des Verfahrens 2 |

Bedingt durch die **Rüstkosten** hängt das Ergebnis dieses Vergleiches entscheidend von der **Seriengröße** ab. Folglich muß eine **kritische Seriengröße** existieren, die angibt, ab welcher Menge es unter Beachtung der gesetzten Zielgröße günstiger ist, einem Verfahren im Vergleich zu einem anderen Verfahren den Vorzug zu geben. Durch Substitution des Größer-Kleiner-Zeichens durch das Gleichheitszeichen als Bedingung für die kritische Menge (x_k) und Auflösung nach x_k ergibt sich dann:

$$x_k = \frac{t_{R1} \cdot k_{R1} - t_{R2} \cdot k_{R2}}{t_{F2} \cdot k_{F2} - t_{F1} \cdot k_{F1}}$$

Die dargestellte Entscheidungsregel bezieht sich jedoch lediglich auf eine Situation, in der ein Erzeugnis in einer Produktionsstufe ohne Beachtung von Restriktionen erstellt wird. Werden diese Voraussetzungen aufgegeben, dann läßt sich das dargestellte Problem mit Hilfe der **linearen Optimierung** lösen. Hierbei seien die beiden folgenden Fälle unterschieden (vgl. Kilger 1966, S. 173 ff.):

- mehrstufige Mehrprodukterzeugung mit einstufiger Verfahrenswahl und
- mehrstufige Mehrprodukterzeugung mit mehrstufiger Verfahrenswahl.

Der erstgenannte Fall sei dadurch vereinfacht, daß die folgenden Voraussetzungen eingeführt werden:

- es fallen keine auflagenfixen Rüstkosten an, und
- in allen Abteilungen stimmen die Einsatz- und Ausbringungsmengen überein.

Es werden j (j = 1, 2, ...r..., m) Arbeitsgänge und i (i = 1, ..., n) Aufträge betrachtet, wobei nur auf der Stufe r mehrere verfahrenstechnische Möglichkeiten v (v = 1, ..., s) bestehen. Damit läßt sich der folgende Optimierungsansatz formulieren:

$$K = \sum_{i=1}^{n} \sum_{v=1}^{s} x_{iv} \cdot t_{irv} \cdot k_{rv} \rightarrow \text{Min!}$$

Unter Beachtung der folgenden Nebenbedingungen:

$$T_{rv} \geq \sum_{i=1}^{n} x_{iv} t_{iv} \quad \text{(Kapazitätsrestriktion)}$$

$$x_i = \sum_{v=1}^{s} x_{iv}$$

Nichtnegativitätsbedingung:

$$x_{iv} \geq 0$$

Dieser Programmansatz, der n · s eigentliche Variablen sowie s Kapazitäts- und n Mengenrestriktionen enthält, wird als **Standardansatz für die optimale Maschinenzuteilung** bezeichnet.

Komplizierter werden die Programmansätze der Verfahrenswahl im Falle mehrerer Verfahrensmöglichkeiten in aufeinanderfolgenden Abteilungen, da dann jede Verfahrensmöglichkeit einer vorgelagerten Produktionsstufe mit allen Verfahrensmöglichkeiten der nachgelagerten Produktionsstufe kombiniert auftreten kann. Zur Lösung dieses Zuteilungsproblems, das durch eine kombinatorische Interdependenz der eigentlichen Variablen charakterisiert ist, lassen sich die beiden folgenden Ausgestaltungsformen der linearen Programmierung heranziehen (vgl. Jacob 1962, S. 249 und S. 255; Kilger 1966, S. 178 ff.):

- Verfahren der Alternativkalkulation und
- Verfahren der arbeitsgangweisen Kalkulation.

Im Rahmen des zuerst genannten Ansatzes werden für die zu verteilenden Aufträge für sämtliche denkbaren Verfahrenskombinationen **Alternativkalkulationen** auf der Basis proportionaler Fertigungskosten erstellt. Für a aufeinanderfolgende Arbeitsgänge mit jeweils s verschiedenen verfahrenstechnischen Möglichkeiten bei insgesamt n Aufträgen läßt sich dann die folgende Zielfunktion aufstellen:

$$K = \sum_{i=1}^{n} \sum_{z=1}^{s^a} x_{iz} k_{iz} \rightarrow \text{Min!}$$

Dabei gibt z die Anzahl der Kombinationen a-ter Ordnung von s verschiedenen, unbegrenzt oft wiederholbaren Elementen mit Berücksichtigung der Anordnung $z = s^a$ an (z = Verfahrenszyklus), wobei die folgenden Restriktionen zu beachten sind:

$$T_{jv} \geq \sum_{i=1}^{n} x_{iz} t_{ijv}$$

$$x_i = \sum_{z=1}^{s^a} x_{iz}$$

Nichtnegativitätsbedingung:

$$x_{iz} \geq 0$$

Beim Verfahren der **arbeitsgangweisen Kalkulation** werden nicht die Fertigungskosten aller denkbaren Verfahrenszyklen dargestellt, sondern es fließen in die Zielfunktion die Fertigungskosten pro Einheit für jeweils einen Arbeitsgang als Koeffizienten ein. Nacheinander durchlaufen n Aufträge mit gegebenen Mengen x, j (j = 1, ..., m) Arbeitsgänge, wobei für a Arbeitsgänge (j = r, r + 1, ..., r + a - 1) jeweils s verfahrenstechnische Möglichkeiten existieren. Als Zielfunktion ergibt sich dann:

$$K = \sum_{i=1}^{n} \sum_{j=r}^{r+a-1} \sum_{v=1}^{s} x_{ijv}\, t_{ijv}\, k_{jv} \quad \rightarrow \quad Min!$$

Unter Beachtung der folgenden Restriktionen:

$$T_{jv} \geq \sum_{i=1}^{v} x_{ijv}\, t_{ijv}$$

$$\sum_{v=1}^{s} x_{ijv} = \sum_{v=1}^{s} x_{i,\,j+1,\,v}$$

$$x_i = x_{i,\,r+a-1}$$

Die arbeitsgangweise Kalkulation kommt zwar im Vergleich zur Alternativkalkulation mit weniger Variablen aus, erfordert dafür jedoch zusätzliche Restriktionen. Sie sollen sicherstellen, daß zwischen den Arbeitsgängen keine Zwischenlagerung auftritt (= Kontinuitätsbedingung).

Ein Problem der Verfahrenswahl besonderer Art stellt die Wahl zwischen **Eigenfertigung und Fremdbezug** dar, d.h. es handelt sich um die Fragestellung, ob eine Unternehmung eine bestimmte Leistung selbst erbringt oder hierzu eine andere Betriebswirtschaft heranzieht. Dabei kann es sich sowohl um Betriebsstoffe, Vorprodukte, Zwischenprodukte und Baugruppen als auch um Endprodukte handeln, durch die die Verkaufspalette der Unternehmung ergänzt werden soll. Darüber hinaus kann sich dieses Wahlproblem in den unterschiedlichsten Funktionsbereichen einer Unternehmung stellen: Im **Absatzbereich** zählt hierzu etwa das Wahlproblem zwischen unternehmungseigenen und -fremden Absatzorganen oder zwischen Eigen- und Fremdtransport. Die Inanspruchnahme von **Factoring-Instituten**, die den Einzug der Forderungen übernehmen und in diesem Zusammenhang häufig die gesamte Debitorenbuchhaltung durchführen, stellt ebenfalls eine Erscheinungsform des genannten Wahlproblems dar. Darüber hinaus stellt sich dieses Problem im **Instandhaltungsbereich**. Diese Beispiele zeigen deutlich, welche Bandbreite das oben skizzierte Entscheidungsproblem in einer Unternehmung aufweisen kann (vgl. Männel 1974, Sp. 1232 ff.).

Elementare Voraussetzung für die Durchführung dieser Entscheidung ist es, daß die Unternehmung die möglichen Handlungsalternativen kennt und diese im Entscheidungsprozeß berücksichtigt werden. Teilweise ergeben sich in einer Unternehmung Unwirtschaftlichkeiten, die darauf zurückzuführen sind, daß eine Unternehmung die möglichen Handlungsalternativen nicht kennt. Um dies zu vermeiden, muß **einerseits** eine intensive Beschaffungsmarktforschung betrieben werden, um potentielle Lieferanten und ihre spezifischen Bedingungen zu ermitteln, und **anderseits** unternehmungsintern eine sorgfältige Überprüfung der Möglichkeiten und Bedingungen der Selbsterstellung erfolgen. Eine einmal getroffene Entscheidung bedarf jedoch einer regelmäßigen Überprüfung, insbesondere dann, wenn sich Komponenten des Problems verändern (vgl. Männel 1974, Sp. 1232 f.):

- die vorhandenen Produktionsanlagen erneuert werden,

- Vertragsverlängerungen anstehen,

- Bedarfsveränderungen vorliegen,

- Preis- und Lieferbedingungen sich verändern,

- neue Lieferanten auftreten,

- Kostenveränderungen der Eigenerstellung eintreten,

- Kapazitätsengpässe auftreten,

- Erhöhungen der Fremdbezugspreise eintreten und

- Beschäftigungsrückgänge in der eigenen Unternehmung zu verzeichnen sind.

Daß diese Überprüfung nicht bei jedem Teil mit der gleichen Intensität erfolgen kann, zeigt sich darin, daß Unternehmungen wie die Volkswagen AG rund 125000 Teile ihres Produktionsprogramms von Zulieferern bezieht (zu weiteren Beispielen vgl. Kern 1992, S. 58). Hierbei bietet sich die ABC-Analyse als Selektionsinstrument an (vgl. hierzu Punkt 3.3).

Auf das Wahlproblem Eigenfertigung oder Fremdbezug wirkt eine Vielzahl von Einflußgrößen ein. Im folgenden seien einige als besonders wesentlich erachtete **Determinanten** dieses Entscheidungsproblems kurz skizziert:

- **Kostenunterschiede:** Durch eine Bündelung der durch die Abnehmer nachgefragten Mengen ist die Ausbringungsmenge einer Unternehmung, die sich auf diese Güter spezialisiert hat, häufig größer als die Ausbringungsmenge einer Unternehmung, die diese Güter ausschließlich für den Eigenbedarf produziert. Weichen die spezifischen Anforderungen der einzelnen Unternehmungen an ein Gut voneinander ab, ist die Möglichkeit einer Standardisierung zu prüfen, mit deren Hilfe dann eine Bündelung der nachgefragten Mengen durchgeführt werden kann. Ziel dieser Vorgehensweise ist dabei letztlich die Realisation von **Kostendegressionen.** Ein weiterer Unterschied kann sich im Beschaffungsbereich ergeben, so daß durch große Ausbringungsmengen Vorteile aufgrund höherer Rabatte möglich werden. Neben diesen Auswirkungen auf die Kostenhöhe können durch die Wahl zwischen Eigenfertigung und Fremdbezug auch die Kostenstrukturen (Anteile der fixen und variablen Kosten) beeinflußt werden, da mit der Ausgliederung einzelner Fertigungsstufen der Fixkostenblock der Unternehmung geringer wird und bei Durchführung des Fremdbezugs primär variable Kosten an diese Stelle treten.

- **Finanzwirtschaftliche Unterschiede**: Diese können einerseits im Anlage- und anderseits im Umlaufvermögen ihren Niederschlag finden. Im Falle der Eigenfertigung sind, unter der Voraussetzung, daß keine ungenutzten Produktionseinrichtungen zur Verfügung stehen, Investitionen für Betriebsmittel, Gebäude etc. durchzuführen, die mit einer entsprechenden Kapitalbindung einhergehen. Ebenfalls ergeben sich Kapitalbindungen durch das Halten von Lagerbeständen (Eingangs- und Zwischenlager) und von Beständen in der Produktion, die sich teilweise durch Fremdbezug reduzieren lassen.

- **Unterschiede in der Terminplanung**: Tendenziell werden der Eigenfertigung größere Freiheitsgrade in der Terminplanung zugesprochen, als dies beim Fremdbezug der Fall ist, da eine Unternehmung bei Eigenfertigung selbst die Fertigungstermine planen kann. Es ist jedoch zu berücksichtigen, daß auch in diesem Fall eine zeitliche Abhängigkeit von Lieferanten für Rohstoffe oder andere Einsatzgüter existiert und durch Kapazitätsengpässe die Freiheitsgrade eingeengt werden können.

- **Beschaffungswirtschaftliche Unterschiede**: Durch den Fremdbezug werden im Beschaffungsbereich neue Abhängigkeitsverhältnisse begründet. Wie das Beschaffungsverhältnis sich letztlich verändert, hängt dabei in starkem Maße von der Zuverlässigkeit der Lieferanten ab. Ein weiterer beschaffungswirtschaftlicher Aspekt ist darin zu sehen, daß spezialisierte Lieferanten technische Vorteile aufweisen, die dazu führen können, daß an die zugekauften Teile strengere Qualitätsanforderungen gestellt werden können, als dies bei Eigenfertigung der Fall wäre.

- **Produktionswirtschaftliche Unterschiede**: Durch Realisation des Fremdbezugs ist zunächst eine Ausgliederung produktionswirtschaftlicher Risiken möglich. Geht mit dem Fremdbezug eine Auslagerung von Fertigungsstufen einher, dann kann hiermit eine Vereinfachung der Produktionsplanung und -steuerung erreicht werden. Weisen die beschafften Einsatzgüter qualitative Unterschiede auf, dann führen diese zu veränderten Produktionskoeffizienten. Darüber hinaus können sich die qualitativen Unterschiede auch in niedrigeren Kosten der Weiterverarbeitung niederschlagen. Handelt es sich beim Fremdbezug um Potentialfaktoren, dann kann dies mit einer Veränderung der Dauer- und Intergrationsqualität dieser Faktoren einhergehen.

- **Absatzwirtschaftliche Unterschiede**: So kann ein Versorgungsartwechsel von der Eigenfertigung zum Fremdbezug oder umgekehrt mit einem absatzfördernden oder -mindernden Effekt verbunden sein, deren Ursache z.B. in der Existenz qualitätsbezogener Meinungsmonopole begründet liegen kann.

Auch wenn mit diesen exemplarischen Ausführungen lediglich Teilaspekte des Wahlproblems zwischen Eigenfertigung und Fremdbezug beleuchtet werden konnten, zeigt sich doch die hohe Komplexität dieses Entscheidungsproblems sehr deutlich. Eine generelle Aussage über die Vorteilhaftigkeit einer dieser Bereitstellungsformen kann dabei nicht erfolgen, sondern ist nur unter Beachtung der situativen Gegebenheiten möglich.

3.2.2.3 Betriebsmittelerhaltung

3.2.2.3.1 Ursachen und Erscheinungsformen

Die Betriebsmittelerhaltung (Instandhaltung) stellt ein Subsystem der Unternehmung dar, dessen Aufgabe in der **Erhaltung** und **Wiederherstellung der Funktionstüchtigkeit** von Betriebsmitteln zu sehen ist (vgl. Herzig 1979, Sp. 815). Diese Aussage unterstellt, daß Anlagen durch ihre Nutzung eine Abnutzung erleiden, die mit einer Anlagenverschlechterung einhergeht. Diese Anlagenverschlechterungen finden ihren

Niederschlag in einer negativen Veränderung der z-Situation einer Anlage. Ursache hierfür sind Verschleißprozesse. Die Verhältnisse, unter denen sich die Anlagennutzung vollzieht, lassen sich nach Pressmar (1979, Sp. 2069 f.) und Jandt (1986, S. 57 ff.) durch die folgenden **vier Situationsgruppen** erfassen:

- **z-Situation**: Mit ihr wird die technisch-konstruktive Auslegung der Anlage erfaßt, d.h. es handelt sich um die technischen Eigenschaften einer Anlage. Sie lassen sich lediglich durch Umrüsten oder konstruktive Maßnahmen verändern.
- **v-Situation**: Mit ihr werden die Variablen erfaßt, durch die sich die Anlagenbeanspruchung charakterisieren läßt. Hierzu zählen z.B. Temperatur, Feuchtigkeit, Intensität und Druck. Diese Größen wirken auf den Ablauf und die Geschwindigkeit der Anlagenaktivitäten ein. Die v-Situation ist folglich kurzfristig veränderbar.
- **q-Situation**: Mit ihr werden die für die Nutzung der Anlage relevanten Einsatzfaktorqualitäten erfaßt.
- **e-Situation**: Mit ihrer Hilfe wird die Anlagenerneuerung erfaßt, d.h. es sind Art, Umfang und Qualität der Instandhaltung entscheidend.

Damit ist festzustellen, daß die v- und q-Situation für die eintretenden Anlageverschlechterungen, d.h. für die negative Veränderung der z-Situation einer Anlage, verantwortlich sind. Demgegenüber geht die e-Situation mit einer positiven Einwirkung auf die z-Situation einher, d.h. durch sie wird der Verschleiß zurückgebildet. Dieser Wirkungszusammenhang wird in Abbildung 137 schematisch wiedergegeben (vgl. Jandt 1986, S. 59).

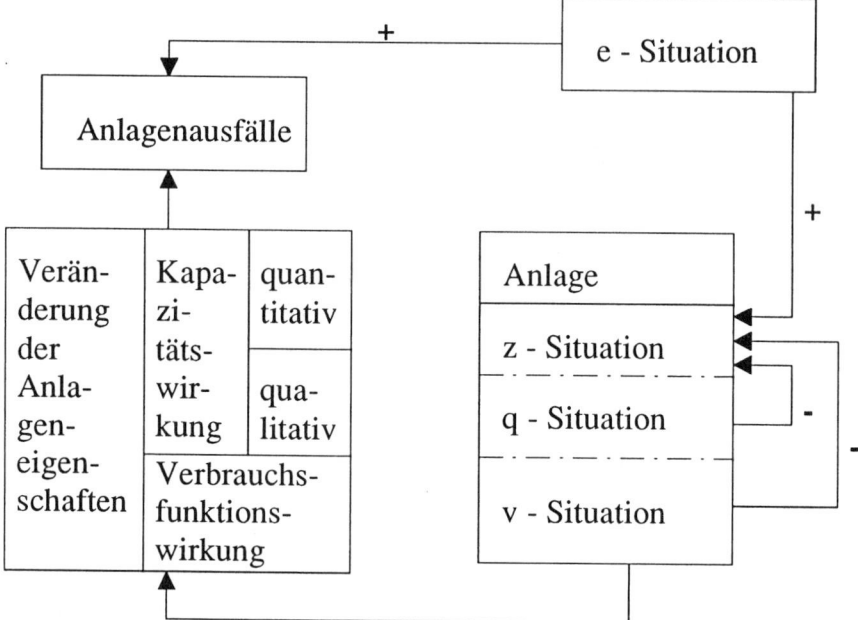

Abb. 137: Wirkungszusammenhang unterschiedlicher Situationsgruppen

Diese Abbildung zeigt, daß als Konsequenz einer negativen Veränderung der Anlageneigenschaften, und zwar bedingt durch die v- und q-Situation, ein Ausfall der Anlage eintreten kann. Mit diesen beiden Situationsgruppen werden folglich in globaler Form die Ausfallursachen erfaßt. In einer differenzierten Betrachtung lassen sich die technischen Ausfallursachen durch die folgenden Kategorien konkretisieren (vgl. hierzu Dhillon/Singh 1981,S. 93 f.; Heck 1980, S. 12 f.; Jandt 1986, S. 60 f.):

- Herstellerbedingte Ursachen

  -- Ausfall aufgrund von Konstruktions- und Entwicklungsfehlern

  -- Ausfall aufgrund von Herstellungsfehlern der Anlage (z.B. mangelnde Materialqualität)

- Einsatzbedingte Ursachen

  -- Erhaltungsfehler aufgrund von Instandhaltungsmängeln

  -- Bedienungs- und Einrichtungsfehler der Anlage

  -- Umgebungsbedingungen, z.B. Staub, Feuchtigkeit, Temperatur, Druck, Vibrationen

  -- Einwirkung äußerer Kraftquellen auf eine Anlage

  -- Qualitätseinflüsse des Repetierfaktoreinsatzes

- Außergewöhnliche Ursachen (Katastrophen): Feuer, Wasser, Sturm und Beben.

Auch wenn es sich hierbei um disjunkte Ereigniskategorien handelt, wirkt auf eine Anlage i.d.R. ein **Ursachenbündel** ein, d.h. eine Kombination von Ursachen bewirkt letzlich den Verschleißprozeß, der im Extremfall mit einem Anlagenausfall verbunden ist (zu einem Überblick über unterschiedliche Richtungen der Verschleißforschung vgl. Jandt 1986, S. 64 ff.; Polzer/Meißner 1983, S. 190 ff.). Darüber hinaus läßt sich der Verschleiß in die beiden folgenden Gruppen untergliedern:

- **Gebrauchsverschleiß**: Verschleißursache ist der Einsatz der Anlage in den Produktionsprozeß und wird damit durch die jeweiligen Prozeßbedingungen beeinflußt. Nach dem Auftreten des Gebrauchsverschleiß lassen sich dabei die beiden folgenden Fälle unterscheiden (zu den kostenmäßigen Darstellungen dieser Fälle vgl. Kilger 1986, S. 382):

  -- der Gebrauchsverschleiß schlägt sich in einem plötzlichen Anlagenausfall nieder;

  -- der Gebrauchsverschleiß wirkt sich allmählich auf die Leistungsfähigkeit einer Anlage aus und zeigt sich im Abnehmen der Intensität, steigendem Ausschuß und Abfall oder erhöhtem Faktorverbrauch (dieser Fall ist typisch für Zylinder, Dichtungen, Lager).

- **Zeitverschleiß**: Da dieser Verschleiß unabhängig vom Anlageneinsatz auftritt, wird er auch als ruhender Verschleiß bezeichnet. Diesem Zeitverschleiß unterliegen primär nicht bewegliche und am Produktionsprozeß nur mittelbar beteiligte Betriebsmittel. Typische Beispiele sind Korrosion und Materialermüdung.

Um den jeweiligen Verschleißursachen entgegenzuwirken, gelangen Instandhaltungsmaßnahmen zum Einsatz, die in Abbildung 138 in systematischer Form wiedergegeben sind (vgl. Herzig 1975, S. 37).

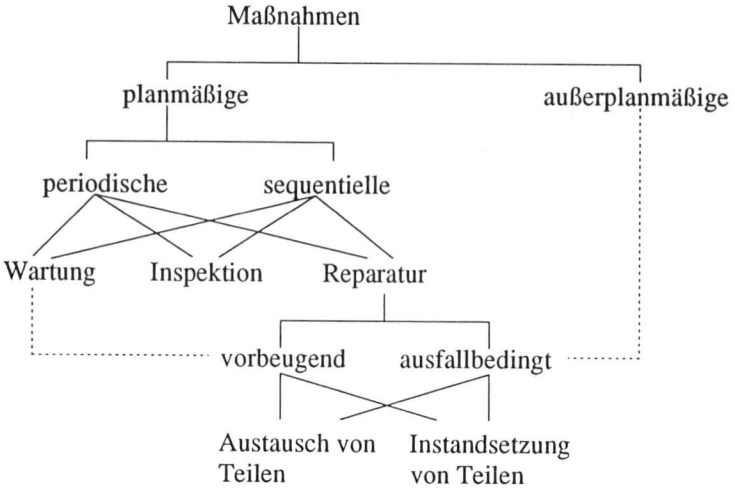

Abb. 138: Systematik der Instandhaltungsmaßnahmen

Eine **außerplanmäßige Instandhaltungsmaßnahme** ist dadurch charakterisiert, daß ein Austausch von Teilen oder deren Instandsetzung erst dann erfolgt, wenn ein Betriebsmittelausfall eingetreten ist. Diese, auch als Feuerwehrstrategie bezeichnete, Vorgehensweise geht einerseits mit den Vorteilen geringer Ersatzteilkosten und der Einsparung der Kosten für vorbeugende Maßnahmen einher, anderseits sind die Kosten eines Betriebsmittelstillstandes bei einer Ausfallreparatur i.d.R. höher, als dies bei vorbeugenden Maßnahmen der Fall ist.

Unter **planmäßigen Instandhaltungsmaßnahmen**[1) sind die Aktivitäten zu verstehen, die im voraus dem Betriebsmittelverschleiß entgegenwirken sollen, wobei zwischen **periodischen** und **sequentiellen** Instandhaltungsmaßnahmen zu unterscheiden ist. Innerhalb der periodischen Instandhaltungsmaßnahme kann weiterhin zwischen rein periodischen Strategien und Strategien mit konstantem Wartungsabstand unterschieden werden, wie dies in Abbildung 139 verdeutlicht wird (vgl. Kilger 1986, S. 384).

---

1) Hierbei ist zu beachten, daß planmäßige Maßnahmen für bestimmte Betriebsmittel durch gesetzliche Vorschriften (z.B. Gewerbeordnung), Versicherungsbedingungen oder durch Unfallverhütungsvorschriften der Berufsgenossenschaft vorgeschrieben sein können, so daß für die Unternehmung keine Wahlmöglichkeit existiert (vgl. Kern 1992, S. 210).

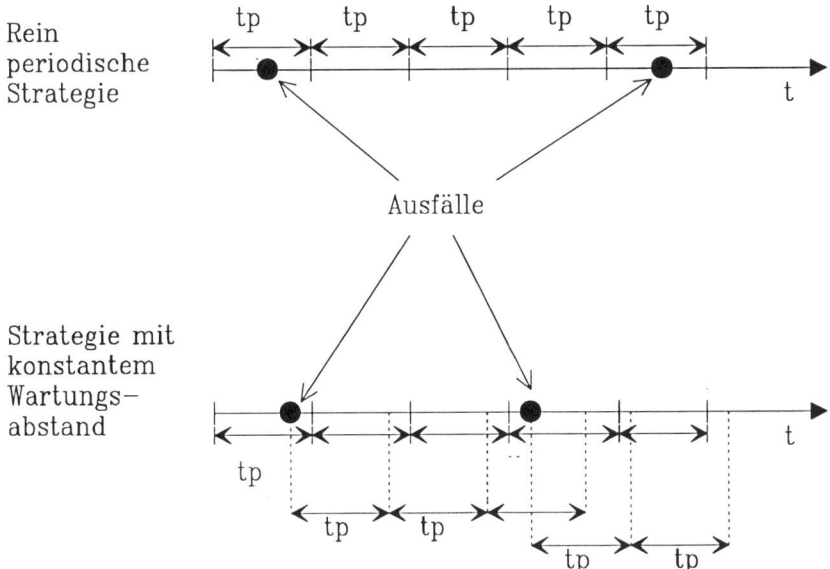

Abb. 139: Erscheinungsformen periodischer Instandhaltungsmaßnahmen

Im Rahmen einer **rein periodischen Strategie** sind die Zeitabstände zwischen den Instandhaltungsmaßnahmen konstant, und zwar unabhängig davon, ob zwischen zwei ex ante festgelegten Maßnahmen eine Störung zum Auswechseln eines Teiles führte oder nicht. Demgegenüber erfolgt bei einer **Strategie mit konstantem Wartungsabstand** eine Modifikation der vorher beschriebenen Vorgehensweise dahingehend, daß im Falle eines Ausfalls mit den konstanten Zeitabständen von vorn begonnen wird und damit eine Verschiebung der konstanten Zeitintervalle auftritt.

Bei der Realisation **sequentieller Instandhaltungsmaßnahmen** wird nach jeder durchgeführten Instandhaltungsaktion der Zeitpunkt neu bestimmt, an dem die nächste Instandhaltungsmaßnahme durchzuführen ist, d.h. es treten unterschiedlich lange Zeitintervalle auf.

Zur **Wartung** werden sämtliche Maßnahmen zusammengefaßt, die der Bewahrung eines definierten Sollzustandes einer Anlage oder deren Teile dienen. Hierzu zählen Reinigen, Pflegen, Ölen, Ergänzen von Betriebsstoffen, Nachstellen gelockerter Schrauben etc. Stellen sich im Rahmen von Wartungsaktivitäten Mängel an Betriebsmitteln heraus, dann wird hierdurch eine Reparaturmaßnahme initialisiert.

Bei der **Inspektion** handelt es sich um vorbeugende Maßnahmen, die durch Messen oder Inaugenscheinnahme (Sichtinspektion) die Istzustände von Betriebsmitteln feststellen und diese mit den definierten Sollzuständen vergleichen.

Mit Hilfe **vorbeugender Reparaturen** sollen Betriebsmittelteile so rechtzeitig ausgetauscht oder instandgesetzt werden, daß sich Stillstände weitgehend vermeiden lassen. Diese vom Sicherheitsstreben dominierte Vorgehensweise geht mit hohen Ersatzteilekosten und Kosten für vorbeugende Maßnahmen einher.

3.2.2.3.2 Instandhaltungsstrategien

Mit Hilfe von Instandhaltungsstrategien soll in Abhängigkeit von einem gegebenen Betriebsmittelzustand eine Entscheidungsgrundlage für die Auswahl einer durchzuführenden Vorgehensweise geschaffen werden. Unter Berücksichtigung der im vorangegangenen Abschnitt skizzierten Erscheinungsformen lassen sich dann die in Abbildung 140 dargestellten **Einzelstrategien** bilden (vgl. hierzu Jandt 1986, S. 39 ff.):

- **Ausfallersatzstrategie**: Ein Anlagenersatz erfolgt stets dann, wenn ein Anlagenausfall vorliegt.
- **Präventiversatzstrategie**: Ein Anlagenersatz erfolgt vorbeugend, ohne daß ein Anlagenausfall vorliegt.
- **Ausfallreparaturstrategie**: Der Anlagenausfall wird durch eine Reparatur behoben.
- **Präventivreparaturstrategie**: Es erfolgt eine vorbeugende Reparatur, ohne daß sich eine Anlage zum jeweiligen Zeitpunkt in einem Ausfallzustand befindet.

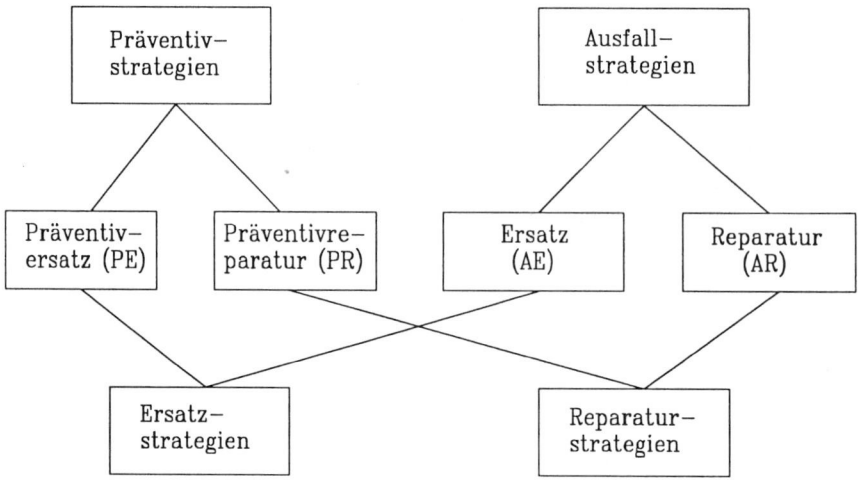

Abb. 140: Systematisierung der Instandhaltungsstrategien

Durch die kombinative Verknüpfung dieser Einzelstrategien lassen sich dann **Strategieklassen** bilden, von denen die folgenden unter ökonomischen Gesichtspunkten relevant erscheinen:

- **Zweielementige Strategieklassen:**

-- (PE; AE) Ersatzentscheidung, d.h. bei Ausfall wird stets ein Ersatz vollzogen, da eine Reparatur nicht Element dieser Strategie ist. Es muß dann der Termin des präventiven Ersatzes festgelegt werden.

-- (PE; AR) Es wird ein präventiver Ersatz vorgenommen und im Falle eines Anlagenausfalls eine Reparatur durchgeführt. Auch in diesem Fall muß der Termin des präventiven Ersatzes festgelegt werden.

-- (PR; AE) Während eine Reparatur präventiv durchgeführt wird, erfolgt bei Ausfall ein Anlagenersatz. Es muß der Zeitpunkt der Reparatur festgelegt werden.

-- (PR; AR) Es handelt sich um eine reine Reparaturentscheidung, so daß der Zeitpunkt der präventiven Reparatur zu ermitteln ist.

-- (AE; AR) Es liegt eine reine Ausfallentscheidung vor, d.h. es ist eine Entscheidung darüber zu treffen, welche Aktion im Falle eines Anlagenausfalls durchgeführt werden soll. Es muß folglich die zeitliche Sequenz von Ersatz und Reparatur bei Ausfall bestimmt werden.

- **Dreielementige Strategieklassen:**

-- (PE; PR; AE) Die Anlage wird bei Ausfall ersetzt. Zu bestimmen sind folglich die Zeitpunkte des präventiven Ersatzes und der präventiven Reparatur.

-- (PE; PR; AR) Im Falle eines Anlagenausfalls wird eine Reparatur vorgenommen. Es müssen die Zeitpunkte des Präventiversatzes und der Präventivreparatur bestimmt werden.

-- (PE; AE; AR) In diesem Fall kann die Anlage vorbeugend ersetzt und bei Ausfall repariert oder ersetzt werden. Es müssen damit der Zeitpunkt eines Präventiversatzes und die Abfolge von Ersatz und Reparatur bei Anlagenausfall bestimmt werden.

-- (PR; AE; AR) Es ist der Zeitpunkt der präventiven Reparatur und die Aufeinanderfolge von Anlagenersatz und -reparatur bei Anlagenausfall zu bestimmen.

- **Vierelementige Strategie:**

-- (PE; PR; AE; AR) In ihr sind **alle** beschriebenen Einzelstrategien enthalten, d.h. es sind die Zeitpunkte des Präventiversatzes und der -reparatur und die zeitliche Sequenz von Anlagenersatz und Ausfallreparatur bei eingetretenem Ausfall zu bestimmen.

In Abbildung 141 werden die aufgeführten Strategien und die jeweils relevanten Entscheidungsvariablen noch einmal systematisch zusammengefaßt (zu formalen Planungsansätzen der Strategieklassen vgl. Jandt 1986, S. 201 ff.).

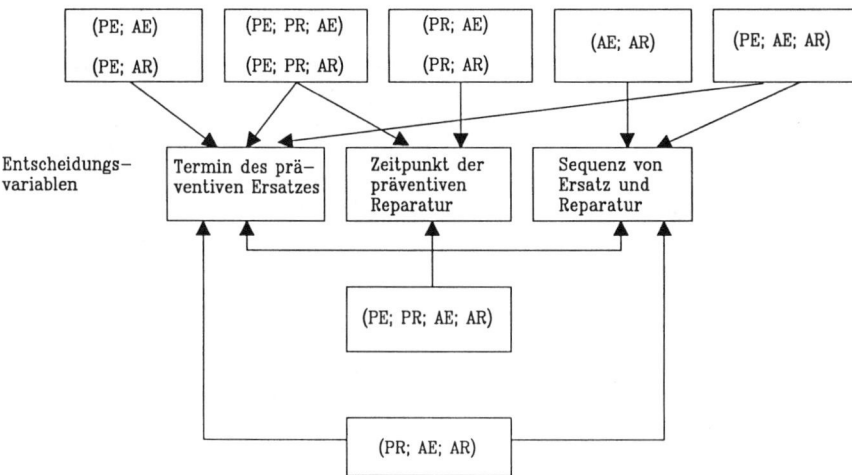

Abb. 141: Systematisierung der Instandhaltungsstrategien auf der Basis der Entscheidungsvariablen

3.2.2.3.3 Daten der Instandhaltungsplanung

Die technische Lebensdauer eines Aggregates hängt einerseits von seinem Zustand und anderseits von den im Zeitablauf eintretenden Belastungen ab. Da diese beiden Elemente i.d.R. nicht in vollem Umfang bekannt sind, stellt die Laufzeit eines Aggregates eine **Zufallsvariable** dar. Die Wahrscheinlichkeit, daß die Lebensdauer eines Betriebsmittels in einem bestimmten Zeitpunkt t endet, läßt sich mit Hilfe der **Dichtefunktion** f(t) erfassen (vgl. Abb. 142).

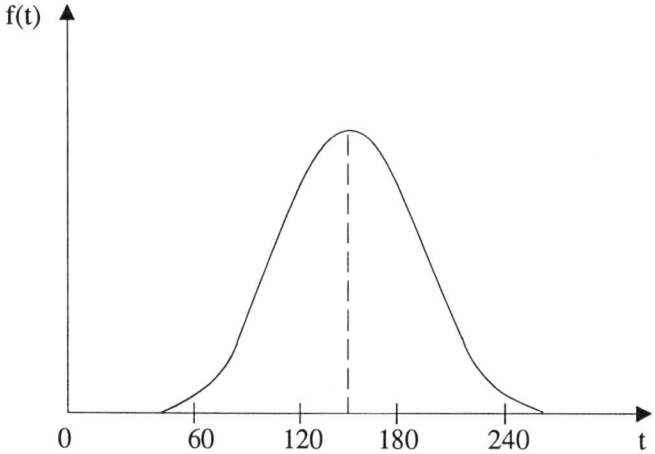

Abb. 142: Dichtefunktion für die Lebensdauer eines Aggregates

Die zugehörige Verteilungsfunktion F(t) ergibt sich dann aus der Kumulation der Dichtefunktion (vgl. Abb. 143).

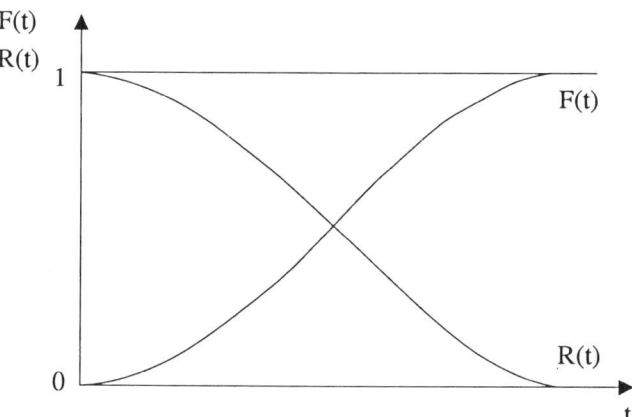

Abb. 143: Verteilungs- und Zuverlässigkeitsfunktion eines Aggregates

Die **Verteilungsfunktion** gibt folglich die Wahrscheinlichkeit an, daß ein Aggregat nach t Zeiteinheiten ausgefallen ist. Ihr Komplement ist die **Zuverlässigkeitsfunktion** R(t):

$$R(t) = 1 - F(t)$$

Sie gibt die Wahrscheinlichkeit an, daß ein Aggregat nach t Zeiteinheiten noch nicht ausgefallen ist, d.h. noch funktionstüchtig ist (vgl. Abb. 143). Mit Hilfe dieser Größen läßt sich dann die **Ausfallrate** (AF), mit der das Ausfallverhalten eines Aggregates erfaßt wird, bestimmen, indem die Dichtefunktion durch die Zuverlässigkeitsfunktion dividiert wird:

$$AF = \frac{f(t)}{1 - F(t)} = \frac{f(t)}{R(t)}$$

Mit ihr wird die Wahrscheinlichkeit eines Anlagenausfalls erfaßt, und zwar unter der Bedingung, daß das Aggregat zum Zeitpunkt t noch nicht ausgefallen ist. Abbildung 144 zeigt typische Verläufe von Ausfallraten.

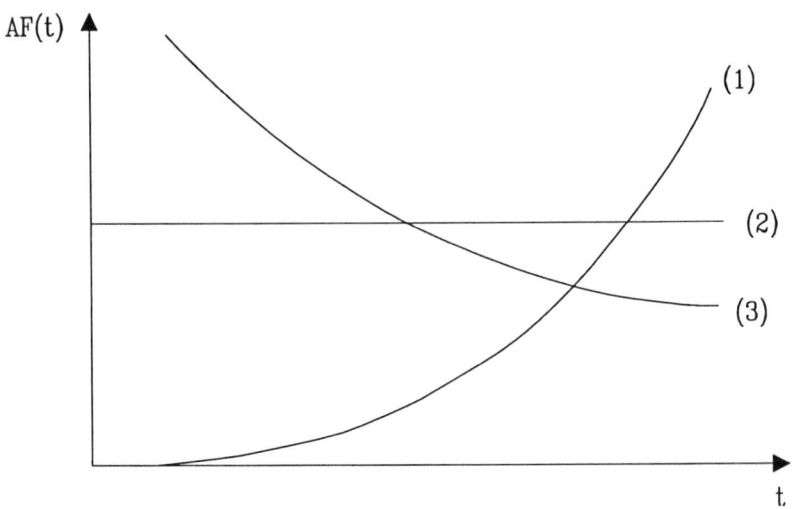

Abb. 144: Verläufe von Ausfallraten

Im Fall (1) nimmt die Wahrscheinlichkeit für einen Anlagenausfall mit der Laufzeit zu. Dieser Verlauf ist charakteristisch für den Gebrauchsverschleiß. Im Fall (2) ist die Ausfallrate unabhängig von der Laufzeit. Ein derartiger Verlauf kann bei zeitverschleißabhängigen Teilen auftreten (etwa bei elektronischen Bauteilen). Demgegenüber ist eine fallende Ausfallrate (Fall 3) nicht für die gesamte Laufzeit eines Aggregates typisch, sondern sie tritt z.b. bei neu installierten Teilen auf, bei denen in der Anfangsphase Konstruktions- und Herstellungsmängel auftreten. Neben diesen "reinen" Verlaufsformen können diese Fälle auch in Kombination auftreten (vgl. Scheer 1979, Sp. 826).

Eine weitere relevante Planungsgröße ist die **Dauer der Instandhaltungsmaßnahme**, die Zufallseinflüssen unterliegt, und zwar unabhängig davon, ob eine geplante oder ungeplante Instandhaltungsmaßnahme durchgeführt wird. Da bei geplanten Instandhaltungsmaßnahmen

- die Termin- und Kapazitätsplanung der Instandhaltung eine Verringerung von Wartezeiten bewirken kann und
- Folgeschäden für andere Teile vermieden werden können,

ist davon auszugehen, daß der Erwartungswert der geplanten Maßnahme (E_{gp}) i.d.R. kleiner ist als bei einer ungeplanten (E_{un}). Ferner können auch die Transport- und Bestellzeiten durch eine entsprechende Planung niedrig gehalten werden.

Darüber hinaus sind die Kosten der Instandhaltung von Bedeutung, wobei zu ihrer Berechnung die folgenden Komponenten erforderlich sind:

- Materialkosten,
- Bearbeitungskosten und

- Opportunitätskosten.

Opportunitätskosten sind dann anzusetzen, wenn im Produktionsbereich Engpässe auftreten. Die reparaturbedingten Stillstandszeiten sind dann mit den geschätzten Opportunitätskosten zu bewerten. Die Erwartungswerte der Kosten für eine geplante (k_{gp}) bzw. eine ungeplante Maßnahme (k_{un}) lassen sich dann wie folgt schreiben:

$$k_{gp} = k_M + E_{gp} \cdot k_{AO}$$
$$k_{un} = k_M + E_{un} \cdot k_{AO}$$

mit:

k_M = Materialkosten

k_{AO} = Summe aus Bearbeitungs- und Opportunitätskosten.

3.2.2.3.4 Grundmodell der Instandhaltung und mögliche Erweiterungen

Auf dieser Grundlage läßt sich dann ein Grundmodell zur Bestimmung des optimalen Instandhaltungsintervalls aufstellen (vgl. hierzu Kilger 1986, S. 289 ff.; Scheer 1974, S. 54 ff. und 1979, Sp. 827 ff.), das von den folgenden Prämissen ausgeht:

- Es wird eine planungszeitraumunabhängige Instandhaltungspolitik festgelegt.
- Als Zielsetzung wird eine Kostenminimierung pro Zeiteinheit unterstellt.
- Es existiert nur ein Aggregat.
- Von diesem Aggregat unterliegt nur ein Teil einer Verschleißwirkung und ist damit Gegenstand der Instandhaltung.
- Es wird auf dem Aggregat nur ein Produkt erstellt, und es werden keine Absatzrestriktionen wirksam.

Unter diesen Voraussetzungen ergeben sich die Kosten pro Zeiteinheit durch Division der erwarteten Kosten (Erwartungswert der Kosten) eines Instandhaltungszyklus durch den Erwartungswert der Dauer dieses Zyklus. Der **Erwartungswert der Kosten** E(K) eines Instandhaltungszyklus ergibt sich dann aus:

$$E(K) = F(T_p) \, k_{un} + (1 - F(T_p)) \, k_{gp}$$

mit:

T_p = vorbeugender Instandhaltungszeitpunkt

Er setzt sich folglich aus den mit den Eintrittswahrscheinlichkeiten gewichteten Kosten einer präventiven und einer ungeplanten Instandhaltungsmaßnahme zusammen. Der Erwartungswert für die Zykluszeit wird dann bestimmt durch die erwartete Laufzeit des verschleißabhängigen Teils und die Dauer der Instandhaltungsmaßnahme, die mit den Wahrscheinlichkeiten gewichtet wird:

$$E(ZY) = \underbrace{\int_0^{T_p} t \cdot f(t) \cdot dt + (1 - F(T_p)) \cdot T_p}_{\text{erwartete Laufzeit}} + \underbrace{F(T_p) \cdot E_{un} + (1 - F(T_p)) \cdot E_{gp}}_{\text{erwartete Dauer der Instandhaltung}}$$

Als **Zielfunktion** wird die Minimierung des Quotienten des Erwartungswertes der Kosten und des Erwartungswertes des Instandhaltungszyklus unterstellt:

$$\frac{E(K)}{E(ZY)} \rightarrow \text{Min!}$$

Für den **optimalen Instandhaltungszeitpunkt** T_p ergibt sich dann die folgende Gleichung:

$$\frac{F(T_p) \cdot k_{un} + (1 - F(T_p)) \cdot k_{gp}}{E(ZY)}$$

oder:

$$AR(T_p) \cdot \frac{k_{un} - k_{gp}}{1 + AR(T_p) \cdot (E_{un} - E_{gp})}$$

Dies impliziert, daß nur in den Fällen eine Lösung für T_p existiert, wenn $k_{un} > k_{gp}$ ist.

Mit diesem skizzierten Grundmodell lassen sich reale Instandhaltungsprobleme nicht abbilden. Im folgenden seien deshalb einige Problembereiche angeführt, die zu Erweiterungen dieses Ansatzes führen:

- Die Instandhaltungsmaßnahmen stellen selbst wiederum stochastische Größen dar, so daß auch für die Instandhaltungsmaßnahmen Dichtefunktionen erstellt werden müssen.

- Ein Aggregat besteht i.d.R. aus mehreren verschleißabhängigen Teilen. Wird dabei für jedes Verschleißteil eine präventive Instandhaltungsaktivität einzeln geplant, dann liegt eine **isolierte Instandhaltungsstrategie** vor, die mit einem hohen Koordinationsaufwand einhergeht. Da diese Vorgehensweise mit hohen Instandhaltungskosten verbunden ist, gelangen häufig **verbundene Instandhaltungsstrategien** zur Anwendung. Da hierbei im Rahmen einer Instandhaltungsmaßnahme gleichzeitig mehrere Teile kontrolliert bzw. ausgetauscht werden, können einige Teile früher und andere später ausgetauscht werden, als dies bei der Durchführung isolierter Maßnahmen der Fall gewesen wäre. Zentrales Problem dieser Vorgehensweise ist damit die optimale Zusammenfassung zu **Teileblöcken** (vgl. Kilger 1986, S. 386). Da analytische Lösungsverfahren für derartige Problemstellungen zu kompliziert sind, finden i.d.R. **heuristische Näherungsverfahren** Anwendung (z.B. Zusammenfassung von Teilen nach teilbaren Verschleißterminen).

- Da sich ein Aggregat aus unterschiedlichen Teilen zusammensetzt, ist seine Struktur in die Überlegungen einzubeziehen (vgl. hierzu Herzig 1975). Ein Aggregat stellt damit ein System dar, das sich aus Subsystemen und Elementen zusammensetzt. Damit stellt sich die Frage, welche Ebene Anknüpfungspunkt der Instandhaltungstheorie sein soll, d.h. das einzelne Element, die Subsysteme oder das System Betriebsmittel. Da **einerseits** die Abnutzung eines Aggregates nur mit Hilfe der einzelnen Elemente oder Subsysteme erklärt werden kann, **andererseits** die ökonomischen Konsequenzen der Abnutzung nur für das Aggregat als ganzes ermittelbar sind, erscheint es angezeigt, daß eine Instandhaltungstheorie beide Aspekte miteinander verknüpfen muß. Hierfür ist es erforderlich, die Betriebsmittelstruktur abzubilden. Zur Reduktion der Komplexität tragen die folgenden Aspekte bei:

-- Es sind nur diejenigen Elemente einzubeziehen, die Abnutzungswirkungen induzieren.

-- Empirische Analysen zeigen, daß sich auf einen relativ geringen Anteil der Elemente ein hoher Anteil der Instandhaltungsmaßnahmen konzentriert. Ferner ist zu beachten, daß die Abnutzungselemente im Gesamtsystem eine sehr unterschiedliche Relevanz aufweisen können. So ist es z.B. möglich, daß durch einen Ausfall eines Elementes das gesamte System ebenfalls ausfällt, während in einem anderen Fall der Elementausfall sich nicht auf das Gesamtsystem niederschlägt, d.h. der **Stellenwert eines Elementes** im System ist entscheidend. Dieser läßt sich mit Hilfe von **Zuverlässigkeitsdiagrammen** beschreiben, wobei die statistische Unabhängigkeit der Elemente vorausgesetzt wird. Abbildung 145 gibt die beiden Grundformen (Parallelsystem und Seriensystem) wieder.

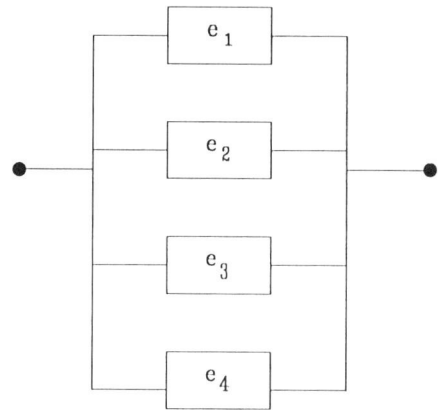

Abb. 145 a: Parallelsystem

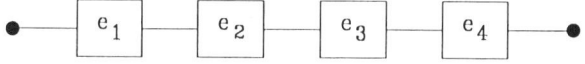

Abb. 145 b: Seriensystem

-- Während im **Seriensystem** der Ausfall eines Elementes zum Ausfall des Gesamtsystems führt, kann in einem **Parallelsystem** beim Ausfall eines Elementes dessen
Funktion von einem oder mehreren anderen Element(en) übernommen werden.

-- In Abbildung 146a ist eine Betriebsmittelstruktur skizziert, bei der das Element e_1
eine zentrale Position für sämtliche weiteren Elemente innehat. Fällt dieses
Element aus, so bedeutet dies auch den Ausfall des gesamten Systems. Um
derartige Engpässe zu eliminieren, bietet sich die Möglichkeit an, **Redundanzen**
in das System einzubauen (vgl. Abb. 146b), so daß der Ausfall eines Elementes
nicht zum Ausfall des Gesamtsystems führen würde.

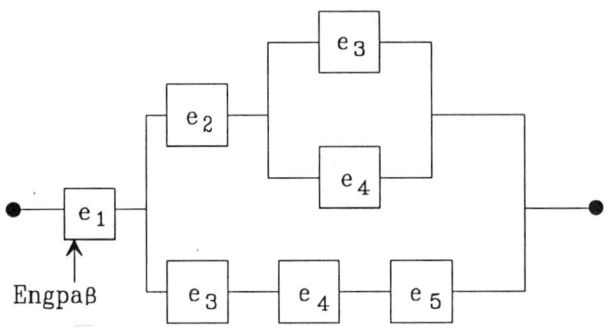

Abb. 146 a: Betriebsmittelstruktur mit einem Engpaßelement

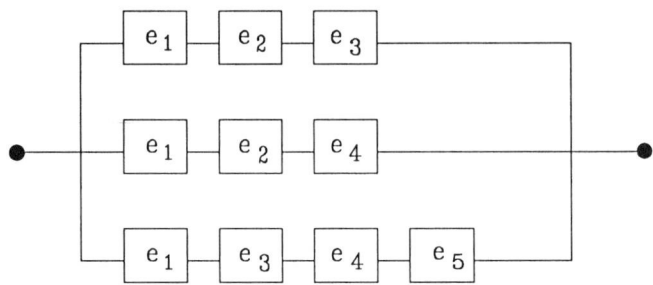

Abb. 146 b: Betriebsmittelstruktur mit eingebauten Redundanzen

- Ein weiterer Problemkomplex ist in der Frage zu sehen, in welcher Reihenfolge
gleichzeitig ausfallende Anlagen zu bearbeiten sind, wenn in der Instandhaltung
Engpässe existieren. Hierzu ist es erforderlich, Dringlichkeitsklassen in Abhängigkeit von den Eigenschaften der instandzuhaltenden Objekte zu bilden. Herzig (1975,
S. 185) schlägt hierfür die folgende Dringlichkeitsmatrix vor (vgl. Abb. 147).

Betriebs-￨Aktion mittelart	Vorbeugende Aktion	Ausfallbedingte Aktion
1) Indirekte Produktions- beteiligung	Füllarbeiten	
2) Direkte Produktions- beteiligung ohne eigenes Leistungs- vermögen		Mittlere Dringlichkeit
3) Direkte Produktions- beteiligung mit eigenem Leistungs- vermögen	Mittlere Dringlichkeit	
4) Zusätzlich zu 3) Verkettung der Betriebsmittel	Hohe Dringlichkeit	Hohe Dringlichkeit
5) Zusätzlich zu 3) Engpaß		
6) Zusätzlich zu 3) Verkettung und Engpaß	Höchste Dringlichkeit	Höchste Dringlichkeit

Abb. 147: Dringlichkeitsmatrix der Instandhaltungsaktivitäten

Unter einer **Verkettung** wird dabei das Phänomen räumlich hintereinander geordneter, technologisch abgestimmter und durch Förderanlagen miteinander verbundener Anlagen bezeichnet. Analog zur Betrachtung der Betriebsmittelstruktur lassen sich hierbei ebenfalls die Fälle Serien- und Parallelverkettung unterscheiden, wobei die Verkettung in beiden Fällen starr oder lose sein kann. Die Folgen von Störfällen derartig komplexer Produktionssysteme lassen sich durch Pufferlager und der Haltung von Reservekapazitäten mindern, die jedoch Kosten verursachen.

Ein weiteres Aufgabengebiet im Rahmen der Instandhaltung ist die Potentialplanung für den Instandhaltungsbereich selbst. Dabei stellen sich die beiden folgenden Probleme (vgl. Kilger 1986, S. 399):

- Bestimmung des Personal- und Betriebsmittelbedarfs und
- Beschaffung von Ersatzteilen und Reparaturmaterialien.

Beide Probleme lassen sich nur in Abhängigkeit von der gewählten Instandhaltungsstrategie lösen.

3.2.2.3.5 Ökonomische Auswirkungen eines Anlagenausfalls

Ein Anlagenausfall bewirkt eine Verringerung der möglichen Ausbringungsmenge eines Aggregates. Aus diesem Grunde ist es zweckmäßig, den Anlagenausfall unter ökonomischen Gesichtspunkten ausbringungsorientiert zu deuten. Dabei hängen die Konsequenzen eines Anlagenausfalls, wie bereits angedeutet, von der Stellung der Anlage im Produktionsverbund ab, d.h. die Höhe der ökonomischen Auswirkungen eines Anlagenausfalls hängt von dem gegebenen **produktionswirtschaftlichen Verbund** ab. Existieren mehrere funktionsgleiche Aggregate, dann kann, unter der Voraussetzung freier Kapazitäten, die Ausbringungsmenge des ausgefallenen Aggregates auf die anderen Anlagen verlagert werden. Die ökonomischen Nachteile in dieser Situation sind dann in den Anpassungskosten zu sehen, die durch die Änderung der Produktionsaufteilung entstehen. Steht hingegen nur eine Anlage zur Verfügung, dann werden die ökonomischen Konsequenzen von den beiden folgenden Größen bestimmt:

- den vorherrschenden Produktionsverhältnissen (Stellung des Aggregates in der Produktionsstruktur) und
- dem Substitutionsgrad der ausgefallenen Verrichtungsart (z.b. Fremdbezug der erforderlichen Menge).

Handelt es sich hierbei um eine Anlage auf einer Produktionsstufe, die von mindestens einer Produktart durchlaufen werden muß, dann kann mit ihrem Ausfall ein Produktionsstillstand der betreffenden Produktart verbunden sein. Liegen hierbei lagerfähige Güter vor, dann kann ein zuvor gebildetes Zerreißlager abgebaut und damit ein Stillstand überbrückt werden. Von einem **Zerreißlager** wird dann gesprochen, wenn die Produktionsgeschwindigkeit der folgenden Produktionsstufe höher ist als die der vorgelagerten Stufe, bei der ein Anlagenausfall vorliegt, d.h. die Folgestufe ist in der Lage, pro Zeiteinheit mehr Outputeinheiten weiterzuverarbeiten, als sie von der vorgelagerten Stufe in gleicher Zeiteinheit zugeführt bekommt. Ziel eines Zerreißlagers ist es, einen kontinuierlichen Produktionsfluß zu gewährleisten. Demgegenüber wird von einem **Aufstaulager** (Kumulationslager) gesprochen, wenn die von dem Anlagenstillstand betroffene Produktionsstufe eine geringere Produktionsgeschwindigkeit aufweist als die vorgelagerte Stufe. In diesem Fall häufen sich Zwischenerzeugnisse an, die zu einem späteren Zeitpunkt dann abgearbeitet werden müssen. Folglich kommt es immer dann zu einem Produktionsstillstand, wenn

- eine zu durchlaufende Produktionsstufe mit einer Anlage ausfällt,
- Zwischenlagerbestände nicht vorhanden sind und/oder
- die Bedarfsmenge nicht zeitgleich oder gar nicht zu decken ist (vgl. Jandt 1986, S. 73 f.).

Weist darüber hinaus das Fertiglager keinen oder einen nicht ausreichenden Bestand auf, dann tritt neben einem Produktionsstillstand auch ein **Absatzstau** auf.

Die Messung dieser ökonomischen Wirkungen hat dabei an erfolgswirtschaftlichen Kategorien anzusetzen, d.h. es ist zu erfassen, mit welchen **negativen Erfolgsbeiträgen** ein Anlagenausfall einhergeht. Sollte ein Anlagenausfall nicht mit negativen erfolgswirtschaftlichen Konsequenzen einhergehen, dann kann die Produktionsplanung unter den gegebenen Bedingungen nicht optimal gewesen sein. Der Sachverhalt, daß ein Anlagenausfall stets mit negativen Erfolgsbeiträgen verbunden ist, unterstellt folglich, daß unter den gegebenen Bedingungen die Produktion optimal ist. Der erfolgswirtschaftliche Nachteil läßt sich dann als ein **Deckungsbeitragsentgang** im Vergleich zur Situation der Aktionsfähigkeit einer Anlage erfassen. Dabei ist es für eine ökonomische Analyse zweckmäßig, die Komponenten herauszustellen, die für den auftretenden Deckungsbeitragsverlust ursächlich sind. Dadurch wird transparent, mit welchen erfolgswirtschaftlichen Konsequenzen ein Anlagenausfall, und zwar in Abhängigkeit von den jeweiligen produktionswirtschaftlichen Wirkungen, einhergeht. Abbildung 148 zeigt dies in systematischer Form auf (vgl. Jandt 1986, S. 77).

Ein Anlagenausfall kann damit aus produktionswirtschaftlicher Sicht zu einem Ausfall der gesamten Produktion einer Verrichtungsart führen oder eine Weiterproduktion zur Folge haben, jedoch mit den Konsequenzen

- einer verminderten Qualität der Produktionsmenge,
- einer Produktionsmenge mit erhöhtem Ausschuß oder
- einer Produktionsmenge mit gestiegenem Produktionskoeffizienten.

3.2.3 Der betriebliche Standort

3.2.3.1 Charakterisierung des Standortproblems

Aufgabe der Standortplanung ist die Festlegung der Lage der Unternehmung im geographischen Raum. Im Rahmen der unternehmungsspezifischen Zielsetzung(en) ist folglich eine Entscheidung darüber zu treffen, welcher Standort oder welche Standortverteilung als optimal angesehen wird. Dabei ist zu beachten, daß sich das Problem der Standortwahl nicht nur im Rahmen der Unternehmungsgründung stellt, sondern auch im Laufe der Unternehmungsentwicklung immer wieder auftreten kann, wenn der bestehende Standort unter Beachtung veränderter Bedingungen nicht mehr als optimal erachtet wird und die Unternehmung andere Standorte für attraktiver hält. Unterhält eine Unternehmung gleichzeitig mehrere Standorte, dann liegt eine **Standortspaltung** vor.

Zur Ermittlung des optimalen Standortes bedarf es einerseits

- der Kenntnis der **relevanten Standortfaktoren** und andererseits
- eines Verfahrens, das es ermöglicht, die **quantitativen** und **qualitativen Wirkungen** der als relevant erachteten Standortfaktoren zu bewerten (vgl. Hansmann 1987, S. 70 f.).

Unter einem **Standortfaktor** ist dabei eine situationsspezifische Einflußgröße zu verstehen, die auf das Zielsystem einer Unternehmung wirkt (vgl. Hansmann 1974, S. 17). Aufgabe der Standortanalyse muß es folglich sein, den Einfluß der einzelnen Standortfaktoren auf das unternehmerische Zielsystem zu ermitteln. Auf dieser Grundlage wird es dann möglich, unter Beachtung der Zielsetzungen einer Unternehmung, den günstigsten Standort zu wählen. Die Standortfaktoren stellen folglich die Hauptelemente einer jeden Standortanalyse dar. Schwierigkeiten ergeben sich in diesem Zusammenhang insbesondere dadurch, daß sich Standortfaktoren häufig einer hinreichenden Quantifizierung entziehen. Probleme der innerbetrieblichen Standortwahl bleiben in den weiteren Überlegungen unberücksichtigt (vgl. hierzu die Ausführungen zur Prozeßgestaltung).

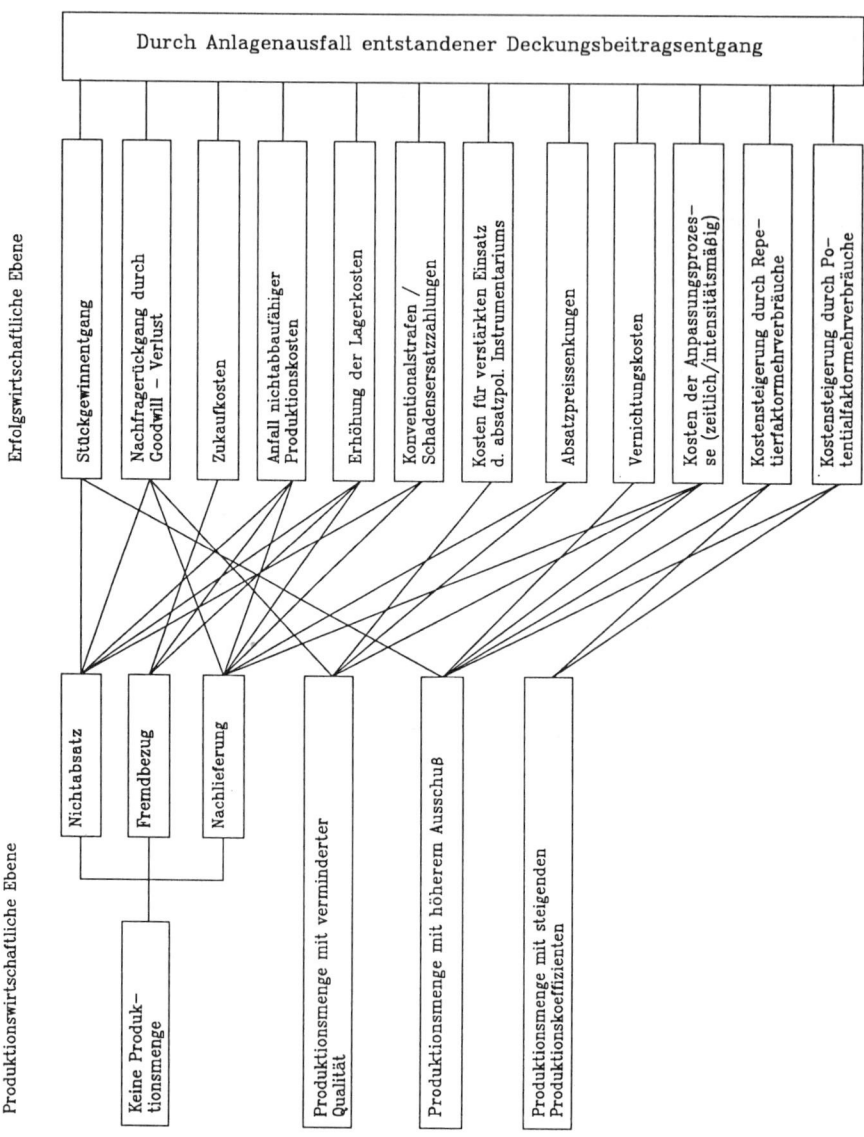

Abb. 148: Produktionswirtschaftliche Wirkungen eines Anlagenausfalles und ihre erfolgswirtschaftlichen Konsequenzen

Entsprechend der Bedeutung dieser unternehmerischen Entscheidung kann die Standorttheorie, und zwar insbesondere die Standortbestimmungslehre, auf eine lange Tradition zurückblicken. Eine erste Systematik der Standortfaktoren wurde von A. Weber (1909) aufgestellt, wobei er zwischen generellen und speziellen Faktoren unterscheidet:

- Generelle Faktoren

  -- Transportkosten

  -- Arbeitskosten

- Spezielle Faktoren

  -- Verderblichkeit der Rohstoffe

  -- Abhängigkeit vom Wasser

  -- Verfügbarkeit über größere Energiemengen.

Ergibt sich im Rahmen der Standortentscheidung eine Dominanz eines Faktors, dann wird beispielsweise von einer materialkostenorientierten, energiekostenorientierten, arbeitskostenorientierten, transportkostenorientierten oder konsumorientierten Standortwahl gesprochen.

Die jüngere betriebswirtschaftliche Literatur weist hingegen erheblich umfangreichere Standortfaktorsystematiken auf (vgl. z.B. Hansmann 1974, S. 140 ff. und 1987, S. 71; Kern 1992, S. 156 f.), wobei zwischen qualitativen und quantitativen Standortfaktoren unterschieden wird. Während der Beitrag der **qualitativen Faktoren** zur Zielsetzung der Unternehmung nicht direkt gemessen werden kann, lassen sich die Zielbeiträge der **quantitativen Faktoren** direkt messen. In diesem Zusammenhang ist insbesondere K. Chr. Behrens (1961) zu nennen, der als Nestor einer **empirisch-realistischen Standortlehre** gilt. Ziel einer so verstandenen Standortlehre ist die Aufstellung eines möglichst umfassenden und systematischen Katalogs von Standortfaktoren, auf dessen Grundlage dann eine Standortanalyse durchzuführen ist, wobei die Standortentscheidung dann das Ergebnis eines **qualitativen Vergleichs** der potentiellen Standorte darstellt. In diesen Vorgang fließen die Standortfaktoren mit ihrer relativen Gewichtung ein. Nach Behrens entzieht sich damit der optimale Standort einer exakten Berechnung und läßt sich lediglich durch ein sorgfältiges Abwägen aller von den relevanten Standortfaktoren ausgehenden Einflüssen bestimmen. Entscheidendes Verdienst von Behrens ist es,

- **einerseits** auch die nicht rechenhaften Standortfaktoren in die Standortanalyse einzubeziehen und
- **anderseits** einen Übergang von einer kostenminimalen zur einer gewinnmaximalen Betrachtungsweise vollzogen zu haben.

Abbildung 149 gibt einen Überblick über relevante Standortfaktoren.

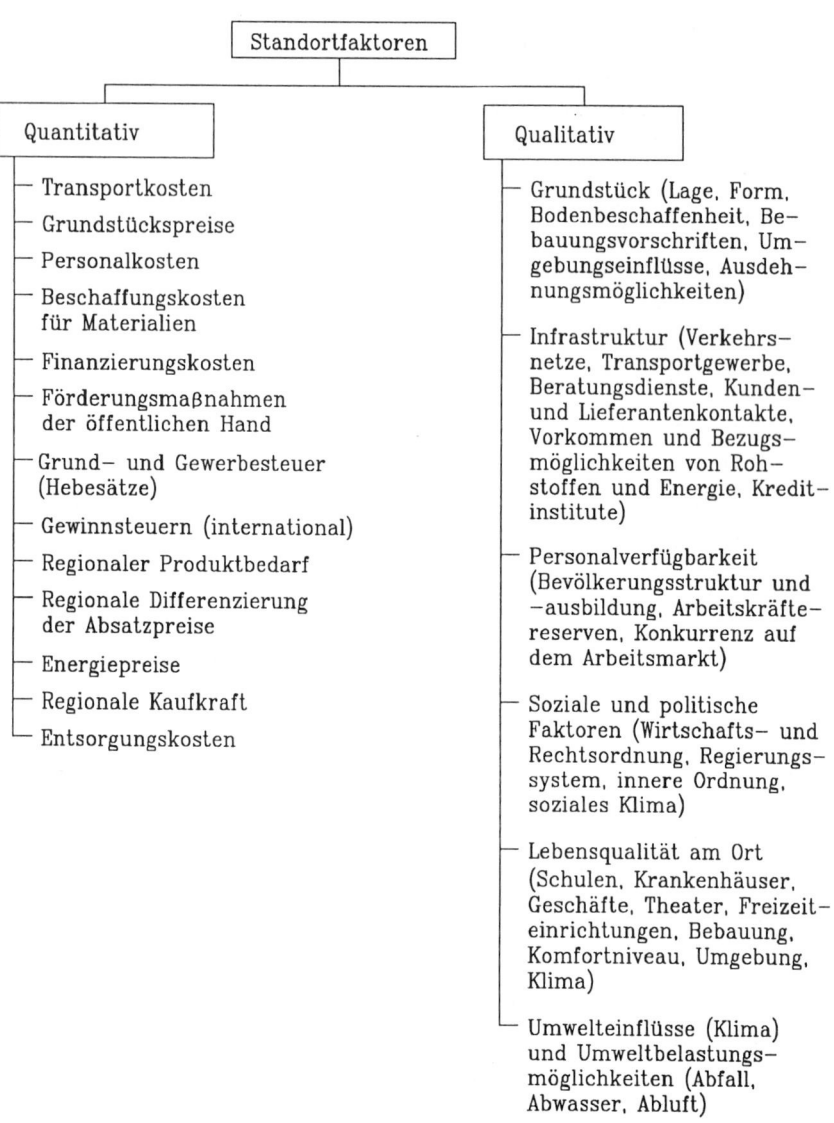

Abb. 149: Systematik der Standortfaktoren

Diese Systematik verdeutlicht, daß die qualitativen Standortfaktoren zwar einen Einfluß auf den Erfolg einer Unternehmung haben, daß sich dieser jedoch nicht monetär erfassen läßt. Dies zeigt sich in besonderer Deutlichkeit bei den Faktoren soziale und politische Situation, Lebensqualität und Umwelteinflüsse.

Diese Standortfaktorensystematik erhebt keinen Vollständigkeitsanspruch, sondern es kann durchaus der Fall eintreten, daß zusätzliche spezifische Standortfaktoren zu beachten sind.

3.2.3.2 Modelltheoretische Erfassung des Standortproblems

In der Literatur existiert eine Vielzahl an Modellen, die zur Unterstützung von Standortentscheidungen erstellt wurden (vgl. den Überblick bei Bloech 1979, Sp. 1877 ff.).

Zunächst sei kurz auf den grundlegenden Ansatz von Steiner-Weber eingegangen (vgl. Hansmann 1974, S. 23 ff.), dessen Ziel die Ermittlung des tonnenkilometrischen Minimalpunktes ist. Dabei wird von den folgenden Voraussetzungen ausgegangen:

- die von einer Unternehmung produzierten Güter können an unterschiedlichen Konsumorten abgesetzt werden;
- die Nachfragemenge an den Konsumorten ist bekannt;
- die von der Unternehmung zur Produktion benötigten Materialien werden von bestimmten Angebotsorten bezogen;
- die Bedarfsmenge ist bekannt;
- die Transportkosten pro Kilometer und Tonne (k) sind konstant und für Güter und Materialien gleich.

Abbildung 150 gibt dieses Standortproblem wieder.

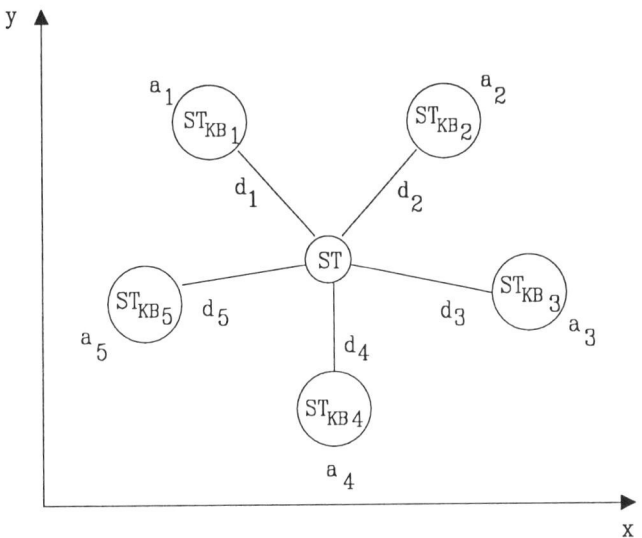

ST   = zu bestimmender Standort

a_i = zu transportierende Mengen

d_i = Entfernung vom Standort zum Ort i

$ST_{KB\,i}$ = Konsum–bzw. Bedarfsort i

Abb. 150: Graphische Darstellung des Steiner-Weber-Problems

Als Ziel dieses Ansatzes gilt es, die gesamten Transportkosten für Materialien und Fertigprodukte (K) zu minimieren, so daß sich die folgende Zielfunktion aufstellen läßt:

$$K = k(a_1 d_1 + \ldots + a_n d_n) \rightarrow \text{Min!}$$

$$K = k \sum_{i=1}^{n} a_i d_i \rightarrow \text{Min!}$$

Durch das in Abbildung 150 dargestellte Koordinatensystem ist jeder Ort (ST_{KBi}) durch die Koordinatenwerte x_i und y_i eindeutig bestimmt, während der zu suchende Standort (ST) die variablen Koordinaten x und y erhält (vgl. Abb. 151).

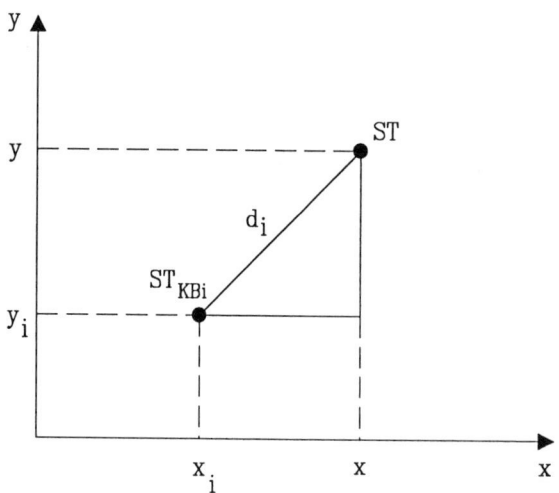

Abb. 151: Steiner-Weber-Problem mit zwei Variablen

Durch Anwendung des Satzes von Pythagoras ergibt sich für d_i dann:

$$d_i = \sqrt{(x - x_i)^2 + (y - y_i)^2}$$

Die ursprüngliche Zielfunktion läßt sich auf dieser Grundlage dann wie folgt umformulieren[1]:

---

1) Die Minimierung dieser Funktion führt zu Gleichungen, die keine explizite Auflösung nach den Standortkoordinaten erlauben. Aus diesem Grunde wurden Näherungsverfahren entwickelt und getestet, deren Konvergenz jedoch bisher nicht bewiesen werden konnte.

$$K(x, y) = k \sum_{i=1}^{n} a_i \sqrt{(x - x_i)^2 + (y - y_i)^2} \quad \rightarrow \quad \text{Min!}$$

Die Werte der Koordinaten x und y des transportkostenminimalen Standortes erhalten wir durch die ersten partiellen Ableitungen der modifizierten Zielfunktion von x und y, die dann gleich Null gesetzt werden.

Es ergibt sich:

$$\frac{\delta K}{\delta x} = k \sum_{i=1}^{n} \frac{a_i(x - x_i)}{\sqrt{(x - x_i)^2 + (y - y_i)^2}} = 0$$

$$\frac{\delta K}{\delta y} = k \sum_{i=1}^{n} \frac{a_i(y - y_i)}{\sqrt{(x - x_i)^2 + (y - y_i)^2}} = 0$$

Aus diesem nicht-linearen Gleichungssystem können keine geschlossenen Ausdrücke für x und y gewonnen werden. Mit Hilfe eines Näherungsverfahrens lassen sich jedoch die Koordinaten des Standortes bestimmen. Durch Isolation der im Zähler stehenden Variablen x und y ergibt sich das folgende Gleichungssystem:

$$x = \frac{\displaystyle\sum_{i=1}^{n} \frac{a_i x_i}{\sqrt{(x - x_i)^2 + (y - y_i)^2}}}{\displaystyle\sum_{i=1}^{n} \frac{a_i}{\sqrt{(x - x_i)^2 + (y - y_i)^2}}}$$

$$y = \frac{\displaystyle\sum_{i=1}^{n} \frac{a_i y_i}{\sqrt{(x - x_i)^2 + (y - y_i)^2}}}{\displaystyle\sum_{i=1}^{n} \frac{a_i}{\sqrt{(x - x_i)^2 + (y - y_i)^2}}}$$

Als Anfangswerte (x^0, y^0) des Iterationsverfahrens werden die Koordinaten des Schwerpunktes herangezogen:

$$x^0 = \frac{\displaystyle\sum_{i=1}^{n} a_i x_i}{\displaystyle\sum_{i=1}^{n} a_i}$$

$$y^0 = \frac{\sum\limits_{i=1}^{n} a_i y_i}{\sum\limits_{i=1}^{n} a_i}$$

Diese Werte werden dann in die beiden Gleichungen für x und y eingesetzt und damit neue Werte x^1 und y^1 errechnet, die dann wiederum eingesetzt werden. Diese Vorgehensweise wird so lange durchgeführt, bis die Differenzen $|x^{k+1} - x^k|$ und $|y^{k+1} - y^k|$ eine vorgegebene Genauigkeitsgrenze unterschreiten. Damit kann mit diesem Iterationsverfahren eine beliebige Genauigkeit erreicht werden.

Der vorgestellte Ansatz weist jedoch die folgenden Schwachstellen auf (vgl. Hansmann 1974, S. 28 f.):

- Da lediglich die Transport- und Arbeitskosten und nicht die Gesamtkosten minimiert werden, erscheint diese Vorgehensweise nur bei transportkostenintensiven Unternehmungen einsetzbar.

- Da die Nachfrage, das Absatz- und das Produktionsgrogramm vorab bestimmt werden, bleiben die Beziehungen zwischen dem Standort und der Absatzseite unberücksichtigt.

- Die Orte sind auf einer homogenen Fläche verteilt, d.h. die geographische und geologische Struktur des Raumes werden nicht berücksichtigt. Die realen Strukturen des geographischen Raumes und die vorhandenen Verkehrsverbindungen bleiben außer Betracht.

- Probleme der Standortspaltung und Nebenbedingungen wie Grundstücksgröße usw. werden nicht berücksichtigt.

- Eine Proportionalität zwischen Entfernung und Transportkosten dürfte kaum der Realität entsprechen. Gestaffelte Tarife, die zu nichtlinearen Funktionen und zu Unstetigkeiten führen, dürften den realen Gegebenheiten eher gerecht werden.

- Nebenbedingungen werden nicht berücksichtigt. Dies hat zur Folge, daß etwa unterstellt werden muß, daß die benötigten Arbeitskräfte in quantitativer und qualitativer Hinsicht ausreichend zur Verfügung stehen.

Ein weiteres Modell zur Standortbestimmung greift auf das **klassische Transportproblem** der linearen Programmierung zurück. In allgemeiner Formulierung lautet das Transportmodell:

An m Versandorten A_1, A_2, ..., A_m ist ein Gut in den Mengen a_1, a_2, ..., a_m verfügbar. Dieses Gut wird an den n Bestimmungsorten B_1, B_2, ..., B_n in den Mengen b_1, b_2, ..., b_n benötigt. Die an den Versandorten verfügbare Menge stimmt mit dem Bedarf an den Bestimmungsorten überein. Die Transportkosten (k_{ij}) einer Einheit sind bekannt und werden als konstant unterstellt. Auf dieser Grundlage ist ein Versandplan zu erstellen, der die gesamten Transportkosten minimiert. Das Transportproblem läßt sich dann wie folgt formulieren:

$$K = \sum_{i=1}^{m} \sum_{j=1}^{n} k_{ij} \cdot x_{ij} \rightarrow \text{Min!}$$

unter Beachtung von:

$$\sum_{j=1}^{n} x_{ij} = a_i \quad \text{(Versandbedingung)}$$

$$\sum_{i=1}^{m} x_{ij} = b_j \quad \text{(Empfangsbedingung)}$$

und

$$x_{ij} \geq 0$$

mit: x_{ij} = die von A_i nach B_j zu transportierende Menge.

Dieses Modell läßt sich dann als Standortmodell interpretieren, wenn die m Versandorte nicht vorgegeben, sondern lediglich als **potentielle Standorte** aufgefaßt werden, deren günstigste in der Lösung des Transportmodells enthalten sind.

Wird nun ein potentieller zu einem tatsächlichen Standort, dann fallen für die Errichtung eines Werkes entsprechende Errichtungskosten an. Hierdurch bedingt wird das Problem unter lösungstechnischen Gesichtspunkten erheblich komplexer, da in das Modell Variable einzuführen sind, die nur die Werte Null oder Eins annehmen können. Damit ist das Simplexverfahren nicht mehr anwendbar, und es liegt ein Problem der gemischt-ganzzahligen Optimierung vor (vgl. Hansmann 1974, S. 37 f.):

$$K = \underbrace{\sum_{i=1}^{m} \sum_{j=1}^{n} k_{ij} \cdot x_{ij}}_{\text{Transportkosten}} + \underbrace{\sum_{i=1}^{m} u_i \cdot K_{Ei}}_{\text{Investitionskosten}} \to \text{Min!}$$

$$\sum_{i=1}^{m} x_{ij} = b_j$$

$$\sum_{j=1}^{n} x_{ij} \leq u_i \cdot a_i$$

$$x_{ij} \geq 0$$

$$u_i = \begin{cases} 1, \text{ falls i als Standort gewählt wird} \\ 0, \text{ sonst} \end{cases}$$

K_{Ei} = Errichtungskosten, falls Standort i gewählt wird.

Zur Lösung dieses Problems wurden in der Literatur Verfahren entwickelt, die es gestatten, mit vertretbarem Rechenaufwand eine optimale oder eine in der Nähe des Optimums liegende Lösung zu ermitteln (vgl. hierzu die Literaturhinweise bei Hansmann 1974, S. 37 f.). Trotz dieser Probleme erfuhr die Standorttheorie durch diese Ansätze eine Weiterentwicklung. Dies liegt insbesondere in der Erstellung heuristischer Verfahren begründet, die dann besondere Relevanz erlangen, wenn sich gemischtganzzahlige Probleme einer Lösung entziehen.

Weitere gemischt-ganzzahlige Optimierungsmodelle wurden von Jacob (1967, S. 261 ff.) und Hansmann (1974, S. 41 ff.) aufgestellt. Jacob betrachtet das Standortproblem als ein Investitionsproblem. Investitions- und Produktionsprogramm weisen dabei Interdependenzen auf, die unter Zugrundelegung des Zieles Gewinnmaximierung nicht zerschnitten werden dürfen. Aus diesem Grunde ist das Produktionsprogramm **nicht** genau vor der Standortwahl festzulegen, sondern Produktions- und Investitionsprogramm sind unter Beachtung der Absatz-, Beschaffungs- und Finanzierungsmöglichkeiten simultan zu bestimmen.

Auch Hansmanns (1974) Ziel ist es, die wesentlichen Verflechtungen der Teilbereiche einer Unternehmung (insbesondere Beschaffung, Produktion, Investition, Finanzierung und Transportwesen) und ihre Beziehungen zum Standort zu erfassen und im Rahmen einer Optimierung zu berücksichtigen. Darüber hinaus nimmt er in weiteren Modellen den Einfluß unterschiedlicher Konkurrenzsituationen, und zwar für das Monopol, Oligopol und Polypol, und den Einfluß der Öffentlichen Hand auf die Standortwahl auf. Diese Modelle sind durch einen hohen Komplexionsgrad gekennzeichnet und gehen bei einer größeren Anzahl von potentiellen Standorten mit einem unverhältnismäßig hohen Rechenaufwand einher, der in der Natur kombinatorischer Probleme begründet liegt. Auch wenn die meisten entwickelten Algorithmen eine vollständige Enumeration aller zulässigen Lösungen durch die Einführung von Eliminierungskriterien abzukürzen versuchen (Branch and Bound), ist die Grenze für derartige Probleme bei 25 bis 30 potentiellen Standorten erreicht. Ergänzend sei angemerkt, daß nicht nur die Problemgröße, sondern auch die Problemstruktur den erforderlichen Rechenaufwand beeinflußt. Die Hauptprobleme bei der Handhabung gemischt-ganzzahliger linearer Optimierungsprobleme liegen in der Bestimmung der ganzzahligen Variablen begründet, d.h. die Effektivität dieses Verfahrens wird in entscheidendem Maße von der Anzahl der ganzzahligen Variablen beeinflußt. Demgegenüber kann die Anzahl der kontinuierlichen Variablen hinsichtlich ihres Einflusses auf die Rechenzeit vernachlässigt werden, da dieser weitaus geringer ist.

Eine grundsätzlich andere Vorgehensweise, in die auch qualitative Standortfaktoren einfließen können, weist das **Scoring-Modell** auf. Durch die Aufnahme strikter Nebenbedingungen, die unbedingt eingehalten werden müssen (z.B. klimatische Bedingungen), kann bereits eine Reduzierung der potentiellen Standorte erfolgen. Ausgangspunkt dieses Ansatzes sind n potentielle Standorte ST_i und m Standortfaktoren SF_j, wobei jedem Standortfaktor durch den Entscheidungsträger eine Gewichtung g_j zugeordnet wird. Es erfolgt dann eine Bewertung der einzelnen Standorte im Hinblick auf jeden Standortfaktor, indem zunächst Intensitätsklassen für jede Standorteigenschaft gebildet und diese mit Bewertungsziffern (rz_j) versehen werden. Durch eine Multiplikation dieser Bewertungsziffern mit den Gewichtungsfaktoren (g_j) wird die relative Bedeutung dieser Standorteigenschaften für die Standortwahl berücksichtigt. Schließlich wird eine Gesamtrangziffer durch eine additive oder multiplikative Verknüpfung der gewichteten Rangziffern (R_{SFj}) gebildet. Während sich eine additive Verknüpfung vor allem dann eignet, wenn die in die Analyse einbezogenen Standorteigenschaften voneinander unabhängig sind, ist eine multiplikative Vorgehensweise angezeigt, wenn die Standortfaktoren entweder voneinander abhängig sind oder ihre Wirkung nur kombiniert zur Geltung kommt.

Das folgende Beispiel soll diese Vorgehensweise verdeutlichen (in Modifikation zu Lüder 1972, S. 56 f.).

Es seien:

$ST_1, ..., ST_6$ potentielle Standorte

SF_1, SF_2, SF_3 komplementäre, unabhängige Standorteigenschaften

$SF_1 \; \hat{=}$ Transportkosten

$SF_2 \; \hat{=}$ Güte der Abfall-, Abwasser- und Abgasbeseitigung

$SF_3 \; \hat{=}$ Räumliche Expansionsmöglichkeiten

$g_1, g_2, g_3 \; \hat{=}$ Gewichtungsfaktoren

$g_{SF_1} = 0,5; \quad g_{SF_2} = 0,3; \quad g_{SF_3} = 0,2$

Jede Standorteigenschaft weise sechs Intensitätsklassen mit den Rangziffern $rz = 1, ..., 6$ auf.

	SF_1	SF_2	SF_3
ST_1	4 000 000	überdurchschnittlich	weiträumige, bebaubare Areale
ST_2	3 200 000	sehr hoch	weiträumige, zum größten Teil bebaubare Areale
ST_3	2 500 000	hoch	keine Expansionsmöglichkeiten
ST_4	8 700 000	unterdurchschnittlich	weiträumige, nicht bebaubare Areale
ST_5	7 200 000	sehr gering	kleinflächige, nicht bebaubare Areale
ST_6	3 600 000	gering	weiträumige, zu einem geringen Teil bebaubare Areale

Abb. 152: Standortspezifische Ausprägungen der Standorteigenschaften

Wie die nachfolgende Abbildung zeigt, ergäbe sich als optimale Alternative die Wahl des Standortes ST_2.

	SF_1			SF_2			SF_3			Gesamt-rang-ziffer
	rz_{SF_1}	g_{SF_1}	R_{SF_1}	rz_{SF_2}	g_{SF_2}	R_{SF_2}	rz_{SF_3}	g_{SF_3}	R_{SF_3}	
ST_1	3	0,5	1,5	4	0,3	1,2	6	0,2	1,2	3,9
ST_2	5	0,5	2,5	6	0,3	1,8	5	0,2	1,0	5,3 ←
ST_3	6	0,5	3,0	5	0,3	1,5	1	0,2	0,2	4,7
ST_4	1	0,5	0,5	3	0,3	0,9	3	0,2	0,6	2,0
ST_5	2	0,5	1,0	1	0,3	0,3	2	0,2	0,4	1,7
ST_6	4	0,5	2,0	2	0,3	0,6	4	0,2	0,8	3,4

Abb. 153: Bildung von Gesamtrangziffern

Eine Modifikation erfährt diese Problemstellung, wenn die Standortfaktoren nicht mehr komplementär und unabhängig sind, sondern unterstellt wird, daß die Standortfaktoren SF_2 (z.B. direkter Anschluß an ein Schienennetz) und SF_3 (z.B. direkter Anschluß an eine

Bundesstraße) sich alternativ zueinander verhalten. Die Gewichtungsfaktoren g_{SF_2} und g_{SF_3} sollen jeweils 0,5 betragen. Die nachfolgende Abbildung gibt diesen Zusammenhang wieder.

SF_1	SF_2			SF_3			Gesamt-rang-ziffer
R_{SF_1}	rz_{SF_2}	g_{SF_2}	R_{SF_2}	rz_{SF_3}	g_{SF_3}	R_{SF_3}	
ST_1 1,5	4	0,5	2,0	6	0,5	3,0	4,5
ST_2 2,5	6	0,5	3,0	5	0,5	2,5	5,5 ←
ST_3 3,0	5	0,5	2,5	1	0,5	0,5	5,5 ←
ST_4 0,5	3	0,5	1,5	3	0,5	1,5	2,0
ST_5 1,0	1	0,5	0,5	2	0,5	1,0	2,0
ST_6 2,0	2	0,5	1,0	4	0,5	2,0	4,0

Abb. 154: Bildung von Gesamtrangziffern für eine modifizierte Aufgabenstellung

In diesem Fall läßt sich keine eindeutige Handlungsanleitung für die Entscheidungsträger ableiten, da zwei Standorte (ST_2 und ST_3) den gleichen Gesamtwert aufweisen. Durch eine nachträgliche Modifikation der Bewertungs- und/oder Gewichtungsfaktoren kann eine Standortentscheidung herbeigeführt werden, die jedoch zusätzliche subjektive Einflüsse enthält.

Im Mittelpunkt der Kritik an den Scoring-Modellen stehen (außerdem) folgende Problembereiche:

- Zuordnungsproblematik: Können die Intensitätsklassen in der Form definiert werden, daß in jedem Fall eine eindeutige Zuordnung möglich ist?
- Entsprechungsproblematik: Entsprechen die Relationen der Einzelrangziffern von je zwei Intensitätsklassen den Nutzenrelationen?
- Gewichtungsproblematik: Sind die Standorteigenschaften entsprechend ihrer tatsächlichen Bedeutung für die Entscheidung gewichtet?

Ein wesentlicher Vorteil dieser Vorgehensweise ist hingegen darin zu sehen, daß durch die Verwendung der Gewichtungszahlen und Rangwerte der Entscheidungsprozeß eine weitgehende Transparenz erfährt, die zusätzlich durch eine Zerlegung der Entscheidung in mehrere Einzelschritte unterstützt wird. Darüber hinaus hat die einfache Handhabung dieser Modelle dazu geführt, daß sie in der Praxis eine durchaus hohe Verbreitung erlangt haben.

In diesem Beispiel wurden quantitative und qualitative Standortfaktoren in die Überlegungen einbezogen und gemeinsam in einem Scoring-Ansatz verarbeitet. Quantitative und qualitative Analyse können jedoch auch in getrennter Form erfolgen, wobei dann die jeweiligen Ergebnisse aufeinander abzustimmen sind. Dieser Abstimmungsprozeß läßt sich in unterschiedlicher Weise durchführen. Es bieten sich die folgenden Vorgehensweisen an (vgl. Hansmann 1974, S. 138 f.):

- Die qualitative und quantitative Analyse werden **isoliert** voneinander vollzogen, und die Entscheidung zwischen den Alternativen wird dann auf der Grundlage einer zusätzlichen Bewertung getroffen.

- Die beiden Analysen erfolgen **integriert**:

  -- In einem ersten Schritt werden auf der Grundlage einer qualitativen Analyse die potentiellen Standorte ausgesondert, die ein vorgegebenes Anforderungsniveau nicht erreichen. Die verbleibenden Standorte werden dann einer quantitativen Analyse unterzogen und der optimale Standort ermittelt.

  -- Es wird die umgekehrte Vorgehensweise realisiert, d.h. es wird im ersten Schritt eine quantitative Analyse vollzogen und nur diejenigen Standorte in die weitere Untersuchung einbezogen, die einen vorgegebenen Mindestgewinn garantieren. Dann wird mit Hilfe einer qualitativen Analyse der optimale Standort ermittelt.

Bedingt durch die bereits angesprochenen Probleme bei der Lösung gemischt-ganzzahliger Optimierungsmodelle zur Ermittlung des optimalen Standortes wurden sogenannte **Heuristiken** (Näherungsverfahren) entwickelt. Heuristiken führen nicht mit Sicherheit zu einer optimalen Lösung, häufig aber zu guten Lösungen (vgl. Müller-Merbach 1970, S. 34 ff.). Im Einzelfall kann es auch vorkommen, daß eine Heuristik überhaupt keine Lösung generiert. Ziel einer Heuristik ist bei vorliegenden **wohlstrukturierten Problemen**, d.h.

- das Problem ist nach Art und Umfang scharf definiert,
- es ist eine operationale Zielfunktion gegeben und
- es existiert ein effizientes Lösungsverfahren (vgl. Adam 1983, S. 13 f.),

eine **Reduktion des Problemlösungsaufwandes** im Vergleich zu den exakten Methoden, d.h. im Durchschnitt soll der Zeitaufwand zur Lösung von Entscheidungsproblemen reduziert werden. Liegt hingegen kein wohldefiniertes, sondern ein **schlechtdefiniertes Entscheidungsproblem** vor, d.h. das zu lösende Problem weist **Strukturmängel** (Dcfekte) auf, wobei zwischen lösungs-, wirkungs-, bewertungs- und zielsetzungsdefekten Problemsituationen zu unterscheiden ist, dann sind Heuristiken konkurrenzlos. Liegt ein wohlstrukturiertes Problem vor und ist eine Heuristik in der Lage, den Problemlösungsaufwand zu reduzieren, dann stellt sich die Frage nach den Gründen hierfür. Eine derartige Reduktion des Problemlösungsaufwandes läßt sich auf zwei Faktoren zurückführen (vgl. Fischer 1981, S. 175):

- Eine Heuristik ist nicht in der Lage, die gleiche Leistung zu erbringen wie andere (exakte) Lösungsmethoden.

- Eine Heuristik sucht im Lösungsraum gezielter nach guten Lösungen als ein Algorithmus, d.h. eine Heuristik generiert nicht alle potentiellen Lösungen. Diese Vernachlässigung potentieller Lösungsalternativen darf jedoch nicht willkürlich erfolgen, sondern muß durch den Einsatz selektiv wirkender Operatoren hervorgerufen werden.

Auf der Basis dieser beiden Aspekte lassen sich die eine Heuristik charakterisierenden Merkmale explizieren:

- **Fehlende Lösungsgarantie**, d.h. im Gegensatz zu einem Algorithmus, der nach endlich vielen Schritten immer zu einer optimalen Lösung führt, gibt es bei Heuristiken i.d.R. nur eine gute Lösung, oder es kann in Einzelfällen auch keine Lösung generiert werden.

- **Spezifische Problemorientierung**, d.h. Heuristiken haben im Vergleich zu Algorithmen einen geringeren Allgemeinheitsgrad und sind folglich nur für spezifische Problembereiche einsetzbar. In dieser Spezialisierung ist ein Grund dafür zu sehen, daß mit ihnen im Vergleich zu Algorithmen der Planungsaufwand gesenkt werden kann. Eine Heuristik besteht aus mehreren heuristischen Prinzipien (Regeln), mit deren Hilfe die einzelnen zu vollziehenden Schritte eines Problemlösungsprozesses festgelegt werden.

Neben diesen angeführten Aspekten ist ein weiteres Argument für den Einsatz heuristischer Verfahren darin zu sehen, daß ein Optimum eines gemischt-ganzzahligen linearen Optimierungsproblems mit deutlich geringerem Rechenaufwand realisiert werden kann, wenn als Basis eine gute Ausgangslösung bekannt ist, von der aus dann ein Algorithmus starten kann. In diesem Fall dient die Heuristik dazu, eine brauchbare Ausgangslösung zu generieren, um dann darauf aufbauend mit einem Algorithmus ein Optimum zu erreichen.

Hansmann (1974, S. 152 ff.) entwickelte für die industrielle Standortwahl zwei Heuristiken, die kurz skizziert werden sollen, ohne dabei auf Details einzugehen:

- In seinem ersten Verfahren differenziert der Autor zwischen einem **kontinuierlichen** und einem **ganzzahligen Teil** des Optimierungsproblems. Während im kontinuierlichen Teil die Simplexmethode zur Anwendung gelangt, wird für den ganzzahligen Teil eine heuristische Vorgehensweise vorgeschlagen, wobei erstere integrativer Bestandteil der Heuristik ist. **Ausgangspunkt** dieses Verfahrens bildet eine qualitative Standortanalyse. Ergebnis dieser Vorgehensweise ist eine Aufspaltung in zwei Gruppen: die Menge der vorläufig gewählten und die Menge der vorläufig ausgeschlossenen Standorte. Mit Hilfe einer heuristischen Regel wird ein Pool mit aktivierungsfähigen Standorten gebildet, wobei die Orte mit den niedrigsten standortfixen Kosten und den niedrigsten Anschaffungskosten der Aggregate zunächst aktiviert werden. Durch die aktivierten Standorte ist der ganzzahlige Teil des Optimierungsmodells fixiert, und die Kapazitäten der Standorte, die gesamten fixen Kosten und die noch fungiblen Kapitalbeträge sind bestimmt. Auf der Grundlage dieser Daten können dann die Variablen des kontinuierlichen Teils (Produktions-, Transport- und Absatzmengen, Finanzinvestitionen) auf der Grundlage der Simplexmethode gewinnmaximal bestimmt werden. Ergebnis dieser Vorgehensweise ist dann eine Gewinnschranke, die im weiteren Ablauf als Standortkriterium fungiert. Im Anschluß daran erfolgt eine Elimination aktivierter Standorte, um festzustellen, ob der dann ermittelte Gewinn die Gewinnschranke übersteigt. Ist dies der Fall, wird der Standort tatsächlich eliminiert, ansonsten wird er wieder aktiviert. Dieses Vorgehen wird so lange wiederholt, bis entweder kein Standort mehr im Pool enthalten ist (d.h. es werden ausschließlich Finanzinvestitionen getätigt) oder durch die Elimination von Standorten keine Verbesserung der Gewinnschranke mehr erreichbar ist. Ist das Optimum hiernach nicht erreicht, dann kann die Gewinnschranke nur noch dadurch verbessert werden, daß ein Austausch einer gewissen Anzahl aktivierter Standorte gegen eine gleich große Anzahl nicht-aktivierter Standorte erfolgt. Da die Anzahl der möglichen Permutationen gleichstarker Gruppen sehr groß werden kann, schlägt Hansmann eine stichprobenartige Vertauschung vor. Ergibt sich aufgrund einer solchen Vertauschung eine Verbesserung, dann ist der Eliminationsteil des Verfahrens erneut zu durchlaufen. Ist diese Vorgehensweise für alle festgelegten Vertauschungen durchlaufen, dann ist das Verfahren beendet.

- In seinem zweiten Verfahren verzichtet Hansmann generell auf die Verwendung eines linearen Optimierungsmodells, was zu einer Einschränkung der Allgemeingültigkeit führt. Ausgangspunkt bilden die folgenden Daten: die potentiellen Standorte, die Transportkostenmatrix, die standortfixen Investitions- und andere Kosten (fixe Löhne, Gehälter, Steuern und Investitionszulagen), die variablen Produktionskosten, die Größe des Pools, d.h. die Standortanzahl, die bei jeder Iteration auf ihre Kostengünstigkeit untersucht wird. Die zu aktivierenden Standorte lassen sich z.b. wiederum auf der Grundlage einer qualitativen Analyse bestimmen. Damit ist es möglich, die gesamten Kosten der aktivierten Standorte zu berechnen. Mit Hilfe einer lexikographischen Auswahl werden dann die nicht aktivierten Standorte versuchsweise aktiviert und die daraus resultierenden Kostenänderungen ermittelt. Darauf aufbauend setzt ein rückwärtsschreitender Prozeß ein. Hierzu wird aus der Menge der aktivierten Standorte derjenige mit der ungünstigsten Kostenstruktur probeweise eliminiert und die damit einhergehenden Kostenänderungen errechnet. Ergibt sich hierdurch eine Verbesserung, dann ist dieser Standort endgültig zu eliminieren, ansonsten ist er wiederum zu aktivieren und zu markieren, um Zyklen zu vermeiden. Dieser Prozeß ist so lange durchzuführen, bis alle aktivierten Standorte markiert sind. Im Anschluß daran ist zu überprüfen, ob durch eine ausgewählte Verschiebung zwischen den aktivierten und nicht-aktivierten Standorten eine Ergebnisverbesserung realisierbar ist. Das Verfahren ist dann beendet, wenn die Menge der zu prüfenden Standorte erschöpft ist.

In experimentellen Überprüfungen haben sich beide Verfahren bewährt, wobei sich das zweite Verfahren als das schnellere herausstellte. Hansmann betont jedoch, daß die Anzahl der gerechneten Probleme nicht ausreiche, um statistische Aussagen über die Verfahrensgüte zu tätigen.

3.2.3.3 Strategische Aspekte der Standortplanung

Im Rahmen strategischer Überlegungen zur Standortplanung geht es um die langfristige Entwicklung der Betriebsstättenstruktur. Die Standortstruktur kann dabei das Ergebnis isoliert getroffener Entscheidungen sein, oder sie kann durch Standortstrategien gesteuert werden. Dabei lassen sich die in Abbildung 155 dargestellten Standortstrategien unterscheiden (in Modifikation von Lüder 1982, S. 424; Zäpfel 1989a, S. 147).

Während Expansionsstrategien die Art und Weise der räumlichen Verteilung eines Zuwachses der Produktionskapazitäten festlegen, handelt es sich bei Konzentrations- und Kontraktionsstrategien um Überlegungen zur Vermeidung von standortbedingten Kosten einer Unternehmung, und zwar entweder durch eine räumliche Umverteilung oder durch eine Stillegung von Produktionskapazitäten.

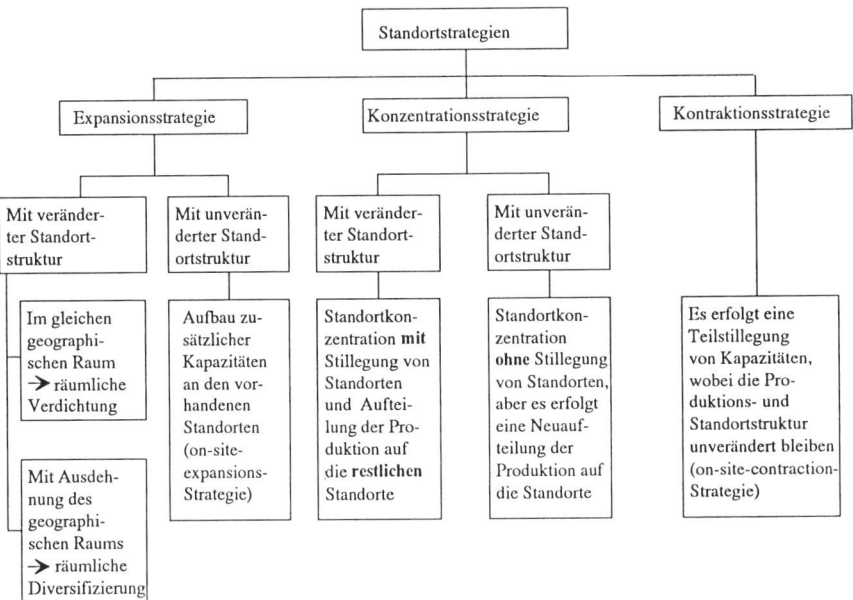

Abb. 155: Systematisierung der Standortstrategien

Auf der Grundlage dieser Strukturierung des Standortstrategiespektrums kann nun der weitergehenden Frage nachgegangen werden, welche Standortstrategie(n) eine Unternehmung realisieren sollte. Um hierfür erste Anhaltspunkte zu erhalten, schlägt Lüder (1982, S. 432) die Aufstellung eines **Standort-Portfolios** vor, auf dessen Grundlage dann sogenannte Normstrategien formuliert werden können (vgl. hierzu die Ausführungen zur Portfolio-Methode). Zur Erstellung einer Standort-Portfolio-Matrix werden dann die beiden folgenden Dimensionen verwendet:

- momentanes und zukünftiges Erfolgspotential der erstellten Produkte (die Messung kann am Marktpotential, am Marktanteil und ähnlichem ansetzen);
- Standortattraktivität, die weiter aufgespalten werden kann in eine:

-- interne (oder endogene) Standortattraktivität, die durch die Unternehmung gestaltbar ist (sie wird determiniert durch die F&E-Kapazität, Leistungsfähigkeit des vorhandenen Produktionsapparates, das gegebene Fabrik-Layout etc.);

-- externe (oder exogene) Standortattraktivität, die durch die Unternehmung nicht oder nur in geringem Umfang gestaltbar ist (hierzu zählen die Arbeitsmarktsituation, das Lohnniveau, öffentliche Auflagen, Erweiterungsmöglichkeiten etc.).

Wird sowohl das Erfolgspotential der erstellten Produkte als auch die Standortattraktivität mit "gering" oder "hoch" bewertet, dann läßt sich eine 4-Felder-Matrix erstellen, in die dann die einzelnen Standorte eingeordnet werden können. In diese Matrix sind sowohl die **Ist-** als auch die **Zielpositionen** für die strategischen Geschäftseinheiten einzutragen, wodurch sich einerseits ein gedanklicher Rahmen für die Istsituation und anderseits eine Orientierung für die strategische Formulierung der Zukunftssituation ergeben.

Den einzelnen Matrixfeldern sind dann in einem nächsten Schritt sogenannte Normstrategien zuzuordnen, mit denen eine grobe Stoßrichtung für die jeweiligen strategischen Standorteinheiten angegeben wird. Abbildung 156 gibt diesen Sachverhalt wieder.

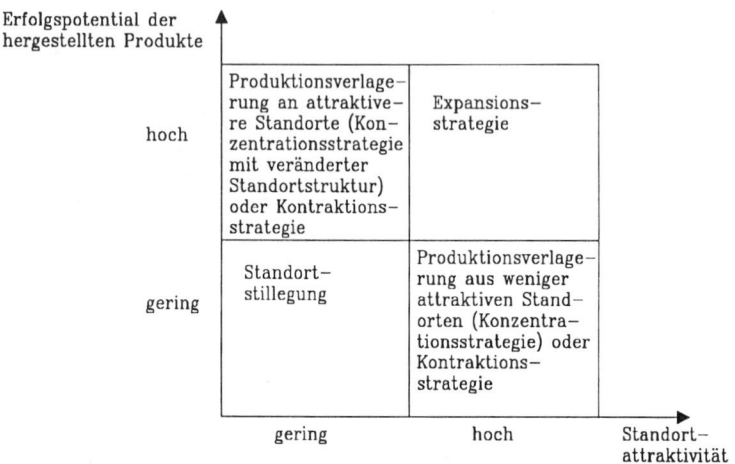

Abb. 156: Standort-Portfolio-Matrix mit Normstrategien

Lüder (1982, S. 429f.) stellt im Rahmen seiner empirischen Untersuchung jedoch fest, daß in der Praxis keine differenzierte Erarbeitung eines strategischen Standortkonzeptes erfolgt, sondern lediglich **strategische Standortprinzipien** formuliert werden. Als gebräuchliche Standortprinzipien werden genannt:

- Wenn Kapazitätserweiterungen vorgenommen werden sollen, dann sollten diese an den vorhandenen Standorten realisiert werden.
- Wenn neue Produktionsstätten erforderlich werden, dann sollten diese in der Region errichtet werden, die sie beliefern sollen.
- Produktionsstättenstillegungen sollten möglichst nicht im Inland erfolgen.
- Die Anzahl der Standorte sollte in Zukunft verringert werden.

Derartigen strategischen Standortprinzipien, die als "Ersatz" für eine fehlende Standortstrukturentwicklungsplanung zu sehen sind, mangelt es jedoch an Eindeutigkeit, an ausreichender Präzisierung des Anwendungsbereiches und an Widerspruchsfreiheit untereinander. Sie stellen den Versuch dar, die Standortstrukturentwicklung durch eine Abfolge von Einzelentscheidungen so zu steuern, daß die zukünftige Standortstruktur bestimmte Merkmale erfüllt, die seitens der Unternehmungsleitung als wünschenswert erachtet werden. Sie weisen folglich den Charakter von Empfehlungen im Rahmen von

von Empfehlungen im Rahmen von Einzelstandortentscheidungen auf. Ein strategisches Standortkonzept beinhaltet demgegenüber

- langfristige Entwicklungsrahmenpläne für die Produktionsstätten und
- langfristige Entwicklungspläne hinsichtlich der räumlichen Verteilung der Produktionskapazitäten in bezug auf einzelne Geschäftsgebiete (vgl. Lüder 1982, S. 430).

3.3 Potentialbeiträge der Materialwirtschaft

In einem ersten Schritt seien zunächst die Begriffe Beschaffung und Materialwirtschaft abgegrenzt. Allgemein lassen sich unter dem Begriff der **Beschaffung** alle diejenigen Aktivitäten subsumieren, die darauf gerichtet sind, der Unternehmung die Produktionsfaktoren zur Verfügung zu stellen, die sie im Rahmen ihrer Sachzielerfüllung benötigt, die sie aber nicht selbst zu produzieren vermag. Die Beschaffung geht damit, wie dies auch beim Absatz der Fall ist, mit einer Änderung der Rechtszuständigkeit einher, und zwar für Produktionsfaktoren und deren Nutzung. Die Beschaffungsaufgabe einer Unternehmung besteht folglich darin, einen orts-, mengen-, qualitäts- und terminmäßig spezifizierten Bedarf an Produktionsfaktoren optimal zu befriedigen, d.h. es ist das **Beschaffungsprogramm** zu bestimmen. Die Beschaffungsprogrammplanung basiert dabei auf dem Produktionsprogramm und stellt folglich das letzte Glied der Planungskette Absatzprogramm, Produktionsprogramm und Beschaffungsprogramm dar. In dieser weiten Fassung des Beschaffungsbegriffs sind sämtliche zu beschaffende Produktionsfaktoren, wie Anlagen, Roh-, Hilfs- und Betriebsstoffe, Energieträger, Kapital, Dienstleistungen, Personal und Rechte einbezogen. Aus diesem weiten Aufgabenkomplex der Beschaffung läßt sich mit Hilfe des Kriteriums des Beschaffungsobjektes der Aufgabenbereich der Materialwirtschaft herauslösen (vgl. Schweitzer 1973, S. 81 ff.; Tempelmeier 1988a, S. 3). Damit ist es erforderlich, den Begriff des Materials zu klären. Auch wenn in der Betriebswirtschaftslehre keine einheitliche Verwendung dieses Terminus gegeben ist, werden i.d.R. zum **Material** alle Verbrauchsfaktoren, d.h. Roh-, Hilfs-, Betriebsstoffe und bezogene Teile (Halb- und Fertigfabrikate) subsumiert, die an einer beliebigen Stelle in den betrieblichen Produktionsprozeß einfließen, wobei diese sowohl von außerhalb der Unternehmung beschafft werden, als auch aus einer vorgelagerten Produktionsstufe stammen können (damit erfährt die Materialwirtschaft nicht nur eine Einengung, sondern auch eine Erweiterung zum Beschaffungsbegriff). Der Materialbegriff bezieht sich damit nur auf die Inputseite des Produktionsprozesses und stellt folglich immer einen Produktionsfaktor in der Form eines Repetierfaktors dar. Der Materialbegriff umfaßt jedoch nicht nur Grund- oder Ausgangsstoffe, sondern darüber hinaus auch Einbauteile, Zubehörteile und ganze Aggregate (z.B. Elektromotoren für Haushaltsgeräte), wenn diese in den zu betrachtenden Produktionsprozeß zum Einsatz gelangen und damit Bestandteil des zu erstellenden Produktes werden. Ferner bedeutet dies, daß das Material nicht nur schon Output eines anderen Produktionsprozesses gewesen sein kann, sondern es kann auch schon Output des jeweilig betrachteten Produktionsprozesses oder der jeweiligen Produktionsstufe gewesen sein und im Rahmen von Recyclingprozessen erneut zum Input werden. Franken (1984, S. 15 ff.)

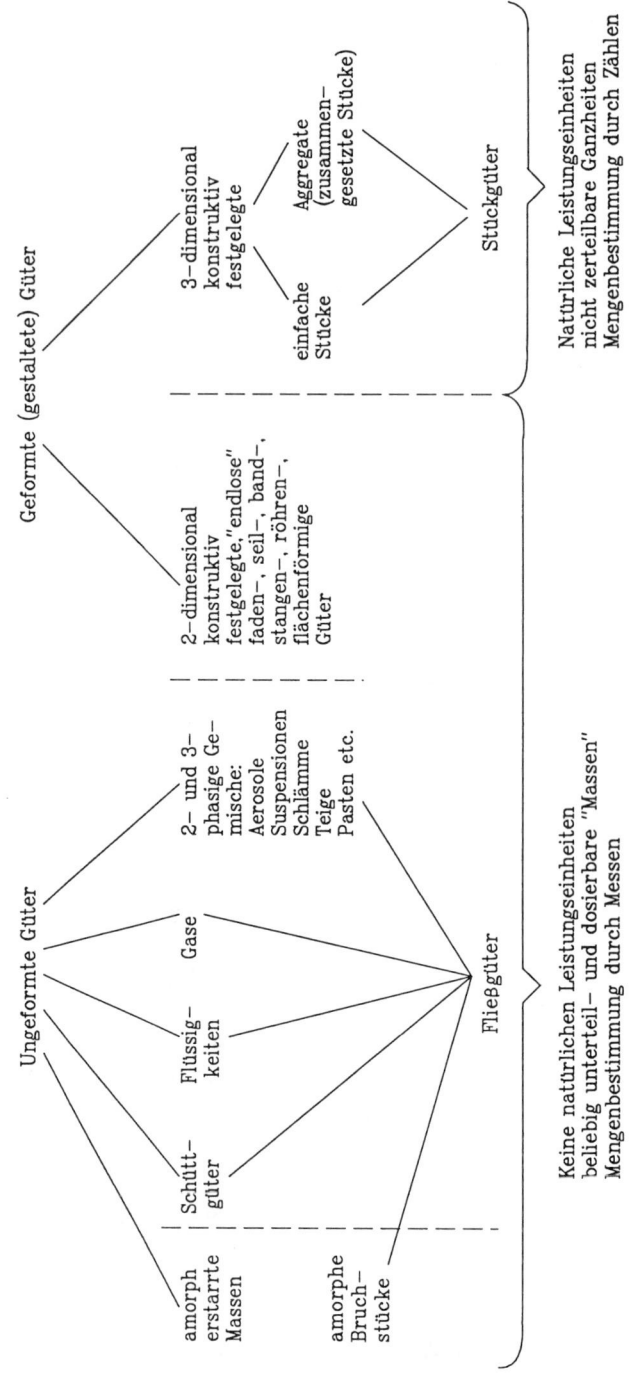

Abb. 157: Klassifikation materieller Güter nach ihrer Gestalt

betont in diesem Zusammenhang, daß der Materialwirtschaft auch die Aufgabe der Entsorgung, d.h. die Vermeidung, Umwandlung, Endlagerung und Abgabe von Entsorgungsgütern obliegt. Wird dieser Komplex in den Bereich der Materialwirtschaft einbezogen, dann bedeutet dies eine Erweiterung des Materialbegriffs um die Abfallprodukte. Es sei betont, und dies ist letztlich implizit in den bisherigen Ausführungen enthalten, daß weder der Aggregatzustand noch der Komplexitätsgrad für den Materialbegriff als konstitutiv zu betrachten sind.

In der betriebswirtschaftlichen Literatur (vgl. z.B. Franken 1984, S. 17 f. und Hummel 1979, Sp. 1185 ff.) existiert eine Vielzahl an Systematisierungsansätzen für Materialien, auf die im einzelnen nicht eingegangen werden kann. Abbildung 157 gibt beispielhaft die Systematisierung nach Riebel (1963, S. 49) wieder, die in der Literatur eine weite Verbreitung erfahren hat.

Eine weitere in der Literatur häufig wiedergegebene Systematik der Materialarten geht auf Grochla (1979, Sp. 1259) zurück und wird in Abbildung 158 dargestellt.

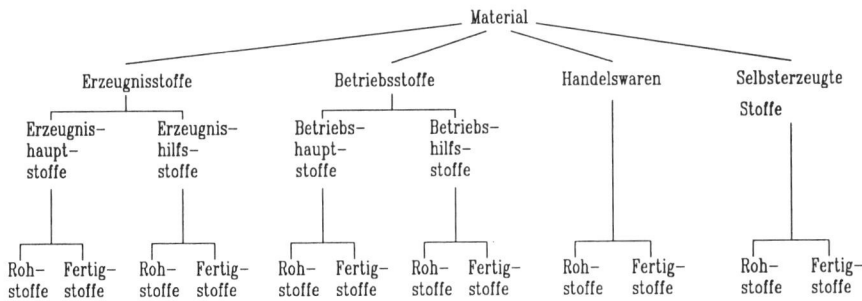

Abb. 158: Systematik der Materialarten nach Grochla

Hervorzuheben ist, daß Grochla die Handelswaren, solange diese nicht in den Warenausgangslägern für den Verkauf bereitliegen, dem Materialbegriff unterordnet, eine Vorgehensweise, die in der betriebswirtschaftlichen Literatur nicht unumstritten ist. So hebt etwa Hummel (1979, Sp. 1185) hervor, daß es sich bei **Waren** wie beim Material um bewegliche Sachgüter handelt, diese aber nicht in ihrer Bedeutung für den Produktionsprozeß, sondern in ihrer Funktion als transportfähige Verkaufsobjekte zu sehen sind. Nach dieser Auffassung gehört der Begriff Waren nicht in den produktions-, sondern in den absatzwirtschaftlichen Bereich. Es ist sicherlich richtig, daß der Begriff der Ware ursprünglich aus der Handelsbetriebslehre stammt, jedoch ist zu beachten, daß auch fremdbezogene Halb- und Fertigprodukte, die aus der Sicht der liefernden Unternehmung Waren darstellen, aus der Perspektive der diese Güter verarbeitenden Unternehmung wiederum Materialien darstellen.

Das **Hauptziel der Materialwirtschaft** besteht nun darin, die benötigten Materialien, die letztlich durch das Produktionsprogramm bestimmt sind, in der erforderlichen Menge, in der erforderlichen Qualität, zum richtigen Zeitpunkt am richtigen Ort zur Verfügung zu stellen. Neben dieser Sicherungsaufgabe, die einen primär technischen Charakter aufweist, tritt als **ökonomische Aufgabenstellung** die mit der Bereitstellung des Materials verbundenen Kosten zu optimieren hinzu (= **materialwirtschaftliches Optimum** nach Grochla 1978, S. 18). Der Materialwirtschaft obliegt folglich die Aufgabe, die Unternehmung mit den für die Produktion erforderlichen Verbrauchsfaktoren zu versorgen, d.h. ihr obliegt die Beschaffung, Lagerung und Bereitstellung von Materialien.

Im Rahmen der **Materialbereitstellung** lassen sich die folgenden grundsätzlichen **Prinzipien** unterscheiden (vgl. Kern 1992, S. 227 ff.):

- **Einzelbeschaffung im Bedarfsfall**: Eine Beschaffung wird erst dann ausgelöst, wenn ein durch einen Auftrag spezifizierter Bedarf gegeben ist.
- **Fertigungssynchrone Anlieferung**: Beschaffungs- und Produktionskurve verlaufen gleich, d.h. die Produktion wird unmittelbar aus den Anlieferungen versorgt. Grundlage dieser Bereitstellungsform sind i.d.R. Lieferungsverträge, z.b. in der Form von Rahmenverträgen, die den Lieferanten verpflichten, die erforderlichen Materialmengen zu bestimmten Terminen zu liefern.
- **Vorratshaltung**: Es erfolgt eine mehr oder weniger weitgehende Entkoppelung von Beschaffung und Produktion. Die beschafften Materialien werden auf Lager genommen und dort auf Abruf bereitgehalten.

3.3.1 Probleme der Materialbedarfsermittlung

Aufgabe der Materialbedarfsermittlung ist die Bestimmung des für die Leistungserstellung notwendigen Materials nach Art, Menge und Termin. Die Ermittlung des Materialbedarfs stellt dabei eine wesentliche Voraussetzung für die weiteren Entscheidungen der Materialwirtschaft, insbesondere für die Planung der Beschaffungsmengen, der Auftragsgrößen und der Beschaffungszeitpunkte dar (vgl. Tempelmeier 1988a, S. 6).

3.3.1.1 Ansatzpunkte zur Fokussierung der Planungsaktivitäten für die Materialbedarfsplanung

Grundsätzlich gilt es, im Rahmen der Materialbedarfsplanung den Materialbedarf nach Art, Menge und Termin so präzise wie möglich zu bestimmen. Dabei ist zu beachten, daß hierbei Planungskosten auftreten und diese einen vertretbaren Rahmen nicht überschreiten. Hieraus folgt, daß nicht sämtliche Materialien mit der gleichen Intensität geplant werden können, da dies dem Postulat der Wirtschaftlichkeit widerspräche. So können z.B. bei Hilfsstoffen grobe Schätzungen bereits ausreichen.

Um jedoch eine systematische Grundlage für die Bedarfsermittlung zu erarbeiten, erscheinen weitere Klassifikationen relevant. Als Ansatzpunkte hierfür bieten sich einerseits die wertmäßige Bedeutung und anderseits der Bedarfsverlauf der Materialien an.

3.3.1.1.1 Klassifikation des Materials nach der wertmäßigen Bedeutung

Da bereits in Unternehmungen mittlerer Größe die Zahl der zu disponierenden und zu kontrollierenden Materialarten leicht in die Zehntausende geht, erscheint es zweckmäßig, die Materialien hinsichtlich ihrer Wertigkeit zu Gruppen zusammenzufassen. Der Zweck einer derartigen Maßnahme besteht darin, aufwendigere Vorgehensweisen im Rahmen der Bedarfsermittlung dort einzusetzen, wo der größtmögliche ökonomische Effekt zu erwarten ist (vgl. Zäpfel 1982, S. 180).

Ausgangspunkt zur Erfassung der relativen wertmäßigen Bedeutung der Materialarten ist eine **Werthäufigkeitsverteilung**, die Auskunft darüber erteilt, welchen Anteil die in einem vorgegebenen Zeitraum verbrauchten Materialien am Gesamtwert des in diesem Zeitraum verbrauchten Materials aufweisen. Hierzu werden die Materialien auf der Grundlage ihres Periodenverbrauchswerts in absteigender Reihenfolge angeordnet. Als Ergebnis ergibt sich dann eine Werthäufigkeitstabelle, wie sie beispielhaft in Abbildung 159 dargestellt ist.

Gruppe	Anzahl der Materialart	%-Anteil	%-Anteil kumuliert	Verbrauchs- wert	%-Anteil	%-Anteil kumuliert
A	30	10	10	1.600.000	53,33	53,33
B	60	20	30	950.000	31,67	85,00
C	210	70	100	450.000	15,00	100,00

Abb. 159: Werthäufigkeitstabelle

Auf der Grundlage der kumulierten Prozentwerte der Materialanzahl und des Verbrauchswertes läßt sich dann eine **Lorenzkurve** erstellen, deren 45°-Linie einer Gleichverteilung der Verbrauchswerte entspricht (vgl. Abb. 160).

Diese Abbildung gibt eine **typische Ungleichverteilung** wieder. Sie bildet den Ausgangspunkt für eine Klassifikation in A-, B- und C-Teile, wie sie im Rahmen der **ABC-Analyse** üblich ist (vgl. hierzu Franken 1984, S. 19 ff.; Haupt 1979, Sp. 1 ff.; Kilger 1986, S. 294 f.; Tempelmeier 1988a, S. 11 f.). Die ABC-Analyse basiert dabei auf der Erfahrung, daß in der industriellen Praxis häufig eine geringe Anzahl an Materialien einen hohen Anteil am Gesamtwert des Materials aufweist.

Auf dieser Grundlage lassen sich dann gewisse **Empfehlungen für die Materialdisposition** formulieren (vgl. z.B. Blohm u.a. 1987, S. 217):

- A-Teile sollen möglichst programmgesteuert disponiert werden (wird teilweise auch für B-Teile empfohlen);
- B-Teile können mit verbrauchsorientierten Verfahren disponiert werden;
- C-Teile können auf der Grundlage grober Schätzungen disponiert werden.

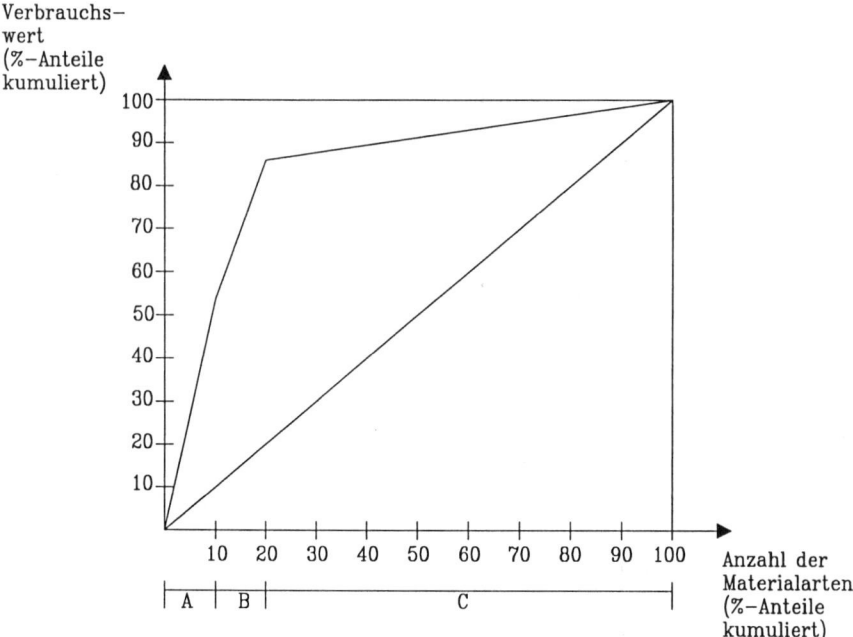

Abb. 160: Lorenzkurve

Die in den Abbildungen 159 und 160 vorgenommenen Einteilungen stellen jedoch nur **eine** denkbare Aufteilung dar und sind folglich eher als willkürliche Vorgehensweisen, die sich in der Praxis allerdings bewährt haben, zu bezeichnen, d.h. die Festlegung der Klassengrenzen stellt einen **subjektiven Vorgang** dar. So wäre es durchaus denkbar, die Klasse der A-Teile zu Lasten der B-Teile zu vergrößern und umgekehrt. Tempelmeier (1988a, S. 12) weist in diesem Zusammenhang darauf hin, daß eine entscheidungstheoretisch fundierte Abgrenzung der einzelnen Gruppen mit erheblichen Schwierigkeiten verbunden ist, da dies voraussetzt, daß sich die mit der Zuordnung einer Materialart zu einer Klasse verbundenen ökonomischen Konsequenzen quantifizieren lassen, was jedoch i.d.R. nicht möglich ist, da sich weder der Nutzen noch die Kosten der Verfahrensanwendung hinreichend erfassen lassen.

3.3.1.1.2 Klassifikation des Materials nach dem Bedarfsverlauf

Bei der Analyse des Bedarfsverlaufs einer Materialart über eine längere Zeitspanne lassen sich i.d.R. charakteristische Verlaufsmuster identifizieren (vgl. Glaser 1986, S. 6):

-   **konstanter** (regelmäßiger) **Bedarf** (Trend nullter Ordnung), d.h. es liegt ein gleichbleibender Bedarf vor, der nur zufällige Schwankungen um ein konstantes Niveau aufweist, d.h. sie oszillieren um einen Durchschnittswert;

- **trendförmiger Bedarf** (speziell linearer Trend);
- **saisonal schwankender Bedarf.**

Neben diesen regelmäßigen Verlaufsformen sind auch sehr unregelmäßige Verläufe denkbar, wobei zwischen stark schwankendem und sporadisch auftretendem Bedarf unterschieden werden kann. Die Bedarfsverlaufsformen lassen sich dann, wie in Abbildung 161 dargestellt, klassifizieren.

Eine Zuordnung zu den Bedarfsverlaufsklassen kann dann auf der Grundlage von Testverfahren vorgenommen werden (vgl. hierzu die differenzierten Ausführungen bei Tempelmeier 1988a, S. 26 ff.), unter der Voraussetzung, daß Verbrauchsmengen r_t (t = 1, ..., T) für einen Zeitraum von etwa 2 Jahren vorliegen.

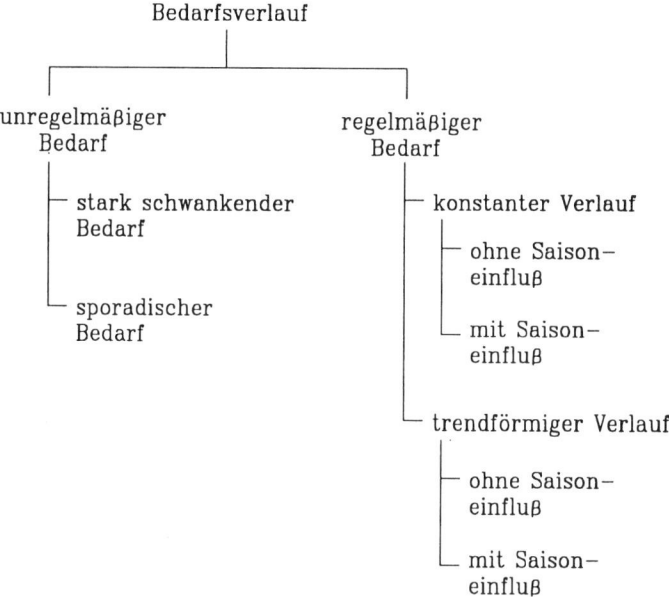

Abb. 161: Klassifikation möglicher Bedarfsverlaufsformen

Um etwa eine Trennung zwischen einem **regel-** und einem **unregelmäßigen Bedarf** vornehmen zu können, läßt sich ein **Störpegel** (SP) heranziehen, der sich aus der quotialen Verknüpfung des arithmetischen Mittels $\bar{r}$ und der mittleren absoluten Abweichung vom arithmetischen Mittel (MAD) ergibt:

$$\bar{r} = \frac{1}{T}\sum_{t=1}^{T} r_t$$

$$MAD = \frac{1}{T} \sum_{t=1}^{T} |r_t - \bar{r}|$$

Als Störpegel ergibt sich dann:

$$SP = \frac{MAD}{\bar{r}}$$

Nimmt dieser Störpegel einen Wert an, der > O,5 ist, dann kann vermutet werden, daß ein stark schwankender Bedarfsverlauf vorliegt.

Als Anzeichen für einen **sporadischen Bedarf** kann etwa der Anteil der Perioden herangezogen werden, in denen kein Bedarf auftritt:

$$\frac{\text{Anzahl der Perioden ohne Bedarf}}{\text{Gesamtheit der Perioden}}$$

Ist dieser Quotient ≈ 0,4 und größer, dann kann davon ausgegangen werden, daß ein sporadischer Bedarfsverlauf vorliegt.

Ein **trendmäßiger Bedarfsverlauf** läßt sich u.a. mit Hilfe der linearen Regression identifizieren, bei der die Abweichungen der tatsächlichen Werte von deren Mittelwert auf ein systematisches Verlaufsmuster hin untersucht werden. Demgegenüber läßt sich ein **saisonaler Verlauf** (aber auch ein Trend) auf der Grundlage des Autokorrelationskoeffizienten nachweisen.

In der Praxis hat sich analog zur ABC-Analyse eine einfachere Vorgehensweise (**RSU-Analyse**) verbreitet, die von der folgenden Dreiteilung ausgeht (vgl. Kilger 1986, S. 295):

- R-Teile: Es handelt sich um einen regelmäßigen (konstanten) Bedarfsverlauf, der nur gelegentliche Niveauveränderungen aufweist.
- S-Teile: Es liegt ein saisonal schwankender oder trendförmiger Bedarfsverlauf vor.
- U-Teile: Es liegt ein unregelmäßiger Verlauf vor.

Auf der Grundlage dieser Einteilung werden dann Empfehlungen für die Anwendung der unterschiedlichen Bereitstellungsprinzipien formuliert:

- Für R-Teile je nach situativen Gegebenheiten einsatzsynchrone Anlieferung oder Vorratshaltung.
- Für S-Teile: Vorratshaltung.
- Für U-Teile: Bereitstellung im Bedarfsfall.

Darüber hinaus läßt sich durch Kombination der ABC- mit der RSU-Analyse eine Neunfelder-Matrix aufstellen, in die dann unterschiedliche Planungsintensitäten und -verfahren differenziert eingesetzt werden können. Während etwa bei AR- und AS-

Teilen eine besondere Sorgfalt der Planungsaktivitäten angezeigt erscheint, können bei CS- und CU-Teilen vereinfachte Planungsverfahren mit geringerer Planungsintensität zum Einsatz gelangen.

3.3.1.2 Verfahren zur Bestimmung des Materialbedarfs

Zur Bestimmung des Materialbedarfs stehen die beiden folgenden Verfahrensgruppen zur Verfügung:

- verbrauchsorientierte oder stochastische Verfahren und
- programmorientierte oder deterministische Verfahren.

3.3.1.2.1 Verbrauchsorientierte Verfahren der Materialbedarfsbestimmung

Den Ausgangspunkt einer verbrauchsorientierten Bedarfsbestimmung bilden Vergangenheitswerte, wobei unterstellt wird, daß die in der Vergangenheit aufgetretenen Bedarfswerte Realisationen einer Zufallsvariablen sind. Voraussetzung für die Anwendung dieser Verfahren ist folglich ein ausreichendes Zahlenmaterial vergangener Bedarfswerte, die dann in die Zukunft zu extrapolieren sind. Generell ist ihr Einsatz bei sogenannten C-Teilen angezeigt und darüber hinaus, wenn programmgebundene Verfahren nicht eingesetzt werden können, weil das Produktionsprogramm noch nicht festliegt oder ungeplanter Verbrauch auftritt.

Auf der Grundlage mathematisch-statistischer Prognosemodelle werden Vergangenheitswerte in die Zukunft extrapoliert. Damit eine möglichst hohe Vorhersagegenauigkeit erreicht werden kann, muß das zum Einsatz gelangende Prognosemodell an den identifizierten Bedarfsverlauf angepaßt sein.

Mit Hilfe der Abbildung 162 sollen die grundsätzlichen Daten und Datenstrukturen eines Prognosemodells in übersichtlicher Form dargestellt werden (vgl. Tempelmeier 1988a, S. 33).

Während r_t die in der Periode t tatsächlich aufgetretene Verbrauchsmenge einer Materialart darstellt, ist PW_{t+1} ein auf der Grundlage der Vergangenheitswerte prognostizierter Verbrauchswert für die Periode t + 1 (= Prognosewert). Um die **Qualität eines Prognosemodells** beurteilen zu können, ist es erforderlich, eine ex-post-Prognose zu erstellen, um dann die mit Hilfe des Prognosemodells errechneten ex-post-Prognosewerte mit den tatsächlichen Verbrauchswerten vergleichen zu können. Als Qualitätskriterium für die Prognose wird dabei der sogenannte **Prognosefehler** herangezogen, der sich aus der Differenz zwischen dem tatsächlich angefallenen Wert und dem Prognosewert ergibt (einen Überblick über Gütekriterien zur Beurteilung von Prognosen geben Corsten/Peckedrath 1986, S. 14). Als Ursachen, die für das Auftreten von Prognosefehlern verantwortlich sind, lassen sich nennen:

- Das verwendete Prognosemodell ist ungeeignet (z.B. weil Bedarfsverlauf und Prognosemodell nicht aneinander angepaßt sind).

- Die Zeitreihe weist Strukturbrüche auf (Zeitstabilitätshypothese ist verletzt), d.h. es treten unvorhersehbare Ereignisse auf.

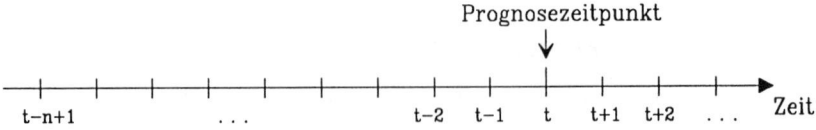

bekannte Vergangenheitsdaten :

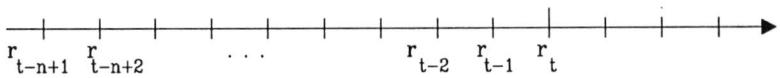

Prognosewerte :

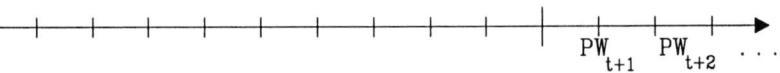

ex-post Prognosewerte :

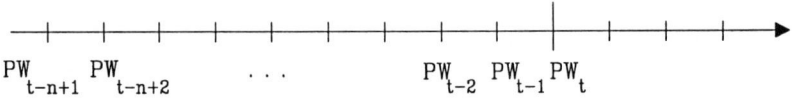

ex-post Prognosefehler :

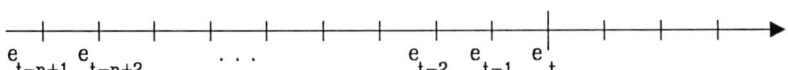

n = vergangene Perioden

Abb. 162: Daten eines Prognosemodells

Für die Gütebeurteilung eines Prognosemodells ist dabei neben dem Niveau des Prognosefehlers insbesondere dessen Streuung von Interesse.

Im folgenden seien einige ausgewählte Prognoseverfahren vorgestellt, die einen regelmäßigen Bedarfsverlauf aufweisen (zu differenzierten Darstellungen vgl. z.B. Franken 1984, S. 108 ff.; Glaser 1986, S. 6 ff.; Tempelmeier 1988a, S. 37 ff.).

3.3.1.2.1.1 Bedarfsermittlung mit Hilfe des gleitenden Durchschnitts

Im Rahmen der gleitenden Mittelwertbildung wird aus den tatsächlich in der Vergangenheit aufgetretenen Verbrauchswerten ein Mittelwert errechnet, der dann als Prognosewert für den zukünftigen Bedarf herangezogen wird. Dabei werden nicht sämtliche Vergangenheitswerte berücksichtigt, sondern lediglich die n neuesten Verbrauchswerte. Werden als Verbrauchswerte r_{t-n+1}, ..., r_{t-1}, r_t herangezogen, dann ergibt sich als n-periodischer ungewogener gleitender Durchschnitt $\bar{r}_{0,t}$ folgende Beziehung:

$$\bar{r}_{0,t} = \frac{1}{n} \sum_{k=t-n+1}^{t} r_k = PW_{t+1}$$

Als **Hauptproblem** stellt sich dabei die Festlegung der Größe n. Dabei ist zu beachten, daß **einerseits** die Vorhersage um so eher auf Verbrauchsschwankungen reagiert, je kleiner n ist und **andererseits** n nicht beliebig klein sein darf, weil dann zufällige Schwankungen der Zeitreihe nicht genügend ausgeglichen werden können.

Das folgende Beispiel soll das Verfahren der gleitenden Durchschnittsbildung verdeutlichen.

t	1	2	3	4	5	6	7
Monat	Januar	Februar	März	April	Mai	Juni	Juli
Material-menge in Tonnen	948	967	988	933	979	993	999

Für n = 5 ergibt sich dann für den Monat August folgender Prognosewert:

$$PW_8 = (r_3 + r_4 + r_5 + r_6 + r_7) / 5$$

$$PW_8 = (988 + 933 + 979 + 993 + 999) / 5 = 978,4$$

Liegt nun der Wert für den Monat August vor (t = 8), dann entfällt für die Prognose für September (t + 1 = 9) der Wert für den Monat März (t - 5 = 3) und der Wert für den Monat August wird hinzugenommen.

3.3.1.2.1.2 Bedarfsermittlung mit Hilfe des exponentiellen Glättens

Während in die Berechnung des gleitenden Durchschnitts die Vergangenheitswerte mit der gleichen Gewichtung einfließen, ist es die Grundidee des exponentiellen Glättens, die Zeitreihenwerte, die dem Prognosezeitraum am nächsten liegen, mit einem höheren Gewicht in die Berechnung einfließen zu lassen als Zeitreihenwerte weiter zurückliegender Perioden. Im folgenden sei zunächst diese Grundidee näher erläutert. Für n-Perioden ergibt sich das gewogene arithmetische Mittel aus:

$$\bar{r}_{gew} = \frac{r_1 \cdot g_1 + r_2 \cdot g_2 + \dots + r_n \cdot g_n}{g_1 + g_2 + \dots + g_n}$$

mit:

$$\sum_{i=1}^{n} g_i = 1 \quad \text{(Gewichte)}$$

Entsprechend der Grundidee müssen die Gewichtungsfaktoren g_i mit zunehmendem Alter der Zeitreihenwerte abnehmen. Wird diese Abnahme mit α (dieser Wert gibt dabei an, um welchen Prozentsatz das Gewicht der Beobachtungswerte mit zunehmendem Alter der Beobachtungswerte abnimmt) bezeichnet, dann ergibt sich für den Gewichtungsfaktor g_{i-1} die folgende Beziehung:

$$g_{i-1} = g_i (1 - \alpha)$$

Aus diesen Überlegungen resultiert dann:

$$\bar{r}_{gew} = g_n \cdot r_n + g_{n-1} \cdot r_{n-1} + g_{n-2} \cdot r_{n-2} + \dots$$

und:

$$g_{n-1} = (1 - \alpha) g_n$$

$$g_{n-2} = (1 - \alpha) g_{n-1}$$

$$= (1 - \alpha)(1 - \alpha) g_n = (1 - \alpha)^2 g_n$$

$$g_{n-3} = (1 - \alpha) g_{n-2}$$

$$= (1 - \alpha)(1 - \alpha)^2 g_n = (1 - \alpha)^3 g_n$$

$$\vdots$$

Daraus ergibt sich für $\bar{r}_{gew}$:

$$\bar{r}_{gew} = g_n \cdot r_n + (1 - \alpha) g_{n-1} \cdot r_{n-1} + (1 - \alpha)^2 \cdot g_{n-2} \cdot r_{n-2} + \dots$$

3.3.1.2.1.2.1 Exponentielles Glätten 1. Ordnung

Aus den bisherigen Überlegungen läßt sich dann die Beziehungsgleichung für das exponentielle Glätten 1. Ordnung aus dem exponentiell geglätteten Mittelwert des letzten Beobachtungswertes und dem exponentiell geglätteten Mittelwert der Vorperiode erstellen:

$$PW_{t+1} = \alpha \cdot r_t + (1 - \alpha) \cdot PW_t$$

mit:

PW_{t+1} = Prognosewert für die nächste Periode

r_t = jüngster Beobachtungswert

PW_t = ehemaliger Schätzwert für den jetzt vorliegenden Beobachtungswert

Das folgende Beispiel soll das exponentielle Glätten 1. Ordnung verdeutlichen. In Abbildung 163 sind die Verbrauchswerte einer Materialart in Tonnen aufgeführt. Um die Bedeutung des Glättungsfaktors α zu demonstrieren, werden Prognosen für $\alpha = 0,1$ und $\alpha = 0,5$ erstellt und ihre Prognosefehler vergleichend gegenübergestellt.

Jahr	Verbrauchs-menge	Prognose-werte für $\alpha = 0,1$	Prognose-fehler $r_t - PW_t$	Prognose-werte für $\alpha = 0,5$	Prognose-fehler
1	230	--	--	--	--
2	250	230	20,0	230	20
3	240	232	8,0	240	0
4	260	232,8	27,2	240	20
5	270	235,52	33,48	250	20
6	255	238,97	16,03	260	5
7	290	240,58	40,42	257,5	32,5
8	Prognose	244,52	$\Sigma = 145,13$	273,75	$\Sigma = 97,5$

Abb. 163: Beispiel für eine exponentielle Glättung 1. Ordnung

Um den Prognoseprozeß zu initialisieren, ist ein Startwert (r_0^1) erforderlich. Dieser kann z.B. mit Hilfe einer Durchschnittsbildung über die ersten n Beobachtungen geschätzt werden, oder es kann die erste Beobachtung als Startwert herangezogen werden, eine Vorgehensweise, die im folgenden Verwendung findet. Für $\alpha = 0,1$ ergibt sich dann:

$$PW_{1+1} = 0,1 \cdot 230 + 0,9 \cdot 230 = 230$$

$$PW_{2+1} = 0,1 \cdot 250 + 0,9 \cdot 230 = 232$$

$$PW_{3+1} = 0,1 \cdot 240 + 0,9 \cdot 232 = 232,8$$

$$PW_{4+1} = 0,1 \cdot 260 + 0,9 \cdot 232,8 = 235,52$$

$$PW_{5+1} = 0,1 \cdot 270 + 0,9 \cdot 235,52 = 238,97$$

$$PW_{6+1} = 0,1 \cdot 255 + 0,9 \cdot 238,97 = 240,58$$

$$PW_{7+1} = 0,1 \cdot 290 + 0,9 \cdot 240,58 = 244,52$$

Diese vergleichende Gegenüberstellung zeigt deutlich die unterschiedlichen Wirkungen eines "kleinen" und "großen" α-Wertes, deren Konsequenzen in der folgenden Abbildung noch einmal tendenziell erfaßt werden.

	"Großes" α	"Kleines" α
Berücksichtigung von Vergangenheitswerten	gering	stark
Berücksichtigung neuester Werte	stark	gering
Glättung der Zeitreihe	gering	stark
Anpassung an Niveauverschiebungen	schnell	langsam

Abb. 164: Tendenzielle Wirkungen unterschiedlicher α-Werte

3.3.1.2.1.2.2 Exponentielles Glätten 2. Ordnung

Die Berechnung der exponentiellen Glättung 2. Ordnung erfolgt analog zur Vorgehensweise im Rahmen der Glättung 1. Ordnung, jedoch wird zusätzlich eine Glättung der Schätzwerte vollzogen, so daß sich eine weitere geglättete Reihe ergibt. Die Differenz zwischen diesen beiden Reihen dient dann der Trendkorrektur. Den weiteren Berechnungen wird das folgende Gleichungssystem zugrunde gelegt:

$$Sch_t^1 = \alpha\, r_t + (1-\alpha)\, Sch_{t-1}^1$$

$$\text{Sch}_t^2 = \alpha \, \text{Sch}_t^1 + (1-\alpha)\,\text{Sch}_{t-1}^2$$

Mit der allgemeinen linearen Prognosefunktion:

$$\text{Sch}_{t+\hat{t}} = \kappa_t + \beta_t \cdot \hat{t} \,,$$

wobei sich die Parameter κ_t und β_t dieser Prognosefunktion mit Hilfe der folgenden Gleichungen bestimmen lassen:

$$\kappa_t = 2 \cdot \text{Sch}_t^1 - \text{Sch}_t^2$$

$$\beta_t = \frac{\alpha}{1-\alpha}(\text{Sch}_t^1 - \text{Sch}_t^2)$$

mit:

Sch_t^1 = Schätzwert 1. Ordnung für die Beobachtungsperiode t

Sch_{t-1}^1 = Schätzwert 1. Ordnung der Vorperiode

Sch_t^2 = Schätzwert 2. Ordnung für die Beobachtungsperiode t

Sch_{t-1}^2 = Schätzwert 2. Ordnung der Vorperiode

κ_t = absoluter Wert des Trends

β_t = Steigungsmaß der Prognosefunktion

$\hat{t}$ = auf t folgende Periode(n)

Auch dieses Verfahren sei an einem Beispiel verdeutlicht ($\alpha = 0,4$):

Jahr t	Verbrauchs- menge	Glättung 1. Ordnung	Glättung 2. Ordnung	κ	β	Prognose $\text{Sch}_{t+\hat{t}}$
1	50	50	50	50	0	---
2	55	52	50,8	53,2	0,8	50
3	58	54,4	52,24	56,56	1,44	54,0
4	60	56,64	54,00	59,28	1,76	58,0
5	Prognose					61,04

Abb. 165: Exponentielles Glätten 2. Ordnung

Berechnung:

1. Jahr:

$$Sch_1^1 = 0,4 \cdot 50 + 0,6 \cdot 50 = 50$$

$$Sch_1^2 = 0,4 \cdot 50 + 0,6 \cdot 50 = 50$$

$$\kappa_1 = 2 \cdot 50 - 50 = 50$$

$$\beta_1 = \frac{0,4}{0,6}(50 - 50) = 0$$

$$Sch_2 = 50 + 0 \cdot 1 = 50$$

2. Jahr:

$$Sch_2^1 = 0,4 \cdot 55 + 0,6 \cdot 50 = 52$$

$$Sch_2^2 = 0,4 \cdot 52 + 0,6 \cdot 50 = 50,8$$

$$\kappa_2 = 2 \cdot 52 - 50,8 = 53,2$$

$$\beta_2 = \frac{0,4}{0,6}(52 - 50,8) = 0,8$$

$$Sch_3 = 53,2 + 0,8 \cdot 1 = 54$$

3. Jahr:

$$Sch_3^1 = 0,4 \cdot 58 + 0,6 \cdot 52 = 54,4$$

$$Sch_3^2 = 0,4 \cdot 54,4 + 0,6 \cdot 50,8 = 52,24$$

$$\kappa_3 = 2 \cdot 54,4 - 52,24 = 56,56$$

$$\beta_3 = \frac{0,4}{0,6}(54,4 - 52,24) = 1,44$$

$$Sch_4 = 56,56 + 1,44 \cdot 1 = 58,0$$

4. Jahr:

$$Sch_4^1 = 0,4 \cdot 60 + 0,6 \cdot 54,4 = 56,64$$

$$Sch_4^2 = 0,4 \cdot 56,64 + 0,6 \cdot 52,24 = 54,0$$

$$\kappa_4 = 2 \cdot 56,64 - 54,0 = 59,28$$

$$\beta_4 = \frac{0,4}{0,6}(56,64 - 54,0) = 1,76$$

Prognose: $Sch_5 = 59,28 + 1,76 \cdot 1 = 61,04$

3.3.1.2.1.3 Bedarfsermittlung mit Hilfe von Trendfunktionen

Ziel der Trendberechnung ist, eine Funktion zu finden, die sich dem Verlauf der tatsächlichen Werte in optimaler Weise anpaßt, wobei als **Anpassungskriterium** die Summe der quadrierten absoluten Abstände d_i zwischen der Trendfunktion TR_i und dem tatsächlichen Wert r_i herangezogen wird, die es zu minimieren gilt:

$$d_1^2 + d_2^2 + d_3^2 + ... + d_n^2 \rightarrow Min!$$

oder:

$$\sum_{i=1}^{n} (r_i - TR_i)^2 \rightarrow Min!$$

Unter der Voraussetzung, daß der Trend eine lineare Funktion ist, gilt:

$$TR_i = \kappa + \beta \cdot t_i$$

mit:

κ = absolutes Glied der Trendfunktion

β = Steigung der Trendfunktion

t_i = die zu bestimmenden Zeitpunkte

Durch Einsetzen dieser Funktion in die Minimumbedingung ergibt sich dann:

$$B = \sum_{i=1}^{n} (r_i - (\kappa + \beta \cdot t_i))^2 \rightarrow Min!$$

In dieser Bedingung sind die Parameter κ und β unbekannt. Um diese bestimmen zu können, ist diese Bedingung partiell nach κ und β zu differenzieren und gleich Null zu setzen, wodurch sich dann die beiden folgenden Normalgleichungen ergeben, mit deren Hilfe sich die Parameter berechnen lassen:

$$n \cdot \kappa + \beta \cdot \sum_{i=1}^{n} t_i = \sum_{i=1}^{n} r_i$$

$$\kappa \cdot \sum_{i=1}^{n} t_i + \beta \cdot \sum_{i=1}^{n} t_i^2 = \sum_{i=1}^{n} r_i \cdot t_i$$

Beispiel:

Numerierung der Jahre t_i	Verbrauchsmenge in Tonnen r_i	t_i^2	$r_i \cdot t_i$	Prognostizierte Werte TR_i
1	10	1	10	9,3
2	12	4	24	9,7
3	8	9	27	10,1
4	9	16	40	10,5
5	11	25	45	10,9
6	12	36	78	11,3
21	62	91	224	11,7

n = 6

Abb. 166: Beispiel zur Trendberechnung

Durch Einsetzen der Werte in die beiden Normalgleichungen ergibt sich dann:

$$6 \kappa + 21,0 \beta = 62 \quad | \cdot 3,5$$
$$21 \kappa + 91,0 \beta = 224$$

Damit lassen sich die Parameter κ und β berechnen:

$$-21 \kappa + 73,5 \beta = 217$$
$$\underline{21 \kappa + 91,0 \beta = 224}$$

$$17,5 \beta = 7$$
$$\beta = 0,4$$
$$\kappa = 8,9$$

Für TR_7 ergibt sich dann der folgende Prognosewert:

$$TR_7 = 8,9 + 7 \cdot 0,4$$

$TR_7 = 11,7$

3.3.1.2.1.4 Bedarfsermittlung mit Hilfe der Zeitreihendekomposition

Die Methode der Zeitreihendekomposition, die in der Praxis eine weite Verbreitung erfahren hat, dient zur **Bedarfsprognose bei saisonalem Verlauf** (vgl. hierzu und zur Darstellung weiterer Verfahren zur saisonalen Bedarfsermittlung Tempelmeier 1988a, S. 71 ff.). Von saisonalen Schwankungen wird dann gesprochen, wenn in regelmäßigen Abständen sich wiederholende Abweichungen der Bedarfswerte von einem Trend ergeben, wobei das Zeitintervall zwischen einer Woche und einem Jahr schwanken kann. Saisonschwankungen im engeren Sinne treten innerhalb eines Jahres auf.

Grundlage der Methode der Zeitreihendekomposition ist ein **multiplikatives Zeitreihenmodell**, d.h. die Zeitreihenkomponenten weisen eine multiplikative Verknüpfung auf:

$$B = TR \cdot M \cdot \tilde{S} \cdot Y$$

mit:

TR = langfristiger Trend

M = mittelfristige zyklische Schwankungen

$\tilde{S}$ = saisonale Schwankungen

Y = irreguläre (unregelmäßige) Komponente

Die Grundidee des Verfahrens besteht darin, die einzelnen Bestandteile der Zeitreihe sukzessive zu berechnen und zu eliminieren. **Ziel** ist es dabei, Saisonindizes zu berechnen und mit ihrer Hilfe die Zeitreihe von saisonalen Einflüssen zu bereinigen:

$$\frac{B}{\tilde{S}} = TR \cdot M \cdot Y = B_{saisonbereinigt}$$

Auf die saisonbereinigte Zeitreihe werden dann geeignete Prognoseverfahren angewandt und die sich ergebenden Prognosewerte mit dem Saisonfaktor multipliziert. Voraussetzung für diese Vorgehensweise ist die Existenz mehrerer vollständiger Saisonzyklen. Das Verfahren der Zeitreihendekomposition läuft dabei in folgenden Schritten ab, die kurz skizziert werden, ohne dabei auf Einzelheiten einzugehen:

- Es wird ein **zentrierter gleitender Durchschnitt** berechnet, d.h. diese Werte sind lediglich für die in der Mitte liegende Periode der betrachteten Zeitreihe repräsentativ. Hierdurch werden aus der Zeitreihe die Komponenten mit einer Periodizität von weniger als einem Jahr eliminiert. Ergebnis dieser Berechnung ist die sogenannte **glatte Komponente** $TR \cdot M$.

- Die Ursprungsreihe wird dann durch die glatte Komponente dividiert. $\tilde{S} \cdot Y$ enthält dann die Indizes, die den Einfluß der saisonalen und der irregulären Komponente wiedergeben.

- In einem weiteren Schritt ist dann aus $\tilde{S} \cdot Y$ die irreguläre Komponente auszuschalten.

3.3.1.2.2 Programmorientierte Verfahren der Materialbedarfsbestimmung

Grundlage für die Materialdisposition bildet das kurzfristige Produktionsprogramm. In Anlehnung an die Systematisierung der Materialarten nach Riebel (vgl. Abb. 157) ist zwischen Fließ- und Stückgütern zu unterscheiden.

3.3.1.2.2.1 Materialbedarfsbestimmung für Fließgüter

Unter der Voraussetzung, daß das zu erstellende Fließgut nur aus einem Einzelstoff besteht und im Rahmen der Produktion keine Mengenverluste auftreten, läßt sich der Materialbedarf für die einzelnen Teilperioden t wie folgt ermitteln (vgl. hierzu Kilger 1986, S. 300 ff.):

$$r_{vt} = \sum_{j=1}^{n} h_j \cdot x_{pjt}$$

mit:

x_{pjt} = geplante Produktionsmenge der Erzeugnisart j in der Periode t

h_j = Materialbedarf pro Erzeugniseinheit

r_{vt} = Materialbedarf in der Periode t

Diese Darstellung berücksichtigt nicht, daß die Erzeugnisse **mehrere Produktionsstellen** (i = 1, ..., m) durchlaufen. Wird dieser Sachverhalt in die Überlegungen aufgenommen und darüber hinaus zugelassen, daß in den einzelnen Produktionsstufen **Mengenverluste** auftreten, dann ist dies mit Hilfe von Einsatzfaktoren (f) zu erfassen:

$$\text{Einsatzfaktor} = \frac{\text{Einsatzmenge}}{\text{Ausbringungsmenge}}$$

Nimmt dieser Faktor den Wert 1 an, dann bedeutet dies, daß keine Mengenverluste auftreten. Ist er hingegen > 1, dann liegen Mengenverluste vor. Nimmt dieser Faktor bespielsweise den Wert 1,1 an, dann bedeutet dies, auf eine bestimmte Produktionsstelle bezogen, daß 10 % mehr als die geplante Ausbringungsmenge eingesetzt werden muß. Treten derartige Mengenverluste in mehreren aufeinanderfolgenden Produktionsstufen auf, dann sind die Einsatzfaktoren der Produktionsstufen multiplikativ miteinander zu verknüpfen. Es ergibt sich dann die folgende Beziehung:

$$r_{vt} = \sum_{j=1}^{n} h_j \cdot f_j \cdot x_{pjt}$$

Das folgende Beispiel möge diesen Sachverhalt verdeutlichen.

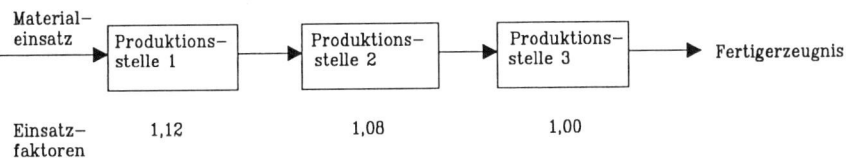

Die multiplikative Verknüpfung der Einsatzfaktoren ergibt aufgerundet einen Wert von 1,21. Abb. 167 gibt dann für drei Erzeugnisarten eine Beispielrechnung wieder.

Erzeugnis-art	Geplante Produktions-menge in der Periode t	Material-verbrauch pro Einheit	Einsatz-faktor	Material-einsatz ME/t
1	20.800	1,8	1,21	45.302,4
2	15.600	2,1	1,21	39.639,6
3	17.200	2,0	1,21	41.624,0
				126.566,0

Abb. 167: Beispiel zur Ermittlung des Materialbedarfs für die Erstellung eines Fließgutes mit Mengenverlusten

In den bisherigen Überlegungen wurde unterstellt, daß das zu produzierende Fließgut aus einem Einzelstoff besteht. Die weiteren Ausführungen heben diese Voraussetzung auf und beziehen auch **Stoffgemische** in die Überlegungen ein. Analog zu den Faktoreinsatzbeziehungen ist dann zwischen

- limitationalen und
- substitutionalen Stoffgemischen

zu unterscheiden.

Liegen limitationale Beziehungen vor, dann lassen sich die Stoffgemische eindeutig in ihre Mischungsbestandteile zerlegen. Besteht ein Stoffgemisch aus z Einsatzstoffen und ist η der prozentuale Anteil, dann ergibt sich die folgende Gleichung:

$$r_{vzt} = \sum_{j=1}^{n} h_j \cdot x_{pjt} \cdot \frac{\eta_z}{100}$$

Handelt es sich hingegen um substitutionale Beziehungen, dann existieren mehrere Mischungen, von denen dann die optimale Mischung zu ermitteln ist. Als Zielsetzung für die Bestimmung der optimalen Mischung wird dabei die Kostenminimierung herangezogen. Die optimale Mischung läßt sich mit Hilfe der linearen Optimierung errechnen (vgl. hierzu Kilger 1986, S. 303 f.).

Zu den Fließgütern zählen darüber hinaus die zweidimensional bestimmten Güter (vgl. Abb. 157). Durch die Konstruktion ist das Volumen dieser Güter und die Materialart bestimmt. Durch Multiplikation des **Volumen je Stück** mit dem **spezifischen Gewicht** ergibt sich der **Nettomaterialverbrauch pro Stück**, d.h. die Materialmenge, die zur Erstellung einer Erzeugniseinheit erforderlich ist, und zwar unter der Voraussetzung, daß in der Produktion keine Abfälle auftreten. In der Regel treten jedoch in der Produktion Abfälle auf, die sich über Zuschläge berücksichtigen lassen:

> Nettomaterialverbrauch pro Stück
> + Zuschlag für auftretenden Abfall
> _____
> = Bruttomaterialverbrauch pro Stück
> x geplante Erzeugnismenge
> _____
> = Gesamtmaterialbedarf der Periode

Bei den Abfällen kann weiterhin zwischen **Zerspanungsabfällen**, die im Rahmen der Anwendung von spanabhebenden Verfahren wie Fräsen, Drehen, Hobeln etc. entstehen und über entsprechende Zuschlagsätze berücksichtigt werden, und **Verschnittabfällen**, die bei Schneide- und Stanzprozessen von Flach-, Stab- und Blockmaterial auftreten, unterschieden werden. Verschnittprobleme lassen sich häufig mit Hilfe der linearen Programmierung lösen (zur softwaremäßigen Unterstützung dieses Problembereichs vgl. Dyckhoff/Kruse/Milautzki 1987).

Neben Abfall tritt häufig in der Produktion **Ausschuß** auf, worunter diejenigen Erzeugnismengen zu verstehen sind, die bedingt durch Qualitätsmängel nicht verwertbar sind. Dies impliziert, daß Erzeugnisse, die zwar Qualitätsmängel aufweisen, jedoch zu einem geringeren Preis noch veräußerbar sind (z.B. 2. Wahl), nicht zum Ausschuß zu zählen sind. Auch der Ausschuß läßt sich über entsprechende Zuschlagsätze erfassen. Der Materialbedarf ergibt sich dann, unter Berücksichtigung von Abfall und Ausschuß, aus der folgenden Bestimmungsgleichung:

$$r_{vt} = \sum_{j=1}^{n} h_{Nj} \left(1 + \frac{zu_{Mj}}{100}\right) \cdot x_{pjt} \cdot \left(1 + \frac{zu_{Aj}}{100}\right)$$

mit:

h_{Nj} = Nettomaterialverbrauch pro Stück

zu_M = Zuschlagsatz für Materialabfall

zu_A = Zuschlagsatz für Ausschuß

3.3.1.2.2.2 Materialbedarfsbestimmung für mehrteilige Stückgüter

Für die weiteren Überlegungen wird vorausgesetzt, daß das kurzfristige Produktionsprogramm und die Erzeugnisstruktur bekannt sind. Die **Erzeugnisstruktur**, d.h. aus welchen Bauteilen und Einzelteilen setzt sich das zu erstellende Erzeugnis zusammen, läßt sich graphisch mit Hilfe von **gerichteten Graphen** darstellen. Ein Graph besteht dabei aus Knoten, Kanten und Mengen (Produktionskoeffizienten), d.h. es handelt sich um ein Netz von Knoten und Kanten, mit dessen Hilfe die quantitativen Beziehungen zwischen den Elementen erfaßt werden. Im Rahmen der graphischen Darstellung der Erzeugnisstruktur ist zwischen Erzeugnisbaum und Gozintograph zu unterscheiden.

Beim **Erzeugnisbaum** werden die Knoten graphisch so angeordnet, daß damit die Grundstruktur des produktionstechnischen Ablaufs und der Materialfluß ersichtlich sind. Abbildung 168 gibt einen Erzeugnisbaum beispielhaft wieder.

Die Abbildung zeigt, daß jeder Knoten nur einen Nachfolger hat, jedoch mehrere Vorgänger haben kann. Die Bau- und Einzelteile werden dabei jeweils an den Stellen angeführt, an denen sie in der Erzeugnisstruktur vorkommen, was mit der Konsequenz einhergeht, daß einzelne Bauteile und/oder Einzelteile an mehreren Stellen des Erzeugnisbaumes auftreten. Hierdurch bedingt treten bei der Speicherung der Erzeugnisbäume **Redundanzen** auf. Um dies zu vermeiden, finden Gozintographen Anwendung.

Ein **Gozintograph** (GG) ist ein gerichteter, bewerteter Graph, der sich wie folgt definieren läßt (vgl. Tempelmeier 1988a, S. 104; Zäpfel 1982, S. 74 f.):

$$GG = (Q, H, h)$$

mit :

Q = Knotenmenge (Menge aller Erzeugnisse, Bauteile, Einzelteile).

H = Pfeilmenge (Input-Output-Beziehung): Menge der technologischen Mengenbeziehungen.

h = Pfeilbewertungen (Produktionskoeffizienten): es wird damit angegeben, mit wieviel Mengeneinheiten ein Element in eine übergeordnete Komponente eingeht.

Fertigungsstufe

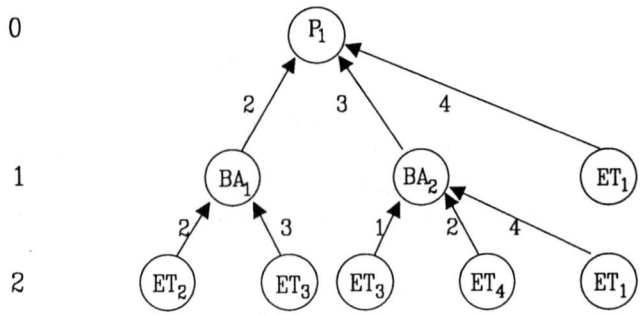

mit: P = Produkt
      BA = Bauteil
      ET = Einzelteil

Abb. 168: Erzeugnisbaum

Für den Erzeugnisbaum aus Abbildung 168 läßt sich dann der folgende Gozintograph aufstellen (vgl. Abb. 169):

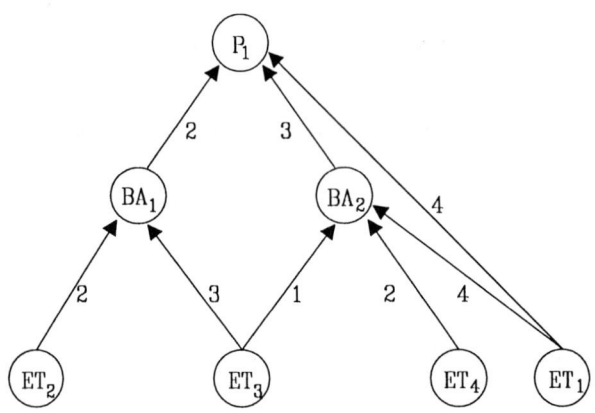

Abb. 169: Gozintograph

Abbildung 169 zeigt damit eine redundanzfreie Darstellung, da jede Komponente nur durch einen Knoten dargestellt wird. Formal ergibt sich dann:

$$Q = \{ P_1, BA_1, BA_2, ET_1, ET_2, ET_3, ET_4 \}$$

$$H \subset Q \times Q = \{ (BA_1, P_1), (BA_2, P_1), (ET_2, BA_1), (ET_3, BA_1), (ET_3, BA_2),$$
$$(ET_4, BA_2), (ET_1, BA_2), (ET_1, P_1) \}$$

h: $H \rightarrow R_+ = (BA_1, P_1) \rightarrow 2; (BA_2, P_1) \rightarrow 3; (ET_2, BA_1) \rightarrow 2$ usw.

Algebraisch läßt sich dieser Gozintograph dann durch das folgende Gleichungssystem darstellen:

$$r_{BA1} = 2\, r_{P1}$$

$$r_{BA2} = 3\, r_{P1}$$

$$r_{ET2} = 2\, r_{BA1}$$

$$r_{ET3} = 3\, r_{BA1} + 1\, r_{BA2}$$

$$r_{ET4} = 2\, r_{BA2}$$

$$r_{ET1} = 4\, r_{BA2} + 4\, r_{P1}$$

Dieses unbestimmte Gleichungssystem läßt sich durch die Vorgabe der gewünschten Menge von r_{P1} lösen, d.h. durch sukzessives Einsetzen läßt sich dann der erforderliche Teilebedarf ermitteln.

Neben dieser graphischen Darstellung läßt sich die Erzeugnisstruktur auch in **tabellarischer Form** als **Stückliste** erfassen. Unter einer Stückliste ist dabei eine mengenmäßige Aufstellung der in ein Endprodukt oder Bauteil eingehenden Teile zu verstehen, d.h. sie ist analytisch aufgebaut und geht damit von dem jeweils übergeordneten Teil aus und erfaßt seine Zerlegung in Einzelteile oder Bauteile. Von den Stücklisten, die damit alle Teile erfassen, die in ein Endprodukt eingehen, sind die **Teileverwendungsnachweise** (synthetische Betrachtung) abzugrenzen, die angeben, für welche Erzeugnisse die Teilearten als Bedarf auftreten. Sie erlangen besondere Bedeutung beim Auffinden von Wiederholteilen. Hieraus resultiert ihre Relevanz im Rahmen von Änderungen, um deren Auswirkungen auf übergeordnete Komponenten und die Erzeugnisse erfassen zu können. Damit stellen Stücklisten und Teileverwendungsnachweise lediglich andere perspektivische Betrachtungen dar.

Von der Vielzahl der in der Praxis auftretenden Stücklistenarten (vgl. die tabellarische Übersicht bei Blohm u.a. 1987, S. 219) seien im folgenden drei Erscheinungsarten, die besonders häufig auftreten, kurz skizziert (vgl. Franken 1984, S. 42; Kilger 1986, S. 308 f.; Schneeweiß 1987, S. 177 f.):

- **Mengenübersichtsstückliste:** Sie gibt die Gesamtmengen aller in ein Erzeugnis einfließenden Komponenten an, ohne dabei Auskunft über ihre Stellung in der Erzeugnisstruktur zu geben.

Sachnummer	Benennung	Menge
BA_1	...	2
BA_2	...	3
ET_1	...	8
ET_2	...	2
ET_3	...	4
ET_4	...	2

- **Strukturstückliste:** Es werden die Mengen der einzelnen Teile unter Berücksichtigung der Erzeugnisstruktur und damit der entsprechenden Produktionsstufen angeführt.

Produktionsstufe	Sachnummer	Benennung	Menge
1	BA_1	...	2
. 2	ET_2	...	2
. 2	ET_3	...	3
1	BA_2	...	3
. 2	ET_3	...	1
. 2	ET_4	...	2
. 2	ET_1	...	4
1	ET_1	...	4

- **Baukastenstückliste:** Sie führen die in die Baugruppen und Endprodukte direkt eingehenden Teile auf. Dies hat zur Konsequenz, daß für jede Baugruppe eine getrennte Stückliste zu erstellen ist.

Baukastenstückliste für Produkt P_1

Sachnummer	Benennung	Menge
BA_1	...	2
BA_2	...	3
ET_1	...	4

Baukastenstückliste für Baugruppe BA_1

Sachnummer	Benennung	Menge
ET_2	...	2
ET_3	...	3

Baukastenstückliste für Baugruppe BA_2

Sachnummer	Benennung	Menge
ET_3	...	1
ET_4	...	2
ET_1	...	4

Bevor auf die Bedarfsauflösung im einzelnen eingegangen wird, seien zunächst die folgenden Begriffe erläutert (vgl. z.B. Kilger 1986, S. 299; Schneeweiß 1987, S. 180, Tempelmeier 1988a, S. 7):

- **Primärbedarf**: die aus dem geplanten Produktionsprogramm abgeleiteten Erzeugnismengen.
- **Sekundärbedarf**: Materialbedarf (Rohstoffe, Einzelteile und Bauteile), der sich aus den Erzeugnismengen (=Primärbedarf) ergibt.
- **Tertiärbedarf**: Bedarf an Hilfs-, Betriebsstoffen und Verschleißwerkzeugen für die Produktion.

Der **Gesamtbedarf** r_k für ein Erzeugnis k ergibt sich aus dem Primärbedarf π_k, der stets vorgegeben ist, und dem Sekundärbedarf σ_k eines Erzeugnisses, der sich aus den Bedarfen der nachfolgenden Komponenten, die in die übergeordnete Komponente j eingehen, multipliziert mit den jeweiligen Produktionskoeffizienten (h_{kj}):

$$r_k = \sigma_k + \pi_k$$

und:

$$\sigma_k = \sum_{j=1}^{n} h_{kj} \cdot r_j$$

Durch Einsetzen von σ_k in r_k ergibt sich dann:

$$r_k = \sum_{j=1}^{n} h_{kj} \cdot r_j + \pi_k$$

als Gesamtbedarf für das Erzeugnis k oder in Matrixschreibweise:

$$r = A \cdot r + \pi$$

mit:

A = Direktbedarfsmatrix (sie besteht aus den für den Gozintographen geltenden Input-Output-Relationen, d.h. sie nimmt in den Zeilen und Spalten die Einzelteile, Bauteile und Endprodukte, und zwar geordnet nach zunehmendem Reifegrad, auf.)

Werden Lagerbestände in die Überlegungen einbezogen, dann ist ferner zwischen

- Brutto- und
- Nettobedarf

zu unterscheiden.

Unter **Bruttobedarf** wird der periodenbezogene Gesamtbedarf aller Bau- und Einzelteile verstanden. Der **Nettobedarf** eines Teiles gibt diejenige Menge an, die in der Planperiode nicht verfügbar ist. Damit obliegt der Nettobedarfsrechnung die Aufgabe, zu überprüfen, ob der Bruttobedarf bereits durch den Lagerbestand abgedeckt ist. Für den Nettobedarf ergibt sich dann:

Nettobedarf = max { Bruttobedarf - Lagerbestand, 0 }

Diese Beziehung zeigt, daß ein Nettobedarf nur dann gegeben ist, wenn der Bruttobedarf größer ist als der Lagerbestand. Ist dies nicht der Fall, nimmt der Nettobedarf den Wert Null an. Der Nettobedarf ergibt sich dann aus der folgenden Gleichung:

Nettobedarf =   Bruttobedarf

                  - Werkstattbestand

                  - Bestellbestand

                  - Reservierungsbestand

                  - Sicherheitsbestand

Unter **Werkstattbestand** sind die Teile zu verstehen, die aus dem Lager entnommen wurden und sich in der Produktion befinden. Glaser (1986, S. 40) betont in diesem Zusammenhang, daß der Werkstattbestand zu einem großen Teil häufig auftragsgebunden sei, und es aus diesem Grunde notwendig sei, zwischen einem Werkstattvormerkbestand und einem frei verfügbaren Werkstattbestand zu unterscheiden (vgl. hierzu die Ausführungen zum Reservierungsbestand). Für die Nettobedarfsermittlung ist dann der Werkstattbestand periodengerecht vom Bruttobedarf zu subtrahieren.

Mit dem **Bestellbestand** wird der Bestand an offenen Bestellungen erfaßt. Erfolgt die Lieferung, dann ist auch der Bestellbedarf periodengerecht vom Bruttobedarf zu subtrahieren.

Unter einem **Reservierungsbestand** (auch Vormerkbestand genannt) sind diejenigen Teile des Lagerbestandes zu verstehen, die für geplante Aufträge vorgemerkt sind und zu einem geplanten Termin aus dem Bestand entnommen werden, d.h. dieser Bestand ist für andere Aufträge nicht mehr verfügbar.

Der **Sicherheitsbestand** dient zur Absicherung gegenüber außergewöhnlichen Ereignissen (z.B. unvorhergesehene Bedarfsabweichungen).

Um den Nettobedarf zu ermitteln, erfolgt eine Auflösung der Gleichung

$$r = A \cdot r + \pi$$

nach dem Gesamtbedarfsvektor r

$$E \cdot r - A \cdot r = \pi$$
$$E = \text{Einheitsmatrix}$$

Daraus ergibt sich durch Umformung:

$$\underbrace{(E - A)}_{\text{Technologiematrix}} \cdot r = \pi$$

Die **Technologiematrix** ergibt sich damit aus der Subtraktion der Direktbedarfsmatrix von der Einheitsmatrix. Zur Berechnung des Vektors r (d.h. des gesamten Bedarfs für sämtliche Teile in Abhängigkeit von dem vorgegebenen Primärbedarf) ist die Gleichung nach r aufzulösen, was mit Hilfe der Inversion der Technologiematrix geschieht:

$$r = \underbrace{(E - A)^{-1}}_{\text{Verflechtungsmatrix}} \cdot \pi$$

In den Spalten dieser **Verflechtungsmatrix** befinden sich dann die **Mengenübersichtsstücklisten**, die aufzeigen, aus welchen Komponenten ein Produkt besteht. Die Zeilen liefern demgegenüber die **Teileverwendungsnachweise**, die angeben, welche Mengen einer bestimmten Komponente in den anderen Komponenten oder Produkten stecken.

Die dargestellte Vorgehensweise sei an einem Beispiel verdeutlicht:

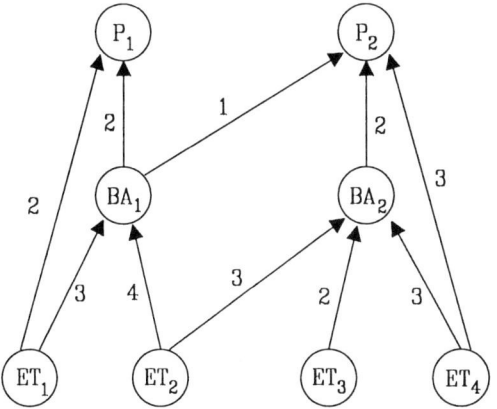

Hieraus läßt sich dann das folgende Gleichungssystem erstellen:

Primärbedarf für $P_1 = 120$ und für $P_2 = 180$

$$r_{ET1} = 0 \cdot r_{ET1} + 0 \cdot r_{ET2} + 0 \cdot r_{ET3} + 0 \cdot r_{ET4} + 3 \cdot r_{BA1} + 0 \cdot r_{BA2} + 2 \cdot r_{P1} + 0 \cdot r_{P2} + 0$$

$$r_{ET2} = 0 \cdot r_{ET1} + 0 \cdot r_{ET2} + 0 \cdot r_{ET3} + 0 \cdot r_{ET4} + 4 \cdot r_{BA1} + 3 \cdot r_{BA2} + 0 \cdot r_{P1} + 0 \cdot r_{P2} + 0$$

$$r_{ET3} = 0 \cdot r_{ET1} + 0 \cdot r_{ET2} + 0 \cdot r_{ET3} + 0 \cdot r_{ET4} + 0 \cdot r_{BA1} + 2 \cdot r_{BA2} + 0 \cdot r_{P1} + 0 \cdot r_{P2} + 0$$

$$r_{ET4} = 0 \cdot r_{ET1} + 0 \cdot r_{ET2} + 0 \cdot r_{ET3} + 0 \cdot r_{ET4} + 0 \cdot r_{BA1} + 3 \cdot r_{BA2} + 0 \cdot r_{P1} + 3 \cdot r_{P2} + 0$$

$$r_{BA1} = 0 \cdot r_{ET1} + 0 \cdot r_{ET2} + 0 \cdot r_{ET3} + 0 \cdot r_{ET4} + 0 \cdot r_{BA1} + 0 \cdot r_{BA2} + 2 \cdot r_{P1} + 1 \cdot r_{P2} + 0$$

$$r_{BA2} = 0 \cdot r_{ET1} + 0 \cdot r_{ET2} + 0 \cdot r_{ET3} + 0 \cdot r_{ET4} + 0 \cdot r_{BA1} + 0 \cdot r_{BA2} + 0 \cdot r_{P1} + 2 \cdot r_{P2} + 0$$

$$r_{P1} = 0 \cdot r_{ET1} + 0 \cdot r_{ET2} + 0 \cdot r_{ET3} + 0 \cdot r_{ET4} + 0 \cdot r_{BA1} + 0 \cdot r_{BA2} + 0 \cdot r_{P1} + 0 \cdot r_{P2} + 120$$

$$r_{P2} = 0 \cdot r_{ET1} + 0 \cdot r_{ET2} + 0 \cdot r_{ET3} + 0 \cdot r_{ET4} + 0 \cdot r_{BA1} + 0 \cdot r_{BA2} + 0 \cdot r_{P1} + 0 \cdot r_{P2} + 180$$

Gesamt-   Sekundärbedarf   Primärbedarf   bedarf

In Matrixschreibweise ergibt sich dann:

$$
A = \begin{bmatrix}
0 & 0 & 0 & 0 & 3 & 0 & 2 & 0 \\
0 & 0 & 0 & 0 & 4 & 3 & 0 & 0 \\
0 & 0 & 0 & 0 & 0 & 2 & 0 & 0 \\
0 & 0 & 0 & 0 & 0 & 3 & 0 & 3 \\
0 & 0 & 0 & 0 & 0 & 0 & 2 & 1 \\
0 & 0 & 0 & 0 & 0 & 0 & 0 & 2 \\
0 & 0 & 0 & 0 & 0 & 0 & 0 & 0 \\
0 & 0 & 0 & 0 & 0 & 0 & 0 & 0
\end{bmatrix}
\qquad
\pi = \begin{bmatrix}
0 \\ 0 \\ 0 \\ 0 \\ 0 \\ 0 \\ 120 \\ 80
\end{bmatrix}
$$

Technologiematrix $(E - A)$:

$$
(E - A) = \begin{bmatrix}
1 & 0 & 0 & 0 & -3 & 0 & -2 & 0 \\
0 & 1 & 0 & 0 & -4 & -3 & 0 & 0 \\
0 & 0 & 1 & 0 & 0 & -2 & 0 & 0 \\
0 & 0 & 0 & 1 & 0 & -3 & 0 & -3 \\
0 & 0 & 0 & 0 & 1 & 0 & -2 & -1 \\
0 & 0 & 0 & 0 & 0 & 1 & 0 & -2 \\
0 & 0 & 0 & 0 & 0 & 0 & 1 & 0 \\
0 & 0 & 0 & 0 & 0 & 0 & 0 & 1
\end{bmatrix}
$$

Als Inverse der Technologiematrix $(E - A)^{-1}$ ergibt sich dann die Verflechtungsmatrix V

$$
V = (E - A)^{-1} \begin{bmatrix}
1 & 0 & 0 & 0 & 3 & 0 & 8 & 3 \\
0 & 1 & 0 & 0 & 4 & 3 & 8 & 10 \\
0 & 0 & 1 & 0 & 0 & 2 & 0 & 4 \\
0 & 0 & 0 & 1 & 0 & 3 & 0 & 9 \\
0 & 0 & 0 & 0 & 1 & 0 & 2 & 1 \\
0 & 0 & 0 & 0 & 0 & 1 & 0 & 2 \\
0 & 0 & 0 & 0 & 0 & 0 & 1 & 0 \\
0 & 0 & 0 & 0 & 0 & 0 & 0 & 1
\end{bmatrix}
$$

Die Verflechtungsmatrix gibt dabei die Input-Output-Relationen zwischen allen Teilen und Erzeugnissen wieder, d.h. ein Element v_{ij} der Verflechtungsmatrix V gibt dann an, wieviele Mengeneinheiten des Teils i für die Erstellung eines Teils j benötigt werden.

$$
\begin{array}{ccc}
V & \pi & r
\end{array}
$$

$$
\begin{bmatrix}
1 & 0 & 0 & 0 & 3 & 0 & 8 & 3 \\
0 & 1 & 0 & 0 & 4 & 3 & 8 & 10 \\
0 & 0 & 1 & 0 & 0 & 2 & 0 & 4 \\
0 & 0 & 0 & 1 & 0 & 3 & 0 & 9 \\
0 & 0 & 0 & 0 & 1 & 0 & 2 & 1 \\
0 & 0 & 0 & 0 & 0 & 1 & 0 & 2 \\
0 & 0 & 0 & 0 & 0 & 0 & 1 & 0 \\
0 & 0 & 0 & 0 & 0 & 0 & 0 & 1
\end{bmatrix}
\cdot
\begin{bmatrix}
0 \\ 0 \\ 0 \\ 0 \\ 0 \\ 0 \\ 120 \\ 80
\end{bmatrix}
=
\begin{bmatrix}
1200 \\ 1760 \\ 320 \\ 720 \\ 320 \\ 160 \\ 120 \\ 80
\end{bmatrix}
$$

Den bisherigen Beziehungen lag eine limitationale Produktionsfunktion mit **konstanten Produktionskoeffizienten** zugrunde. In den weiteren Ausführungen sollen dagegen **variable Produktionskoeffizienten** zugelassen werden (vgl. Adam 1977, S. 68 ff.; Fandel 1980, S. 454 f.). In dieser Situation hängen die Einsatzmengen der benötigten Teile von den auf den einzelnen Produktionsstufen zum Einsatz gelangenden Produktionsverfahren ab. Ursache hierfür können etwa bei funktionsgleichen Aggregaten, die auf einer Produktionsstufe eingesetzt werden können, unterschiedliche Ausschußkoeffizienten der jeweiligen Aggregate ak_s sein. Der Ausschußkoeffizient ist dabei definiert durch die folgende Gleichung:

$$
ak_s = \frac{\text{Gesamtoutput}}{\text{verwertbarer Output}} > 1
$$

Da die Ausschußkoeffizienten die Input-Output-Beziehungen beeinflussen, müssen die Produktionskoeffizienten mit ihnen multiplikativ verknüpft werden:

Korrigierter Produktionskoeffizient = Produktionskoeffizient • Ausschußkoeffizient

Ausgangspunkt der Behandlung dieses Problems sei die folgende lineare Erzeugnisstruktur, bei der aus einem Rohstoff und zwei Zwischenprodukten auf den Produktionsstufen 1 und 2 ein Enderzeugnis auf Stufe 3 erstellt wird.

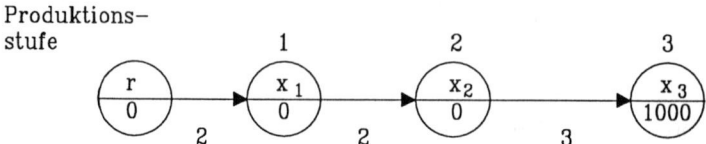

Abb. 170: Gozintograph ohne Verfahrenswahlmöglichkeiten auf den Produktionsstufen

Darauf aufbauend wird nun angenommen, daß auf den Produktionsstufen s Verfahrenswahlmöglichkeiten bestehen, die in Abbildung 171 wiedergegeben sind.

Produktionsstufe s	1	2	3
Erzeugnis x_s	x_1	x_2	x_3
Verfahren i_s	$i_1=1,2$	$i_2=1,2$	$i_3=1,2$

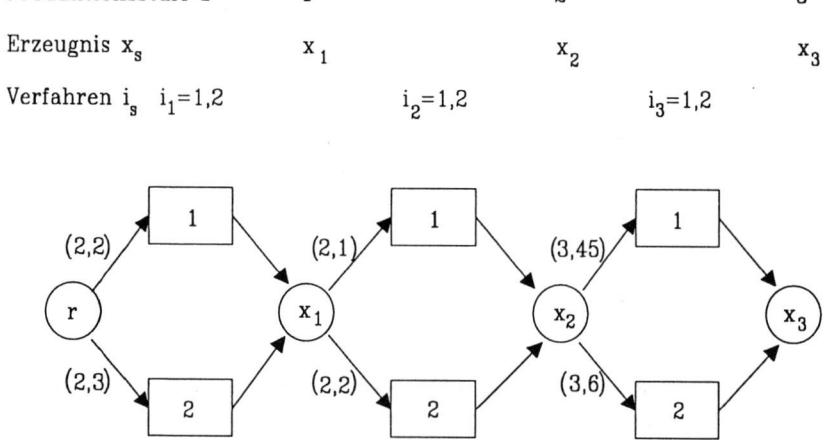

Abb. 171: Verfahrenswahlmöglichkeiten auf den einzelnen Produktionsstufen

Abbildung 172 faßt die relevanten Informationen, inklusive der Fertigungsstückkosten zusammen.

Die Mengenvariable x_{si} gibt dabei an, wieviele Teilmengen des Endproduktes auf der Produktionsstufe s mit dem Verfahren i hergestellt werden. Die Produktionskoeffizienten h_s ergeben sich aus Abbildung 170. Sie werden mit den entsprechenden Ausschußkoeffizienten multipliziert, und es ergeben sich die korrigierten Produktionskoeffizienten h_s^k, die in Abbildung 171 an den Pfeilen in Klammern angeführt sind.

Produktionsstufe s	1		2		3	
Verfahren i_s	1	2	1	2	1	2
Mengenvariable x_{si}	x_{11}	x_{12}	x_{21}	x_{22}	x_{31}	x_{32}
Produktionskoeffizient h_s	2	2	2	2	3	3
Ausschußkoeffizient ak_{si}	1,1	1,15	1,05	1,1	1,15	1,2
korrigierter Produktions- koeffizient h_s^k	2,2	2,3	2,1	2,2	3,45	3,6
Fertigungsstückkosten	1,30	1,25	1,90	1,95	2,60	2,75
Rohstoffpreis = 1,00 DM						

Abb. 172: Verfahrenswahlabhängige Informationen

Die Ausführungen zeigen, daß die Verfahrenswahl über die Ausschußkoeffizienten sowohl den Zwischenerzeugnis- als auch den Rohstoffbedarf determiniert, d.h. durch die Verfahrenswahl werden die **Materialkosten** beeinflußt. Es ist aber zu berücksichtigen, daß die Verfahrenswahl auch die **Fertigungskosten** des Enderzeugnisses beeinflußt. Hieraus resultiert, daß der Teilebedarf und die Verfahrenswahl simultan zu bestimmen sind. Zur Lösung dieses Problems stehen zwei Verfahren zur Verfügung (vgl. hierzu die Ausführungen zur Verfahrenswahl, Punkt 3.3.2.2):

- das Verfahren der arbeitsgangweisen Kalkulation und
- das Verfahren der Alternativkalkulation.

Unter der Zielsetzung der Kostenminimierung sei kurz der Ansatz der arbeitsgangweisen Kalkulation für das vorangegangene Beispiel formuliert:

$$K = 1,00\, r + 1,30\, x_{11} + 1,25\, x_{12} + 1,90\, x_{21} + 1,95\, x_{22} + 2,60\, x_{31} + 2,75\, x_{32}$$

unter Beachtung der folgenden Nebenbedingungen:

$$r = 2,2\, x_{11} + 2,3\, x_{12}$$

$$x_{11} + x_{12} = 2,1\, x_{21} + 2,2\, x_{22}$$

$$x_{21} + x_{23} = 3,45\, x_{31} + 3,6\, x_{32}$$

$$x_{31} + x_{32} = 1000$$

$$r,\, x_{11},\, x_{12},\, x_{21},\, x_{22},\, x_{31},\, x_{32} \geq 0$$

Sind keine Kapazitätsrestriktionen gegeben, wie dies in diesem Beispiel der Fall ist, stellt sich damit die Aufgabe 1000 Mengeneinheiten des Enderzeugnisses mit den Verfahren der Stufen 2 und 3 und den notwendigen Zwischenerzeugnissen mit den Verfahren der Stufe 1 aus dem Rohstoff so herzustellen, daß die Produktionskosten minimiert werden. Dabei sind die **Kontinuitätsbedingungen** zu beachten, d.h. daß die Rohstoffmenge dem auf Stufe 1 benötigten Input entspricht und der Output der jeweils vorgelagerten Produktionsstufe mit dem Input der ihr nachgelagerten Produktionsstufe übereinstimmt. Mit Hilfe der linearen Optimierung läßt sich dieses Problem dann lösen.

3.3.2 Grundlagen der Auftragsplanung

Die im vorangegangenen Kapitel ermittelten Bedarfsmengen können einerseits im Rahmen der Eigenfertigung erstellt und anderseits durch Fremdbezug von Lieferanten gedeckt werden. Während im ersten Fall von einem **Fertigungsauftrag** oder **Los** gesprochen wird, worunter die Menge eines Einzelteiles, eines Bauteiles oder eines Fertigungsproduktes zu verstehen ist, die ohne Unterbrechung in Eigenfertigung erstellt werden soll, wird im Rahmen des Fremdbezugs der Begriff der **Bestellmenge** verwendet. Als **Oberbegriff** für den Fertigungsauftrag oder das Los und die Bestellmenge wird der Begriff **Auftrag** verwendet, d.h. ein Auftrag kann sich folglich auf Eigenfertigungsteile und auf Fremdbezugsteile beziehen (vgl. Glaser 1986, S. 3). Eigenfertigung und Fremdbezug weisen dabei strukturelle Gleichheiten auf:

Eigenfertigung:		**Fremdbezug:**
Losgröße	⇔	Bestellmenge
Produktionszeitpunkt	⇔	Bestellzeitpunkt
Produktionszeit	⇔	Lieferzeit
Herstellkosten	⇔	Beschaffungskosten
Kapazitätsrestriktionen	⇔	Beschaffungsrestriktionen

3.3.2.1 Optimale Bestellmenge

Zur Bestimmung der optimalen, d.h. kostenoptimalen Bestellmenge ist es zunächst erforderlich, die im Rahmen der Bedarfsdeckung der Materialart anfallenden **Bereitstellungskosten** zu erfassen. Hierzu zählen die folgenden Kostenarten (vgl. Glaser 1986, S. 13 f.):

- Beschaffungskosten
  - -- unmittelbare
  - -- mittelbare
- Lagerhaltungskosten
- Fehlmengenkosten.

Während mit den **unmittelbaren Beschaffungskosten** alle diejenigen Kosten erfaßt werden, die direkt mit dem Kauf der Materialien verbunden sind (Menge x Preis), handelt es sich bei den **mittelbaren Beschaffungskosten** um Kosten, die in direktem Zusammenhang mit der Materialdisposition anfallen. Grundsätzlich gilt, daß mit zunehmender Bestellmenge die gesamten Beschaffungskosten fallen und umgekehrt.

Die **Lagerhaltungskosten** lassen sich in die beiden Komponenten Kapitalbindungskosten und Lagerkosten aufspalten. Die Höhe der **Kapitalbindungskosten** hängt dabei von dem in den Lagerbeständen gebundenen Kapital, der Kapitalbindungsdauer und der Zinssatzhöhe ab. Die **Lagerkosten** umfassen alle Kosten, die durch die Pflege und das Handling der gelagerten Materialien entstehen. Generell gilt, daß die Lagerhaltungskosten mit zunehmender Bestellmenge steigen und umgekehrt. Damit weisen Beschaffungs- und Lagerhaltungskosten in Abhängigkeit von der Bestellmenge eine gegenläufige Tendenz auf.

Fehlmengenkosten werden dadurch hervorgerufen, daß der Materialbedarf nicht oder nicht zum erforderlichen Zeitpunkt gedeckt werden kann. Beispiele für Fehlmengenkosten sind etwa Stillstandskosten infolge von Produktionsunterbrechungen, Konventionalstrafen bei Nichteinhaltung von Lieferterminen oder entgangene Gewinne bei Absatzeinbußen.

3.3.2.1.1 Grundmodell

Das Grundmodell zur Ermittlung der kostenoptimalen Bestellmenge geht zurück auf F. Harris (1915), K. Stefanic-Allmayer (1927) und K. Andler (1929). Ziel dieses Ansatzes ist es, den terminierten Gesamtbedarf einer Periode so in Bestellmengen aufzuspalten, daß die mit der Beschaffung einhergehenden Kosten minimiert werden. Da es nur die unterschiedlichen Bestellmengen als Entscheidungsvariable zuläßt, handelt es sich um ein **univariables Entscheidungsmodell.**

Dem Modell liegen die folgenden **Prämissen** zugrunde (vgl. Franken 1984, S. 144; Kilger 1986, S. 323 f.):

- es wird nur eine Materialart betrachtet,
- konstanter Materialbedarf pro Zeiteinheit,
- vorgegebener Jahresbedarf,
- es treten keine Fehlmengen auf,
- konstante Materialqualität,
- konstante Beschaffungspreise,
- isolierte Beschaffung, d.h. es existieren keine Verbundbeziehungen der Bestellkosten,
- konstante Kosten pro Bestellung,
- beliebig teilbare Beschaffungsmengen,
- beliebig bestimmbare Lieferzeitpunkte,

-   es bestehen keine Restriktionen hinsichtlich der Beschaffungsmenge, der Lagermenge u.ä.,
-   es existieren keine Sicherheitsbestände,
-   am Lager treten keine Mengenverluste auf,
-   die Lieferung ist sofort voll verfügbar,
-   der Lagerbestand ist gleich Null,
-   die variablen Lager- und Bestellkosten verhalten sich proportional zur Bestellmenge.

Es gelten folgende Abkürzungen:

B = Gesamtbedarf der Materialart für eine Planungsperiode

K_f = bestellmengenfixe Kosten

p = Einstandspreis pro Einheit

i = Zinskostensatz $\left.\right\}$ als Jahresansatz

k_l = Lagerkostensatz

K_B = Bestellkosten pro Jahr

K_{Bi} = Kapitalbindungskosten

K_L = Lagerkosten pro Jahr

x = unbekannte Bestellmenge als Entscheidungsvariable

y = Bestellhäufigkeit pro Jahr

$$y = \frac{B}{x}$$

Hieraus ergibt sich für die **mittelbaren Beschaffungskosten** (Km) eines Vorganges:

$$K_m = K_f \cdot y = \frac{K_f \cdot B}{x}$$

Die **Bestellkosten** ergeben sich aus:

$$K_B = B \cdot p$$

Für die Ermittlung der **Kapitalbindungskosten** (K_{Bi}) sei der folgende Verlauf des Lagerzugangs und -abgangs unterstellt (Abb. 173).

Für die Kapitalbindungskosten ergibt sich dann:

$$K_{Bi} = \frac{x}{2} \cdot p \cdot \frac{i}{100}$$

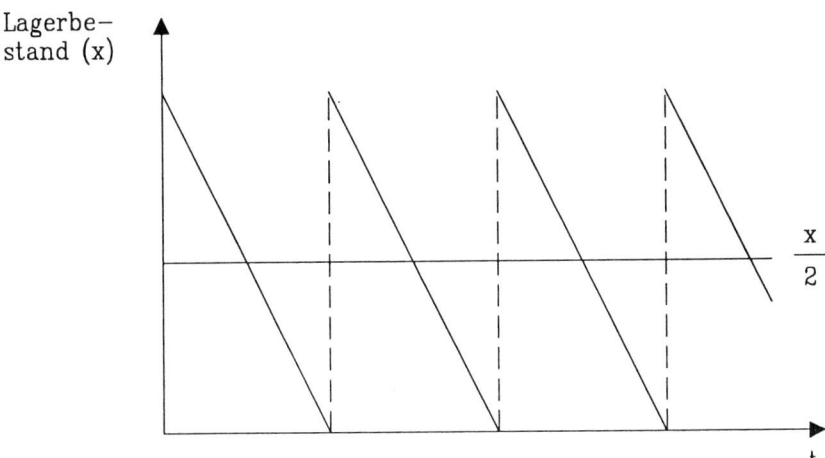

Lagerbestand (x)

Abb. 173: Verlauf des Lagerzugangs und -abgangs

Die Kapitalbindungskosten stellen jedoch nur eine Komponente der Lagerhaltungskosten (K_L) dar. Zusätzlich sind, wie angeführt, die Lagerkosten zu berücksichtigen. Aus diesem Grunde wird der Zinssatz $i/100$ um den Lagerkostensatz $k_l/100$ erhöht und damit der **globale Lagerhaltungskostensatz** ermittelt:

$$\frac{i}{100} + \frac{k_l}{100} = \frac{j}{100}$$

Für die **Lagerkosten** gilt dann:

$$K_L = \frac{x}{2} \cdot p \cdot \frac{j}{100}$$

Damit läßt sich die folgende Gesamtkostenfunktion aufstellen:

$$K = B \cdot p + \frac{K_f \cdot B}{x} + \frac{x}{2} \cdot p \cdot \frac{j}{100}$$

Um das Kostenminimum zu ermitteln, ist diese Funktion nach x zu differenzieren und die 1. Ableitung gleich Null zu setzen. Zusätzlich muß die 2. Ableitung positiv sein:

$$\frac{dK}{dx} = \frac{K_f \cdot B}{x^2} + \frac{p \cdot j}{200} = 0$$

$$\frac{d^2K}{dx^2} = \frac{2 \cdot K_f \cdot B}{x^3} > 0, \text{ für } x > 0$$

$$\frac{K_f \cdot B}{x^2} = \frac{p \cdot j}{200}$$

$$x^2 = \frac{200 \cdot K_f \cdot B}{p \cdot j}$$

$$x_{opt} = \sqrt{\frac{200 \cdot K_f \cdot B}{p \cdot j}}$$

Die optimale Bestellhäufigkeit ergibt sich dann aus:

$$y_{opt} = \frac{B}{x_{opt}}$$

Graphisch läßt sich die kostenminimale Bestellmenge wie folgt darstellen:

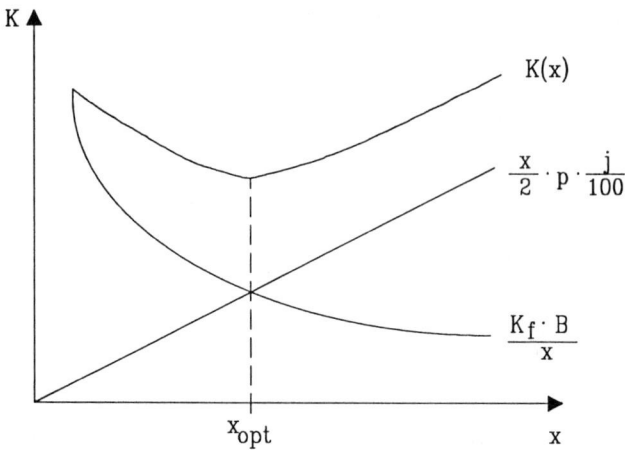

Abb. 174: Graphische Ermittlung der optimalen Bestellmenge

Diese Abbildung zeigt, daß sich die kostenoptimale Bestellmenge bei Gleichheit der Lagerhaltungs- und Bestellkosten ergibt.

3.3.2.1.2 Erweiterungen

Aus der Vielzahl möglicher Erweiterungen dieses Grundmodells (vgl. z.B. Bogaschewsky 1989, S. 543 ff.; Hansmann 1987, S. 159 f.; Kilger 1986, S. 329 ff.; Schneeweiß/ Alscher 1987, S. 483 ff.) sollen die beiden folgenden Aspekte skizziert werden:

- die Berücksichtigung von Rabattstufen und
- die Einbeziehung von Lager- und Finanzrestriktionen.

In der Praxis nehmen die Lieferanten häufig eine **Mengenrabattstaffelung** vor, d.h. es erfolgt eine Veränderung der Einstandspreise durch Abschläge in Abhängigkeit von der Bestellmenge. Innerhalb der Wertebereiche der Bestellmenge ist dann der zugehörige Beschaffungspreis konstant. Für n Rabattstufen wäre der Einstandspreis dann in die folgenden Stufen einzuteilen:

$$
p = \begin{cases} p_0, & 0 \le x < x_1 \\ p_1, & x_1 \le x < x_2 \\ \quad \cdot \quad \cdot \quad \cdot \quad \cdot \\ \quad \cdot \quad \cdot \quad \cdot \quad \cdot \\ \quad \cdot \quad \cdot \quad \cdot \quad \cdot \\ p_n, & x \ge x_n \end{cases}
$$

Diejenige Menge, ab der es einen bestimmten Rabatt gibt, wird als Rabattgrenze bezeichnet. Ist z.B. die Bestellmenge kleiner als x_1, dann gilt der Preis p_0, ist die Bestellmenge $x_1 \le x < x_2$, dann gilt der Preis p_1, wobei $p_1 < p_0$ ist. Bedingt durch diese Rabattstaffelung, weist die Gesamtkostenfunktion für diejenige Bestellmenge, die der Mindestmenge einer neuen Rabattzone entspricht, eine Sprungstelle auf. Dies hat zur Folge, daß auch die Sprungstellen auf Optimalität zu überprüfen sind. Abbildung 175 gibt diese Situation wieder.

In dem dargestellen Fall befindet sich das Optimum an einer Rabattgrenze. Dies ist deshalb häufig der Fall, weil der Rabatteinfluß i.d.R. stärker wirkt als die Veränderungen bei den Bestell- und Lagerhaltungskosten.

Durch diese Rabattstaffelung wird die Lösungsmenge in disjunkte Teilmengen zerlegt, so daß sich für den dargestellten Fall die folgende Kostenfunktion ergibt:

$$
K_0 = B \cdot p_0 + \frac{K_f \cdot B}{x} + \frac{x \cdot p_0 \cdot j}{200}, \text{ falls } x < x_1
$$

$$
K_1 = B \cdot p_1 + \frac{K_f \cdot B}{x} + \frac{x \cdot p_2 \cdot j}{200}, \text{ falls } x_1 \le x \le x_2
$$

$$
K_2 = B \cdot p_2 + \frac{K_f \cdot B}{x} + \frac{x \cdot p_2 \cdot j}{200}, \text{ falls } x_2 \le x \le x_3
$$

Bei der Berechnung des Kostenminimums erscheint es zweckmäßig, zunächst zu überprüfen, ob sich das Minimum bei Unterstellung des höchsten Preisnachlasses ergibt, da dann das Optimum bereits gefunden ist. Ist dies nicht der Fall, dann ist es erforderlich, die Rabattstufen in absteigender Reihenfolge auf ein Minimum zu untersuchen. Das

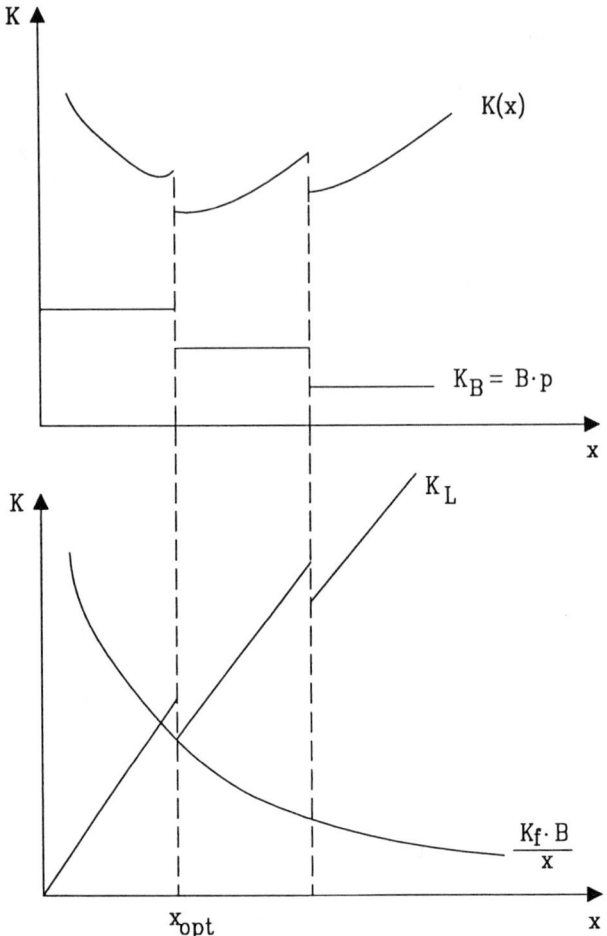

Abb. 175: Kostenfunktion mit Rabattstaffelung

kleinste der ermittelten Minima ist dann das **globale Minimum** und folglich die **optimale Bestellmenge.**

Eine zweite Erweiterungsmöglichkeit stellt die Einbeziehung von Restriktionen in der Form von **Lager-** und **Finanzrestriktionen** dar. Ist die räumliche Kapazität des Lagers nicht ausreichend, um die optimale Bestellmenge aufzunehmen, dann ist die Zielfunktion in der Form der Kostenminimierung um die Nebenbedingung

$$x \leq \text{Kapazität}$$

zu ergänzen. Werden dagegen mehrere Materialarten in ein Lager aufgenommen, dann konkurrieren diese um die begrenzte Lagerkapazität. Dies hat zur Folge, daß dann die optimalen Bestellmengen der einzelnen Materialarten nicht mehr isoliert bestimmt werden können, sondern sie sind dann gemeinsam zu berechnen.

Die um die Nebenbedingung ergänzte Zielfunktion läßt sich dann mit Hilfe der Multiplikationsregel von Lagrange optimieren, wobei der Lagrange'sche Multiplikator die Höhe der **Opportunitätskosten** der knappen Lagerkapazität bestimmt. Dabei gilt, daß der Lagrange'sche Multiplikator um so größer wird, desto knapper die Lagerkapazität ist und desto niedriger die optimalen Bestellmengen werden.

Eine weitere Restriktion kann sich aus den begrenzten **Finanzmitteln** (FM) ergeben. So kann es aus Liquiditätsgründen notwendig sein, daß das durchschnittlich gebundene Kapital im Lager eine bestimmte Höhe FM nicht überschreiten darf:

$$\frac{x}{2} \cdot p \leq FM$$

Auch in diesem Fall läßt sich die um die Nebenbedingung ergänzte Zielfunktion mit Hilfe der Multiplikationsregel von Lagrange optimieren.

3.3.2.2 Optimale Losgröße

Analog zur optimalen Bestellmenge sind auch in diesem Fall zunächst die relevanten Kostenarten zu skizzieren (vgl. Glaser 1986, S. 21 ff.):

- Herstellkosten
  -- unmittelbare
  -- mittelbare
- Lagerhaltungskosten
- Fehlmengenkosten.

Die **unmittelbaren Herstellkosten** stehen in direktem Zusammenhang mit der Erstellung und Bearbeitung der selbsterstellten Vor- und Zwischenprodukte.

Zu den unmittelbaren Herstellkosten zählen folglich die Material- und Fertigungskosten. Demgegenüber stehen die **mittelbaren Herstellkosten** in direkter Verbindung mit der Vorbereitung der Erstellung und schlagen sich demzufolge vor allem in Rüstkosten nieder.

Zu den **Lagerhaltungs-** und **Fehlmengenkosten** gelten die Ausführungen zur optimalen Bestellmenge.

3.3.2.2.1 Grundmodell

Aufgrund der eingangs erwähnten Strukturgleichheit von Eigenfertigung und Fremdbezug gelten die gleichen Prämissen wie im Rahmen der Analyse zur optimalen Bestellmenge. Ergänzend sind die beiden folgenden Voraussetzungen einzuführen:

- die Produktionsgeschwindigkeit ist unendlich groß, und
- die unmittelbaren Herstellkosten pro Materialeinheit sind konstant.

Bezeichnet:

x = Losgröße,

k_u = unmittelbare Herstellkosten pro Materialeinheit und

k_m = mittelbare Herstellkosten eines Loses,

dann läßt sich analog zur optimalen Bestellmenge die folgende Kostenfunktion aufstellen:

$$K = B \cdot k_u + k_m \cdot \frac{B}{x} + \frac{x}{2} \cdot k_u \cdot \frac{j}{100}$$

Diese Funktion ist ebenfalls nach x zu differenzieren, und die 1. Ableitung gleich Null zu setzen, so daß sich die folgende **optimale Losgrößenformel** ergibt:

$$x_{opt} = \sqrt{\frac{200 \cdot k_m \cdot B}{k_u \cdot j}}$$

3.3.2.2.2 Erweiterungen

Eine äußerst problematische Prämisse, die in das Grundmodell einfloß, stellt die Annahme der unendlich hohen Produktionsgeschwindigkeit dar. In der Realität ist vielmehr davon auszugehen, daß die **Produktionsgeschwindigkeit** v (Mengeneinheiten/Tag) einen endlichen Wert annimmt, der höher ist als die Absatzgeschwindigkeit l (Mengeneinheiten/Tag). Durch die Modifikation nimmt der Lagerbestandsverlauf die in Abbildung 176 dargestellte Form an.

Hierbei ist zu berücksichtigen, daß der Lagerbestand (vgl. Abb. 176) nicht mehr den Wert x, sondern lediglich

$$x - \frac{x}{v} \cdot l$$

oder

$$x (1 - l / v)$$

erreicht. Ursache hierfür ist, daß bereits während der Produktion eines Loses ein Abruf der bereits erstellten Mengeneinheiten erfolgt, so daß der maximale Lagerbestand die Höhe x nicht erreicht, sondern dieser Wert um die während der Produktionszeit eines Loses nachgefragten Teile zu reduzieren ist.

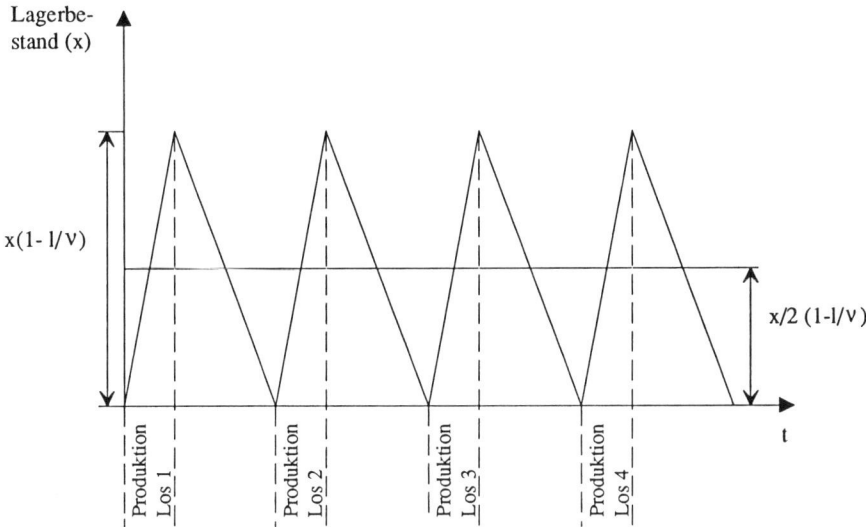

Abb. 176: Lagerbestandsverlauf bei endlicher Produktionsgeschwindigkeit

Da die Kapitalbindungskosten

$$\frac{x}{2}(1-1/v)$$

betragen, ergibt sich als **Lagerhaltungskostenfunktion**:

$$K_L = \frac{x}{2}(1-1/v)\cdot k_u \cdot \frac{j}{100}$$

Als Gesamtkostenfunktion, die es dann zu minimieren gilt, ergibt sich dann:

$$K = B \cdot k_u + k_m \cdot \frac{B}{x} \cdot \frac{x}{2}(1-1/v)\cdot k_u \cdot \frac{j}{100}$$

Für die **optimale Losgröße** ergibt sich:

$$x_{opt} = \sqrt{\frac{200 \cdot k_m \cdot B}{k_u \cdot (1-1/v)\cdot j}}$$

Eine weitere Modifikation der Losgrößenformel ist darin zu sehen, daß mit dem Verkauf der erstellten Mengeneinheiten erst nach der Fertigstellung des Loses begonnen wird. Für l < v, d.h. die Absatzgeschwindigkeit ist geringer als die Produktionsgeschwindigkeit, muß die Produktion eines Loses spätestens x/v Tage vor der Entnahme der letzten

Einheit des vorangegangenen Loses beginnen. Verkauft ist ein Los dann x/l Tage nach Beendigung seiner Produktion. Abbildung 177 gibt diesen Sachverhalt wieder (vgl. hierzu Strebel 1984, S. 216 f.).

Aus dieser Abbildung geht hervor, daß bei Produktionsbeginn des 2. Loses noch

$$x \cdot l / v$$

Mengeneinheiten als Lagerbestand vorhanden sind. Ist das 2. Los produziert, dann ist zu diesem Zeitpunkt das 1. Los vollständig verkauft. Zu diesem Zeitpunkt ist das 2. Los vollständig vorhanden, so daß ein Lagerbestand in der Höhe von x existiert, der zugleich Höchstbestand ist. Als optimale Losgröße ergibt sich dann:

$$x_{opt} = \sqrt{\frac{200 \cdot k_m \cdot B}{k_u(1 - l/v) \cdot j(B/v + T)}}$$

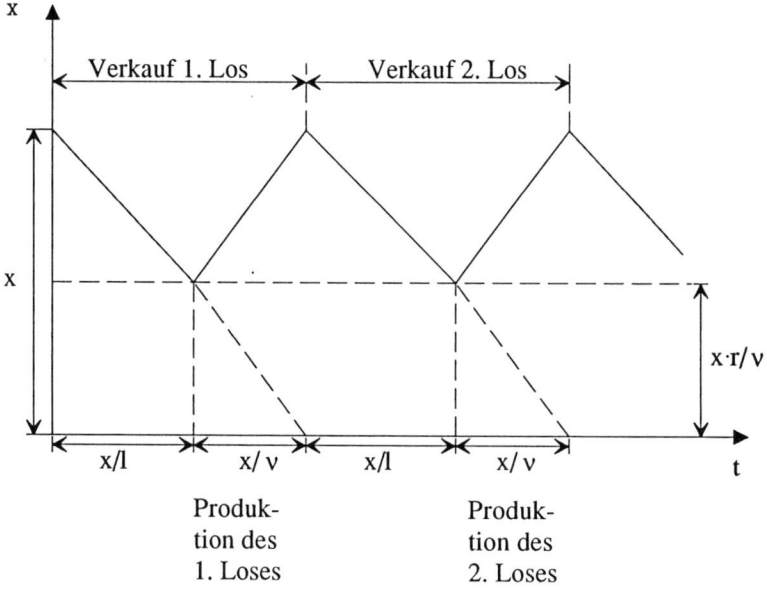

Abb. 177: Lagerbestandsverlauf bei endlicher Produktionsgeschwindigkeit mit Verkaufsbeginn nach Erstellung des gesamten Loses

3.3.3 Grundlagen der Lagerwirtschaft

Lagerhaltung ist generell dann erforderlich, wenn zwischen zwei Stellen einer Materialflußkette asynchrone Mengenbeziehungen existieren, und zwar dergestalt, daß die auf einen Zeitpunkt bezogenen kumulierten Zugänge größer sind als die kumulierten

Abgänge (vgl. Zäpfel 1989b, S. 93). Lagerbestände sind folglich Güter, die erst zu einem späteren Zeitpunkt einer Verwendung zugeführt werden sollen, jedoch bereits zu einem früheren Zeitpunkt zur Verfügung stehen. Als grundlegende Aufgabe der Lagerwirtschaft ergibt sich folglich die Abstimmung unterschiedlich dimensionierter Güterströme unter Beachtung ökonomischer Gegebenheiten. Durch den Aufbau von Beständen wird eine Reduzierung oder Vermeidung von Störungen bei Bedarfsschwankungen in den verschiedenen Phasen des Leistungsprozesses möglich. Unter einem **Lager** ist damit jeder Bestand an beweglichen materiellen Gütern zu verstehen, der in einem bestimmten Zeitraum nicht unmittelbar im Leistungsprozeß involviert ist. Ein Lager kann dabei die folgenden **Funktionen** erfüllen (vgl. Franken 1984, S. 139 f.; Hansmann 1987, S. 148 f.; Kern 1992, S. 233):

- **Ausgleichs- oder Koordinationsfunktion**: Güterzugang und Bedarf können in mengenmäßiger und zeitlicher Hinsicht voneinander abweichen. Während ein mengenmäßiger Ausgleich dann vorliegt, wenn in einem Zeitintervall das Lagerzugangs- und das Lagerabgangsvolumen voneinander abweichen, resultiert die Notwendigkeit eines zeitlichen Ausgleichs aus der unterschiedlichen zeitlichen Verteilung der Zu- und Abgänge. Diese Aspekte werden vor allem bei einer partiellen oder totalen Emanzipation der Beschaffungs- von der Produktionskurve oder der Produktions- von der Absatzkurve relevant.
- **Sicherungsfunktion**: Die Notwendigkeit der Lagerbildung resultiert hierbei aus der Unsicherheit der Informationen. Die Lagerbestände stellen folglich Sicherheitsäquivalente dar.
- **Spekulationsfunktion**: Ursache hierfür sind erwartete Material- oder Absatzpreisveränderungen. Daneben können auch Qualitätsänderungen relevant sein.
- **Veredelungsfunktion**: In diesem Zusammenhang wird auch von Produktivfunktion gesprochen (z.B. Gärung, Reifung, Alterung).

Lager können in den unterschiedlichsten Phasen des betrieblichen Leistungsprozesses auftreten:

- Als **Beschaffungslager** verbinden sie die betriebliche Umwelt in der Form der Beschaffungsmärkte mit der Unternehmung.
- Als **Zwischenlager** dienen sie im Produktionsbereich als Ausgleich zwischen unterschiedlichen Produktionsstufen und -prozessen.
- Als **Absatzlager** übernehmen sie einen Ausgleich zwischen Produktionsprozessen und Absatzvorgängen.

3.3.3.1 Lagerhaltung unter der Voraussetzung sicherer Erwartungen

Zur Sicherstellung eines kontinuierlichen Produktionsablaufs ist es erforderlich, die sich aus den Bedarfsplänen ergebenden Materialmengen rechtzeitig bereitzustellen, um einerseits Bestandslücken durch eine Bestellung der erforderlichen Materialmengen aufzufüllen und andererseits Fehlmengen zu vermeiden. Eine Bestellung ist immer dann auszulösen, wenn ein bestimmter Lagerbestand, der als **Meldemenge** bezeichnet wird, erreicht ist. Die Meldemenge muß dabei so dimensioniert sein, daß sie ausreicht, die während der Beschaffungszeit auftretenden Materialentnahmen zu gewährleisten. Unter **Beschaffungszeit** wird dabei der Zeitraum verstanden, der mit der Bedarfsmeldung beginnt und dann endet, wenn das Material für den beabsichtigten Zweck im betrieblichen Leistungsprozeß zur Verfügung steht. Unter der Voraussetzung eines stetigen und gleichbleibenden Lagerabgangs läßt sich die Meldemenge dann wie folgt darstellen (vgl. Jehle/Müller/Michael 1986, S. 28 f.).

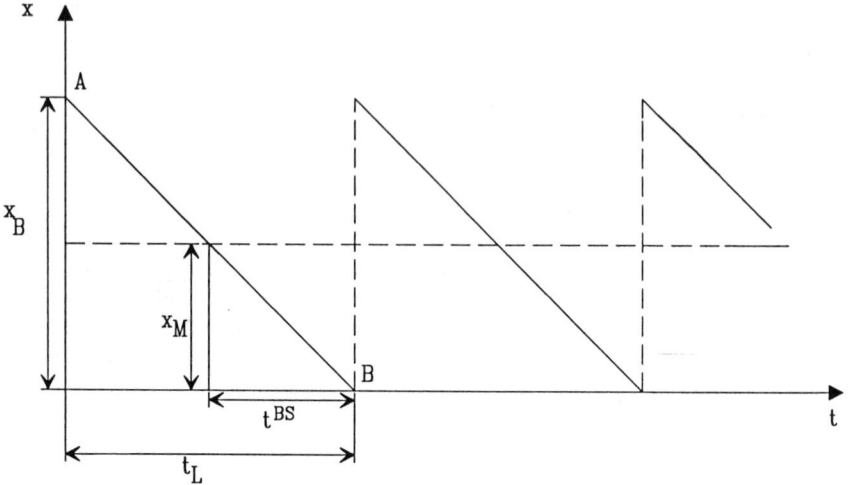

x_B = Beschaffungsmenge; x_M = Meldemenge; t^{BS} = Beschaffungszeit;

t_L = Lagerdauer

Abb. 178: Meldemenge bei stetigem und gleichbleibendem Lagerabgang

Die Strecke $\overline{AB}$ gibt dabei den Verlauf einer kontinuierlichen Materialentnahme im Zeitraum t_L an. In dem Zeitintervall t_L nimmt der Lagerbestand, ausgehend von der Höhe x_B Mengeneinheiten auf Null Einheiten ab. Die Steigung dieser Geraden $\overline{AB}$ ergibt sich dann aus:

$$me_t = \frac{x_B}{t_L}$$

Damit gibt die Größe me_t die Materialentnahme pro Zeiteinheit an (ME/ZE). Es sei unterstellt, daß die Beschaffungszeit t^{BS} betrage. Aufgrund des Strahlensatzes gilt dann:

$$\frac{x_B}{t_L} = \frac{x_M}{t^{BS}} = me_t$$

Aus dieser Beziehung läßt sich dann die Gleichung zur Ermittlung der Meldemenge durch Auflösung nach x_M aufstellen:

$$x_M = \frac{x_B}{t_L} \cdot t^{BS}$$

oder (da $x_B/t_L = me_t$):

$$x_M = me_t \cdot t^{BS}$$

Die Meldemenge läßt sich folglich durch die Multiplikation der Materialentnahme pro Zeiteinheit mit der Beschaffungszeit errechnen.

3.3.3.2 Lagerhaltung unter der Voraussetzung unsicherer Erwartungen

3.3.3.2.1 Ermittlung des optimalen Servicegrades

Den bisherigen Ausführungen lag die Prämisse sicherer Erwartungen, d.h. vollkommener Sicherheit zugrunde. Unsicherheiten können bei den folgenden Informationen auftreten:

- beim Meldebedarf (insbesondere wenn er auf der Grundlage verbrauchsgebundener Verfahren ermittelt wird),
- bei der Beschaffungszeit (z.B. bedingt durch Lieferschwierigkeiten der Lieferanten),
- weitere Unsicherheitsfaktoren (z.B. Fehllieferungen, außerplanmäßige Lagerverluste).

Die Lagerhaltung stellt folglich kein deterministisches, sondern ein stochastisches Problem dar.

Treten etwa bei der Wiederbeschaffungszeit oder bei der Materialentnahme Abweichungen auf, dann kann dies zu Fehlmengen führen (vgl. Abb. 179).

Als mögliche Gegenmaßnahme ist das Anlegen von **Sicherheitsbeständen** zu nennen. Dabei hat es sich in der Praxis als zweckmäßig erwiesen, 1/3 des geplanten Verbrauchs während der Wiederbeschaffungszeit als Sicherheitsbestand vorzuhalten. Soll diese grobe Vorgehensweise präzisiert werden, dann wird es erforderlich, die Lagerhaltungskosten für den Sicherheitsbestand und die potentiellen Fehlmengenkosten in die Überlegungen einzubeziehen. Um dies zu erreichen, ist es zunächst erforderlich, Informationen über die **Wahrscheinlichkeitsverteilung** (Dichtefunktion) des in einem Bestellzyklus anfallenden Materialbedarfs zu haben. Als wahrscheinlichkeitstheoretisches Modell wird dabei i.d.R. die **Normalverteilung** gewählt. Zielsetzung ist nicht die vollständige Vermeidung von Fehlmengen, sondern die Sicherstellung eines Servicegrades, der unter 100% liegt, d.h. der Materialbedarf, der in dem Bestellzyklus zur Verfügung steht, soll eine bestimmte Bedarfsdeckungswahrscheinlichkeit ermöglichen, die unter 1 liegt. Abbildung 180 gibt die Dichtefunktion des Materialbedarfs auf der Grundlage einer Normalverteilung wieder.

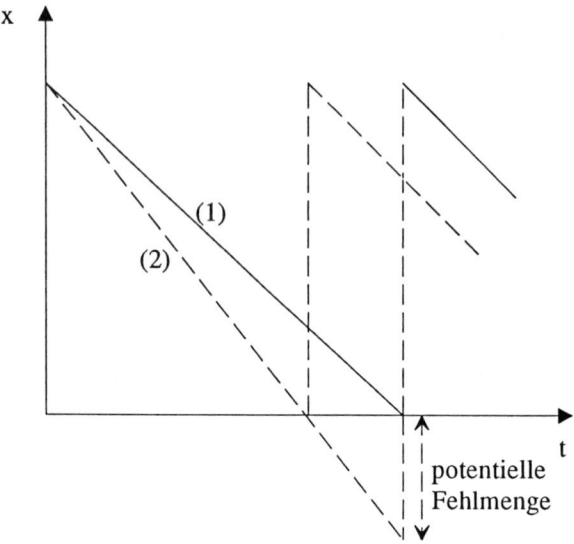

Abb. 179: Auswirkungen von Planabweichungen

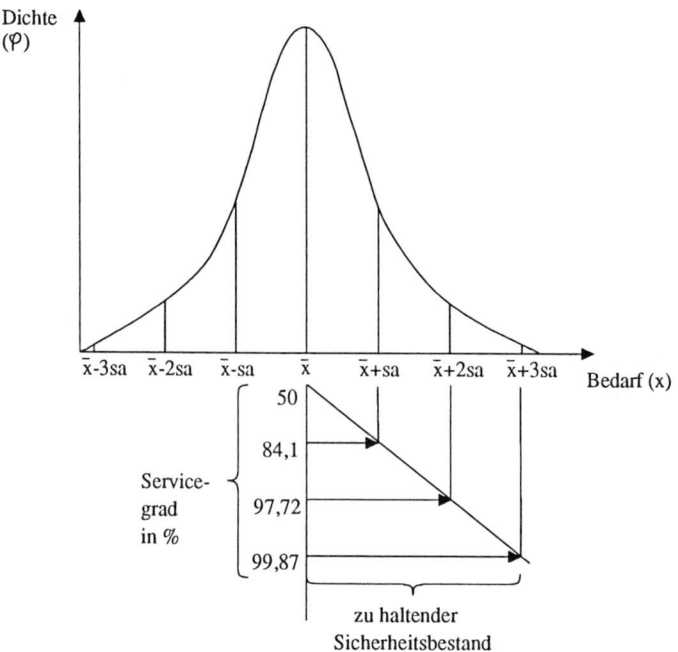

Abb. 180: Dichtefunktion der Normalverteilung

Parameter der Normalverteilung sind dabei x̄ (arithmetisches Mittel) und sa (Standardabweichung). Auf dieser Basis läßt sich dann die Frage beantworten, wie groß der Sicherheitsbestand bemessen sein soll, wenn der vorgegebene Servicegrad z.B. 97,72% beträgt. Für die Normalverteilung gelten dabei unabhängig von den konkreten Parameterwerten folgende Werte:

- bei einem Sicherheitsbestand von 0 beträgt die Wahrscheinlichkeit der Deckung des Bedarfs (Servicegrad) 50%;
- bei einem Sicherheitsbestand von sa beträgt der Servicegrad 84,1%;
- bei einem Sicherheitsbestand von 2 sa beträgt der Servicegrad 97,72%;
- bei einem Sicherheitsbestand von 3 sa beträgt der Servicegrad 99,87%.

Durch die Festsetzung eines gewünschten Servicegrades läßt sich dann der Sicherheitsbestand als ganzzahliges Vielfaches der Standardabweichung bestimmen.

Zu beachten ist hierbei, daß die Höhe der Lagerhaltungskosten von dem geplanten Servicegrad abhängig ist, wobei generell gilt, daß mit zunehmendem Servicegrad die Lagerhaltungskosten ebenfalls steigen. Zwischen den Zielen "Servicegrad" und "Minimierung der Lagerhaltungskosten" besteht folglich eine konfliktäre Beziehung. Zu diesem Zielkonflikt kommt erschwerend hinzu, daß die Bewertung unterschiedlicher Servicegrade mit nicht unerheblichen Problemen verbunden ist.

Ein **optimaler Servicegrad** läßt sich dann aus der Gegenüberstellung der Fehlmengen- und Lagerhaltungskosten bestimmen (vgl. Abb. 181).

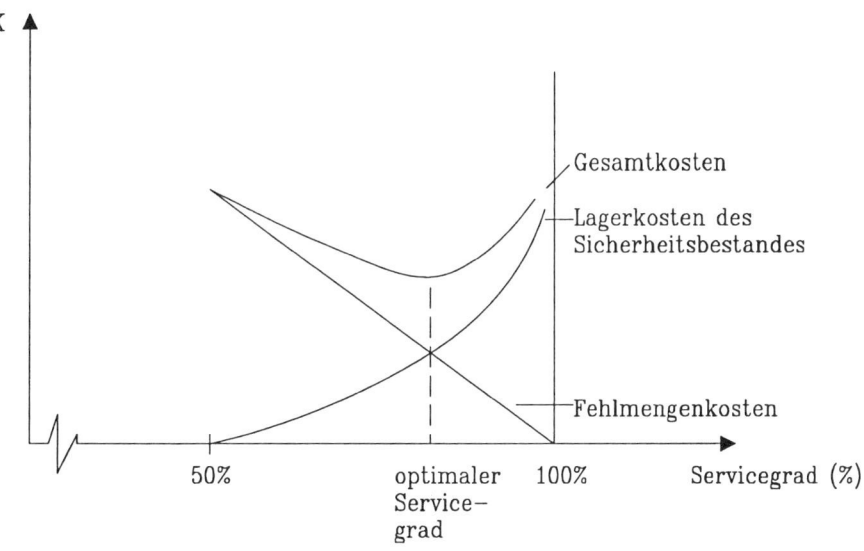

Abb. 181: Ermittlung des optimalen Servicegrades

3.3.3.2.2 Heuristische Lagerhaltungspolitiken

Ist der Bedarf pro Zeiteinheit eine variable Größe, dann sind die Bestellmengen und die Bestellzeitpunkte die entscheidenden Aktionsparameter. In den zu formulierenden Lagerhaltungspolitiken sind folglich die Zeit- und Mengenkomponenten zu bestimmen, so daß sich die beiden folgenden Steuerungen unterscheiden lassen:

- **Mengensteuerung**, d.h. Politiken, die die Bestellmenge festlegen

  -- zu jedem Bestellzeitpunkt t wird eine feste Bestellmenge x bestellt;

  -- zum Bestellzeitpunkt t wird diejenige Menge bestellt, die erforderlich ist, um einen bestimmten Lagerbestand S (Sollbestand) zu erreichen;

- **Zeitsteuerung**, d.h. Politiken, die den Zeitpunkt der Bestellung festlegen

  -- der Bestellzyklus ist gegeben, d.h. eine Bestellung erfolgt immer nach t Zeiteinheiten;

  -- die Bestellung erfolgt dann, wenn der Lagerbestand eine vorgegebene Menge s unterschreitet.

Durch Kombination lassen sich dann die folgenden vier Grundformen bilden (vgl. Reichmann 1979, Sp. 1065):

Bestelltermin t / Bestellmenge x	fest	variabel
fest	t,x-Politik	s,x-Politik
variabel	t,S-Politik	s,S-Politik
mit: s = Meldebestand S = Sollbestand		

Abb. 182: Grundformen heuristischer Lagerhaltungspolitiken

Diese **zweielementigen Politiken** seien im folgenden näher behandelt:

- **t,x - Politik**: In konstanten Zeitintervallen wird stets die gleiche Menge eines Materials bestellt (vgl. Abb. 183).

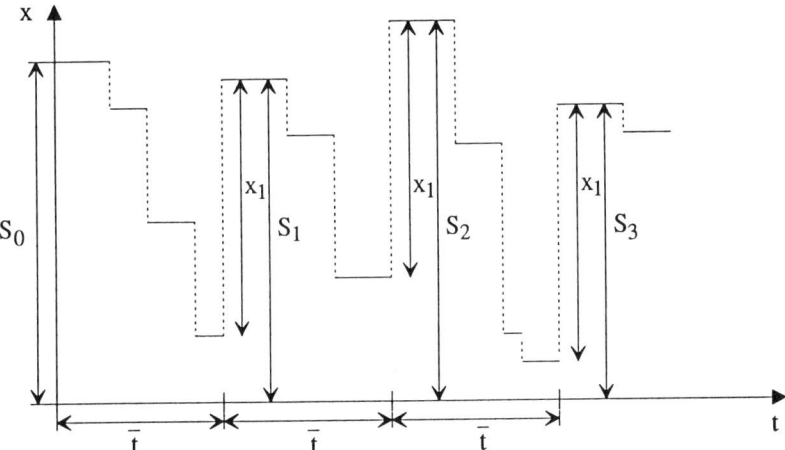

Abb. 183: t,x - Politik

Die Abbildung zeigt, daß diese Vorgehensweise mit sehr unterschiedlichen Lagerbeständen einhergeht, so daß eine solche Politik als eher unzweckmäßig zu bezeichnen ist.

- **s,x - Politik:** Bei jeder Lagerentnahme erfolgt eine Überprüfung, ob der Meldebestand s erreicht oder unterschritten ist. Ist dies gegeben, dann erfolgt die Bestellung einer konstanten Menge. In diesem Fall ist die Bestellmenge konstant und der Bestellzeitpunkt eine variable Größe (vgl. Abb. 184).

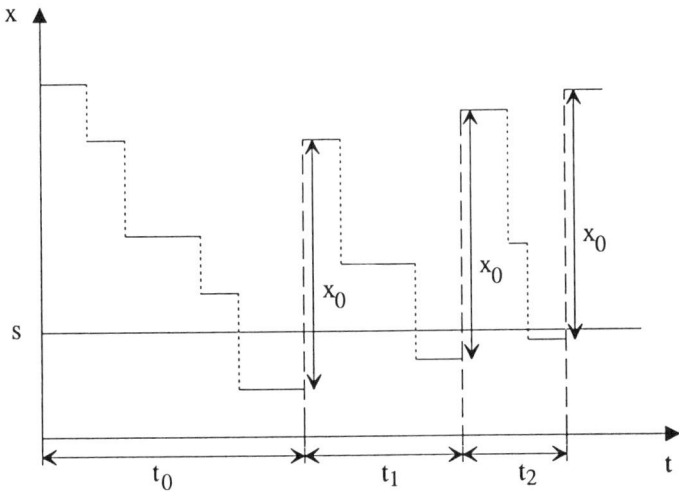

Abb. 184: s,x - Politik

- **s,S - Politik:** Bei jeder Lagerentnahme erfolgt eine Überprüfung daraufhin, ob der Lagerbestand den Meldebestand s erreicht oder unterschritten hat. Ist dies gegeben, dann erfolgt eine Lagerauffüllung bis zum Sollbestand S. Während der nach einem Zugang erreichte Lagerbestand konstant ist, variieren Bestellmenge und Bestellzeitpunkt (vgl. Abb. 185).

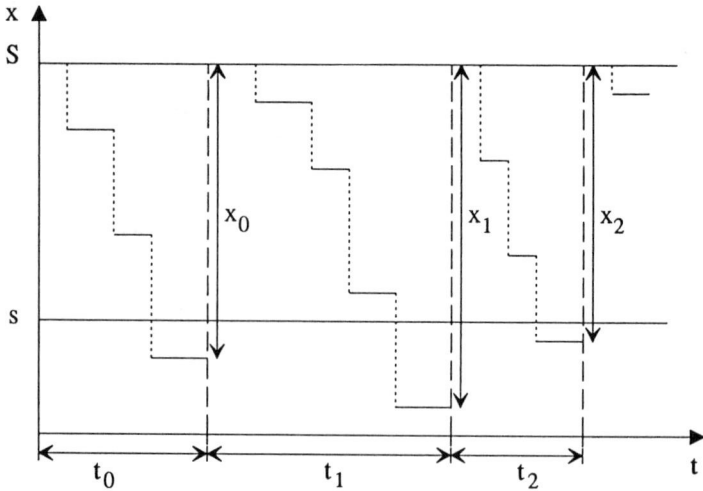

Abb. 185: s,S - Politik

- **t,S - Politik**: Es erfolgt eine Auffüllung des Lagerbestandes in einem regelmäßigen Bestellzyklus auf den Sollbestand S. Während in dieser Situation der Bestellzeitpunkt konstant ist, ist die Bestellmenge eine variable Größe (vgl. Abb. 186).

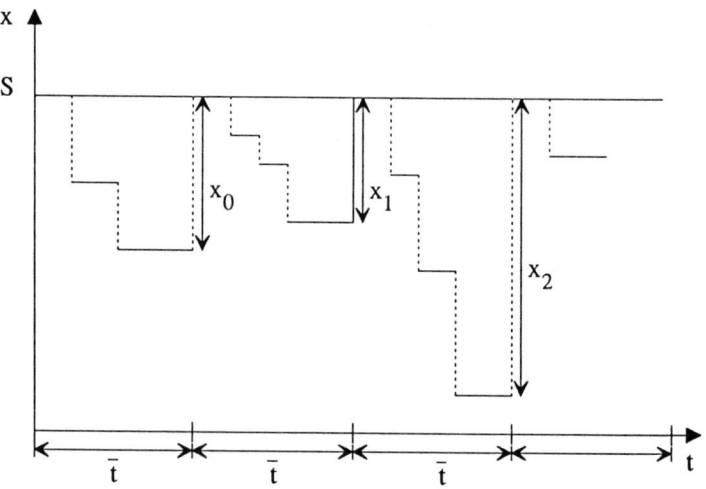

Abb. 186: t,S - Politik

Die Abbildung zeigt, daß das Lager zwar in regelmäßigen Abständen auf den Sollbestand aufgefüllt wird, jedoch bei sehr unregelmäßigen Lagerabgangsverläufen auch ein Fehlbestand eintreten kann.

Neben diesen zweielementigen sind ferner die beiden folgenden **dreielementigen Politiken** zu unterscheiden:

- **t,s,S - Politik**: Der Lagerbestand wird in konstanten Zeitabständen überprüft. Zeigt sich bei dieser Prüfung, daß der Meldebestand s erreicht oder unterschritten ist, dann erfolgt eine Auffüllung auf den Sollbestand S. Der Unterschied zur t, S - Politik liegt folglich darin, daß nur dann eine Bestellung erfolgt, wenn s erreicht oder unterschritten ist. Bei unregelmäßigen Lagerabgangsverläufen geht diese Politik mit der Gefahr des Eintretens von Fehlmengen einher. Dieser Gefahr steht jedoch der positive Effekt gegenüber, daß der Lagerbestand im Vergleich zur t,S - Politik reduziert werden kann (vgl. Abb. 187).

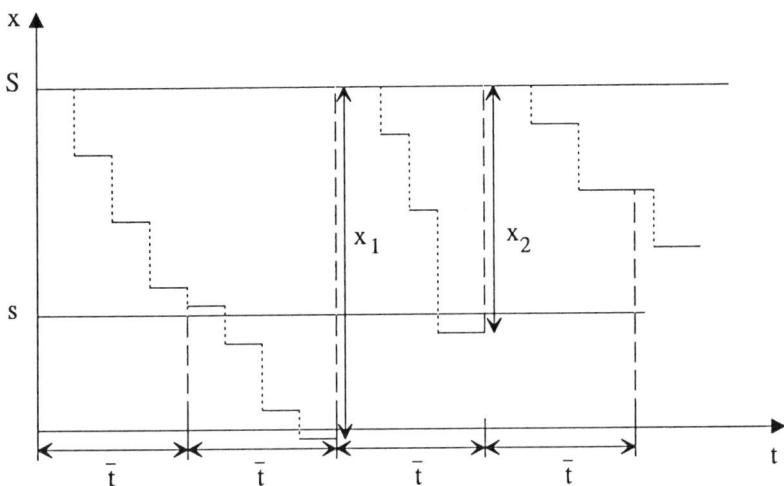

Abb. 187: t,s,S - Politik

- **t,s,x - Politik**: Der Lagerbestand wird in konstanten Zeitabständen überprüft. Zeigt sich bei dieser Prüfung, daß der Meldebestand erreicht oder unterschritten ist, dann wird eine konstante Menge des Materials bestellt. Im Vergleich zur t,x - Politik liegt der durchschnittliche Lagerbestand, bedingt durch die Einführung der Meldemenge s, niedriger, geht aber wie die t,s,S - Politik mit der Gefahr des Auftretens von Fehlmengen einher (vgl. Abb. 188).

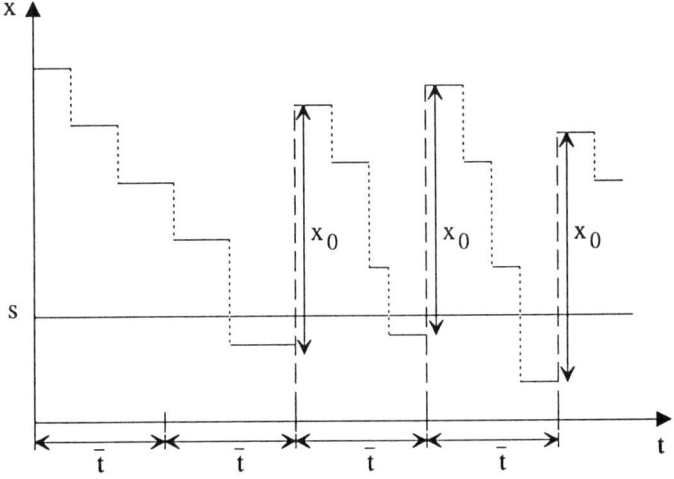

Abb. 188: t,s,x - Politik

Die dargestellten heuristischen Vorgehensweisen zeichnen sich durch einen einfachen Aufbau aus und sind mit einem geringen Planungsaufwand realisierbar. Es ist jedoch zu beachten, daß weder die Bestellmengen noch die Bestellzeitpunkte eine Optimierung erfahren, sondern es werden lediglich grobe Anhaltspunkte formuliert.

4 Prozeßgestaltung

4.1 Layoutplanung

Unter Layoutplanung, auch innerbetriebliche Standortplanung genannt, ist die Planung der räumlichen Strukturen des Produktionsbetriebes zu verstehen. Probleme der Layoutplanung treten nicht nur im Rahmen industrieller Produktionsbetriebe auf, sondern auch in anderen Bereichen, wie etwa bei der Anordnung

- von Arbeitsplätzen in einem Großraumbüro,
- von Abteilungen in einem Gebäude,
- von Warenarten in einem Lager etc. (vgl. Domschke/Stahl 1979, Sp. 1886).

Die weiteren Ausführungen werden sich jedoch auf industrielle Produktionsstätten konzentrieren.

Grundgedanke der Layoutplanung ist es, eine gegebene Anzahl von Objekten, die allgemein als Organisationseinheiten bezeichnet werden, zwischen denen Beziehungen, auch Kontakte genannt, existieren, optimal zueinander anzuordnen. Optimal kann in diesem Zusammenhang z.B. bedeuten, daß eine Zuordnung der Objekte realisiert werden soll, die die durch den Materialfluß verursachten Transportkosten minimiert. Das Layoutplanungsproblem läßt sich dann wie folgt charakterisieren (vgl. Wäscher 1984, S. 930):

- Es existiert eine Menge von Organisationseinheiten (z.B. Produktionsanlagen), zwischen denen Kontakte bestehen.
- Es ist eine Fläche gegeben, auf der diese Organisationseinheiten anzuordnen sind.
- Bei dieser Anordnung sind Restriktionen zu beachten (z.B. Verbot bestimmter Nachbarschaften).
- Zur Beurteilung der generierten Anordnungen existiert eine Menge von Zielen.
- Es wird diejenige räumliche Anordnung der Organisationseinheiten ausgewählt, die den vorgegebenen Zielen am besten entspricht.

Der Layoutplanung obliegt folglich die Aufgabe, eine gegebene Anzahl interdependenter Organisationseinheiten unter Beachtung von Restriktionen hinsichtlich eines oder mehrerer Ziele(s) optimal anzuordnen.

4.1.1 Ziele der Layoutplanung

Ein zentrales Ziel in der Layoutplanung stellt die **Kostenminimierung** dar. Damit stellt sich die Frage, welche Kosten in diesem Zusammenhang zu berücksichtigen sind. Nach Wäscher (1984, S. 934 ff.) zählen hierzu die Transportkosten, die Standortwechselkosten und die Zwischenlagerungskosten.

Als **Transport** sei jede Ortsveränderung von Gütern und Personen bezeichnet. Objekte des Transportes im Rahmen der Layoutplanung sind dabei primär

- Roh-, Hilfs- und Betriebsstoffe,
- Zwischenprodukte,
- Fertigprodukte,
- Abfall- und Ausschußprodukte.

Häufig wird dabei unterstellt, daß zwischen den Transportkosten und der Entfernung eine proportionale Beziehung besteht. Wäscher (1984, S. 940 ff.) zeigt jedoch, daß auch andere als proportionale Kostenverläufe auftreten können. Beispielhaft seien Treppenfunktionen genannt. Die **Transportkosten** setzen sich aus den folgenden Kostenarten zusammen: Personalkosten, Abschreibungskosten, Instandhaltungskosten, Verwaltungskosten, Energiekosten und Zinskosten.

Unter **Standortwechselkosten** werden alle Kosten subsumiert, die durch eine Veränderung der geographischen Lage einer oder mehrerer Organisationseinheit(en) verursacht werden. Hierzu zählen: Bauänderungskosten, Umrüstkosten, Einarbeitungskosten und Produktionsstörungskosten.

Zu den **Zwischenlagerungskosten** zählen: Personalkosten, Abschreibungskosten, Zinskosten und Energiekosten.

Neben der Minimierung der Kosten lassen sich ferner die folgenden **Zielsetzungen** nennen:

- Minimierung der Durchlaufzeit der zu bearbeitenden Teile,
- möglichst geringe Liquiditätsbelastung,
- möglichst hohes Maß an Arbeitssicherheit,
- möglichst störungsarme Produktion,
- möglichst hohe Übersichtlichkeit der Produktionsstruktur, die mit einer Erleichterung der Kontrolle des Produktionsablaufs einhergeht,
- möglichst günstige Raumausnutzung,
- möglichst hoher Werbungseffekt,
- Realisation einer angestrebten Flexibilität,
- menschengerechte und attraktive Arbeitsplätze.

Darüber hinaus werden die in der Praxis weitverbreiteten **Prinzipien** genannt:

- Prinzip des kürzesten Verkehrsweges,
- Prinzip der Ausnutzung des natürlichen Gefälles,
- Prinzip der zentralen Anordnung verkehrsreicher Abteilungen,
- Prinzip der räumlichen Geschlossenheit zusammengehörender Bauteile und
- Prinzip der räumlichen Isolierung von Gefahrenquellen.

Kern (1992, S. 265) betont in diesem Zusammenhang, daß eine Befolgung derartiger Prinzipien kaum ausreiche, um zu einer auch nur annähernd optimalen Standortzuordnung zu gelangen.

Um im Rahmen der Layoutplanung eine Gesamtbeurteilung zu erreichen, ist es in einem nächsten Schritt erforderlich, die einzelnen Zielkriterien zu einer Eignungszahl zu amalgamieren, was mit der Hilfe von **Punktbewertungsverfahren** erfolgen kann (vgl. hierzu Berr/Müller 1968, S. 201 f.).

4.1.2 Restriktionen der Layoutplanung

Restriktionen der Layoutplanung wirken auf die relative und absolute Lage der anzuordnenden Elemente ein. In einem systematisierenden Abriß der Restriktionen sei zwischen

- Standortanforderungen und
- Standortgegebenheiten

unterschieden (vgl. Götzelmann 1986, S. 11 ff.). Während Standortanforderungen durch die Werkstückart, die Produktionsorganisation, die Betriebsmittelart und den Ansprüchen der Arbeitskräfte spezifiziert werden, gehen Standortgegebenheiten auf gebäudebedingte Restriktionen und auf rechtliche Vorschriften zurück:

- **Standortanforderungen**
  - -- **Werkstücke**: sie beeinflussen die Dimensionierung der Transportwege, Transportmittel, Lagerflächen, Instandhaltung, die Materialflußrichtung, die Fixierung von Meßflächen usw.
  - -- **Produktionsorganisation**: sie beeinflußt einerseits die Materialflußgestaltung und andererseits die Auswahl der Fördermittel.
  - -- **Betriebsmittel**: sie stellen Anforderungen an die Bodentragfähigkeit, Raumhöhe, Lichtverhältnisse, Ver- und Entsorgung, Flächenbedarf und -form, erforderliche Freiräume für Wartungsarbeiten, Nachbarschaftsbeziehungen usw.
  - -- **Arbeitskräfte**: sie stellen Anforderungen an Beleuchtung, Unfallverhütung und Gesundheitsschutz, Trennung von Personal- und Verkehrsachsen.
- **Standortgegebenheiten**
  - -- **Bauliche Gegebenheiten**: Einflüsse von bereits existierenden Gebäuden, z.B. Bodenbeschaffenheit, Form, Größe, Anbindung an Verkehrsnetze, Zu- und Ablieferungspunkten usw.
  - -- **Rechtliche Vorschriften**: Gewerbeordnung, Arbeitsstättenverordnung, Arbeitssicherheitsgesetz und spezielle Verordnungen: z.B. Verordnung über elektrische Anlagen in explosionsgefährdeten Räumen, Arbeitsschutzverordnungen usw. (zu einem differenzierten Überblick vgl. Stüdemann 1979, Sp. 1787 ff.).

In den noch darzustellenden EDV-gestützten interaktiven Layoutplanungssystemen werden die Standortgegebenheiten zu Beginn des Planungsprozesses eingegeben, während die Standortanforderungen während des gesamten Planungsprozesses interaktiv eingegeben und dann verarbeitet werden können.

4.1.3 Verfahren der Layoutplanung

Bei den Verfahren, die im Rahmen des Layoutplanungsprozesses zum Einsatz gelangen können, ist zwischen analytischen und heuristischen Ansätzen zu unterscheiden. Ziel der **analytischen Verfahren** ist die Ermittlung der optimalen Lösung auf der Grundlage einer algorithmischen Vorgehensweise. Dabei lassen sich die drei folgenden Gruppen unterscheiden:

- **Vollständige Enumeration**: Hierbei erfolgt die Lösung des dargestellen Zuordnungsproblems durch die Berechnung der Zielfunktionswerte für sämtliche Kombinationsmöglichkeiten. Diese Vorgehensweise führt jedoch bereits bei relativ kleinen Problemabmessungen zu einem hohen Rechenaufwand.

- **Branch-and-Bound-Verfahren**: Ziel dieser Vorgehensweise ist die Reduzierung des Zeitaufwandes, in dem die Lösungsmenge in Untermengen (Branch) zerlegt wird und diese Untermengen dann bewertet werden (Bound), und zwar mit dem bestmöglichen Wert, der gerade noch realisierbar erscheint. Die Untermenge mit dem günstigsten Zielfunktionswert (Bound) wird dann weiter aufgespalten. Dieser Aufspaltungsprozeß erfolgt so lange, bis in der ausgewählten Untermenge eine vollständige Lösung auftritt, deren Zielfunktionswert mit dem berechneten Bound übereinstimmt (vgl. Müller-Merbach 1970, S. 29 ff.). Im ungünstigsten Fall kann sich aber ein ähnlich hoher Zeitaufwand wie bei der vollständigen Enumeration ergeben.

- **Quadratisches Zuordnungsproblem**: Aufgabe ist es, I Arbeitsplätze an J Standorten so zu positionieren, daß die Transportkosten minimiert werden (mit $I = J$).

Sind:

d_{ij} = Entfernung zwischen den Standorten i und j

λ_{ij} = Transportintensität (die Transportmenge pro Periode von i nach j)

k_{ij} = Transportkostensatz für den Transport von i nach j,

dann läßt sich die folgende Zielfunktion aufstellen:

$$K = \sum_{i=1}^{I} \sum_{j=1}^{J} k_{ij} \cdot d_{ij} \cdot \lambda_{ij} \rightarrow \text{Min}!$$

Wird ferner eine Zuordnungsvariable u_{ij} mit:

$$u_{ij} = \begin{cases} 1, \text{ wenn die Einheit i dem Standort j zugeordnet wird} \\ 0, \text{ sonst} \end{cases}$$

eingeführt, dann ergibt sich als Zielfunktion:

$$K = \sum_{i=1}^{I} \sum_{j=1}^{J} k_{ij} \cdot d_{ij} \cdot \lambda_{ij} \cdot u_{ij}$$

unter Beachtung der folgenden Restriktionen:

$$\sum_{i=1}^{I} u_{ij} = 1; \quad j = 1, \dots, J$$

$$\sum_{j=1}^{J} u_{ij} = 1; \quad i = 1, \dots, I$$

$$u_{ij} \in \{0, 1\}$$

Dieses quadratische Zuordnungsproblem (vgl. hierzu Hansmann 1987, S. 92; Kern 1992, S. 267 f.; Müller-Merbach 1970, S. 12 und S. 158 f.; Wäscher 1984, S. 931 f.) löst das Layoutplanungsproblem jedoch unter sehr restriktiven Annahmen. Darüber hinaus führt dieser Modellansatz nur bei kleineren Problemabmessungen zu einer vertretbaren Rechenzeit.

Für reale Probleme mit entsprechend großen Problemabmessungen (500 - 1000 Objekte) finden diese analytischen Lösungsansätze keine Anwendung. Hierfür wurde eine Vielzahl **heuristischer Verfahren**, die sich mit einer befriedigenden Lösung begnügen, entwickelt. Die weiteren Ausführungen sollen sich auf diese Ansätze konzentrieren, wobei zwischen nicht interaktiven und interaktiven Verfahren unterschieden wird. Während bei den Verfahren der ersten Gruppe nach der Eingabe der Daten der Planungsprozeß angestoßen wird und dann bis zum Ende durchläuft, ist bei interaktiven Verfahren eine Mensch-Maschine-Kommunikation möglich, d.h. der Planer kann Nebenbedingungen während des Planungsprozesses eingeben, neu formulieren und bereits vorgenommene Festlegungen ändern.

4.1.3.1 Spezifische Verfahren der Layoutplanung

4.1.3.1.1 Nicht interaktive Verfahren

Hierbei lassen sich Konstruktions-, Vertauschungs- und Kombinationsverfahren unterscheiden.

Ausgangspunkt der **Konstruktionsverfahren** ist eine leere Planungsgrundfläche. Der Planer wählt zunächst nach eigenem Ermessen eine Organisationseinheit aus und baut dann sukzessiv, d.h. durch Einsetzen weiterer Einheiten, ein Layout auf. Bereits angeordnete Einheiten werden im Laufe des Planungsprozesses nicht mehr verändert.

Die einzelnen Verfahren unterscheiden sich insbesondere bei der Auswahl der jeweils nächsten anzuordnenden Organisationseinheit, d.h. durch das Kriterium, mit dessen Hilfe die Menge der anzuordnenden Einheiten in eine Reihenfolge gebracht wird. Abbildung 189 zeigt die prinzipielle Vorgehensweise der Konstruktionsverfahren (vgl. Brandt 1989, S. 15).

Die Konstruktionsverfahren brechen dann ab, wenn sämtliche Organisationseinheiten angeordnet sind. Entscheidend für die Konstruktionsverfahren sind damit die beiden folgenden Aspekte:

- die Kriterien zur Auswahl des ersten Objektes des Zuordnungsprozesses und
- die Auswahl der Folgeobjekte.

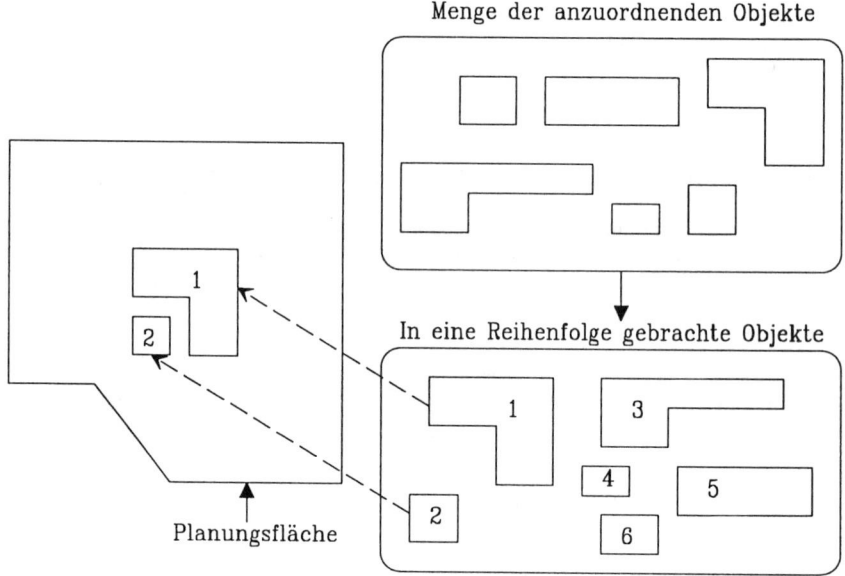

Abb. 189: Prinzip der Konstruktionsverfahren

Als **EDV-gestütztes Konstruktionsverfahren** sei beispielhaft das von Lee und Morre (1967, S. 195 ff.) entwickelte Verfahren CORELAP (Computerized Relationship Layout Planning) kurz skizziert. Input dieses Verfahren sind:

- **Präferenzmatrix:** die Elemente dieser Matrix geben dabei die Wünschbarkeit der Nachbarschaft von Einheit i mit Einheit j an,
- **Zahl** der einzuplanenden **Organisationseinheiten**,
- **Platzbedarf** der **Organisationseinheiten**,
- **Gewichte** g für die Elemente der Präferenzmatrix.

Bei der Wünschbarkeit unterscheiden die Autoren sechs **Wünschbarkeitsstufen** (A, E, I, O, U, X), und zwar von absolut notwendig (A) bis unerwünscht (X). Für jede anzuordnende Einheit wird zunächst die Wünschbarkeitsstufe ermittelt, wobei den einzelnen Stufen eine reelle Zahl zugeordnet wird. Ausgangspunkt des Planungsprozesses bildet dann die Einheit, die den höchsten Wert aufweist. Sie wird in der Mitte der Fläche, auch Kernbereich genannt, plaziert. Als nächste anzuordnende Organisationseinheit wird diejenige ausgewählt, die zu der zuerst eingeplanten Einheit eine A-Beziehung aufweist. Weist keine der anzuordnenden Organisationseinheiten eine A-Beziehung auf, dann ist diejenige Einheit auszuwählen, die den nächst niedrigeren Wert aufweist. Das Verfahren endet, wenn alle Einheiten angeordnet sind. Primärer Einsatzbereich der Konstruktionsverfahren ist die Neuplanung.

Ausgangspunkt der **Vertauschungsverfahren** bildet eine beliebige Basisanordnung, die als Ausgangslayout bezeichnet wird. Durch sukzessives Vertauschen von zwei oder mehreren Organisationseinheiten wird dann versucht, ein günstigeres Layout zu finden. Nach jeder Vertauschung wird dabei der Zielfunktionswert ermittelt. Beendet ist der Planungsprozeß dann, wenn keine Verbesserung des Zielfunktionswertes mehr erreicht werden kann. Primäre Einsatzbereiche dieser Verfahren sind Umstellungs- und Erweiterungsmaßnahmen. Abbildung 190 gibt das Prinzip der Vertauschungsverfahren wieder (vgl. Brandt 1989, S. 16).

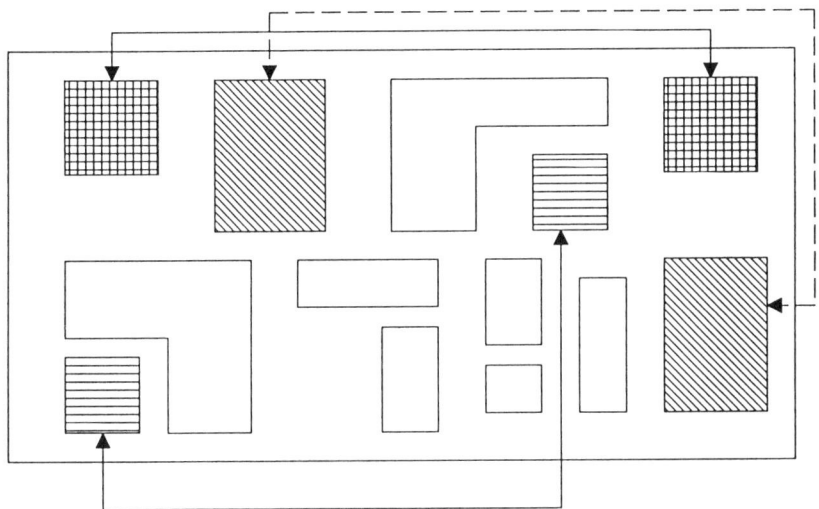

Abb. 190: Prinzip der Vertauschungsverfahren

Als Beispiel für ein **EDV-gestütztes Vertauschungsverfahren** sei das Verfahren CRAFT (Computerized Relative Allocation of Facilities Technique) kurz skizziert, das von Armour und Buffa (1963) entwickelt wurde. Input dieses Verfahrens sind:

- der Gebäudegrundriß,
- der Materialfluß zwischen den Einheiten i und j (r_{ij}),
- die Kosten k_{ij} pro Gewichts- und Entfernungseinheit,
- Ausgangslösung.

Als Zielkriterium werden die Transportkosten herangezogen, die es zu minimieren gilt, wobei vorausgesetzt wird, daß sie sich in Abhängigkeit von der Entfernung und den zu transportierenden Mengen proportional verhalten.

Das Verfahren weist die folgende Struktur auf:

- Zunächst werden die Entfernungen zwischen den Organisationseinheiten bestimmt, wobei diese als Entfernungen zwischen den jeweiligen Grundflächenmittelpunkten gemessen werden.

- Durch Multiplikation von k_{ij} mit r_{ij} ergeben sich die Kosten für den Materialfluß von i nach j je Entfernungseinheit.

- Es werden für sämtliche Paare (i, j) die Kostenänderungen berechnet, die durch eine Vertauschung von i und j entstehen. Es ist dann diejenige Vertauschung mit der größten Kostenänderung zu realisieren.

- Das Verfahren ist dann beendet, wenn keine Vertauschung benachbarter Einheiten zu geringeren Kosten führt.

Als dritte Verfahrensgruppe wurde die der **Kombinationsverfahren** angeführt, die sich aus Konstruktions- und Vertauschungsverfahren zusammensetzen. Mit Hilfe des Konstruktionsverfahrens wird ein Ausgangslayout generiert, das dann als Grundlage des Vertauschungsverfahrens dient. Ein solches kombinatives Verfahren stellt die von Kiehne (1969, S. 145 ff.) aufgestellte **Umlaufmethode** dar. Grundgedanke der Umlaufmethode ist, daß für jede neu anzuordnende Organisationseinheit zusätzlich eine Überprüfung durchgeführt wird, ob durch eine Vertauschung benachbarter Einheiten eine Verbesserung des Zielfunktionswertes realisiert werden kann.

Allen Ansätzen gemeinsam ist, daß **Datenunsicherheiten** keine Beachtung finden. Dies zeigt sich vor allem bei der Erfassung der Transportbeziehungen zwischen den Organisationseinheiten. Zur Ermittlung der Transportströme stehen dabei die folgenden Vorgehensweisen zur Verfügung (vgl. Wäscher 1984, S. 939 f.):

- Liegt bereits ein Layout vor, dann lassen sich die Transportintensitäten **empirisch** ermitteln. Unterstellt wird hierbei, daß die gegenwärtige Situation auch für die Planungsperiode Gültigkeit besitzt. Um auf die Problematik dieser Voraussetzung aufmerksam zu machen, sei auf die Ausführungen zur Produktionsprogrammplanung bei Einzelfertigung verwiesen.

- Ist die Voraussetzung eines existenten Layouts nicht gegeben, dann ist eine **analytische** Ermittlung der Transportintensitäten erforderlich. Hierzu ist eine Auswertung von Arbeitsplänen, Konstruktionszeichnungen, Stücklisten usw. notwendig.

Die Transportintensitäten hängen dabei entscheidend von der Reihenfolge ab, mit der die Werkstücke die Produktionsanlagen durchlaufen. Aufgrund der in der Werkstattfertigung, als dem wichtigsten Anwendungsfall der Layoutplanung, vorhandenen Freiräume (vgl. die Ausführungen zu den Organisationstypen der Produktion, Abschnitt 1.1.6) hinsichtlich der Folge der einzelnen Bearbeitungsgänge, dürften Unsicherheiten der Transportintensitäten die Regel sein (vgl. hierzu auch die Übergangswahrscheinlichkeitsmatrix bei Werkstattfertigung bei Kern 1974, S. 28). Diese Unsicherheit, die sich durch Sensitivitätsanalysen berücksichtigen läßt, findet jedoch in den meisten Ansätzen keine Beachtung.

4.1.3.1.2 Interaktive Verfahren

Charakteristisches Kennzeichen der interaktiven Ansätze ist es, daß der Planer jederzeit neue Einflußgrößen in den Planungsprozeß aufnehmen kann. Die interaktive Layouterstellung umfaßt dabei sämtliche Interaktionsarten zwischen Planer und Rechner (Mensch-Maschine-Kommunikation), die im Rahmen des Layoutplanungsprozesses erforderlich werden (vgl. Brandt 1989, S. 49 f.). Hierzu zählen:

- Interaktionen bei der **Programmsteuerung**,

- Interaktionen bei der Eingabe **graphischer Größen** (zu den graphischen Größen zählen alle Flächen, Schraffuren, Symbole, Farben etc.) und **alphanumerischer Größen**,

- Interaktionen bei der **eigentlichen Layouterstellung**,

- Interaktionen **während** und **nach** der durch das selbsttätige **Optimierungsprogramm durchgeführten Anordnung**, wobei die beiden folgenden Wege zu unterscheiden sind:

-- der Planer gibt die Anzahl der anzuordnenden Flächen an, die dann durch das Programm selbsttätig angeordnet werden, wobei das Programm nach der Anordnungsprozedur stoppt und auf weitere Anweisungen wartet, oder

-- die durch das Programm angeordneten Einheiten werden unmittelbar nach ihrer Einplanung in die Grundfläche auf einem Graphikschirm sichtbar gemacht und der Planer kann hierauf sofort reagieren.

Zur Durchführung der Entwurfsarbeiten steht eine Vielzahl an **graphischen Grundfunktionen** wie Drehen, Spiegeln, Löschen, Kopieren usw. zur Verfügung, wobei auch der Maßstab für die Darstellung frei wählbar ist.

Während im Konstruktionsbereich der Einsatz von **CAD-Systemen** bereits in vielen Unternehmungen realisiert ist, finden derartige Systeme in der Layoutplanung noch selten Anwendung. Dabei erlaubt die Bausteinstruktur vieler CAD-Systeme eine detaillierte und arbeitssparende Darstellung des Layouts. Das Layout wird dabei in Stufen unterteilt, wobei auf der untersten Stufe die graphischen Grundelemente in der Form von Punkten, Geraden etc. abgebildet werden, aus denen dann nacheinander Bausteine, Ebenen und schließlich das gesamte Layout entsteht. Die Nutzung derartiger CAD-Systeme geht mit einer Integration der Einzelarbeitsgänge einher. Der Planer entscheidet selbständig über eine Veränderung bzw. Verbesserung des Layout. Eines der ersten CAD-Systeme, speziell für die Layoutplanung, wurde von Heinzel (1985, zitiert nach Brandt 1989, S. 19) entwickelt. Es dient der graphisch-interaktiven Erstellung von Layoutplänen für Anlagen, Fabriken und Maschinenausstattungen. LAYPLA (**Layoutpla**nungssystem) bietet dabei die folgenden Funktionen:

- Hierarchisch strukturierte Bildschirmmenüs für Bedienungskommandos;

- Eingabe von Daten und Texten über Tastatur;

- Erstellen von graphischen Grundelementen;

- vier verschiedene Linienstärken und -arten;

- Zuordnung von Plotterstiftfarben zu Linien;

- Beschriftung in beliebiger Größe;

- automatisch generierbare Symbollinien, die vom Anwender selbst definiert werden können (z.B. Wände, Wege etc.);

- kopieren, verschieben, drehen, spiegeln, löschen;

- Unterstützung des Bemaßens;

- schraffieren;

- positionieren von Elementen, Bausteinen oder Bausteingruppen durch Verschieben oder Springen;

- vom Anwender füllbare Bausteinbibliothek;
- temporäre Gruppenbildung aus Zeichnungsbestandteilen;
- Wahl zwischen Zeichnungsrahmen nach DIN oder vom Anwender definiertem Zeichnungsrahmen;
- beliebig viele Zeichnungsebenen, beliebig kombinierbar für die Ausgabe;
- bei Arbeit in einer Ebene können andere Ebenen unterlegt werden;
- Ausschnittwahl;
- freie Maßstabwahl für die Ausgabe;
- eingebaute Auswertungsmöglichkeiten der graphischen Zeichnungselemente (z.B. Lagen, Radien, Koordinaten);
- graphischen Elementen können alphanumerische Daten zugeordnet werden;
- Hüllkurvenermittlung (z.b. bei Bewegung eines Transportmittels auf einer Leitlinie);
- Datenschnittstelle zu externen Programmen.

Ein weiteres interaktives Layoutplanungssystem (LAPLAS) mit graphischem Arbeitsplatz wurde von Brandt (1989, S. 53 ff.) entwickelt. Es setzt sich aus den folgenden Programmteilen zusammen:

- Programmteil zur selbsttätigen Erstellung eines Layoutvorschlages;
- Programmteil zur frei interaktiv definierbaren Layoutcharakterisierung;
- Programmteil zur graphisch-interaktiven Layouterstellung und -parametrisierung;
- Verknüpfendes Rahmenprogramm.

Abbildung 191 gibt dieses System in strukturierter Form wieder (vgl. Brandt 1989, S. 53):

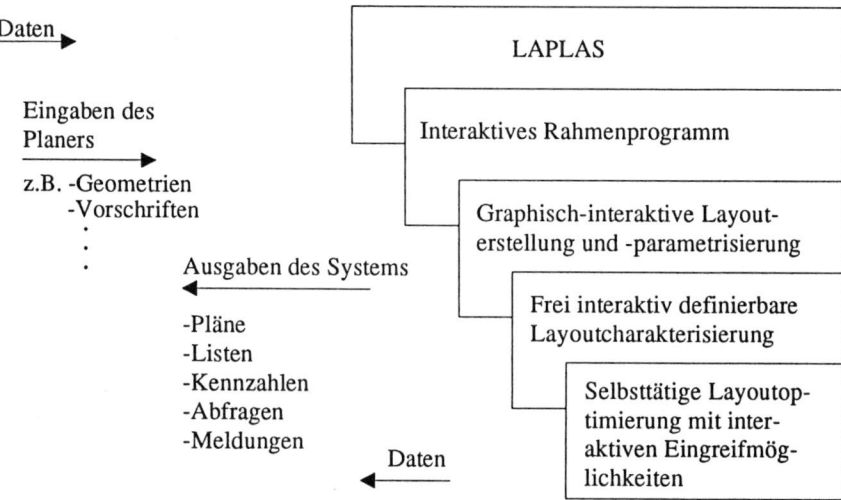

Abb. 191: Grundstruktur von LAPLAS

Das System LAPLAS zeichnet sich insbesondere durch die folgenden **Eigenschaften** aus:

- Es läßt eine Verarbeitung mehrerer, gewichteter Teilziele bei selbständiger Optimierung zu. Die Teilziele werden mit Hilfe einer Summenfunktion bewertet und so zu einem Gesamtziel aggregiert. Als Teilziele können u.a. herangezogen werden: Minimierung der Transportkosten, geeignete Gruppierung von Planungsflächen mit gleichen zugeordneten Transportmittelarten, Berücksichtigung erwünschter und unerwünschter Nachbarschaften.

- Den Materialflußbeziehungen kann eine beliebige Anzahl verschiedener Transportmittelarten zugeordnet werden.

- Die einzuplanenden Flächen werden flächen- und formtreu verarbeitet, wobei auch vieleckige Flächen zugelassen sind.

- Auf der Basisfläche können beliebig viele restriktive Anordnungsflächen definiert werden (z.B. unzulässige Plazierung von Flächen mit bestimmten notwendigen Bodentragfähigkeiten).

- Ein zweistufig arbeitendes Optimierungsverfahren. Während auf einer ersten Stufe die Reihenfolgebildung vollzogen wird, erfolgt in der zweiten Stufe die Anordnung der Flächen. In der zweiten Stufe wird zunächst in einem ersten Schritt ein idealer Standort ermittelt, während in einem zweiten Schritt dann ein Realstandort gesucht wird, der möglichst nahe am Idealstandort liegt. Abbildung 192 gibt die Struktur dieses Optimierungsverfahrens wieder.

Das von Brandt entwickelte System LAPLAS ist somit als **Stufenkonzept** zu bezeichnen, das sich dadurch auszeichnet, daß zunächst ein Idealstandort und dann darauf aufbauend ein Realstandort bestimmt wird. Während traditionelle Stufenkonzepte jedoch einen Idealplan im Sinne einer "idealen Fabrik" mit dem Streben nach einer allein an den funktionalen Erfordernissen des Produktionsprozesses ausgerichteten Ideallösung als Gesamtheit entwerfen und erst dann in einem nächsten Schritt durch die Einführung von Restriktionen einen Realplan erstellen, setzt der Ansatz von Brandt an jeder neu anzuordnenden Planungsfläche an, für die zunächst ein Idealstandort und dann sofort im nächsten Schritt ein Realstandort bestimmt wird, ehe dann die gleiche Vorgehensweise für die nächste anzuordnende Organisationseinheit erfolgt. Dabei ist es jedoch teilweise schwierig, eine saubere Trennung zwischen Ideal- und Realplan zu ziehen, da teilweise auch bereits in den Idealplan Restriktionen einbezogen werden können (vgl. Götzelmann 1986, S. 22 f.).

4.1.3.2 Übergreifende Systeme der Layoutplanung

Neben den bisher vorgestellten spezifischen Layoutplanungskonzepten wurden darüber hinaus Planungssysteme entwickelt, in denen die eigentliche **Layoutplanung** nur einen **Teilplan** darstellt. Zentrales Anliegen dieser Ansätze ist es dabei nicht, Schwachstellen anderer Systeme zu beseitigen, sondern es geht darum, Layoutplanungen in umfangreiche Programmsysteme, d.h. in einen größeren Problemzusammenhang, zu integrieren. So wird etwa die Forderung erhoben, eine Unterstützung in allen Phasen der Raumstrukturierung, beginnend mit der Betriebsanalyse bis hin zur Feinplanung des Layout, zu realisieren.

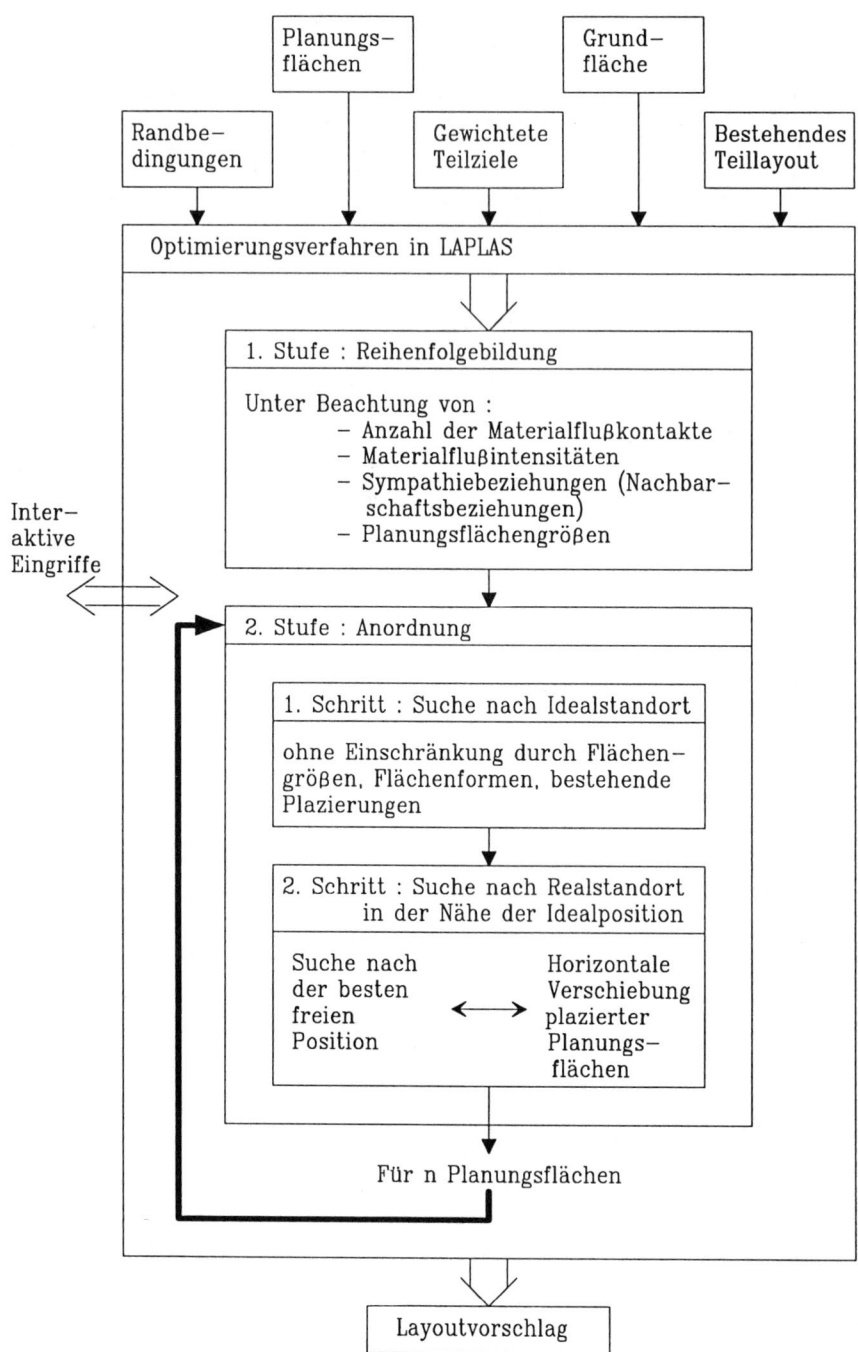

Abb. 192: Optimierungsverfahren in LAPLAS

Im folgenden sei kurz auf

- das System von Martin (1976) und
- das Verfahren von Reese (1980)

eingegangen.

Das von Martin entwickelte Programmpaket ermittelt für Produktionsstätten

- einen geeigneten Organisationstyp, wobei neben der Werkstatt- und der Fließfertigung auch gemischte Typen auftreten können,
- geeignete Betriebsmittelgruppen,
- eine grobe Auswahl geeigneter Fördermittel und
- ein günstiges Layout auf der Grundlage einer heuristisch-konstruktiven Vorgehensweise.

Als Zielkriterium wird die Minimierung der Transportleistung herangezogen.

Das System arbeitet dabei in den folgenden **Schritten**:

- Zunächst werden die Eingangsdaten aufbereitet und die Transportmatrix aufgestellt.
- In einem zweiten Schritt erfolgt dann eine Reihenfolgeoptimierung der in der Transportmatrix vorhandenen Elemente. Als Ergebnis resultiert hieraus eine flußoptimierte Transportmatrix.
- Auf der Grundlage von Kennzahlen wird in einem nächsten Schritt der Organisationstyp ermittelt, um dann auf dieser Basis eine Zusammenfassung von Betriebsmitteln zu Gruppen vollziehen zu können. Durch diese Vorgehensweise wird eine Verdichtung der Transportmatrix erreicht.
- Ist das Transportgut analysiert und sind die Transportmittel ausgewählt, dann werden die Planungsflächen in der Grundfläche mit Hilfe der heuristisch-konstruktiven Vorgehensweise angeordnet.

Reese (1980) geht in seinem Verfahren einen anderen Weg. **Ziel** seiner Überlegungen ist eine **simultane Optimierung** der Maschinenanordnung und der -belegung. Grundlage hierfür ist ein Branch- and -Bound-Verfahren, dessen zentrales Element ein Verbesserungsalgorithmus ist, mit dessen Unterstützung die Optimallösung iterativ erreicht werden soll. Ausgangspunkt bilden dabei mit konventionellen Verfahren ermittelte Einzellösungen. Auch dieses Verfahren weist eine hohe Komplexität auf und geht mit dem Nachteil einher, daß auch bei kleineren Problemabmessungen bereits erhebliche Rechenzeiten erforderlich sind. Wäscher (1984, S. 940) stellt darüber hinaus die Frage, ob eine derartige Simultanplanung überhaupt anzustreben sei, da durch eine Integration von langfristiger Layout- und kurzfristiger Maschinenbelegungsplanung gerade die mit der Werkstattfertigung einhergehende Flexibilität verlorenginge, die durch diese Organisationsform gerade erreicht werden sollte. Charakteristisch für die Reihenfolgeplanung bei Werkstattfertigung ist es ja gerade, daß fallweise darüber entschieden wird, welches Objekt nach Abschluß der Bearbeitung auf einem Aggregat als nächstes zu bearbeiten ist. Einen Überblick über weitere übergreifende Ansätze der Layoutplanung gibt Brandt (1989, S. 23 ff.).

4.2 Terminplanung

Aufgabe der Terminplanung ist der Entwurf einer zeitlichen Ordnung, d.h. sie umfaßt die terminliche Zuordnung der Aufträge oder Arbeitsvorgänge auf die entsprechenden Produktiveinheiten. In der Terminplanung erfolgt damit die Festlegung der Start- und Endtermine der durchzuführenden Arbeitsgänge. Die weiteren Überlegungen konzentrieren sich dabei auf die Verhältnisse bei Werkstattfertigung, da bei diesem Organisationstyp ständig Zuordnungsentscheidungen für die Werkstücke zu den jeweiligen Bearbeitungsstationen getroffen werden müssen und vernachlässigen den Fall der Fließfertigung, da insbesondere bei einer getakteten Fließfertigung die Zeitpunkte für die durchzuführenden Bearbeitungsgänge festliegen (vgl. hierzu Adam 1983, S. 746; Hansmann 1987, S. 202 ff.). Die Durchlaufzeit wird in diesem Fall durch die Anzahl der Bearbeitungsstationen und die Taktzeit determiniert. Bedingt durch den Sachverhalt, daß im Falle der Fließfertigung die zu bearbeitenden Werkstücke immer in der gleichen Folge die Bearbeitungsstationen eines Produktionssystems durchlaufen, entstehen an den Bearbeitungsstationen auch keine Reihenfolgeprobleme.

Demgegenüber ist es für eine Werkstattfertigung charakteristisch, daß durch die unterschiedlichen Folgen der Werkstätteninanspruchnahme durch die einzelnen Aufträge an den Bearbeitungsstationen Warteschlangen auftreten, d.h. es konkurrieren mehrere Aufträge um eine Produktiveinheit. Dies bedeutet, daß mit den Terminplanungsproblemen im Rahmen der Werkstattfertigung auch Probleme der Reihenfolgeplanung einhergehen.

Die Terminplanung wird dabei in die beiden Teilbereiche

- Durchlaufterminierung und
- Kapazitätsterminierung

untergliedert (vgl. Hoitsch 1985, S. 185). Teilweise findet sich in der Literatur (vgl. Glaser 1986a, S. 69 ff.) auch eine Dreiteilung in Durchlaufterminierung, Kapazitätsabgleich und Kapazitätsterminierung, wobei die beiden ersten Bereiche der Grob- und der letzte Komplex der Feinterminierung zugeordnet werden. Hinter diesen unterschiedlichen Einteilungen verbergen sich jedoch keine inhaltlichen, sondern lediglich terminologische Unterschiede. Da auch der Kapazitätsabgleich periodenbezogen vorgenommen wird, handelt es sich letztlich auch hierbei um eine Kapazitätsterminierung, und es erschiene dann konsequenter, die Kapazitätsterminierung in eine Grob- und Feinterminierung aufzuspalten. Unter der Kapazitätsterminierung im Sinne Glasers ist dann die Auftragsreihenfolgeplanung zu verstehen. Der Auftragsreihenfolgeplanung oder Maschinenbelegungsplanung, die eine Reihenfolge- und Terminfeinplanung darstellt, wird in dem vorliegenden Lehrbuch ein eigenes Kapitel gewidmet, so daß der Vorgehensweise von Glaser im weiteren nicht gefolgt werden soll.

4.2.1 Durchlaufterminierung

Ziel der Durchlaufterminierung ist die Festsetzung der Anfangs- und Endtermine der durchzuführenden Arbeitsgänge, ohne dabei eventuell auftretende Kapazitätsrestriktionen zu berücksichtigen. Ausgangspunkt bildet dabei der gewünschte Fertigstellungstermin.

Die Zeitspanne, die ein Werkstück vom Eintritt in den Fertigungsbereich bis zu dessen endgültiger Fertigstellung und Übergabe an den Vertriebsbereich benötigt, wird als **Durchlaufzeit** bezeichnet. Sie läßt sich wie folgt weiter aufspalten (vgl. z.B. Glaser 1986a, S. 70 ff.; Zäpfel 1982, S. 222 f.).

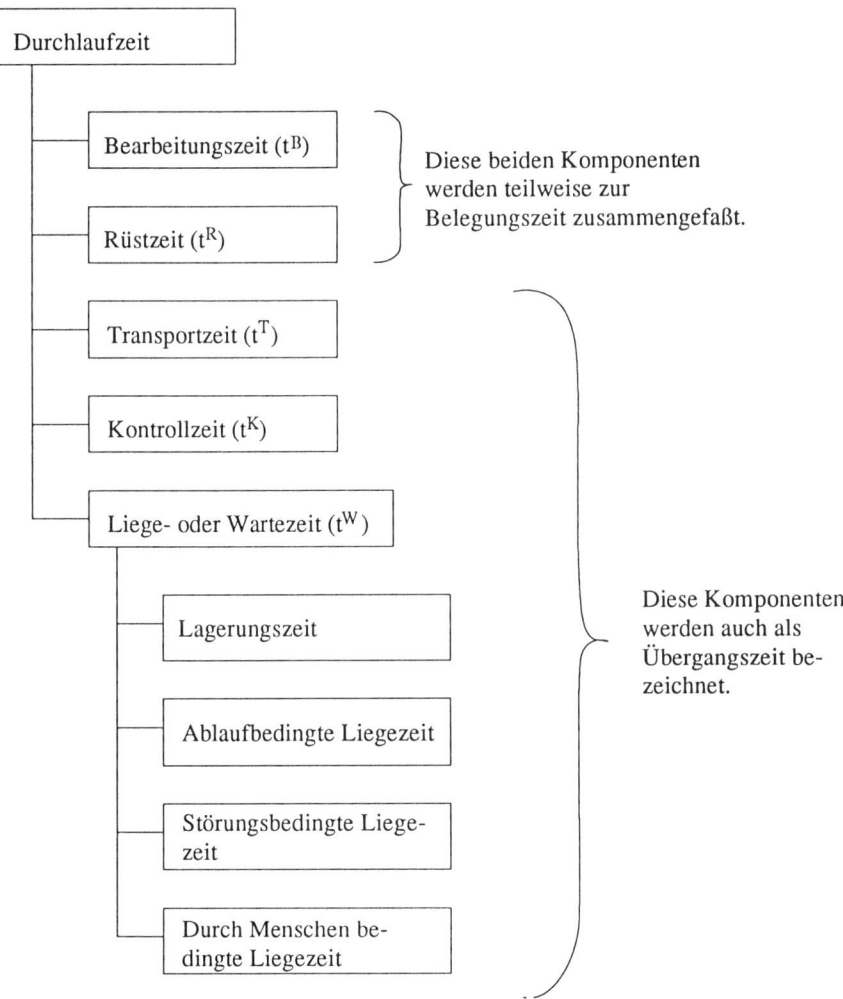

Abb. 193: Komponenten der Durchlaufzeit

Unter **Liege-** oder **Wartezeit** ist diejenige Zeitspanne zu verstehen, die das zu bearbeitende Teil im Produktionssystem liegt, ohne daß eine Veränderung im Sinne eines Arbeitsfortschritts erfolgt. Daß diese Liegezeiten von erheblicher Bedeutung sind, zeigen Untersuchungen (vgl. z.B. Stommel 1976, S. 142 ff.), die Liegezeiten von bis zu 85% der Durchlaufzeit identifizieren. Kern (1992, S. 278) weist darauf hin, daß etwa die Produktionszeit für ein Herrenhemd lediglich 25 - 30 Minuten betrage, während die Durchlaufzeit ca. 20 Tage erreicht. Verschärfend kommt hinzu, daß die Liegezeiten im Gegensatz zu den Bearbeitungs- und Rüstzeiten, die mit hinreichender Genauigkeit aus den Arbeitsplänen gewonnen werden können, lediglich als Schätzgrößen in die Terminplanung einfließen, d.h. die Qualität der Durchlaufterminierung wird folglich nicht unerheblich durch die Schätzgüte beeinflußt (vgl. Abschnitt 4.4.1.1.2). Als Maßnahmen zur **Reduzierung der Liegezeiten** bieten sich

- das Überlappen und
- das Splitten von Arbeitsvorgängen

an. Beim **Überlappen** werden aufeinanderfolgende Arbeitsgänge teilweise gleichzeitig bearbeitet, d.h. eine Teilmenge des Arbeitsvorganges ist fertig und wird bereits an die folgende Bearbeitungsstation weitergeleitet, ohne daß der vorangegangene Vorgang vollständig bearbeitet ist (vgl. Abb. 194a). Hierdurch bedingt steigen die Tansportkosten, wobei die Transportkostenerhöhung mit den ohne Überlappung auftretenden Terminüberschreitungen abzuwägen ist. Demgegenüber wird bei einem **Splitten** der Auftrag oder Arbeitsvorgang geteilt und diese Teile auf unterschiedlichen Produktiveinheiten getrennt bearbeitet (vgl. Abb. 194b). Die dabei auftretenden erhöhten Rüstkosten sind wiederum mit den ohne Splitten auftretenden Terminüberschreitungen abzuwägen.

Rüsten	Bearbeitung		Vorgang i

	Rüsten	Bearbeitung		Vorgang i + 1

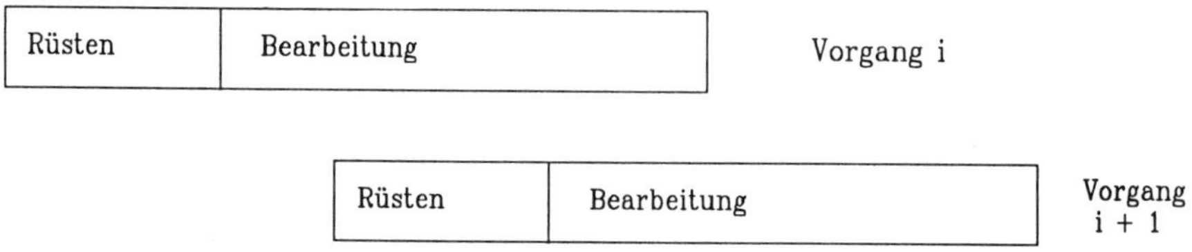

Abb. 194a: Überlappen von Vorgängen

Die Durchlaufzeit (t^D) ohne parallelgeschaltete Vorgänge ergibt sich dann aus:

$$t^D = \sum_{j=1}^{J} t_{ij}^B + t_{ij}^R + t_{ij}^T + t_{ij}^K + \sum_{j=1}^{J-1} t_{ij}^W$$

Hierbei gibt z.B. t_{ij}^B die Bearbeitungszeit des i-ten Vorganges auf der j-ten Produktiveinheit an. Alle anderen Größen sind entsprechend zu lesen. Der Index bei der Summierung der Liegezeiten läuft dabei nur bis J - 1, da die Liegezeit nach Vollendung des letzten Bearbeitungsvorganges nicht mehr zur Produktion gehört.

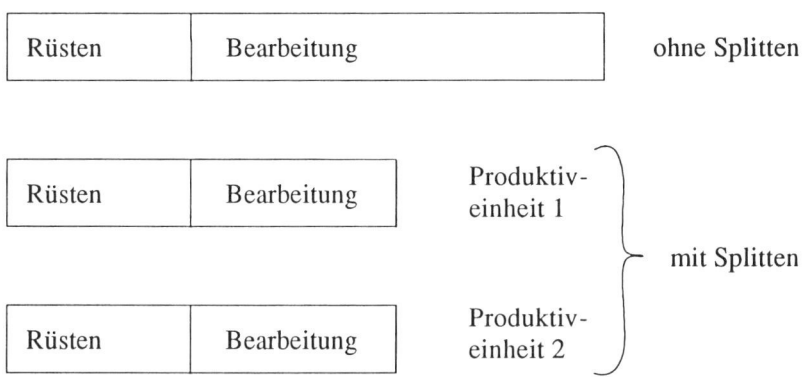

Abb. 194b: Splitten von Vorgängen

Liegt hingegen eine Produktion mit parallel geschalteten Produktiveinheiten vor, dann errechnet sich die Durchlaufzeit eines Auftrages nach seinem kritischen Weg (vgl. hierzu die Ausführungen zur Netzplantechnik).

Glaser (1986a, S. 73) weist in diesem Zusammenhang differenzierend darauf hin, daß der ablaufbedingten Liegezeit vor Belegung eines Vorganges eine besondere Bedeutung beizumessen ist, da die Zeit einen **Zeitpuffer** dergestalt bildet, daß der Starttermin eines Vorganges sich durchaus um diese Liegezeit verzögern kann, ohne den Fertigstellungstermin zu gefährden. Die Starttermine sind in dieser Sichtweise dann als **Ankunftstermine** der entsprechenden Teile zu verstehen. Diese Überlegung setzt jedoch voraus, daß die Liegezeiten ex ante bekannt sind. Unter Berücksichtigung der Tatsache, daß die Liegezeiten lediglich Schätzgrößen darstellen, würde die Einplanung dieser Zeitpuffer mit Unsicherheiten einhergehen, da die **effektiven Liegezeiten** erst nach Durchführung des Auftrages bekannt sind.

Neben der Durchlaufzeit ist die Ablaufstruktur der Aufträge für die Terminplanung von grundlegender Bedeutung. Ein Verfahren, das die Ablaufstruktur erfaßt und dabei die Durchlaufzeit berücksichtigt, stellt die **Netzplantechnik** dar. Graphentheoretisch ist ein Netzplan ein bewerteter, gerichteter Graph ohne Schleifen (zur Netzplantechnik vgl. z.B. Altrogge 1979; Küpper/Lüder/Streitferdt 1975; Zimmermann 1971). Netzplantechnik ist ein integriertes Verfahren zur Struktur-, Zeit-, Kapazitäts- und Kostenplanung von komplexen Projekten. Ein Netzplan besteht dabei aus **Knoten** und **Pfeilen**. Während ein Knoten sowohl einen Vorgang (als zeiterforderndes Geschehen mit definiertem Anfang und Ende) als auch ein Ereignis (als ein bestimmter Zustand auf der Zeitachse, in der Form von Anfangs- und Endereignis) darstellen kann, repräsentieren Pfeile generell Vorgänge. Hieraus lassen sich dann drei unterschiedliche Erscheinungsformen herleiten:

- **Vorgangsknotennetzplan**, d.h. die Vorgänge werden beschrieben und durch Knoten dargestellt:

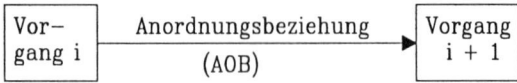

- **Vorgangspfeilnetz**, d.h. die Vorgänge werden beschrieben und durch Pfeile dargestellt:

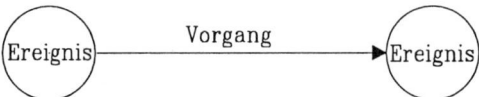

- **Ereignisknotennetz**, d.h. die Ereignisse werden beschrieben und durch Knoten dargestellt:

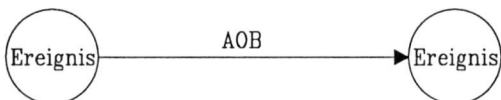

Neben diesen unterschiedlichen Darstellungsformen lassen sich darüber hinaus **vier Verfahrensgruppen** herausarbeiten (vgl. Kern/Schröder 1977, S. 278 f.), wobei die

- Erwartungen und die
- Aktivitäten

als Systematisierungskriterien herangezogen werden sollen. Während die Erwartungen eindeutig (einwertig) und mehrwertig sein können, lassen sich die Aktivitäten danach unterscheiden, ob **alle** oder nur eine **Teilmenge** von ihnen durchgeführt werden müssen. Durch Kombination ergibt sich dann Abbildung 195.

Im folgenden sollen zunächst einige Grundlagen der **deterministischen Netzplantechnik** und dabei die Struktur- und Zeitplanung behandelt werden, wobei sowohl Vorgangsknoten- als auch Vorgangspfeilnetzpläne skizziert werden sollen. Im Anschluß daran werden einige elementare Ausführungen zur **stochastischen Netzplantechnik**, und zwar mit Hilfe des GERT-Verfahrens, dargestellt.

Es sei unterstellt, daß auf der Grundlage eines Projektstrukturplans, dessen kleinste Elemente die sogenannten Arbeitspakete bilden, die Menge der Vorgänge überschaubar gemacht wurde und diese in eine **Vorgangsliste** übertragen wurden. Abbildung 196 zeigt die Struktur eines Vorgangsknotens.

Erwartungen / Aktivitäten	eindeutig (einwertig)	mehrwertig
alle Aktivitäten müssen durchgeführt werden	deterministische NPT [CPM = Critical Path Method] [MPM = Metra-Potential-Method]	deterministische NPT mit stochastischen Parametern (z.B Zeit) [PERT = Program Evaluation and Review Technique]
es muß nur ein Teil der Aktivitäten durchgeführt werden	stochastische NPT mit deterministischen Parametern [GAN = General Activity Networks]	(rein) stochastische NPT [GERT = Graphical Evaluation and Review Technique]

Abb. 195: Verfahrensgruppen der Netzplantechnik (NPT)

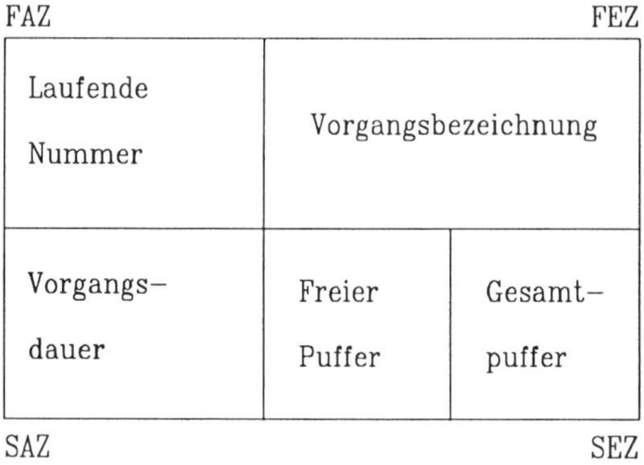

FAZ   FEZ

Laufende Nummer	Vorgangsbezeichnung	
Vorgangs- dauer	Freier Puffer	Gesamt- puffer

SAZ   SEZ

FAZ = Früheste Anfangszeit   FEZ = Früheste Endzeit

SAZ = Späteste Anfangszeit   SEZ = Späteste Endzeit

Abb. 196: Struktur eines Vorgangsknotens

Auf der Grundlage der in Abbildung 197a dargestellten Vorgangsliste läßt sich dann ein Vorgangsknotennetzplan aufstellen (vgl. Abb. 197b).

In einem ersten Schritt wird die **Vorwärtsrechnung** vollzogen, deren Ausgangspunkt der "Heute Termin" oder Starttermin ist, der mit dem Zeitpunkt "Null" fixiert wird. Von diesem Termin werden dann von Vorgang zu Vorgang in Richtung Zukunft schreitend die frühesten Starttermine und die frühesten Endtermine der einzelnen Arbeitsvorgänge und damit auch der früheste Fertigstellungstermin oder früheste Endtermin der zu vollziehenden Gesamtaufgabe errechnet. Die früheste Anfangszeit eines Vorganges läßt sich dann ermitteln, wenn alle frühesten Endzeitpunkte seiner unmittelbaren Vorgänger bekannt sind. Der höchste dieser frühesten Endzeitpunkte ist dann der früheste Anfangszeitpunkt des unmittelbaren Nachfolgers. Wird hierzu die Vorgangsdauer addiert, dann ergibt sich die früheste Endzeit dieses Vorganges. Folglich gilt:

$$FAZ_j = \underset{i}{Max} (FEZ_i) \text{ mit i ist Vorgänger von j}$$

und:

$$FEZ_j = FAZ_j + D_j$$

Lfd. Nr.	Vorgangsbezeichnung	Vorgänger	Dauer
1	A	–	3
2	B	A	4
3	C	A	3
4	D	B	4
5	E	C, D	5
6	F	C	4
7	G	F	8
8	H	E, F	4
9	I	G, H	3

Abb. 197a: Beispiel einer Vorgangsliste

Ausgangspunkt der **Rückwärtsrechnung** ist der geplante oder geforderte Endtermin (Fertigstellungstermin). Als Ergebnis der Rückwärtsrechnung ergibt sich dann der späteste Anfangstermin. Diese Rechnung gibt folglich Auskunft darüber, wann ein Vorgang spätestens beendet sein und wann mit ihm spätestens begonnen werden muß, damit der geforderte Endtermin eingehalten werden kann. Der späteste Endzeitpunkt eines Vorganges läßt sich erst dann bestimmen, wenn für seine sämtlichen unmittelbaren Nachfolger die spätesten Anfangszeitpunkte bekannt sind. Die späteste Endzeit eines Vorganges ist dann gleich der kleinsten spätesten Anfangszeit, da der Vorgang spätestens dann beendet sein muß, wenn mit seinem ersten Nachfolger begonnen werden kann. Ist die späteste Endzeit eines Vorganges bekannt, dann läßt sich durch Subtraktion der Vorgangsdauer die späteste Anfangszeit errechnen. Folglich gilt:

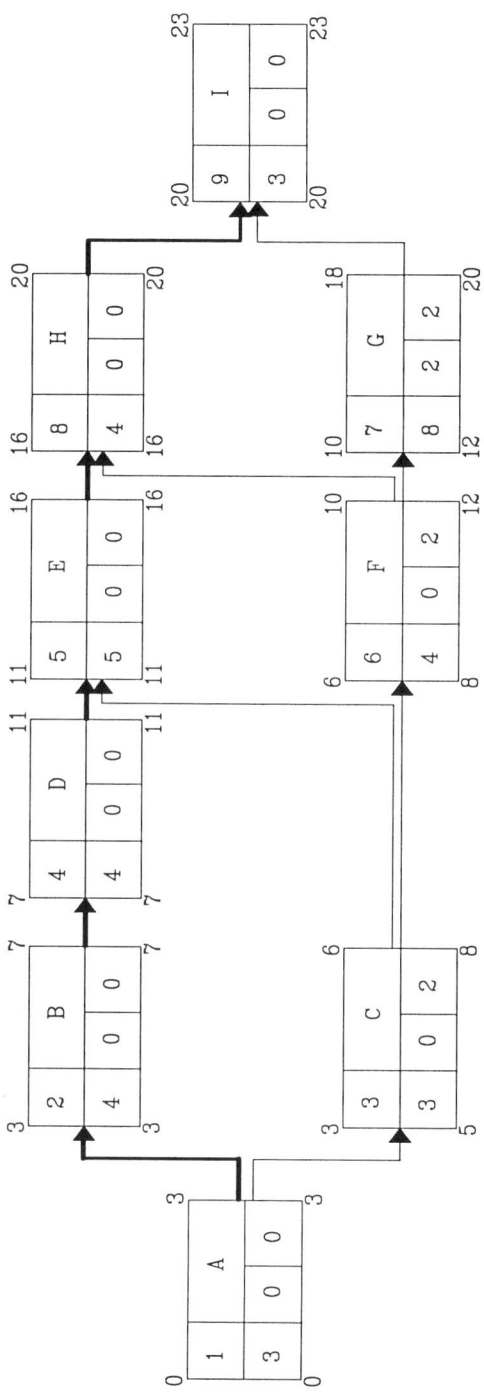

Abb. 197b: Beispiel für einen Vorgangsknotennetzplan

und:

$$SEZ_i = \underset{j}{Min} \, (SAZ_j) \text{ mit } j \text{ ist Nachfolger von } i$$

$$SAZ_i = SEZ_i - D_i$$

Auf dieser Grundlage lassen sich dann die Pufferzeiten und der kritische Weg berechnen. Beim Puffer wurde zwischen dem Gesamtpuffer und dem freien Puffer unterschieden. Als **Gesamtpuffer** wird die Zeitspanne zwischen der spätesten und frühesten Lage eines Vorganges i verstanden:

$$GP_i = SAZ_i - FAZ_i$$

Der Gesamtpuffer gibt damit die Zeitspanne an, um die ein Vorgang gegenüber seiner frühesten Lage verschoben werden kann, wenn sich sämtliche Vorgänger in der frühesten und sämtliche Nachfolger in der spätesten Lage befinden. Dies bedeutet, daß dann, wenn ein Vorgang zum Zeitpunkt FAZ beginnt, seine Dauer um den Gesamtpuffer überschritten werden kann, ohne daß hierdurch die Gesamtdauer aller Vorgänge überschritten werden muß. Nimmt der Gesamtpuffer den Wert Null an, dann handelt es sich um einen kritischen Vorgang. Die Verbindung aller kritischen Vorgänge ergibt dann den **kritischen Weg**.

Demgegenüber ist der **freie Puffer** die Zeitspanne, um die sich ein Vorgang gegenüber seiner frühesten Lage verschieben kann, ohne damit die früheste Lage anderer Vorgänge zu beeinflussen. Der freie Puffer für einen Vorgang wird folglich unter der Voraussetzung berechnet, daß er selbst zum frühestmöglichen Zeitpunkt beginnt, aber dabei die frühestmöglichen Anfangszeiten seiner unmittelbaren Nachfolger sicherstellt. Der freie Puffer ergibt sich dann aus:

$$FP_i = \underset{j}{Min} \, (FAZ_j) - FEZ_i \text{ mit } j \text{ als Nachfolger } i$$

In den bisherigen Ausführungen wurde lediglich eine Anordnungsbeziehung, und zwar in der Form einer **Normalfolge** (Ende-Anfang-Beziehung), betrachtet. Eine solche Normalfolge gibt an, daß mit einem Vorgang j erst dann begonnen werden darf, wenn der Vorgang i, der sein unmittelbarer Vorgänger ist, abgeschlossen ist. Darüber hinaus sind jedoch noch weitere Formen von Abhängigkeiten zu berücksichtigen, und zwar

- die Überlappung von Vorgängen,
- Mindestzeitabstände zwischen Vorgängen und
- Höchstzeitabstände zwischen Vorgängen.

Insgesamt lassen sich auf der Grundlage des zeitlichen Zusammenhanges der Anfangs- und Endzeitpunkte eines Vorganges die folgenden Anordnungsbeziehungen unterscheiden, mit denen sich die Abhängigkeiten zwischen Vorgängen bestimmen lassen:

- **Ende-Anfang-Beziehung** (Normalfolge): wird nicht mehr behandelt, da sie den vorangegangenen Überlegungen zugrunde lag.

- **Anfang-Anfang-Beziehung** (Anfangsfolge): hierbei ist der Anfang eines Vorganges vom Anfang seines unmittelbaren Vorgängers abhängig:

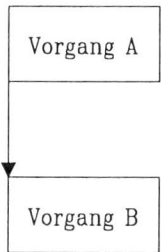

- **Ende-Ende-Beziehung** (Endfolge): hierbei ist das Ende eines Vorganges abhängig vom Ende seines unmittelbaren Vorgängers:

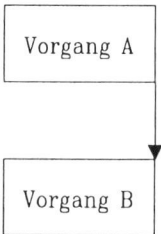

- **Anfang-Ende-Beziehung** (Sprungfolge): hierbei ist das Ende eines Vorganges abhängig vom Anfang seines unmittelbaren Vorgängers:

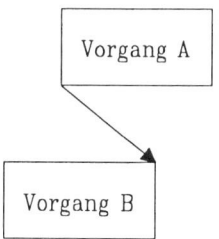

In der Praxis tritt jedoch häufig der Fall auf, daß sich die Vorgänge nicht vollständig, sondern nur teilweise überlappen, oder nur mit einem bestimmten Zeitabstand aufeinanderfolgen dürfen. Derartige Überlappungen lassen sich mit Hilfe von Abständen zwischen den Zeitbezugspunkten der jeweiligen Vorgänge formulieren, wobei sich die beiden folgenden **Zeitabstandsarten** unterscheiden lassen:

- **Mindestabstand**, d.h. es handelt sich um einen Abstand, der mindestens eingehalten werden muß, aber auch überschritten werden darf.

- **Höchstabstand**, d.h. es handelt sich um einen Abstand, der zwar unter-, aber nicht überschritten werden darf.

Sowohl Mindestabstände als auch Höchstabstände können bei allen Anordnungsbeziehungen eingeführt werden. Darüber hinaus ist es auch möglich, daß zwischen zwei Vorgängen gleichzeitig ein Mindest- und Höchstabstand angegeben wird. Bei einer **Überlappungszeit**, die auch Vorziehzeit genannt wird, darf der Anfang eines Vorganges j bereits vor dem Ende von Vorgang i beginnen, aber höchstens um $t_{ü}$ Zeiteinheiten, so daß die folgenden Beziehungen gelten:

$$FAZ_j \geq FEZ_i - t_{ü} \text{ mit j als Nachfolger von i}$$

und

$$SEZ_i \leq SAZ_j + t_{ü}$$

Bei **Vorgangspfeilnetzen** entsprechen die Pfeile den Vorgängen und die Knoten den Ereignissen. Hierbei ist zu beachten, daß bei Parallelität zweier Vorgänge, d.h. sie weisen den gleichen Start- und Ende-Termin auf, die Knoten nur durch einen Vorgang verbunden werden dürfen:

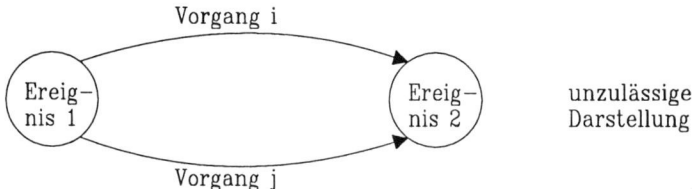

Um auch in diesen Fällen eine eindeutige Darstellung zu erreichen, ist es erforderlich, einen **Scheinvorgang**, der die Dauer von Null Zeiteinheiten aufweist, einzuführen. Derartige Scheinvorgänge werden als gestrichelte Linien dargestellt. Für den oben dargestellten Fall ergeben sich dann die folgenden Darstellungsmöglichkeiten:

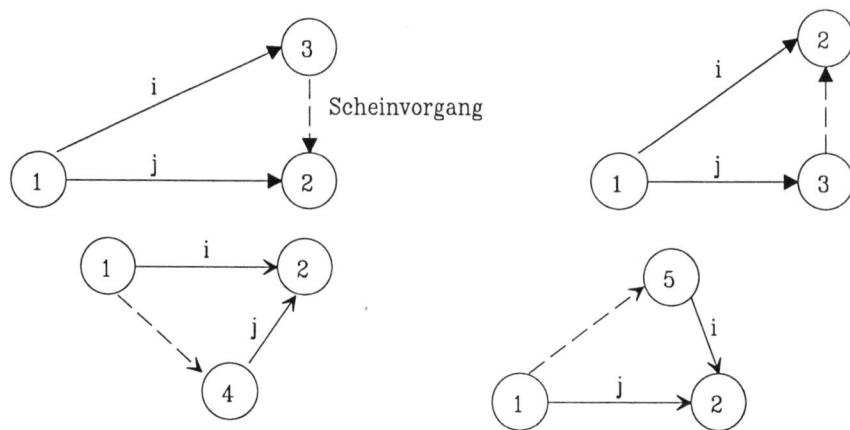

Sind:

FZ = Frühester Zeitpunkt,

SZ = Spätester Zeitpunkt und

D_{ij} = Dauer des Vorganges von Knoten i nach Knoten j,

dann ergeben sich für die Zeitrechnung in einem Vorgangspfeilnetz die folgenden Beziehungen:

$$FZ_j = \underset{i}{\text{Max}} \, (FZ_i + D_{ij})$$

$$SZ_i = \underset{j}{\text{Min}} \, (SZ_j - D_{ij})$$

Für den **Gesamt-** und **freien Puffer** gilt dann:

$$GP_j = SZ_j - D_{ij} - FZ_i$$

$$FP_j = FZ_j - D_{ij} - FZ_i$$

Für den **kritischen Weg** gilt:

$$FZ_j - FZ_i = D_{ij}$$

$$FZ_j = SZ_j$$

$$FZ_i = SZ_i$$

Zur Erstellung eines **stochastischen Netzwerkes** sei auf das GERT-Verfahren zurückgegriffen (vgl. hierzu z.B. Czayka 1970; Kern/Schröder 1977, S. 282 ff.; Völzgen 1971). Beim **GERT-Verfahren** werden die einzelnen Knoten in eine Eingangs- und eine Ausgangsseite untergliedert, wobei die folgenden Verknüpfungen zu unterscheiden sind:

- Und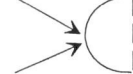

- Inklusives Oder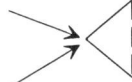

- Exklusives Oder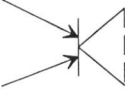

Während bei einem "Und-Eingang" der unmittelbar nachfolgende Vorgang nur dann realisiert werden kann, wenn alle Bedingungen, die dieser Vorgang voraussetzt, erfüllt sind, wird bei einem "Inklusiven Oder-Eingang" der unmittelbar nachfolgende Vorgang dann in Angriff genommen, wenn ein oder mehrere unmittelbar vorgelagerte Vorgänge realisiert sind. Bei einem "Exklusiven Oder-Eingang" wird der unmittelbar nachgelagerte Vorgang dann ausgelöst, wenn ein unmittelbar vorgelagerter Vorgang erfüllt ist. Die dargestellten Knoteneingänge stellen somit die Bedingungen dar, die erfüllt sein müssen, damit mit den ihnen nachgelagerten Aktivitäten begonnen werden kann. Da es bei den Knotenausgängen die gleichen Möglichkeiten gibt wie auf der Knoteneingangsseite, lassen sich durch Kombination die in Abbildung 198 dargestellten neun unterschiedlichen **Knotentypen** aufstellen.

Mit Hilfe dieser Knotentypen lassen sich dann die logischen Beziehungen zwischen den jeweiligen Vorgängen erfassen, wobei es auch möglich ist, Scheinaktivitäten zu berücksichtigen. Ist etwa die Durchführung der Vorgänge E und F entweder für die Realisation der Vorgänge A, B und C oder für die Realisation des Vorganges D Voraussetzung, dann ergibt sich der folgende Netzplanausschnitt:

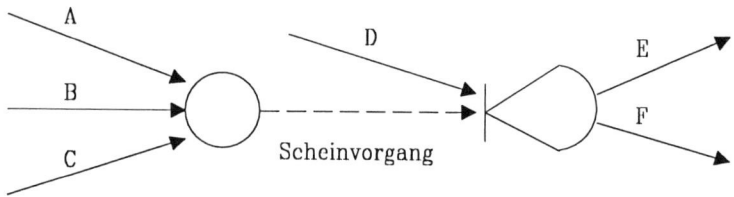

Die dargestellten Abhängigkeiten sind dabei nicht nur im Rahmen von Vorgangspfeilnetzen darstellbar, sondern sie lassen sich auch auf Vorgangsknotennetze übertragen.

4.2.2 Kapazitätsterminierung

Aufgabe der Kapazitätsterminierung ist die Festlegung der Anfangs- und Endtermine der einzelnen Vorgänge unter Berücksichtigung von kapazitätsmäßigen Restriktionen. Dabei werden das **Kapazitätsangebot** und die **-nachfrage** (in Stunden gemessen) periodenmäßig gegenübergestellt (vgl. Abb. 199).

Treten zwischen Kapazitätsangebot und -nachfrage Diskrepanzen auf, dann ergibt sich die Notwendigkeit, Abstimmungsmaßnahmen zu ergreifen, wobei sich grundsätzlich die folgenden Möglichkeiten unterscheiden lassen (vgl. Glaser 1986a, S. 80 ff.):

- Anpassung der Kapazitätsnachfrage an das Kapazitätsangebot und
- Anpassung des Kapazitätsangebotes an die Kapazitätsnachfrage.

Knoteneingang / Knotenausgang	⌒	▽	▽ (gestrichelt)
⌒	Es müssen alle einmündenden Vorgänge realisiert sein, damit alle ausgehenden Vorgänge begonnen werden können.	Es muß mindestens einer der einmündenden Vorgänge realisiert sein, damit alle ausgehenden Vorgänge begonnen werden können.	Es muß genau ein einmündender Vorgang erfüllt sein, damit alle ausgehenden Vorgänge begonnen werden können.
△	Es müssen alle einmündenden Vorgänge realisiert sein, damit von den ausgehenden Vorgängen mindestens einer in Angriff genommen werden kann.	Es muß mindestens einer der einmündenden Vorgänge realisiert sein, damit mindestens ein ausgehender Vorgang in Angriff genommen werden kann.	Es muß genau ein einmündender Vorgang erfüllt sein, damit mindestens ein ausgehender Vorgang in Angriff genommen werden kann.
△ (gestrichelt)	Es müssen alle einmündenden Vorgänge realisiert sein, damit von den ausgehenden Vorgängen genau einer begonnen werden kann.	Es muß mindestens einer der einmündenden Vorgänge realisiert sein, damit von den ausgehenden Vorgängen genau einer begonnen werden kann.	Es muß genau ein einmündender Vorgang realisiert sein, damit genau ein ausgehender Vorgang begonnen werden kann.

Abb. 198: Knoteneingangs- und Knotenausgangskombinationen beim GERT-Verfahren

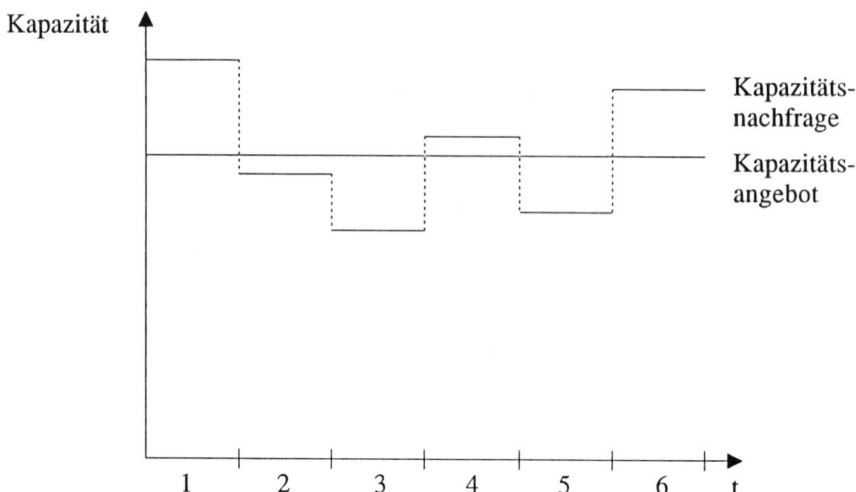

Kapazität

Kapazitäts-
nachfrage

Kapazitäts-
angebot

1   2   3   4   5   6   t

Abb. 199: Gegenüberstellung von Kapazitätsnachfrage und Kapazitätsangebot

Neben diesen reinen Erscheinungsformen sind ferner auch Kombinationen der beiden Anpassungsklassen zu nennen. Generell sind die zu ergreifenden Anpassungsmaßnahmen davon abhängig, ob die aufgetretene Diskrepanz zwischen Kapazitätsangebot und -nachfrage aus der Sicht der Unternehmung als eine vorübergehende Erscheinung erachtet oder durch strukturelle Gegebenheiten bewirkt wird. Während im zuerst genannten Fall zu einem Abgleich kurzfristige Maßnahmen zum Einsatz gelangen können, handelt es sich im zuletzt genannten Fall um ein langfristig zu lösendes Problem, das die grundsätzliche Kapazitätsstruktur verändert. Derartige Veränderungen bleiben im folgenden unberücksichtigt, so daß sich die zu besprechenden Anpassungsmaßnahmen auf eine Reduktion von Beschäftigungsschwankungen konzentrieren. Abbildung 200 (im Anhang) gibt die grundsätzlichen Möglichkeiten systematisierend wieder.

Auf der ersten Ebene wird zunächst zwischen Maßnahmen zur Anpassung der Kapazitätsnachfrage unter Konstanz des Kapazitätsangebotes und Maßnahmen zur Anpassung des Kapazitätsangebotes bei Konstanz der Kapazitätsnachfrage unterschieden. In beiden Teilklassen werden dann die beiden Untergruppen

- verfügbare Kapazität ist größer als die nachgefragte Kapazität und
- verfügbare Kapazität ist kleiner als die nachgefragte Kapazität

separat behandelt.

In der Teilklasse "Anpassung der Kapazitätsnachfrage an das -angebot" sind die beiden wesentlichen Parameter

- der Auftragsbestand und
- die Losgröße,

wobei beide durch eine zeitliche Verlagerung in andere Perioden oder aber durch die Übernahme externer Arbeiten oder Vergabe an andere Betriebswirtschaften verändert werden können. Ist dies nicht möglich, bietet sich darüber hinaus eine Verschiebung von Instandhaltungsmaßnahmen an.

In der Teilklasse "Anpassung des Kapazitätsangebotes an die -nachfrage" bieten sich insbesondere die zeitliche und intensitätsmäßige Anpassung an (vgl. hierzu die Ausführungen zur Produktions- und Kostentheorie). Im Rahmen der zeitlichen Anpassung wird ferner danach unterschieden, ob diese Maßnahmen mit oder ohne Zeitveränderungen einhergehen.

Bei der **zeitlichen Anpassung** bieten sich zunächst die Möglichkeiten "Kurzarbeit/ Schichtabbau" und "Überstunden/Sonderschichten" an. Bei der **Kurzarbeit** handelt es sich um eine vorübergehende Kürzung der regelmäßigen Arbeitszeit. Sie ist grundsätzlich geeignet, um einem vorübergehenden Arbeitsmangel zu begegnen. Bei der zeitlichen Anpassung in Form von **Überstunden** weist Schneider (1964, S. 75) darauf hin, daß sich das Problem der zeitlichen Anpassung nur dann umfassend lösen läßt, wenn es gelingt, die zeitlich bedingten Intensitätsschwankungen der Mitarbeiter mit in die Analyse einzubeziehen.

Die Inbetriebnahme oder temporäre Stillegung von Aggregaten wird nicht als quantitative, sondern als zeitliche Anpassungsmaßnahme aufgefaßt.

Bei der zeitlichen Anpassung ohne Zeitveränderung ist zunächst eine **innerbetriebliche Personalverschiebung** zu nennen. Hierbei werden die Mitarbeiter unterschiedlicher Bereiche für einen bestimmten Zeitabschnitt ausgetauscht, um so Spitzenbelastungen in den einzelnen Bereichen mit gegebenem Personalbestand zu bewältigen. Die Realisation dieser Maßnahme knüpft jedoch an die folgenden Voraussetzungen an:

- die Spitzenbelastungen in den einzelnen Bereichen müssen zeitlich versetzt auftreten, und
- die zum Einsatz gelangenden Mitarbeiter müssen eine hohe variationale Kapazität (vielseitig beanspruchbare Faktorpotentiale), d.h. eine hohe Flexibilität aufweisen.

Wird der "Grad der Spezialisierung" (hochspezialisiert - niedrigspezialisiert) und die Qualifikation (hoch - niedrig) der Arbeitskräfte kombiniert, dann ergibt sich die folgende Abbildung 201.

- In Feld (1) handelt es sich um hochspezialisierte und hochqualifizierte Arbeitskräfte, die eine tendenziell geringe Flexibilität aufweisen. Diese Faktorausprägungen können eine Konsequenz zunehmender Automatisierung sein. Unter Flexibilitätsgesichtspunkten erscheint es daher angezeigt, den Bestand an solchen Arbeitskräften gering zu halten.

- In Feld (2) handelt es sich um niedrigspezialisierte und hochqualifizierte Arbeitskräfte, die es ermöglichen, eine Personalverschiebung zu realisieren. Die Flexibilität der Unternehmung wird durch solche personalen Aktionsträger positiv beeinflußt, da sie bei Spitzenbelastungen in unterschiedlichen Bereichen einsetzbar sind.

- Demgegenüber bestehen bei hochspezialisierten und niedrigqualifizierten Arbeitskräften (Feld 3) und niedrigqualifizierten und niedrigspezialisierten Arbeitskräften

(Feld 4) tendenziell nur geringe Möglichkeiten zur Durchführung innerbetrieblicher Personalverschiebungen.

Spezialisierungs- grad Qualifikation	hochspezialisierte Arbeitskräfte	niedrigspezialisierte Arbeitskräfte
hoch	(1)	(2)
niedrig	(3)	(4)

Abb. 201: Systematisierung der Arbeitskräfte nach Spezialisierungsgrad und Qualifikation

Die Möglichkeit einer **zeitlich begrenzten anderweitigen Maschinennutzung** ist abhängig von den Flexibilitätspotentialen der Aggregate und damit insbesondere davon, ob es sich um Mehrzweck- oder Einzweckmaschinen handelt (vgl. hierzu die Ausführungen zur Flexibilität). Dieser Problembereich ist im Rahmen der Verfahrenswahl zu berücksichtigen.

Bei der **intensitätsmäßigen Anpassung** ist im Personalbereich zu beachten, daß diese Anpassungsform nur über kurze Zeitspannen anwendbar ist, wobei zu beachten ist, daß Leistungsvariationen grundsätzlich individuell begründet sind. Bei den Aggregaten ist zunächst zu überprüfen, ob eine intensitätsmäßige Anpassung überhaupt möglich ist. Darüber hinaus ist zu berücksichtigen, daß Variationen der Intensität bei Aggregaten teilweise gleichzeitig gleichlaufende Intensitätsvariationen anderer Produktionsfaktoren bedingen, und zwar insbesondere der menschlichen Arbeit. Damit wird deutlich, daß die menschliche Arbeitsleistung durchaus eine intensitätsmäßige Anpassung von Aggregaten restringieren kann und sich daraus ein interdependetes Problem ergibt.

4.3 Reihenfolgeplanung

Aufgabe der Reihenfolgeplanung (Auftragsreihenfolgeplanung, Maschinenbelegungsplanung) ist es, festzulegen, in welcher Reihenfolge (= eine Anordnung von Elementen) eine gegebene Menge von Aufträgen auf den zum Einsatz gelangenden Produktiveinheiten (Maschinen) zu bearbeiten ist (vgl. Müller-Merbach 1979, Sp. 39). Dabei werden sowohl die Anzahl und Eigenschaften der Maschinen als auch die Anzahl und Beschaffenheit der zu erstellenden Produkte als bekannt vorausgesetzt.

Differenzierend kann in diesem Zusammenhang zwischen

- der Maschinenfolge (technologische Folge) und
- der Auftragsfolge (organisatorische Folge)

unterschieden werden (vgl. Reese 1980, S. 7 ff.). Während die **Maschinenfolge** offenlegt, wie die Vorgänge eines Auftrages aufgrund der technologischen Gegebenheiten aufeinanderfolgen müssen, legt die **Auftragsfolge** die Reihenfolge fest, in der die Aufträge auf den Aggregaten bearbeitet werden. Die Maschinenfolge wird im folgenden als gegeben betrachtet. Damit entspricht das **Maschinenbelegungsproblem** der Ermittlung der Auftragsfolgen und läßt sich wie folgt präzisieren: n Aufträge sind auf M Maschinen zu bearbeiten, wobei die folgenden **Voraussetzungen** zu beachten sind:

- Zu Beginn der Planungsperiode ist der Auftragsbestand bekannt.
- Die Bearbeitungs-, Rüst- und Transportzeiten sind bekannt und konstant.
- Die Maschinenfolgematrix ist bekannt, d.h. jeder Auftrag hat eine vorgegebene Maschinenfolge zu durchlaufen.
- Es wird nur jeweils eine Maschine vom gleichen Typ eingesetzt.
- Ein Auftrag ist während seiner Bearbeitung an einer Maschine nicht teilbar.
- Jeder Auftrag wird von jeder Maschine einmal bearbeitet.
- Alle Bearbeitungsoperationen sind ohne Unterbrechung bis zum Ende durchzuführen.
- Keine Maschine kann zur gleichen Zeit mehrere Aufträge bearbeiten.
- Die Maschinen stehen zur Bearbeitung des geplanten Auftragsbestandes uneingeschränkt zur Verfügung.

Eine Lösung des Maschinenbelegungsproblems liegt dann vor, wenn sowohl die Maschinenfolge als auch die Auftragsfolge bekannt sind, d.h. es ist unter Beachtung der aufgeführten Prämissen eine Auftragsfolgematrix zu ermitteln, so daß Maschinen- und Auftragsfolge zulässig sind. Ökonomisch relevant ist dabei der zulässige Reihenfolgeplan, der hinsichtlich der unterstellten Zielgröße(n) optimal ist.

Jede Lösung läßt sich dann mit Hilfe von **Gantt-Diagrammen** in der Form eines

- Maschinenbelegungsdiagramms oder
- Auftragsfolgediagramms

graphisch darstellen. Zur Veranschaulichung sei ein Beispiel mit drei Aufträgen und drei Maschinen angeführt. Es sei die folgende **Maschinenfolgematrix** (Θ) gegeben:

Maschine

$$\Theta \;=\; \begin{vmatrix} 1 & 2 & 3 \\ 2 & 1 & 3 \\ 3 & 2 & 1 \end{vmatrix} \quad \text{Auftrag}$$

Zeile eins der Matrix Θ gibt an, daß Auftrag 1 zunächst auf Maschine 1, dann auf 2 und zuletzt auf Maschine 3 zu bearbeiten ist. Die anderen Zeilen sind analog zu lesen.

Die **Produktionszeiten** werden in der folgenden Matrix PT erfaßt:

$$PT = \begin{vmatrix} 4 & 4 & 3 \\ 3 & 3 & 5 \\ 4 & 2 & 3 \end{vmatrix}$$

Auf dieser Grundlage läßt sich dann ein Maschinenbelegungsplan erstellen, der angibt, wie lange die einzelnen Maschinen mit den entsprechenden Aufträgen belegt sind und in welcher Reihenfolge die Aufträge bearbeitet werden. Dies impliziert auch die Maschinenfolge der Aufträge. Abbildung 202 gibt für das oben angeführte Zahlenbeispiel einen **Maschinenbelegungsplan** wieder.

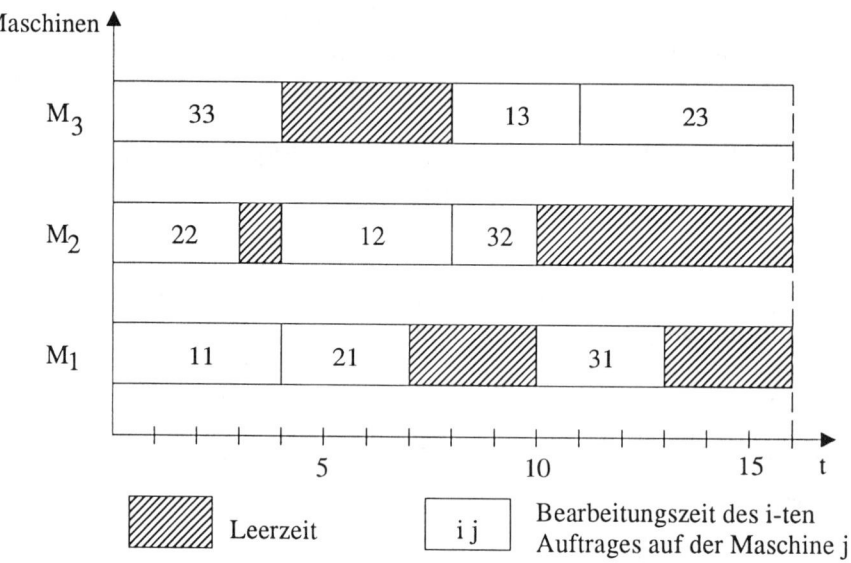

Abb. 202: Maschinenbelegungsdiagramm

Die Länge der Balken gibt dabei die Bearbeitungszeit des jeweiligen Auftrages an. Darüber hinaus sind auch die Leerzeiten der einzelnen Maschinen zu entnehmen. Ein wesentlicher Nachteil derartiger Maschinenbelegungsdiagramme ist darin zu sehen, daß sich die Arbeitsfortschritte an den einzelnen Aufträgen nur schwer erkennen lassen.

Ein entsprechendes **Auftragsfolgediagramm** (Auftragsfortschrittsdiagramm) ist in Abbildung 203 dargestellt.

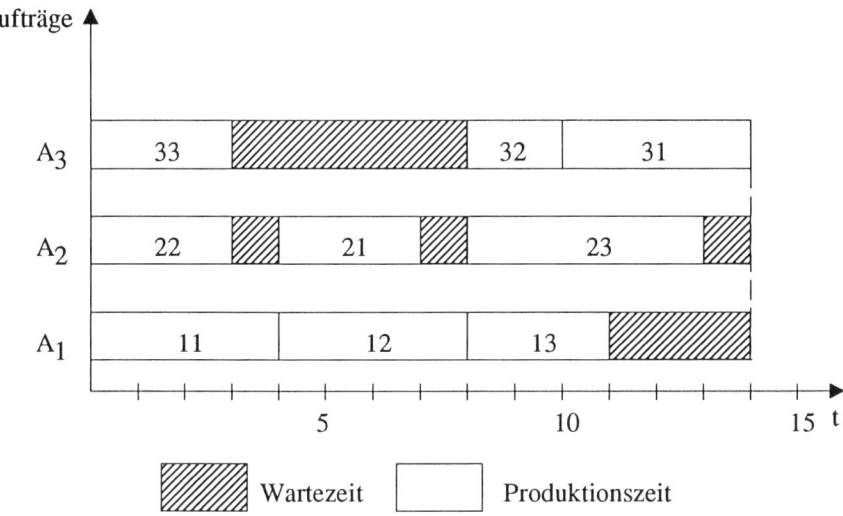

Abb. 203: Auftragsfolgediagramm

Aus dem Auftragsfolgediagramm können somit die Wartezeiten der einzelnen Aufträge und der Fertigstellungstermin entnommen werden. Die Entscheidung für ein Maschinenbelegungsdiagramm oder für ein Auftragsfolgediagramm wird davon beeinflußt, ob die Maschinenbelegung oder der Auftragsfortschritt von primärem Interesse ist.

4.3.1 Mögliche Zielkriterien der Reihenfolgeplanung

Als Zielsetzung der Reihenfolgeplanung ist zunächst die **Minimierung der entscheidungsrelevanten Kosten** zu nennen, zu denen die folgenden Kostenarten zu zählen sind (vgl. Hoitsch 1985, S. 186 ff.):

- Vorbereitungskosten (Rüstkosten)
- Herstellkosten
- Lagerkosten (Zwischen- und Endlagerkosten)
- Anpassungskosten (Kosten für die Über- oder Unterschreitung bzw. für die Einhaltung von Lieferterminen).

Bedingt durch die **Operationalisierungsprobleme**, d.h. es ist i.d.R. nicht möglich, die vollen Konsequenzen einzelner Ablaufplanungsentscheidungen für die Kosten zu bestimmen, erfolgt eine Substitution der Kosten durch entsprechende Zeitgrößen (zu dieser Problematik vgl. Müller-Merbach 1979, Sp. 41; Reese 1980, S. 16 ff.). In der Auftragsreihenfolgeplanung finden damit primär Zielfunktionen Anwendung, die eine Minimierung bestimmter Zeitgrößen anstreben, wobei vorausgesetzt wird, daß sich

Zeit- und Wertgrößen in die gleiche Richtung bewegen. Nach Glaser (1986, S. 84) lassen sich die dabei herangezogenen Zielfunktionen in

- auftragsbezogene und
- maschinenbezogene Zielfunktionen

differenzieren.

Eine erste **auftragsbezogene Zielfunktion** stellt die Forderung nach einem möglichst raschen Durchlauf der Aufträge durch das Produktionssystem dar. Diese Überlegung findet dann ihren Ausdruck in der Zielsetzung **"Minimiere die Durchlaufzeiten"** der Aufträge. Diese Zielfunktion stellt dabei ein **Substitut** für das wertmäßige Ziel **"Minimiere die Kapitalbindungskosten"** dar. Glaser (1986, S. 88) betont in diesem Zusammenhang, daß eine Minimierung der Gesamtdurchlaufzeit nur dann zu einer Minimierung der Kapitalbindungskosten führt, wenn die folgenden Voraussetzungen gegeben sind:

- Das zur Durchführung der Produktionsaufträge benötigte Kapital muß insgesamt bereits zu Beginn der Planungsperiode zur Verfügung stehen.
- Der Kapitalbedarf muß für jeden Produktionsauftrag die gleiche Höhe aufweisen.
- Das in einem Produktionsauftrag gebundene Kapital muß bei Fertigstellung der jeweiligen Aufträge wieder freigesetzt werden.

Dies zeigt, daß eine Substitution von Wert- durch Zeitgrößen nicht generell als unproblematisch zu bezeichnen ist.

Wird die Durchlaufzeit t_i^D eines Auftrages unter der Voraussetzung, daß keine Parallelbearbeitung auftritt, wie folgt definiert

$$t_i^D = \sum_{j=1}^{M} t_{ij}^B + t_{ij}^T + t_{ij}^W$$

wobei in t^B die Bearbeitungs- und Rüstzeiten enthalten sein sollen, und sind t^B und t^T gegeben, was i.d.R. auch als realistisch einzuschätzen ist, da Transport- und Produktionszeiten in Industrieunternehmungen im allgemeinen durch technische Gegebenheiten determiniert sind, dann ist die Durchlaufzeit eine Funktion von t^W. Unter dieser Voraussetzung ist das Ziel "Minimierung der Durchlaufzeit" mit der "Minimierung der Wartezeit" identisch:

$$t_{min}^D = \sum_{i=1}^{n} \sum_{j=1}^{M} t_{ij}^W \rightarrow Min!$$

Weitere Zielsetzungen im Rahmen der Durchlaufzeitminimierung sind:

- Minimierung der maximalen Durchlaufzeit, auch Zykluszeit genannt:

$$t_{max}^D = \max\{t_1^D, \dots, t_n^D\} \rightarrow \text{Min!}$$

- Minimierung der mittleren Durchlaufzeit ($\bar{t}^D$):

$$\bar{t}^D = \frac{1}{n}\sum_{i=1}^{n} t_i^D$$

Eine weitere auftragsbezogene Zielsetzung ist in der "**Minimierung der Terminabweichung**" zu sehen, wobei Günther (1972, S. 299) betont, daß es sich hierbei um eine Nebenbedingung und nicht um eine Zielsetzung handelt. Ist für einen Auftrag i der Liefertermin T^{LT} gegeben, dann gilt für die Terminabweichung (vgl. Zäpfel 1982, S. 251):

$$t_i^{Ab} = t_i^D - T^{LT}$$

mit:

$$t_i^{Ab} = \begin{cases} > 0, \text{ dann liegt eine Terminüberschreitung vor} \\ < 0, \text{ dann liegt eine Terminunterschreitung vor} \end{cases}$$

Unter der Voraussetzung, daß lediglich Terminüberschreitungen (VE_i) von Bedeutung sind, gilt:

$$VE_i = \max\{t_i^D - T^{LT}, 0\}$$

Ferner sind die folgenden Spezifikationen im Rahmen dieser Zielsetzung zu beachten:

- Minimiere die maximale Verspätung:

$$VE_{max} = \max_i [\max\{t_i^D - T^{LT}, 0\}] \rightarrow \text{Min!}$$

$$VE_{max} = \max_i \{VE_i\} \rightarrow \text{Min!}$$

- Minimiere die Summe der Verspätungen:

$$\sum_{i=1}^{n} VE_i = \sum_{i=1}^{n} \max\{t_i^D - T^{LT}, 0\} \rightarrow \text{Min!}$$

Als maschinenbezogene Zielfunktion ist die "**Maximierung der Kapazitätsauslastung**" zu nennen. Hinter diesem Zeitziel steht die Überlegung, das in den maschinellen Anlagen gebundene Kapital in möglichst effizienter Weise zu nutzen. Die gesamte Belegungszeit (T^{BE}) einer Produktionseinheit ergibt sich aus den Bearbeitungs- und den Leerzeiten:

$$T^{BE} = \sum_{i=1}^{n} \sum_{j=1}^{M} t_{ij}^{B} + \sum_{j=1}^{M} t_{j}^{L}$$

Die Gesamtbearbeitungszeit ist dann:

$$T^{B} = \sum_{i=1}^{n} \sum_{j=1}^{M} t_{ij}^{B}$$

Die Kapazitätsauslastung (b_{aus}), die es zu maximieren gilt, ergibt sich dann aus der quotialen Verknüpfung der Gesamtbearbeitungszeit und der Gesamtbelegungszeit:

$$b_{aus,\,max} = \frac{\sum_{i=1}^{n} \sum_{j=1}^{M} t_{ij}^{B}}{\sum_{i=1}^{n} \sum_{j=1}^{M} t_{ij}^{B} + \sum_{j=1}^{M} t_{j}^{L}} \rightarrow \text{Min!}$$

Als weitere kapazitätsbezogene Zielsetzung ist die "**Minimierung der Leerzeiten**" zu nennen:

$$T_{min}^{L} = \sum_{j=1}^{M} t_{j}^{L} \rightarrow \text{Min!}$$

Sind die Bearbeitungszeiten konstant, dann führen die Ziele "Maximiere die Kapazitätsauslastung" und "Minimiere die Leerzeiten" zu denselben optimalen Ablaufplänen (vgl. Hoitsch 1985, S. 192).

Als weitere Ziele, die in der Literatur genannt werden, seien beispielhaft aufgezählt (vgl. Glaser 1986, S. 85 ff.; Mensch 1972, S. 77; Seelbach 1979, Sp. 23):

- Minimierung der Rüstzeiten,
- Minimierung der Zwischenlagerzeiten,
- Minimierung der Fertigungsverzögerungen,
- Minimierung der Stillstandszeiten.

Bei allen besprochenen Zeitzielen sei noch einmal darauf hingewiesen, daß es sich hierbei um Substitute von wertmäßigen Zielen handelt, die jedoch kein Garant dafür sind, daß die durch sie zu erreichenden Kostenziele auch erfüllt werden. Sollen etwa die Verzugskosten minimiert werden, dann reicht eine Minimierung der Verspätungen alleine nicht aus, da sowohl eventuelle Konventionalstrafen als auch Opportunitätskosten durch zukünftige Deckungsbeitragsverluste hierdurch nicht in vollem Umfang erfaßt werden müssen.

In einem nächsten Schritt ist der Frage nachzugehen, welche Zielbeziehungen zwischen den Zielen der Reihenfolgeplanung bestehen. Von zentraler Bedeutung ist in diesem Zusammenhang das von Gutenberg (1971, S. 216) formulierte **Dilemma der Ablaufplanung**, das eine Unvereinbarkeit der Ziele

- Minimierung der Durchlaufzeiten und
- Maximierung der Kapazitätsauslastung (Minimierung der Leerzeiten)

postuliert. Über die Existenz und generelle Gültigkeit dieses Dilemmas ist in der Literatur kontrovers diskutiert worden (vgl. Günther 1972, S. 297 ff.; Mensch 1972, S. 77 ff.; Müller-Merbach 1970, S. 176 f.; Strebel 1984, S. 204 f.). So betont Strebel, daß die Minimierung der Leerzeiten von Aggregaten nicht ohne weiteres ein ökonomisches Problem darstellt, sondern dies erst dann der Fall ist, wenn den zeitlichen Größen ökonomische Werte beigemessen werden können. Dies ist etwa dann der Fall, wenn durch ablaufbedingte Leerzeiten Aufträge mit positiven Deckungsbeiträgen verdrängt werden. Unter diesen Gegebenheiten kann es sich dann lohnen, die Leerzeiten zu reduzieren.

Ferner finden sich bei Günther (1972, S. 297 ff.) und Müller-Merbach (1970, S. 176 f.) Beispiele dafür, daß sich diese Ziele nicht in jedem Fall widersprechen müssen. Ausgangspunkt bildet dabei die konkrete **Beschäftigungslage**, da den Zielen in unterschiedlichen Beschäftigungssituationen eine unterschiedliche Bedeutung beizumessen ist:

- Liegt etwa ein hoher Auftragsbestand vor, dann wird die Unternehmung bestrebt sein, möglichst schnell Produktionskapazitäten wieder zur Verfügung zu haben, indem sie versucht, die vorliegenden Aufträge frühestmöglich abzuschließen, d.h. die Unternehmung wird bestrebt sein, eine maximale Kapazitätsauslastung zu verfolgen, um die Produktionsleistung zu steigern. Dabei wird sie die eventuell auftretenden höheren Lagerkosten und Kosten der schnelleren Abwicklung in Kauf nehmen, um rechtzeitig wieder über freie Kapazitäten verfügen zu können.

- Liegt hingegen ein geringer Auftragsbestand vor, dann erscheint es zweckmäßig, einen Belegungsplan anzustreben, bei dem die Lagerbestände und damit verbunden die Lagerkosten möglichst gering sind. Dies bedeutet, daß die Maschinen i.d.R. nur eine mäßige Auslastung aufweisen werden. Darüber hinaus erscheint eine Verringerung der Durchlaufzeit in dieser Situation besonders bedeutsam, um durch terminlich günstige Angebote Liefervorteile gegenüber der Konkurrenz zu erreichen (vgl. Müller-Merbach 1979, Sp. 42). In dieser Situation besitzen die Leerzeiten keinen Knappheitswert und folglich keinen Zielwert.

Zäpfel (1982, S. 253) führt in diesem Zusammenhang aus, daß die Existenz eines Dilemmas vor allem davon abhänge,

- was unter diesem Begriff zu verstehen sei und
- wie die beiden Ziele (insbesondere Durchlaufzeitminimierung) präzisiert werden.

Wird der Begriff des Dilemmas so umschrieben, daß die auf der Grundlage des jeweiligen Zieles (Minimierung der maximalen Durchlaufzeit und Maximierung der Kapazitätsauslastung) generierten optimalen Ablaufpläne auseinanderfallen können, dann kann kein Dilemma existieren. Werden als Ziele hingegen die Minimierung der mittleren Durchlaufzeit und die Maximierung der Kapazitätsauslastung unterstellt, dann ist ein Auseinanderfallen der optimalen Ablaufpläne nicht auszuschließen. Ebenfalls zeigt Hansmann (1987, S. 179 f.) auf der Grundlage eines Beispiels, daß ein **Zielkonflikt möglich** ist. Müller-Merbach (1970, S. 177) weist ergänzend auf Simulationsstudien hin (vgl. hierzu die Ausführungen zu den Prioritätsregeln), die zeigen, daß sich die Ziele der kürzesten Durchlaufzeit und der maximalen Maschinenauslastung nicht so diametral widersprechen, wie es zunächst den Anschein hat. So zeigt insbesondere die kürzeste Operationszeitregel (KOZ), daß niedrige Durchlaufzeiten und hohe Maschinenauslastung gleichzeitig erreichbar sind.

Aufbauend auf der Dilemmathese bezieht Mensch (1972, S. 77 ff.) eine dritte Zielgröße, die **reihenfolgeabhängigen Rüstkosten**, in seine Überlegungen ein und erweitert damit das Dilemma zu einem **Trilemma der Ablaufplanung**. Günther (1972, S. 299 f.) führt hierzu jedoch aus, daß die Rüstzeit nichts anderes als eine spezifische Maschinenbrachzeit oder eine spezifische Lagerzeit der Objekte darstelle, was letztlich nur eine Erweiterung der bisherigen Zielformulierung erfordere und folglich ein Trilemma nicht existiere. Als Zielerweiterungen ergeben sich dann:

- Minimiere die Lagerzeiten unter Berücksichtigung der Rüstzeiten.
- Minimiere die Brachzeiten unter Einschluß der Rüstzeiten.

Darüber hinaus weist Günther (1972, S. 300) darauf hin, daß generelle Aussagen über die Beziehungen zwischen den Rüstzeiten und den beiden anderen Zielen kaum möglich seien, und die Art der Zielbeziehung im Einzelfall variieren könne.

Neben diesen diskutierten konfliktären Zielbeziehungen existieren ferner, wie teilweise bereits aufgeführt, **Zielidentitäten**. So sind etwa die Ziele Minimierung der Leerzeiten und Maximierung der Kapazitätsauslastung äquivalente Zielsetzungen. Dies gilt darüber hinaus für die Ziele Minimierung der mittleren Durchlaufzeit und Minimierung der Wartezeit.

4.3.2 Lösungsansätze zur Reihenfolgeplanung

Die ersten systematischen Ansätze zur Lösung des Maschinenbelegungsproblems stammen aus den fünfziger Jahren. Dabei standen zunächst **Flow-Shop-Probleme**, d.h. Produktion mit einem gleichgerichteten Materialfluß im Zentrum des Interesses. In diesen Ansätzen werden folglich für die zu bearbeitenden Aufträge **identische Maschinenfolgen** unterstellt. Ein einfaches kombinatorisches Verfahren, das zunächst von zwei und dann von drei Maschinen und beliebig vielen Aufträgen ausging, wurde von Johnson (1954) entwickelt. Für den allgemeineren Fall **nichtidentischer Maschinenfolgen**, der als **Job-Shop-Problem** bezeichnet wird, wurden Lösungsansätze beispielsweise von Akers/Friedmann (1955) und Giffler/Thompson (1960) aufgestellt.

In den sechziger Jahren wurden dann Verfahren entwickelt, die auf den Grundlagen der ganzzahligen Programmierung aufbauen (vgl. z.B. Wagner 1959 und Manne 1960). Weitere Ansätze, die auf ähnlichen Ideen basieren und das Reihenfolgeproblem auf ein Traveling-Salesman-Problem zurückführen, wurden beispielsweise von Piehler (1960) und Bellmann (1962) formuliert.

Darüber hinaus wurde versucht, allgemeine Probleme der Reihenfolgeplanung auf der Grundlage von Dominanzkriterien zu lösen, wobei sich insbesondere die Branch-and-Bound-Technik als leistungsfähig erwies (vgl. z.B. Lomnicki 1965; Ashour/Hiremath 1973). Eine tabellarische Übersicht über die unterschiedlichen Ansätze befindet sich bei Zäpfel (1982, S. 263). Eine differenzierte Darstellung einzelner Lösungsansätze zum Flow-Shop-Problem und Job-Shop-Problem gibt Reese (1980, S. 24 ff.).

Mit Ausnahme der einfacheren kombinatorischen Verfahren stehen der Anwendung analytischer Lösungsansätze, insbesondere der gemischt-ganzzahligen Optimierung, erhebliche rechentechnische Schwierigkeiten entgegen (vgl. Müller-Merbach 1979, Sp. 39). So lassen sich mit einem wirtschaftlich vertretbaren Aufwand lediglich Ablaufprobleme mit bis zu dreißig Vorgängen bewältigen (vgl. Steffen 1979, Sp. 34). Die beschränkte Anwendbarkeit dieser Verfahren wird besonders deutlich, wenn Kern (1992, S. 279) herausstellt, daß bereits in einer mittelgroßen Maschinenfabrik täglich zwischen 1000 und 1500 Arbeitsgänge auf etwa 500 Arbeitsplätze zuzuordnen sind. Derartige Problemabmessungen verbieten folglich den Einsatz dieser Optimierungsansätze für praktisch relevante Problemstellungen. Aus diesem Grunde wurde eine Vielzahl heuristischer Verfahren entwickelt, wobei insbesondere die **Prioritätsregeln** von Bedeutung sind.

Die folgenden Ausführungen zur Maschinenbelegungsproblematik beschränken sich auf einfache Ansätze und haben zum Ziel, dem Leser das generelle Problem näher zu bringen.

4.3.2.1 Einstufige Produktion

Im Rahmen einer einstufigen Produktion kann das **Verfahren des besten Nachfolgers** zur Anwendung gelangen (Darstellungen finden sich bei Hansmann (1987, S. 187f.) und Strebel (1984, S. 198 ff.)). Als Zielkriterium wird in diesem Ansatz die **Minimierung der Umrüstkosten** herangezogen, da unterstellt wird, daß diese von der Reihenfolge der zu bearbeitenden Aufträge abhängig sind. Es wird davon ausgegangen, daß die technologische Reihenfolge der Auftragsbearbeitung beliebig ist. Abbildung 204 gibt die Umrüstkosten zwischen den zu bearbeitenden Aufträgen wieder.

Nach Auftrag / Von Auftrag	I	II	III	IV	V
I	∞	20	22	21	23
II	22	∞	21	23	22
III	21	22	∞	24	23
IV	20	21	23	∞	24
V	20	23	21	25	∞

Abb. 204: Umrüstkosten

An dieser Übersicht wird deutlich, daß die Umrüstkosten, z.B. von Auftrag II nach III, nicht mit den Umrüstkosten von Auftrag III nach II übereinstimmen, d.h. es handelt sich um ein **unsymmetrisches Umrüstproblem**. Die Diagonale dieser Matrix ist mit "∞" besetzt, wodurch unsinnige Folgen wie I/I, II/II, III/III, IV/IV und V/V nicht in die Lösung gelangen können.

Das Verfahren des besten Nachfolgers läuft dann nach den folgenden Schritten ab:

- Als Ausgangspunkt wird ein beliebiger Auftrag gewählt.
- Als Nachfolger wird der Auftrag gewählt, der im Verhältnis zu seinem Vorgänger die niedrigsten Rüstkosten aufweist.
- Diese Vorgehensweise erfolgt solange, bis sämtliche Aufträge eingeplant sind.

Für das Beispiel aus Abbildung 204 ergibt sich dann als **eine denkbare Lösung**:

Ausgangspunkt	Folge	Umrüstkosten
I	I/II	20
	II/III	21
	III/V	23
	V/IV	25
		89

Als Auftragsfolge ergibt sich dann:

$$I \rightarrow II \rightarrow III \rightarrow V \rightarrow IV$$

Sie erfordert Umrüstkosten in Höhe von 89 Geldeinheiten. Ein generelles Problem dieser Vorgehensweise sind die mit fortschreitender Belegung abnehmenden Freiheitsgrade, die bewirken, daß dann ungünstigere Kombinationen in die Reihenfolge aufgenommen werden müssen. Darüber hinaus betont Strebel (1984, S. 200), daß dieser Ansatz bei Problemen realistischer Größenordnungen i.d.R. nicht zur optimalen Reihenfolge führt. Um zu einer optimalen Lösung zu gelangen, kann ein **heuristisches Austauschverfahren** herangezogen werden (vgl. Müller-Merbach 1970, S. 12 f.; zu einem Rechenbeispiel vgl. Hansmann 1987, S. 189 ff.). Dabei werden die Umrüstkosten der Ausgangsreihenfolge gleich Null gesetzt. Andere Reihenfolgen erhalten dann negative Umrüstkosten, wenn sich damit Kosteneinsparungen realisieren lassen, und positive Umrüstkosten, wenn im Vergleich zur Ausgangslösung Kostenerhöhungen auftreten. Dies läßt sich dadurch erreichen, daß von jeder Zeile und jeder Spalte der Umrüstkostenmatrix eine beliebig auszuwählende Konstante subtrahiert wird. Formal ergibt sich dann die folgende Schreibweise:

Zielfunktion:

$$K^U = \sum_{i=1}^{n} \sum_{j=1}^{n} K_{ij}^U \cdot u_{ij} \;\rightarrow\; Min!$$

Nebenbedingungen:

$$\sum_{j=1}^{n} u_{ij} = 1 \quad \text{(Jeder Auftrag hat genau einen Nachfolger)}$$

$$\sum_{i=1}^{n} u_{ij} = 1 \quad \text{(Jeder Auftrag hat genau einen Vorgänger)}$$

$$u_{ij} \in \{\,0, 1\,\}$$

mit:

K_{ij}^U = Umrüstkosten von Auftrag i auf Auftrag j

u_{ij} = Auftragsvariable (sie nimmt den Wert eins an, wenn Auftrag j auf Auftrag i folgt, sonst ist sie gleich Null).

Diese Formulierung, die den Ausgangspunkt bildet, entspricht dem Zuordnungsproblem in der linearen Optimierung. Durch Subtraktion einer Konstanten ζ_i von der Zeile i der Umrüstkostenmatrix und einer Konstanten ξ_j von der Spalte j ergibt sich dann die folgende modifizierte Zielfunktion:

$$K^U = \sum_{i=1}^{n} \sum_{j=1}^{n} (K_{ij}^U - \zeta_i - \xi_j) u_{ij}$$

$$K^U = \sum_{i=1}^{n} \sum_{j=1}^{n} K_{ij}^U u_{ij} - \sum_{i=1}^{n} \zeta_i \sum_{j=1}^{n} u_{ij} - \sum_{j=1}^{n} \xi_j \sum_{i=1}^{n} u_{ij}$$

Die beiden Zielfunktionen unterscheiden sich lediglich durch die Konstanten

$$\sum_{i=1}^{n} \zeta_i \quad \text{und}$$

$$\sum_{j=1}^{n} \xi_j$$

Auf das Beispiel bezogen ergibt sich dann die in Abbildung 205 dargestellte Matrix der reduzierten Umrüstkosten.

von Auftrag \ nach Auftrag	I	II	III	IV	V	ζ_i
I	∞	2	5	−3	3	10
II	5	∞	0	1	4	8
III	−2	0	∞	−4	0	14
IV	0	2	5	∞	3	11
V	1	5	4	0	∞	10
ξ_j	9	8	7	14	10	101

Abb. 205: Matrix der reduzierten Umrüstkosten

Die negativen Werte in dieser Matrix weisen auf **Kosteneinsparungsmöglichkeiten** hin. So ist etwa die Folge III → IV nur deshalb als eine **potentielle Verbesserung** zu betrachten, weil durch eine solche Umstellung die Reihenfolge insgesamt umstrukturiert wird, wodurch an anderen Stellen Kostensteigerungen auftreten können, die die ursprüngliche Kostenreduzierung überkompensieren. Der Einbau der Folge III → IV ist damit zunächst auf eine Lösungsverbesserung zu überprüfen:

$$I \to II \to III \to IV \to V$$

Um jedoch eine komplette Auftragsfolge zu erhalten, ist der Auftrag V zwischen I/II und II/III einzubauen:

$$I \rightarrow V \rightarrow II \rightarrow III \rightarrow IV = 89$$

$$I \rightarrow II \rightarrow V \rightarrow III \rightarrow IV = 88$$

Da die zuletzt aufgeführte Reihenfolge zu niedrigeren Umrüstkosten führt als die Ausgangslösung, wird sie als **erste verbesserte Reihenfolge** für die weiteren Berechnungen herangezogen. Um weitere Kostensenkungsmöglichkeiten zu finden, wird diese Lösung in die nächste reduzierte Umrüstkostenmatrix übernommen, und die Umrüstkosten der neuen Folge wiederum gleich Null gesetzt. Das Verfahren läuft dann erneut wie oben beschrieben ab und endet dann mit der besten heuristischen Reihenfolge, wenn keine negativen Elemente in der reduzierten Umrüstmatrix mehr vorhanden sind.

4.3.2.2 Mehrstufige Produktion

Handelt es sich um einen mehrstufigen Produktionsprozeß, dann ist es erforderlich, für jede Produktionsstufe die optimale Reihenfolge der Aufträge zu bestimmen. Gibt es n Aufträge und m Produktionsstufen (Aggregate), dann gibt es $(n!)^m$ unterschiedliche Auftragsfolgen. Dies zeigt, daß derartige kombinatorische Optimierungsmodelle, die sich mit Hilfe ganzzahliger Modelle abbilden lassen, bedingt durch einen extremen Rechenaufwand für größere Problemabmessungen keine Bedeutung haben. Im folgenden sei zunächst ein exaktes Verfahren und im Anschluß daran eine heuristische Vorgehensweise, und zwar insbesondere die Anwendung von Prioritätsregeln, betrachtet.

4.3.2.2.1 Ein exaktes Verfahren zur Bestimmung der optimalen Auftragsreihenfolge

Ziel des von Johnson (1954) entwickelten Algorithmus ist die **Minimierung der Zykluszeit**, d.h. es wird diejenige Lösung gesucht, bei der der letztbearbeitete Auftrag so früh wie möglich fertiggestellt ist (vgl. Müller-Merbach 1970, S. 179). Dabei gelten die folgenden **Prämissen**:

- Die Umrüstkosten sind unabhängig von der Auftragsreihenfolge.
- Alle zu bearbeitenden Aufträge durchlaufen alle Maschinen in der gleichen Reihenfolge (**identical routing**), und zwar wird jede Maschine genau einmal mit einem Auftrag belegt.
- Kein Auftrag darf einen anderen Auftrag überholen (**passing not permitted**).

Der **Johnson-Algorithmus** für zwei Maschinen und beliebig viele Aufträge hat dann den in Abbildung 206 dargestellten Aufbau.

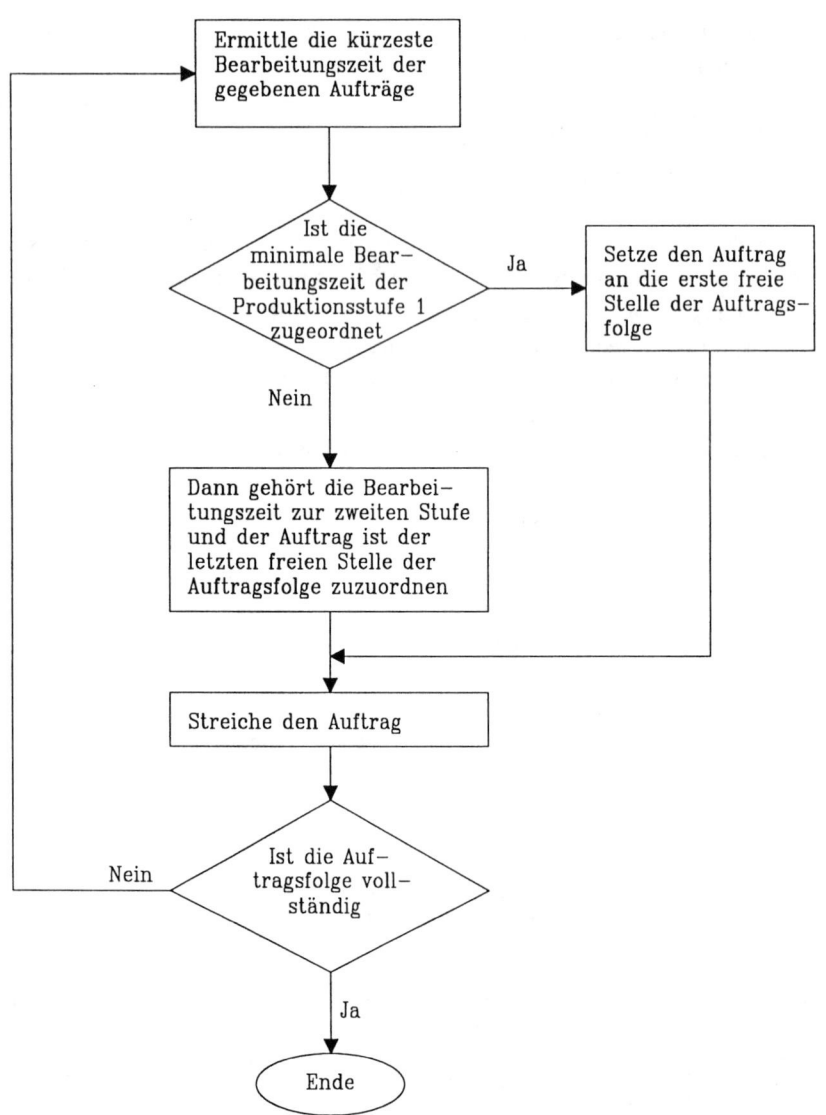

Abb. 206: Grundaufbau des Johnson-Algorithmus

Das folgende Beispiel soll diesen Algorithmus noch einmal verdeutlichen.

Auftrag	Stufe 1	Stufe 2
I	4	3
II	5	6
III	8	7
IV	2	5
V	9	12
VI	13	10
VII	11	14

Die niedrigste Bearbeitungszeit weist Auftrag IV mit 2 Zeiteinheiten auf. Da diese Bearbeitungszeit der ersten Produktionsstufe zugeordnet ist, wird dieser Auftrag an die erste Stelle der Auftragsfolge angeordnet. Die nächstniedrigste Bearbeitungszeit beträgt 3 Zeiteinheiten und ist der Produktionsstufe zwei zugeordnet. Der Auftrag I kommt folglich an die letzte Stelle der Auftragsfolge. Auftrag II weist auf Produktionsstufe 1 die nächstniedrigste Bearbeitungszeit auf und wird folglich an die erste freie Stelle der Auftragsfolge angeordnet. Die nächstniedrigste Bearbeitungszeit weist Auftrag III mit 7 Zeiteinheiten der zweiten Produktionsstufe auf und wird damit der letzten freien Stelle der Auftragsfolge zugeordnet. Das Verfahren endet, wenn sämtliche Aufträge in eine Reihenfolge gebracht sind. Für das Beispiel ergibt sich dann die folgende optimale Reihenfolge mit einer Zykluszeit von 62 Zeiteinheiten:

$$IV \rightarrow II \rightarrow V \rightarrow VII \rightarrow VI \rightarrow III \rightarrow I$$

Abbildung 207 gibt diese Situation mit Hilfe eines Gantt-Diagramms wieder.

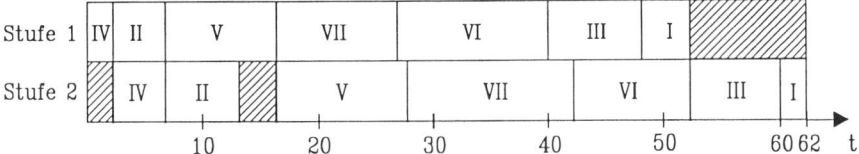

Abb. 207: Gantt-Diagramm der optimalen Reihenfolge

Ihre logische Begründung findet diese Vorgehensweise darin, daß der Auftrag, der die kürzeste Bearbeitungszeit aufweist, auf Maschine 1 zuerst bearbeitet werden muß, um damit die auftretende Leerzeit für Maschine 2 zu minimieren. Er ist deshalb auf Maschine 2 zuletzt zu bearbeiten, um die Auslaufzeit dieser Maschine niedrig zu halten (vgl. Blumenthal 1959, S. 483 ff.).

Die Reihenfolgebestimmung für drei Maschinen und beliebig viele Aufträge läßt sich analog zum zweistufigen Problem durchführen. Dazu faßt Johnson die drei Maschinen zu zwei fiktiven Maschinen zusammen, indem er die Bearbeitungszeiten der Maschinen

1 und 2 und 2 und 3 zu fiktiven Bearbeitungszeiten zusammenfaßt. Mit dieser Hilfskonstruktion läßt sich dann das dreistufige auf ein zweistufiges Problem zurückführen.

4.3.2.2.2 Prioritätsregeln zur Bestimmung der Auftragsreihenfolge

Bei Prioritätsregeln (Vorrangregelverfahren) erfolgt die Einlastung der Aufträge dadurch, daß ihnen eine Wertzahl zugeordnet wird, die die Dringlichkeit eines Auftrages zum Ausdruck bringt. Durch Prioritätsregeln werden folglich die Auftragsfolgen an den jeweiligen Aggregaten auf der Grundlage eines bestimmten Reihenfolgekriteriums festgelegt, d.h. bildet sich vor einer Bearbeitungsstation eine Warteschlange, dann kann mit Hilfe der Prioritätsregel dezentral darüber entschieden werden, welcher Auftrag als nächster auf dem entsprechenden Aggregat zu bearbeiten ist. In die Festlegung der Prioritäten können dabei die unterschiedlichsten Überlegungen einfließen, wie etwa

- externe Dringlichkeit des Auftrags durch den Abnehmer,
- zeitlicher Puffer oder Verzug der einzulastenden Aufträge oder
- die Kapitalbindung des Auftrages.

Eine Prioritätszahl ist demnach als eine Vorgabe zu interpretieren, die entsprechend den zugeordneten Wertzahlen eine Auswahl aus einer Konfliktmenge (Warteschlange vor einer Bearbeitungsstation) erlaubt. Dabei ist es nicht erforderlich, daß an jeder Bearbeitungsstation dieselbe Prioritätsregel zur Anwendung gelangt.

Es ist zwischen

- elementaren und
- kombinativen Prioritätsregeln

zu unterscheiden. **Elementare** oder **einfache Prioritätsregeln** zeichnen sich dadurch aus, daß lediglich ein Reihenfolgekriterium angewendet wird. Abbildung 208 gibt einen Überblick über in der Literatur gängige Prioritätsregeln (vgl. z.B. Blohm u.a. 1987, S. 302; Hoitsch 1985, S. 273 f.; Küpper 1982, S. 197 ff.; Zäpfel 1982, S. 273 f.).

Welche Prioritätsregel für eine bestimmte Unternehmung unter Beachtung der situationsspezifischen Produktionsgegebenheiten in besonderem Maße geeignet ist, kann nicht in deduktiver Form allgemeingültig hergeleitet werden, sondern bedarf der experimentellen Überprüfung. Dies kann mit Hilfe der Simulation erfolgen. Müller-Merbach (1979, Sp. 46) betont in diesem Zusammenhang, daß es sich bei der Simulation nicht um ein Lösungsverfahren der Ablaufplanung handelt, sondern diese lediglich dazu dient, unterschiedliche Planungsverfahren, und in diesem Zusammenhang die Prioritätsregeln, zu testen (zu einer Beschreibung derartiger Simulationsläufe vgl. Hansmann 1987, S. 199 ff.). In der Literatur (vgl. z.B. Hauk 1973, Hoss 1965, Tangermann 1973; Haupt 1974) wurde eine Vielzahl von Simulationsexperimenten durchgeführt, um Hinweise auf die Wirksamkeit von Prioritätsregeln zu erhalten. Dabei werden einerseits **fiktive Produktionsmodelle** und anderseits **real existierende Produktionsmodelle** zugrunde gelegt. Hierbei lassen sich dann für die unterschiedlichen Prioritätsregeln charakteristische Größen, wie etwa Durchlauf- und Wartezeit, Kapazitätsauslastung usw. berechnen. Auf dieser Grundlage können dann Prioritätsregeln identifiziet werden, die im Durchschnitt den jeweiligen Zielen am besten entsprechen.

Regel	Erklärung
First-come-first-served (FCFS)	Der Auftrag, der zuerst an einer Maschine ankommt, erhält die höchste Priorität.
Kürzeste Operationszeit (KOZ)	Der Auftrag mit der kürzesten Operationszeit erhält die höchste Priorität.
Längste Operationszeit (LOZ)	Der Auftrag mit der längsten Operationszeit erhält die höchste Priorität.
Kürzeste Gesamtbearbeitungszeit (KGB)	Der Auftrag mit der kürzesten Gesamtbearbeitungszeit auf allen Maschinen erhält die höchste Priorität.
Größte Gesamtbearbeitungszeit (GGB)	Der Auftrag mit der größten Gesamtbearbeitungszeit auf allen Maschinen erhält die höchste Priorität.
Frühester Fertigstellungstermin (FFT)	Der Auftrag mit dem frühesten Fertigstellungstermin erhält die höchste Priorität.
Fertigungsrestzeitregel (FRZ)	Der Auftrag, der die kürzeste verbleibende Arbeitszeit auf den verbleibenden Maschinen aufweist, erhält die höchste Priorität.
Schlupfzeitregel (FT - LT)	Der Auftrag mit der geringsten Differenz zwischen der verbleibenden Zeit bis zum Fertigstellungstermin und dem geplanten Liefertermin erhält die höchste Priorität.
Dynamische Wertregel (DWR)	Der Auftrag mit dem höchsten Produktwert (Kapitalbindung) erhält die höchste Priorität.
Zufalls-Regel (ZUF)	Mit Hilfe eines Zufallszahlengenerators wird jedem Auftrag ein Wert zwischen Null und Eins zugeordnet. Die zugeordnete Zufallszahl ist dann die Prioritätszahl des Auftrages.

Abb. 208: Beispiele elementarer (einfacher) Prioritätsregeln

Einige Ergebnisse, die als Tendenzen dieser Simulationsstudien zu interpretieren sind, sind in der folgenden Abbildung (Abb. 209) zusammengefaßt (vgl. Hoss 1965; Schweitzer 1973, S. 180).

Optimierungs- kriterium \\ Prioritäts- regel	Kürzeste Operations- zeitregel	Fertigungs- restzeit- regel	Dynamische Wertregel	Schlupf- zeitregel
Maximale Kapazitäts- auslastung	sehr gut	gut	mäßig	gut
Minimale Durch- laufzeit	sehr gut	gut	mäßig	mäßig
Minimale Zwischen- lagerungskosten	gut	mäßig	sehr gut	mäßig
Minimale Termin- abweichungen	schlecht	mäßig	mäßig	sehr gut

Abb. 209: Wirksamkeit elementarer Prioritätsregeln

Diese Abbildung zeigt, daß die KOZ-Regel hinsichtlich der Zielsetzungen "Maximale Kapazitätsauslastung" und "Minimale Durchlaufzeit" (vgl. hierzu die Ausführungen zum Dilemma der Ablaufplanung) die besten Ergebnisse zeigt. Es ist jedoch zu beachten, daß die KOZ-Regel bei Aufträgen mit langen Bearbeitungszeiten die Termintreue negativ beeinflussen kann, so daß durch Verzögerungen von Aufträgen mit längeren Bearbeitungszeiten hohe Varianzen der Durchlaufzeiten auftreten. Demgegenüber weist die Schlupfzeitregel die besten Ergebnisse hinsichtlich der Termineinhaltung auf. Diese Ergebnisse zeigen, daß sich die KOZ-Regel und die Schlupfzeitregel aufgrund ihrer spezifischen Vorteile eventuell ergänzen können. Dieser Gedankengang liegt dann auch der **kombinativen Anwendung von Prioritätsregeln** zugrunde. Dies bedeutet, daß zur Beurteilung von Maschinenbelegungsplänen keine monovariable, sondern multivariable Zielfunktionen zugrunde gelegt werden, und zwar mit dem Ziel, daß sich die Vorteile der einzelnen Prioritätsregeln möglichst vereinen, während negative Effekte vermieden oder zumindest reduziert werden sollen. Aus der Verknüpfung der elementaren Prioritätsregeln läßt sich dann eine Vielzahl kombinativer Regeln bilden, wobei diese **Verknüpfung**

- additiv,
- multiplikativ oder
- alternativ

erfolgen kann (vgl. Berg 1979, Sp. 1429). Bei einer additiven Verknüpfung elementarer Prioritätsregeln erfolgt eine Addition der Prioritätszahlen. Weisen die einzelnen Prioritätsregeln unterschiedliche Bewertungsmaßstäbe auf, dann ist eine Gewichtung erforderlich, um diesem Sachverhalt Rechnung zu tragen. Handelt es sich um eine multiplikative Verknüpfung, dann kann die Gewichtung mittels Exponenten vollzogen werden. **Additiver** und **multiplikativer Verknüpfung** ist gemeinsam, daß die verknüpften **Regeln gemeinsam zur Anwendung** gelangen. Demgegenüber gelangt bei einer **alternativen Verknüpfung** lediglich eine Regel zur Anwendung, wodurch es notwendig wird, festzulegen, nach welcher Regel die jeweilige anzuwendende einfache Prioritätsregel ausgewählt werden soll. Es sind damit Bedingungen zu formulieren, die nur eine elementare Regel zum Einsatz gelangen lassen.

Untersuchungen (vgl. die Zusammenfassung bei Berg 1979, Sp. 1430) haben gezeigt, daß bei der additiven und multiplikativen Verknüpfung elementarer Prioritätsregeln nicht nur **keine Verbesserung** im Vergleich zu den elementaren Regeln auftreten muß, sondern die **negativen Effekte** der einfachen Regeln noch **verstärkt** werden können. Demgegenüber zeigt eine alternative Verknüpfung günstigere Ergebnisse, als dies bei elementaren Regeln der Fall ist. Der Grund hierfür ist darin zu sehen, daß hierbei im Hinblick auf das anzustrebende Ziel immer die günstigere Regel angewendet wird. So zeigt eine alternative Verknüpfung der KOZ-Regel mit der Schlupfzeitregel, daß diese Kombination die **Vorteile der KOZ-Regel**, die diese hinsichtlich der Erhöhung der Kapazitätsauslastung und der Reduzierung der Durchlaufzeiten aufweist, mit den **Vorteilen der Schlupfzeitregel**, die diese hinsichtlich der Termineinhaltung aufweist, vereint. Dabei werden die beiden Regeln so verknüpft, daß bei einer Terminüberschreitung die Schlupfzeitregel und ansonsten die KOZ-Regel wirksam wird (vgl. Schweitzer 1973, S. 180 f.).

Eine weitere in der Literatur vorgeschlagene Kombination stellt die Verknüpfung der KOZ-Regel mit einer Wartezeitbeschränkung dar. Durch eine derartige Vorgehensweise soll verhindert werden, daß Aufträge, die lange Bearbeitungszeiten aufweisen und folglich durch die KOZ-Regel häufig zurückgestellt werden, zu lange Durchlaufzeiten und eventuelle Terminüberschreitungen aufweisen. Damit wird eine Terminschranke eingebaut, die bei Erreichen dem Auftrag die höchste Priorität verleiht, der eine bestimmte Höchstzeit in einer Warteschlange vor einer Bearbeitungsstation erreicht oder überschritten hat.

Eine weitere diskutierte Kombination ist die Verknüpfung der KOZ-Regel mit der Dynamischen Wertregel und der Schlupfzeitregel. Dabei erfolgt zunächst eine Kombination der KOZ-Regel mit der Dynamischen Wertregel. Es erhält der Auftrag die höchste Priorität, bei dem die quotiale Verknüpfung von Produktwert vor Ausführung der Bearbeitung und der Bearbeitungszeit den höchsten Wert aufweist. Die Schlupfzeitregel gelangt dann zur Vermeidung von Terminüberschreitungen zur Anwendung, d.h. sie wird angewendet, wenn zu befürchten ist, daß ein Termin nicht eingehalten werden kann.

Es fällt auf, daß in den vorgeschlagenen Kombinationen die KOZ-Regel immer zum Einsatz gelangt. Der entscheidende Grund hierfür ist darin zu sehen, daß hierdurch die beiden Ziele Erhöhung der Kapazitätsauslastung und Durchlaufzeitreduzierung in besonderem Maße erfüllt werden. Die Verknüpfung mit anderen Regeln zielt dann in erster Linie darauf ab, die Termintreue zu gewährleisten.

Abschließend sei noch einmal explizit darauf hingewiesen, daß diese Ausführungen zur Wirksamkeit von Prioritätsregeln **nicht als allgemeingültige Aussagen** verstanden werden dürfen, sondern daß es sich hierbei um Tendenzen handelt. Welche Regel oder Regelkombination die höchste Wirksamkeit aufweist, hängt dabei in entscheidendem Maße von den **organisations- und fertigungstechnischen Gegebenheiten** in der jeweiligen Unternehmung ab (vgl. Schweitzer 1973, S. 181).

4.4 Integrative Ansätze

4.4.1 Produktionsplanung auf der Basis von PPS-Systemen

4.4.1.1 Grundkonzept eines Produktionsplanungs- und -steuerungs- Systems (PPS-System)

Aufgabe eines PPS-Systems ist die integrierte Gestaltung und Durchführung der betrieblichen Produktionsplanung und -steuerung und der damit verbundenen Datenverwaltung (vgl. Liebstückel 1986, S. 26). Die Produktionsplanung und -steuerung hat damit den Produktionsablauf unter mengenmäßigen und zeitlichen Gesichtspunkten, unter Beachtung der verfügbaren Kapazität, zu planen, zu veranlassen, zu überwachen und bei Abweichungen entsprechende Maßnahmen zu ergreifen, um die zugrunde liegenden Zielsetzungen zu erreichen. Als **Entscheidungsvariablen**, die im Rahmen der Produktionsplanung und -steuerung zu bestimmen sind, ergeben sich dann:

- die Primärbedarfe,
- die Fertigungsaufträge,
- die Bestellaufträge und
- die Auftrags- und Arbeitsgangtermine (vgl. Glaser 1989a, S. 344).

Aus betriebswirtschaftlicher Sicht müßte das **Ziel** von PPS-Systemen die **Minimierung der entscheidungsrelevanten Kosten** (hierzu gehören z.B. Produktions-, Transport-, Rüst- und Lagerkosten) bei gegebener Lieferbereitschaft sein (vgl. Koffler 1987, S. 10 ff.). Da, wie bereits im Rahmen der Ablaufplanung erwähnt, eine kostenmäßige Erfassung, insbesondere auch der Opportunitätskosten, mit erheblichen Problemen einhergeht, werden **Zeitziele** als Substitute herangezogen. Mit geringen Abweichungen werden in diesem Zusammenhang in der Literatur die folgenden Ziele erwähnt (vgl. Adam 1988, S. 7; Dochnal 1990, S. 7 f.; Glaser 1989a, S. 346 ff.; Koffler 1987, S. 20 ff.; Zäpfel 1989a, S. 189):

- minimale Durchlaufzeiten,
- hohe Termintreue,
- niedrige Lagerbestände und
- maximale Kapazitätsauslastung.

Dabei weisen die Ziele der Durchlaufzeitminimierung und der Lagerbestandsminimierung eine **interdependente Beziehung** auf, d.h. zwischen den Werkstattbeständen und Durchlaufzeiten existiert eine wechselseitige Abhängigkeit. So geht ein niedriger Fertigungsauftragsbestand, der sich vor einer Bearbeitungsstation zur Bearbeitung befindet, mit relativ niedrigen Durchlaufzeiten einher, eine Beziehung, die im Rahmen der belastungsorientierten Auftragsfreigabe (vgl. Punkt 4.4.1.2.1.2) eine zentrale Bedeutung erlangt. Auf der anderen Seite treten bei geringen Durchlaufzeiten auch nur geringe Werkstattbestände auf, ein Aspekt, der im Rahmen der Just-in-Time-Produktion Relevanz erlangt.

Während in der Vergangenheit die hohe Auslastung der Kapazitäten als primäres Ziel der Produktionsplanung und -steuerung hervorgehoben wurde, scheint in jüngerer Zeit das Ziel der **Durchlaufzeitreduzierung bei gleichzeitig hoher Termintreue** in den Vordergrund zu treten (vgl. Adam 1988, S. 6; Koffler 1987, S. 2), da die Einhaltung und Dauer der Lieferfristen zu einem entscheidenden Faktor der Wettbewerbsfähigkeit geworden ist. Gerade bei einer **auftragsorientierten Produktion** kann eine strikte Einhaltung der vertraglich fixierten Liefertermine zu einer notwendigen Bedingung für den langfristigen Fortbestand der Unternehmung werden. Wie bereits angedeutet, scheint das Ziel einer maximalen Kapazitätsauslastung an Bedeutung zu verlieren. Glaser (1989a, S. 348) sieht sogar einen Trend zu einem bewußten Aufbau von Kapazitätsreserven, dessen Ursachen in einer veränderten Marktkonstellation zu sehen sind, die sich vor allem in kürzeren Produktlebenszyklen und den damit einhergehenden Kundenwünschen nach kürzeren Lieferzeiten zeigt.

Aufgrund der engen Interdependenzen zwischen den Entscheidungsvariablen in Verbindung mit den Kapazitäts- und/oder Absatzrestriktionen wäre ein **simultaner Planungsansatz**, der die Handlungsalternativen sämtlicher Teilbereiche in einem Totalmodell (monolithisches Modell, vgl. Zäpfel/Gfrerer 1984, S. 235) erfaßt und eine gleichzeitige Bestimmung der optimalen Werte dieser Handlungsalternativen in gegenseitiger Abstimmung vornimmt, konzeptionell am besten zur Problemlösung geeignet. Eine diesem Denken gegenüberstehende Betrachtungsweise liegt dem **sukzessiven Planungsansatz** zugrunde. Während im Rahmen eines simultanen Ansatzes alle sachlichen und zeitlichen Interdependenzen zwischen den Teilentscheidungen berücksichtigt werden, ist eine sukzessive Vorgehensweise dadurch charakterisiert, daß die zu planenden Teilbereiche in einer festzulegenden Reihenfolge nacheinander bearbeitet und damit Interdependenzen "zerschnitten" werden. Auch wenn aus theoretischer Sichtweise ein simultaner Ansatz angezeigt ist, scheitert eine derartige Vorgehensweise jedoch an den folgenden Problemen (vgl. z.B. Dochnal 1990, S. 13 ff.; Glaser 1989a, S. 349):

- Es ist nicht sicher, ob sämtliche Interdependenzen erkannt und in dem Modell problemadäquat abgebildet werden.

- Es existieren Probleme hinsichtlich der Datenbeschaffung und -pflege.

- Es ergibt sich eine hohe Modellkomplexität, wobei zu beachten ist, daß die modellmäßige Abbildung sämtlicher Entscheidungsvariablen der Produktionsplanung und -steuerung und den damit einhergehenden Auswirkungen auf Kosten und/oder Erlöse unter Beachtung der Ressourcenbeanspruchung zu einem hochkomplexen nichtlinearen Optimierungsmodell führen, das sich einer operationalen Lösung entzieht. Auch wenn ausschließlich lineare Beziehungen unterstellt werden, ergibt sich i.d.R. ein gemischt-ganzzahliges Optimierungsproblem, für das bei realistischen Problemabmessungen die rechentechnischen Voraussetzungen fehlen.

- Auf die Produktionsplanung und -steuerung bezogen, ist zu beachten, daß dieser Problemkomplex auch nur einen Teilbereich der unternehmerischen Gesamtplanungsaufgabe darstellt. Eine Erweiterung der Planungsbereiche ist etwa beim MRP-II-System (Management Resource Planning System, vgl. Heinrich 1989, S. 95 ff.) gegeben, das den Versuch darstellt, andere betriebswirtschaftlich relevante Planungsbereiche, insbesondere die Absatzplanung und die strategische Planungsebene, in die Überlegungen einzubeziehen (vgl. Schröder 1989, S. 10 ff.).

Die Bedeutung simultaner Planungsansätze ist folglich weniger darin zu sehen, praktikable Ansätze zu liefern, sondern ihr primäres Ziel ist es, die Problemstruktur transparent zu machen und damit einen Einblick in die Abhängigkeiten von Variablen und Teilentscheidungen zu geben.

Eine modifizierte Vorgehensweise im Rahmen der simultanen Planung stellen die **verdichteten Modelle** dar (vgl. Wittemann 1985), die durch eine Beschränkung der festzulegenden Größen auf einzelne Variablentypen charakterisiert sind. Auch bei den Produkten und Materialien erfolgt eine Zusammenfassung zu Gruppen, denen dann gruppenbezogene Entscheidungsvariablen zugeordnet werden. Ebenfalls erfolgt eine Verdichtung von Restriktionen mit Hilfe der Aggregation funktionsverwandter Betriebsmittel oder -gruppen. Konsequenz dieser Vorgehensweise ist, daß mit verdichteten Modellen nur eine Teilmenge der Interdependenzen erfaßt wird. Praktische Erfahrungen mit diesen Ansätzen liegen jedoch noch nicht vor, wobei zu vermuten ist, daß auch hierbei Rechen- und Datenerfassungsprobleme einer Lösung im Wege stehen werden.

Aufgrund der aufgezeigten Probleme finden im Rahmen der Produktionsplanung und -steuerung sukzessive Planungsansätze Anwendung (zur sukzessiven Produktionsplanung vgl. Zäpfel/Gfrerer 1984, S. 235 ff.). Hierbei erfolgt eine **Komplexitätsreduktion** dadurch, daß der Problemkomplex in weitgehend abgeschlossene und vergleichsweise einfache Teilprobleme zerlegt wird, die dann nacheinander einer Lösung zugeführt werden, d.h. es erfolgt eine **vertikale Dekomposition** des Gesamtproblems, so daß sich ein Stufenmodell ergibt. Dabei stellt die Lösung eines übergeordneten Teilproblems eine Vorgabe für die ihm untergeordneten Teilprobleme dar. Rückkoppelungen zwischen vor- und nachgelagerten Stufen bleiben dabei weitgehend unberücksichtigt. Damit wird die Koordination dieser Teilprobleme zu einem zentralen Element des Planungskonzeptes.

4.4.1.1.1 Aufbau eines EDV-gestützten PPS-Systems

Zunächst ist anzumerken, daß EDV-gestützte PPS-Systeme nichts grundsätzlich Neues darstellen, sondern neu ist lediglich die Lösungsstruktur. Dabei erfolgt die Lösung der einzelnen Probleme in den PPS-Systemen i.d.R. nicht durch den Einsatz optimierender Verfahren, sondern es gelangen heuristische Vorgehensweisen zur Anwendung (vgl. Switalski 1989b, S. 257). Primäre Intention ist es dabei, einerseits eine effiziente Bewältigung der Datenmengen und anderseits eine leicht verständliche Lösung des jeweiligen Planungsproblems zu erreichen.

Heutige PPS-Systeme repräsentieren einen sukzessiven Planungsansatz, der durch eine vertikale Dekomposition entsteht, so daß die einzelnen Planungsebenen sukzessive durchlaufen werden. Abbildung 210 gibt die grundsätzliche Struktur dieses **Stufenkonzeptes** wieder (vgl. Adam 1988, S. 8 ff.; Backhaus/Weiss 1988, S. 55; Kern 1992, S. 322; Liebstückel 1986, S. 23; Schröder 1989, S. 3; Zäpfel/Missbauer 1988a, S. 74).

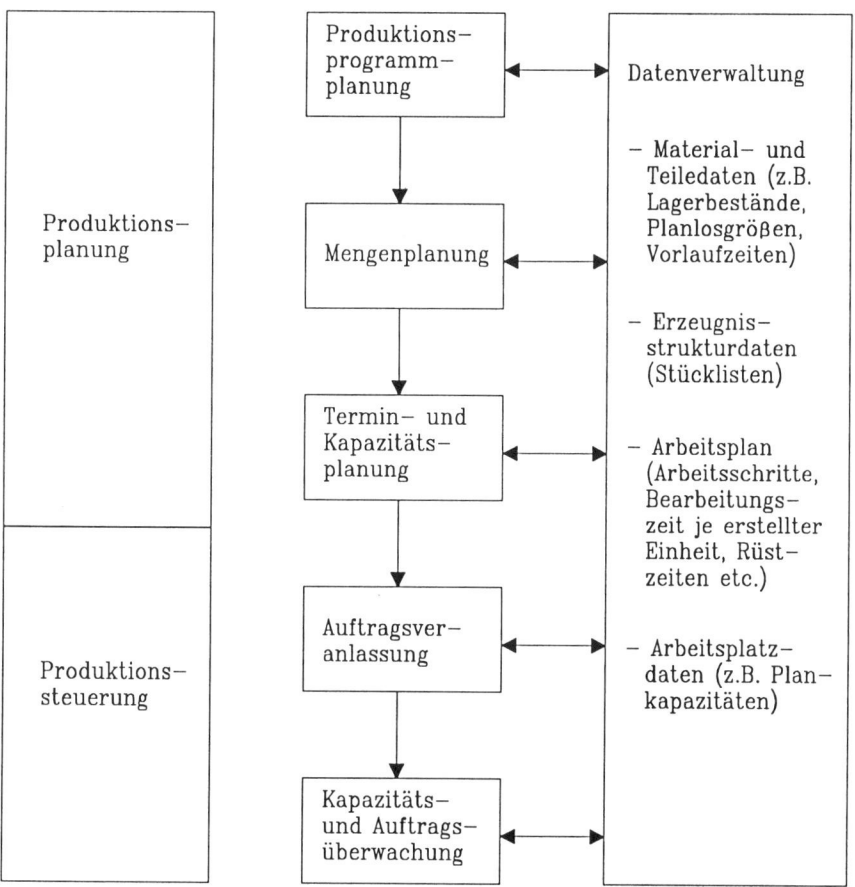

Abb. 210: Grundstruktur eines PPS-Systems

Ausgangspunkt dieses Stufenmodells ist die **Produktionsprogrammplanung**. Sie legt fest, welche Produktarten in welchen Mengen in einem Planungszeitraum produziert werden sollen. Grundlage hierfür bilden entweder Absatzprognosen oder die entsprechenden Kundenaufträge. Bei einer auftragsbezogenen Produktionsprogrammplanung erfolgt eine Prüfung der Kapazitäten und der Materialdeckung, um eine Liefertermin-abstimmung zu ermöglichen. Die Schwerpunkte gängiger PPS-Systeme liegen dabei in der Unterstützung der Anwendung von Prognoseverfahren (z.B. Zeitreihenanalyse auf der Grundlage des exponentiellen Glättens) und einer Kapazitätsbelastungsrechnung, um den Kapazitätsbedarf des geplanten Produktionsprogramms zu ermitteln. Grundlage hierfür bildet eine deterministische Simulation. Die eigentliche Produktionsprogramm-planung und Auftragsgrößenplanung werden folglich von den PPS-Systemen nicht unterstützt, d.h. Optimierungsmodelle zur Ermittlung eines deckungsbeitragsmaxima-len Produktionsprogramms fehlen. Es wird infolgedessen von einem gegebenem Produktionsprogramm ausgegangen. Ergebnis dieser Planungsstufe ist dann der **Pri-märbedarf**, d.h. der geplante Output an Endprodukten, Ersatzteilen und verkaufsfähi-gen Baugruppen und Einzelteilen, der als Basis für die Mengenplanung dient. Sind keine Fertigproduktlagerbestände vorhanden, dann handelt es sich bei den ermittelten Primär-bedarfen um Nettobedarfe, die mit den zu erstellenden Endprodukten übereinstimmen. Existieren hingegen Lagerbestände, dann können Absatz- und Produktionsmengen differieren. Da das Produktionsprogramm als gegeben unterstellt wird, sind die Primär-bedarfe eigentlich Inputdaten für das PPS-System. Sie bilden die Ausgangsbasis für die Mengen- und Terminplanung.

Der **Mengenplanung** obliegt die Aufgabe, zu ermitteln, welche Rohstoffe, Einzelteile und Baugruppen in welchen Mengen zu welchen Zeiten beschafft werden müssen, damit das gewünschte Produktionsprogramm realisiert werden kann. Hierzu ist eine **Stückli-stenauflösung** erforderlich, mit deren Hilfe der Sekundärbedarf ermittelt wird. Da die Stücklistenauflösung i.d.R. aufwendig ist, wird sie häufig nur für die Produkte angewen-det, die einen relativ hohen Wert aufweisen. Als Grundlage für eine Klassifikation wird dabei die ABC-Analyse herangezogen. Unter Beachtung der Lagerbestände, Bestel-lungen und der noch nicht erledigten Aufträge wird der Nettobedarf ermittelt, der den jeweiligen Perioden zugeordnet wird, d.h. es erfolgt eine **terminierte Nettobedarfser-mittlung**. Hierfür ist eine **Bestandsführung** erforderlich, die die Lagerzugänge und -abgänge erfaßt. Ist der Bedarf für die einzelnen Komponenten ermittelt, dann lassen sich hierfür **Losgrößen** berechnen, wobei die gängigen PPS-Systeme mit einfachen Nähe-rungsverfahren arbeiten (z.B. Stückkosten- und Kostenausgleichsverfahren). Ergebnis der Mengenplanung sind dann die Bestellaufträge für die jeweiligen Teile.

Darauf aufbauend, kann dann die **Termin- und Kapazitätsplanung** erfolgen. Auf der Grundlage der Bearbeitungszeiten je Einheit und der Rüstzeiten, die sich auf der Basis der Arbeitspläne ermitteln lassen, sowie der zu schätzenden Warte- und Transportzeiten, d.h. der **geplanten Durchlaufzeiten**, lassen sich dann die Start- und Endtermine der

Produktionsaufträge ermitteln. Dabei wird eine **zweistufige Vorgehensweise** eingeschlagen:

- Im Rahmen der **Durchlaufterminierung** ist zwischen einer Rückwärts- und Vorwärtsterminierung zu unterscheiden. Bei der **Rückwärtsterminierung** wird auf der Basis der Solldurchlaufzeiten der Aufträge ermittelt, wann die einzelnen Teile eines Auftrages spätestens bereitzustellen sind, wenn der geplante Fertigstellungstermin eingehalten werden soll. Hierbei wird von dem spätesten Bedarfstermin, der aus der Mengenplanung stammt, für einen Auftrag ausgegangen und dann rückwärtsschreitend die Termine der einzelnen Arbeitsgänge ermittelt (zur grundsätzlichen Vorgehensweise vgl. die Ausführungen zur Netzplantechnik). Mit Hilfe der Rückwärtsterminierung werden folglich die spätesten Start- und Endtermine der Produktionsaufträge ermittelt. Darüber hinaus wird in einigen Systemen eine **Vorwärtsterminierung** vollzogen, deren Ergebnis die frühesten Start- und Endtermine darstellen. Ausgehend von dem frühesten Starttermin, der durch die Mengenplanung determiniert ist, werden die Zeiten der einzelnen Arbeitsgänge in die Zukunft fortschreitend addiert. Ausgangspunkt bei vielen Softwareherstellern ist dabei die sogenannte "Heute-Linie", die dem **aktuellen Dispositionstermin** entspricht. Ist die frühestmögliche Zeit eines Vorgängers kleiner als die spätestmögliche, dann liegt ein Puffer vor, der eine zeitliche Verschiebung eines Arbeitsganges zuläßt, ohne den geplanten Endtermin zu gefährden. Demgegenüber ergibt sich ein negativer Puffer, wenn die frühestmögliche Zeit größer ist als die spätestmögliche. In dieser Situation sind dann Maßnahmen zur Reduzierung der Solldurchlaufzeiten zu ergreifen, wobei die gängigen PPS-Systeme i.d.R. keine Unterstützung bei der Beantwortung der Frage bieten, welche Maßnahmen aus betriebswirtschaftlicher Sicht die günstigsten sind. Ein zentrales Problem, das sowohl bei der Rückwärtsterminierung als auch bei der Vorwärtsterminierung auftritt, ist in der Genauigkeit zu sehen, mit der die tatsächlichen Durchlaufzeiten ermittelt werden können. Hierbei sei noch einmal darauf hingewiesen, daß ein Großteil der Durchlaufzeiten aus Wartezeiten besteht, die sich im Gegensatz zu den Belegungszeiten nur schätzen lassen und folglich Ungenauigkeiten in die Durchlaufzeitermittlung bringen. Aus diesem Grund erweitert Koffler (1987, S. 21 ff.) die Zielsetzung der Durchlaufzeitminimierung um die Minimierung der Streuung der Durchlaufzeit. Die gesamte Durchlaufzeitterminierung erfolgt ohne Beachtung von Kapazitätsgrenzen. In der **Kapazitätsbedarfsrechnung** wird dann der sich ergebende Kapazitätsbedarf in den entsprechenden Planperioden ermittelt. Kapazitätsbedarf (-nachfrage) und -angebot werden verglichen und eventuelle Über- oder Unterdeckungen identifiziert.

- Der **Kapazitätsterminierung** obliegt darauf aufbauend die Aufgabe, den Kapazitätsbedarf mit dem -angebot in Übereinstimmung zu bringen, falls Abweichungen gegeben sind, d.h. die im Rahmen der Kapazitätsbedarfsrechnung für jede Bearbeitungsstation ermittelten Belastungsprofile werden dann einem Kapazitätsabgleich unterzogen. Überschreitet die tatsächliche Belastung das gegebene Kapazitätsangebot einer oder mehrerer Bearbeitungsstation(en), dann führt die Durchlaufterminierung zu einem **unzulässigen Belegungsplan**, der die Ergreifung entsprechender Anpassungsmaßnahmen notwendig werden läßt. In neueren PPS-Systemen wird die Kapazitätsbelegung den jeweiligen Mitarbeitern überlassen, während das System die damit verbundenen Konsequenzen dann lediglich visualisiert. Eine derartige Vorgehensweise stellt an die Dispositionsfähigkeit der Mitarbeiter hohe Anforderungen.

Im Rahmen der **Auftragsveranlassung** ist dann in einem ersten Schritt festzulegen, welche Aufträge aus terminlichen Gründen kurzfristig freizugeben sind. Voraussetzung für die Auftragsfreigabe ist dabei eine **Verfügbarkeitskontrolle**, d.h. es ist sicherzustellen, daß die zum Einsatz gelangenden Produktionsfaktoren bereitstehen. Für die freigegebenen und in der Produktion befindlichen Fertigungsaufträge ist dann eine

Terminfeinplanung notwendig, die mit der Erstellung entsprechender **Maschinenbelegungspläne** endet. Dabei kann die Maschinenbelegungsplanung von einer zentralen Planungsstelle oder dezentral durch die ausführenden Stellen erfolgen. Zäpfel (1989a, S. 197 ff. und 1989c, S. 30 ff.; ferner Missbauer 1989, S. 62 ff.) unterscheidet auf dieser Grundlage zwischen **zentral** und **dezentral organisierten PPS-Systemen**. Während zentral organisierte PPS-Systeme dadurch charakterisiert sind, daß die mengenmäßigen und zeitlichen Produktionsabläufe von einer zentralen Planungsstelle detailliert geplant werden und den Produktionsstellen lediglich die Ausführung verbleibt, wird bei dezentral organisierten PPS-Systemen die detaillierte Ablaufplanung auf der Arbeitsvorgangsebene aus der zentralen Planungsstelle herausgenommen und diese Aufgaben den einzelnen Produktionsstellen übertragen. Damit obliegen den dezentralen Stellen Dispositionsaufgaben über ihren unmittelbaren Bereich. Der zentralen Planungsstelle verbleibt dann die Aufgabe, die Fertigungsaufträge nach Art und Menge auf Komponentenebene und ihre Freigabezeitpunkte festzulegen, d.h. die Rahmenbedingungen der Ablaufplanung zu fixieren. Dabei ist es erforderlich, daß die dezentralen Stellen **Rückmeldungen** über die aktuellen Systemzustände der Produktion an die zentrale Stelle geben. Abbildung 211 gibt die grundsätzliche Struktur eines dezentral organisierten PPS-Systems wieder (vgl. Zäpfel 1989a, S. 199).

Als letzte Stufe des Systems ist die **Kapazitäts- und Auftragsüberwachung** zu nennen, deren zentrale Aufgabe die Überwachung des Produktionsgeschehens ist. Während die Auftragsfortschrittsüberwachung alle relevanten Daten, wie Planwerte für Qualitäten, Mengen und Zeiten, erfaßt, und hierzu Soll-Ist-Vergleiche durchführt, erfaßt die Kapazitätsüberwachung aggregate- und mitarbeiterbezogene Daten, wie Rüst-, Ausfall- und Anwesenheitszeiten.

In diesem Zusammenhang erlangt die **Betriebsdatenerfassung**, der die Aufgabe obliegt, alle Daten, die für den Produktionsplanungs- und -steuerungsprozeß relevant sind, zu sammeln, zu speichern und zu aktualisieren, zentrale Bedeutung, da sie

- **auftragsbezogene** (z.B. Produktionszeiten und -mengen, Qualitäten),
- **maschinenbezogene** (z.B. Unterbrechungszeiten),
- **mitarbeiterbezogene** (z.B. Anwesenheitszeiten) und
- **materialbezogene Daten** (Zu- und Abgänge von Materialien an den einzelnen Produktionsstellen)

erfaßt und aufbereitet. Sie bildet damit die Grundlage für die Auftragsfortschrittskontrolle, die Artikelkalkulation, die Lohnabrechnung und die Ermittlung der Auslastungsgrade der Aggregate (werden die Unterbrechungen mit Hilfe eines Störcodes systematisiert, dann ergeben sich hieraus Hinweise auf entsprechende Schwachstellen).

Adam (1988, S. 16) betont, daß dieses Stufenkonzept der PPS-Systeme nur dann in zufriedenstellender Weise funktioniert, wenn die folgenden **Voraussetzungen** erfüllt sind:

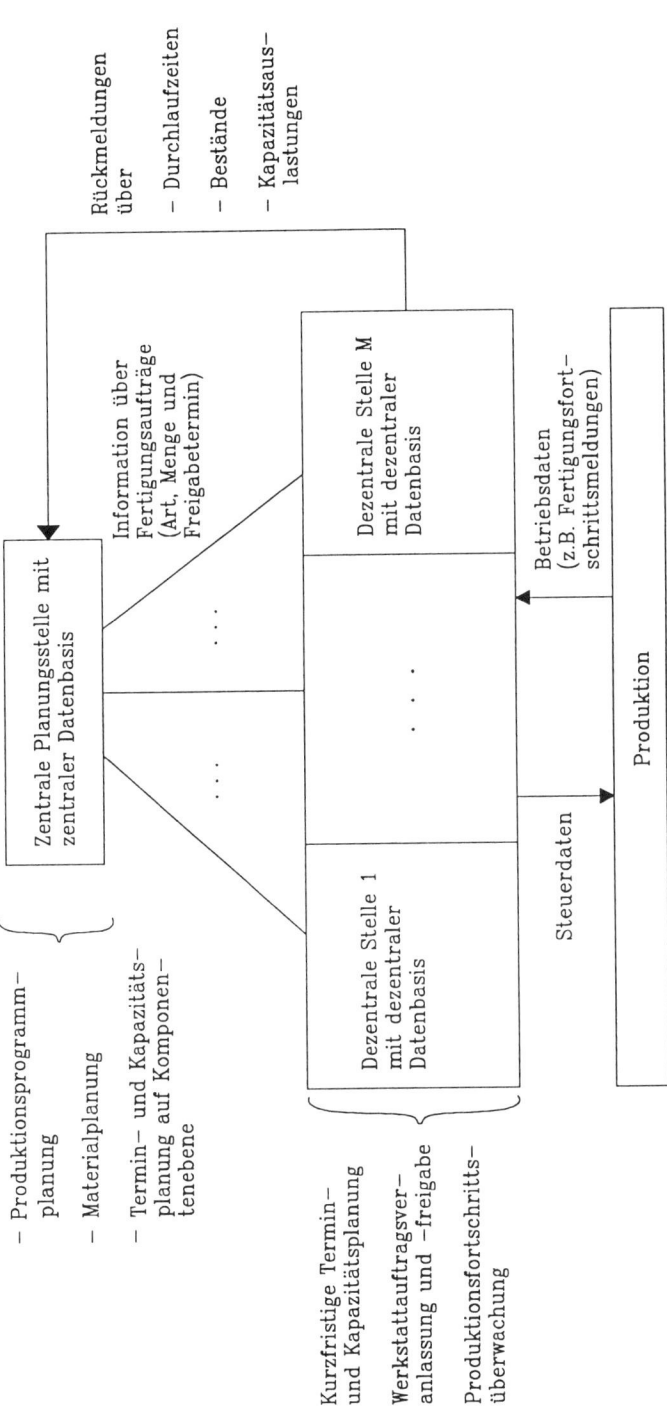

Abb. 211: Grundstruktur eines dezentral organisierten PPS-Systems

- Die prognostizierten Durchlaufzeiten dürfen nur wenig um die mittlere Durchlaufzeit streuen, da nur dann die Terminpläne der Durchlaufterminierung realistisch sind.

- Auftretende Kapazitätsengpässe müssen sich durch Anpassungsmaßnahmen überwinden lassen.

- Die Ausfallzeiten der Potentialfaktoren müssen gering sein.

- Das Ausmaß von Eilaufträgen muß gering sein, d.h. das Produktionsprogramm muß mit einem ausreichenden zeitlichen Vorlauf bekannt sein.

Die skizzierten Voraussetzungen sind am ehesten erfüllt für den Fall einer Serienproduktion mit standardisierten Produkten.

4.4.1.1.2 Kritische Betrachtung der PPS-Systeme

An den gängigen PPS-Systemen wird in der betriebswirtschaftlichen Literatur umfangreiche Kritik geübt (vgl. z.b. Adam 1988, S. 16 ff.; Glaser 1989a, S. 352 ff.; Schröder 1989, S. 7 ff.; Zäpfel/Missbauer 1988a, S. 77 f.). Dabei unterscheidet Schröder (1989, S. 7) zwei Ebenen der kritischen Analyse:

- Kritik an der Konzeption und

- Kritik an ihrer konkreten Ausgestaltung.

Ein erster grundlegender Aspekt im Rahmen der **konzeptionellen Kritik** ist in dem erwähnten Stufenkonzept zu sehen. Hierdurch laufen die einzelnen Stufen im wesentlichen linear und nicht rückkoppelnd ab, d.h. es erfolgt keine Revision der Rahmendaten einer übergeordneten Planungsstufe, wenn sich zeigt, daß diese Daten für die nächste Stufe unrealistisch sind. Durch diese Vorgehensweise werden Interdependenzen der einzelnen Planungsstufen negiert. Die Leistungsfähigkeit dieses Stufenkonzeptes hängt damit von der Richtigkeit der Annahmen ab, die auf den jeweiligen Planungsstufen für die nachfolgende Stufe als Rahmen gesetzt werden. Entscheidende Schwachstelle hierbei ist einerseits die Verwendung mittlerer Durchlaufzeiten und anderseits die Außerachtlassung von Engpässen.

Die Abstimmung zwischen Produktionsprogramm und Kapazität erfolgt nur sehr grob und wird auf die Stufe der Kapazitätsterminierung verlagert. Dies impliziert, daß weder in der Bedarfsermittlung noch bei der Terminvergabe die Kapazitätssituation Berücksichtigung erlangt. Die Nichtberücksichtigung der Kapazitäten im Rahmen der Losgrößenbestimmung führt dann zu Inkonsistenzen in der Planung, wenn die in der Mengenplanung festgelegten Mengen und Termine in der Termin- und Kapazitätsplanung nicht eingehalten werden können, da dann die ermittelten Auftragstermine nicht mit den Bedarfsterminen übereinstimmen.

Grundlage der Kapazitätsterminierung sind dabei die geplanten Durchlaufzeiten, mit dem bereits erwähnten großen Anteil an Wartezeiten, die sich lediglich schätzen lassen. Stimmen die tatsächlichen nicht mit den geschätzten Durchlaufzeiten überein, dann ist die in der Kapazitätsterminierung durchgeführte periodenbezogene Kapazitätsauslastung nicht korrekt, d.h. die Ergebnisse der Kapazitätsterminierung sind überholt. Der entscheidende Grund hierfür ist dann in der Verwendung belastungs**un**abhängiger Durchlaufzeiten zu sehen. Es ist jedoch schwierig, die von einer konkreten Belastungssituation abhängigen Durchlaufzeiten zu bestimmen. In dieser Situation werden dann häufig die Aufträge aus Sicherheitsgründen etwas früher freigegeben als dies nötig wäre. Diese Vorgehensweise geht mit der Gefahr des Auftretens des sogenannten **Duchlaufzeit-Syndroms** einher, das als eine wichtige Ursache für das Entstehen unzuverlässiger und hoher Durchlaufzeiten anzusehen ist. Abbildung 212 gibt dieses Phänomen schematisiert wieder (vgl. Zäpfel/Missbauer 1988a, S. 77).

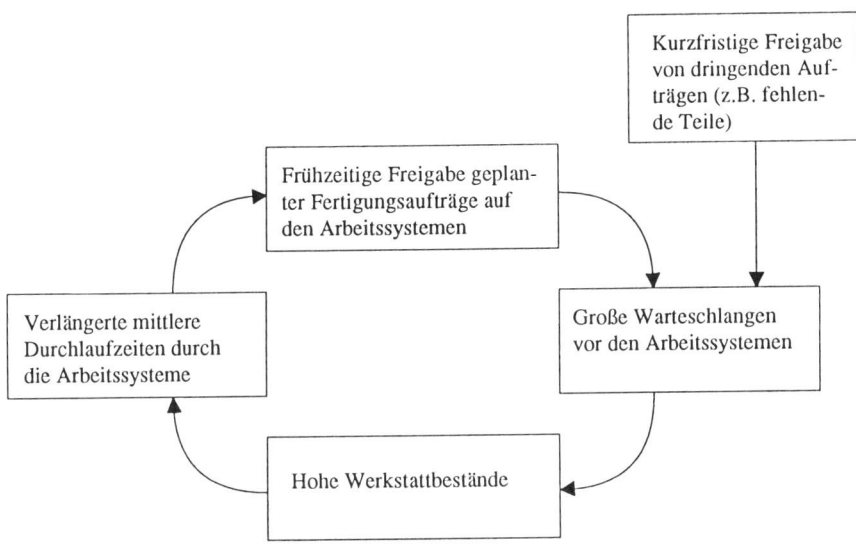

Abb. 212: Durchlaufzeit-Syndrom

Die an der Zeitplanung geübte Kritik ist konzeptionell auf die Trennung und damit mangelnde Abstimmung von Mengen- und Zeitplanung zurückzuführen, d.h. sie kann als eine Folge der Verlagerung der Kapazitätsplanung auf die Zeitplanung angesehen werden. Die beschriebene Vorgehensweise geht damit letztlich davon aus, daß es in der Zeitplanung gelingt, die entsprechenden Aufträge im Rahmen der gegebenen Pufferzeiten bewerkstelligen zu können.

Bei der Umsetzung dieses Konzeptes ist zunächst an die primäre Orientierung der Systeme an der Serienproduktion standardisierter Produkte zu erinnern.

Darüber hinaus sind die einzelnen Planungsstufen nicht in ausreichendem Maße auf die übergeordneten Unternehmungsziele ausgerichtet, wobei verschärfend hinzukommt, daß die verwendeten zeitlichen Ersatzziele nur sehr vage berücksichtigt werden, was letztlich bedeutet, daß die Erreichung der angestrebten Ziele nicht sichergestellt ist. Die vorhandenen PPS-Systeme erlauben damit keine gezielte Steuerung nach Zielen wie Termintreue, geringe Durchlaufzeiten, niedrige Bestände und hohe Auslastung, da keine

Parameter vorhanden sind, mit deren Hilfe eine gezielte Wirkung auf die Ziele zu erreichen ist. Ferner fehlt jegliche Orientierung an ökonomischen Größen, was bedeutet, daß gezielte Ergebnisse, die mit positiven Effekten auf Kosten und Erlöse einhergehen, nicht angesteuert werden können. So ist etwa das Ziel der Kapazitätsterminierung die Erstellung eines zulässigen Planes und nicht etwa eines kostengünstigen Planes.

Als weitere Probleme seien stichwortartig aufgeführt:

- Probleme der konsistenten Abstimmung bei verteilter Datenhaltung.
- Mangelnde Anpaßbarkeit von Standardprogrammen an die konkrete Situation in der jeweiligen Unternehmung.
- Häufige Notwendigkeit von Planrevisionen in der Produktionssteuerung aufgrund der angeführten Datenunsicherheiten.

Abschließend ist damit festzustellen, daß, bedingt durch die Nichtbeachtung ökonomischer Größen wie Kosten und Erlöse, die gängigen PPS-Systeme **keine entscheidungsbezogene Aufbereitung** der ermittelten Daten vornehmen. So gelangt Schröder (1989, S. 8) dann auch zu der Feststellung, daß die PPS-Systeme keine Entscheidungsunterstützungssysteme darstellen und unter informationstheoretischem Blickwinkel lediglich als **Nachrichtensysteme** und nicht als Informationssysteme zu bezeichnen sind.

Auf der Grundlage der vorangegangenen Ausführungen lassen sich dann nach Adam (1988, S. 19 ff.) die folgenden **Forderungen** formulieren, die bei der Entwicklung neuer PPS-Systeme zu beachten wären:

- Zunächst ist zwar festzustellen, daß auch neu zu erstellende PPS-Systeme dem Stufenkonzept folgen müssen, da sich eine simultane Planung aus Komplexitätsgründen verbietet. Es ist jedoch zu fordern, daß ein Stufenkonzept zu entwickeln ist, das eine bessere Berücksichtigung der Interdependenzen zwischen den Aufträgen ermöglicht.
- Eine isolierte Zeitplanung für die Werkstattproduktion ist unzweckmäßig, da die Interdependenzen bereits im Entwurf eines Terminplanes beachtet werden müssen.
- Wegen der hohen Streuung der Durchlaufzeiten sollte es vermieden werden, mit geschätzten mittleren Zeiten zu arbeiten.
- Eine Grobterminierung muß für die einzelnen Werkstätten zu realistischen zeitbezogenen Belastungsfunktionen führen, die dann als Grundlage für eine Kapazitätsanpassung dienen.

4.4.1.2 Neuere Steuerungskonzepte für PPS-Systeme

Die im folgenden darzustellenden Steuerungskonzepte, die teilweise auch als neuere Konzepte der PPS-Systeme bezeichnet werden, haben das primäre Ziel, den geplanten Output mit den vorhandenen Kapazitäten in besserer Weise abzustimmen. Dabei sei zwischen

- bestandsorientierten und
- engpaßorientierten Steuerungskonzepten

unterschieden (vgl. Schröder 1989, S. 19 ff.; Zäpfel/Missbauer 1988b, S. 127 ff.).

4.4.1.2.1 Bestandsorientierte Steuerungskonzepte

Zentrales Anliegen der bestandsorientierten Steuerungskonzepte ist es, eine als zweckmäßig festgelegte **Bestandshöhe sicherzustellen**. Gemeinsam sind diesen Ansätzen die folgenden Grundüberlegungen:

- Es erfolgt eine Abstimmung zwischen Kapazitätsbedarf (-nachfrage) und Kapazitätsangebot durch Beauftragung, d.h. die zu bearbeitenden Aufträge werden sowohl nach Art und Menge als auch hinsichtlich ihrer Freigabe- und Endtermine festgelegt. Dabei erfolgt die Maschinenbelegung dezentral.
- Die Durchlaufzeiten hängen von der Höhe der Halbfabrikatebestände im Produktionssystem ab, d.h. die Durchlaufzeiten sind bestandsabhängige und keine autonomen Größen. Die vor den einzelnen Bearbeitungsstationen wartenden Aufträge werden mit Hilfe der **Arbeitsstundeninhalte** erfaßt. Bedingt durch den Sachverhalt, daß die Höhe der Halbfabrikatebestände mit Hilfe der Beauftragung reguliert wird, läßt sich über die Bestandsregelung auch die mittlere Durchlaufzeit steuern.
- Von der Höhe der Halbfabrikatebestände in der Produktion hängt ferner die Kapazitätsauslastung ab. Da sich Auftragszugang und -abgang an den einzelnen Bearbeitungsstationen nicht exakt prognostizieren lassen, werden unvorhergesehene Schwankungen durch die Bestände ausgeglichen, die sich vor den jeweiligen Stationen befinden.

Aus diesen Ausführungen resultiert, daß durch die Festlegung und Einhaltung eines Bestandsniveaus vor den jeweiligen Bearbeitungsstationen sowohl die mittleren Durchlaufzeiten als auch die Kapazitätsauslastungen determiniert werden.

4.4.1.2.1.1 Fortschrittszahlenkonzept

Das Fortschrittszahlenkonzept wurde bereits in den sechziger Jahren in der Automobilindustrie entwickelt, wobei dieses Konzept nicht nur zur innerbetrieblichen Steuerung zum Einsatz gelangt, sondern zunehmend auch im Rahmen unternehmungsübergreifender Abnehmer-Zulieferer-Beziehungen diskutiert wird. In diesem Zusammenhang werden sich die weiteren Ausführungen schwerpunktmäßig auf die innerbetrieblichen Steuerungsvorgänge konzentrieren.

Unter einer **Fortschrittszahl** wird dabei eine sich auf ein Teil beziehende **kumulierte Mengengröße** verstanden, die sich aus einer i.d.R. jährlich mit einem Stichtag beginnenden Kumulation der Stückzahlen des betreffenden Teils ergibt (Helberg 1987, S. 77; Ruffing 1991, S. 58 f.). Dabei wird zwischen Soll- und Ist-Fortschrittszahlen unterschieden. Während die **Ist-Fortschrittszahl** diejenige Menge eines Teils angibt, die bis zu einem bestimmten Zeitpunkt tatsächlich bereitgestellt oder produziert wurde, kennzeichnet die **Soll-Fortschrittszahl** die Menge eines Teils, die i.d.R. ausgehend vom Jahresanfang bis zu einem bestimmten Zeitpunkt bereitzustellen ist, um das vorgegebene Programm zu realisieren. Derartige Fortschrittszahlen können sich sowohl auf zu bearbeitende Kundenaufträge als auch auf fremdbezogene Teile beziehen. Werden Ist- und Soll-Fortschrittszahlen in einem Koordinatensystem gegenübergestellt, dann lassen sich die **zeitlichen** und **mengenmäßigen Puffer** oder **Rückstände** leicht ermitteln. Die folgende Abbildung gibt diesen Sachverhalt wieder.

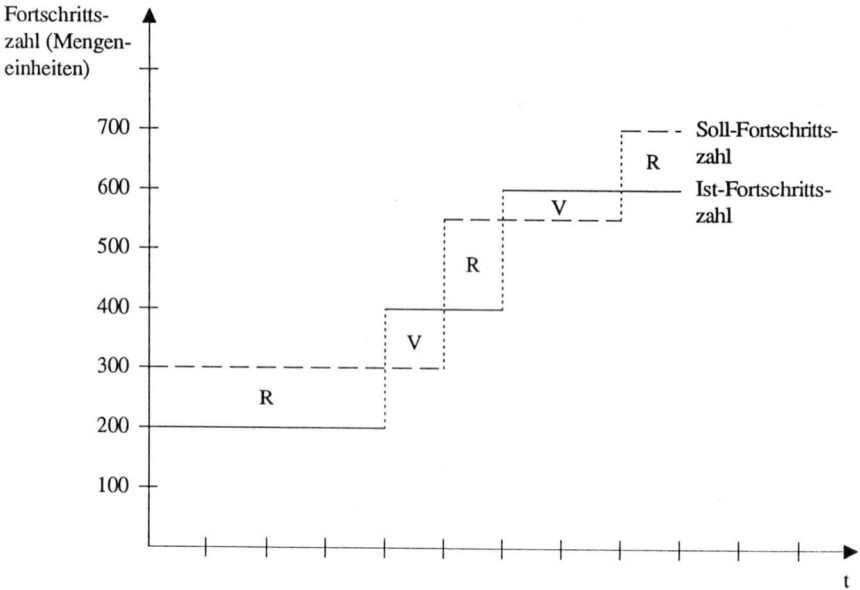

R = Rückstand; V = Vorlauf

Abb. 213: Beispielhafter Verlauf von Ist- und Soll-Fortschrittszahlen

Während die **vertikale Differenz** zwischen Ist- und Soll-Fortschrittszahl den **mengenmäßigen** Verlauf oder Rückstand wiedergibt, zeigt die **horizontale Differenz** die **zeitlichen** Diskrepanzen auf.

Neben den Fortschrittszahlen ist die Bildung von Kontrollblöcken ein grundlegendes Element dieses Konzeptes. Hierzu wird der Produktionsbereich in verschiedene hierarchische Ebenen eingeteilt, so daß sich eine Vielzahl von Subsystemen ergibt, die dann autonom zu steuern sind. Ein **Kontrollblock** kann dabei einen Arbeitsplatz, eine Arbeitsplatzgruppe oder eine Abteilung bis hin zu einem Bereich umfassen. Die Bildung dieser Kontrollblöcke ist zwar von der jeweiligen Situation in der Unternehmung abhängig, jedoch hat sie so zu erfolgen, daß sie in produktionstechnischer Hinsicht eine **lineare Struktur** aufweist, d.h. zwischen den Kontrollblöcken darf es keine wechselseitigen Leistungsverflechtungen geben. Diese Kontrollblöcke stellen weitgehend autonome Organisationseinheiten dar, d.h. ihnen obliegt die Festlegung von Fertigungsaufträgen und den dazugehörigen Auftrags- und Arbeitsvorgangsterminen, während die Soll-Fortschrittszahlen zentral ermittelt und zur Realisation vorgegeben werden (Glaser/Geiger/Rohde 1991, S. 233). Für jeden Kontrollblock wird dann eine

- Eingangs- und eine
- Ausgangsfortschrittszahl als zeitbezogene Menge

ermittelt und vorgegeben, wodurch die einzelnen Kontrollblöcke gegen die jeweiligen

Vorgänger und Nachfolger abgegrenzt werden (Heinemeyer 1988, S. 9). Die folgende
Abbildung gibt diesen Sachverhalt in vereinfachter Form wieder.

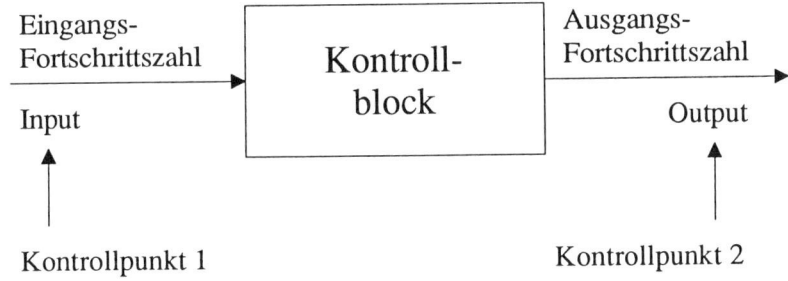

Abb. 214: Kontrollblock

Dem Kontrollblock lassen sich dann zwei **Kontrollpunkte** zuordnen:

- Kontrollpunkt 1 bezieht sich auf den Beginn des ersten Arbeitsganges in dem
  jeweiligen Kontrollblock. Die sich auf diesen Arbeitsgang beziehenden Ist- und Soll-
  Fortschrittszahlen sind für den jeweiligen Kontrollblock die Eingangsfortschritts-
  zahlen.

- Kontrollpunkt 2 bezieht sich auf den Abschluß des letzten Arbeitsganges in dem
  jeweiligen Kontrollblock. Die sich auf diesen Arbeitsgang beziehenden Ist- und Soll-
  Fortschrittszahlen sind für den jeweiligen Kontrollblock die Ausgangsfortschritts-
  zahlen.

Durch diese Vorgehensweise ergibt sich ein System miteinander verbundener Kennzahlen,
auf dessen Grundlage sich dann konkrete Aussagen über den Produktionsfortschritt der
zu erstellenden Erzeugnisse tätigen lassen. Die Fortschrittszahlen sind damit ein
einfaches und transparentes Instrument zur Abstimmung unterschiedlicher Produktionsstufen, wobei die Ermittlung der Soll-Fortschrittszahlen aus den vorliegenden Aufträgen
bzw. den daraus durch Stücklistenauflösung errechneten Teilebedarfsmengen und daran
anschließender Berechnung der Vorlaufzeiten über alle Stufen des Produktionsprozesses
resultiert.

Das Fortschrittszahlenkonzept gewinnt auch im überbetrieblichen Datenaustausch
zunehmend an Bedeutung. So werden etwa in der Automobilindustrie zwischen
Abnehmern und Zulieferern Aufträge und Abrufe ausgetauscht, wobei in diesem Sektor
eine Tendenz zu täglichen Abrufen besteht, um so die Bestände vor der Montage so
niedrig wie möglich zu halten (Heinemeyer 1988, S. 9). Voraussetzung hierfür ist eine
enge Geschäftsbeziehung zwischen Abnehmer und Zulieferer, deren rechtliche Grundlage i.d.R. jährlich ausgehandelte Rahmenverträge darstellen. In diesem Rahmenvertrag
verpflichtet sich der Abnehmer zur Deckung einer bestimmten Quote seines Ge-
samtbedarfs durch den jeweiligen Zulieferer. Im Gegenzug verpflichtet sich dieser zur
bedarfsgerechten Lieferung. Die jeweilige Lieferung wird dabei jedoch nicht durch
einen Einkaufsvorgang, sondern lediglich durch die Mitteilung einer Fortschrittszahl
ausgelöst (Helberg 1987, S. 77).

Um die Ist-Fortschrittszahlen zu erfassen, ist ein Betriebsdatenerfassungssystem eine unabdingbare Voraussetzung. Darüber hinaus ist ein erfolgreicher Einsatz des Fortschrittszahlenkonzeptes an die folgenden **Voraussetzungen** gebunden (Glaser/Geiger/ Rohde 1991, S. 243 ff.; Helberg 1987, S. 79; Ruffing 1991, S. 59):

- der Leistungsaustausch zwischen den Kontrollblöcken darf sich nur in eine Richtung vollziehen (= linearer Produktionsprozeß), d.h. es muß sich um eine Fließfertigung handeln;
- es müssen harmonisierte Kapazitäten gegeben sein;
- es muß ein Produktspektrum vorliegen, das durch Standarderzeugnisse mit geringer Variantenvielfalt charakterisiert ist und eine hohe Produktionsmenge je Teil oder Produktart aufweist.

Wird das Konzept zur überbetrieblichen Koordination der Abnehmer-Zulieferer-Beziehung eingesetzt, müssen ferner die folgenden Voraussetzungen erfüllt sein:

- zwischen Zulieferern und Abnehmern müssen Rahmenverträge abgeschlossen werden und
- die Informationssysteme von Zulieferer und Abnehmer müssen aufeinander abgestimmt sein.

Damit eignet sich das Fortschrittszahlenkonzept primär für Mittel- bis Großserienproduzenten mit dem Organisationstyp der Fließfertigung.

4.4.1.2.1.2 Belastungsorientierte Auftragsfreigabe

Der belastungsorientierten Auftragsfreigabe liegt die Erkenntnis zugrunde, daß die Bestände zu bearbeitender Aufträge an den jeweiligen Bearbeitungsstationen einen entscheidenden Einfluß auf die Durchlaufzeit haben. Ziel dieses Steuerungskonzeptes ist es dabei, durch eine **Dimensionierung des Auftragsbestandes** vor den einzelnen Bearbeitungsstationen eine niedrige Durchlaufzeit und damit eine bessere Einhaltung der Fertigstellungstermine zu erreichen. Mit Hilfe von Arbeitsinhalt-Zeit-Funktionen lassen sich Zu- und Abgänge der Belastung des Produktionsbereiches über die Zeit erfassen (zu diesem Steuerungskonzept vgl. Bechte 1980, S. 36 ff.; Wiendahl 1987). Abbildung 215 gibt diese Funktionen wieder.

Ausgehend von dem tatsächlichen Belastungs- und Leistungsverlauf lassen sich diese Treppenfunktionen unter der Annahme eines konstanten Bestandes idealisiert als parallel verlaufende Graphen darstellen. Während dann der Differenzenquotient (tan ß) aus dem Zugang pro Zeiteinheit die Belastung des Bearbeitungssystems wiedergibt, stellt der Differenzenquotient des Abganges pro Zeiteinheit (tan α) die Leistung des Bearbeitungssystems dar.

Für den idealisierten Belastungsverlauf gilt dann:

$$\tan \beta \ = \ \frac{\text{mittlerer Besand}}{\text{mittlere Durchlaufzeit}}$$

tan α gibt die mittlere Leistung des idealisierten Leistungsverlaufes wieder. Aufgrund der Parallelität der Funktionen gilt:

$$\tan \alpha = \tan \beta$$

und:

$$\text{mittlere Durchlaufzeit} = \frac{\text{mittlerer Bestand}}{\text{mittlere Leistung}}$$

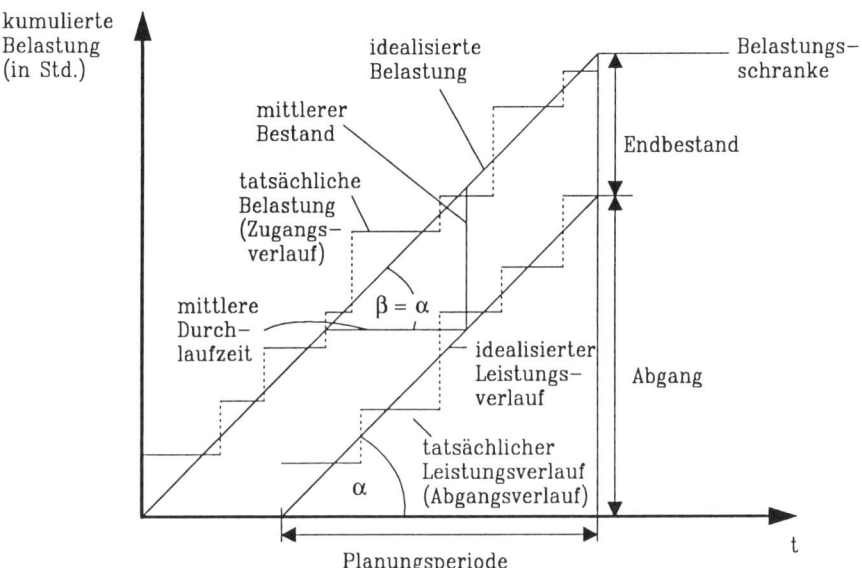

Abb. 215: Arbeitsinhalt-Zeit-Funktionen

Wird weiterhin davon ausgegangen, daß die durchschnittliche Leistung eines Bearbeitungssystems in der jeweiligen Planperiode konstant ist, dann ist die mittlere Durchlaufzeit von dem durchschnittlichen Bestand an Aufträgen vor den jeweiligen Bearbeitungsstationen abhängig.

Als **Steuerungsparameter** für die freizugebenden Aufträge dienen dabei:

- Eine **Terminschranke**, mit deren Hilfe die zu bearbeitenden Aufträge nach ihrer Dringlichkeit geordnet werden. Sie ist so zu wählen, daß ein größeres Arbeitsvolumen vorgeschlagen wird, als in der betrachteten Periode abgearbeitet werden kann, wobei der nicht abgearbeitete Auftragsbestand in die nächste Planungsperiode verschoben wird.

- Eine **Belastungsschranke**, auf deren Grundlage die höchstmögliche Belastung eines Bearbeitungssystems fixiert wird, wodurch vermieden wird, daß alle Aufträge, die der gleichen Dringlichkeitsstufe zugeordnet sind, gleichzeitig eingelastet werden. Die Belastungsschranke wird dabei als ein prozentuales Vielfaches der Kapazität in der jeweiligen Planperiode festgelegt. Hierfür wird für jede Bearbeitungsstation ein **Belastungskonto** geführt, das die Bestandshöhe in Abhängigkeit von der Auftragsfreigabe wiedergibt. Auf dieser Grundlage werden die Aufträge aus einem Bestand immer dann freigegeben, wenn die aktuelle Belastung niedriger ist als die festgelegte Belastungsschranke, wobei die Reihenfolge der Einlastung durch die Terminschranke gesteuert wird. Ein Auftrag wird jedoch nur dann zur Produktion freigegeben, wenn an allen für die Produktion notwendigen Bearbeitungsstationen die festgelegte Belastungsschranke nicht überschritten wird. Demgegenüber werden die Aufträge zurückgewiesen, d.h. auf eine spätere Planperiode verschoben, die eine Bearbeitungsstation überlasten würden.

Darüber hinaus geht die belastungsorientierte Auftragsfreigabe von den folgenden **Voraussetzungen** aus:

- Der zu bearbeitende Auftragsumfang muß nach Menge und Termin mit den Periodenkapazitäten grob abgestimmt sein.

- Die gewünschten Endtermine der zu bearbeitenden Aufträge stehen in der Form von Grobterminen weitgehend fest.

- Materialien, Werkzeuge und Vorrichtungen zur Auftragsbearbeitung stehen zur Verfügung (Verfügbarkeitsprüfung).

- Maschinen- und Personalkapazitäten der zu planenden Periode sind bekannt.

- Arbeitspläne und Losgröße der Aufträge sind gegeben und liegen fest.

Sind diese Voraussetzungen erfüllt, dann läuft die belastungsorientierte Auftragsfreigabe nach den folgenden **Schritten** ab:

- **Ermittlung der dringlichen Aufträge.** Auf der Grundlage einer retrograden Terminierung wird für jeden Auftrag ein zeitlicher Verzug oder Puffer ermittelt. Als Ausdruck für die Dringlichkeit dient dabei die Höhe des Verzuges, d.h. der Auftrag mit dem geringsten Verzug oder mit dem höchsten Zeitpuffer erhält die niedrigste Dringlichkeit, und wird folglich auch als letzter für die Freigabe zur Produktion vorgeschlagen. Um zu vermeiden, daß die Aufträge zu früh freigegeben werden (vgl. Durchlaufzeit-Syndrom), ist eine Terminschranke festzulegen, mit deren Hilfe ein Abgleich zwischen Kapazitätsangebot und -nachfrage erfolgt. Durch die Fixierung der Terminschranke wird der sogenannte **Vorgriffshorizont** bestimmt, der ein Auftragsspektrum vorgibt, das ein flexibles Reagieren auf Kapazitätsangebots- schwankungen ermöglicht. Der Vorgriffshorizont sollte dabei mindestens der Planungsperiode entsprechen, damit verhindert wird, daß Auftragsverspätungen von Anfang an eingeplant werden (als Empfehlung werden 2 - 3 Planperioden genannt).

- Aus der Menge der dringlichen Aufträge sind dann in einem nächsten Schritt die Aufträge zu ermitteln, die im Rahmen der kapazitativen Gegebenheiten, die in Bearbeitungsstunden erfaßt werden, realisierbar sind, d.h. es sind die **realisierbaren Aufträge freizugeben.** Hierzu wird zu der bereits existierenden Belastung an der ersten Bearbeitungsstation die durch den freizugebenden Auftrag entstehende zusätz- liche Belastung addiert. Dies wird für sämtliche Bearbeitungsstationen vollzogen, die von dem freigegebenen Auftrag betroffen sind. Die zeitversetzte Inanspruchnahme kann dabei durch eine "Abwertung" der zusätzlichen Belastung mit Hilfe eines **Gewichtungsfaktors**, der die Wahrscheinlichkeit angibt, mit der eine Belastung an einer Bearbeitungsstation in einer Planperiode entsteht, erfolgen (vgl. Bechte 1980, S. 77). Wird hierbei an einer Bearbeitungsstation die Belastungsschranke überschrit- ten, dann wird dieser Auftrag zurückgewiesen, d.h. in die nächste Planperiode verschoben. Diese Vorgehensweise wird dann mit dem nächsten Auftrag in der Dringlichkeitsliste wiederholt und so lange durchgeführt, bis an allen Bearbeitungsplätzen die Belastungsschranke erreicht ist. Die beschriebene Auftragsfreigabe ersetzt damit die im Grundkonzept von PPS-Systemen beschriebene Kapazitätsterminierung. Dabei wird jedoch nicht versucht, den Vollzug der einzelnen Arbeitsgänge terminlich festzulegen, sondern es wird eine termingebundene Belastung der einzelnen Bearbeitungsstationen mit den abzuarbeitenden Aufträgen vollzogen. Die belastungsorientierte Auftragsfreigabe ist damit ein **statistisches Verfahren**, d.h. es können nicht die einzelnen Aufträge gezielt gesteuert werden. Um eine hohe statistische Aussagesicherheit zu erreichen, ist es erforderlich, eine möglichst genaue Annäherung der Zu- und Abgangskurve an die idealisierten Geraden zu erzielen.

Zentrales **Anliegen der belastungsorientierten Auftragsfreigabe** ist es damit, eine Menge von Aufträgen, die nach Art, Menge und Termin gegeben sind, so auf die gegebenen Kapazitäten aufzuteilen, daß diese zu den geforderten Terminen auch fertiggestellt sind, d.h. es sollen die Aufträge ermittelt werden, die in der nächsten Planperiode freizugeben sind. Hierin ist implizit enthalten, daß die zu bearbeitenden Aufträge in der Planperiode weitgehend bekannt sein müssen, d.h. es dürfen nicht zu viele **Eilaufträge** auftreten, da eine Verkürzung der Durchlaufzeiten von Eilaufträgen mit einer Verlängerung der Durchlaufzeiten der Aufträge mit "normaler" Dringlichkeit einhergeht. Zu viele Eilaufträge führen folglich zu unbefriedigenden Ergebnissen, da an den Bearbeitungsstationen von der fifo-Regel (first in - first out) abgewichen wird. Hiermit ist dann zwangsläufig eine Zunahme der Streuung der Durchlaufzeiten verbunden.

Aus den vorangegangenen Ausführungen wird deutlich, welche **Randbedingungen** auf die Anwendung des Verfahrens der belastungsorientierten Auftragsfreigabe einen günstigen Einfluß haben:

- Durch die Festlegung kleiner Lose mit gleichen Arbeitsinhalten wird die Annäherung an die idealisierten Belastungskurven ermöglicht.

- Durch eine zeitnahe Rückmeldung der erledigten Aufträge wird die Ermittlung der tatsächlich zur Verfügung stehenden Kapazität in der jeweiligen Planperiode erleichtert.

- Durch eine weitgehende Anpassung der Kapazität mit dem Bedarf, der aus den innerhalb der Terminschranke liegenden Aufträgen resultiert, läßt sich die Anzahl der Eilaufträge und damit verbunden die Streuung der Durchlaufzeiten reduzieren, wodurch eine erhöhte Termintreue ermöglicht wird.

Das Konzept der belastungsorientierten Auftragsfreigabe hat in der betriebswirtschaftlichen Literatur umfangreiche **Kritik** erfahren. Als besonders schwerwiegend werden insbesondere die folgenden Punkte genannt (vgl. Adam 1987a, S. 18 f. und 1987b, S. 2 f.; Helberg 1987, S. 76; Schröder 1989, S. 15 f.; Zäpfel/Missbauer 1988b, S. 128; Zimmermann 1987, S. 19 ff.):

- Der Planungshorizont beträgt lediglich eine Periode, d.h. es handelt sich um einen **statischen Ansatz**. Eine derartige nicht zeitablaufbezogene Sichtweise des realen Problems stellt eine grobe Vereinfachung dar, die insbesondere bei komplexen Produktionsstrukturen zu unbefriedigenden Ergebnissen führt. Die Beschränkung auf eine Periode hat zur Konsequenz, daß die Losbildung, die Kapazitätsplanung und die grobe Abstimmung der Beauftragung mit den Kapazitäten für den Zeitraum nach der Planperiode bereits durchgeführt sein müssen, wenn das Verfahren angewandt werden soll. Zu diesem Zeitpunkt dürfte jedoch das Ergebnis der aktuellen Planperiode noch unsicher sein.

- Das Konzept geht von **einfachen linearen Produktionsstrukturen** mit vielen gleichartigen Aufträgen, relativ kurzen Durchlaufzeiten und einem kontinuierlichen Materialfluß aus. Unabhängig von dem Sachverhalt, daß diese Strukturen bei Werkstattfertigung nicht die Regel sein dürften, zeigte sich in Simulationen (vgl. Adam 1987a, S. 18 ff.), daß dieses Verfahren in den Fällen, in denen diese Bedingungen nicht erfüllt sind, zu unbefriedigenden Lösungen führt.

- Vernachlässigung effizienter Gestaltungsregeln für die Auftragsverteilung und Feinterminierung. So werden lediglich dringliche Aufträge freigegeben, ohne dabei zu planen, **wann** die freigegebenen Aufträge in den einzelnen Werkstätten zu bearbeiten sind. Die Bearbeitungstermine werden dann dezentral in den Werkstätten nach dem fifo-Prinzip festgelegt.

- Die Prämissen, die für die **Vorgehensweise zur "Abwertung" der Kapazitätsbedarfe** von Folgearbeitsgängen erforderlich sind.

- Es werden ausschließlich **mittlere Plandurchlaufzeiten** angesetzt, d.h. eine Berücksichtigung individueller Bearbeitungszeiten erfolgt nicht.

- Es wird auf der Grundlage der Differenz zwischen Lieferzeit und mittlerer Durchlaufzeit der Auftragsart ein **provisorischer Starttermin** ermittelt. Die so ermittelten provisorischen Starttermine sind jedoch nur dann eine sinnvolle Planungsgrundlage, wenn die effektiv auftretenden Durchlaufzeiten in nicht zu hohem Maße um die mittleren Durchlaufzeiten streuen, d.h. eine hohe Streuung geht mit einer niedrigen Qualität der ermittelten provisorischen Starttermine einher. Die Praxis zeigt aber, daß gerade im Rahmen der Werkstattfertigung nicht unerhebliche Streuungen der Durchlaufzeiten auftreten. Das Konzept der belastungsorientierten Auftragsfreigabe **verstärkt** diese in der Realität auftretende **Streuung** noch dadurch, daß nicht alle dringlichen Aufträge freigegeben werden.

- Die Qualität der Liefertreue hängt in entscheidendem Maß davon ab, ob es der Produktion gelingt, eine sinnvolle Festlegung der Parameterwerte für

-- die Zeitspanne zwischen zwei Planungsläufen,

-- den Vorgriffshorizont und

-- die Belastungsschranke

zu finden. Adam (1987b, S. 3) betont, daß es selbst mit aufwendigen Simulationsstudien äußerst schwierig ist, zweckmäßige Konstellationen der Parameter zu bestimmen.

Ein weiterer Problemkomplex ist darin zu sehen, daß im ingenieurwissenschaftlichen Schrifttum teilweise andere terminologische Abgrenzungen zentraler betriebswirtschaftlicher Begriffe vorgenommen werden, als dies in der BWL der Fall ist, mit der Konsequenz einer mangelnden Vergleichbarkeit der Untersuchungsergebnisse. So werden etwa Begriffe wie "Ablaufplanung", "Durchlaufzeit" und "mittlere Durchlaufzeit", die in der betriebswirtschaftlichen Literatur seit Jahrzehnten Verwendung finden, von Ingenieuren mit unterschiedlicher Bedeutung verwendet. Während z.B. im Rahmen der belastungsorientierten Auftragsfreigabe die Durchlaufzeit als die Zeitspanne definiert wird, die zwischen der Auftragsfreigabe und dem Produktionsende liegt, wird in der betriebswirtschaftlichen Fachliteratur hierunter die Zeitspanne verstanden, die zwischen Produktionsbeginn und -ende liegt, d.h. sie umfaßt nicht die Liegezeiten eines Auftrages zwischen Freigabe und Produktionsbeginn auf der ersten Produktionsstufe. In der Betriebswirtschaftslehre ist es weiterhin üblich, die mittlere Durchlaufzeit wie folgt zu definieren:

$$\text{mittlere Durchlaufzeit} \quad = \quad \frac{\text{Summe der Durchlaufzeiten aller Aufträge in allen Produktionsstufen}}{\text{Anzahl der Aufträge}}$$

Demgegenüber wird in der belastungsorientierten Auftragsfreigabe ein gewogener Durchschnitt verwendet. Dabei wird die Durchlaufzeit eines Auftrages in einer Stufe mit der Belastung (Produktions- und Rüstzeit des jeweiligen Auftrages) der jeweiligen Stufe multiplikativ verknüpft. Im Anschluß daran wird die gewichtete Summe der Durchlaufzeiten sämtlicher Aufträge durch die Gesamtbelastung dieser Stufe dividiert. Dies hat zur Konsequenz, daß Aufträge mit einer hohen Belastung stärker in die Durchschnittsbildung einfließen als Aufträge mit einer niedrigen Belastung (vgl. Adam 1987a, S. 18 f.). Derartige Unterschiede erschweren insbesondere vergleichende Betrachtungen unterschiedlicher Steuerungskonzepte.

4.4.1.2.1.3 Input/Output-Control

Grundlegend für die Input/Output-Control ist die Erkenntnis, daß die mittlere Durchlaufzeit der Aufträge von den Auftragsbeständen in der Produktion abhängt (zur Input/Output-Control vgl. Belt 1976, S. 9 ff.; Wight 1974; zusammenfassend vgl. Missbauer 1987, S. 73 ff. und 1989, S. 70 ff.; Zäpfel 1989a, S. 221 f.). Ziel dieses Ansatzes ist eine Abstimmung der Beauftragung (Zusammenfassung der Bildung und Freigabe der Aufträge) mit der gegebenen Kapazität über alle Perioden des Planungs-zeitraums, und zwar dergestalt, daß die Bestände an den einzelnen Bearbeitungsstationen eine bestimmte Höhe aufweisen.

Ausgangspunkt bildet dabei die voraussichtliche Entwicklung der Bestände und aufgrund der o.a. Erkenntnis damit verbunden die mittleren Durchlaufzeiten. Ausge-hend vom Anfangsbestand des Planungszeitraumes werden dann die geplanten Zugänge addiert und die geplanten Abgänge subtrahiert:

$$\text{Bestand zum Zeitpunkt } t = \text{Anfangsbestand}$$
$$+ \text{ geplante Zugänge bis } t$$
$$- \text{ geplante Abgänge bis } t$$

Die geplanten Zugänge an den jeweiligen Arbeitsstationen und die geplanten Abgänge (Kapazität der Arbeitsstation) der jeweiligen Planungsperiode, die in Arbeitsstunden gemessen werden, stellen dabei die Ausgangsdaten der Planung dar. Da der Anfangsbestand an den Bearbeitungsstationen eine bekannte Größe ist, läßt sich die zukünftige Bestandsentwicklung und die durchschnittliche Durchlaufzeit ermitteln. Abbildung 216 gibt einen Input/Output-Plan wieder (vgl. Belt 1976, S. 17; Missbauer 1989, S. 72).

Dieser Plan zeigt, daß die in der Input/Output-Control benötigten Informationen mit denen übereinstimmen, die für eine Kapazitätsbelastungsübersicht erforderlich sind. Lediglich die Anfangsbestände sind als zusätzliche Information notwendig. Durch diese

informationelle Gleichheit wird eine Integration der Input/Output-Control in die Kapazitätsplanung "klassischer" PPS-Systeme erleichtert.

Ende von Woche	44	45	46	47	48	49	50	51	52	53	54
Geplanter Zugang *	–	32	64	37	284	69	232	389	311	74	99
Geplanter Abgang *	–	300	300	300	160	160	160	160	160	160	160
Geplanter Bestand *	740^A	472	236	0	124	33	105	334	485	399	338
Geplante Durchlaufzeit **	$2,5^A$	1,6	0,8	0	0,8	0,2	0,7	2,1	3,0	2,5	2,1

*   in Arbeitsstunden
** Zeit zur Bearbeitung des geplanten Bestandes
A   Anfangswerte

Abb. 216: Beispiel für einen Input/Output-Plan

Aus dem in Abbildung 216 dargestellten Input/Output-Plan lassen sich dann die mit den geplanten Auftragszugängen und -abgängen in einer Planungsperiode einhergehenden Konsequenzen ersehen, d.h. es zeigt sich, ob die geplanten Auftragszugänge mit der geplanten Kapazität bearbeitet werden können, oder ob die Bestände

- zu hoch oder
- zu niedrig

sind und damit dem Planer die Aufgabe obliegt, entsprechende Maßnahmen auf der Auftragsseite und/oder auf der Kapazitätsseite zu ergreifen, d.h. letztlich den Zugang und/oder den Abgang zu verändern.

Der Input/Output-Plan wird dann so lange verändert, bis ein Ergebnis erreicht wird, das der Planer als befriedigend erachtet (zu einem Beispiel vgl. Missbauer 1987, S. 75). Die **Grenzen** dieses Ansatzes ergeben sich insbesondere aus den beiden folgenden Aspekten:

- Die Input/Output-Control geht von gegebenen Aufträgen aus, d.h. die Bildung der Produktionsaufträge (Lose) wird als gegeben vorausgesetzt.
- Der Input/Output-Plan zeigt lediglich, in welchen Teilperioden eine Über- oder Unterauslastung der Bearbeitungsstation auftritt. Eine Unterstützung bei der Auswahl der zu ergreifenden Anpassungsmaßnahmen erfolgt nicht, sondern das Input/Output-Modell zeigt lediglich die Konsequenzen der vom Planer vorgeschlagenen Handlungen auf, ohne dabei eine Auswahl zu treffen.

Primäre **Intention der Input/Output-Control** ist folglich die Offenlegung der mit der geplanten Beauftragung und Kapazität verbundenen Konsequenzen, was letztlich eine Simulation des Bestandsverlaufs über den Planungszeitraum für die jeweilige Kapazitätseinheit darstellt. Welche Änderungen zur Vermeidung eines drohenden unerwünschten Bestandsverlaufs zu ergreifen sind, bleibt dabei dem Planer überlassen. Die Input/Output-Control ist folglich ein **Planungshilfsmittel** und kein in sich geschlossenes Planungssystem, da es keine methodische Unterstützung im Entscheidungsprozeß bietet und damit informationstheoretisch als ein **Nachrichtensystem** zu bezeichnen ist. Sie dient folglich zur Visualisierung des Vergleichs zwischen benötigter und verfügbarer Kapazität mit Hilfe von Belastungsübersichten.

Die mangelnde methodische Unterstützung des Entscheidungsprozesses ist eine entscheidende Schwachstelle dieses Ansatzes, die mit dem Komplexionsgrad der Situation und der Anzahl der Handlungsalternativen an Bedeutung zunimmt. Weiterentwicklungen dieses Konzeptes zu einer kostenorientierten Input/Output-Control setzen dann auch an dieser Schwachstelle an (vgl. Missbauer 1987, S. 115 ff. und 1989, S. 65 ff.; Zäpfel/ Missbauer 1988b, S. 37 ff.).

Ziel der kostenorientierten Input/Output-Control ist dabei die Optimierung der Abstimmung von Beauftragung und Kapazitäten unter Kostengesichtspunkten. Wie bei der "herkömmlichen" Input/Output-Control erfolgt die Planung über einen in Perioden gegliederten Planungszeitraum. Zäpfel/Missbauer (1988b, S. 38 ff.) entwickeln eine kostenorientierte Input/Output-Control

- bei **Entkoppelung** der Mengen- von der Termin- und Kapazitätsplanung und
- bei **gemeinsamer Betrachtung** von Mengen- und Termin- und Kapazitätsplanung.

Der zuerst genannte Ansatz geht dabei von der folgenden **Entscheidungssituation** aus (Missbauer 1987, S. 112 ff.):

- Der Planungszeitraum wird in T Perioden unterteilt.

- Aus der terminierten Nettobedarfsrechnung (Mengenplanung) sind die Aufträge nach Art, Menge und spätestem Endtermin bekannt.

- Für jede Bearbeitungsstation ist die Normalkapazität gegeben.

- Die Kapazitäten der Bearbeitungsstationen sind durch Anpassungsmaßnahmen (z.B. Intensität, Zeit) variierbar, jedoch sind damit Kostenveränderungen (Grenzkosten) verbunden. Es ist dann diejenige Anpassungsmaßnahme zu ergreifen, die mit den niedrigsten Kostenveränderungen einhergeht. Der Grenzkostenverlauf der Kapazitätserhöhung für den Produktionsfaktor menschliche Arbeitsleistung, gemessen in Arbeitsstunden, könnte dann den in Abbildung 217 dargestellten Verlauf aufweisen. Demnach wäre zunächst die Einführung von Überstunden die günstigste Möglichkeit, die Kapazität zu erhöhen. Reicht diese Anpassung nicht aus, dann müßten Sonderschichten eingelegt werden, die jedoch teurer wären als Überstunden. Analog läßt sich diese Überlegung auch auf eine intensitätsmäßige oder quantitative Anpassung anwenden, die dann ebenfalls kostenmäßig zu bewerten wären.

- Eine zu frühe Auftragsfreigabe geht mit negativen ökonomischen Wirkungen einher, und zwar in Form von gebundenem Kapital, beanspruchtem Lagerraum etc., die vereinfacht durch die Lagerkosten erfaßt werden.

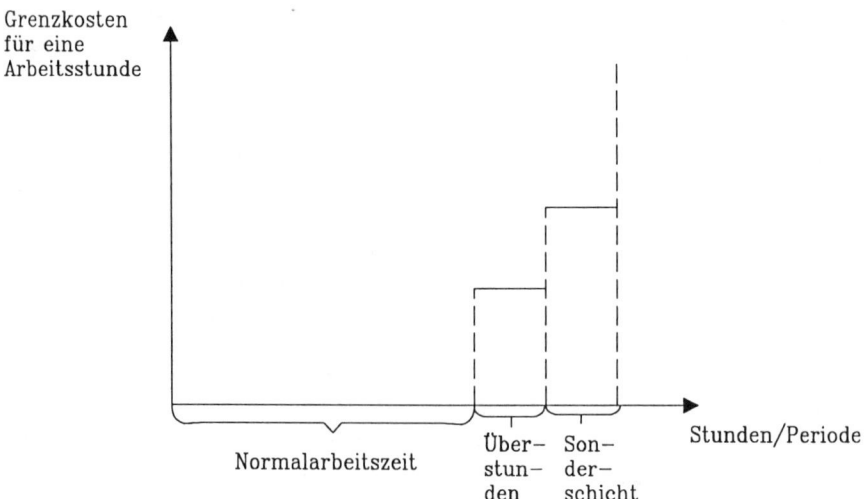

Abb. 217: Grenzkostenverlauf bei Kapazitätserhöhung

Unter Beachtung der Zielsetzung "minimiere die Lager- und Kapazitätserhöhungskosten" sind dann

- für jeden Auftrag die entsprechende Freigabeperiode und
- für jede Bearbeitungsstation die im Rahmen von Kapazitätserhöhungen zu ergreifenden Maßnahmen in den einzelnen Perioden des Planungszeitraumes zu spezifizieren,

und zwar unter der Maßgabe, daß alle zu bearbeitenden Aufträge rechtzeitig fertiggestellt sein müssen. Abbildung 218 gibt die Vorgehensweise dieses Ansatzes vereinfacht wieder.

Ausgangspunkt des Ansatzes ist die Festlegung einer Plandurchlaufzeit für jedes Arbeitssystem. Die Aufträge werden dann zum spätestmöglichen Termin freigegeben, und zwar unter der Bedingung, daß mit Normalkapazität produziert wird. Der hierdurch erstellte Plan ist dann auf Zulässigkeit zu überprüfen. Ein Plan ist dann zulässig, wenn der Istbestand kleiner oder gleich dem Sollbestand ist, wobei der Sollbestand, der sich vor einem Arbeitssystem befindet, dem Arbeitsstundeninhalt entspricht, der in der festgelegten Plandurchlaufzeit abgearbeitet werden kann. Bei Zulässigkeit des Planes ist die Planung beendet, und es sind keine Anpassungsmaßnahmen notwendig. Ist dies nicht der Fall, dann können

- kapazitätserhöhende Maßnahmen ergriffen oder
- eine Verschiebung der Freigabetermine einzelner Aufträge auf einen früheren Zeitpunkt vorgenommen werden.

In einem iterativen Prozeß, dessen Ausgangspunkt der unzulässige Plan bildet, werden dann auf der Grundlage eines Modells der linearen Optimierung die kostengünstigsten Maßnahmen ausgewählt und ein zulässiger Plan generiert (zum formalen Aufbau dieses Modells vgl. Zäpfel/Missbauer 1988c, S. 45 ff.)

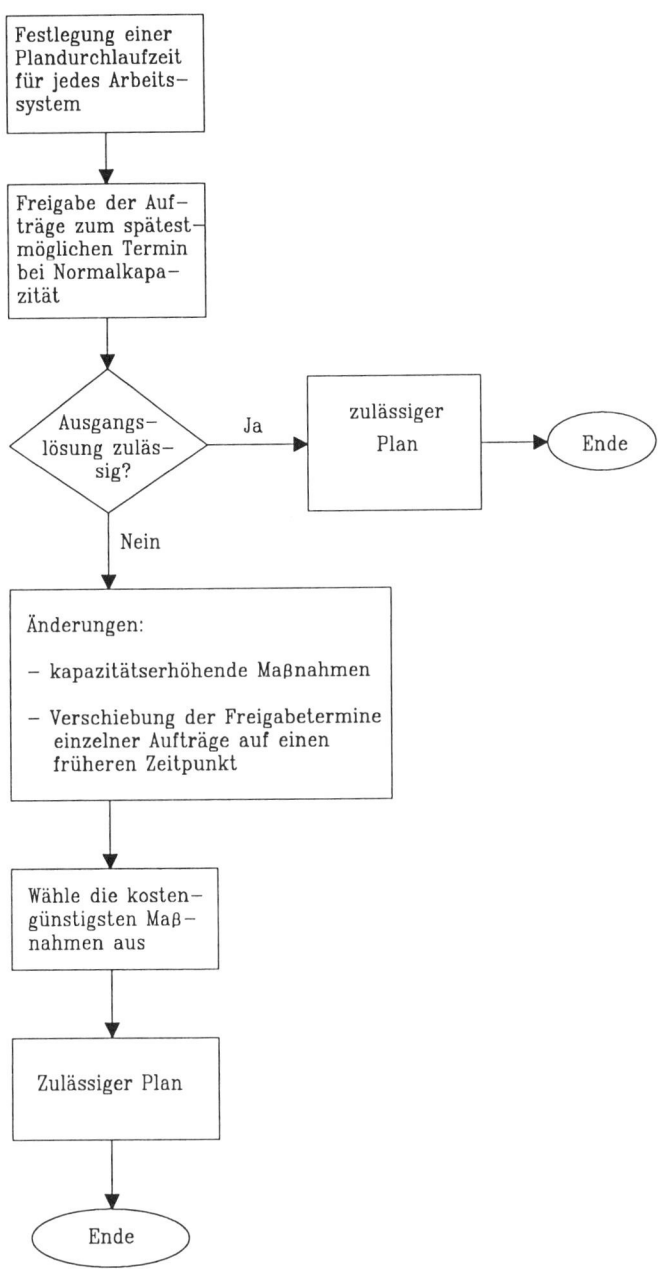

Abb. 218: Grundstruktur der kostenorientierten Input/Output-Control bei Entkoppelung der Mengen- von der Termin- und Kapazitätsplanung

Im Rahmen der kostenorientierten Input/Output-Control bei gemeinsamer Betrachtung der Mengenplanung und Termin- und Kapazitätsplanung wird die Beauftragung, d.h. die Losgrößenbestimmung und die Auftragsfreigabe als **eine Entscheidungsaufgabe** behandelt, die in der terminierten Bedarfsplanung durchgeführt wird. Bei gegebenem Teilebedarf sind dann die Lose zu bestimmen, die in den Perioden des Planungszeitraumes freizugeben sind, d.h. es ist ein dynamisches Losgrößenoptimierungsproblem so zu lösen, daß die Bestände bei der Produktion der einzelnen Lose auf einem bestimmten Niveau bleiben. Die Planungsgenauigkeit läßt sich dabei durch die Wahl der Periodenlänge steuern.

Auch in diesem Ansatz erfolgt zunächst die Festlegung der Plandurchlaufzeiten und damit der Sollbestände für die einzelnen Arbeitssysteme sowie die Modellierung des Auftragsdurchlaufs. Das so erstellte Input/Output-Modell dient dann zur Überprüfung der Zulässigkeit des gegebenen Losgrößen- und Kapazitätsplans. Ist dieser Plan zulässig, dann ist die Planung beendet. Ansonsten erfolgt wiederum auf der Grundlage eines iterativen Verfahrens die Generierung eines gültigen Planes nach Kostengesichtspunkten.

4.4.1.2.1.4 Kanban-System

In den 50er Jahren wurde das Kanban-System bei Toyota in Japan entwickelt, und zwar zur dezentralen Materialflußplanung und -steuerung nach einfachen Regeln. Seine Verbreitung in der Bundesrepublik Deutschland erfuhr dieser Ansatz insbesondere durch Wildemann (aus seinen umfangreichen Veröffentlichungen zum Kanban-System vgl. z.B. Wildemann 1988c, S. 33 ff.). Ein Vergleich mit den vorangegangenen Steuerungskonzepten erscheint jedoch nicht zweckmäßig, da das Kanban-System von einer sehr speziellen Aufgabenstellung ausgeht.

Ziel des Kanban-Systems ist eine Produktion auf Abruf (just-in-time-production). Hierdurch sollen einerseits die **Lagerbestände niedrig** gehalten und damit die Kapitalkosten durch niedrige Umlaufvermögensbestände reduziert werden (niedrige Kapitalbindungskosten) und anderseits die **Einhaltung der Fertigstellungstermine** gewährleistet werden (zur Darstellung des Kanban-Systems vgl. z.B. Helberg 1987, S. 79 ff.; Lackes 1990, S. 24 ff.; Schröder 1989, S. 18 ff.; Switalski 1989b, S. 262 f.; zu einer kritischen Diskussion der Ziele, und zwar differenziert nach Kosten-, Zeit- und Sozialzielen vgl. Koffler 1987, S. 195 ff.).

Die **Grundidee** des Kanban-Systems ist darin zu sehen, daß eine Teileart erst dann produziert wird, wenn der Bestand durch Verbrauch auf ein bestimmtes Niveau sinkt, d.h. der Teilebedarf wird durch den tatsächlichen Verbrauch determiniert. Dabei geht das Kanban-System davon aus, daß der Produktionsablauf dem Fließprinzip entspricht, wobei zwischen zwei aufeinanderfolgenden Produktionsstellen vermaschte, selbststeuernde Regelkreise entstehen, die eine dezentrale Bestandskontrolle ermöglichen, d.h. es handelt sich um eine Verbrauchssteuerung seriell hintereinandergeschalteter

Produktionsstellen (vgl. Zäpfel 1989a, S. 229). Hieraus resultiert, daß eine Produktionsstelle immer dann einen Produktionsauftrag erhält, wenn die nachgelagerte Stelle einen Bedarf signalisiert.

Steuerungsinstrument sind dabei die sogenannten Kanbans (Schild, Karte). Sie stellen Informationsträger dar, die einerseits der Teile- und Materialidentifikation in den Transportbehältern und anderseits der Auftragserteilung dienen, wobei zwischen

- Transport-Kanban und
- Produktions-Kanban

zu unterscheiden ist. Während der **Transport-Kanban** den Materialfluß zwischen verbrauchender Stelle und dem vorgelagerten Pufferlager steuert, obliegt dem **Produktions-Kanban** die Aufgabe der Steuerung des Materialflusses zwischen der erzeugenden Stelle und dem ihr nachgelagerten Pufferlager. Abbildung 219 gibt dieses Grundprinzip wieder.

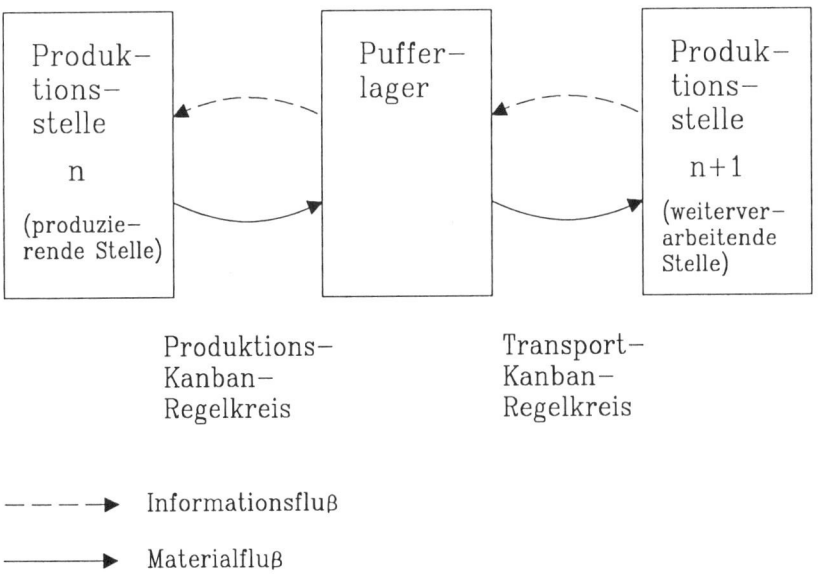

Abb. 219: Grundprinzip des Kanban-Systems

Die notwendige Materialmenge muß folglich von der liefernden Stelle angefordert werden, wodurch sich der Steuerungsimpuls dem Materialfluß entgegengerichtet durch das Produktionssystem fortpflanzt, d.h. es entstehen selbststeuernde Regelkreise, die den Materialfluß synchronisieren. Damit dieses System funktioniert, sind die folgenden **Regeln** zu beachten (vgl. Lackes 1990, S. 24):

- Eine Stelle darf nur dann die entsprechenden Teile produzieren, wenn hierzu durch den Produktions-Kanban ein Anstoß erfolgt.

- Es werden nur **Standardbehälter** benutzt, die mit einer bestimmten Füllmenge bestückt werden, d.h. es existiert für jede Teileart ein Behälter mit einer definierten Füllmenge.
- Für jeden Behälter existieren **zwei Kanbans**.

Die zu produzierende **Losgröße** ergibt sich dabei aus der quotialen Verknüpfung des Periodenbedarfs mit den jeweiligen Arbeitstagen, d.h. jedes Teil wird jeden Tag produziert. Der **Bestand** in den Pufferlagern, der durch die im Umlauf befindlichen Kanbans determiniert ist, entspricht dem geplanten Verbrauch in der Wiederbeschaffungszeit plus einem entsprechenden **Sicherheitsbestand**, um geringfügige Störungen absorbieren zu können. Durch Veränderung der im Umlauf befindlichen Kanbans läßt sich folglich die Bestandshöhe regeln, wobei die Anzahl der Kanbans so zu bestimmen ist, daß ein Produktionsfluß gewährleistet ist, der keine Unterbrechungen aufweist. Es ergeben sich damit bei der Bestimmung der Kanban-Anzahl die gleichen Probleme wie im Rahmen der Fixierung des Sollbestandes. Wird z.B. die Behälteranzahl zu niedrig bemessen, dann kann ein Abbrechen des Produktionsflusses die Folge sein, insbesondere wenn gleichzeitig die Füllmenge der Behälter zu groß bemessen ist. Auf der anderen Seite führt eine zu hohe Behälteranzahl zu hohen Beständen in den Pufferlagern, die mit erhöhten Lagerkosten einhergehen und damit einer Zielsetzung des Kanban-Systems zuwiderlaufen. Allgemeingültige Regeln zur Festlegung dieser Systemparameter existieren jedoch nicht, sondern ihre Bestimmung kann nur im Einzelfall erfolgen und hängt insbesondere von den Verbrauchs-, Produktions-, Rüst- und Transportgeschwindigkeiten sowie von den Transport- und Lagerkosten ab (vgl. Lackes 1990, S. 24; Zäpfel 1989a, S. 233).

Abbildung 220 gibt das Kanban-System noch einmal auf der Grundlage eines Beispiels wieder (vgl. Wildemann 1988c, S. 36).

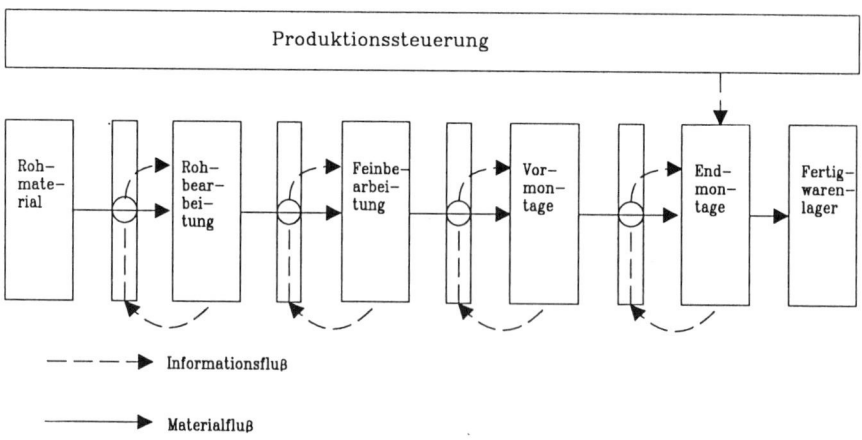

Abb. 220: Beispiel für eine Kanban-Steuerung

Diese Abbildung zeigt noch einmal deutlich, daß bei der Realisation des Kanban-Systems der zentralen Produktionssteuerung lediglich die Aufgabe obliegt, einen Auftragsimpuls an die Endmontage zu geben, der sich dann in der beschriebenen Weise retrograd durch das System fortpflanzt. Dabei erfolgt **keine Rückmeldung** der einzelnen Produktionsstellen an die zentrale Steuerung.

Für die Realisation des Kanban-Systems sind jedoch die folgenden **Einsatzbedingungen** zu beachten (vgl. Helberg 1987, S. 80 f.; Koffler 1987, S. 190 ff.; Lackes 1990, S. 24 f.; Wildemann 1988c, S. 39 ff.; Zäpfel 1989a, S. 235):

- Anordnung der Betriebsmittel nach dem Fließprinzip;
- weitgehende Harmonisierung der Kapazitätsquerschnitte;
- weitgehend standardisierte Teile und ein geringes Variantenspektrum (hierzu sind eventuell Maßnahmen der Typung und Normung zu ergreifen), um u.a. die Rüstzeiten niedrig zu halten;
- stetiger Bedarf (Absatzmengen), wobei kleinere Schwankungen durch Veränderungen der Zirkulationsfrequenz absorbiert werden können;
- die Losgrößen müssen im Planungszeitraum konstant sein, wobei niedrige Losgrößen die Reaktionsfähigkeit auf Nachfrageschwankungen erhöhen;
- hohe Umschlagshäufigkeit der Teile;
- intensive Qualitätskontrolle, da nur gute Teile weitergeleitet werden dürfen; ist dies nicht der Fall, kann ein störungsfreier und regelmäßiger Produktionsablauf, bedingt durch Nacharbeiten, nicht sichergestellt werden;
- vielseitig ausgebildetes und hoch qualifiziertes Personal, um einen flexiblen Personaleinsatz zu ermöglichen, d.h. die Mitarbeiter sollen in der Lage sein, auch an anderen Produktionsstellen, wenn erforderlich, einzuspringen (Mitarbeiter sollen unterschiedliche Funktionen erfüllen können);
- hohe Verfügbarkeit und universell einsetzbare Produktionsmittel, was den hohen Stellenwert von Qualitätssicherungs- und Rüstaufgaben unterstreicht; auftretende Störungen sollen durch flexiblen Personaleinsatz und/oder vorgehaltene Kapazitäten ausgeglichen werden.

Diese Ausführungen machen deutlich, daß das Kanban-System zur Produktionssteuerung insbesondere dann geeignet ist, wenn eine hohe Wiederholhäufigkeit der zu produzierenden Teile bei hoher Verbrauchsstetigkeit gegeben ist. Derartige Produktionsprozesse lassen sich mit Hilfe des Kanban-Systems in einfacher Weise steuern. Schröder (1989, S. 21) weist in diesem Zusammenhang explizit auf den **Partialcharakter** dieses Konzeptes hin, da es lediglich auf Produktionssteuerungsprobleme ausgerichtet ist und folglich eine funktionsfähige Produktionsplanung voraussetzt. Ein wesentlicher Unterschied zu den bisher beschriebenen Produktionsplanungs- und -steuerungskonzepten ist darüber hinaus darin zu sehen, daß das Kanban-System die **Komplexität der Realität** zu **reduzieren** und nicht die gegebene Realität in einem Planungsmodell abzubilden versucht.

4.4.1.2.2 Engpaßorientierte Steuerungskonzepte

Zentraler Ausgangspunkt der engpaßorientierten Steuerungskonzepte ist die Forderung, die existierenden Engpässe zum Ausgangspunkt der Planung zu machen. Diesen Sachverhalt hat Gutenberg (1979, S. 164) in seinem **Ausgleichsgesetz der Planung** explizit formuliert. Ausgangspunkt dieser Steuerungskonzepte bildet folglich das Arbeitssystem mit der knappsten Kapazität. Im folgenden sollen die beiden Systeme OPT (Optimized Production Technology) und EOD (Engpaßorientierte Disposition) dargestellt werden.

4.4.1.2.2.1 OPT-System

Ausgangspunkt des OPT-Systems, das 1980 in den Markt eingeführt wurde und seitdem einen ständigen Entwicklungsprozeß durchlaufen hat, ist eine konsequente Fluß- und Engpaßorientierung (zur Darstellung von OPT vgl. z.B. Dochnal 1990, S. 22 ff.; Goldratt 1988, S. 443 ff.; Schröder 1989, S. 22 ff.; Vollmann 1986, S. 38 ff.; Zimmermann 1987, S. 25 ff.).

Die **OPT-Philosophie** findet in den folgenden **neun Regeln** ihren Niederschlag:

1. Balance flow, not capacity.
2. The level of utilization of a non-bottleneck is not determined by its own potential but by some other constraint in the system.
3. Activation and utilization of a ressource are not synonymous.
4. An hour lost at a bottleneck is an hour lost of the total system.
5. An hour saved at a non-bottleneck is just a mirage.
6. Bottlenecks govern both throughput and inventories.
7. The transfer batch may not, and many times should not, be equal to the process batch.
8. The process batch should be variable, not fixed.
9. Schedules should be established by looking at all of the constraints simultaneously. Leadtimes are the result of a schedule and cannot be predetermined.

Mit der **Regel 1** wird die Forderung erhoben, den Materialfluß zu optimieren und nicht den Versuch zu unternehmen, eine möglichst hohe Kapazitätsauslastung der in der Unternehmung vorhandenen Ressourcen zu erreichen, da dies aufgrund mangelnder Möglichkeiten der Kapazitätsharmonisierung nicht gelingen kann. Darüber hinaus wird aber auch der Versuch abgelehnt, aufeinander abgestimmte Kapazitäten bereitzustellen. Mit der Orientierung an der Optimierung des Materialflusses wird hingegen angestrebt, die **Materialliegezeiten zu reduzieren** und nur das zu produzieren, was auch benötigt wird. Aus diesen Überlegungen resultiert, daß mit Regel 1 Leerzeiten an einzelnen Ressourcen bewußt in Kauf genommen werden, indem auf eine einheitlich maximale Auslastung der Ressourcen verzichtet wird.

Ausgangspunkt der **Regeln 2 und 6** ist die Unterteilung in Engpässe und Nicht-Engpässe; sie betrachten deren Bedeutung für die Leistungsfähigkeit des Produktions-systems: Werden die Nicht-Engpässe über die Leistungsfähigkeit der Engpässe hinaus ausgelastet, dann führt dies zur Entstehung nicht verarbeitbarer Bestände. Wird dies über eine längere Zeitspanne hinweg praktiziert, dann führt dies zu einem permanenten Anwachsen der Bestände, wodurch sich die Durchlaufzeiten an den Engpässen, bedingt durch die entstehenden Warteschlangen, verlängern. Die Bearbeitungsmengen und -termine an den Engpässen stellen folglich im OPT-Konzept die Grundlage für eine mengen- und zeitmäßige Koordination der Auftragsfreigabe dar.

Regel 3 setzt an unterschiedlichen Möglichkeiten der Kapazitätsnutzungen und deren Beurteilung an. Während mit "utilization" eine Kapazitätsauslastung der jeweiligen Ressource gemeint ist, die am gesamten auf das Produktionssystem abgestimmten Plan ausgerichtet ist, wird mit "activation" ein Verhalten umschrieben, das durch das Streben nach einer maximalen Kapazitätsauslastung der einzelnen Ressource charakterisiert ist. Eine Beurteilung der Ressourcennutzung darf folglich nicht auf einer lokalen Beurteilungsgröße basieren, sondern es sind Kriterien heranzuziehen, die den globalen Charakter der Ressourcennutzung beachten und damit die Wirkung auf das Gesamtsystem berücksichtigen.

In **Regel 4** kommt zum Ausdruck, daß Engpässe ständig mit zu bearbeitenden Materialien versorgt werden sollen, um eine maximale Ausnutzung der Engpaßressourcen zu erreichen, da durch die Engpässe der maximal mögliche Output determiniert wird. Hierauf basiert auch die Trennung in kritische und unkritische Bereiche. Um eine maximale Kapazitätsauslastung sicherzustellen, erscheint es zweckmäßig, vor diesen Stationen Sicherheitspuffer (Bestände) einzuplanen, um so Störungen aus vorgelagerten Bereichen auffangen zu können. Derartige Sicherheitsbestände werden jedoch ausschließlich vor Engpässen und an Kreuzungspunkten von Wegen ohne Engpaßcharakter mit Wegen von Engpässen zugelassen. Um eine maximale Auslastung der Engpässe zu erreichen, sind **begleitende Maßnahmen** zu ergreifen:

- die Instandhaltungsaktivitäten an den Engpässen sind vorbeugend und wenn möglich, außerhalb der normalen Betriebszeit zu ergreifen, und
- es dürfen nur qualitativ einwandfreie Materialien und Teile von den Engpässen bearbeitet werden.

Regel 5 besagt, daß Einsparungen an Nicht-Engpässen ohne Bedeutung sind, da diese nicht voll ausgelastet sind und folglich Leerzeiten aufweisen. Die freien Kapazitäten können genutzt werden durch die Produktion kleinerer Lose, um so die Leerzeiten zu reduzieren, und zwar bedingt durch das häufigere Umrüsten. Durch diese Maßnahme wird es möglich, einerseits die Durchlaufzeit zu beschleunigen und andererseits die Werkstattbestände zu senken. Zu beachten ist jedoch, daß eine Produktion mit sehr niedrigen Beständen hochempfindlich gegen Störungen ist, d.h. OPT setzt folglich eine beherrschte Produktion voraus, die dadurch gekennzeichnet ist, daß geplante und tatsächliche Produktion weitgehend übereinstimmen.

Mit **Regel 7** wird zwischen Produktions- und Transportlosgröße unterschieden und eine überlappte Produktion zur Reduzierung der Durchlaufzeit gefordert.

In der **Regel 8** wird die Forderung nach variablen Losgrößen aufgestellt; sie setzt damit an Überlegungen der dynamischen Losgrößenbildung an, d.h. es erfolgt eine Abkehr von unabhängig vom Bedarfsverlauf fixierten Losgrößen.

Regel 9 besagt, daß im Rahmen der Planung sämtliche Restriktionen simultan berücksichtigt werden sollen. Darüber hinaus besagt sie, daß die Durchlaufzeit keine Eingangsgröße der Planung, sondern das Ergebnis der Planung ist, d.h. es erfolgt eine Ablehnung vorherbestimmter Durchlaufzeiten. Die Durchlaufzeiten werden somit als zu regelnde Größe aufgefaßt, deren konkrete Ausprägungen sich am Ende des Planungsprozesses ergeben.

Die dargestellten **Grundbausteine** sind nun miteinander zu verknüpfen. Grundlage hierfür ist der Drum-Buffer-Rope-Ansatz. Ausgangspunkt dieses Ansatzes ist die Erstellung eines **Produktnetzes**, mit dessen Hilfe die Arbeitsschritte als eigenständige Operationen dargestellt werden. **Basis** für die Erstellung dieses Netzwerkes bildet dabei die **Primärbedarfsplanung**. Abbildung 221 gibt ein derartiges Produktnetz wieder (vgl. Dochnal 1990, S. 41).

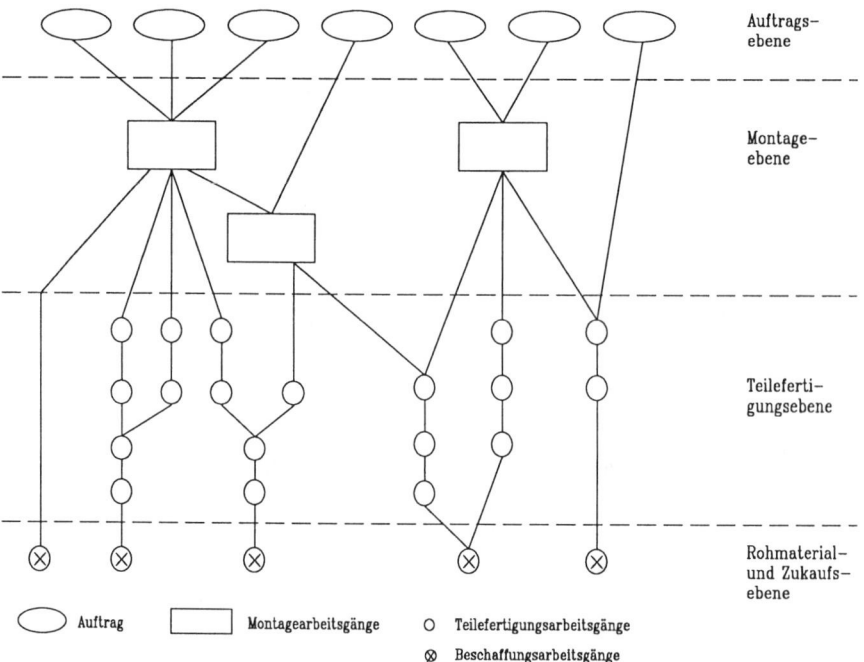

Abb. 221: Beispiel für ein Produktnetz

Mit diesem Produktnetz läßt sich einerseits das Zusammenwirken der einzelnen Arbeitsgänge und folglich der Materialfluß und andererseits für jeden Arbeitsgang die Belastungssituation der zum Einsatz gelangenden Ressourcen erfassen. In dieses Netzwerk lassen sich dann die Grundbausteine einbauen.

Im Zentrum des OPT-Konzeptes steht dabei die Engpaßorientierung (vgl. Regel 4 und 6), d.h. es ist zunächst die Identifizierung der Engpässe im Produktnetz und der Terminierung der Arbeitsgänge vorzunehmen (Drum-Aspekt). Auf der Grundlage einer retrograden Durchlaufterminierung und einer darauf aufbauenden Kapazitäts-bedarfsermittlung werden die Kapazitätsengpässe bestimmt (der hierbei verwendete Algorithmus ist nicht veröffentlicht). Ergebnis dieser Vorgehensweise ist die Trennung des Netzes in einen **kritischen** und **unkritischen Teil**, wobei zum kritischen Teil sämtliche Engpaßarbeitsgänge und die darauffolgenden Arbeitsgänge gehören, d.h. hierzu zählen die Arbeitsgänge, die den Abschluß des Engpaßarbeitsganges als Voraussetzung haben. Abbildung 222 gibt dies beispielhaft wieder (vgl. Dochnal 1990, S. 43).

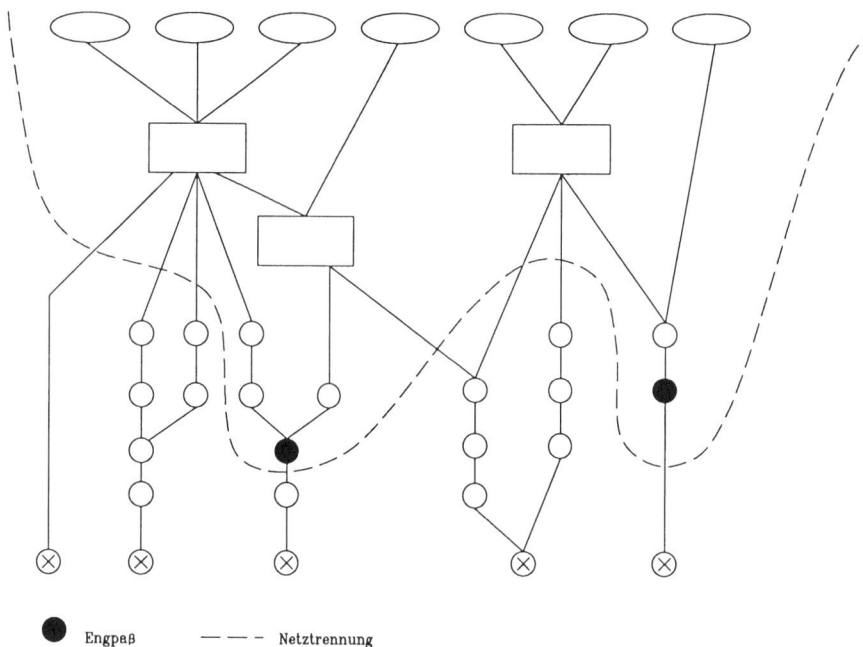

Abb. 222: Beispiel für eine Netztrennung

Die identifizierten Engpässe sind dann permanent auszulasten. Um Störungen an den Engpässen zu vermeiden, sind entsprechende Sicherheitsbestände (Puffer) an den Übergängen vom nicht kritischen zum kritischen Netzteil zu plazieren, was letztlich bedeutet, daß Materialien und/oder Teile früher eingeschleust werden, als dies ohne Puffer der Fall wäre. Um eine Liefertermin sicherheit zu erreichen, sind zusätzlich Puffer an den übrigen Netzübergängen einzurichten (Buffer-Aspekt), um zu vermeiden, daß Teile, die an den Engpaßstationen termingerecht bearbeitet werden, auf Zubauteile warten müssen, wodurch dann wiederum die Termineinhaltung der Aufträge gefährdet wäre.

Um nun die Bestandskontrollmöglichkeit (Rope-Aspekt) mit Hilfe der Engpässe nutzen zu können (vgl. Regel 2 und 6), sind die Auftragsfreigabetermine an die Engpaßbelegung anzubinden. Dabei wird ausgehend von den Kapazitätsengpässen der kritische Teil des Netzteiles **progressiv** und der nichtkritische Teil **retrograd** eingeplant.

Werden auch diese Aspekte in das Produktnetz integriert, dann ergibt sich das in Abbildung 223 dargestellte Netz (vgl. Dochnal 1990, S. 45).

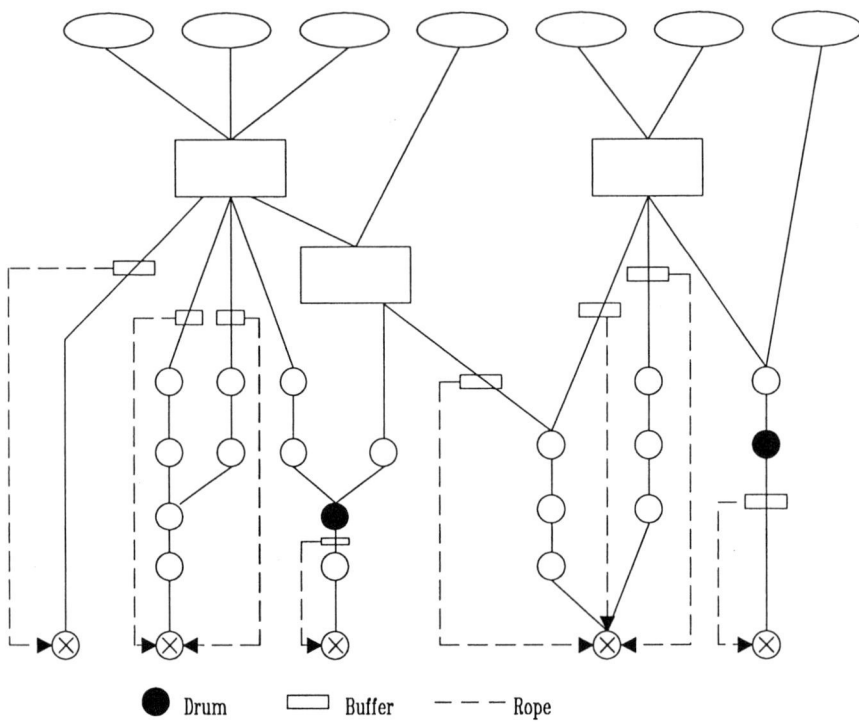

● Drum   ☐ Buffer   – – – Rope

Abb. 223: Beispiel für ein Produktnetz mit Hilfe des Drum-Buffer-Rope-Ansatzes

Diese integrative Betrachtung zeigt noch einmal den Grundgedanken des OPT-Konzeptes deutlich, nämlich eine mengen- und zeitmäßig auf die Engpässe abgestimmte Einsteuerung von Materialien und Teilen in das Produktionssystem. Dabei läßt sich der Produktionsprozeß durch unterschiedliche Parameter wie Mindestauslastungsgrade, Schranken für Losgrößen, Sicherheitsbestände, Terminüberschreitungen, Länge des Planungshorizontes, Prioritäten für bestimmte Aufträge oder für konkurrierende Ziele steuern.

Eine Beurteilung von OPT erscheint zum heutigen Zeitpunkt aufgrund der nicht ausreichenden Informationslage und insbesondere durch Nichtveröffentlichung des OPT-Terminplanungsalgorithmus kaum möglich. In einer ersten groben Beurteilung stellt Schröder (1989, S. 25) jedoch fest, daß es zwar einerseits positiv sei, daß OPT eine

Konzentration auf Engpässe vollzieht und damit verbunden auch abgestufte Anforderungen an die Datenqualität stellt sowie durch eine retrograde Terminierung des nichtkritischen Teils des Netzes geringe Liegezeiten hervorruft, anderseits jedoch jegliche Angaben zur Durchlaufermittlung fehlen und die Empfehlungen zur Auswahl von Maßnahmen bei drohenden Lieferterminüberschreitungen zu vage sind.

4.4.1.2.2.2 Engpaßorientierte Disposition

Im Mittelpunkt dieses Konzeptes stehen die Materialengpässe, die aktuell im Rahmen der Disposition ermittelt werden. Die Engpaßorientierte Disposition läuft in drei Schritten ab (vgl. Zimmermann 1987, S. 43 ff. und 1988, S. 487 ff.):

- Bedarfsauflösung mit Brutto-Nettobedarfsabgleich,
- Lieferfähigkeitsnachweis und
- Losgrößenermittlung und Auftragsbildung.

Durch Stücklistenauflösung mit Vorlaufverschiebung wird zunächst der **Primärbedarf** ermittelt. In der Reihenfolge der Bedarfstermine wird dann ein Brutto-Nettobedarfsabgleich vollzogen. Dabei bleibt eine Losgrößenbildung zunächst unbeachtet.

Danach ist bekannt, welcher Bedarf auf den einzelnen Stufen gegeben ist, und es kann festgelegt werden, wie die Losbildung unter Beachtung begrenzter Materialverfügbarkeit möglich ist.

Für die **Losgrößenbildung** bieten sich dabei zwei unterschiedliche Vorgehensweisen an:

- Die Losbildung erfolgt über den gesamten Planungshorizont und orientiert sich an der in Schritt 2 ermittelten maximalen Lieferfähigkeit. Der entscheidende Nachteil dieser Vorgehensweise ist darin zu sehen, daß sie einerseits sehr rechenaufwendig ist und anderseits bei auftretenden Störungen umfangreiche Umplanungen hervorruft. Diese Vorgehensweise empfiehlt sich folglich nur bei relativ stabilen Verhältnissen.
- Die Auftragsbildung erfolgt auf allen Stufen erst bei Produktionsbeginn, d.h. die Losbildung kann sich hierbei stets an der aktuellen Materialverfügbarkeit und Bedarfssituation orientieren. Diese Vorgehensweise weist zwar einen hohen Freiheitsgrad auf, geht jedoch mit dem Nachteil einher, daß der übergeordnete Auftragszusammenhang keine Beachtung findet.

Das Verfahren sei an einem Beispiel noch einmal veranschaulicht. Ausgangspunkt hierfür ist die in Abbildung 224 dargestellte Situation (vgl. hierzu Zimmermann 1987, S. 47 ff.).

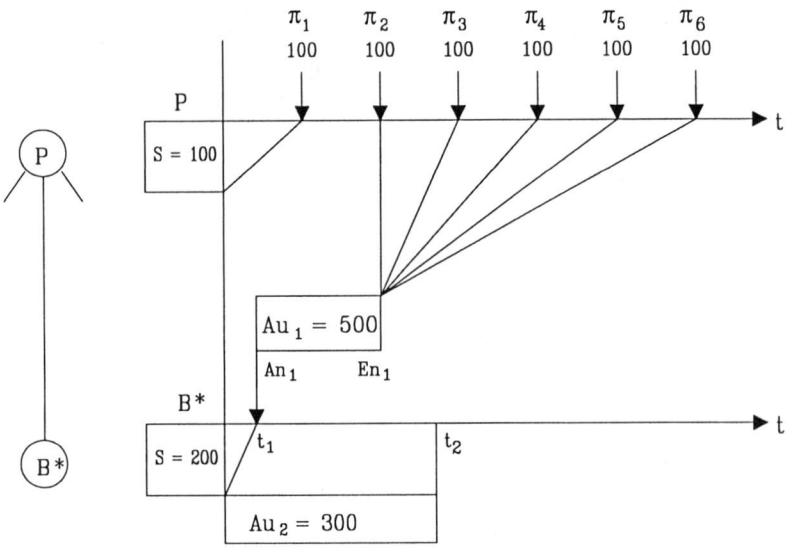

Au = Auftrag An_1 = Anfangstermin des Auftrages 1

S = Lagerbestand En_1 = Endtermin des Auftrages 1

P = Erzeugnis   B* = Stücklistenposition des Erzeugnisses P (fließt mit
                        jeweils einer Einheit ein)

Abb. 224: Auftragsbildung für ein Erzeugnis ohne Rücksicht auf verfügbare Materialpositionen der Stücklistenposition B*

Der Abbildung sind die Primärbedarfe für das Erzeugnis P und der Lagerbestand zu
entnehmen. Da der Primärbedarf 600 Einheiten beträgt und lediglich ein Lagerbestand
von 100 Einheiten vorhanden ist, wird zunächst ein Auftrag Au_1 gebildet, der 500
Einheiten umfaßt. Für die Stücklistenposition B* ist ein Lagerbestand von 200
Einheiten gegeben, der jedoch für Au_1 nicht ausreicht. Die nächste Lieferung in Höhe
von 300 Einheiten hat jedoch einen zu späten Endtermin ($t_2 > t_1$). Würde in dieser
Situation der Auftrag Au_1 nicht freigegeben und auf die Fertigstellung von Au_2
gewartet, dann könnten die Bedarfe π_2 und π_3 nicht termingerecht geliefert werden. Es
bietet sich an, den Auftrag Au_1 zu splitten, und zwar in die Aufträge Au_{11} = 200 und Au_{12}
= 300 Einheiten (An = t_2), so daß alle Primärbedarfe termingerecht geliefert werden
können. Ansatzpunkt bildet folglich eine **Losgrößenreduzierung**. Dieses Grundprinzip
sei nun auf zwei Erzeugnisse P_1 und P_2, in die die Stücklistenposition B* mit jeweils
einer Einheit einfließt, übertragen (vgl. Abbildung 225).

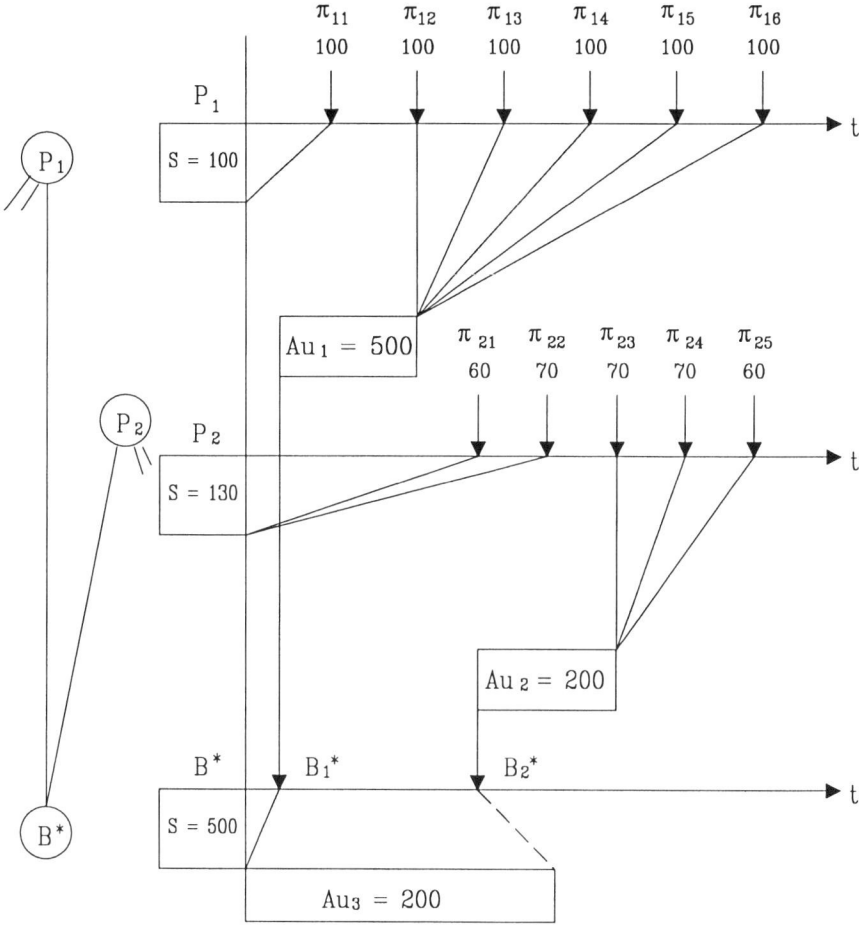

Abb. 225: Auftragsbildung für zwei Erzeugnisse ohne Rücksicht auf verfügbare Materialpositionen der Stücklistenposition B*

Die in Abbildung 225 dargestellte Ausgangsposition macht deutlich, daß mit Auftrag Au_2 deshalb nicht termingerecht begonnen werden kann, weil der Auftrag Au_3 zu spät abgeschlossen wird, was letztlich bedeutet, daß die Bedarfe π_{23}, π_{24} und π_{25} nicht zum gewünschten Termin geliefert werden können. Diese Konsequenz läßt sich jedoch durch eine Lossplittung von Au_1 in Au_{11} mit einer Menge von 300 und Au_{12} mit einer Menge von 200 Einheiten vermeiden.

Damit eine derartige Auftragsbildung funktioniert, müssen die **Primärbedarfsverursacher** auch auf der Stufe B* einzeln bekannt sein, was eine **terminliche Verschiebung** bedingt (zeitlicher Vorlauf), die Zimmermann (1987, S. 50) näherungsweise als konstant ansetzt. Es ergibt sich dann die in Abbildung 226 dargestellte Vorgehensweise.

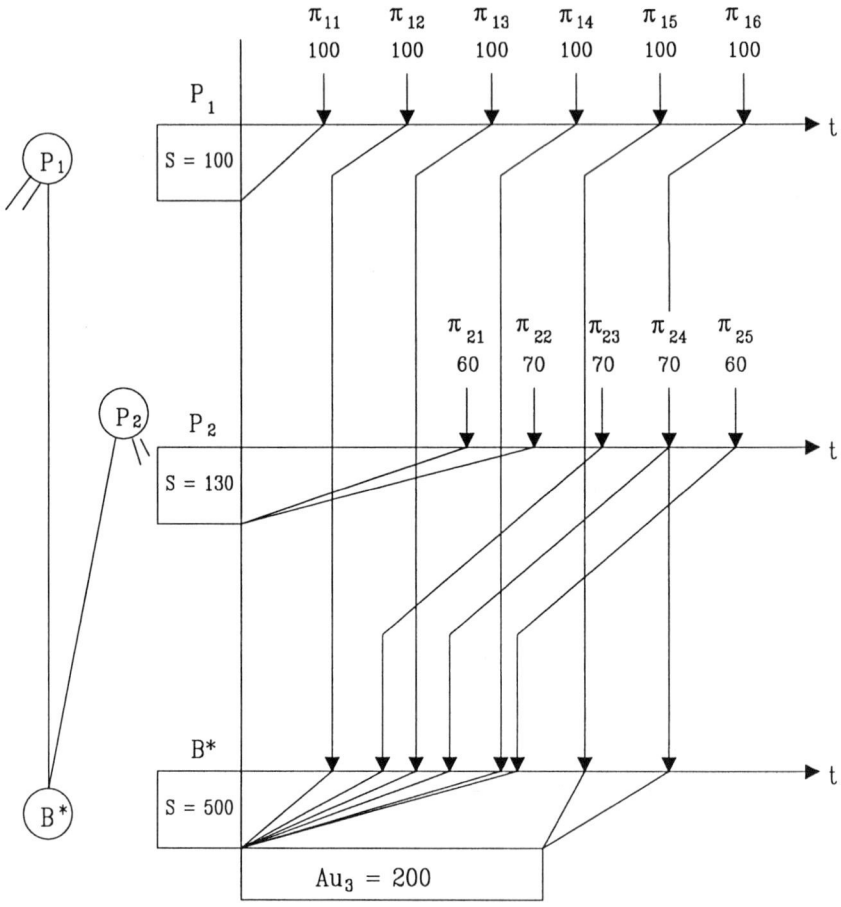

Abb. 226: Auftragsbildung für zwei Erzeugnisse unter Berücksichtigung der Materialverfügbarkeit einer gemeinsam benötigten Stücklistenposition B*

Diese Abbildung zeigt, daß sämtliche Primärbedarfe ohne Terminverzug gedeckt
werden können, und zwar unter der Voraussetzung einer zweckmäßigen Losgrößenbildung. Gehen neben der Position B* noch weitere Stücklistenpositionen in die
Erzeugnisse ein, dann wird es umgekehrt notwendig, daß die Stücklistenpositionen die
maximal lieferbaren Mengen nach oben melden.

In den bisherigen Ausführungen wurden Kapazitätsengpässe außer acht gelassen. Im
Gegensatz zu den üblichen Ansätzen des Kapazitätsabgleichs, bei denen **vorgegebene
Aufträge** terminlich verlagert werden, wird im Rahmen der Engpaßorientierten
Disposition so vorgegangen, daß bei der Losgrößenbildung die Auftragsmengen an die
verfügbaren Kapazitäten angepaßt werden. Dabei wird versucht, daß in Perioden mit
niedriger Auslastung Bedarf zusammengefaßt wird, bis eine zulässige (maximal mög-

liche) Losgröße erreicht ist. Demgegenüber erfährt die Losgröße bei hoher Kapazitätsauslastung eine entsprechende Reduzierung, d.h. es werden z.b. die Auftragsmengen dergestalt reduziert, daß mit ihnen kein Bedarf aus Perioden mit Unterauslastung abgedeckt wird. Dies führt dazu, daß in Perioden mit geringer Kapazitätsauslastung relativ größere Lose gebildet werden, als dies in Perioden mit hoher Kapazitätsauslastung der Fall ist. Es wird folglich versucht, bei unregelmäßigem Bedarf die Bedarfsdeckung für die Produktion so zusammenzufassen, daß eine möglichst gleichmäßige Kapazitätsauslastung, und zwar unter Beachtung vorgegebener Losgrößenrestriktionen, realisiert werden kann.

Damit weist die Engpaßorientierte Disposition die folgenden **Vorteile** auf:

- Material- und Kapazitätsengpässe werden simultan berücksichtigt.

- Die zu erstellenden Losgrößen werden erst zum Zeitpunkt der Auftragsfreigabe endgültig festgelegt.

- Sie zeigt neben den gewünschten Primärbedarfsmengen die jeweils maximal lieferbaren Mengen zu den jeweiligen Primärbedarfsterminen auf.

- Der Lieferfähigkeitsnachweis kann immer aktuell gehalten werden, d.h. er wird bei jeder Störung oder Auftragsfreigabe direkt angepaßt.

4.4.1.3 Überlegungen zur Integration von Recyclingaspekten in PPS-Systeme

Wie bereits dargestellt, werden im Rahmen des Produktionsprozesses Inputgüter (= Produktionsfaktoren) mit dem Ziel kombiniert, andere Güter hervorzubringen. Neben der angestrebten betrieblichen Leistung, dem sogenannten Sachziel, entstehen in jedem industriellen Produktionsprozeß Rückstände, da eine rückstandsfreie industrielle Produktion aus naturgesetzlichen Gegebenheiten ausgeschlossen ist.

Unter **Rückstände** werden alle Material- und Energiemengen subsumiert, die nicht angestrebte Kuppelprodukte darstellen (vgl. Strebel 1980, S. 18). Dabei ist zu beachten, daß die Klassifikation als Rückstand immer subjektiver Natur, d.h. unternehmungsindividuell zu sehen ist (vgl. Riebel 1955, S. 126). Rückstände lassen sich weiterhin in die beiden Teilklassen Reststoffe und Abfälle aufteilen. Während es sich bei den **Reststoffen** (Roh-, Hilfs-, Betriebsstoffe und Energieträger) um wiederverwendbare Rückstände handelt, gibt es bei den **Abfällen** (z.B. unbrauchbar gewordene Güter, Verpackungen und Schadstoffe) derzeitig keine Verwertungsmöglichkeit oder es wird bewußt darauf verzichtet (vgl. Hammann 1988, S. 466).

Darüber hinaus fällt **Ausschuß** an. Hierunter sind Erzeugnismengen zu verstehen, die bedingt durch Qualitätsmängel für den intendierten Zweck nicht verwendbar sind. Wird ferner der Konsumsektor berücksichtigt, dann tritt zusätzlich der Problemkomplex der **Altprodukte** und ihrer Verwertung in Erscheinung.

Zur Nutzung dieser Objekte bietet sich das Recycling an. Aus diesem Grunde soll von **Recyclinggütern** als Oberbegriff gesprochen werden. Dabei ist zu beachten, daß das, was als Recyclinggut bezeichnet wird, vom Disaggregations- bzw. Aggregationsgrad der Betrachtung abhängt (z.b. Automobil, Fahrgestell, Stoffe). Es ist damit neben einer Produktionsprogrammplanung auch eine Recyclingprogrammplanung durchzuführen, wobei das Recyclingprogramm analog zum Produktionsprogramm hinsichtlich seiner Breite und seiner Tiefe spezifikationsbedürftig ist (zu den weiteren Ausführungen: Corsten/Reiß 1991, S. 612 ff.). Diese Recyclinggüter führen zu Beständen, wenn sie nicht unmittelbar einer weiteren Nutzung zugeführt werden, d.h. es entsteht eine recyclinginduzierte Bestandsproblematik. Die folgende Abbildung gibt den Bezugsrahmen der weiteren Ausführungen wieder.

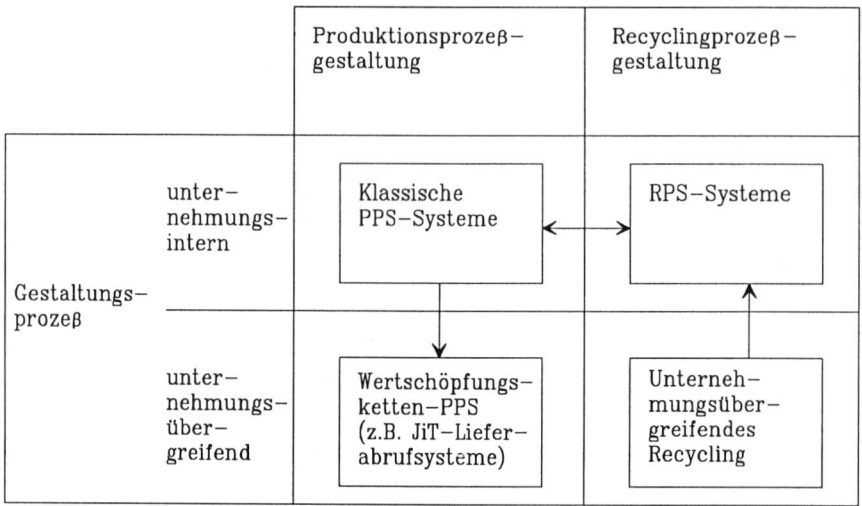

Abb. 227: Bezugsrahmen

Aus dieser Abbildung ergeben sich für die weiteren Ausführungen die beiden folgenden **Integrationsaspekte:**

- Das Recyclingproblem ist sowohl unternehmungsintern als auch unternehmungsübergreifend zu sehen;
- die Gestaltung der Recyclingproblematik wird vor dem Hintergrund von PPS-Systemen analysiert (Produktions- und Recyclingplanungs- und -steuerungssystem (PRPS-System).

Im Rahmen des Recyclingprozesses ist darüber hinaus zwischen der **Handhabung** und der **Behandlung** von Recyclinggütern zu unterscheiden. Während es sich bei der Handhabung lediglich um logistische Prozesse handelt, erfolgt bei der Behandlung eine Bearbeitung der Recyclinggüter, wobei zwischen

- Trennung (z.B. Siebe, Magnete, Optik) und
- Umwandlung (biologisch, technisch und chemisch-technisch)

zu unterscheiden ist. Es ist jedoch zu beachten, daß im Recyclingprozeß i.d.R. nicht nur Handhabungs- und Bearbeitungsprozesse vollzogen werden, sondern daß es sich hierbei um mehrstufige Bearbeitungsprozesse handelt, wie dies z.b. beim Gießereisandrecycling oder auch im Rahmen der Papier- und Pappeerzeugung der Fall ist.

Um die **Komplexität** von Recyclingprozessen erfassen zu können, ist es erforderlich, die komplexitätserzeugenden Faktoren herauszuarbeiten. Sie stammen zum einen aus dem Bereich der bekannten Determinanten für gut- bzw. schlechtstrukturierte Entscheidungen wie etwa Anzahl und Verträglichkeit der verfolgten Ziele, der einzuhaltenden Restriktionen und der einsetzbaren Instrumente, und zum anderen resultieren sie aus den technischen Eigenschaften der betreffenden Güter und Prozesse.

Ein erster komplexitätserzeugender Faktor ist die zugrundeliegende **Zielfunktion**, d.h. es liegt eine mono- oder multivariable Zielfunktion vor. Ist eine multivariable Zielfunktion gegeben, dann ist zu beachten, daß konfliktäre Beziehungen nicht nur zwischen ökologischen und ökonomischen Zielen, sondern auch innerhalb dieser Zielgruppen auftreten können. Darüber hinaus beeinflussen die folgenden Faktorgruppen den sich ergebenden Komplexitätsgrad:

- Produktionsprozeß,
- Recyclinggüter und
- Recyclingprozeß.

Beim **Produktionsprozeß** sind dabei die folgenden Aspekte von Bedeutung:

- Grenzen für Einsatzmengen der Recyclinggüter in der Form von Unter- und Obergrenzen.
- Anpassungserfordernisse der Produktionsprozesse an die Recyclingprozesse (Verbund-/Schnittstellen).
- Rückführung der Recyclinggüter in den gleichen oder in einen anderen Produktionsprozeß.

Bei den **Recyclinggütern** sind folgende Aspekte zu beachten:

- Zeitmuster des Anfalls (kontinuierlich oder diskontinuierlich);
- Lagerbarkeit (falls gegeben: treten Qualitätsänderungen in negativer oder positiver Hinsicht auf);
- Heterogenität der Recyclinggüter (z.B. Reinheit, Form, Farbmerkmale, Materialmerkmale (z.B. thermisch stabil/instabil), Materialverbund (versteckt/offen), Materialverwandtschaft (z.B. Bildung von Recyclingfamilien)).

Für den **Recyclingprozeß** sind die folgenden Aspekte relevant:

- Rückstandsentstehung im Recyclingprozeß (verwertbar/nicht verwertbar);
- Mengenverluste im Recyclingprozeß;
- Qualitätsverluste im Recyclingprozeß.

Diese Überlegungen zeigen, daß es den Recyclingprozeß nicht gibt, sondern daß ein ganzes Spektrum von Recyclingprozessen mit unterschiedlichen Komplexitätsgraden existiert. Auf der Grundlage der angeführten Kriterien lassen sich dann einzelne Fälle bilden. Ohne auf sämtliche (denkbaren) Möglichkeiten einzugehen, seien kurz die beiden Extremalfälle

- niedrige Komplexität und
- hohe Komplexität

skizziert, wobei der zuletzt genannte Fall die ungünstigsten Ausprägungen der herangezogenen Kriterien aufweist, und damit alle Problemkomplexe beinhaltet, die sich beim Recycling unter Beachtung der angeführten Kriterien ergeben können (vgl. Abb. 228).

Damit stellt sich die Frage, welche Voraussetzungen für die Integration von Recyclingprozessen in PPS-Systeme gegeben sein müssen und mit welchen Konzequenzen eine derartige Integration verbunden ist.

Eine wesentliche Voraussetzung für die Integration von Recyclingprozessen in PPS-Systeme ist die Kenntnis **planungsrelevanter Informationen** über die Recyclinggüter und den Recyclingprozeß. Um diese Informationen in konsistenter Form zur Verfügung stellen zu können, ist der Aufbau eines betrieblichen **Umweltinformationssystems** zweckmäßig, dem eine Unterstützungsfunktion für Entscheidungsprobleme im Rahmen von PPS-Systemen zukommt. In einem solchen betrieblichen Umweltinformationssystem sind neben Gesetzen und Verordnungen, Emissionsminderungsmaßnahmen, Umweltschutzstatistiken, Informationen von Abfallbörsen, Beschaffungswesen, Qualitätswesen, insbesondere Informationen über den Material- und Energiefluß differenziert nach Input, Throughput und Output abzuspeichern.

Informationsbasis von PPS-Systemen ist die **Betriebsdatenerfassung (BDE)**. Die Verwaltung und Pflege der produktionsbezogenen Grunddaten bilden den Kern eines jeden PPS-Systems. Der BDE obliegt die Aufgabe, alle Daten, die für den Produktionsplanungs- und -steuerungsprozeß relevant sind, zu sammeln, zu speichern und zu aktualisieren. Dabei werden auftrags-, maschinen-, mitarbeiter- und materialbezogene Daten erfaßt und aufbereitet. Sie bildet damit die Grundlage für die Auftragsfortschrittskontrolle, die Artikelkalkulation, die Lohnabrechnung und die Ermittlung der Auslastungsgrade der Aggregate.

Recyclingrelevante Informationen werden damit nicht berücksichtigt. Es ergibt sich somit ein **Ergänzungsbedarf** dieser Informationsgruppen um recyclingrelevante Informationen. Hinsichtlich der Recyclinggüter sind dabei:

- Reststoffkoeffizienten;
- Ausschußkoeffizienten;
- Aufteilungskoeffizienten (wenn die Rückstände an unterschiedliche Produktionsprozesse weitergegeben werden)

zu unterscheiden.

Faktoren \ Fall	Fall niedriger Komplexität		Fall hoher Komplexität
Zielfunktion	monovariabel	. . .	multivariabel, konfliktär
Produktionsprozeß			
Einsatzgrenzen	–	. . .	+
Anpassungserfordernisse	–		+
Rückführung in –den gleichen –anderen Produktionsprozeß	+ –		– +
Recyclinggüter			
Zeitmuster des Anfalls –kontinuierlich –diskontinuierlich	+ –	. . .	– +
Lagerbarkeit –gegeben –nicht gegeben Qualitätsänderungen	+ – –		– + +
Heterogenität	–	. . .	+
Recyclingprozeß			
Rückstandsanfall	–	. . .	+
Rückstände –verwertbar –nicht verwertbar	– –		+ +
Mengenverluste	–	. . .	+
Qualitätsverluste	–	. . .	+

− : nicht gegeben;   + : gegeben

Abb. 228: Komplexitätstypen des Recycling

Die **Bestandsführung** muß die Reststoffmengen und Ausschußmengen nach Art, Menge, Qualität und Zeit als Lagerzugang erfassen. Dies hat letztlich Auswirkungen auf die Bestellvorgänge (Bestellmenge und -häufigkeit). Darüber hinaus sind Daten über evtl. existierende Einsatzgrenzen zu berücksichtigen und Prioritäten festzulegen, wenn etwa Rückstände zuerst verwendet werden sollen. In Abhängigkeit vom Zeitmuster des Recyclinggüteranfalls treten unterschiedliche Grade der Unsicherheit auf. Um diese Unsicherheiten handhabbar zu machen, sind Wahrscheinlichkeitsverteilungen hinsichtlich des Anfalls der Recyclinggüter zu ermitteln. Handelt es sich um Altprodukte, dann kann die hierbei auftretende Unsicherheit durch die Zwischenschaltung von speziellen Recyclingunternehmungen, die dann die aufbereiteten Rohstoffe liefern, reduziert werden.

Hinsichtlich des **Recyclingprozesses** sind:

- Verlustkoeffizienten zu berücksichtigen, wenn im Rahmen des Recyclingprozesses Mengenverluste auftreten;
- treten im Recyclingprozeß Qualitätsverluste auf, sind Qualitätsklassen zu bilden, und je Klasse entsprechende Mengenrestriktionen zu formulieren;
- Kapazitäten von Recycling-, Transport- und Entsorgungsprozesse sind in den Arbeitsplatzdaten zu ergänzen;
- Arbeitsplandaten über die Recycling-, Transport- und Entsorgungsprozesse sind ebenfalls zu beachten (z.B. Arbeitsschritte, Rüstzeiten);
- Rückstände, die im Recyclingprozeß auftreten, sind ebenfalls zu erfassen.

Diese Überlegungen zeigen, daß zwischen dem BDE-System und einem Umweltinformationssystem wechselseitige Informationsaustauschbeziehungen existieren müssen, d.h.

- einerseits sollen mit Hilfe des BDE-Systems möglichst an den entsprechenden Aggregaten Daten erhoben und an das Umweltinformationssystem weitergegeben werden und
- andererseits ist das BDE-System darauf angewiesen, auf entsprechende Informationen des Umweltinformationssystems zurückgreifen zu können (z.B. Emissionsgrenzen; Informationen über Altprodukte; Schadstoffkoeffizienten).

Es sind jedoch nicht nur zwischen der BDE und dem Umweltinformationssystem wechselseitige Informationsaustauschbeziehungen zu installieren, sondern es sollte unter Integrations- und Kostengesichtspunkten das Unterstützungspotential der vorhandenen Informations- und Planungssysteme genutzt werden (z.B. vorhandene Systeme der Materialflußplanung und -steuerung). Außerdem sind die Schnittstellen zu flankierenden Planungs- und Informationssystemen zu intensivieren. Ferner kann eine Schnittstelle zur recyclinggerechten Konstruktion zu einer Verringerung der Komplexität von Recyclingprozessen beitragen. Wird das PPS-System in ein umfassendes CIM-Konzept integriert, dann ergibt sich die Chance, ein Recycling-Management mit Hilfe von CA-Komponenten zu betreiben.

Diese Überlegungen zeigen, daß die Einbeziehung von Recyclingprozessen in PPS-Systeme mit einem **Modifikationsbedarf** einhergeht. Um die damit verbundenen Konsequenzen systematisch zu erfassen, sei auf die bereits dargestellte Grundstruktur von PPS-Systemen zurückgegriffen und die notwendigen Modifikationen den jeweiligen Planungsstufen zugeordnet (vgl. Abbildung 229 im Anhang).

Die notwendigen Modifikationen sind dabei abhängig vom Komplexitätsgrad des Recyclingproblems.

4.4.1.4 Leitstandsysteme zur Unterstützung der kurzfristigen Produktions- planung und -steuerung

Die unzureichende Unterstützung der PPS-Systeme im Rahmen der kurzfristigen Planungs- und Steuerungsaufgaben in der Produktion stellt den Ausgangspunkt zur Entwicklung von Leitstandsystemen dar. Ziel dieser Systeme ist die **Verbesserung der kurzfristigen Werkstattsteuerung**, d.h. sie unterstützen die Auftragsveranlassung und -überwachung. Sie dienen dabei nicht nur der Visualisierung der Kapazitätsbelegung auf der Grundlage von Gantt-Charts, sondern zielen auf eine weitgehende Automatisierung der Arbeitsplanauflösung und des graphischen Kapazitätsabgleichs ab (vgl. Schröder 1989, S. 16). Leitstandsystemen obliegt folglich die Aufgabe, die im Rahmen einer Grobplanung ermittelten Vorgaben in detaillierte Maschinenbelegungs-, Reihenfolge- und Terminpläne umzusetzen, sie auf dem Bildschirm zu visualisieren und ihre Einhaltung zu überwachen (vgl. Kurbel/Meynert 1988, S. 4). Eine manuelle Vorgehensweise stößt dabei aufgrund des hohen Datenvolumens schnell an ihre Grenzen. Darüber hinaus wird diese Möglichkeit bei Änderungen und Störungen bei der Bearbeitung der Auftragsreihenfolgen zu zeitaufwendig, wodurch die Reaktionszeit des Planers negativ beeinträchtigt wird. Auch dürften die Möglichkeiten zur Simulation alternativer Maschinenbelegungspläne mit Hilfe manueller Plantafeln äußerst begrenzt sein.

Zur Unterstützung dieser kurzfristigen Planungs- und Steuerfunktionen wurden deshalb in jüngster Zeit "Elektronische Leitstände", die auch als "Graphische Leitstände" bezeichnet werden, entwickelt. Grundgedanke dieser Systeme ist dabei die elektronische Nachbildung konventioneller Plantafeln, wobei diese auf einem Arbeitsplatzrechner simuliert werden. Nach Kurbel/Meynert (1988, S. 5) läßt sich der **Funktionsumfang** eines "Elektronischen Leitstandes" wie folgt charakterisieren:

- Ausgangspunkt bildet ein bestimmter Vorrat an zu bearbeitenden Aufträgen. Die hieraus resultierenden Arbeitsgänge werden dann auf der Grundlage eines vorgegebenen Algorithmus automatisch oder manuell auf dem Bildschirm den entsprechenden Arbeitsplätzen zugeordnet. Teilweise existieren hierfür Simulationsmöglichkeiten, was bedeutet, daß alternative Belegungspläne erstellt werden können.

- Die sich ergebende Belegung der Arbeitsplätze wird mit Hilfe von Balkendiagrammen visualisiert.

- Notwendig werdende Änderungen, die etwa durch Störungen oder Eilaufträge hervorgerufen werden, lassen sich unmittelbar am Bildschirm durchführen, wobei eine Terminanpassung i.d.R. automatisch durch Vorwärts- oder Rückwärtsrechnung vorgenommen wird.

- Es erfolgt eine unmittelbare Verarbeitung und graphische Umsetzung der aus dem Produktionsbereich stammenden Rückmeldungen.

- Das Leitstandsystem gibt Rückmeldungen an das übergeordnete PPS-System (z.B. Plantermine, Arbeitsfortschritte etc.).

Leitstandsystem	Anbieter
AFL 1300	Krupp Atlas Datensysteme GmbH
Auftragsleitstand	Produktionsorganisation, GHS Kassel
CIM-Leitstand	AHP Havermann & Partner GmbH
FI/2	IDS Prof. Scheer GmbH
INCA	PDS Prellwitz Datensysteme GmbH
infor-CIM-Leitstand-system	infor GmbH
INTEPS-LPS	Brankamp GmbH
L1	Lehrstuhl für Betriebsinformatik der Universität Dortmund
MCP 3000	AEG AG
PM-sim	Peter Matthiesen AIS
Produktionsleitsystem	CONSYST Vertriebs-GmbH
dispo-Commander	dispo-Organisation
PIUSS-O	PSI Gesellschaft für Prozeßsteuerungs- und Informationssysteme mbH
Jobplan	Siemens AG

Abb. 230: Ausgewählte Leitstandsysteme und ihre Anbieter

Die Spezifikation des Funktionsumfangs Elektronischer Leitstandsysteme macht deutlich, daß hierdurch nicht nur eine intensivere Nutzung der Simulation alternativer Belegungspläne ermöglicht wird, sondern daß dem Arbeitsvorbereiter die Aufgabe der Ermittlung der mit einer Belegung einhergehenden Konsequenzen abgenommen wird.

Seit 1985 sind erste Leitstandsysteme verfügbar. Abbildung 230 gibt einen Überblick über einige Systeme (vgl. Kurbel/Meynert 1988, S. 7).

4.4.1.5 Expertensysteme für die Produktionsplanung und -steuerung

Wissensbasierte Systeme, auch Expertensysteme genannt (zum grundsätzlichen Aufbau dieser Systeme vgl. Punkt 3.2.1.3), werden in Zukunft erhebliche Auswirkungen auf die Gestaltung von PPS-Systemen haben (vgl. Schröder 1989, S. 25). Expertensystemen kommt dabei die Aufgabe zu, die durch das PPS-System zu erfüllenden konventionellen Funktionen zu unterstützen und zu ergänzen, d.h. dem Benutzer eines PPS-Systems sollen Entscheidungen innerhalb vorgegebener Toleranzen abgenommen werden. Darüber hinaus sollen ihm Vorschläge über mögliche Entscheidungsalternativen und zusätzliche Auswertungen generiert werden. Steinmann (1989, S. 101) sieht zur Verbindung von Expertensystemen mit PPS-Systemen die **drei** folgenden **Ansatzpunkte**:

- Expertensysteme übernehmen Teilaufgaben von PPS-Systemen.
- Es erfolgt eine Übertragung der Kontrolle der Produktionsplanung und -steuerung auf Expertensysteme. Zur Erfüllung dieser Aufgabe greift das System auf Module des PPS-Systems zurück.
- Einem übergeordneten Programmsystem wird die Kontrollaufgabe übertragen, das je nach Eignung die zu erfüllenden Teilaufgaben dem Expertensystem oder den PPS-System-Modulen überträgt.

Der Schwerpunkt der augenblicklichen Entwicklungen liegt dabei bei der zuerst angeführten Möglichkeit. Zur Zeit lassen sich nur abgegrenzte Teilbereiche der Aufgabengebiete von Experten abbilden, d.h. der gegenwärtige Stand ist dadurch gekennzeichnet, daß es sich bei den wissensbasierten Systemen um **individuelle Abbildungen eines Experten** handelt. Mit der Entwicklung standarisierter Wissensbasen, die einen unternehmungsübergreifenden Einsatz erlauben, ist erst in Zukunft zu rechnen. Der Schwerpunkt von Expertensystemen im deutschsprachigen Raum liegt empirischen Untersuchungen zu Folge zur Zeit im Diagnosebereich, während die Kategorie "aktive Hilfe" die wenigsten Nennungen aufweist (vgl. zusammenfassend Steinmann 1989, S. 97).

Nach Mertens (1988, S. 17 f.) lassen sich die derzeitigen Forschungsansätze auf die folgenden sechs **konzeptionellen Elemente** reduzieren:

- Reformulierende Ansätze: Grundgedanke dabei ist, Restriktionen in Abhängigkeit von den konkreten situativen Bedingungen zu modifizieren, d.h. zu lockern oder zu verschärfen. Dies impliziert, daß die Wissensbasis über Regeln verfügen muß, nach denen sie festlegt, wann und wie die Restriktionen zu modifizieren sind.
- Ansätze, die beim Auftreten zufälliger Störungen die notwendig werdenden Anpassungsplanungen unterstützen.
- Ansätze zur wissensbasierten Konfiguration von PPS-Systemen. Hierbei erfolgt die Festlegung der Parameter von PPS-Systemen mit Unterstützung des Expertensystems.
- Ansätze, die das Ziel einer Verknüpfung von Expertensystemen mit Methodenbanken anstreben. Hierbei erfolgt eine Unterstützung des Benutzers im Rahmen der Anwendung von Modellen und Methoden, wobei die Simulation einen Schwerpunkt darstellt.

- Ansätze, die eine Koordination dezentral durchgeführter Teilaufgaben der Produktionsplanung und -steuerung unterstützen.
- Wissensbasierte Triggersysteme: Sie dienen der Initialisierung menschlicher und/ oder maschineller Aktionen.

4.4.1.6 PPS als CIM-Baustein

Unter **Computer Integrated Manufacturing** (CIM) wird die integrierte Informationsverarbeitung in einer industriellen Unternehmung verstanden, wobei sowohl betriebswirtschaftliche als auch technische Aufgaben erfaßt werden (vgl. Scheer 1990, S. 2; ähnlich Steinmann 1989, S. 94; Zäpfel 1989a, S. 238). In **funktionaler Sichtweise** umfaßt CIM dann

- technisch orientierte Funktionen (CAD, CAP, CAM und CAQ) und
- betriebswirtschaftlich orientierte Funktionen (PPS).

Die **informationstechnische Verkettung** der Komponenten CAD, CAP, CAM und CAQ wird als CAD/CAM bezeichnet (zur Darstellung der einzelnen CIM-Komponenten vgl. Punkt 3.2.1.3 und Punkt 4.4.1.1.1). Abbildung 231 gibt diese Komponenten in anschaulicher Form wieder (vgl. Ausschuß für wirtschaftliche Fertigung 1985, S. 10; Helberg 1987, S. 35; Kaluza 1989, S. 245).

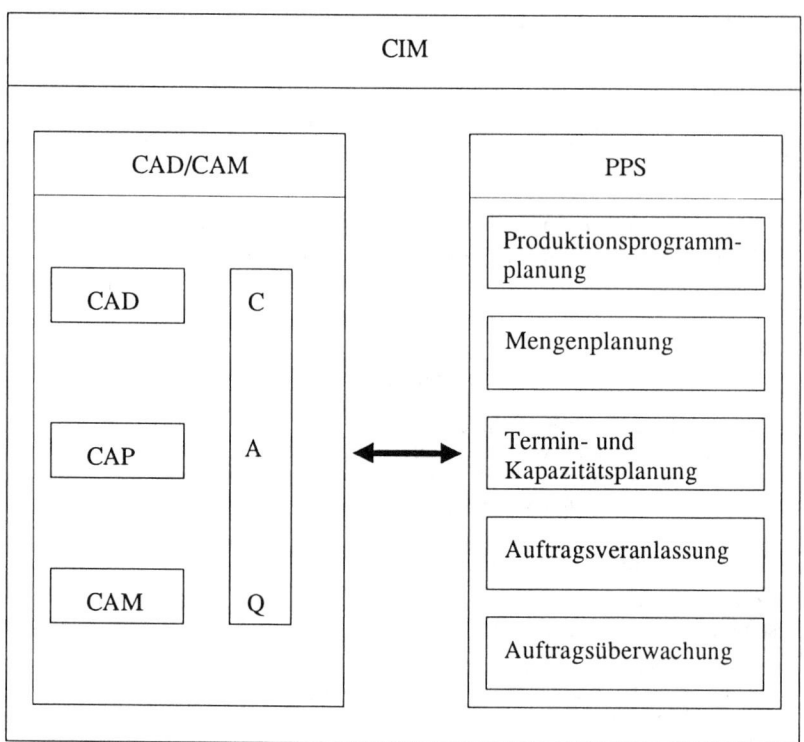

Abb. 231: AWF-Empfehlung "CIM"

Diese, insbesondere im ingenieurwisschenschaftlichen Schrifttum weit verbreitete CIM-Darstellung unterstreicht die Qualitätssicherung als eine den gesamten Produktionsprozeß begleitende Funktion, d.h. CAQ übernimmt in dieser Darstellung eine Regelkreisfunktion. Die einzelnen CA-Techniken werden dabei nicht in einer logischen Anordnung oder nach ihrer Bedeutung positioniert, sondern es liegt hierbei lediglich eine aufzählende Darstellung der Teilkomponenten von CAD/CAM vor (vgl. Scheer 1990, S. 17).

Ergänzend sei in diesem Zusammenhang noch darauf hingewiesen, daß die PPS-Komponente teilweise auch als Bestandteil von CAM betrachtet wird, eine Vorgehensweise, der im weiteren nicht gefolgt werden soll (vgl. hierzu die Ausführungen von Helberg 1987, S. 34).

In der **betriebswirtschaftlichen Literatur** hat sich jedoch das auf Scheer (1990, S. 2) zurückgehende **Y-Modell** weitgehend durchgesetzt, das in Abbildung 232 dargestellt ist.

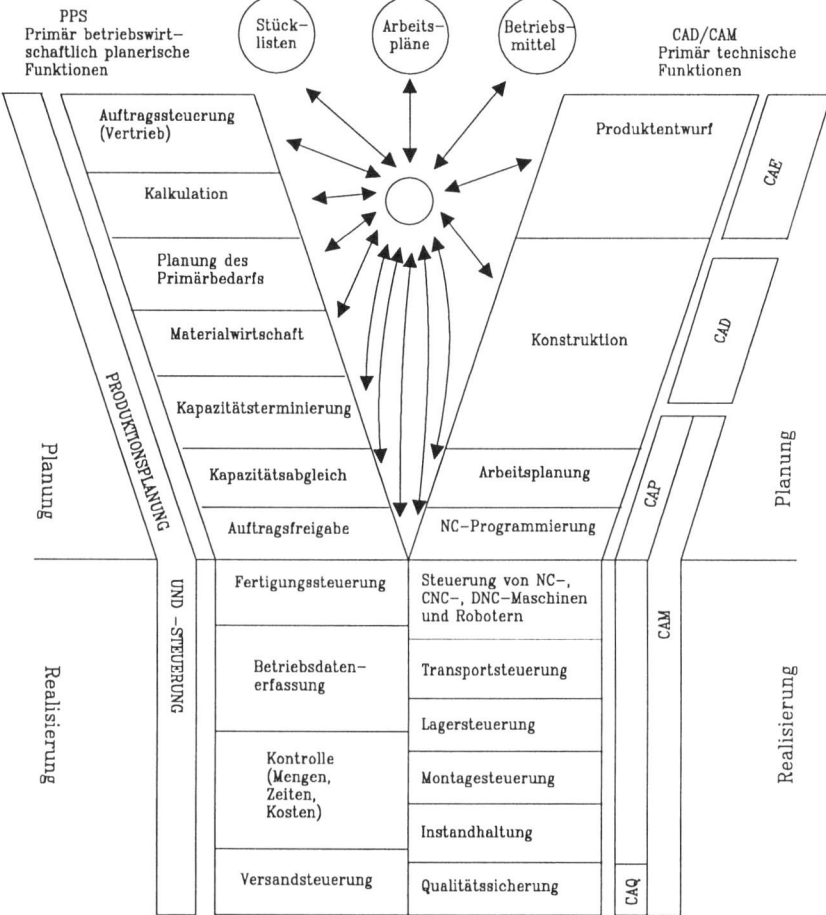

Abb. 232: Y-Modell nach Scheer

Diese Darstellungsform hat den Vorteil, daß das integrative Moment, das für CIM charakteristisch ist, deutlich zum Ausdruck kommt. Dem "I" kommen dabei die beiden folgenden Bedeutungen zu:

- eine Datenintegration und
- eine Vorgangsintegration (vgl. Scheer 1990, S. 3 ff.).

Durch die **Datenintegration** wird eine **gemeinsame Datenbasis** für alle CIM-Komponenten geschaffen, d.h. es entsteht eine logisch einheitliche Datenorganisation, die eine **redundanzfreie Datenverwaltung** ermöglicht. Hierdurch wird einerseits die Informationsübertragung beschleunigt und anderseits werden Medienbrüche vermieden. Demgegenüber wird durch eine **Vorgangsintegration** eine Reintegration von Teilfunktionen erreicht.

Mit CIM gehen damit die drei folgenden Sachverhalte einher (vgl. Scheer 1990, S. 14 ff.):

- Realisation einer anwendungsunabhängigen Datenorganisation, d.h. die Datenstrukturen werden anwendungsunabhängig entworfen. Dies bedeutet, daß sie so allgemein gefaßt werden sollen, um für die unterschiedlichsten Aufgaben zur Verfügung stehen zu können.
- Denken in Vorgangsketten, d.h. die Abläufe werden unabhängig von den vorliegenden aufbauorganisatorischen Gegebenheiten in ihrem Zusammenhang betrachtet und informationsmäßig begleitet.
- Bildung kleiner Regelkreise, d.h. innerhalb einzelner Vorgangsbearbeitungen sollen ständig Soll-Ist-Vergleiche realisiert werden, damit bei auftretenden Abweichungen unmittelbar in den Steuerungsprozeß eingegriffen werden kann.

Im Rahmen der Entwicklung und Einführung (partieller) CIM-Systeme ist zu beachten, daß einerseits die getrennte Entwicklung von PPS-Systemen und anderseits die getrennte Entwicklung von CAD-Systemen und CAM-Systemen einer Integration in dem zuvor beschriebenen Sinn im Wege stehen. So befaßten sich die Anbieter von PPS-Systemen primär mit Planungs- und Steuerungsaufgaben und wandten sich erst relativ spät den überwiegend technischen Funktionen der CA-Systeme zu. Demgegenüber konzentrierten sich die Anbieter von CA-Systemen, bei denen es sich um spezialisierte Softwarehäuser handelt, die mit ausgewählten Hardwarehäusern zusammenarbeiten, auf CAD- und CAM-Systeme und vernachlässigten lange Zeit PPS-Systeme (vgl. Kaluza 1989, S. 249).

Helberg (1986, S. 27) betont, daß **nicht** davon ausgegangen werden darf, daß es für eine computerintegrierte Produktion eine Standard-Architektur geben kann, sondern für die einzelnen Unternehmungen auf der Grundlage ihrer spezifischen strategischen Ziele angepaßte CIM-Konzepte entwickelt werden müssen. Dies bedeutet, daß es für verschiedene Betriebstypen auch spezifische Zuordnungen der funktionalen Komponenten des CIM-Systems und unterschiedliche Gewichtungen der Zielsetzungen gibt, die mit ihrem Einsatz erreicht werden sollen. So läßt sich die Stellung der Produktionsplanung und -steuerung in CIM beispielhaft für die drei folgenden Situationen charakterisieren (vgl. Helberg 1986, S. 28):

- **Einzelfertigung** mit kundenspezifisch gestalteten Produkten und Produktvarianten:

  -- Konstruktion und Arbeitsplanung werden teilweise kundenauftragsbezogen durchgeführt und der gesamte Auftragsdurchlauf wird mit Hilfe des PPS-Systems gesteuert.

  -- Die Angebotserstellung und Standardisierung zur Reduzierung der Teilevielfalt wird durch CAD unterstützt.

  -- CAD, CAP und CAM laufen zeitlich stark überlappend ab.

  -- CAD, CAP und CAM weisen einen durchgängigen Informationsfluß auf.

  -- In der Produktion wird eine Komplettbearbeitung in wenigen Aufspannungen auf einem Aggregat angestrebt, mit dem Ziel, die Durchlaufzeiten zu reduzieren.

  -- Einsatz von flexiblen Fertigungszellen.

- **Serienfertigung** mit definierten Enderzeugnisvarianten und einer kundenauftragsbezogenen Montage:

  -- Konstruktion und Arbeitsplanung werden unabhängig von den konkreten Kundenaufträgen vollzogen, da die Erzeugnisvarianten vollständig definiert sind.

  -- Der durchgängige Informationsfluß zwischen CAD, CAP und CAM dient primär der Verkürzung der Entwicklungszyklen und der schnellen Realisation von Konstruktionsänderungen.

  -- Die Montage muß so flexibel gestaltet sein, daß eine wahlfreie Variantenfolge ermöglicht wird.

  -- Komponenten mit größeren Stückzahlen werden auf flexiblen Transferstraßen übernommen, während flexible Fertigungssysteme zur Einzelteileerstellung zum Einsatz gelangen.

- **Großserien- und Massenfertigung** mit vollständig definierten Produkten marktbezogener Produktion:

  -- CAD und CAP dienen primär der Produkt- und Prozeßoptimierung.

  -- Die Aufträge werden weitgehend aus den Lagerbeständen bedient.

  -- Der Schwerpunkt des CIM-Systems liegt in der Materialflußautomatisierung und der Logistik vom Lieferanten bis zum Abnehmer (logistische Kette).

  -- In der Produktion werden primär automatisierte Produktlinien eingesetzt.

  -- Eine überbetriebliche Integration der Informationssysteme verstärkt die Verbindungen zu den Lieferanten und eventuell zu den Kunden.

Die bisherigen Ausführungen gingen allgemein von einer mit CIM angestrebten Integration aus. In einer weiterführenden Betrachtung erscheint es hingegen erforderlich, zwischen unterschiedlichen **Integrationsgraden** und **-möglichkeiten** zu differenzieren, zumal CIM zum heutigen Zeitpunkt als eine Philosophie zu bezeichnen ist. Nach Scheer (1990, S. 162 ff.) lassen sich in diesem Zusammenhang fünf unterschiedliche Stufen unterscheiden (Abb. 233).

In der **ersten Stufe** sind CAD/CAM- und PPS-System EDV-technisch unverbunden, d.h. der Arbeitsplatz des entsprechenden Mitarbeiters ist mit zwei Bildschirmen ausgestattet, über die dann auf die jeweiligen Systeme zugegriffen werden kann. Dies bedeutet, daß Daten zwischen diesen Systemen nicht automatisch, sondern manuell übertragen werden müssen. Scheer (1990, S. 165) spricht hierbei von einer **organisatorischen Verbindung EDV-technisch unverbundener Systeme.**

1. Stufe: Organisatorische Verbindung EDV-technisch unverbundener Systeme

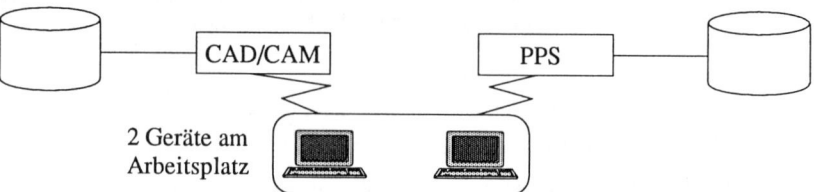

2. Stufe: Integration der unverbundenen Systeme durch Tools (PC, Query, Netze)

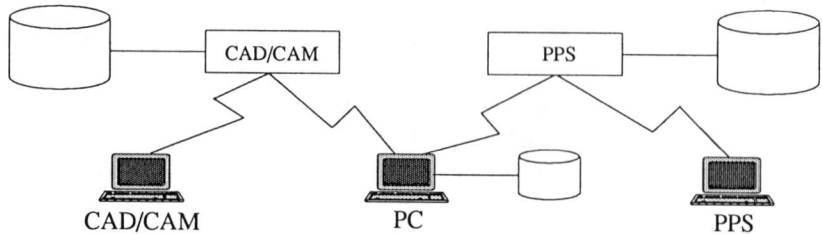

3. Stufe: Dateitransfer zwischen den Systemen

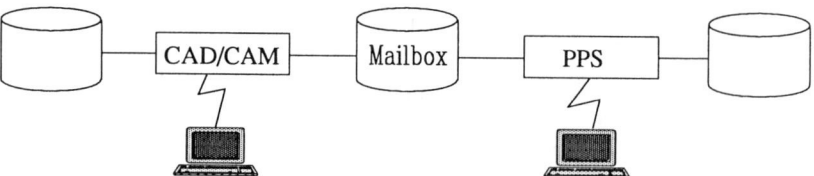

4. Stufe: Gemeinsame Datenbasis der Systeme

5. Stufe: Anwendung-Anwendung-Beziehung durch Programmintegration

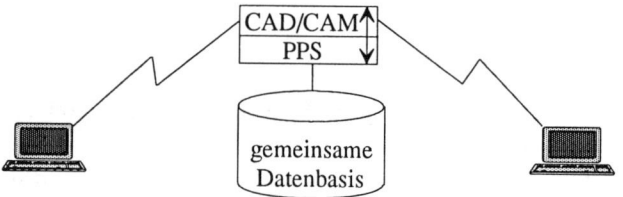

Abb. 233: Integrationsgrade und -möglichkeiten

In der **zweiten Stufe** erfolgt eine Integration der EDV-technisch unverbundenen Systeme mit Hilfe von EDV-Werkzeugen (**tools**). Hierdurch werden zwar Auswertungen über beide System-Komponenten möglich, jedoch ist noch keine Unterstützung hinsichtlich der Datenkonsistenz gegeben.

Erst in der **dritten Stufe** wird ein Datentransfer zwischen den Systemen möglich. Hierzu erfolgt der Einsatz einer **Schnittstellendatei**, mit deren Hilfe Daten aus einem System in das andere System übertragen werden. In dieser Stufe ist es jedoch noch nicht möglich, daß der Benutzer mit Hilfe von Abfragesprachen auf die Daten der verschiedenen Systeme in freier Form zugreifen kann.

Die **vierte Stufe** ist durch eine **gemeinsame Datenbasis** der Systeme charakterisiert, d.h. die Daten eines Systems sind auch dem anderen System gleichzeitig bekannt, so daß die Datenintegrität jederzeit gesichert ist. Auf dieser Stufe der Integration ist folglich ein einheitlicher Datenaufbau und ein einheitliches Datenbanksystem einzusetzen.

Die **fünfte Stufe** bezeichnet Scheer als eine Anwendung-Anwendung-Beziehung durch **Programmintegration**. Hierdurch bedingt wird die Möglichkeit eröffnet, daß Transaktionen eines Systems auf Transaktionen des anderen Systems automatisch zurückgreifen können.

Zum aktuellen Stand der CIM-Konzepte ist festzustellen, daß die ersten drei Stufen gegenwärtig verfügbare Konzepte darstellen, während Stufe 4 ein aktuelles Forschungsgebiet ist. Demgegenüber stellt die fünfte Stufe ein Idealziel des CIM-Konzeptes dar, das zur Zeit noch nicht realisiert ist.

4.4.2 Hierarchische Produktionsplanung

Wie den PPS-Systemen liegt auch der hierarchischen Produktionsplanung eine sukzessive Vorgehensweise zugrunde, d.h. die Gesamtplanungsaufgabe wird in Teilaufgaben zerlegt. Es erfolgt damit eine **Dekomposition** des Gesamtproblems in Teilprobleme, die durch Schnittstellen gekoppelt werden. Die hierarchische Produktionsprogrammplanung stellt damit in **konzeptioneller Sicht** eine **Synthese** von **Total-** und **Partialplanung** dar (Kistner/Steven-Switalski 1989, S. 3). Unter Hierarchisierung ist die Aufspaltung einer Planungsaufgabe und die Zuordnung der so gebildeten Planungsaufgaben zu unterschiedlichen hierarchischen Planungsebenen zu verstehen. Durch diese Vorgehensweise soll einerseits die Problemkomplexität reduziert und andererseits eine Lösungsfindung erleichtert werden.

Die hierarchische Produktionsplanung ist somit dadurch charakterisiert, daß eine Abstufung von höheren Entscheidungsebenen stufenweise zu niedrigeren Ebenen erfolgt. Entscheidungen der höheren Ebene bilden dabei Rahmendaten, die Vorgaben für die unteren Ebenen sind und dort als Restriktionen berücksichtigt werden müssen. So legen strategische Entscheidungen über Produktionsstandorte und den dazugehörigen Produktionskapazitäten den Rahmen für die taktischen Entscheidungen (Produktionsorganisation, Kapazitätsharmonisierung etc.), die ihrerseits Rahmenbedingungen für die operative Ebene bilden. Die folgende Abbildung gibt die grundlegende Struktur eines hierarchischen Produktionsplanungssystems wieder (Günther 1992).

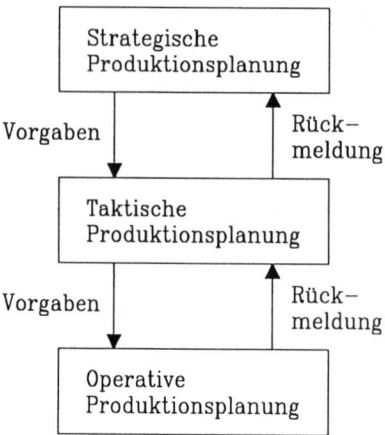

Abb. 234: Grundstruktur eines hierarchischen Produktionsplanungssystems

Die hierarchische Produktionsprogrammplanung läßt sich dann durch die folgenden **Charakteristika** skizzieren (Kistner/Steven 1990, S. 303):

- Eine vertikale Anordnung der Planungsebenen, die durch die Fixierung von Über-/ Unterordnungsbeziehungen entsteht.
- Der oberen Ebene obliegt das Recht Vorgaben zu setzen, die Restriktionen für das Entscheidungsfeld untergeordneter Ebenen darstellen.
- Es existiert eine Erfolgsabhängigkeit der oberen Ebenen von den Ergebnissen der unteren Ebenen.

Durch diese Vorgehensweise entstehen **Teilplanungsaufgaben**, zwischen denen erhebliche Interdependenzen bestehen. Aus diesem Grunde erlangt die **Koordination dieser Entscheidungen** eine besondere Bedeutung, wobei zwischen

- **horizontaler Koordination**, d.h. es soll sichergestellt werden, daß eine Abstimmung mit den angrenzenden Funktionsbereichen erfolgt und
- **vertikaler Koordination**, d.h. Entscheidungen der höheren Ebenen müssen beachten, daß auf unteren Ebenen Folgeentscheidungen auf ihnen aufbauen,

unterschieden wird.

Durch die Forderung nach einer **Integration** zwischen den einzelnen Teilplänen wird zum Ausdruck gebracht, daß die Entscheidungen auf den einzelnen Ebenen auf das Gesamtziel der Produktionsplanung ausgerichtet werden sollen. Die meisten der vorliegenden Planungssysteme gehen dabei so vor, daß die Entscheidungen übergeordneter Planungsebenen als Daten in die jeweils untergeordnete Planungsebene einfließen. Eine

Abstimmung in umgekehrter Richtung unterbleibt dabei in der Regel, auch wenn ein aufwärtsgerichteter Informationsfluß die Ausführung der getroffenen Entscheidung begleitet, d.h. es findet keine echte Rückkoppelung statt.

Für die Vorgaben resultiert aus diesem Sachverhalt das **Prinzip der Zulässigkeit**, d.h. sie müssen so gestaltet sein, daß auf den nachfolgenden Stufen für die einzelnen Teilentscheidungen eine möglichst vollkommene Disaggregation realisiert werden kann. Die Teilentscheidungen sind dabei so zu fällen, daß sie mit der übergeordneten Zielsetzung kompatibel sind.

Das Modell von **Hax** und **Meal** bildet die Grundlage für die meisten Modelle der hierarchischen Produktionsplanung. Aus diesem Grunde sei es im folgenden kurz skizziert. Grundlage für das Modell von Hax und Meal bildet eine Fallstudie eines Reifenherstellers, d.h. es ist eine Großserienproduktion mit ausgeprägter Saisonabhängigkeit der Nachfrage gegeben (z.B. Sommer- und Winterreifen).

Aufgrund der zwischen den Produkten bestehenden Verwandtschaftsbeziehungen ergeben sich Ansatzpunkte für eine hierarchische Strukturierung. Es läßt sich dann die folgende Gruppierung vornehmen:

- Einzelprodukt
- Produktfamilien (Endprodukte, die sich nur geringfügig voneinander unterscheiden)
- Produktgruppen (Produktfamilien, die sich in für die Produktionsplanung relevanten Größen gleichen (z.B. Produktions- und Lagerkosten, Produktionskoeffizienten)).

Es erfolgt damit eine schrittweise Aggregation von den Endprodukten mit gemeinsamen Rüstvorgängen über Produktfamilien bis hin zu Produktgruppen.

Als **entscheidungsrelevante Kosten** werden folgende Kostenarten herangezogen:

- Materialkosten,
- Lohnkosten

  -- für die reguläre Arbeitszeit,
  -- für geleistete Überstunden,

- Lagerhaltungskosten und
- Rüst- bzw. Sortenwechselkosten.

Zu bestimmen sind die folgenden Parameter:

- Losgröße für die einzelnen Endprodukte,
- Lagermengen und
- der notwendige Arbeitskräfteeinsatz.

Es ergeben sich dann die drei folgenden hierarchischen Planungsebenen:

- auf der **untersten Ebene** erfolgt die Losgrößenplanung für die Endprodukte;
- auf der **mittleren Ebene** werden die Endprodukte zu Produktfamilien zusammengefaßt;

- auf der **obersten Ebene** erfolgt eine Zusammenfassung der Produktfamilien zu Produktgruppen.

Die folgende Abbildung gibt in vereinfachter Form die Grundstruktur des Ansatzes von Hax und Meal wieder.

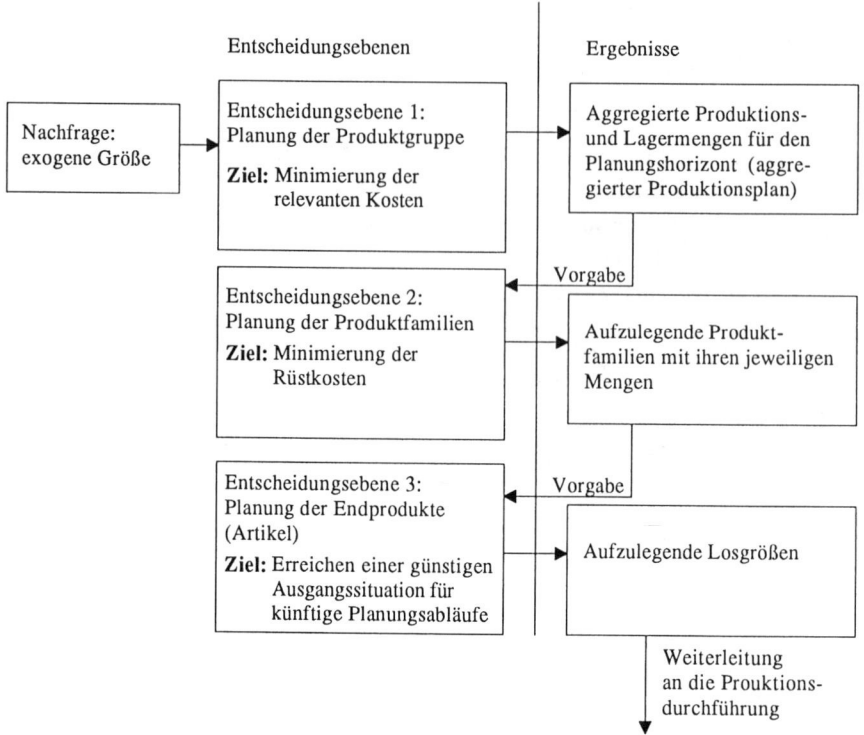

Abb. 235: Grundstruktur des Modells von Hax und Meal

Auf der **ersten Entscheidungsebene** erfolgt die Planung der Produktgruppen, wobei die aggregierte Nachfrage als eine exogene Größe betrachtet wird. Ziel ist es, die aggregierten Produktions- und Lagermengen über den Planungshorizont zu bestimmen und die relevanten Kosten, mit Ausnahme der Rüstkosten, zu minimieren. Ergebnis dieser Planungsebene ist ein aggregierter Produktionsplan für den gesamten Planungshorizont.

Die **zweite Entscheidungsebene** dient dazu, die im Rahmen des Produktgruppenproblems ermittelten Produktionsmengen in Losgrößen für die zu dieser Produktgruppe gehörenden Produktfamilien zu disaggregieren. Als zu minimierende Kosten sind auf dieser Ebene nur noch die Rüstkosten zu berücksichtigen.

Dabei wird ein zweistufiger Lösungsansatz eingeschlagen:

- Bestimmung der Produktfamilien, die in der entsprechenden Planungsperiode aufgelegt werden müssen;
- Aufteilung der aggregierten Produktionsmengen auf diese Produktfamilien.

Grundlage für die Ermittlung der aufzulegenden Produktfamilien sind dabei die Lagerreichweiten, wobei eine Produktion dann notwendig wird, wenn die Lagerreichweite weniger als eine Periode beträgt.

Im zweiten Schritt würde dann die Produktionsmenge auf die Produktfamilien aufgeteilt.

Auf der **dritten Entscheidungsebene** werden die im Produktfamilienproblem bestimmten Produktionsmengen in Losgrößen auf die dazugehörenden Endprodukte aufgeteilt. Da die relevanten Kosten bereits auf den beiden vorangegangenen Ebenen determiniert wurden, ist es Aufgabe dieser Planungsebene, eine möglichst günstige Ausgangssituation für künftige Planungsabläufe zu erreichen. Dazu werden die Reichweiten der Lagerbestände sämtlicher Artikel einer Produktfamilie soweit wie möglich angeglichen. Durch diese Vorgehensweise wird verhindert, daß wegen Knappheit nur eines einzelnen Endproduktes die Rüstkosten für die Auflegung dieser Produktfamilie vorzeitig anfallen.

Die Struktur des Artikelproblems entspricht weitgehend der des Produktfamilienproblems. Aus diesem Grunde wird bei der Lösung in analoger Weise vorgegangen. Ergebnis dieser Rechnungen sind die endgültigen Losgrößen für die Planungsperioden, die an die Produktionsdurchführung weiterzuleiten sind (zur mathematischen Formulierung vgl. z.B. Kistner/Steven 1990).

Symbolverzeichnis

a	Auszahlung(en)
a_i	Versandbedingung, zu transportierende Menge
ak	Ausschußkoeffizient(en)
al	Alternative(n)
A	Direktbedarfsmatrix
A_E	Anzahl der Koeffizienten ungleich null
AF	Ausfallrate
AR	Anzahl von Reduktionsschritten
b	Kapazität(en)
b_{aus}	Kapazitätsauslastung(sgrad)
b_b	Kapazitätsbedarf
b_{eff}	effektive Kapazität
b_{ex}	ex ante festgelegter Anteil für die reservierte Kapazität
b_{frei}	freie Kapazität
b_j	Empfangsbedingung
b_n	Kapazitätsnachfrage
b_{quer}	Kapazitätsquerschnitt
b_{res}	reservierte Kapazität
B	Bedarf
BA	Bauteil
BD	Besetzungsdichte
BG	Beschäftigungsgrad
BS	geplante Beschäftigung
c	zu maximierende ökonomische Größe
C	Kapitalwert
d	Abstände, Entfernungen
d_A/d_t	Momentanleistung
d_n/d_t	Momentanverbrauch
D	Dauer eines Vorgangs
DB	Deckungsbeitrag

e	Einzahlung(en)
E	Einheitsmatrix
E(K)	Erwartungswert der Kosten
E(ZY)	Erwartungswert der Zykluszeit
E_{gp}	Erwartungswert einer geplanten Maßnahme
EM	Emission
ET	Einzelteil
E_{un}	Erwartungswert einer ungeplanten Maßnahme
f	Einsatzfaktor(en)
F	Aggregat(e)
F(t)	Verteilungsfunktion
FAZ	frühester Anfangszeitpunkt
FEZ	frühester Endzeitpunkt
FL	Flexibilität
FM	Finanzmittel
FP	freier Puffer
FZ	Frühester Zeitpunkt
g	Gewichtung(en)
G	Gewinn
GG	Gozintograph
GP	Gesamtpuffer
GS	Grenzrate der Substitution
h	Produktionskoeffizient, Pfeilbewertung
h_N	Nettomaterialverbrauch
H	Pfeilmenge
i	Zinsen, -kostensatz
i_a	angestrebter Zinsfuß
i_e	effektiv erzielter Zinsfuß
i_i	interner Zinsfuß
i'_T	Grenzrentabilität
I	Isoquante
j	globaler Lagerhaltungskostensatz

k	Stück-, Durchschnittskosten
k'	Grenzkosten
k_{AO}	Summe der Bearbeitungs- und Opportunitätskosten
k_f	fixe Kosten pro Stück
k_F	Fertigungskosten
k_{gp}	Kosten einer geplanten Maßnahme
k_l	Lagerkostenansatz
k_{la}	langfristige Stückkosten
k_M	Materialkosten
k_m	mittelbare Herstellkosten
k_R	Rüstkosten
k_u	unmittelbare Herstellkosten
k_{un}	Kosten einer ungeplanten Maßnahme
k_v	variable Kosten pro Stück
K	Gesamtkosten, Kostenisoquante
K'_T	Opportunitätskosten der Nutzungszeitverlängerung
K_B	Bestellkosten
K_{Bi}	Kapitalbindungskosten
K_E	Errichtungskosten
K_f	fixe Gesamtkosten
K_L	Lagerkosten
K_{La}	langfristige Gesamtkosten
K_{Leer}	Leerkosten
K_{Lohn}	Lohnkosten
K_{Nutz}	Nutzkosten
K_Q	Quasikosten
K^U	Umrüstkosten
K_v	variable Gesamtkosten
l	Absatzgeschwindigkeit
l_s	Stundenlohn
LF	Leistungsfaktor
LG	Leistungsgrad

LR	Lernrate
L_T	Liquidationserlös
me	Materialentnahme
M	mittelfristige zyklische Schwankungen
MAD	mittlere absolute Abweichung vom arithmetischen Mittel
n	kumulierte Produkteinheiten
N	Nutzen
o	Outputniveau
p	Preis
pk	Programmkoeffizienten
P	Produkt, Produktart, Erzeugnis
PG	partielle Grenzproduktivität
PT	Produktionszeitmatrix
PW	Prognosewert
q	Kalkulationszinsfuß
Q	Knotenmenge
r	Input(mengen)
r_k	Gesamtbedarf
R	Reduktionsfaktoren
R(t)	Zuverlässigkeitsfunktion
RA	relative Aufwandsreduzierung
ROI	Return-On-Investment
s	Meldebestand
sa	Standardabweichung
S	Sollbestand (Lagerbestand)
$\tilde{S}$	saisonale Schwankungen
SAZ	spätester Anfangszeitpunkt
SCH	Schätzwert
SEZ	spätester Endzeitpunkt
SF	Standortfaktor(en)
SP	Störpegel
ST	Standort(e)

ST_{KB}	Konsum- bzw. Bedarfsort
SZ	Spätester Zeitpunkt
t, T	Periode, Zeiteinheit
$\tan$	Tangens
t^{Ab}	Terminabweichung
t^B	Bearbeitungszeit (und Rüstzeit)
t^{BS}	Beschaffungszeit
t^D	Durchlaufzeit
t_F	Fertigungszeit
t^K	Kontrollzeit
t^L	Leerzeit, Liegezeit
t_L	Lagerdauer
t_R	Rüstzeit
t^T	Transportzeit
$t_{ü}$	Überlappungszeit
t^W	Wartezeit
T^B	Gesamtbearbeitungszeit
T^{BE}	gesamte Belegungszeit
T^E	Einsatzzeit
TE	Technologie
T^L	Gesamtleerzeit
T^{LT}	Liefertermin
T_M	Arbeitszeit der Arbeitskräfte
T_N	Nutzungszeit der Betriebsmittel
T_{opt}	optimale Nutzungsdauer
T_p	vorbeugender Instandhaltungszeitpunkt
TR	Trend
T_V	kapazitätsmindernde Verlustzeiten
u	Dualvariable
U	Umsatz
$ü$	Überschuß
$ü'_T$	Grenz(opportunitäts)erfolg

v	Verteilungsparameter
V	Verflechtungsmatrix
VE	Terminüberschreitung
w	Wiederholungsfaktor
x	Menge(n)
x'	Grenzproduktivität
x_A	Absatzmengen
y	Bestellhäufigkeit
Y	irreguläre Schwankungen
z	technische Eigenschaften
zu_A	Zuschlagsatz für Ausschuß
zu_M	Zuschlagsatz für Materialabfall
Z	Ziel(e)
ZF	Zeitfond
ZG	Zielerreichungsgrad
ZV	Zielfunktionswertverlust
ZY	Zykluszeit

α	Abnahmefaktor
β	Steigungsmaß
ε	Homogenitätsgrad
η	prozentualer Anteil am Stoffgemisch
κ	absoluter Wert des Trends, absolutes Glied
λ	Intensität
μ	Nutzungsgrad
ν	Produktionsgeschwindigkeit
π	Primärbedarf
Θ	Maschinenfolgematrix
ρ	Abnahmefaktor, Degressionsfaktor
σ	Sekundärbedarf
τ	Proportionalitätsfaktor

ω	subjektiver Punktwert des Standortfaktors
Ω	subjektiver Punktwert eines Standortes
ξ	Konstante
ψ	Vektor
ζ	Konstante

Abkürzungsverzeichnis

Abb.	Abbildung
AE	Ausfallersatzstrategie
AR	Ausfallreparaturstrategie
Aufl.	Auflage
AWF	Ausschuß für wirtschaftliche Fertigung
AZO	Arbeitszeitordnung
Bd.	Band
BFuP	Betriebswirtschaftliche Forschung und Praxis
BWL	Betriebswirtschaftslehre
bzgl.	bezüglich
bzw.	beziehungsweise
c.p.	ceteris paribus
CAD	Computer-Aided Design
CAE	Computer-Aided Engineering
CAI	Computer-Aided Inspection
CAM	Computer-Aided Manufacturing
CAP	Computer-Aided Planning
CAQ	Computer-Aided Quality Assurance
CAT	Computer-Aided Testing
CIM	Computer Integrated Manufacturing
CNC	Computerized Numerical Control
CPM	Critical Path Method
CRAFT	Computerized Relative Allocation of Facilities Technique
d.h.	das heißt
DBW	Die Betriebswirtschaft
DIN	Deutsches Institut für Normung/ Deutsche Industrie-Norm
Diss.	Dissertation
DNC	Direct Numerical Control
DWR	Dynamische Wertregel
EOD	Engpaßorientierte Disposition

etc.	et cetera
evtl.	eventuell
F	Finanzmittel
F & E	Forschung und Entwicklung
f.	folgende
FAZ	Früheste Anfangszeit
FB / IE	Fortschrittliche Betriebsführung / Industrial Engineering
FCFS	First-come-first served
FEZ	Früheste Endzeit
ff.	fortfolgende
FFS	Flexibles Fertigungssystem
FFT	Frühester Fertigstellungstermin
fifo	first in-first out
FRZ	Fertigungsrestzeitregel
FT - LT	Schlupfzeitregel
FZ	Frühester Zeitpunkt
GAN	General Activity Network
GERT	Graphical Evaluation and Review Technique
GeschMG	Geschmacksmustergesetz
GGB	Größte Gesamtbearbeitungszeit
ggf.	gegebenenfalls
H.	Heft
HdWW	Handwörterbuch der Wirtschaftswissenschaften
hrsg.	herausgegeben
HWB	Handwörterbuch der Betriebswirtschaft
HWO	Handwörterbuch der Organisation
HWProd	Handwörterbuch der Produktion
HWRev	Handwörterbuch der Revision
i.d.R.	in der Regel
i.e.S.	im engeren Sinne
i.w.S.	im weiteren Sinne
io	Industrielle Organisation

Jg.	Jahrgang
JiT	Just in time
KA	Kapazitätsauslastung
KGB	Kürzeste Gesamtbearbeitungszeit
KOZ	Kürzeste Operationszeit
KRP	Kostenrechnungspraxis
LF	Leistungsfaktor
LG	Leistungsgrad
LOZ	Längste Operationszeit
LP	lineare Programmierung
m.E.	meines Erachtens
MAD	mittlere absolute Abweichung vom arithmetischen Mittel
Max	Maximum
ME	Mengeneinheit(en)
Min	Minimum
MIS	Management-Informations-System
MPM	Metra-Potential-Method
MRP I	Material Requirements Planning
MRP II	Management Resource Planning
MTM	Methods Time Measurement
NC	numerical control
No.	Number
NPT	Netzplantechnik
Nr.	Nummer
o.a.	oder andere
o.ä.	oder ähnliche
o.J.	ohne Jahr
o.O.	ohne Ort
OPT	Optimized Production Technology
OR	Operations Research
PatG	Patentgesetz
PE	Präventiversatzstrategie

PERT	Program Evaluation and Review Technique
PIMS	Profit Impact of Market Strategies
PKW	Personenkraftwagen
PPS	Produktionsplanung- und -steuerung
PR	Präventivreparaturstrategie
REFA	Verband für Arbeitsstudien und Betriebsorganisation
RKW	Rationalisierungs-Kuratorium der Deutschen Wirtschaft e.V., Darmstadt
ROI	Return on Investment
S.	Seite
s.	siehe
SAZ	späteste Anfangszeit
SEZ	späteste Endzeit
SP	Störpegel
Sp.	Spalte
SZ	spätester Zeitpunkt
SzU	Schriften zur Unternehmungsführung
T	Technologiematrix
TMU	Time Measurement Unit
u.ä.	und ähnliche
u.a.	und andere
usw.	und so weiter
v.	von
vgl.	vergleiche
v.H.	von Hundert
Vol.	Volume
WF	Work Factor Method
WiSt	Wirtschaftswissenschaftliches Studium
WISU	Das Wirtschaftsstudium
XPS	Expertensystem
z.B.	zum Beispiel
ZE	Zeiteinheit(en)

ZF	Zeitfond
ZfB	Zeitschrift für Betriebswirtschaft
ZfbF	Zeitschrift für betriebswirtschaftliche Forschung
ZfhF	Zeitschrift für handelswissenschaftliche Forschung
zfo	Zeitschrift Führung + Organisation
ZO	Zeitschrift für Organisation
ZUF	Zufalls-Regel
ZwF	Zeitschrift für wirtschaftliche Fertigung

Abbildungsverzeichnis

Literaturverzeichnis

Ackermann, K.-F.: Quality-Circles, in: DBW, 45. Jg. (1985), S. 602-603

Adam, D.: Produktions- und Kostentheorie, 2. Aufl., Tübingen/Düsseldorf 1977

Adam, D.: Kurzlehrbuch Planung. Mit Aufgaben und Lösungen, 2. Aufl., Wiesbaden 1983

Adam, D.: Produktionsdurchführungsplanung, in: Industriebetriebslehre, hrsg. v. H. Jacob, 3. Aufl., Wiesbaden 1986, S. 655-841

Adam, D.: Ansätze zu einem integrierten Konzept der Fertigungssteuerung bei Werkstattfertigung. Veröffentlichungen des Instituts für Industrie- und Krankenhausbetriebslehre der Westfälischen Wilhelms Universität Münster, Nr. 21, Münster 1987a

Adam, D.: Retrograde Terminierung, ein Ansatz zu verbesserter Fertigungssteuerung bei Werkstattfertigung. Veröffentlichungen des Instituts für Industrie- und Krankenhausbetriebslehre der Westfälischen Wilhelms Universität Münster, Nr. 22, Münster 1987b

Adam, D.: Aufbau und Eignung klassischer PPS-Systeme, in: Fertigungsteuerung I: Grundlagen der Produktionsplanung und -steuerung, hrsg. v. D. Adam, Wiesbaden 1988, S. 5-21

Ahlert, D.; Franz, K.-P.: Industrielle Kostenrechnung, 4. Aufl., Düsseldorf 1988

Akers, S.B.; Friedman, J.: A Non-Numerical Approach to Production Scheduling Problems, in: Journal of the Operations Research Society of America, Vol. 3 (1955), S. 429-442

Albach, H.: Informationsgewinnung durch strukturierte Gruppenbefragung, in: ZfB, 40. Jg. (1970) Ergänzungsheft, S. 11-26

Albach, H.: Strategische Unternehmensplanung bei erhöhter Unsicherheit, in: ZfB, 48. Jg. (1978), S. 702-715

Alderfer, C.P.: Empirical Test of a New Theory of Human Needs, in: Organizational Behavior and Human Performance (1969) 4, S. 142-175

Altrogge, G.: Netzplantechnik, Wiesbaden 1979

Altrogge, G.: Investition, München/Wien 1988

Andler, K.: Rationalisierung der Fabrikation und optimale Losgröße, München 1929

Andritzky, K.: Die Operationalisierbarkeit von Theorien zum Konsumentenverhalten, Berlin 1976

Anhalt, B.: Das neue Produkthaftungsgesetz, in: Der Betriebswirt, 29. Jg. (1988), H. 2, S. 7-12

Ansoff, J.H.; Kirsch, W.; Roventa, P.: Unschärfenpositionierung in der Strategischen Portfolio-Analyse, in: Bausteine eines strategischen Managements, hrsg. v. W. Kirsch und P. Roventa, Berlin 1983, S. 237-264

Arbeitskreis "Marketing in der Investitionsgüter-Industrie" der Schmalenbach-Gesellschaft: Systems Selling, in: ZfbF, 27. Jg. (1975), S. 757-773

Armour, G.C.; Buffa, E.S.: A Heuristic Algorithm and Simulation Approach to Relative Location of Facilities, in: Management Science, Vol. 9 (1963), S. 294-309

Arning, A.: Die wirtschaftliche Bewertung der Zentrenfertigung, Wiesbaden 1987

Ashour, S.; Hiremath, S.R.: A Branch-and-Bound Approach to the Job-Shop Scheduling Problem, in: International Journal of Production Research, Vol. 11 (1973), S. 47-58

Ausschuß für wirtschaftliche Fertigung: AWF-Empfehlung: Integrierter EDV-Einsatz in der Produktion, CIM, Computer Integrated Manufacturing, Begriffe, Definitionen, Funktionszuordnungen, Eschborn 1985

Backhaus, K.: Fertigungsprogrammplanung, Stuttgart 1979

Backhaus, K.; Weiss, P.A.: Integration von betriebswirtschaftlich und technisch orientierten Systemtechnologien in der Fabrik der Zukunft, in: Fertigungssteuerung I: Grundlagen der Produktionsplanung und -steuerung, hrsg. v. D. Adam, Wiesbaden 1988, S. 49-72

Bartl, H.: Produzentenhaftung nach neuem EG-Recht. Kommentar zum Deutschen Produkthaftungsgesetz, Landsberg a.L. 1989

Bea, F.X.: Verfahrenswahl, in: HWProd, hrsg. v. W. Kern, Stuttgart 1979, Sp. 2093-2109

Bechte, W.: Steuerung der Durchlaufzeit durch belastungsorientierte Auftragsfreigabe bei Werkstattfertigung, Diss. Hannover 1980

Behrbohm, P.: Flexibilität in der industriellen Produktion. Grundüberlegungen zur Systematisierung und Gestaltung der produktionswirtschaftlichen Flexibilität, Bern u.a. 1985

Behrens, K.-Chr.: Allgemeine Standortbestimmungslehre, Köln/Opladen 1961

Bellmann, R.E.: Dynamic Programming Treatment of the Traveling Salesman Problem, in: Journal of the Association for Computing Machinery, Vol. 9 (1962), S. 61-63

Belt, B.: Integrating Capacity Planning and Capacity Control, in: Production and Inventory Management, Vol. 17 (1976), S. 9-25

Berg, C.C.: Prioritätsregeln in der Reihenfolgeplanung, in: HWProd, hrsg. v. W. Kern, Stuttgart 1979, Sp. 1425-1433

Berr, U.; Müller, H.E.W.: Ein heuristisches Verfahren zur Raumverteilung in Fabrikanlagen, in: Elektronische Datenverarbeitung, 10. Jg. (1968), S. 200-204

Berthel, J.: Personal-Management, Stuttgart 1979

Bierfelder, W.H.: Innovationsmanagement, München/Wien 1987

Bleicher, K.: Führungsstile, Führungsformen und Organisationsformen, in: Management - Aufgaben und Instrumente, hrsg. v. E. Grochla, Düsseldorf 1974, S. 187-204

Bleicher, K.: Führung, in: HWO, hrsg. v. E. Grochla, 2. Aufl., Stuttgart 1980, Sp. 729-744

Bloech, J.: Standort, betrieblicher, in: HWProd, hrsg. v. W. Kern, Stuttgart 1979, Sp. 1875-1885

Blohm, H.; Lüder, K.: Investition, 5. Aufl., München 1983

Blohm, H. u.a.: Produktionswirtschaft, Herne/Berlin 1987

Blumenthal, B.: Zum Problem der optimalen Maschinenbelegung im Maschinenbau, in: Fertigungstechnik und Betrieb, 9. Jg. (1959), S. 483-488

Bock, J.: Die innerbetriebliche Diffusion neuer Technologien, Berlin 1987

Böcker, F.; Thomas, L.: Marketing, Stuttgart 1981

Böhrs, H.: Organisation des Industriebetriebes, Wiesbaden 1963

Bogaschewsky, R.: Statische Materialdisposition im Beschaffungsbereich, in: WiSt, 18. Jg. (1989), S. 542-548

Bohr, K.; Eberwein, R.-D.: Die Organisationsform Fertigungsinsel. Begriff und Vergleich mit der Werkstattfertigung, in: WiSt, 18. Jg. (1989), S. 218-223

Borer, P.: Produkthaftung. Der Fehlerbegriff nach deutschem, amerikanischem und europäischem Recht, Bern/Stuttgart 1986

Brandt, H.-P.: Rechnergestützte Layoutplanung von Industriebetrieben, Köln 1989

Bratschitsch, R.; Dapunt, G.: Industrial Design als Determinante des Markterfolges, in: Internationales Gewerbearchiv, 37. Jg. (1989), S. 104-115

Brockhoff, K.: Probleme und Methoden technologischer Vorhersagen, in: ZfB, 39. Jg. (1969) Ergänzungsheft 2, S. 1-24

Brockhoff, K.: Delphi-Prognosen im Computer-Dialog, Tübingen 1979

Brockhoff, K.: Produktpolitik, 2. Aufl., Stuttgart/New York 1988a

Brockhoff, K.: Forschung und Entwicklung. Planung und Kontrolle, München/Wien 1988b

Brose, P.; Corsten, H.: Partizipation in der Unternehmung, München 1983a

Brose, P.; Corsten, H.: Technologie-Portfolio als Grundlage von Innovations- und Wettbewerbsstrategien, in: Jahrbuch der Absatz- und Verbrauchsforschung, 29. Jg. (1983b), S. 344-369

Brunnenberg, J.: Optimale Lagerhaltung bei ungenauen Daten, Wiesbaden 1970

Bucksch, R.; Rost, P.: Einsatz der Wertanalyse zur Gestaltung erfolgreicher Produkte, in: ZfbF, 37. Jg. (1985), S. 350-361

Buhl, H.U.: Much Ado about Leasing? Entgegnung, in: ZfB, 59. Jg. (1989), S. 1095-1097

Bühner, R.: Personalentwicklung für neue Technologien in der Produktion, Stuttgart 1986

Bührens, J.: Programmplanung bei der Kuppelproduktion, Wiesbaden 1979

Busse von Colbe, W.; Laßmann, G.: Betriebswirtschaftstheorie, Band 1: Grundlagen, Produktions- und Kostentheorie, 4. Aufl., Berlin/Heidelberg/New York 1988

Buzzell, R.D.; Gale, B.T.: The PIMS-Principles. Linking Strategy to Performance, New York/London 1987

Buzzell, R.D.; Gale, B.T.: Das PIMS-Programm: Strategien und Unternehmenserfolg, Wiesbaden 1989

Chmielewicz, K.: Grundlagen der industriellen Produktgestaltung, Berlin 1968

Chmielewicz, K.: Produktgestaltung, in: HWProd, hrsg. v. W. Kern, Stuttgart 1979, Sp. 1450-1465

Clark, C.H.: Brainstorming. Methoden der Zusammenarbeit und Ideenfindung, München 1973

Corsten, H.: Probleme der Produktionsprogrammplanung in der Metallindustrie - Das Kapazitätsaufteilungsverfahren zur Strukturvariablenerhöhung auf der Grundlage der Simplexmethode, in: WISU, 11. Jg. (1982), S. 276-281

Corsten, H.: Die Produktion von Dienstleistungen. Grundzüge einer Produktionswirtschaftslehre des tertiären Sektors, Berlin 1985a

Corsten, H.: Fixkostenabbau bei schrumpfenden Unternehmungen, in: WISU, 14. Jg. (1985b), S. 531-536

Corsten, H.: Produktionsfaktorsysteme, in: WISU, 15. Jg. (1986a), S. 173-179 und Studienblatt

Corsten, H.: Auswirkungen der Automatisierung auf die Mitarbeiter, in: WiSt, 15. Jg. (1986b), S. 209-210

Corsten, H.: Dienstleistungen in produktionstheoretischer Interpretation, in: WISU, 17. Jg. (1988a), S. 81-87

Corsten, H.: Zielbildung als interaktiver Prozeß, in: WISU, 17. Jg. (1988b), S. 337-344

Corsten, H.: Komponenten und Instrumente der produktionswirtschaftlichen Flexibilität, in: WISU, 17. Jg. (1988c), Studienblatt

Corsten, H.: Ansatzpunkte zur Bildung von Kontrollschwerpunkten, in: WISU, 17. Jg. (1988d), S. 597-602

Corsten, H.: Betriebswirtschaftslehre der Dienstleistungsunternehmungen. Einführung, 2. Aufl., München/Wien 1990

Corsten, H.: Personale Aspekte neuerer Konzepte der Produktionsorganisation, in: Die soziale Dimension der Unternehmung, hrsg. v. H. Corsten, L. Schuster und B. Stauss, Berlin 1991, S. 39-64

Corsten, H. (Hrsg.): Lexikon der Betriebswirtschaftslehre, München/Wien 1992

Corsten, H.; Götzelmann, F.: Ökologische Aspekte des betrieblichen Leistungsprozesses, in: WISU, 18. Jg. (1989), Teil I: S. 350-355, Teil II: S. 409-414

Corsten, H.; Peckedrath, P.: Konzeption und empirische Überprüfung eines numerischen Prognoseverfahrens auf heuristischer Basis mit mittelfristigem Planungshorizont, Stuttgart 1986 (DBW-Depot 86-2-6)

Corsten, H.; Reiß, M.: Betriebswirtschaftliche Vergleichsformen, in: WISU, 18. Jg. (1989), S. 615-620

Corsten, H.; Reiß, M.: Recycling in PPS-Systemen, in: DBW, 51. Jg. (1991), S. 615-627

Corsten, H.; Reiß, M.: Integrationsbedarfe im Produktentstehungsprozeß, in: Integrationsmanagement für neue Produkte, hrsg. v. R. A. Hanssen und W. Kern, Sonderheft 30 der ZfbF, Düsseldorf/Frankfurt a.M. 1992, 31-51

Corsten, H.; Will, Th.: Das Konzept generischer Wettbewerbsstrategien - Kennzeichen und kritische Analyse, in: WISU, 21. Jg. (1992a), S. 185-191

Corsten, H.; Will, Th.: Strategieunterstützung durch Fertigungssegmentierung - Möglichkeiten und Grenzen, in: WISU, 21. Jg. (1992b), S. 397-402

Czap, H.: Produktionsplanung und Produktionssteuerung im Wandel. Vom klassischen System der PPS hin zu einem modernen Computer-Integrated Manufacturing (CIM)-Konzept, in: WiSt, 20. Jg. (1991), S. 486-491

Czayka, L.: Die Bedeutung der Graphentheorie für die Forschungsplanung. Studiengruppe für Systemforschung e.V. Heidelberg, Bericht Nr. 98, München-Pullach/ Berlin 1970

Dalkey, N.; Helmer, O.: An experimental Application of the Delphi-Method to the Use of Experts, in: Management Science, Vol. 9 (1963), No. 3, S. 458-467

Dellmann, K.: Betriebswirtschaftliche Produktions- und Kostentheorie, Wiesbaden 1980

Dhillon, B.S.; Singh, Ch.: Engineering Reliability. New Techniques and Applications, New York 1981

Dochnal, H.-G.: Darstellung und Analyse von OPT (Optimized Production Technology) als Produktionsplanungs- und -steuerungskonzept. Arbeitsbericht Nr. 31 des Seminars für Allgemeine Betriebswirtschaftslehre, Industriebetriebslehre und Produktionswirtschaft der Universität zu Köln, Köln 1990

Domsch, M.: Qualitätszirkel - Baustein einer mitarbeiterorientierten Führung und Zusammenarbeit, in: ZfbF, 37. Jg. (1985), S. 428-441

Domschke, W.; Drexl, A.: Logistik, Band 3: Standorte, München/Wien 1984

Domschke, W.; Stahl, W.: Standorte, innerbetriebliche, in: HWProd, hrsg. v. W. Kern, Stuttgart 1979, Sp. 1885-1898

Dyckhoff, H.; Kruse, H.-J.; Milautzki, U.: Standardsoftware für Zuschneideprobleme, in: ZwF, 82. Jg. (1987), S. 472-477

Eckardstein, D.v.; Schnellinger, F.: Betriebliche Personalpolitik, 3. Aufl., München 1978

Einsiedler, H.E.; Knura, B.: "Die Lernstatt - eine Alternative zum Quality-Circle?", in: ZfbF, 36. Jg. (1984), S. 748-755

Ellinger, Th.: Ablaufplanung. Grundfragen der Planung des zeitlichen Ablaufs der Fertigung im Rahmen der industriellen Produktionsplanung, Stuttgart 1959

Ellinger, Th.; Haupt, R.: Produktions- und Kostentheorie, Stuttgart 1982

Engeleiter, H.-J.: Die Portfolio-Technik als Instrument der strategischen Planung, in: BFuP, 33. Jg. (1981) S. 407-420

Engelhardt, W.H.; Schütz, P.: Total Quality Management, in: WiSt, 20. Jg. (1991), S. 394-399

Ensthaler, J.: Produzentenhaftung, in: Lexikon der Betriebswirtschaftslehre, hrsg. v. H. Corsten, München/Wien 1992, S. 732-734

Erdlenbruch, B.: Grundlagen neuer Auftragssteuerungsverfahren für die Werkstattfertigung. Untersuchungen mit Hilfe eines praxisgerechten Analyse- und Simulationskonzeptes, Düsseldorf 1984

Euler, H.; Stevens, H.: Die analytische Arbeitsbewertung als Hilfsmittel zur Bestimmung der Arbeitsschwierigkeit, 4. Aufl., Düsseldorf 1965

Faber, M.; Stephan, G.: Volkswirtschaftliche Betrachtungen zum Materialrecycling. Diskussionsschriften Nr. 128 der Wirtschaftswissenschaftlichen Fakultät der Universität Heidelberg, Heidelberg 1988

Fandel, G.: Teilebedarfsrechnung in der Mehrstufenfertigung, in: WiSt, 9. Jg. (1980), S. 449-456

Fandel, G.: Produktion I. Produktions- und Kostentheorie, Berlin u.a. 1987

Fandel, G.: Auswirkungen der Lieferabrufsysteme in der Automobilindustrie auf die Serienstückkosten der Zulieferer, in: Betriebswirtschaftliche Steuerungs- und Kontrollprobleme, hrsg. v. W. Lücke, Wiesbaden 1988, S. 49-62

Fandel, G.; Dyckhoff, H.; Reese, J.: Industrielle Produktionsentwicklung. Eine empirisch-deskriptive Analyse ausgewählter Branchen, Berlin u.a. 1990

Fandel, G.; François, P.: Rational Material Flow Planning with MRP and KANBAN, in: Production Theory and Planning, hrsg. v. G. Fandel, H. Dyckhoff und J. Reese, Berlin/Heidelberg/New York 1988, S. 43-65

Fischer, J.: Heuristische Investitionsplanung. Entscheidungshilfen für die Praxis, Berlin 1981

Fotilas, P.: Mikroelektronik im Industriebetrieb. Betriebswirtschaftlich-organisatorische Auswirkungen auf Produktentwicklung und Produktionsprozeß, Berlin 1983

Franken, R.: Materialwirtschaft. Planung und Steuerung des betrieblichen Materialflusses, Stuttgart u.a. 1984

Frese, E.: Organisationstheoretische Anmerkungen zur Diskussion um "CIM-fähige" Unternehmungen, in: Gestaltung CIM-fähiger Unternehmen, hrsg. v. H. Wildemann, München o. J., S. 161-184

Frese, E.: Kontrolle und Unternehmungsführung. Entscheidungs- und organisationstheoretische Grundfragen, Wiesbaden 1968

Frese, E.: Aufbauorganisation, Gießen 1976

Frese, E.: Arbeitsteilung und -bereicherung, in: HWProd, hrsg. v. W. Kern, Stuttgart 1979, Sp. 147-160

Frese, E.: Marktinterdependenzen in Unternehmungen der Investitionsgüterindustrie als organisatorisches Problem. Ergebnisse einer empirischen Untersuchung, in: ZfbF, 37. Jg. (1985), S. 267-290

Gabriel, R.; Frick, D.: Expertensysteme zur Lösung betriebswirtschaftlicher Problemstellungen, in: ZfbF, 43. Jg. (1991), S. 544-565

Gallus, G.: Betriebsmittel: Begriff und Arten, in: HWProd, hrsg. v. W. Kern, Stuttgart 1979, Sp. 354-361

Gaugler, E.: Flexibilisierung der Arbeitszeit, in: ZfbF, 35. Jg. (1983), S. 858-872

Gaugler, E.: Flexibilisierung des Arbeitskräfteeinsatzes, in: Personal-Management, hrsg. v. W. Weber, Wien 1985, S. 15-29

Gaugler, E.: Arbeitsorganisation und Mitarbeiterqualifikation beim Einsatz moderner Informations- und Kommunikationstechniken, in: Integration und Flexibilität, hrsg. v. D. Adam u.a., Wiesbaden 1989, S. 181-196

Gebert, D.: Organisation und Umwelt, Stuttgart u.a. 1978

Gerl, K.; Roventa, P.: Strategische Geschäftseinheiten - Perspektiven aus der Sicht des Strategischen Managements, in: Bausteine eines Strategischen Managements, hrsg. v. W. Kirsch und P. Roventa, Berlin/New York 1983, S. 141-161

Gerum, E.; Herrmann, U.: Zur Qualität einheitlicher analytischer Arbeitsbewertungssysteme, Heft 13 der Diskussionsbeiträge am Lehrstuhl für Allgemeine Betriebswirtschaftslehre und Unternehmungsführung der Universität Erlangen-Nürnberg, Nürnberg 1980

Geschka, H.: Delphi, in: Langfristige Prognose, hrsg. v. G. Bruckmann, Würzburg/Wien 1978, S. 27-44

Giffler, B.; Thompson, G.L.: Algorithmus for Solving Production Scheduling Problems, in: Operations Research, Vol. 8 (1960), S. 487-503

Glaser, H.: Material- und Produktionswirtschaft, 3. Aufl., Düsseldorf 1986

Glaser, H.: Zum betriebswirtschaftlichen Gehalt von PPS-Systemen, in: 10. Saarbrükker Arbeitstagung 1989: Rechnungswesen und EDV, hrsg. v. A.-W. Scheer, Heidelberg 1989a, S. 343-369

Glaser, H.: Rationalisierungsplanung, in: HWPlan, hrsg. v. N. Szyperski, Stuttgart 1989b, Sp. 1697-1707

Glaser, H.; Geiger, W.; Rohde, V.: PPS - Produktionsplanung und -steuerung, Wiesbaden 1991

Gordon, T.J.; Helmer, O.: Report on a Long-Range Forecasting Study, Rand Paper P. 2982, o.J.

Gordon, W.J.J.: Synectics. The Development of Creative Capacity, New York/Evanston/London 1961

Götzelmann, F.: Computergestützte Layoutplanung von Fabrikanlagen - Bestandsaufnahme und Beurteilung, Diplomarbeit an der Universität zu Köln, Köln 1986

Goldratt, E.M.: Computerized shop floor scheduling, in: International Journal of Production Research, Vol. 26 (1988), S. 433-455

Grabow, B.: Betriebliche Instandhaltung und Simulation, Frankfurt a.m. 1986

Grimm, U.: Analyse strategischer Faktoren. Ein Beitrag zur Theorie der strategischen Unternehmensplanung, Wiesbaden 1983

Grob, R.: Flexibilität in der Fertigung. Organisation und Bewertung von Personalstrukturen, Berlin u.a. 1986

Grochla, E.: Grundlagen der Materialwirtschaft, 3. Aufl., Wiesbaden 1978

Grochla, E.: Materialwirtschaft, in: HWProd, hrsg. v. W. Kern, Stuttgart 1979, Sp. 1257-1265

Günther, H.: Das Dilemma der Arbeitsablaufplanung. Zielverträglichkeiten bei der zeitlichen Strukturierung, Berlin 1971

Günther, H.: Trilemma oder Dilemma der Ablaufplanung, in: ZfB, 42. Jg. (1972), S. 297-300

Günther, H.-O.: Produktionsplanung bei flexibler Personalkapazität, Stuttgart 1989

Günther, H.-O.: Hierarchische Produktionsplanung, in: Lexikon der Betriebswirtschaftslehre, hrsg. v. H. Corsten, München/Wien 1992, S. 312-316

Gussmann, B.: Innovationsfördernde Unternehmenskultur. Die Steigerung der Innovationsbereitschaft als Aufgabe der Organisationsentwicklung, Berlin 1988

Gutenberg, E.: Grundlagen der Betriebswirtschaftslehre, Band 1: Die Produktion, 23. Aufl., Berlin/Heidelberg/New York 1979

Haak, W.: Produktion in Banken. Möglichkeiten eines Transfers industriebetrieblich-produktionswirtschaftlicher Erkenntnisse auf den Produktionsbereich von Bankbetrieben, Frankfurt a.m./Bern 1982

Hackstein, R.: Arbeitswissenschaft im Umriß. Band 1: Gegenstand und Rechtsverhältnisse, Band 2: Grundlagen und Anwendung, Essen 1977

Hackstein, R.; Dienstdorf, B.: Grundfragen der Kapazitätsplanung, in: ZwF, 68. Jg. (1973), S. 18-25

Hahn, D.: Interaktive Planung und Beurteilung von Layoutalternativen im Rahmen des Fabrikplanungsprozesses mit Hilfe eines CAD-Systems, Diss. Karlsruhe, 1984

Hahn, D.; Laßmann, G.: Produktionswirtschaft - Controlling industrieller Produktion, Band 1: Grundlagen, Führung und Organisation, Produkte und Produktprogramm, Material und Dienstleistungen, 2. Aufl., Heidelberg 1990

Hammann, P.: Betriebswirtschaftliche Aspekte des Abfallproblems, in: DBW, 48 Jg. (1988), S. 465-476

Hansmann, K.-W.: Entscheidungsmodelle zur Standortplanung der Industrieunternehmen, Wiesbaden 1974

Hansmann, K.-W.: Industriebetriebslehre, 2. Aufl., München/Wien 1987

Hardeck, W.: Raumplanung im Dialog mit graphischen Bildschirmsystemen, Diss. Erlangen/Nürnberg 1977

Hauk, W.: Einplanung von Produktionsaufträgen nach Prioritätsregeln. Eine Untersuchung von Prioritätsregeln mit Hilfe der Simulation, Berlin/Köln/Frankfurt a.M. 1973

Haupt, R.: Reihenfolgeplanung im Sondermaschinenbau. Ein Simulationsmodell für Reihenfolgeentscheidungen bei der Fertigung von Aufträgen mit gegenseitiger Terminabhängigkeit, Diss. Köln 1974

Haupt, R.: Reihenfolgeprobleme im Sondermaschinenbau, Wiesbaden 1977

Haupt, R.: ABC-Analyse, in: HWProd, hrsg. v. W. Kern, Stuttgart 1979, Sp. 1-5

Haupt, R.: Produktionstheorie und Ablaufmanagement, Stuttgart 1987

Haupt, R.; Klee, H.W.: Grundlagen der Produktionsplanung, in: WISU, 15. Jg. (1986), S. 341-346

Heck, K.: Bestimmungsfaktoren und Struktur des Prozesses der Planung der Instandhaltungskosten, Diss. Dortmund 1980

Hedrich, P.: Flexible Fertigung, in: Flexibilität in der Fertigungstechnik durch Computereinsatz, hrsg. v. P. Hedrich u.a., München 1983, S. 94-201

Heinemeyer, W.: Die Planung und Steuerung des logistischen Prozesses mit Fortschrittszahlen, in: Fertigungssteuerung II. Systeme zur Fertigungssteuerung, hrsg. v. D. Adam, Wiesbaden 1988, S. 5-32

Heinen, E.: Betriebswirtschaftliche Kostenlehre, 6. Aufl., Wiesbaden 1983

Heinen, E. (Hrsg.): Industriebetriebslehre. Entscheidungen im Industriebetrieb, 9. Aufl., Wiesbaden 1991

Heinen, E.; Dill, P.: Unternehmenskultur - Überlegungen aus betriebswirtschaftlicher Sicht, in: ZfB, 56. Jg. (1986), S. 202-218

Heinen, E. u.a.: Unternehmungskultur. Perspektiven für Wissenschaft und Praxis, München 1987

Heinrich, C.E.: Das MRP II - Planungskonzept (Manufacturing Resource Planning) und dessen Realisierung mit Standard-Software, dargestellt am System R/2 der SAP AG, in: Neuere Konzepte der Produktionsplanung und -steuerung, hrsg. v. G. Zäpfel, Linz 1989, S. 95-112

Heinzel, R.: Rechnergestützte Fabrikplanung mit LAYPLA, in: Techno Congress-Tagung "Rechnergestützte Fabrikplanung", München 1985

Heisig, U.; Littek, W.: Entwicklungstendenzen qualifizierter kaufmännischer Sachbearbeitertätigkeiten in der Industrie, in: Rationalisierung der Büroarbeit und kaufmännische Berufsausbildung, hrsg. v. U. Boehm, W. Littek und F. Ortmann, Frankfurt a. M./New York 1982, S. 99-117

Heitger, B.: Bestimmungsfaktoren internationaler Wachstumsdifferenzen, in: Die Weltwirtschaft, (1986) H. 1, S. 49-69

Helberg, P.: Anforderungen an PPS-Systeme für die CIM-Realisierung, in: CIM-Management, 4. Jg. (1986), S. 20-29

Helberg, P.: PPS als CIM-Baustein. Gestaltung der Produktionsplanung und -steuerung für die computerintegrierte Produktion, Berlin 1987

Hennig, K.W.: Betriebswirtschaftslehre der industriellen Erzeugung, 5. Aufl., Wiesbaden 1969

Hentze, J.: Arbeitsbewertung und Personalbeurteilung, Stuttgart 1980

Herzberg, F.: Work and the nature on man, Cleveland 1966

Herzig, N.: Die theoretischen Grundlagen betrieblicher Instandhaltung, Meisenheim am Glan 1975

Herzig, N.: Instandhaltung, Grundlagen der, in: HWProd, hrsg. v. W. Kern, Stuttgart 1979, Sp. 814-823

Hilke, W.: Zielorientierte Produktions- und Programmplanung, 3. Aufl., Neuwied 1988

Hinterhuber, H.H.: Strategische Unternehmensführung, 3. Aufl., Berlin/New York 1984

Hinz, W.: Beschränkungen der Strukturvariablenanzahl in der Optimallösung bei der Anwendung der Linearen Optimierung, Diss. Braunschweig 1977

Hippel, E.v.: Customer-active Paradigm for Industrial Product Idea Generation, in: Research Policy, Vol. 7 (1978), S. 240-266

Hoitsch, H.-J.: Produktionswirtschaft. Grundlagen einer industriellen Betriebswirtschaftslehre, München 1985

Hoss, K.: Fertigungsablaufplanung mittels operationsanalytischer Methoden, Würzburg/Wien 1965

Hummel, S.: Material: Arten und Eignungskriterien, in: HWProd, hrsg. v. W. Kern, Stuttgart 1979, Sp. 1183-1193

Jacob, H.: Produktionsplanung und Kostentheorie, in: Zur Theorie der Unternehmung. Festschrift zum 65. Geburtstag von E. Gutenberg, hrsg. v. H. Koch, Wiesbaden 1962, S. 205-268

Jacob, H.: Zur Standortwahl der Unternehmungen, Wiesbaden 1967

Jacob, H.: Zur optimalen Planung des Produktionsprogramms bei Einzelfertigung, in: ZfB, 41. Jg. (1971), S. 495-516

Jacob, H.: Unsicherheit und Flexibilität, in: ZfB, 44. Jg. (1974), S. 299-326

Jacob, H.: Die Aufgaben der strategischen Planung - Möglichkeiten und Grenzen, in: Strategisches Management 1, (SzU, Band 29), hrsg. v. H. Jacob, Wiesbaden 1982, S. 41-67

Jacob, H.: Das PIMS-Programm, in: WISU, 12. Jg. (1983), S. 262-266

Jahnke, B.: Betriebliches Recycling, Wiesbaden 1986

Jandt, J.: Betriebswirtschaftliche Anlagenerneuerungsplanung bei stochastischer Zuverlässigkeit der Anlagen, Frankfurt a.M./Bern/New York 1986

Jehle, E.: Wertanalyse, in: Lexikon der Betriebswirtschaftslehre, hrsg. v. H. Corsten, München/Wien 1992, S. 914-920

Jehle, E.; Müller, K.; Michael, H.: Produktionswirtschaft. Eine Einführung mit Anwendungen und Kontrollfragen, 2. Aufl., Heidelberg 1986

Johnson, S.M.: Optimal Two- and Three-Stage Production Schedules with Setup Times Included, in: Naval Research Logistics, Vol. 1 (1954), S. 61-68

Kaluza, B.: Flexibilität der Produktionsvorbereitung industrieller Unternehmen, in: Internationale und nationale Problemfelder der Betriebswirtschaftslehre, hrsg. v. G. v. Kortzfleisch und B. Kaluza, Berlin 1984, S. 287-333

Kaluza, B.: Der Erzeugniswechsel als betriebswirtschaftliches Problem, Habilitationsschrift Mannheim 1987

Kaluza, B.: Erzeugniswechsel als unternehmenspolitische Aufgabe. Integrative Lösungen aus betriebswirtschaftlicher und ingenieurwissenschaftlicher Sicht, Berlin 1989

Kaminsky, G.: Praktikum der Arbeitswissenschaft, München 1971

Kanter, R.M.: The Change Masters, London 1983

Karg, P.W.; Staehle, W.: Analyse der Arbeitssituation. Verfahren und Instrumente, Freiburg i. Br. 1982

Kawlath, A.: Theoretische Grundlagen der Qualitätspolitik, Wiesbaden 1969

Kern, W.: Die Messung industrieller Fertigungskapazitäten und ihrer Ausnutzung. Grundlagen und Verfahren, Köln/Opladen 1962

Kern, W.: Technisch-wirtschaftliche Probleme bei der Auswahl von Erzeugungsverfahren, in: Beiträge zum Produkt-Marketing, hrsg. v. U. Koppelmann, Herne 1973, S. 166-185

Kern, W.: Investitionsrechnung, Stuttgart 1974

Kern, W.: Kapazität und Beschäftigung, in: HWB, hrsg. v. E. Grochla und W. Wittmann, 4. Aufl., Stuttgart 1975, Sp. 2083-2090

Kern, W.: Grundzüge der Investitionsrechnung, Stuttgart 1976a

Kern, W.: Die Produktionswirtschaft als Erkenntnisbereich der Betriebswirtschaftslehre, in: ZfbF, 28. Jg. (1976b), S. 756-767

Kern, W.: Produkte, Problemlösungen als, in: HWProd, hrsg. v. W. Kern, Stuttgart 1979a, Sp. 1433-1441

Kern, W.: Produktionsprogramm, in: HWProd, hrsg. v. W. Kern, Stuttgart 1979b, Sp. 1563-1572

Kern, W.: Produktionswirtschaft, in: HWProd, hrsg. v. W. Kern, Stuttgart 1979c, Sp. 1647-1660

Kern, W.: Umweltschutz als Herausforderung an die Innovationskraft industrieller Unternehmungen, in: Innovation und Technologietransfer. Gesamtwirtschaftliche und einzelwirtschaftliche Probleme, hrsg. v. H.-J. Engeleiter und H. Corsten, Berlin 1982, S. 121-138

Kern, W.: Produktionswirtschaft, Kontrolle und Revision, in: HW Revision, hrsg. v. A. G. Coenenberg und K. v. Wysocki, Stuttgart 1983, Sp. 1100-1107

Kern, W.: Faktorqualitäten in produktionsbezogenen Optimierungsmodellen, in: Praxisorientierte Betriebswirtschaftslehre, hrsg. v. H.G. Bartels u.a., Berlin 1987a, S. 145-160

Kern, W.: Operations Research: Einführung und Überblick, 6. Aufl., Stuttgart 1987b

Kern, W.: Der Betrieb als Faktorkombination, in: Allgemeine Betriebswirtschaftslehre. Handbuch für Studium und Prüfung, hrsg. v. H. Jacob, 5. Aufl., Wiesbaden 1988, S. 117-208

Kern, W.: Qualitätssicherung als eine Voraussetzung zwischenbetrieblicher produktionssynchroner Anlieferung, in: DBW, 49. Jg. (1989a), S. 287-298

Kern, W.: Energie-Betriebswirtschaftslehre - Gedanken zu einer neuen Spezialisierungseinrichtung, in: DBW, 49. Jg. (1989b), S. 433-443

Kern, W.: Kennzahlensysteme, in: HWPlan, hrsg. v. N. Szyperski, Stuttgart 1989c, Sp. 809-819

Kern, W.: Industrielle Produktionswirtschaft, 5. Aufl., Stuttgart 1992

Kern, W.; Fallaschinski, K.: Betriebswirtschaftliche Produktionsfaktoren, in: WISU, Teil I: 7. Jg. (1978), S. 580-583, Teil II: 8. Jg. (1979), S. 15-18

Kern, W.; Schröder, H.-H.: Forschung und Entwicklung in der Unternehmung, Reinbeck bei Hamburg 1977

Kern, W.; Schröder, H.-H.: Konzept, Methode und Probleme der Wertanalyse, in: WISU, 7. Jg. (1978), Teil I: S. 375-381, Teil II: S. 427-430

Kiehne, R.: Innerbetriebliche Standortplanung und Raumzuordnung, Wiesbaden 1969

Kiesel, G.: Probleme bei der praktischen Anwendung der Linearen Optimierung für die Produktions-Programmplanung in der Metallindustrie, Diss. Braunschweig 1971

Kieser, A.: Unternehmenskultur und Innovation, in: Das Management von Innovationen, hrsg. v. E. Staudt, Frankfurt a.M. 1986, S. 42-50

Kieser, A.; Kubicek, H.: Organisation, Berlin/New York 1977

Kilger, W.: Optimale Verfahrenswahl bei gegebenen Kapazitäten, in: Produktionstheorie und Produktionsplanung, hrsg. v. A. Moxter, D. Schneider und W. Wittmann, Köln/Opladen 1966 (Einzelveröffentlichung)

Kilger, W.: Produktions- und Kostentheorie, Wiesbaden 1972

Kilger, W.: Die Theorie der industriellen Produktion auf der Grundlage dispositiv variierbarer Prozeßparameter, in: Neuere Entwicklungen in der Unternehmenstheorie. E. Gutenberg zum 85. Geburtstag, hrsg. v. H. Koch, Wiesbaden 1982, S. 99-148

Kilger, W.: Industriebetriebslehre, Band I, Wiesbaden 1986

Kistner, K.P.: Produktions- und Kostentheorie, Würzburg/Wien 1981

Kistner, K.-P.; Steven, M.: Produktionsplanung, Heidelberg 1990

Kistner, K.-P.; Steven, M.: Management ökologischer Risiken in der Produktionsplanung in: ZfB, 61. Jg. (1991), S. 1307-1336

Kistner, K.-P.; Steven-Switalski, M.: Zur Entwicklung einer Theorie der hierarchischen Produktionsplanung, in: Neuere Konzepte der Produktionsplanung und -steuerung, hrsg. v. G. Zäpfel, Linz 1989, S. 1-28

Kloock, J.; Sabel, H.; Schuhmann, W.: Die Erfahrungskurve in der Unternehmenspolitik, in: Erfahrungskurve und Unternehmensstrategie (ZfB Ergänzungsheft 2), hrsg. v. H. Albach, Wiesbaden 1987, S. 3-51

Koch, H.: Zum Verfahren der strategischen Programmplanung, in: ZfbF, 31. Jg. (1979), S. 145-161

Köhler, R.: Möglichkeiten zur Förderung der Produktinnovation in mittelständischen Unternehmen, in: ZfB, 58. Jg. (1988), S. 812-827

Köhler, R.: Produkt-Innovationsmanagement als Erfolgsfaktor, in: Innovations- und Technologiemanagement, hrsg. v. D. Müller-Böling, D. Seibt und U. Wienand, Stuttgart 1991, S. 153-175

Köhler, R.; Görgen, W.: Schnittstellenmanagement, in: DBW, 51. Jg. (1991), S. 527-529

Köppe, D.: Forderungen an die Integrationsfähigkeit von CAQ-Systemen, in: CIM-Management, 3. Jg. (1988), S. 14-19

Koffler, J.R.: Neuere Systeme zur Produktionsplanung und -steuerung. Belastungsorientierte Auftragsfreigabe, Fortschrittszahlenkonzept, Kanban-Prinzipien, München 1987

Koppelmann, U.: Produktmarketing. Entscheidungsgrundlage für Produktmanager, 3. Aufl., Stuttgart/Berlin/Köln 1989

Kosiol, E.: Leistungsgerechte Entlohnung, 2. Aufl., Wiesbaden 1962

Kowalski, U.: Der Schutz von betrieblichen Forschungs- und Entwicklungsergebnissen. Die Gestaltung des schutzpolitischen Instrumentariums im Innovations-/Imitationsprozeß, Thun/Frankfurt a.M. 1980

Kreikebaum, H.: Die Anpassung der Betriebsorganisation. Effizienz und Geltungsdauer organisatorischer Regelungen, Wiesbaden 1975

Kreikebaum, H.: Strategische Unternehmensplanung, 2. Aufl., Stuttgart u.a. 1987

Kreikebaum, H.: Kehrtwende zur Zukunft, Neuhausen-Stuttgart 1988

Kring, J.R.: Integrierte CAQ-Funktionen, in: CIM Management, 5. Jg. (1989), S. 4-9

Kruschwitz, L.: Investitionsrechnung, 3. Aufl., Berlin/New York 1987

Kruschwitz, L.: Much Ado about Leasing. Anmerkungen, in: ZfB, 59. Jg. (1989), S. 1090-1094

Kubicek, H.; Thom, N.: Umsystem, betriebliches, in: HWB, hrsg. v. E. Grochla und W. Wittmann, Stuttgart 1976, Sp. 3977-4017

Kudera, W.; Ruff, K.; Schmidt, R.: Auswirkungen von Rationalisierungsmaßnahmen auf die betriebliche Situation von kaufmännischen Angestellten, in: Rationalisierung der Büroarbeit und kaufmännische Berufsausbildung, hrsg. v. U. Boehm, W. Littek und F. Ortmann, Frankfurt a.m./New York 1982, S. 135-144

Küpper, H.-U.: Produktionstypen, in: HWProd, hrsg. v. W. Kern, Stuttgart 1979, Sp. 1636-1647

Küpper, H.-U.: Ablauforganisation, Stuttgart/New York 1982

Küpper, W.: Planung der Instandhaltung, Wiesbaden 1974

Küpper, W.; Lüder, K.; Streitferdt, L.: Netzplantechnik, Würzburg/Wien 1975

Kurbel, K.; Meynert, J.: Flexibilität in der Fertigungssteuerung durch einen "Elektronischen Leitstand", Arbeitsbericht Nr. 14 des Lehrstuhls für Betriebsinformatik der Universität Dortmund, Dortmund 1988

Kurbel, K.; Meynert, J.: Engpaßorientierte Auftragsterminierung und Kapazitätsdisposition, in: Interaktive betriebswirtschaftliche Informations- und Steuerungssysteme, hrsg. v. K. Kurbel, P. Mertens und A.W. Scheer, Berlin/New York 1989, S. 69-87

Lackes, R.: Das KANBAN-System zur Materialflußsteuerung, in: WISU, 19. Jg. (1990), S. 23-26

Lang, G.: CIM: Status Quo, in: CIM Management, 5. Jg. (1989), S. 56-62

Lattmann, Ch.: Das norwegische Modell der selbstgesteuerten Arbeitsgruppe, Bern 1972

Lee, R.C.; Moore, J.M.: CORELAP-COmputerized RElationship LAyout Planning, in: The Journal of Industrial Engineering, Vol. 18 (1967), S. 195-200

Liebstückel, K.: Die Bewertung von EDV-gestützten Produktionsplanungs- und -steuerungssystemen (PPS) aus betriebswirtschaftlicher Sicht, Diss. Würzburg 1986

Lomnicki, Z.A.: A "Branch-and-Bound" Algorithm for the Exact Solution of the Three-Machine Scheduling Problem, in: Operational Research Quarterly, Vol. 16 (1965), S. 89-100

Lücke, W.: Betriebs- und Unternehmungsgröße, Stuttgart 1967

Lüder, K.: Standortwahl - Verfahren zur Planung betrieblicher und innerbetrieblicher Standorte, in: Industriebetriebslehre in programmierter Form, hrsg. v. H. Jakob, Band 1: Grundlagen, Wiesbaden 1972, S. 41-117

Lüder, K.: Strategische Standortplanung transnationaler industrieller Großunternehmen, in: Internationalisierung der Unternehmung als Problem der Betriebswirtschaftslehre, hrsg. v. W. Lück und V. Trommsdorff, Berlin 1982, S. 415-438

Luhmann, N.: Komplexität, in: HWO, hrsg. v. E. Grochla, 2. Aufl., Stuttgart 1980, Sp. 1064-1070

Männel, W.: Wirtschaftlichkeitsfragen der Anlagenerhaltung, Wiesbaden 1968

Männel, W.: Eigenfertigung und Fremdbezug, in: HWB, hrsg. v. E. Grochla und W. Wittmann, 4. Aufl., Stuttgart 1975, Sp. 1231-1237

Mag, W.: Mehrfachziele, Zielbeziehungen und Zielkonfliktlösungen, in: WiSt, 5. Jg. (1976), S. 49-55

Maleri, R.: Grundzüge der Dienstleistungsproduktion, Berlin/Heidelberg/New York 1973

Manne, A.S.: On the Job-Shop Scheduling Problem, in: Operations Research, Vol. 8 (1960), S. 219-223

Marr, R.: Produktfeldplanung, in: HWProd, hrsg. v. W. Kern, Stuttgart 1979, Sp. 1441-1450

Martin, H.: Eine Methode zur integrierten Betriebsmittelanordnung und Tansportplanung, Diss. Berlin 1976

Martino, J.P.: Technological Forecasting for Decisionsmaking, New York 1972

Maslow, A.H.: Motivation and Personality, 2. Aufl., New York/Evanston/London 1970

Mayer, S.: LAPEX - ein rechnerunterstütztes Verfahren zur Betriebsmittelanordnung, Heidelberg/Berlin/New York 1983

McGregor, D.: Der Mensch im Unternehmen, Düsseldorf 1970

Meal, H.C.: Putting production decisions where they belong, in: HBR, Vol. 62 (1984), S. 102-111

Meffert, H.: Größere Flexibilität als Unternehmenskonzept, in: ZfbF, 37. Jg. (1985), S. 121-137

Meier, B.: Verbraucherpolitik in der Bundesrepublik Deutschland, Frankfurt a.M./Bern/ New York 1984

Mensch, G.: Das Trilemma der Ablaufplanung, in: ZfB, 42. Jg. (1972), S. 77-88

Mensch, G.: Das technologische Patt, Frankfurt a.M. 1977

Mertens, P.: Expertensysteme in den betrieblichen Funktionsbereichen - Chancen, Erfolge, Mißerfolge, in: Betriebliche Expertensysteme I: Einsatz von Expertensystemen in der Betriebswirtschaft - Eine Bestandsaufnahme, hrsg. v. A.-W. Scheer, Wiesbaden 1988, S. 29-66

Mertens, P.; Kress, H.: Mensch-Maschinen-Kommunikation als Hilfe bei Entscheidungsvorbereitung und Planung, in: ZfbF, 22. Jg. (1970), S. 1-21

Milling, P.: Expertensysteme zur Unterstützung betrieblicher Entscheidungsprozesse, in: WiSt, 18. Jg. (1989), S. 385-390

Mintzberg, H.: Power in and around Organizations, Englewood Cliffs 1983

Missbauer, H.: Optimale Werkstattbeauftragung unter dem Aspekt der Bestandsregelung, Linz 1987

Missbauer, H.: Auftragsfreigabe im Rahmen dezentraler PPS-Systeme, in: Neuere Konzepte der Produktionsplanung und -steuerung, hrsg. v. G. Zäpfel, Linz 1989, S. 61-77

Mönig, H.: Fertigungsorganisation und Wirtschaftlichkeit einer Fertigungsinsel, in: ZfbF, 37. Jg. (1985), S. 83-101

Mössner, G.U.: Planung flexibler Unternehmungsstrategien, München 1982

Müller-Merbach, H.: Optimale Reihenfolgen, Berlin/Heidelberg/New York 1970

Müller-Merbach, H.: Operations Research. Methoden und Modelle der Optimalplanung, 3. Aufl., München 1973

Müller-Merbach, H.: Einführung in die Betriebswirtschaftslehre, 2. Aufl., München 1976

Müller-Merbach, H.: Ablaufplanung, Optimierungsmodelle zur, in: HWProd, hrsg. v. W. Kern, Stuttgart 1979, Sp. 38-52

Müller-Merbach, H.: Heuristics and their design: a survey, in: European Journal of Operational Research, Vol. 8 (1981), S. 1-23

Neubauer, F.F.: Das PIMS-Programm und Portfolio-Management, in: Strategische Unternehmensplanung, hrsg. v. D. Hahn und B. Taylor, 4. Aufl., Heidelberg 1986, S. 178-205

Neuberger, O.: Theorien der Arbeitszufriedenheit, Stuttgart 1974

Neuberger, O.: Führungsverhalten und Führungserfolg, Berlin 1976

Oetinger, B.v.: Wandlungen in den Unternehmensstrategien der 80er Jahre, in: ZfbF (1983), Sonderheft 15, S. 42-51

Osborn, A.F.: Applied Imagination. Principles and Procedures of Creative Problem-Solving, 3. Aufl., New York 1963

Paasche, J.: Arbeitsbewertung, Durchführung der, in: HWProd, hrsg. v. W. Kern, Stuttgart 1979, Sp. 99-104

Papst, H.-J.: Analyse der betriebswirtschaftlichen Effizienz einer computergesteuerten Fertigungssteuerung mit CAPOSS-E, Frankfurt a.m. 1985

Pfeiffer, W.: Integrale Qualität und Absatzpolitik bei hochautomatisierten Fertigungsanlagen, in: ZfB, 35. Jg. (1965), Ergänzungsheft, S. 109-124

Pfeiffer, W.; Dörrie, U.; Stoll, E.: Menschliche Arbeit in der industriellen Produktion, Göttingen 1977

Pfeiffer, W. u.a.: Technologie-Portfolio zum Management strategischer Zukunftgeschäftsfelder, Göttingen 1982

Pflieger, G.F.: Praktische Erfahrungen mit Brainstorming zum Gewinnen von Ideen für neue Produkte, in: Werkstattechnik, 64. Jg. (1974), S. 350-353

Piehler, J.: Ein Beitrag zum Reihenfolgeproblem, in: Unternehmensforschung, Band 4 (1960), S. 138-142

Platt, W.: Arbeitsbewertung, München 1977

Polzer, G.; Meißner, F.: Grundlagen zu Reibung und Verschleiß, 2. Aufl., Leipzig 1983

Porter, M.E.: Wettbewerbsstrategien, 2. Aufl., Frankfurt a.m. 1984

Porter, M.E.: Wettbewerbsvorteile. Spitzenleistungen erreichen und behaupten, Frankfurt a.m. 1986

Pressmar, D.B.: Verbrauchsfunktionen, in: HWProd, hrsg. v. W. Kern, Stuttgart 1979, Sp. 2067-2077

Raffée, H.; Wiedmann, P.: Die Obsoleszenzkontroverse - Versuch einer Klärung, in: ZfbF, 32. Jg. (1980), S. 149-172

Rasmussen, Th.: Informationstechnik. Automation und Arbeit, München/Wien 1988

Reese, J.: Standort- und Belegungsplanung für Maschinen in mehrstufigen Produktionsprozessen, Berlin/Heidelberg/New York 1980

Reese, J.: Consequences of the Organizational Structure for the Production Planning System, in: Essays on Production Theory and Planning, hrsg. v. G. Fandel, H. Dyckhoff und J. Reese, Berlin u.a. 1988, S. 3-15

Reese, J.: Unternehmensflexibilität, in: Unternehmensdynamik, hrsg. v. K.-P. Kistner und R. Schmidt, Wiesbaden 1991, S. 361-387

REFA: Methodenlehre des Arbeitsstudiums. Teil 1: Grundlagen, 5. Aufl., München 1976

REFA: Methodenlehre des Arbeitsstudiums. Teil 2: Datenermittlung, 5. Aufl., München 1976

REFA: Methodenlehre des Arbeitsstudiums. Teil 3: Kostenrechnung, Arbeitsgestaltung, 5. Aufl., München 1976

REFA (Hrsg.): Methodenlehre der Planung und Steuerung, Teil 4, München 1985

Rehm, S.: Der QC-Brief hilft japanisches „Quality-Circle"-Denken einführen, in: Management-Zeitschrift io, 51. Jg. (1982), S. 112-116

Reichmann, Th.: Lagerhaltungspolitik, in: HWProd, hrsg. v. W. Kern, Stuttgart 1979, Sp. 1060-1073

Reichwald, R.; Behrbohm, P.: Flexibilität als Eigenschaft produktionswirtschaftlicher Systeme, in: ZfB, 53. Jg. (1983), S. 831-853

Reiß, M.; Corsten, H.: Grundformen der Produktionsorganisation, in: WISU, 19. Jg. (1990), Studienblatt

Reiß, M.; Corsten, H.: Gestaltungsdomänen des Kostenmanagements, in: Handbuch Kostenrechnung, hrsg. v. W. Männel, Wiesbaden 1992, S. 1478-1491

Reminger, B.: Wirtschaftlichkeit des Einsatzes von Expertensystemen, in: ZwF, 84. Jg. (1989), S. 613-616

Riebel, P.: Die Elastizität des Betriebes. Eine produktions- und marktwirtschaftliche Untersuchung, Köln/Opladen 1954

Riebel, P.: Die Kuppelproduktion, Köln/Opladen 1955

Riebel, P.: Industrielle Erzeugungsverfahren in betriebswirtschaftlicher Sicht, Wiesbaden 1963

Riebel, P.: Typen der Markt- und Kundenproduktion in produktions- und absatzwirtschaftlicher Sicht, in: ZfhF, 17. Jg. (1965), S. 663-685

Ritter, A.; Zink, K.-J.: Differenzierte Kleingruppenkonzepte als wesentlicher Bestandteil eines umfassenden, integrierenden Qualitätsmanagement (im Sinne von TQM), in: Qualität als Managementaufgabe, hrsg. v. K.-J. Zink, Landsberg a.L. 1989, S. 233-261

Rogers, E.M.: Diffusion of Innovations, 3. Aufl., New York/London 1983

Ropohl, G.: Grundlagen und Anwendungsmöglichkeiten der morphologischen Methode in Forschung und Entwicklung, in: WiSt, 1. Jg. (1972), Teil I: S. 495-499, Teil II: S. 541-546

Ropohl, G.: Baukastensysteme, in: HWProd, hrsg. v. W. Kern, Stuttgart 1979, Sp. 293-302

Rosenstiel, L.v.: Grundlagen der Organisationspsychologie - Basiswissen und Anwendungshinweise, Stuttgart 1980

Roventa, P.: Portfolio-Analyse und strategisches Management - Ein Konzept zur strategischen Chancen- und Risikenbehandlung, Diss. München 1979

Ruffing, T.: Fertigungssteuerung bei Fertigungsinseln. Eine funktionale und datentechnische Informationsarchitektur, Köln 1991

Russell, C.S.: Models for Investigation of Industrial Response to Residuals Management Actions, in: The Economics of Environment, hrsg. v. P. Bohm und A.V. Kneese, London 1971, S. 141-163

Sabel, H.: Programmplanung, kurzfristige, in: HWProd, hrsg. v. W. Kern, Stuttgart 1979, Sp. 1686-1700

Sader, M.: Psychologie der Gruppe, 2. Aufl., München 1979

Schanz, G.: Verhalten in Wirtschaftsorganisationen. Personalwirtschaftliche und organisationstheoretische Probleme, München 1978

Schanz, G.: Betriebswirtschaftslehre als Sozialwissenschaft, Stuttgart u.a. 1979

Schanz, G.: Organisationsgestaltung. Struktur und Verhalten, München 1982

Schanz, G.: Mitarbeiterbeteiligung. Grundlagen - Befunde - Modelle, München 1985

Scheer, A.-W.: Instandhaltungspolitik, Wiesbaden 1974

Scheer, A.-W.: Instandhaltung, strategische Modelle zur, in: HWProd, hrsg. v. W. Kern, Stuttgart 1979, Sp. 823-838

Scheer, A.-W.: Einführung in den Themenbereich Expertensysteme, in: Betriebliche Expertensysteme I: Einsatz von Expertensystemen in der Betriebswirtschaft - Eine Bestandsaufnahme, hrsg. v. A.-W. Scheer, Wiesbaden 1988, S. 5-27

Scheer, A.-W.: CIM: Der computergesteuerte Industriebetrieb, 4. Aufl., Berlin u.a. 1990

Scheer, A.-W.: Architektur integrierter Informationssysteme. Grundlagen der Unternehmensmodellierung, Berlin u.a. 1991

Schmietow, E.A.: Die technologische Wettbewerbsfähigkeit der bundesdeutschen Industrie - Einzel- und gesamtwirtschaftliche Aspekte, Diss. Kaiserslautern 1987

Schneeweiß, Ch.: Einführung in die Produktionswirtschaft, 2. Aufl., Berlin u.a. 1987

Schneeweiß, Ch.: Planung I: Systemanalytische und entscheidungstheoretische Grundlagen, Berlin u.a. 1991

Schneeweiß, Ch.; Alscher, J.: Zur Disposition von Mehrprodukt-Lägern unter Verwendung der klassischen Losgrößenformel, in: ZfB, 57. Jg. (1987), S. 483-502

Schneider, R.: Die Wirkungen der Arbeitszeit auf Produktion, Ertrag und Kosten. Ein Beitrag zur Theorie der zeitlichen Anpassung, Stuttgart 1964

Schneider, R.: CIM: Stand der Entwicklungslinien, in: Produktionsplanung, Produktionssteuerung in der CIM-Realisierung, hrsg. v. H.J. Warnecke, Berlin u.a. 1985, S. 9-20

Schoeffler, S.: An Example of Basic PIMS-Analysis. Vortrag auf der Swedish Match PIMS-Konferenz am 16. Dezember 1983 in London, Minutes of Swedish Match PIMS-Conference, unveröffentlichte Unternehmungsmitteilungen, London 1983

Schröder, H.-H.: Das investitionsrechnerische Grundmodell zur Bestimmung der optimalen Nutzungsdauer von Anlagegütern, in: WISU, 15. Jg. (1986), S. 21-27

Schröder, H.-H.: Entwicklungsstand und -tendenzen bei PPS-Systemen. Arbeitsbericht Nr. 26 des Seminars für Allgemeine Betriebswirtschaftslehre, Industriebetriebslehre und Produktionswirtschaft der Universität zu Köln, Köln 1989

Schröder, H.: Integration von Planung und Steuerung in Reparatursystemen, München 1988

Schwarz, P.: Morphologie von Kooperationen und Verbänden, Tübingen 1979

Schweitzer, M.: Einführung in die Industriebetriebslehre, Berlin/New York 1973

Schwinn, R.: Anlagenwirtschaft, in: HWProd, hrsg. v. W. Kern, Stuttgart 1979, Sp. 62-70

Seehof, J.M.; Evans, W.O.: Automated Layout Design Program, in: The Journal of Industrial Engineering, Vol. 18 (1967), S. 690-695

Seelbach, H.: Ablaufplanung, Würzburg/Wien 1975

Seelbach, H.: Ablaufplanung bei Einzel- und Serienproduktion, in: HWProd, hrsg. v. W. Kern, Stuttgart 1979, Sp. 12-28

Seidel, E.: Die Frage nach der betrieblichen Effizienz direktiver und kooperativer Führungsform. Ergebnisse empirischer Forschung, in: ZfbF, 29. Jg. (1977), S. 89-111

Seidel, E.: Betriebliche Führungsformen. Geschichte, Konzept, Hypothesen, Forschung, Stuttgart 1978

Seidel, E.; Menn, H.: Ökologisch orientierte Betriebswirtschaft, Berlin/Köln/Mainz 1988

Selchert, F.W.: Die Ausgliederung von Leistungsfunktionen in betriebswirtschaftlicher Sicht, Berlin 1971

Sieben, G.; Schildbach, Th.: Anlagenverzehr, in: HWProd, hrsg. v. W. Kern, Stuttgart 1979, Sp. 53-62

Sommerlatte, T.: Managementproduktivität - die strategische Wertschöpfung des Unternehmens, in: Management der Geschäfte von Morgen, hrsg. v. A.D. Little, Wiesbaden 1986, S. 157-162

Soom, E.: Die neue Produktionsphilosophie: Just-in-time-Production, 1. Teil: Ein Methodenpaket zur Steigerung der Flexibilität und zur Senkung der Bestände, in: Management-Zeitschrift io, 55. Jg. (1986a), S. 362-365

Soom, E.: Die neue Produktionsphilosophie: Just-in-time-Production, 2. Teil und Schluß: Synchronfertigung und Kanban, in: Management-Zeitschrift io, 55. Jg. (1986b), S. 446-449

Specht, D.: Wissensbasierte Systeme in der Produktion, in: ZwF, 84. Jg. (1989), S. 617-622

Spur, G.; Krause, F.-L.: CAD-Technik. Lehr- und Arbeitsbuch für die Rechnerunterstützung in Konstruktion und Arbeitsplanung, München/Wien 1984

Stadtler, H.: Hierarchische Produktionsplanung bei losweiser Fertigung, Heidelberg 1988

Staehle, W.: Management. Eine verhaltenswissenschaftliche Einführung, München 1980

Staudt, E.: Rationalisierung durch neue Automatisierungstechnologien in Industrie und Verwaltung, in: ZO, 49. Jg. (1980), S. 421-429

Stefanic-Allmayer, K.: Die günstigste Bestellmenge beim Einkauf, in: Sparwirtschaft. Zeitschrift für wirtschaftlichen Betrieb, 5. Jg. (1927), S. 504-508

Steffen, R.: Ablaufplanung bei Massenproduktion, in: HWProd, hrsg. v. W. Kern, Stuttgart 1979, Sp. 28-38

Steffen, R.: Verbindung computergestützter Erzeugniskonstruktion (CAD) mit der Kosten- und Erlösrechnung in CIM-Konzeptionen, in: ZfbF, 43. Jg. (1991), S. 359-375

Steinmann, D.: Konzeption zur Integration wissensbasierter Anwendungen in konventionelle Systeme der Produktionsplanung und -steuerung (PPS) im Bereich der Fertigungssteuerung, in: Betriebliche Expertensysteme II: Einsatz von Expertensystem-Prototypen in betriebswirtschaftlichen Funktionsbereichen, hrsg. v. A.-W. Scheer, Wiesbaden 1989, S. 82-122

Steinmann, H.: Zur Theorie der Führungsstile - Probleme eines Forschungsansatzes, in: Jahrbuch der Absatz- und Verbrauchsforschung, 20. Jg. (1974), S. 94-110

Steinmann, H.; Schreyögg, G.: Management. Grundlagen der Unternehmensführung, 2. Aufl., Wiesbaden 1991

Stirn, H.: Arbeitswissenschaft. Grundlagen - Abgrenzungen - Probleme, Opladen 1980

Stommel, H.J.: Betriebliche Terminplanung, Berlin/New York 1976

Strebel, H.: Relevanzbaumanalyse als Planungsinstrument, in: BFuP, 26. Jg. (1974), S. 34-52

Strebel, H.: Umwelt und Betriebswirtschaft. Die natürliche Umwelt als Gegenstand der Unternehmenspolitik, Berlin 1980

Strebel, H.: Zielsysteme und Zielforschung, in: DBW, 41. Jg. (1981), S. 457-475

Strebel, H.: Industriebetriebslehre, Stuttgart u.a. 1984

Strebel, H.; Hildebrandt, T.: Produktlebenszyklus und Rückstandszyklen. Konzept eines erweiterten Lebenszyklusmodells, in: ZfO, 58. Jg. (1989), S. 101-106

Strothmann, K.-H. u.a.: Der Einsatz von CAD/CAM-Systemen in der Investitionsgüter-Industrie, Berlin 1987

Stüdemann, K.: Rechtsvorschriften für die Produktion, in: HWProd, hrsg. v. W. Kern, Stuttgart 1979, Sp. 1776-1800

Switalski, M.: Hierarchische Produktionsplanung, Heidelberg 1989a

Switalski, M.: Flexible Fertigungssysteme, in: WiSt, 18. Jg. (1989b), S. 257-263

Szyperski, N.; Tilemann, T.: Ziele, produktionswirtschaftliche, in: HWProd, hrsg. v. W. Kern, Stuttgart 1979, Sp. 2301-2318

Tangermann, H.P.: Auftragsreihenfolgen und Losgrößen als Instrument der Fertigungsterminplanung, untersucht an einem praxisbezogenen Simulationsmodell, Diss. Braunschweig 1973

Tannenbaum, R.; Schmidt, W.H.: Die Wahl eines Führungsstils, in: Management, hrsg. v. E. Grochla, Düsseldorf/Wien 1974, S. 55-68

Taylor, F.W.: The Principles and Methods of Scientific Management, New York 1911

Tempelmeier, H.: Materiallogistik, Berlin/Heidelberg/New York 1988a

Tempelmeier, H.: Kapazitätsplanung für flexible Fertigungssysteme, in: ZfB, 58. Jg. (1988b), S. 963-980

Tempelmeier, H.: Simulation mit SIMAN. Ein praktischer Leitfaden zur Modellentwicklung und Programmierung, Heidelberg 1991

Tenckhoff, Ph.: Arbeitsbewertung: Anforderungsarten und -profile, in: HWProd, hrsg. v. W. Kern, Stuttgart 1979, Sp. 83-99

Thanheiser, H.; Patel, P.: Strategische Planung in diversifizierten deutschen Unternehmen, o.O. 1977

Thom, N.: Vorschlagswesen, betriebliches, in: HWProd, hrsg. v. W. Kern, Stuttgart 1979, Sp. 2223-2236

Trampedach, K.: Theorie und Organisation der Angebotsplanung als Mensch-Maschine-Entscheidungssystem, Diss. Karlsruhe 1973

Venohr, B.: "Marktgesetze" und strategische Unternehmensführung, Diss. Frankfurt a. M. 1987

Viefhues, D.: Mehrzielorientierte Projektplanung, Frankfurt a.m./Bern 1982

Vischer, P.: Simultane Produktions- und Absatzplanung, Wiesbaden 1967

Völzgen, H.: Stochastische Netzwerkverfahren und deren Anwendungen, Berlin/New York 1971

Vollmann, Th.E.: OPT as an enhancement to MRP II, in: Production and Inventory Management, Vol. 27 (1986), S. 38-47

Vormbaum, H.: Die Produktionsfunktion in betriebswirtschaftlicher Sicht, in: Industrielle Produktion, hrsg. v. K. Agthe u.a., Baden-Baden/Bad Homburg v.d.H. 1967, S. 53-63

Wagner, H.: Leistung und Leistungsdeterminanten, in: HWPers, hrsg. v. E. Gaugler, Stuttgart 1975, Sp. 1181-1190

Wagner, H.M.: An Integer Linear-Programming Model for Machine Scheduling, in: Naval Research Logistics, Vol. 6 (1959), S. 131-140

Warkerly, R.G.: PIMS: A Tool for Developing Competitive Strategy, in: LRP, Vol. 17 (1984), S. 92-97

Wäscher, G.: Innerbetriebliche Standortplanung. Modelle bei einfacher und mehrfacher Zielsetzung, in: ZfbF, 36. Jg. (1984), S. 930-958

Weber, A.: Über den Standort der Industrie. Teil 1: Reine Theorie des Standortes, Tübingen 1909

Weber, J.: Fehlmengenkosten, in: KRP, 5. Jg. (1987), S. 13-18

Weber, M.: Die monetäre Bewertung von Produkteigenschaften, in: WiSt, 18. Jg. (1989), S. 395-401

Weber, W.; Mayrhofer, W.: Organisationskultur - zum Umgang mit einem vieldiskutierten Konzept in Wissenschaft und Praxis, in: DBW, 48. Jg. (1988), S. 555-566

Weiß, H.: Expertensysteme in der Instandhaltung, in: ZWF, 83. Jg. (1988), S. 537-540

Werder, A.v.; Klinkenberg, U.; Frese, E.: Produkthaftungs-Management. Empirische Untersuchungen und Handlungsempfehlungen zur Risikominderung für mittelständische Unternehmungen, Stuttgart 1990

Wibbe, J.: Arbeitsbewertung, 3. Aufl., München 1966

Wibbe, J.: Arbeitsbewertung, Methoden der, in: HWProd, hrsg. v. W. Kern, Stuttgart 1979, Sp. 104-115

Wiendahl, H.-P.: Belastungsorientierte Fertigungssteuerung. Grundlagen, Verfahrensaufbau, Realisierung, München/Wien 1987

Wiendahl, H.-P.; Wedemeyer, H.-G.: Das Dilemma der Fertigungssteuerung. Ein altes Problem neu betrachtet, in: ZfB, 60. Jg. (1990), S. 407-422

Wight, O.W.: Production and Inventory Management in the Computer Age, Boston 1974

Wild, J.: Input-, Output- und Prozeßanalyse von Informationssystemen, in: ZfbF, 22. Jg. (1970), S. 50-72

Wildemann, H.: Strategische Investitionsplanung für neue Technologien in der Produktion, in: Strategische Investitionsplanung für neue Technologien, hrsg. v. H. Albach und H. Wildemann, Wiesbaden 1986, S. 1-48

Wildemann, H.: Strategische Investitionsplanung bei diskontinuierlichen Entwicklungen in der Fertigungstechnik, in: Innovation und Wettbewerbsfähigkeit, hrsg. v. E. Dichtl u.a., Wiesbaden 1987, S. 449-474

Wildemann, H.: Das just-in-time Konzept. Produktion und Zulieferung auf Abruf, Frankfurt a.M. 1988a

Wildemann, H.: Die modulare Fabrik: Kundennahe Produktion durch Fertigungssegmentierung, Passau 1988b

Wildemann, H. Produktionssteuerung nach KANBAN-Prinzipien, in: Fertigungssteuerung II: Systeme zur Fertigungssteuerung, hrsg. v. D. Adam, Wiesbaden 1988c, S. 33-50

Will, Th.: Organisationstypen der Produktion, in: Lexikon der Betriebswirtschaftslehre, hrsg. v. H. Corsten, München/Wien 1992a, S. 648-655

Will, Th.: Wettbewerbsstrategien, in: Lexikon der Betriebswirtschaftslehre, hrsg. v. H. Corsten, München/Wien 1992b, S. 930-936

Wittemann, N.: Produktionsplanung mit verdichteten Daten, Berlin u. a. 1985

Wittmann, W.: Betriebswirtschaftslehre, in: HdWW, hrsg. v. W. Albers u.a., Band 1, Stuttgart u.a. 1977, S. 584-609

Wunderer, R.; Grunwald, W.: Führungslehre, Bd. I: Grundlagen der Führung; Band II: Kooperative Führung, Berlin/New York 1980

Zahn, E.: Produktionstechnologien als Element internationaler Wettbewerbsstrategien, in: Innovation und Wettbewerbsfähigkeit, hrsg. v. E. Dichtl, W. Gerke und A. Kieser, Wiesbaden 1987, S. 475-496

Zäpfel, G.: Bestimmungsgründe und ausgewählte Systeme der Lieferantenbewertung, in: Fortschrittliche Betriebsführung, 22. Jg. (1973), Teil I: S. 27-33, Teil II: S. 81-87

Zäpfel, G.: Fertigungswirtschaftliche Instrumente zur Anpassung der Produktionsmengen bei schwankendem Absatz, in: WiSt, 6. Jg. (1977), S. 523-529

Zäpfel, G.: Überlegungen zum Inhalt des Fachs "Produktionswirtschaftslehre", in: DBW, 38. Jg. (1978), S. 403-420

Zäpfel, G.: Programmplanung, mittelfristige, in: HWProd, hrsg. v. W. Kern, Stuttgart 1979, Sp. 1563-1572

Zäpfel, G.: Produktionswirtschaft. Operatives Produktionsmanagement, Berlin/New York 1982

Zäpfel, G.: Strategisches Produktions-Management, Berlin/New York 1989a

Zäpfel, G.: Taktisches Produktions-Management, Berlin/New York 1989b

Zäpfel, G.: Dezentrale PPS-Systeme - Konzepte und theoretische Fundierung, in: Neuere Konzepte der Produktionsplanung und -steuerung, hrsg. v. G. Zäpfel, Linz 1989c, S. 29-54

Zäpfel, G.: Wirtschaftliche Rechtfertigung einer computerintegrierten Produktion (CIM), in: ZfB, 59. Jg. (1989d), S. 1058-1073

Zäpfel, G.; Attmann, J.: Losgrößenplanung: Problemstellung und Problemklassen, in: WISU, 7. Jg. (1978), S. 529-532

Zäpfel, G.; Gfrerer, H.: Sukzessive Produktionsplanung, in: WiSt, 13. Jg. (1984), S. 235-241

Zäpfel, G.; Missbauer, H.: Traditionelle Systeme der Produktionsplanung und -steuerung in der Fertigungsindustrie, in: WiSt, 17. Jg. (1988a), S. 73-77

Zäpfel, G.; Missbauer, H.: Neuere Konzepte der Produktionsplanung und -steuerung in der Fertigungsindustrie, in: WiSt, 17. Jg. (1988b), S. 127-131

Zäpfel, G.; Missbauer, H.: Bestandskontrollierte Produktionsplanung und -steuerung, in: Fertigungssteuerung I: Grundlagen der Produktionsplanung und -steuerung, hrsg. v. D. Adam, Wiesbaden, 1988c, S. 23-48

Zäpfel, G.; Pölz, W.: Zur Analyse von Wettbewerbsvorteilen einer strategischen Geschäftseinheit, in: Marketing. Zeitschrift für Forschung und Praxis, 9. Jg. (1987), S. 257-265

Zelewski, St.: Expertensysteme - Übersicht über Konzeptionen und betriebswirtschaftliche Anwendungsmöglichkeit. Arbeitsbericht Nr. 17 des Seminars für Allgemeine Betriebswirtschaftslehre, Industriebetriebslehre und Produktionswirtschaft der Universität zu Köln, Köln 1986

Zelewski, St.: Expertensysteme für Prozeßplanung und -steuerung in der Fabrik der Zukunft - Ein Überblick über Konzepte und erste Prototypen. Arbeitsbericht Nr. 22 des Seminars für Allgemeine Betriebswirtschaftslehre, Industriebetriebslehre und Produktionswirtschaft der Universität zu Köln, Köln 1988

Zelewski, St.: Einsatz von Expertensystemen in den Unternehmen. Anwendungsmöglichkeiten, Bewertungsaspekte und Probleme künstlicher Intelligenz, Stuttgart 1989a

Zelewski, St.: CAP-Expertensysteme - Anwendungsaspekte Künstlicher Intelligenz im Bereich der Arbeitsplanung. Arbeitsbericht Nr. 30 des Seminars für Allgemeine Betriebswirtschaftslehre, Industriebetriebslehre und Produktionswirtschaft der Universität zu Köln, Köln 1989b

Zimmermann, G.: PPS-Methoden auf dem Prüfstand - was leisten sie, wann versagen sie?, Landsberg a.L. 1987

Zimmermann, G.: Produktionsplanung variantenreicher Erzeugnisse mit EDV, Berlin u.a. 1988

Zimmermann, G.: Neue Ansätze zur Strukturierung von PPS-Systemen, in: FB/IE, 38. Jg. (1989), S. 72-77

Zimmermann, H.-J.: Netzplantechnik, Berlin/New York 1971

Zink, K.J.: Differenzierung der Theorie der Arbeitsmotivation von F. Herzberg zur Gestaltung sozio-technologischer Systeme, Frankfurt a.M./Zürich 1975

Zink, K.J.: Implikationen des Roboter-Einsatzes, in: WiSt, 13. Jg. (1984), S. 177-182

Zink, K.J.: Qualität als Herausforderung, in: Qualität als Managementaufgabe, hrsg. v. K.J. Zink, Landsberg a.L. 1989, S. 9-46

Zink, K.J.; Schick, G.: Quality Circles (Problemlösungsgruppen). Qualitätsförderung durch Mitarbeitermotivation, München/Wien 1984

Zwehl, W.v.: Kostentheoretische Analyse des Modells der optimalen Bestellmenge, Wiesbaden 1973

Zwicky, F.: Entdecken, Erfinden, Forschen im Morphologischen Weltbild, München/Zürich 1971

Stichwortverzeichnis

FLEXIBILITÄT

(= Änderungsvermögen eines Systems, das das System in die Lage versetzt, unter wechselnden Bedingungen sowie bei inneren und äußeren Störungen ein vorgegebenes Ziel zu realisieren oder neue Ziele zu setzen)

zeitliche Dimension

Auftreten eines Ereignisses	Erkennen eines Ereignisses	Auswahl und Planung einer Maßnahme	Durchführung einer Maßnahme	Wirksamwerden der Maßnahme	Ende der Wirkung → Zeit
	Beobachtungszeit	Entscheidungszeit	Aktionszeit	Wirkzeit	Festlegezeit

INSTRUMENTE: Verkürzung der Beobachtungs-, Entscheidungs- und Aktionszeit durch Realisation einer informativen Umweltkoppelung durch ein entsprechendes Früherkennungssystem und Schulung der Mitarbeiter.

inhaltliche Dimension

Zielflexibilität

		Instrumente
Zielsystem	Zielmenge	— Zielaufgabe / — Aufnahme neuer Ziele
Zielsystem	Zielhierarchie	Veränderung der Rangfolge
einzelnes Ziel	Inhalt	Variation des Zielinhalts
einzelnes Ziel	Zeit	— Variation des Zeitbezuges / — zeitliche Hintereinanderschaltung von Zielen
einzelnes Ziel	Ausmaß	Variation des Zielausmaßes

Mittelflexibilität

Bestandsflexibilität (Möglichkeit, sich mit dem vorhandenen Produktionssystem an aktuelle Veränderungen anzupassen)

qualitative Komponente (Eignung eines Systems zur Abgabe von nach Art und Güte unterschiedlichen Leistungen)

Gestaltung				Instrumente
Potentialgestaltung	Betriebsmittel		Vielseitigkeit (Aufgabenspektrum)	— CAD / CAM / CAQ / — Mehrfunktionsaggregate / — Flexible Produktionskonzepte z.B.: • Flexible Fertigungsinseln • Flexible Fertigungszellen • Flexible Fertigungssysteme
	Betriebsmittel	Rüstflexibilität	Umstellfähigkeit[1]	
	Betriebsmittel	Rüstflexibilität	Umbaufähigkeit[2]	
	Betriebsmittel	Rüstflexibilität	Einstellfähigkeit[3]	
	Betriebsmittel		Unempfindlichkeit gegenüber Qualitätsschwankungen bei Rohstoffen	
	Personal	kognitive Komponente	Wahrnehmungsflexibilität	— Weiterbildung / Schulung / — Führungsstil
	Personal	kognitive Komponente	Problemlösungsflexibilität	
	Personal		Rollenflexibilität (Bereitschaft zum Wandel)	
	Material			— Substitution / — Teilefamilien[4] / — alternative Beschaffungswege
Prozeßgestaltung und -steuerung	strukturelle Aspekte			— dezentrale Auftragsverteilung und -steuerung (Kanban) / — Organisationsform der Produktion / — Fertigungsfamilien[5] / — Arbeitsstrukturierungsmaßnahmen (z.B. Gruppenkonzepte) / — integrierte Produktionsplanungs- und -steuerungssysteme
Prozeßgestaltung und -steuerung	zeitliche Aspekte			— Reihenfolgeplanung / — Terminplanung
Produkt- und Programmgestaltung				— Erzeugnisaufbau (Baukastensystem) / — Fertigstellungsgrad / — Standardisierung (Normung; Typung) / — Erhöhung der Verwendbarkeit[6] / — qualitative Kompensationsfähigkeit[7]

quantitative Komponente (mengenmäßiges Leistungsvermögen bezüglich einer nach Art und Güte bestimmten Leistung pro Zeiteinheit)

Gestaltung		Instrumente
Potentialgestaltung	Betriebsmittel	— zeitliche Anpassung / — intensitätsmäßige Anpassung
Potentialgestaltung	Personal	— zeitliche Anpassung / — intensitätsmäßige Anpassung / — interabteilungs- oder bereichsbezogene Personalverlagerung
Potentialgestaltung	Material	— Variation des Bestellzeitpunktes / — Variation der Bestellmenge
Prozeßgestaltung und -steuerung		Fertigungsredundanzen[8]
Produkt- und Programmgestaltung		— Produktelimination oder -aufnahme / — quantitative Kompensationsfähigkeit[9]

Entwicklungsflexibilität (Möglichkeit, das Produktionssystem an langfristige Umweltveränderungen anzupassen)

quantitative Komponente

		Instrumente
Expansionsflexibilität	Betriebsmittel	zusätzliche Aggregate durch zusätzliche Investitionen oder Leasing
Expansionsflexibilität	Personal	— Einstellung neuer Mitarbeiter / — Personalleasing
Expansionsflexibilität	Material	— Erhöhung der Lagerbestände / — Aufbau weiterer Lieferbeziehungen
Kontraktionsflexibilität	Betriebsmittel	Desinvestition
Kontraktionsflexibilität	Personal	— Personalreduzierung / — zeitliche Anpassung
Kontraktionsflexibilität	Material	— Lagerabbau / — Reduzierung von Lieferbeziehungen

qualitative Komponente

		Instrumente
Expansionsflexibilität	Betriebsmittel	— Erwerb von Mehrfunktionsaggregaten / — Flexible Produktionskonzepte
Expansionsflexibilität	Personal	Erhöhung des Qualifikationsniveaus durch Weiterbildung und Schulung
Expansionsflexibilität	Material	— Entwicklung neuer Materialien / — Rückwärtsintegration
Kontraktionsflexibilität	Betriebsmittel	Übergang von Mehrzweck- zu Einzweckaggregaten
Kontraktionsflexibilität	Personal	Ersatz von hochqualifizierten durch ungelernte und angelernte Kräfte
Kontraktionsflexibilität	Material	Einsatz qualitativ schlechterer Materialien

Anmerkungen:

1. Umstellungsfähigkeit (= Auswahl einer bestimmten Funktion aus einer Menge im Aggregat ständig alternativ vorhandener Funktionen)

2. Umbaufähigkeit (= Austausch von Funktionselementen eines Aggregates)

3. Einstellungsfähigkeit (= Veränderung eines Funktionsparameters; nach Kern kann hierbei auch von einer dimensionalen Kapazität gesprochen werden)

4. Zusammenfassung von Teilen auf der Grundlage von Formähnlichkeiten.

5. Zusammenfassung von Teilen, die eine gemeinsame Abfolge von ähnlichen Bearbeitungsgängen aufweisen.

6. Unter einer Erhöhung der Verwendbarkeit wird die Eigenschaft von Produkten verstanden, in gleicher oder in veränderter Form, andere als die ursprünglich vorgesehenen Bedarfe zu befriedigen und/oder neue Käuferkreise anzusprechen.

7. Mit der qualitativen Kompensationsflexibilität wird die Möglichkeit erfaßt, Verschiebungen im Produktionsprogramm auszugleichen.

8. Fertigungsredundanzen entstehen z.B. durch eine parallele Installation von Aggregaten.

9. Die quantitative Kompensationsfähigkeit beschreibt die Fähigkeit, mengenmäßige Verschiebungen im Produktionsprogramm auszugleichen. Dies setzt die Existenz vielseitig beanspruchbarer Betriebsmittel voraus.

Abb. 16: Komponenten und Instrumente produktionswirtschaftlicher Flexibilität

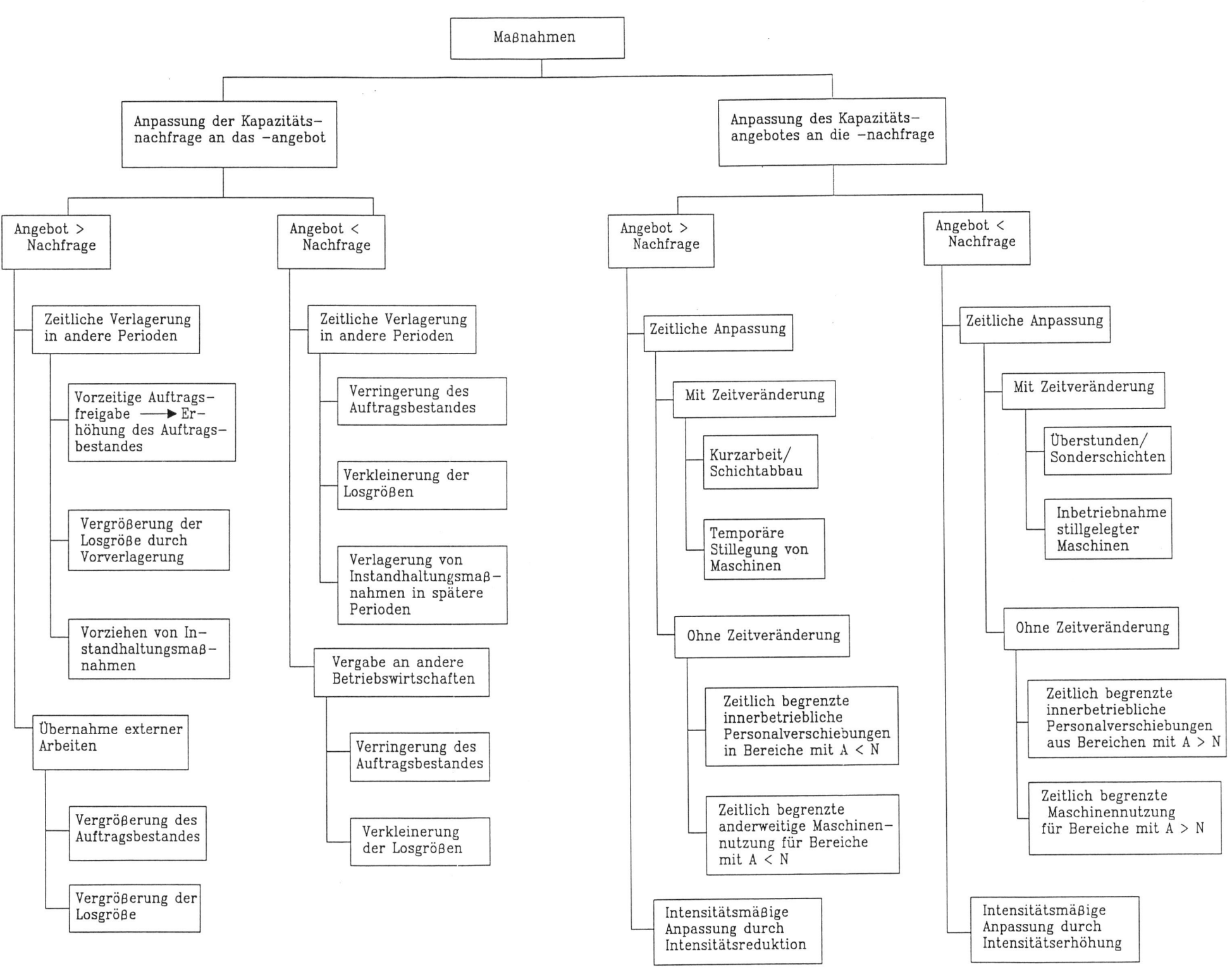

Abb. 200: Maßnahmen zur Abstimmung von Kapazitätsangebot und -nachfrage

In der Produktionsprogrammplanung sind Modifikationen in der Zielfunktion und den Restriktionen erforderlich. Eventuell Modifikation des Produktionsprogrammes durch neue Produkte und/oder Veränderung existenter Produkte.

Produktionsprogramm-planung

Berücksichtigung von Reststoff- und Abfallkoeffizienten. Die Bestandsführung muß die Rückstände nach Art, Menge, Qualität und Zeit als Lagerzugang erfassen. Einsatzgrenzen müssen beachtet werden. Prognose des Rückstandsanfalls. Die bei der Behandlung von Rückständen entstehenden Nebenprodukte müssen in die Bestandsführung aufgenommen werden. Beachtung von Verlust- und Aufteilungskoeffizienten.

Mengenplanung

Transport- und Lagerkapazitäten müssen berücksichtigt werden. Die zeitliche Verteilung ist in die Terminrechnung einzubeziehen. Beachtung von Prioritäten, um zu gewährleisten, daß nicht oder nur begrenzt lagerbare Recyclinggüter zuerst verwendet werden. Kapazitäten der Recyclingaggregate müssen beachtet werden.

Termin- und Kapazitätsplanung

Sie muß im Rahmen der Verfügbarkeitskontrolle auf die Daten der Mengenplanung zurückgreifen, und zwar unter Beachtung eventuell vorgegebener Prioritäten. Neben der Erstellung von Belegungsplänen für die Transportmittel und Lagerstätten müssen Auftragsfreigabe, Auftragsbereitstellung, Belegerstellung und Arbeitsverteilung für die Recyclingaggregate erfolgen. Ergebnis: Belegungspläne für die Recyclingaggregate.

Auftragsveranlassung

Überwachung des Transports hinsichtlich der Mengen und Termine der zu transportierenden Recyclinggüter. Sicherung der sofortigen Weitergabe von nicht oder nur begrenzt lagerbaren Recyclinggüter an den Produktionsprozeß. Überwachung des Aufbereitungsprozesses hinsichtlich Produktionsfortschritt und Mengen und Termine der Recyclingprodukte. Einhaltung von evtl. gegebenen Emissionsgrenzen beim Anfall von nicht verwertbaren Rückständen bei der Aufbereitung. Überwachung des Qualitätsstandards und eventuelle Bildung von Qualitätsklassen mit entsprechenden Mengenrestriktionen für die Weiterverarbeitung.

Kapazitäts- und Auftragsüberwachung

Betriebs-datener-fassungs-system (BDE-System)

Umwelt-infor-mations-system

Abb. 229: Recyclinginduzierter Modifikationsbedarf